THVSCIAE
DESCRIPTIO AVCTORE
HIERONYMO BELLARMATO.
Cum privilegio
VMBRI
SABINI
ORIENS.
LATII PARS.
FALISCI
GRAVISCI
Lacus Thrasumenus
Lago di Perugia
Perugia
Cortona
Tiberis fl. olim Albula
Coralium hic nascitur
Monte Argentato
Mons Argentarius
INFERV

MANESSE BIBLIOTHEK DER WELTGESCHICHTE

HISTORIE DI NICOLO MACHIAVE
GLI CITTADINO, ET SEGRETA-
RIO FIORENTINO, AL SAN-
TISSIMO ET BEATISSIMO
PADRE SIGNOR NOSTRO
CLEMENTE SETTIMO
PONTEFICE
MASSIMO.

Con gratie, & priuilegi di. N. S. Clemente
VII. & altri Prencipi, che intra il termino di. X.
anni non si stampino, ne stampati si uendino:
sotto le pene, che in essi si contengono
M. D. XXXII.

NICCOLO MACHIAVELLI

Geschichte von Florenz

Mit einem Nachwort
von Kurt Kluxen

MANESSE VERLAG
ZÜRICH

Erster Teil

AN DEN HEILIGSTEN VATER UNSERN HERRN
CLEMENS VII.
SEIN UNTERTÄNIGSTER DIENER
NICCOLO MACHIAVELLI

Nachdem Eure Heiligkeit zu einer Zeit, wo Ihr, heiligster Vater, noch in einem minder hohen Range standet, über die durch das florentinische Volk vollbrachten Taten zu berichten mir aufgetragen, habe ich, um diesem Auftrage zu genügen, allen Fleiß und alle Kunst aufgewandt, welche ich durch Natur und Erfahrung erworben. Und da ich nun mit dieser Arbeit zu den Zeiten gelangt bin, wo infolge des Todes des erlauchten Lorenzo de' Medici die italienischen Verhältnisse eine große Umwandlung erlitten, da sodann die nachmaligen Ereignisse, als wichtiger und größer, in höherem Geiste zu schildern sein werden: so habe ich passend erachtet, alles, was ich bis zu jenem Zeitpunkte aufgesetzt, in einem Buche zusammenzustellen und es Eurer Heiligkeit zu überreichen, damit Ihr in einem Teile wenigstens die Früchte Eurer Aussaat und meiner Arbeit zu genießen anfangen möget. Wenn also Eure Heiligkeit dieses Buch liest, werdet Ihr sehen, wie nach der Schwächung der Macht des abendländischen römischen Reiches, unter großem Unglück und unter vielen Herrschern Italien seine politische Gestaltung wechselte. Ihr werdet sehen, wie der Papst, die Venezianer, das Königreich Neapel und das Herzogtum Mailand den ersten Rang und die vornehmste Herrschaft auf der Halbinsel erlangten. Ihr werdet sehen, wie Eure Vaterstadt, durch Zwietracht losgerissen vom Reichsverbande,

PAPST CLEMENS VII.
(GIULIO DE' MEDICI)

in Zwietracht zu leben fortfuhr, bis sie unter den Einfluß Eurer Familie kam.

Da nun Eure Heiligkeit mir anbefohlen und besonders aufgetragen hat, über die Handlungen Eurer Vorfahren in solcher Weise zu schreiben, daß man sähe, wie Schmeichelei mir fremd, indem unwahres Lob und Absichtlichkeit Euch ebenso zuwider sind, wie Ihr gerne verdientes Lob von den Menschen vernehmt: so befürchte ich, daß bei der Schilderung der Güte des Giovanni, der Weisheit Cosimos, der Demut Pieros, der Hoheit und Klugheit Lorenzos, es Eurer Heiligkeit scheinen dürfte, ich habe Euern Befehl mißachtet. Deshalb entschuldige ich mich bei Eurer Heiligkeit und bei jedem, dem solche Schilderungen, als nicht getreu, mißfallen möchten. Denn da ich die Aufzeichnungen derer, die in verschiedenen Zeiten das Geschehene erzählt haben, voll des Lobes dieser Männer fand, mußte ich solches Lob entweder, wie ich's fand, wiederholen, oder als Neidischer verschweigen. Und wenn unter ihren preiswürdigen Handlungen ein, nach mancher Ansicht, dem allgemeinen Nutzen hinderlicher Ehrgeiz verborgen lag, so liegt mir, der ich diesen nicht erkannt habe, nicht ob, ihn zu schildern. Denn in allen meinen Erzählungen habe ich nimmer eine unehrbare Handlung durch einen ehrbaren Grund bemänteln, noch ein lobenswertes Werk durch eine Hindeutung, als sei's zu schlechten Zwecken geschehen, in Schatten stellen wollen. Wie sehr ich aber Schmeicheleien abgeneigt bin, geht aus allen Teilen meines Geschichtswerkes hervor, besonders aber aus den Reden und Urteilen einzelner, so richtigen wie schiefen, in denen ich, nach Wort und Folge, den Charakter des Redenden treu zu bewahren gesucht habe. Nur vermeide ich allerwärts gehässige Ausdrücke, als wenig übereinstimmend mit der Würde und Wahrheit der Historie. Wer also meine Schriften aus dem richtigen Gesichtspunkt betrachtet, kann mich nicht als Schmeichler tadeln, namentlich wenn er sieht, wie ich von Eurer Heiligkeit Vater wenig gesprochen. Daran war schuld sein kurzes Leben, welches ihm nicht gestattete, sich bekannt zu machen, mir nicht, durch meine Schriften seine Handlungen zu erläutern. Dennoch war dies sein Handeln groß und herrlich, da er Eure Heiligkeit erzeugt, was alle Taten seiner Vorfahren bei weitem aufwiegt und ihm mehr Jahrhunderte Ruhmes verschaffen wird, als das neidische Schicksal ihm Lebensjahre nahm.

Ich nun habe mich bemüht, heiligster Vater, in diesen meinen Schilderungen ohne Beeinträchtigung der Wahrheit einem jeden Genüge zu tun, habe aber vielleicht niemandem genügt. Wäre dies der Fall, so würde es mich nicht wundern; denn ich glaube, daß es unmöglich ist, über Angelegenheiten der eigenen Zeit zu schreiben, ohne bei vielen anzustoßen. Nichtsdestoweniger trete ich getrost in die Bahn, in der Hoffnung, daß, wie ich von der Geneigtheit Eurer Heiligkeit geehrt und genährt werde, so von den bewaffneten Legionen Eures heiligsten Urteils mir Hilfe und Schutz werden wird. Mit jenem Mute und Vertrauen also, womit ich bisher geschrieben, werde ich mein Unternehmen fortsetzen, wenn das Leben mich nicht verläßt und Eure Heiligkeit mir nicht Ihre Gunst entzieht.

Vorbericht des Verfassers

Als ich zuerst den Plan faßte, die innere und äußere Geschichte des florentinischen Volkes zu schreiben, war es meine Absicht, die Erzählung mit dem Jahre des Heils 1434 zu beginnen, wo das Haus der Medici, in Folge der Verdienste Cosimos und seines Vaters Giovanni, größeres Ansehen denn irgendeine Familie in Florenz erlangte. Denn ich dachte, daß Messer Lionardo von Arezzo und Messer Poggio, zwei vortreffliche Historiker, alles was vor jener Zeit sich zugetragen, genau erzählt hätten. Nachdem ich aber ihre Schriften aufmerksam durchgelesen, um zu sehen, welche Anordnung und Darstellungsweise sie gewählt, wie um meinem Werke durch Nachahmung der ihrigen bei den Lesern geneigtere Aufnahme zu verschaffen: fand ich, daß sie in der Beschreibung der von den Florentinern mit fremden Fürsten und Völkern geführten Kriege sehr genau gewesen, während sie die häuslichen Zwiste und die Feindschaften der Parteien, wie die daraus hervorgegangenen Wirkungen, teils ganz verschwiegen, teils in solcher Kürze erwähnt haben, daß den Lesenden weder Nutzen noch Genuß daraus erwachsen kann. Dies taten sie, meiner Meinung nach, entweder weil jene Vorgänge ihnen so unbedeutend erschienen, daß sie dieselben für unwürdig hielten, durch Geschichtswerke auf die Nachwelt zu kommen, oder aber aus Besorgnis, die Nachkommen derjenigen zu kränken, die in solchen Erzählungen dem Tadel unterliegen müßten. Beide

Gründe – möge es Ihnen nicht mißfallen – scheinen mir ausgezeichneter Männer unwürdig. Denn wenn irgend etwas in der Historie unterhält oder belehrt, so ist es die ausführliche Beschreibung; wenn irgendeine Lehre den Bürgern, welche Republiken lenken, Vorteil bringt, ist es die Erläuterung des Ursprungs von Haß und Uneinigkeit in den Städten, auf daß sie, klug geworden durch anderer Unglück, einträchtig bleiben mögen. Wirkt jedes Beispiel anderer Staaten, so wirkt zweifach, so ist zweifach nützlich das Beispiel der eigenen Heimat. Waren je die Parteikämpfe in einer Republik beachtenswert, so waren es die der Stadt Florenz: denn die meisten andern Freistaaten, von denen Nachrichten auf uns gekommen, hatten an *einer* Veruneinigung genug, welche je nach den Umständen die Mehrung ihrer Macht oder ihren Untergang verursachte. Florenz aber, damit nicht zufrieden, hat Zwist auf Zwist gehäuft. In Rom entstand, wie jeder weiß, nach der Vertreibung der Könige, der Kampf zwischen Adel und Volk und währte bis zum Ende der Freiheit. So war's in Athen, so in den andern Freistaaten, welche in jenen Zeiten blühten. In Florenz aber spalteten sich erst die Adeligen unter sich selber, dann veruneinigten sich Adel und Volk, zuletzt Volk und Pöbel, und nicht selten geschah es, daß eine dieser Parteien, wenn sie die Oberhand behielt, wiederum in zweie zerfiel. Diese Kämpfe führten so viele Hinrichtungen, so viele Verbannungen, den Untergang so vieler Familien mit sich, wie nie in einer andern Stadt, von der wir Kunde haben. Und ich bin in Wahrheit der Meinung, daß kein Beispiel die Macht unserer Vaterstadt so sehr erläutert, wie die Geschichte dieser Fehden, welche hingereicht hätten, jede, auch die größte und mächtigste Stadt, zugrunde zu richten. Die unsere hingegen schien jedesmal blühender daraus hervorzugehen. So groß war die Tüchtigkeit jener

Bürger, so groß die Kraft ihres Geistes und ihres Mutes in Erhöhung ihrer selbst und ihrer Heimat, daß die, welche von solchen Übeln befreit blieben, durch ihre Tugend eher die Vaterstadt aufrecht zu halten vermochten, als die Ungunst der Verhältnisse durch Schwächung ihrer Zahl imstande war, sie zu Boden zu drücken. Wäre das Glück Florenz so hold gewesen, daß, nachdem es sich der Obergewalt des Kaiserreichs entzogen, es eine Regierungsform angenommen hätte, durch welche Eintracht befördert worden wäre: so weiß ich nicht, welche Republik der alten und neuen Zeiten ihm hätte vorangehen oder mit ihm wetteifern dürfen an Waffenruhm und Gewerbetätigkeit. Denn man sieht, wie nach Vertreibung der Gibellinen, deren Zahl so beträchtlich war, daß sie die Toscana und die Lombardei füllten, die Guelfen mit den Daheimgebliebenen im Kriege gegen Arezzo, ein Jahr vor der Schlacht von Campaldino, von eigenen Bürgern zwölfhundert schwerbewaffnete Reiter und zwölftausend zu Fuß ins Feld stellten. In dem Kriege hierauf gegen Filippo Visconti, Herzog von Mailand, wo die Stadt ihre eigenen Hilfsmittel zu erproben hatte, nicht aber ihre eigenen Waffen, indem der kriegerische Geist damals schon untergegangen war: gaben die Florentiner in fünf Jahren drei Millionen fünfmalhunderttausend Goldgulden aus, und nachdem dieser Krieg zu Ende geführt war, begnügten sie sich nicht mit dem Frieden, sondern zogen gegen Lucca, um ihre Macht mehr noch an den Tag zu legen. Ich vermag also nicht zu begreifen, weshalb diese Mißhelligkeiten nicht würdig sein sollten, beschrieben zu werden.

Wurden aber jene berühmten Schriftsteller durch die Scheu, das Andenken derer, von welchen sie zu reden hatten, anzugreifen, von der Schilderung dieser Vorgänge zurückgehalten, so irrten sie und kannten wenig den

Ehrgeiz der Menschen und deren Begierde, den Namen ihrer Vorfahren und ihren eigenen zu verewigen. Sie vergaßen, daß viele, denen es nicht gelungen ist, durch irgendeine lobenswerte Handlung sich Ruhm zu verschaffen, durch tadelnswürdige Taten ihn zu erlangen sich bemüht haben. Ebensowenig bedachten sie, daß Handlungen, die etwas Großes in sich haben, wie es bei öffentlichen Angelegenheiten der Fall ist, welcher Art sie auch sein, welchen Zweck sie auch haben mögen, mehr Ehre bringen denn Tadel.

Diese Umstände, nachdem ich sie ernstlich erwogen, bewirkten eine Veränderung meines Planes, so daß ich meine Erzählung mit den Anfängen unserer Stadt zu beginnen beschloß. Da es nun nicht in meiner Absicht liegt, mich an anderer Platz zu stellen, so werde ich bis zum Jahre 1434 nur die Vorfälle im Innern ausführlich erwähnen, als es zum Verständnis der ersteren erforderlich sein wird. Nach dem genannten Jahre werde ich den einen wie den andern Teil in ihren Einzelheiten durchführen. Damit endlich diese Geschichte allerorts verständlicher werde, beschreibe ich, bevor ich von Florenz handle, auf welche Weise in Italien die damals bestehenden Regierungen sich gestaltet haben. Alle diese Dinge, italienische wie florentinische, werden in vier Büchern enthalten sein. Das erste derselben gibt eine Übersicht der Geschichte Italiens vom Untergange des Römischen Reiches bis zum Jahre 1434. Das zweite geht von dem Ursprunge der Stadt Florenz bis zu dem nach der Vertreibung des Herzogs von Athen gegen den Papst geführten Kriege. Mit dem im Jahre 1414 erfolgten Tode des Königs Ladislaus von Neapel wird das dritte enden, und das vierte bis zum Jahr 1434 gelangen, von welcher Zeit an die Ereignisse in der Stadt, wie außerhalb bis auf unsere Tage umständlicher beschrieben werden sollen.

Erstes Buch

Die Völkerschaften, welche in den nördlichen Gegenden jenseits des Rheins und der Donau wohnen, in gesunden, dem Zuwachs der Bevölkerung günstigen Ländern, mehren sich oft in solchem Maße, daß ein Teil von ihnen genötigt ist, die heimatlichen Gebiete zu verlassen und neue Wohnsitze zu suchen. Will eine solche Provinz des Überflusses an Einwohnern sich entledigen, so teilt sie dieselben in drei Teile, derart, daß in jedem Teil Edle und Gemeine, Reiche und Arme, in gleichen Verhältnissen sich finden. Jene Schar sodann, welche das Los trifft, sucht ihr Glück anderswo, und die beiden zurückbleibenden genießen die väterlichen Güter. Diese Völkerschaften waren es, die das Römische Reich zerstörten. Gelegenheit dazu boten ihnen die Kaiser, welche, indem sie Rom, des Reiches alten Sitz, verließen, um in Konstantinopel ihre Wohnung zu nehmen, den westlichen Teil des Reiches schwächten, da sie ihn weniger in Obacht hielten und der Gier ihrer Statthalter wie der Gegner derselben in die Hände gaben. Und, in Wahrheit, ein so gewaltiges Reich zu stürzen, dessen Größe das Blut so vieler tapfern Männer gekostet, war solche Schwäche der Fürsten vonnöten, die so viel Unheil veranlaßte, solche Schlechtigkeit ihrer Beamten, solche Kraft und Ausdauer der Angreifenden. Denn nicht *eine* Nation war es, sondern viele, die sich zum Untergange des Weltreichs verschworen.

Die ersten, welche aus jenen nördlichen Gegenden auszogen, nachdem Marius, der römische Bürger, die Cimbern besiegt hatte, waren die Westgoten. Nachdem sie an des Reiches Grenzen einige Streitigkeiten veranlaßt, ließen sie sich, mit Bewilligung der Kaiser, lange Zeit hindurch am Donaustrome nieder, und wenn sie auch aus verschiedenen Gründen und zu verschiedenen Zeiten wiederholt die römischen Provinzen angriffen, wurden sie doch immer durch die Macht der Kaiser gezügelt. Der letzte, der sie glorreich überwand, war Theodosius. Von ihm zum Gehorsam genötigt, wählten sie ferner keinen König, sondern, mit dem von ihm bewilligten Solde sich begnügend, lebten und kämpften sie unter seinen Befehlen und seinen Fahnen.

Als aber (395 n. Chr.) Theodosius gestorben und seine Söhne Arcadius und Honorius der Herrschaft Erben geblieben, nicht aber Erben seiner Tapferkeit und seines Glückes, wechselten mit dem Fürsten auch die Zeiten. Theodosius hatte den drei Teilen des Reiches drei Statthalter vorgesetzt, Rufin dem Osten, Stilicho dem Westen, Gildo den Besitzungen in Afrika. Nach des Kaisers Tode dachten diese nicht daran, die Provinzen zu verwalten, sondern als Fürsten sie zu besitzen. Rufin und Gildo erlagen bald; Stilicho aber, gewandter im Verheimlichen seiner Absichten, suchte das Vertrauen der neuen Kaiser zu erlangen und andererseits solche Verwirrung im Staate zu veranlassen, daß es ihm ein Leichtes werden mußte, sodann die Macht an sich zu reißen. Den Kaisern die Westgoten zu Feinden zu machen, riet er, sie sollten diesen den gewohnten Sold nicht mehr zahlen; und als hätte es ihm geschienen, daß es an diesen Feinden noch nicht genug sei, die Ordnung zu stören, brachte er es dahin, daß die Burgunder, die Franken, Vandalen und Alanen, gleichfalls nordische Völkerschaften, die sich schon in

Bewegung gesetzt hatten, um neue Wohnsitze zu suchen, sich auf die römischen Provinzen warfen. Ihres bisherigen Soldes beraubt, wählten die Westgoten, um besser geordnet die Schmach besser rächen zu können, den Alarich zu ihrem Könige. Sie fielen in das Reich ein, verheerten Italien, nahmen und plünderten Rom. Nach diesem Siege starb Alarich (410). Ihm folgte Ataulf, welcher Placidia, die Schwester der Kaiser, ehelichte und infolge dieser Verschwägerung mit ihnen zur Verteidigung Galliens und Spaniens ziehen mußte, welche Provinzen von den Vandalen, Burgundern, Alanen und Franken aus den erwähnten Gründen angefallen worden waren.

Da nun die Vandalen in jenem Teile Spaniens, den man Baetica nennt, sich niedergelassen hatten, von den Westgoten hart gedrängt wurden und keinen Ausweg wußten, so geschah es, daß Bonifacius, kaiserlicher Statthalter in Afrika, sie rief, um diese Provinz zu besetzen, welche sich empört hatte. Denn er fürchtete, der Kaiser werde die von ihm begangenen Fehler erkennen. In ihrer bisherigen Stellung gefährdet, ließen sich die Vandalen gern auf das Unternehmen ein und bemächtigten sich Afrikas unter ihrem Könige Genserich (429). Unterdessen war des Arcadius Sohn Theodosius in der Regierung nachgefolgt. Da dieser sich um die Angelegenheiten des Westens wenig kümmerte, so bemühten sich jene Völkerschaften, ihre Erwerbungen zu sichern. So herrschten die Vandalen in Afrika, die Alanen und Westgoten in Spanien, und die Franken und Burgunder besetzten nicht nur Gallien, sondern teilten auch den Provinzen, die sie innehatten, ihre Namen mit, so daß der eine Teil Frankreich genannt wird, der andere Burgund. Die glücklichen Erfolge, deren diese sich zu erfreuen gehabt, waren für andere Nationen ein Sporn zu ähnlichen Unternehmungen. Ein Volk, die Hunnen geheißen, besetzte Pannonien, das diesseitige Uferland der Donau, welches von ihnen den Namen Ungarn erhielt. Diese Unordnungen wurden noch dadurch gemehrt, daß der Kaiser, der sich auf so vielen Seiten angefallen sah, bald mit den Vandalen, bald mit den Franken sich vertrug, um die Zahl der Feinde zu mindern, wodurch Macht und Ansehen dieser Barbaren sich steigerten, während die des Reiches abnahmen. Inmitten solcher Zerstörung war auch die Insel Britannien, die man heutzutage England nennt, nicht sicher. Denn da die Briten die Völkerschaften fürchteten, welche Gallien eingenommen hatten, und sie vom Kaiser keine Hilfe möglich sahen, riefen sie die Angeln, einen deutschen Stamm, zu ihrem Beistande (449). Unter Vortiger, ihrem Könige, nahmen die Angeln die Einladung an, verteidigten erst, vertrieben dann die Bewohner der Insel, ließen sich auf ihr nieder und nannten die Anglien nach ihrem Namen. Die Vertriebenen aber wurden aus Not mutig, und hatten sie ihr eigen Land nicht zu verteidigen gewußt, so dachten sie daran, andern das ihre zu nehmen. Deshalb fuhren sie mit ihren Familien übers Meer, besetzten die dem Strande zunächst gelegenen Striche und gaben diesem Lande den Namen Britannien. Die Hunnen, von deren Einnahme Pannoniens wir gemeldet, verbanden sich mit andern Völkern, den Gepiden, Herulern, Thüringern und Ostgoten, und setzten sich in Bewegung, neue Stätten zu suchen. Da sie nun in das von Barbaren verteidigte Frankreich nicht einzudringen vermochten, so wandten sie sich nach Italien (451) unter Attila, ihrem Könige, welcher kurz vorher seinen Bruder Bleda umgebracht hatte, um allein die Herrschaft zu besitzen. So war er äußerst mächtig geworden, und Arderich, König der Gepiden, wie Velamir, König der Ostgoten, waren gleichsam seine Untertanen. Nachdem nun Attila in Italien eingedrungen, belagerte er Aquileia, wo er ohne irgendein Hindernis zwei Jahre verweilte, indem er während der Belagerung das ganze umliegende Land verwüstete und die Bewohner zerstreute, was, wie an seinem Orte gesagt werden wird, zu Venedigs Ursprung die Veranlassung gab. Nach Aquileias und anderer Städte Einnahme und Zerstörung wandte er sich nach Rom. Aber des Papstes (Leo I.) Bitten hielten ihn ab, der Stadt Schaden zuzufügen, und die Ehrfurcht, die dieser ihm einflößte, vermochte so viel über Attila, daß er Italien verließ und nach Austrien zurückging, wo er starb. Nach seinem Tode standen Velamir, der Ostgoten König, und die Häupter der übrigen Völkerschaften gegen seine Söhne Errich und Eurich auf, erschlugen den einen und nötigten den andern, mit den Hunnen über die Donau in ihre Heimat zurückzuziehen. In Pannonien aber setzten die Ostgoten und Gepiden sich fest, die Heruler und Thüringer in den Uferstrecken jenseits des Donaustroms.

Nachdem Attila Italien verlassen, dachte Kaiser Valentinian daran, dem Lande wieder aufzuhelfen. Um es nun besser gegen die Barbaren verteidigen zu können, verlegte er den Sitz des Reiches von Rom nach Ravenna. Die Unglücksfälle, welche das westliche Reich betroffen hatten, waren Veranlassung dazu gewesen, daß der in Konstantinopel wohnende Kaiser mehrmals die mit vielen Gefahren und Kosten verbundene Regierung desselben an andere überlassen hatte. Oft erwählten auch, ohne seine Zustimmung, die sich verlassen sehenden Römer um ihrer Verteidigung willen einen Kaiser, oder irgendeiner maßte sich eigenmächtig die Regierung an, wie in dieser Zeit der Römer Maximus nach Valentinians Tode. Dieser Maximus zwang Valentinians Witwe Eudoxia, ihm ihre Hand zu geben: sie aber, ihre Schmach zu rächen, da sie, kaiserlichem Blute entsprossen, einen einfachen Bürger als Gemahl verschmähte, rief heimlich den Genserich, König der Vandalen und Herrn Afrikas, nach Italien, indem sie ihm die Leichtigkeit und Vorteile der Eroberung zeigte. Von der Beute gelockt, erschien Genserich sogleich. Er fand Rom verlassen, plünderte es vierzehn Tage lang (455), nahm und verwüstete verschiedene andere Städte des Landes und kehrte, er wie sein Heer mit Beute gesättigt, nach Afrika heim. Die Römer zogen nach der Stadt zurück und wählten nach Maximus' Tode den Avitus, ihren Mitbürger, zum Kaiser. Nach vielen inneren und äußeren Bewegungen und nach mehrerer Kaiser Tode gelangte das östliche Reich an Zeno, das westliche an Orestes und seinen Sohn Augustulus, die durch List die Krone an sich rissen. Während sie nun darauf bedacht waren, ihre Macht zu befestigen, zogen die Heruler und Thüringer, die, wie gesagt, am Donauufer sich niedergelassen und unter Odoaker sich verbündet hatten, über die Alpen, indem sie ihre Wohnsitze den Longobarden überließen, gleichfalls nordischen Völkerschaften, von Gudehok, ihrem Könige, geführt. Sie waren, wie nachmals gesagt werden wird, die letzte Pest Italiens. Odoaker schlug und tötete den Orestes bei Pavia; Augustulus floh. Um Rom mit der Macht auch den Rang zu nehmen, ließ nach diesem Siege Odoaker, den Namen des Imperiums abschaffend, sich König von Italien nennen (476). Er war der erste von den Anführern der damals die Welt durchstreifenden Nationen, der sich in Italien niederließ. Denn die andern, sei es aus Furcht, das Land nicht behaupten zu können, weil die Kaiser von Konstantinopel ihm leicht Hilfe gegen sie bringen konnten, sei es aus irgendeinem andern verborgenen Grunde, hatten es geplündert, dann aber andere Länder gesucht, dort ihre Sitze zu nehmen.

Zu diesen Zeiten hatte das alte Römerreich folgende Herren: Zeno, der Kaiser in Konstantinopel, beherrschte das ganze östliche Reich; die Ostgoten saßen in Mösien und Pannonien; die Westgoten, Sueven und Alanen hielten Gasconien und Spanien; die Franken und Burgunder Frankreich; die Heruler und Thüringer Italien. Die Herrschaft über die Ostgoten war an Theodorich, Neffen des Velamir, gelangt. Dieser, mit dem oströmischen Kaiser Zeno befreundet, schrieb ihm, wie es seinen Ostgoten ungerecht erscheine, daß sie, allen andern Völkern an Tapferkeit überlegen, ihnen an Macht nachstehen sollten, und wie es ihm unmöglich sei, sie innerhalb der Grenzen Pannoniens zu halten. Da er nun sehe, daß er sie nicht hindern könne, die Waffen zu ergreifen und neues Land zu suchen, so habe er ihm dies zuvörderst melden wollen, damit er Sorge trage, ihnen ein Land anzuweisen, wo sie mit seiner Bewilligung ordentlich und nach ihrer Bequemlichkeit sich niederlassen könnten. Halb aus Furcht, halb durch den Wunsch veranlaßt, Odoaker aus Italien zu vertreiben, erlaubte Zeno dem Theodorich, gegen diesen zu ziehn und von Italien Besitz zu nehmen. Da brach Theodorich sogleich aus Pannonien auf, wo er die befreundete Völkerschaft der Gepiden zurückließ; er zog nach Italien, tötete den Odoaker und dessen Sohn, nahm nach dessen Vorgang den Titel eines Königs von Italien an und wählte zu seinem Sitze Ravenna (493–526), aus denselben Gründen, die einst Valentinian bewogen hatten, dort zu wohnen. Theodorich war ein im Kriege wie im Frieden ausgezeichneter Mann: im Kriege immer glücklich, war er im Frieden der Wohltäter seiner Völker und Städte. Seine Ostgoten verteilte er in den Ortschaften mit ihren Häuptlingen, damit diese sie im Kriege befehligten und im Frieden in Ordnung hielten. Er vergrößerte Ravenna, während er Rom von erlittenen Unfällen herstellte. Mit Ausnahme der Kriegsdisziplin, gab er den Römern jede Ehre wieder; die barbarischen Könige, die im Reiche saßen, hielt er innerhalb ihrer Grenzen, ohne

Kriegslärm, allein durch seine Autorität; er erbaute Orte und Vesten zwischen der Spitze des Adriatischen Meers und den Alpen, um neuen Barbaren, die es nach Italien zu ziehn gelüsten möchte, den Paß leichter zu verlegen. Wären solche Tugenden nicht in seinen letzten Jahren durch grausame Handlungen verdunkelt worden, die durch Argwohn veranlaßt wurden, wie die Hinrichtungen der vortrefflichen Männer Symmachus und Boetius: so wäre sein Andenken in jeder Hinsicht aller Ehren würdig. Denn mittels seiner Kraft und Güte erstanden nicht nur Rom und Italien, sondern auch die übrigen Teile des westlichen Reichs, frei von jenen anhaltenden Drangsalen, die sie so viele Jahre lang durch die endlosen Überschwemmungen der Barbaren erlitten, und kehrten zurück zur Ordnung und zu glücklichem Zustande. In Wahrheit, wenn es je in Italien und in den von den Barbaren durchstreiften Provinzen unglückliche Zeiten gegeben hat, so waren es die von Arcadius und Honorius an bis auf Theodorich. Denn wenn man betrachtet, wie großen Schaden es einem Freistaat oder einer Monarchie bringt, Fürsten oder Regierungsform zu wechseln, nicht durch äußere Gewalt, sondern bloß durch bürgerliche Zwietracht, wobei man sieht, wie selbst wenige Veränderungen hinreichen, jede Republik und jedes Reich, selbst die mächtigsten, zugrunde zu richten: so mag man unschwer sich vorstellen, wie sehr in jenen Zeiten Italien und die übrigen römischen Provinzen litten, die nicht nur Fürsten und Regierung wechselten, sondern Gesetze, Gebräuche, Lebensweise, Religion, Sprache, Kleidung und Namen. Jedes einzelne dieser Dinge, geschweige alle zusammen, würden auch den festesten und beständigsten Geist erschüttern, bei der bloßen Vorstellung schon, um wieviel mehr aber, wenn man sie sieht und duldet. Untergang, Ursprung, Wachstum vieler Städte hingen zusammen mit diesen Wechselfällen. Unter denen, die zugrunde gingen, waren Aquileia, Luni, Chiusi, Populonia, Fiesole und viele andere; unter den neugebauten Venedig, Siena, Ferrara, Aquila und zahlreiche Orte, die ich der Kürze wegen übergehe. Aus kleinen Orten wurden große: Florenz, Genua, Pisa, Mailand, Neapel, Bologna. Neben allen diesen ist Roms Verfall und Wiederaufleben zu erwähnen, nebst mehreren Städten, welche wiederholt zerstört und wiederaufgebaut wurden. Unter Ruinen und im Getreibe neuer Völkerschaften entstanden neue Sprachen, wie die in Frankreich, Spanien und Italien üblichen, welche einer Mischung der vaterländischen Sprachen der neuen Bewohner mit der altrömischen ihr Dasein verdanken. Überdies haben Länder nicht bloß, sondern Seen, Flüsse, Meere und Menschen ihre Namen geändert: denn voll neuer und fremder Benennungen sind Frankreich, Italien und Spanien. So sind, vieler andern nicht zu gedenken, der Po, Garda, Archipel nicht mehr benannt wie ehemals, und die Männer heißen Peter, Johannes und Matthäus, statt Cäsar und Pompeius.

Unter allen diesen Veränderungen aber war von höchster Wichtigkeit jene der Religion. Denn indem die Gewohnheiten des alten Glaubens mit den Wundern des neuen kämpften, entstanden ernstliche Unruhen und Zwistigkeiten. Wären die Bekenner des Christentums einhellig gewesen, so würde weniger Verwirrung erfolgt sein: da aber die griechische Kirche mit der römischen und der ravennatischen kämpfte, überdies ketzerische Sekten mit dem katholischen Glauben im Streit lagen, so war die Welt auf vielfache Weise betrübt. Davon kann Afrika Zeugnis geben, welchem der Arianismus, dem die Vandalen anhingen, tiefere Wunden schlug, als die Habsucht und natürliche Grausamkeit dieses Volkes. Da nun die Menschen inmitten solcher Verfolgungen lebten, trugen sie in ihren Blicken den Ausdruck des Entsetzens ihrer Seelen. Denn neben den unendlichen Übeln, die sie zu ertragen hatten, konnten viele von ihnen nicht einmal dem Schutze Gottes sich anempfehlen, auf den alle Elenden ihre Hoffnung zu setzen pflegen: viele von ihnen starben ohne Trost, weil sie nicht wußten, an welchen Gott sie sich wenden sollten, weil jede Hilfe, jede Aussicht ihnen versperrt war.

Auf nicht geringes Lob hat Theodorich Anspruch, welcher der erste war, der so große Übel linderte. Denn während der achtunddreißig Jahr, in denen er Italien beherrschte, erhob er es zu solcher Größe, daß man die alten Leiden kaum mehr gewahrte. Nach seinem Tode aber (526), als Atalarich, der Sohn seiner Tochter Amalasuntha, in der Regierung gefolgt, brach bald, da das Schicksal sich noch nicht ausgetobt, das alte Unheil wieder herein.

Denn nachdem Atalarich kurz nach dem Großvater gestorben, kam das Reich an seine Mutter, welche von Theodat verraten ward, den sie zur Teilnahme an den Regierungsgeschäften gerufen. Dieser tötete Amalasuntha und machte sich zum Könige, und da er dadurch den Goten verhaßt geworden, faßte Kaiser Justinian Mut und entwarf den Plan, ihn aus Italien zu verjagen. Zu diesem Unternehmen sandte er als Heerführer den Belisar, welcher schon die Vandalen aus Afrika vertrieben und die dortigen Staaten ans Reich zurückgebracht hatte (534). Belisar besetzte also zuerst Sizilien, fuhr von dort nach Italien über, und nahm Neapel und Rom ein. Als die Goten diese Mißfälle sahn, ermordeten sie den Theodat, den sie als Urheber derselben betrachteten, und wählten an seiner Statt den Vitiges, welcher nach einigen Kämpfen von Belisar in Ravenna belagert und gefangengenommen wurde. Ehe der Krieg ganz zu Ende geführt war, rief

Justinian den Belisar zurück und sandte statt seiner den Johannes und Vitalis, welche ihm weder an Tapferkeit noch im Benehmen irgendwie gleich waren. Da faßten die Goten Mut und machten Hildebald, den Statthalter in Verona, zu ihrem Könige. Nach dessen Tode kam das Reich an Totila, welcher des Kaisers Truppen schlug, Toscana und Neapel wieder eroberte, und den kaiserlichen Heerführern beinahe die letzte der Provinzen wieder abnahm, welche Belisar vor ihnen erobert hatte. Deshalb hielt Justinian es für gut, letztern nach Italien zurückzusenden: aber es geschah mit so geringer Heeresmacht, daß er den Ruhm seiner frühern Siege einbüßte, statt neue zu gewinnen. So eroberte Totila, während Belisar mit den seinigen zu Ostia sich befand, vor dessen Augen Rom, und da er sah, daß er diese Stadt nicht behaupten konnte und nicht verlassen durfte, zerstörte er sie großenteils, trieb das Volk aus, führte die Senatoren mit sich fort, und eilte, Belisar wenig achtend, mit dem Heere nach Calabrien, den Hilfsvölkern entgegen, welche dem kaiserlichen Heerführer aus Griechenland zuzogen.

Da Belisar Rom verlassen sah, unternahm er ein ihn ehrendes Werk: er begab sich nach der öde liegenden Stadt, baute, so rasch er vermochte, die Mauern wieder auf und rief die Bewohner zurück. Aber das Geschick war diesem Unternehmen feindlich, denn Justinian, eben zu jener Zeit von den Partnern angegriffen, rief Belisar zurück. Seinem Kaiser gehorsam, verließ dieser Italien, welches von neuem der Willkür Totilas überlassen blieb, der Rom zum zweitenmal einnahm. Aber er behandelte die Stadt nicht mit der nämlichen Härte wie früher, sondern ging daran, sie wieder aufzubauen, auf die Bitten des heiligen Benedikt, welcher in jener Zeit im Rufe großer Heiligkeit stand. Unterdessen hatte Justinian mit den Partnern Frieden geschlossen, wurde aber, als er daran dachte, neue Völker nach Italien zu senden, durch die Slaven daran gehindert, eine neue nordische Nation, welche über die Donau gegangen und in Illyrien und Thrazien eingefallen war. So schaltete Totila beinahe über ganz Italien. Nachdem aber Justinian die Slaven besiegt, sandte er ein neues Heer nach Italien unter dem Eunuchen Narses, einem sehr gewandten Krieger, welcher den Totila überwand und tötete. Die Reste der Goten zogen sich nach Pavia zurück und wählten dort den Teja zu ihrem Könige. Narses aber seinerseits nahm nach jenem Siege Rom und traf mit Teja bei Nocera zusammen, wo dieser geschlagen ward und umkam (553). Nach diesem Siege verschwand der Name der Goten auf immer aus Italien, wo sie von Theodorich bis Teja siebzig Jahre lang regiert hatten.

Als das Land von den Goten befreit war, starb Justinian (565). Sein Sohn und Nachfolger Justin rief auf den Rat seiner Gemahlin Sofia den Narses zurück und sandte statt seiner den Longin. Dieser ließ sich, nach dem Beispiele seiner Vorgänger, in Ravenna nieder und gab dem Lande eine neue Gestaltung. Denn er ernannte nicht Befehlshaber der Provinzen, wie unter gotischer Herrschaft geschehen war, sondern bestellte in den Städten und Orten von einigem Belang Oberhäupter, die er Herzöge nannte. Bei dieser Einteilung behielt Rom nicht den Vorrang vor übrigen Städten, denn nach Abschaffung der Konsuln und des Senats, deren Namen bis zur erwähnten Zeit sich erhalten hatten, wurde auch hier ein Herzog eingesetzt, der jedes Jahr von Ravenna aus hingesandt ward. So entstand der Name des römischen Ducats. Derjenige, welcher zu Ravenna ganz Italien für den Kaiser verwaltete, hieß der Exarch. (Erster Exarch: Narses.) Diese Einteilung bahnte neuen Einfällen in Italien den Weg und bot den Longobarden Gelegenheit, sich des Landes zu bemeistern. Narses war heftig erzürnt auf den Kaiser, der ihm die Verwaltung einer Provinz genommen, die er durch seine Tapferkeit und mit seinem Blute erobert hatte: denn Sofia begnügte sich nicht damit, ihm die Schmach der Abberufung anzutun; sie fügte auch verächtliche Worte hinzu, indem sie sagte, sie wolle ihn heimkehren lassen, um mit den übrigen Eunuchen zu spinnen. Voll Groll veranlaßte darum Narses den Alboin, König der Longobarden, welcher damals in Pannonien herrschte, zum Einfall in Italien.

Die Longobarden waren, wie gesagt, in jene Sitze an der Donau eingerückt, welche von den Herulern und Thüringern verlassen worden, als ihr König Odoaker sie über die Alpen führte. Nachdem sie dort eine Zeitlang gewohnt und die Regierung an Alboin, einen wilden und kühnen Mann, gelangt war, gingen sie über die Donau, gerieten in Streit mit Kunimund, König der Gepiden, die in Pannonien saßen, schlugen und töteten ihn. Da unter der Beute Kunimunds Tochter Rosmunda sich befand, nahm Alboin sie zu seinem Weibe, bemächtigte sich Pannoniens, und machte, von seiner rohen Sinnesart dazu getrieben, des Erschlagenen Schädel zu einem Becher, aus dem er zur Erinnerung an jenen Sieg trank. Von Narses, mit dem er während des Gotenkrieges sich befreundet hatte, zum Vordringen eingeladen, überließ er Pannonien den Hunnen, welche nach Attilas Tode in ihre Heimat zurückgekehrt waren, und stieg über die Alpen. Da er das Land in so viele Teile zerstückt fand, besetzte er nacheinander Pavia, Mailand, Verona, Vicenza, ganz Toscana und den größern Teil Flaminiens, jetzt Romagna geheißen (568). Infolge so vieler und rascher Siege schon Herr Italiens sich glaubend, feierte er einst zu Verona ein Gastmahl. Durch das viele Trinken erhitzt, Kunimunds Schädel mit Wein gefüllt vor sich auf dem Tische, reichte er diesen der Königin, die ihm gegenüber saß, indem er mit lauter Stimme zu ihr sagte: er wolle, daß sie bei einem solchen Freudenfeste ihn auf des Vaters Wohl leere. Dies Wort war wie ein Dolchstoß in Rosmundens Herz, und sie beschloß sich zu rächen. Da sie wußte, daß Helmchild, ein edler Longobarde, jung und mutig, eine ihrer Dienerinnen liebte, veranlaßte sie diese, es heimlich einzurichten, daß Helmchild bei ihr, statt bei der Geliebten schlafe. Und da der Jüngling, nach der erhaltenen Weisung, sich an einen dunkeln Ort begeben und bei der Magd zu sein glaubte, lag er bei der Königin, welche, nachdem es geschah, sich ihm zu erkennen gab und bedeutete, daß es bei ihm stehe, den Alboin zu ermorden und sie und das Reich auf immer zu gewinnen, oder vom Könige getötet zu werden, weil er seine Gemahlin entehrt habe. Helmchild tötete der Alboin, aber nachdem die Tat verübt war und die beiden sahn, daß es ihnen nicht gelang, die Krone sich zu eigen zu machen, sie vielmehr besorgten, von den Longobarden wegen deren Anhänglichkeit an Alboin getötet zu werden: so flohen sie mit dem ganzen königlichen Schatz nach Ravenna zum Longin, welcher sie ehrenvoll empfing. Da unterdessen Kaiser Justin gestorben war und sein Nachfolger Tiberius der Partherkriege wegen mit Italien sich nicht beschäftigen konnte, so schien dem Longin die Zeit günstig, mittels Rosmundens und ihrer Reichtümer König der Longobarden und ganz Italiens zu werden. Er teilte ihr seinen Plan mit und beredete sie, den Helmchild aus dem Wege zu räumen und mit ihm sich zu vermählen. Sie ging darauf ein und ließ eine Schale vergifteten Weins bereiten, die sie mit eigener Hand dem Helmchild darbot, als dieser durstig aus dem Bad stieg. Er trank sie zur Hälfte, da fühlte er schon die Wirkung in seinem Innern, und die Tat erratend, zwang er Rosmunden, die Schale vollends zu leeren. So starben sie in wenig Stunden nacheinander, und Longin verlor die Hoffnung, König zu werden. Die Longobarden, zu Pavia, der nunmehrigen Hauptstadt ihres Reiches, vereinigt, machten den Klef zu ihrem König, welcher das von Narses zerstörte Imola wieder aufbaute, Rimini und bis Rom hin fast jeden Ort besetzte, aber im Lauf seiner Siege starb. Dieser Klef war nicht nur gegen die Fremden, sondern auch gegen seine Longobarden so grausam, daß diese keinen König mehr wählen wollten, und nach Abschaffung der Alleingewalt dreißig Herzogen die Regierung übertrugen. Diese Maßregel hatte zur Folge, daß es diesem Volke niemals gelang, ganz Italien zu besetzen, daß ihr Reich nie über Benevent hinausging, und Rom, Ravenna, Cremona, Mantua, Padua, Monselice, Parma, Bologna, Faenza, Forli, Cesena teils eine Zeitlang sich verteidigten, teils nie eingenommen wurden. Denn das Nichtvorhandensein eines Oberhauptes machte, daß sie zum Kriege minder bereit waren, und als sie wieder einen König wählten, waren sie infolge der vorigen Unabhängigkeit zügellos und uneinig untereinander, was anfangs ihre Siege hemmte, endlich ihren Ruin veranlaßte. Als nun die Longobarden in solchen Umständen sich befanden, schlossen die Römer und Longin mit ihnen einen Vertrag, nach welchem beide Teile die Waffen niederlegten und in ihrem dermaligen Besitze blieben.

In diesen Zeiten begannen die römischen Päpste zu größerer Autorität zu gelangen, als sie bis dahin besessen hatten. Die ersten Nachfolger des heiligen Petrus hatten wegen der Heiligkeit ihres Lebens und wegen ihrer Wunder bei den Menschen in Verehrung gestanden, und ihr Beispiel verschaffte der christlichen Religion so großen Anhang, daß die Fürsten sich zu ihr bekannten, um der unendlichen Verwirrung der weltlichen Dinge ein Ende zu machen. Als nun der Kaiser ein Christ geworden,

Rom verlassen und Konstantinopel zu seiner Hauptstadt gemacht hatte, folgte daraus, wie wir im Eingange gesagt, daß das römische Reich um so rascher seinem Untergange, die römische Kirche um so rascher ihrer Größe entgegenging. Bis zu dem Einfall der Langobarden aber, da Italien ganz der Macht der Kaiser oder der von Königen unterworfen war, besaßen die Päpste keine andere Autorität als die, welche die Ehrfurcht vor ihrem Wandel und ihrer Lehre ihnen verlieh. In allen übrigen Dingen gehorchten sie den Kaisern oder Königen, und von diesen wurde bisweilen der Tod über sie verhängt, und sie sahen sich als deren Beamte behandelt. Was ihnen aber größern Einfluß auf die italienischen Angelegenheiten verlieh, war der Umstand, daß Theoderich, der Goten König, seinen Sitz zu Ravenna nahm. Da Rom solcher Gestalt ohne Herrscher geblieben, fügten sich die Römer, des Schutzes bedürftig, gehorsamer dem Papste. Indes gab ihnen dies noch keinen großen Zuwachs an Macht: nur erlangte die römische Kirche den Vorrang vor der ravennatischen. Nachdem aber die Longobarden besiegt und Italien in mehrere Teile getrennt war, fand der Papst Gelegenheit, kräftiger aufzutreten; denn da er gewissermaßen Herr von Rom war, hatten der Kaiser in Konstantinopel und die Longobarden Achtung vor ihm, so daß die Römer durch Vermittlung des Papstes nicht als Untertanen, sondern als Gleichstehende mit den Longobarden und Longin sich verbündeten. Und so fuhren die Päpste fort, ihre Würde zu mehren, indem sie bald mit den Longobarden, bald mit den Griechen befreundet waren. Als nun unter dem Kaiser Heraclius die Macht des oströmischen Reiches sank, indem die schon erwähnten slawischen Völkerschaften von neuem in Illyrien einfielen, woher der Name Slawonien kam, andere Provinzen erst von den Persern, dann von den durch Mohammed aus Arabien geführten Sarazenen, endlich von den Türken angegriffen wurden, Syrien, Afrika und Ägypten verloren gingen: so blieb dem Papste, bei der Ohnmacht jenes Reiches, keine Zuflucht bei Bedrückungen, während auf der andern Seite die zunehmende Macht der Longobarden ihn nötigte, eine neue Stütze zu suchen. So wendete er sich an die fränkischen Könige. Darum sind die Kriege, die seit jener Zeit von den Barbaren in Italien geführt worden, meist durch die Päpste veranlaßt, und die Fremden, welche Italien überfluteten, meist durch die Päpste gerufen worden. Dies Verfahren währt noch gegenwärtig, und ließ und läßt Italien uneins und ohnmächtig.

Bei der Erzählung aber der Begebenheiten, welche seit jenen Zeiten bis auf die unsern sich ereignet haben, werden wir nicht mehr vom Sinken des völlig darniederliegenden Reichs zu berichten haben, sondern von der Mehrung der päpstlichen Macht und jener andern Herrschaften, welche nachmals bis zum Zuge Carls VIII. in Italien bestanden. Und man wird sehen, wie die Päpste erst durch sittlichen Einfluß, dann durch sittlichen Einfluß und Waffen, mit dem Ablaß vereinigt, mächtig und ehrwürdig waren, und wie, weil sie eins und das andere gemißbraucht, die Ehrfurcht geschwunden ist, während sie die Macht nur noch fremder Bewilligung verdanken.

Aber ich muß zur Ordnung der Zeiten zurückkehren. Gregor III. war zum Papsttum gelangt (731), König der Longobarden Aistulf geworden. Gegen die Verträge besetzte dieser Ravenna und begann den Krieg gegen den Papst. Da nun Gregor, um der angegebenen Gründe willen, auf den schwachen Kaiser in Konstantinopel nicht mehr baute und den Longobarden nicht traute, weil diese mehrfach schon das gegebene Wort gebrochen, so wandte er sich nach dem Frankenreich an Pipin, welcher aus einem Herrn Austrasiens und Brabants fränkischer König geworden war, nicht sowohl durch eigene große Eigenschaften, wie durch den Ruhm Carl Martells, seines Vaters, und Pipins, seines Großvaters. Denn Carl Martell, welcher jenes Reich verwaltete, brachte den Sarazenen bei Tours an der Loire (732) jene denkwürdige Niederlage bei, in welcher mehr denn Zweihunderttausend der ihrigen blieben, so daß sein Sohn Pipin wegen des väterlichen Ruhmes und eigener Tugend nachmals König dieses Reiches wird. Diesen sprach Papst Gregor um Hilfe an wider die Longobarden; Pipin verhieß ihm, diese zu senden, wünschte ihn aber erst zu sehen und in Person zu ehren. Deshalb machte sich Gregor auf den Weg und zog durch die Länder der Longobarden, seiner Feinde, ohne von ihnen gehindert zu werden: so groß war die Ehrfurcht, die man der Religion zollte. Nachdem er in das Frankenreich gelangt, wurde er vom Könige geehrt und nach Italien zurückgesandt mit einem Heere, welches Pavia, die longobardische Hauptstadt, belagerte. Von der Not gedrängt, vertrug darum Aistulf sich mit den Franken, und diese schlossen den Vertrag auf die Bitten des Papstes, welcher nicht des Gegners Untergang wünschte, sondern dessen Bekehrung und Leben. Aistulf versprach der Kirche alle ihre Ländereien, die er besetzt, zurückzugeben. Nachdem aber Pipins Völker abgezogen, hielt er den Vertrag nicht; nochmals wandte sich der Papst an Pipin, welcher ein neues Heer sandte, die Longobarden schlug und Ravenna nahm, das er gegen den Willen des griechischen Kaisers dem Papste übergab, mit den andern Teilen des ehemaligen Exarchats und dem Lande von Urbino und der Mark. Aistulf starb aber während der Abtretung, und Desiderius, Herzog von Tuscien, griff zu den Waffen, um das Land an sich zu reißen, und sprach den Papst um Beistand an, indem er ihm seine Freundschaft verhieß. Der Papst trat auf seine Seite, so daß die übrigen Fürsten ihre Bewerbung aufgaben. Anfangs hielt Desiderius sein Wort; er fuhr fort, dem Papste die im Vertrage mit Pipin bezeichneten Länder zu lassen, und von Konstantinopel wurde kein Exarch mehr nach Ravenna gesandt, sondern das Land ward regiert nach des Papstes Willen. Pipin starb, und es folgte ihm sein Sohn Carl (768), den man nachmals seiner glorreichen Taten wegen den Großen nannte. Zum Papsttum war unterdes Theodor I.[1] gelangt. Dieser geriet in Streit mit Desiderius und wurde von ihm in Rom belagert; der Papst wandte sich an den fränkischen König, welcher über die Alpen stieg, Desiderius in Pavia belagerte, ihn und seine Kinder in seine Gewalt bekam und gefangen in sein Reich sandte. Hierauf besuchte er den Papst in Rom, wo er die Bestimmung erließ, daß der Papst, als Statthalter Gottes, von Menschen nicht gerichtet werden könne. Der Papst (Leo III.) und das römische Volk machten ihn sodann zum Kaiser (25. Dezember 800). So begann Rom wieder einen Kaiser für den Westen zu haben, und während der Papst vordem die Bestätigung durch den Kaiser bedurfte, bedurfte nunmehr der Kaiser bei seiner Wahl des Papstes. Das Reich verlor hinsichtlich seiner Stellung, was die Kirche gewann, und ihre Macht über die weltlichen Fürsten war durch solche Mittel in stetem Wachsen.

Die Longobarden saßen seit zweihundertzweiundzwanzig Jahren in Italien und hatten nur noch den Namen von Fremden. Da nun Carl, zur Zeit Papst Leos III., die Verhältnisse des Landes wieder ordnen wollte, ließ er sie in den Gegenden, wo sie aufgewachsen waren, so daß nach ihrem Namen das Land fortan die Lombardei hieß. Und auf daß der römische Name geachtet bliebe, wollte er, daß jener Teil Italiens, der an jene Gegenden anstößt und zum Exarchat von Ravenna gehörte, Romagna genannt würde. Nächstdem wählte er seinen Sohn Pipin zum König von Italien und gab ihm Macht über das Land bis Benevent, wo die Besitzungen des oströmischen Kaisers begannen, mit welchem Carl einen Vertrag geschlossen hatte. In jenen Zeiten wurde Paschalis I. Papst (817), unter welchem die Pfarrer der römischen Kirchen, welche dem Papste nahestanden und an dessen Wahl teilhatten, Kardinäle genannt zu werden begannen, um einen vornehmeren Titel zu haben, und sich so große Macht anmaßten, namentlich dann, als sie das Volk von der Wahl ausschlossen, daß selten ein anderer als einer aus ihrem Kreise gewählt wird. Als Paschalis starb, folgte ihm (824) Eugen II., Kardinal von Sta. Sabina. Italien, seit es unter der Obergewalt der Franken sich befand, änderte teilweis Gestaltung und Ordnung, indem dem Papste größere zeitliche Macht zuteil ward, und jene Grafen und Markgrafen einführten, während früher der Exarch von Ravenna Herzöge eingesetzt. Nachdem einige Päpste vorübergegangen, wurde der Römer Osporco gewählt, welcher seines übelklingenden Namens wegen sich Sergius[2] nennen ließ, was zu der Veränderung der Papstnamen bei der Wahl Veranlassung gab.

Unterdessen war Kaiser Carl gestorben und sein Sohn Ludwig ihm nachgefolgt (814), nach dessen Tode so heftiger Unfriede unter seinen Söhnen entstand, daß unter seinen Enkeln die Kaiserwürde von dem Frankenreiche auf Deutschland überging. Der erste deutsche Kaiser hieß Arnulf. Die Familie der Karolinger verlor durch ihre Uneinigkeit nicht bloß jene Würde, sondern auch Italien, denn die Longobarden gewannen neue Kraft und drängten den Papst und die Römer, so daß der Papst, der keinen hilfreichen Arm fand, genötigt war, Berengar, Herzog von Friaul, die italienische Königskrone zu geben. Diese Ereignisse ermutigten die in Pannonien wohnenden Hunnen zu einem Einfall in Italien, aber Berengar zwang sie, nach ihrem Lande zurückzukehren. In jener Zeit war Romanus griechischer Kaiser, welcher, als oberster Heerführer Constantins, diesen des Reiches beraubt hatte. Da bei diesem Wechsel Apulien und Kalabrien sich gegen ihn empört hatten, welche, wie oben gesagt, zum Reiche gehörten, so gestattete er, über diesen Abfall zürnend, den Sarazenen, in diese Provinzen einzufallen. Diese eroberten Süditalien und suchten Rom zu nehmen. Aber die Römer, welche Berengar mit den Hunnen beschäftigt sahen, wählten zu ihrem Haupte Alberich, Herzog von Tuscien, dessen Tapferkeit Rom rettete. Die Sarazenen, nachdem sie die Belagerung aufgegeben, bauten eine Burg auf dem Berge Galganus, von wo aus sie Apulien und Kalabrien beherrschten und ganz Italien ängstigten. So befand sich das Land in jener Zeit in einer unendlich betrübten Lage, da der nördliche Teil von den Hunnen zu leiden hatte, der südliche von den Sarazenen. In dieser Weise währte es unter drei Berengaren, die einer dem andern folgten, während Papst und Kirche in harter Bedrängnis sich befanden, da die Uneinigkeit der Fürsten des Abendlandes und die Ohnmacht des oströmischen Herrschers sie jeder Hilfe beraubte. Die Stadt Genua und ihre Küstenstriche wurden damals durch die Sarazenen verwüstet, wodurch die Größe Pisas entstand, da dort viele aus der Heimat Vertriebene Zuflucht fanden. Dies war im Jahre der christlichen Ära 931. Nachdem aber der Sachsenherzog Otto, Sohn Heinrichs und Mathildens, ein verständiger, in hohem Ansehen stehender Mann, Kaiser geworden, wandte sich Papst Agapitus an ihn mit der Bitte, daß er nach Italien komme und es von der Tyrannei der Berengare befreien möchte.

Die italienischen Staaten waren damals folgendermaßen gestaltet. Die Lombardei war unter Berengar III. und seinem Sohne Albert; Tuscien und Romagna wurden durch einen Statthalter des abendländischen Kaisers verwaltet; Apulien und Kalabrien gehorchten teils den Sarazenen, teils dem griechischen Kaiser; in Rom wählte der Adel jährlich zwei Konsuln, welche nach alter Sitte regierten; ihnen wurde ein Präfekt beigegeben, der dem Volke Recht sprach, und ein Rat von zwölf Männern, welche in jedem Jahre die Magistrate der untergebenen Orte ernannten. Der Papst hatte in Rom und ganz Italien größere und geringere Autorität, je nachdem er die Gunst der Kaiser oder der Mächtigen in der Stadt genoß. Kaiser Otto kam also nach Italien, machte der fünfundfünfzigjährigen Herrschaft der Berengare ein Ende und gab dem Papste seine Würden wieder. Er hatte einen Sohn und Enkel, beide gleichfalls Otto genannt, die ihm in der Regierung folgten. Zu Ottos II.[3] Zeit wurde Papst Gregor V. von den Römern verjagt (999), weshalb der Kaiser nach Italien kam und jenen nach Rom zurückführte. An den Römern sich zu rächen, nahm der Papst ihnen sodann das Recht, den Kaiser zu wählen, welches er den deutschen Fürsten übertrug, drei Bischöfen, denen von Mainz, Trier und Köln, und drei weltlichen Fürsten, denen von Brandenburg, von der Pfalz und Sachsen. Dies geschah im Jahre 1002. Nach Ottos Tode wählten diese Kurfürsten zum Kaiser den Herzog Heinrich von Bayern (Heinrich II. von Sachsen, 1002–1024), welchen zwölf Jahre darauf Stefan VIII. krönte. Heinrich und Kunigunde[4], seine Gemahlin, waren von heiligem Wandel, welches man aus vielen von ihnen erbauten und bereicherten Kirchen ersieht, worunter die von S. Miniato bei der Stadt Florenz. Als Heinrich im Jahre 1024 starb, folgte ihm Conrad von Schwaben und diesem Heinrich II.[5]. Letzterer kam nach Rom, und weil drei Päpste miteinander haderten, setzte er sie alle ab und ließ Clemens II. wählen, durch den er zum Kaiser gekrönt wurde.

Italien war damals teils vom Volke, teils von Fürsten, teils von kaiserlichen Abgesandten regiert, deren vornehmster der Kanzler hieß, welchem die übrigen gehorchten. Unter den mächtigsten Fürsten war Gottfried und seine Gemahlin, die Gräfin Mathilde, deren Mutter Beatrix eine Schwester Heinrichs II. gewesen war. Diese und ihr Gatte besaßen Lucca, Parma, Reggio und Mantua, wie alles, was man jetzt das Patrimonium nennt. Dem Papste machte damals die Ruhelosigkeit des römischen Volkes viel zu schaffen, welches sich erst der päpstlichen Autorität bediente, um von der Kaisergewalt sich zu befreien, dann, nachdem es die Herrschaft in der Stadt erlangt, und sie nach seinem Gutdünken umgestaltet hatte, sogleich den Päpsten feindlich ward, die von jenem Volke mehr Unbilden zu erdulden hatten, als je von einem Fürsten. Und während die Päpste durch ihre Zensuren das ganze Abendland zittern machten, war das römische Volk gegen sie in Empörung, und beider Sinnen und Trachten ging einzig dahin, dem andern Ansehen und Autorität zu nehmen. Nachdem nun Nicolaus II. Papst geworden, nahm er, wie Gregor V. den Römern das Recht, den Kaiser zu wählen, abgesprochen, ihnen die Befugnis, an der Papstwahl teilzunehmen, und verordnete, daß dieselbe den Kardinälen allein zustehen sollte. Hiermit begnügte er sich nicht, sondern nachdem er sich mit den in Kalabrien und Apulien herrschenden Fürsten verständigt hatte, zwang er alle Beamten, welche die Römer nach den Orten ihrer Gerichtsbarkeit sandten, dem Papste den Eid der Treue zu leisten, und nahm einigen derselben ihre Ämter. Nach Nicolaus' Tode entstand ein Schisma in der Kirche, weil der Klerus der Lombardei dem zu Rom gewählten Alexander II. nicht gehorchen wollte und Cadolus von Parma als Gegenpapst aufstellte. Kaiser Heinrich[7], dem die Macht der Päpste verhaßt war, ließ Alexander bedeuten, er solle seine Würde niederlegen, und befahl den Kardinälen in Deutschland, einen neuen Papst zu wählen. So war er der erste Fürst, der zu fühlen begann, wie durch die Geistlichkeit geschlagene Wunden schmerzen: denn der Papst hielt zu Rom ein Konzil und entsetzte Heinrich der kaiserlichen und königlichen Würde. Einige italienische Völkerschaften hingen dem Papste an, andere dem Kaiser, und dies war der Ursprung der guelfischen und gibellinischen Parteien. Denn kaum war Italien von den Einfällen der Barbaren befreit, so mußte es durch innere Kriege zerrissen werden. Da nun Heinrich im Kirchenbann war, wurde er von seinen Völkern genötigt, nach Italien sich zu begeben, um barfuß vor dem Papste[8] zu knien und ihn um Verzeihung zu bitten. Dies geschah im Jahr 1077. Nichtsdestoweniger brach bald darauf zwischen Papst und Kaiser neue Zwietracht aus, und Heinrich ward aufs neue in den Bann getan. Da sandte er seinen Sohn, auch Heinrich geheißen, mit einem Heer gen Rom und belagerte mit Hilfe der Römer, welche den Papst haßten, diesen in der Burg (1081), weshalb Robert Guiscard aus Apulien ihm zu Hilfe kam. Ihn erwartete Heinrich nicht, sondern zog nach Deutschland zurück. Nur die Römer blieben verstockt, so daß Robert die Stadt verheerte und in Trümmer legte, nachdem sie zuvor von verschiedenen Päpsten wiederaufgebaut worden war. Da von diesem Robert Guiscard die neue Ordnung der Dinge im Königreich Neapel ausging, so scheint es mir nicht überflüssig, von dessen Herkunft und Taten einiges zu berichten.

Nachdem, wie oben gezeigt worden, Unfriede die Erben Carls des Großen getrennt hatte, bot sich neuen nordischen Völkern, welche Normannen hießen, Gelegenheit, das Frankenreich anzugreifen. Sie besetzten das Land, welches heutigen Tages nach ihnen die Normandie heißt. Ein Teil dieses Volkes kam nach Italien zur Zeit, als die Berengare, die Sarazenen und Hunnen die Halbinsel beunruhigten, und besetzten einige Striche in der Romagna, wo sie während jener Kriege tapfer sich behaupteten. Tancred, einer der normannischen Fürsten, hatte mehrere Söhne, unter ihnen Wilhelm, genannt Serabac[9], und Robert, genannt Guiscard. Die Herrschaft war an Wilhelm gelangt und die Unruhen in Italien hatten einigermaßen sich gelegt. Aber die Sarazenen hielten Sizilien besetzt und unternahmen täglich Streifzüge, längs der Küsten Italiens. Deshalb kam Wilhelm mit den Fürsten von Capua und Salern, und mit Melorkos, dem griechischen Statthalter in Apulien und Kalabrien, überein, Sizilien anzugreifen, so daß, im Falle des Sieges, jedem der vierte Teil des Landes und der Beute gehören sollte. Das Unternehmen gelang, sie verjagten die Sarazenen und besetzten die Insel; Melorkos aber ließ heimlich Kriegsvolk aus Griechenland kommen, nahm vom Lande Besitz für den Kaiser und teilte nur die Beute. Wilhelm, damit sehr unzufrieden, verbarg seinen Groll bis zu günstigerer Gelegenheit und verließ Sizilien mit den beiden Fürsten. Als diese von ihm sich getrennt, kehrte er nicht nach der Romagna zurück, sondern wandte sich mit den Seinen nach Apulien, eroberte Melfi und bemächtigte sich in kurzer Zeit, die Griechen besiegend, beinahe des ganzen Apuliens und Kalabriens. In diesen Provinzen herrschte, zu Nicolaus' II. Zeit, Wilhelms Bruder, Robert Guiscard. Da dieser um der Nachfolge willen mit seinen Neffen manchen Zwist hatte, so benutzte er die päpstliche Autorität, um die Eintracht herzustellen, worauf der Papst gern einging, da ihm daran lag, Robert zu gewinnen, um an ihm gegen die deutschen Kaiser wie gegen das römische

Volk einen Verteidiger zu haben. Die Rechnung war richtig, indem, wie erzählt worden, zur Zeit Gregors VII. der Normanne die Deutschen aus Rom vertrieb und das Volk bändigte. Dem Herzog Robert folgten seine Söhne Roger und Wilhelm. Ihre Staaten wurden durch Neapel und die Gegenden zwischen Neapel und Rom, wie durch die Insel Sizilien vergrößert, deren Roger sich bemächtigte. Als aber Wilhelm nach Konstantinopel ging, um mit einer Tochter des Kaisers sich zu vermählen, wurde er von Roger seiner Länder beraubt. Stolz geworden durch solches Gelingen, ließ dieser sich anfangs König von Italien nennen; nachmals aber mit dem Titel eines Königs von Apulien und Sizilien sich begnügend, war er der Erste, der Ordnung und Namen diesem Reiche gab, welches noch die alten Grenzen bewahrt, obgleich es zu verschiedenen Malen Herrscherhaus und Nationalität gewechselt. Denn nachdem der normannische Stamm ausgestorben, kam es an die Deutschen, hierauf an die Franzosen, von ihnen an die Aragonesen und heutigen Tages gehört es den Flamändern[10].

Zum Pontifikat war Urban II. gelangt, der in Rom verhaßt war. Da er nun, des vielen Unfriedens wegen, in Italien nicht in Sicherheit verweilen zu können glaubte, entwarf er den Plan zu einem großartigen Unternehmen, zog mit dem gesamten Klerus nach Frankreich und vereinigte in Clermont[11] vieles Volk, vor dem er gegen die Ungläubigen eine Predigt hielt, welche die Gemüter so sehr erregte, daß beschlossen ward, nach Asien wider die Sarazenen zu ziehen. Dies Unternehmen und die übrigen ähnlichen, die ihm folgten, wurden Kreuzzüge genannt, weil die Teilnehmer auf Waffen und Anzug ein rotes Kreuz trugen. Die Hauptführer dieses Zuges waren Gottfried, Eustach und Balduin von Bouillon, Grafen von Boulogne, und ein durch Heiligkeit und Klugheit berühmter Einsiedler, namens Peter. Viele Könige und Völker steuerten Geld bei, und viele Privatleute, durch der Führer Beispiel ermutigt, griffen ohne irgendeinen Lohn zu den Waffen. So viel vermochte damals über die Gemüter der Glaube. Anfangs war dies Unternehmen glorreich, denn ganz Kleinasien, Syrien und ein Teil Ägyptens kamen in die Gewalt der Christen. In dieser Zeit entstand der Orden der Ritter von St. Johann von Jerusalem, der noch jetzt die Insel Rhodus besitzt, die einzige Schutzwehr gegen die Macht der Mohammedaner. Zugleich entstand der Templerorden, der nach nicht langer Dauer, seiner Sittenverderbnis wegen, aufgehoben ward. Eine Menge Wechselfälle des Schicksals ereigneten sich dabei, wobei viele Völkerschaften und viele einzelne Ruhm erlangten. Die Könige von Frankreich und England zogen zum Schutze des gelobten Landes; die Pisaner, Genuesen und Venezianer erwarben glänzenden Ruf und kämpften mit wechselndem Glück bis zur Zeit des Sultans Saladin; durch dessen Tapferkeit, sowie durch eigene Zwietracht büßten die Christen endlich jene Glorie ein, die sie zu Anfang errungen, so daß sie nach neunzig Jahren die Länder verloren, die sie mit so großer Ehre und Glück erobert hatten.

Nach Urbans Tode wurde Paschalis II. Papst, und Heinrich IV.[12] war zur Kaiserwürde gelangt. Dieser kam nach Rom, indem er sich stellte, als sei er mit dem Papste im guten Einvernehmen: bald darauf aber nahm er den Papst und den Klerus gefangen und gab ersteren dann erst frei, nachdem er ihm bewilligt, nach seinem Gutdünken über die deutschen Bistümer verfügen zu können. In dieser Zeit starb die Gräfin Mathilde und hinterließ ihre ganze Erbschaft der Kirche. Nach Paschalis' und Heinrichs Tode folgten mehrere Päpste und Kaiser, bis das Papsttum an Alexander III. gelangte, die Kaiserwürde an

Friedrich Herzog von Schwaben, genannt Barbarossa[13]. Längst war die Stellung der Päpste den Römern wie den Kaisern gegenüber sehr schwierig gewesen und wurde es von da an noch mehr. Friedrich war ein tapferer Kriegsmann, aber so voll Hochmuts, daß er den Gedanken, dem Papste nachzustehn, nicht zu ertragen vermochte. Nichtsdestoweniger kam er nach seiner Wahl nach Rom, die Krone zu empfangen, und kehrte friedsam nach Deutschland zurück (1155). Dies währte aber nicht lange: denn er unternahm einen zweiten Zug nach Italien, um einige ungehorsame Städte in der Lombardei zu züchtigen, zu der Zeit, als der Kardinal von S. Clemente[14], ein Römer, vom Papst Alexander abgefallen und von einigen Kardinälen zum Papst gemacht worden war. Der Kaiser stand damals im Lager zu Crema, und da Alexander bei ihm über den Gegenpapst Beschwerde vorbrachte, gab er ihm zur Antwort: beide sollten sich zu ihm verfügen; er werde dann urteilen, wer von ihnen Papst sei. Alexander mißfiel diese Antwort, und da er ihn dem Gegenpapst geneigt sah, tat er ihn in den Bann und floh zu Philipp, König von Frankreich. Friedrich setzte unterdes den lombardischen Krieg fort und nahm und zerstörte Mailand, weshalb Verona, Vicenza und Padua zu gemeinsamer Verteidigung einen Bund gegen ihn schlossen. Da unterdessen der Gegenpapst starb, setzte der Kaiser den Guido von Cremona[15] an seine Stelle. Während der Abwesenheit des Papstes und des Kaisers Verweilen in der Lombardei hatten mittlerweile die Römer wieder größere Autorität in ihrer Stadt erlangt und forderten die vormals ihnen unterworfenen Orte von neuem zum Gehorsam auf. Und da die Tuskulaner sich ihnen nicht unterwerfen wollten, zogen die Volkshaufen gegen sie: Friedrich aber sandte den Tuskulanern Beistand, und diese schlugen das römische Heer und richteten eine solche Niederlage an, daß

Rom seitdem nie wieder reich an Einwohnern und Gütern geworden ist. Papst Alexander war nach der Stadt zurückgekehrt, indem er um der Feindschaft zwischen den Römern und dem Kaiser willen und wegen der Gegner, die dieser in der Lombardei hatte, dort in Sicherheit verweilen zu können glaubte. Aber Friedrich setzte alle Rücksicht beiseite und zog gegen Rom (1162), wo der Papst ihn nicht erwartete, sondern zu Wilhelm König von Apulien floh, der nach Rogers Tode in diesem Reiche nachgefolgt war. Die Pest nötigte den Kaiser, die Belagerung aufzuheben und nach Deutschland zurückzukehren; und die gegen ihn verbundenen Städte der Lombardei, zu dem Zwecke, Pavia und Tortona, welche zur kaiserlichen Partei hielten, besser bekriegen zu können, erbauten eine Stadt, welche Mittelpunkt ihrer Rüstungen sein sollte, und nannten sie Alessandria zu Ehren des Papstes und zu Friedrichs Schmach. Der Gegenpapst Guido starb und statt seiner wurde Giovanni da Fermo[16] gewählt, welcher mittels Unterstützung der kaiserlichen Partei in Montefiascone seinen Sitz hatte. Papst Alexander war unterdes nach Tuskulum gegangen, von dessen Bewohnern gerufen, auf daß er sie mit seiner Autorität gegen die Römer schütze. Dort kamen zu ihm Abgesandte des Königs Heinrich (II.) von England, ihm vorzutragen, daß ihr Herr keine Schuld trage an dem Tode des seligen Thomas, Bischofs von Canterbury, wie die öffentliche Meinung ihm zur Last legte. Deshalb sandte der Papst zwei Kardinäle nach England, die Sache zu untersuchen. Obgleich diese keine offenbare Schuld des Königs fanden, so legten sie doch, der Größe des Verbrechens wegen, und weil Heinrich den Bischof nicht nach Verdienst geehrt, diesem als Buße auf, daß er vor allen Baronen des Reiches durch einen Eidschwur sich reinigen und sogleich zweihundert Krieger auf ein Jahr besoldet nach Jerusalem senden sollte.

Er mußte sich überdies verpflichten, innerhalb dreier Jahre mit dem größten Heere, das er aufzubringen vermöchte, persönlich dahin zu ziehen; alle während seiner Regierung gegen die geistliche Immunität erlassenen Verordnungen zurückzunehmen und jedem seiner Untertanen die Berufung nach Rom zu gestatten. Alles dieses wurde von Heinrich zugestanden, und ein großer König unterwarf sich einem Urteil, welchem heutzutage ein Privatmann sich zu fügen verschmähen würde. Während aber der Papst über fremde Fürsten so große Macht ausübte, vermochte er die Römer nicht zum Gehorsam zu bringen und von ihnen zu erlangen, daß sie ihm den Aufenthalt in ihrer Stadt gestatteten, obgleich er nur mit den geistlichen Dingen sich zu befassen versprach. So wirkt der Schein mehr in der Ferne als in der Nähe.

In dieser Zeit war Kaiser Friedrich nach Italien zurückgekehrt, und während er sich zu einem neuen Kriege gegen den Papst anschickte, gaben alle seine Prälaten und Barone ihm zu verstehn, daß sie ihn verlassen würden, wenn er sich nicht mit der Kirche versöhnte. Dadurch ward er genötigt, in Venedig dem Papste seine Ehrfurcht zu bezeugen, wo sie miteinander Frieden schlossen. Im Vertrage nahm der Papst dem Kaiser alle Macht über Rom und nannte Wilhelm König von Sizilien und Apulien als seinen Bundesgenossen; Friedrich aber, der nicht ohne Krieg sein konnte, zog nach Palästina, seine Ehrfurcht, die er vergebens an Christi Statthalter versucht, gegen Mohammed auszulassen. Am Flusse Cydnus angelangt, badete er in demselben, durch die Klarheit des Wassers angezogen, und kam darin um. So half das Wasser den Mohammedanern mehr, als der Bann den Christen: denn dieser zügelte seinen Ehrgeiz, jenes löschte ihn. Nach Friedrichs Tode blieb dem Papste nur die Hartnäckigkeit der Römer zu brechen, und nach vielem

Streit über die Wahl der Konsuln kam man überein, daß das Volk dieselben nach alter Sitte wählen, sie aber nicht eher ihr Amt antreten sollten, als bis sie der Kirche Treue gelobt. Dieser Vertrag veranlaßte den Gegenpapst zur Flucht nach dem Monte Albano, wo er nicht lange darauf starb[17]. Der König Wilhelm war um dieselbe Zeit gestorben, und der Papst dachte, sein Reich zu besetzen, weil jener keine andern Söhne hinterlassen, als einen natürlichen Sohn Tancred. Die Barone aber wollten den Papst nicht, sondern machten Tancred zum Könige. Auf dem päpstlichen Stuhle saß Cölestin III. (1191–98), welcher, von dem Wunsche erfüllt, das Land Tancred zu entreißen, die Kaiserwahl Heinrichs, des Sohnes des Barbarossa, begünstigte und ihm das Königreich Neapel versprach unter der Bedingung, daß er der Kirche die ihr gehörenden Ländereien zurückgeben sollte. Um dies zu erleichtern, nahm er Constanzen, die schon in Jahren vorgerückte Tochter König Wilhelms aus dem Kloster und gab sie Heinrich zur Gemahlin. So ging dies Reich von den Normannen, die dessen Gründer gewesen, auf die Deutschen über[18]. Nachdem der Kaiser die Angelegenheiten in Deutschland geordnet, kam er mit seiner Gemahlin und seinem vierjährigen Sohne Friedrich nach Italien und nahm ohne große Schwierigkeit vom Königreiche Besitz, denn Tancred war schon gestorben und hatte nur einen jungen Sohn, namens Roger, zurückgelassen. Heinrich starb nicht lange darauf in Sizilien, wo ihm Friedrich folgte, während dem Herzoge Otto von Sachsen durch Gunst Papst Innocenz' III. die Kaiserkrone zuteil ward. Als aber Otto die Krone erhalten, wurde er gegen die allgemeine Meinung ein Gegner des Papstes, besetzte die Romagna und bereitete sich zu einem Angriff auf Neapel. Deshalb tat der Papst ihn in den Bann, worauf alle ihn verließen und die Kurfürsten den König Friedrich[19] von

Sizilien zum Kaiser wählten. Friedrich kam nach Rom, die Krone zu erhalten, der Papst aber wollte ihn nicht krönen, weil er seine Macht fürchtete, und suchte ihn aus Italien zu entfernen, wie er es mit Otto getan. Erzürnt ging Friedrich nach Deutschland, wo er nach längerem Kampfe Otto besiegte.

Unterdessen starb Innocenz III., welcher, neben andern schönen Handlungen, das Spital zum heiligen Geist in Rom erbaute. Sein Nachfolger war Honorius III., unter dessen Regierung die Orden der Dominikaner und Franziskaner entstanden, im Jahre 1218. Durch diesen Papst wurde Friedrich gekrönt, welchem Johann, ein Nachkomme König Balduins von Jerusalem, der mit den Resten der Christen in Palästina war und noch den Titel von jenem Reiche führte, seine Tochter zur Gemahlin und seinen Titel zur Mitgift gab. Daher kommt es, daß der König von Neapel sich auch König von Jerusalem nennt.

In Italien war es damals auf folgende Weise bestellt. Die Römer wählten keine Konsuln mehr, sondern an deren Stelle bald einen, bald mehrere Senatoren. Noch bestand der Bund, den die lombardischen Städte gegen Kaiser Friedrich I. geschlossen hatten, und es bildeten ihn Mailand, Brescia, Mantua, die meisten Städte der Romagna, Verona, Vicenza, Padua, Treviso. Zur kaiserlichen Partei hielten Cremona, Bergamo, Parma, Reggio, Modena, Trient. Die übrigen Städte und Kastelle der Lombardei, der Romagna und Trevisaner Mark waren, je nach Umständen, bald auf der einen, bald auf der andern Seite. Zur Zeit Ottos III. war nach Italien ein Ezzelin gekommen, der einen Sohn zurückließ, welchem ein anderer Ezzelin geboren ward. Dieser, reich und mächtig, schloß sich an Friedrich II. an, welcher, wie gesagt, mit dem Papste zerfallen war. Indem nun der Kaiser, mit Ezzelins Hilfe, über die Alpen zog, nahm er Verona und Mantua, verwüstete Vicenza, besetzte Padua, schlug das Heer der verbündeten Städte und wandte sich nach Toscana. Ezzelin hatte sich unterdes die ganze Mark Treviso unterworfen: Ferrara zu erobern gelang ihm nicht, weil es durch Azzo da Este und des Papstes lombardische Truppen verteidigt ward, weshalb der Papst dem Estensen die Stadt zu Lehn gab, wie denn seine Nachkommen noch heutigen Tages sie besitzen. Friedrich, welcher sehr wünschte, Toscanas sich zu bemächtigen, verweilte zu Pisa, und indem er in jener Provinz Freunde und Feinde musterte, säete er so vielen Unfrieden aus, daß er zum Ruin von ganz Italien den Grund legte. Denn die guelfischen und gibellinischen Parteiungen mehrten sich: jenen Namen gab man den Anhängern der Kirche, diesen denen des Kaisers. Zu Pistoja vernahm man zuerst diese Benennungen. Nach seiner Abreise aus Pisa griff Friedrich viele Länder der Kirche an, so daß dem Papste kein Mittel blieb, als den Kreuzzug gegen ihn predigen zu lassen, wie seine Vorgänger gegen die Ungläubigen getan. Um nun nicht von den Seinigen auf einmal verlassen zu werden, wie es Friedrich Barbarossa und andern vor ihm begegnet, nahm der Kaiser viele Sarazenen in seinen Dienst, denen er, um sie sich geneigt zu bilden, Noceria (Lucera) im Königreich verlieh, auf daß sie, eine eigene Zufluchtsstätte besitzend, ihm um so zuverlässiger dienten. Innocenz IV. war zum Papsttum gelangt: den Kaiser fürchtend, begab dieser sich nach Genua und von dort nach Frankreich, wo er zu Lyon eine Kirchenversammlung (1245) ausschrieb, welcher Friedrich beizuwohnen beschloß. Aber er wurde durch die Empörung Parmas zurückgehalten, und nachdem er hier im Kampfe Unglück gehabt, begab er sich nach Toscana und von dort nach seinem Königreiche, wo er starb. In Schwaben ließ er seinen Sohn Conrad, in Apulien Manfred, den eine Beischläferin ihm geboren und welchen er zum Herzog von Benevent gemacht hatte. Conrad kam, von dem Reiche Besitz zu nehmen, und starb zu Neapel; sein kleiner Sohn Conradin war in Deutschland zurückgeblieben. Währenddessen hielt Manfred anfangs als Vormund Conradins das Land besetzt; später, das Gerücht von Conradins Tod verbreitend, machte er sich zum Könige gegen den Willen des Papstes und der Neapolitaner, die er mit Gewalt zum Gehorsam zwang.

Während dies im Reiche vorging, fanden in der Lombardei viele Reibungen zwischen der guelfischen und gibellinischen Partei statt. Jenen stand ein päpstlicher Legat vor, diesen Ezzelin, welcher beinahe die ganze Lombardei jenseits des Po besaß. Und weil bei den Rüstungen zum Kriege Padua von ihm abfiel, ließ er zwölftausend Paduaner umbringen; vor dem Ende aber des Kampfes fand er selber den Tod, als er schon im achtzigsten Jahre stand, und alle Orte, die ihm gehört, erlangten ihre Freiheit. König Manfred von Neapel fuhr, nach dem Beispiel seiner Ahnen, in seiner Feindschaft gegen die Kirche fort und hielt Papst Urban IV. in beständiger Besorgnis, so daß dieser einen Kreuzzug gegen ihn anordnete und nach Perugia ging, die Kriegsvölker zu erwarten. Da ihm nun schien, daß diese spät und in geringer Zahl anlangten, so ward er inne, daß, um Manfred zu stürzen, kräftigere Hilfe nötig sei. Deshalb wandte er seine Blicke nach Frankreich und wählte Carl von Anjou, König Ludwigs Bruder, zum Könige von Sizilien und Neapel, indem er ihn aufforderte, nach Italien zu kommen und von dem Reiche Besitz zu nehmen. Bevor aber Carl nach Rom kam, starb der Papst und an seiner Statt wurde Clemens IV. gewählt, zu dessen Zeit Carl mit dreißig Galeeren bei Ostia landete, während seine übrigen Völker den Landweg nahmen. Als er in

Rom verweilte, ernannte ihn das Volk, ihn sich geneigt zu machen, zum Senator, und der Papst erteilte ihm die Investitur des Königreichs unter der Bedingung, daß er jährlich der Kirche 50000 Gulden zahlen sollte. Zugleich erließ er ein Dekret, nach welchem in Zukunft weder Carl noch irgendeiner seiner Nachfolger die Kaiserkrone erhalten dürfte. Carl zog gegen Manfred, der bei Benevent geschlagen wurde und den Tod fand, worauf jener Neapels und Siziliens sich bemächtigte. Conradin aber, dem nach dem Willen seines Vaters das Reich gehörte, sammelte ein Heer in Deutschland und zog nach Italien gegen Carl, mit dem er bei Tagliacozzo zusammentraf. Er unterlag, floh unerkannt, wurde gefangengenommen und starb auf dem Blutgerüst.

In Italien war Ruhe, bis Hadrian V. Papst wurde. Da Carl in Rom war und kraft seines Amtes als Senator die Stadt regierte, konnte der Papst seine Macht nicht ertragen, ging nach Viterbo und forderte den Kaiser[20] Rudolf auf, gegen den König nach Italien zu kommen. So hörten die Päpste nicht auf, bald religiöser Interessen, bald ihres eigenen Ehrgeizes wegen, immer wieder Fremde ins Land zu rufen und neue Kriege zu veranlassen: kaum hatten sie einen Fürsten mächtig gemacht, so bereuten sie's und suchten ihn zu stürzen, und wollten nicht, daß die Länder, welche zu besitzen eigene Schwäche ihnen unmöglich machte, von andern besessen würden. Die Fürsten ihrerseits fürchteten sie, weil sie immer siegten, kämpfend oder fliehend, wenn sie nicht durch irgendeine List unterdrückt wurden, wie Bonifaz VIII. und einige andere, welche unter dem Scheine der Freundschaft von den Kaisern gefangengenommen wurden. Rudolf kam nicht nach Italien, weil sein Krieg mit dem Könige von Böhmen ihm keine Zeit dazu ließ. Als Hadrian starb, wurde Nicolaus III. aus dem Hause Orsini gewählt, ein kühner und ehrgeiziger Mann. Dieser wollte auf jeden Fall König Carls Macht schwächen und brachte es dahin, daß der Kaiser darüber Klage führte, daß Carl in Toscana einen Statthalter für die guelfische Partei hielt, welche nach Manfreds Tode durch seinen Beistand in jener Provinz wieder emporgekommen war. Carl gab dem Kaiser nach und rief seinen Statthalter zurück, und der Papst sandte einen Kardinal, seinen Neffen, hin, um als Reichsstatthalter das Land zu verwalten. In Anerkenntnis dieser ihm zuteil gewordenen Ehre, gab der Kaiser der Kirche die Romagna zurück, welche seine Vorgänger dieser genommen, und der Papst ernannte Bertoldo Orsini zum Herzog der Romagna. Da es ihm nun schien, daß er mächtig genug geworden sei, gegen Carl Angesicht in Angesicht auftreten zu können, nahm er ihm sein Amt als Senator und erließ einen Beschluß, demzufolge in Zukunft keiner von königlichem Geblüte Senator von Rom werden sollte. Er hatte auch den Plan, Carl Sizilien zu nehmen, und knüpfte zu diesem Zwecke mit Peter, König von Aragon, geheime Unterhandlungen an, welche nachmals ihre Wirkung nicht verfehlten. Aus seinem Hause wollte er zwei zu Königen machen, in der Lombardei den einen, den andern in Toscana, um durch ihre Macht die Kirche gegen die Deutschen wie gegen die Franzosen zu schützen. Aber mitten unter diesen Plänen starb er, der erste Papst, welcher persönlichen Ehrgeiz offen an den Tag legte, und unter dem Scheine, die Kirche groß machen zu wollen, die Seinen zu erhöhen und zu bereichern trachtete. Und wie vor dieser Zeit nie von Nepoten und Verwandten eines Papstes die Rede gewesen, so wird von nun an die Geschichte voll davon; und wie bis zu unsern Tagen die Päpste getrachtet, die Ihrigen als Fürsten zu hinterlassen, so bleibt ihnen nichts anderes mehr zu versuchen, als ihnen das Papsttum erblich zu übertragen.

Freilich ist wahr, daß bis jetzt die von den Päpsten gestifteten Fürstentümer nur kurze Dauer gehabt haben, denn in den meisten Fällen kommen die Päpste, ihres kurzen Lebens wegen, nicht mit dem Pflanzen zustande, oder, wenn dies ihnen gelungen, lassen sie die Gewächse mit so geringen und schwachen Wurzeln, daß der erste Wind sie umwirft, sobald die sie stützende Kraft geschwunden ist.

Auf jenen Papst folgte Martin IV., welcher als geborner Franzose dem König Carl günstig war. Carl sandte daher in die Romagna, welche sich empört hatte, Kriegsvölker dem Papste zu Hilfe, und als das Lager bei Forli geschlagen war, verordnete der Sterndeuter Guido Bonatti, daß das Volk in einem von ihm angegebenen Moment die Franzosen angreifen sollte, wobei diese alle umkamen oder in Gefangenschaft gerieten. Um diese Zeit fanden die Wirkungen der vom Papste Nicolaus mit dem Könige von Aragon gepflogenen Unterhandlungen statt, denn die Sizilianer ermordeten alle Franzosen, die sich auf der Insel befanden, zu deren Könige der Aragonier sich aufwarf, indem er erklärte, sie gehöre ihm als ein Erbe seiner Gemahlin Constanze, der Tochter Manfreds. König Carl starb während des Krieges, den er zur Wiedereroberung der Insel begonnen hatte, und sein Nachfolger Carl II. befand sich als Kriegsgefangener in Sizilien. Um sich zu befreien, versprach er, innerhalb dreier Jahre vom Papste die Investitur Siziliens für das Aragonische Haus zu erlangen, wo nicht, wieder als Gefangener sich zu stellen.

Kaiser Rudolf, statt nach Italien zu kommen, um dem Reich wieder zu Ansehn in diesem Lande zu verhelfen, schickte eine Abgesandte mit der Befugnis, allen Städten die Freiheit zu verleihen, die sich loskaufen würden, was viele Städte taten, indem sie mit der Freiheit die Sitte änderten. Ihm folgte Adolf von Nassau[21] und als Papst Pietro da Morrone, genannt Cölestin V. Dieser, ein heiliger Einsiedler, entsagte nach sechs Monden dem Papsttum, welches an Bonifaz VIII. überging. Der Himmel, welcher wußte, daß die Zeit kommen mußte, wo Franzosen und Deutsche Italien verlassen und das Land in Händen seiner eignen Bewohner bleiben würde, ließ in Rom zwei mächtige Familien wachsen, die Colonna und Orsini, auf daß durch deren Macht und Nähe das Papsttum kraftlos bliebe und die Päpste, auch nachdem fremde Hindernisse aus dem Wege geräumt sein würden, ihre Macht weder befestigen noch genießen könnten. Papst Bonifaz, der dies gewahrte, bemühte sich also, die Colonnesen zu vernichten; er tat sie in den Bann und ließ das Kreuz gegen sie predigen. Tat er ihnen damit wehe, so schadete er doch der Kirche noch mehr. Denn die Waffen, welche im Dienste des Glaubens siegreich gewesen, begannen stumpf zu werden, als sie aus Ehrgeiz gegen Christen gewandt wurden. So entriß das zu große Verlangen der Päpste, ihre Pläne durchzusetzen, allmählich die Waffen ihren Händen. Zwei aus der Familie Colonna, welche Kardinäle waren, wurden ihrer Würde entsetzt, und als Sciarra, das Haupt des Geschlechts, unerkannt entfloh, wurde er von katalonischen Korsaren gefangengenommen und zum Rudern gebraucht. Aber zu Marseille erkannt, gelangte er zu Philipp, König von Frankreich, welchen Bonifaz in den Bann getan und des Reiches verlustig erklärt hatte. Da nun Philipp in Betracht zog, daß er in einer offenen Fehde mit dem Papste entweder den Kürzern ziehen oder großen Gefahren sich aussetzen würde, so nahm er zur List seine Zuflucht. Indem er sich stellte, als wolle er mit dem Papste sich vertragen, sandte er Sciarre Colonna heimlich nach Italien, welcher nach Anagni ging, wo Bonifaz verweilte, nachts seine Anhänger zusammenrief und jenen gefangennahm. Und obgleich bald darauf der Papst durch die Bewohner von Anagni befreit ward, so starb er doch nach wenigen Tagen vor Wut und Schmerz über die Schmach, die ihm widerfahren war. Bonifaz setzte im Jahr 1300 das Jubiläum ein und verordnete, daß es alle hundert Jahre gefeiert werden sollte. In diesen Zeiten ereignete sich viel Unfriede zwischen den beiden großen politischen Parteiungen, und da Italien von den Kaisern verlassen war, wurden viele Städte frei, viele wurden von Tyrannen besetzt. Papst Benedict, der auf Bonifaz folgte, gab den Colonnesischen Kardinälen den Hut wieder und nahm den König Philipp von neuem in die Gemeinschaft der Kirche auf. Ihm folgte Clemens V., der, weil er ein Franzose war, im Jahre 1305 den heiligen Stuhl nach Frankreich verlegte.

Unterdessen starb Carl II., König von Neapel, und hatte seinen Sohn Robert zum Nachfolger. Zur Kaiserwürde war Heinrich von Lützelburg gelangt, welcher nach Rom zog, die Krone zu empfangen, obgleich der Papst abwesend war. Sein Zug veranlaßte viele Bewegungen in der Lombardei, denn alle Verbannten, mochten sie Gibellinen oder Guelfen sein, kehrten in ihre Heimatorte zurück. Die Folge davon war, daß die alten Zwistigkeiten wieder anfingen, die einen die andern vertrieben und das Land neue Fehden sah, die der Kaiser trotz aller Anstrengung nicht zu unterdrücken imstande war. Nachdem Heinrich die Lombardei verlassen, kam er über Genua nach Pisa, wo er dem König Robert seinen Einfluß in Toscana zu nehmen dachte. Da ihm dies nicht gelang, wandte er sich nach Rom, wo er wenige Tage blieb, weil die Orsini ihm mit Hilfe des Königs widerstanden. So kehrte er nach Pisa zurück, und um den Krieg in Toscana mit größeren Kräften zu führen und das Land dem König

Robert sicherer zu entreißen, veranlaßte er den König Friedrich von Sizilien, denselben anzugreifen. Im Augenblicke aber, als er hoffte, Toscana in seine Gewalt zu bekommen und dem Könige von Neapel seine Länder zu nehmen, starb er, und hatte im Reiche Ludwig den Bayer zum Nachfolger. Die Papstwürde kam an Johann XXII., unter dessen Regierung der Kaiser nicht aufhörte, die Guelfen und die Kirche zu verfolgen, deren eifrigste Beschützer König Robert und die Florentiner waren. Folgen davon waren in der Lombardei die Kriege der Visconti gegen die Guelfen, in Toscana die Kriege Castruccios, des Herrn von Lucca, gegen die Florentiner. Da die Familie der Visconti das Herzogtum Mailand gründete, eins der fünf Fürstentümer, welche nachmals Italien regierten, so scheint es mir passend, ihren Ursprung genauer ins Auge zu fassen.

Als in der Lombardei der Städtebund sich bildete, dessen Zweck die gemeinsame Verteidigung gegen Friedrich Barbarossa war, trat Mailand, wieder auflebend aus seinen Trümmern, die erlittene Schmach zu rächen, dem Bunde bei, welcher den Kaiser zügelte und der Partei der Kirche in der Lombardei längere Zeit hindurch das Übergewicht verschaffte. In den nachfolgenden Kriegsunruhen erlangte die Familie della Torre großes Ansehen in der genannten Stadt: eine Autorität, die sich mehrte in dem Maße, wie jene der Kaiser abnahm. Als aber Friedrich II. nach Italien gekommen und durch Ezzelins Bemühungen der kaiserliche Anhang mächtig geworden war, entstanden in allen Städten gibellinische Regierungen. In Mailand stellte sich an die Spitze dieser Partei das Geschlecht der Visconti, welches die della Torre aus der Stadt vertrieb. Diese aber blieben nicht lange im Exil, sondern kehrten infolge eines zwischen Papst und Kaiser abgeschlossenen Vertrages in ihre Vaterstadt zurück. Als die Päpste nach Frankreich gegangen und Kaiser Heinrich nach Italien gekommen, um in Rom gekrönt zu werden, ward er in Mailand von Matteo Visconti und Guido della Torre aufgenommen, welche damals die Häupter der beiden Geschlechter waren. Da aber Matteo den Plan hatte, des Kaisers sich zu bedienen, um Guido zu verjagen, und das Unternehmen ihm unschwer schien, weil Letzterer einer feindlichen Faktion angehörte: so benutzte er die Beschwerden des Volks über das harte Verfahren der Deutschen und ermutigte in der Stille jeden, die Waffen zu ergreifen, um das Joch dieser Fremdlinge abzuschütteln. Und als er die Gemüter für hinlänglich bearbeitet hielt, veranlaßte er durch einige seiner Vertrauten einen Aufstand, worauf das ganze Volk gegen die Deutschen sich erhob. Kaum waren die Unruhen ausgebrochen, so stand Matteo mit seinen Söhnen und allen seinen Genossen in Waffen da. Sie eilten zum Kaiser, welchem sie vorstellten, wie dieser Tumult von den della Torre ausgehe, indem diese, nicht damit zufrieden, als Privatleute in Mailand zu leben, ihn aus der Stadt vertreiben wollten, um sich alle Guelfen Italiens geneigt, sich selbst aber zu Herren der Stadt zu machen. Er möge indes guten Mutes sein, denn wenn er sich verteidigen wolle, so würden sie ihm auf alle Weise beistehen. Der Kaiser hielt Matteos Aussagen für wahr, vereinigte seine Streitmacht mit der Viscontischen und griff die Torrianer an, welche nach verschiedenen Teilen der Stadt geeilt waren, den Aufstand zu unterdrücken. Einige von ihnen wurden getötet, die andern ins Exil gesandt. So blieb Matteo Visconti in Mailand mit fürstlicher Gewalt; nach ihm kamen Galeazzo und Azzo, nach diesen Luchino und Giovanni. Letzterer erlangte die erzbischöfliche Würde; Luchino, der vor ihm starb, hinterließ Barnabo und Galeazzo, und des letztgenannten Sohn war Giovanni

Galeazzo, der den Namen des Grafen von Virtu führte[22]. Nach des Erzbischofs Tode schaffte dieser seinen Oheim Bernabo durch List aus dem Wege und blieb alleiniger Herr von Mailand. Er war der erste, der den herzoglichen Titel annahm. Seine Söhne waren Filippo und Giovanni Maria Angelo; dieser wurde vom mailänder Volke ermordet, worauf der Staat dem Filippo blieb, der keine männlichen Nachkommen hinterließ. So gelangte Mailand von den Visconti an die Sforza – auf welche Weise, werden wir gehörigen Orts erzählen.

Um von dieser Abschweifung zurückzukehren, so zog Kaiser Ludwig nach Italien, um seiner Partei größere Macht zu verschaffen und sich die Krone aufsetzen zu lassen. Als er sich nun in Mailand befand, stellte er sich, als wollte er den Mailändern, von denen er Geld zu erlangen wünschte, die Freiheit wiedergeben und ließ die Visconti einkerkern, später aber durch Castruccio, den Herrn von Lucca, wieder befreien. In Rom angelangt, ernannte er, um Italien in noch größere Verwirrung zu setzen, den Pietro da Corvara zum Gegenpapst und dachte durch dessen Ansehen, wie durch die Kriegsmacht der Visconti, die ihm widerstrebenden Parteien Toscanas und der Lombardei zu schwächen. Aber Castruccio starb, und dieser Todesfall war der Anfang seines Unglücks: denn Pisa und Lucca fielen ab von ihm und die Pisaner sandten den Gegenpapst gefangen nach Frankreich zum Papste, so daß der Kaiser, an dem guten Ausgang der italienischen Angelegenheiten verzweifelnd, nach Deutschland zurückkehrte. Kaum war er fort, so kam König Johann von Böhmen nach Italien, von den Gibellinen von Brescia gerufen, und bemächtigte sich dieser Stadt und Bergamos. Und da dieser Zug mit des Papstes Bewilligung stattfand, wenn derselbe auch das Gegenteil vorgab, so war der Legat von Bologna dem Könige günstig, in der

Meinung, daß dies ein gutes Mittel sei, den Kaiser am nochmaligen Römerzuge zu verhindern. Dies brachte in Italien eine große Umwandlung hervor. Denn da die Florentiner und der König Robert sahen, daß der Legat die Unternehmungen der Gibellinen förderte, so wurden sie Feinde aller, denen der Legat und der böhmische König günstig waren. Und ohne Rücksicht auf guelfische und gibellinische Partei, schlossen sich viele Fürsten an sie an, unter ihnen die Visconti, della Scala, Filippino da Gonzaga von Mantua, die Carraresen von Padua und die von Este. Deshalb tat der Papst sie alle in den Bann, und aus Furcht vor diesem Bunde ging der König nach Hause zurück, größere Streitkräfte zu sammeln. Nachdem er nun mit diesen von neuem nach Italien gekommen war, fand er dennoch das Unternehmen schwierig, weshalb er, zu des Legaten Mißvergnügen, entmutigt nach Böhmen zurückkehrte, indem er nur in Reggio und Modena Besatzung, und Parma in der Hut des Marsilio und Piero de Rossi ließ, die in dieser Stadt großen Anhang hatten. Nach seinem Abzuge schloß sich Bologna dem Bunde an, und die Verbündeten teilten sich in vier Städte, die zur kirchlichen Partei sich hielten, indem sie übereinkamen, daß Parma den della Scala gehören sollte, Reggio den Gonzagas, Modena den Estes, Lucca den Florentinern. Diese Pläne führten aber viele Kriege herbei, welche später großenteils von den Venezianern beigelegt wurden. Manchem vielleicht dürfte es unpassend scheinen, daß wir bei der Erwähnung so vieler Vorfälle in Italien so lange angestanden haben, von den Venezianern zu reden, da ihre Republik dem Range wie der Macht nach allen andern Staaten Italiens vorausgeht. Damit aber solche Verwunderung aufhöre, wenn man den Grund vernimmt, werde ich eine gute Weile zurückgehen, damit jedem klar werde, welcher Art die Anfänge dieses Staates waren und weshalb derselbe so spät erst in die italienischen Angelegenheiten eingriff.

Als Attila, der Hunnenkönig, Aquileia belagerte, flüchteten nach langer Verteidigung dessen Bewohner, an ihrer Rettung verzweifelnd, mit aller Habe, die sie aufraffen konnten, auf einige öde Felsengruppen am Ausgange des Adriatischen Meeres. Auch die Paduaner, als sie den Brand nahe sahen und fürchteten, nach Aquileias Einnahme werde Attila gegen sie sich wenden, schafften ihr wertvollstes bewegliches Gut nach einem Orte in demselben Meere, den man Rivo alto nannte, wohin sie auch ihre Weiber, Kinder und Greise brachten, indem die jungen Männer allein zum Schutze der Stadt zurückblieben. Von derselben Furcht getrieben, flüchteten sich die Bewohner von Monselice und den benachbarten Hügeln nach den nämlichen Eilanden. Nachdem nun Aquileia genommen und Padua, Monselice, Vicenza, Verona von Attila verwüstet worden waren, blieben die Paduaner und die mächtigeren in jenen sumpfigen Strichen bei Rivo alto wohnen. Auch die Leute aus der Nachbarschaft jener Provinz, welche vor Alters Venezien hieß, suchten derselben Kriegsfälle wegen Schutz in den Niederungen am Meere. Von Not gedrängt, verließen sie anmutige und fruchtbare Orte und gingen in unfruchtbare, unschöne, öde Gegenden. Und da viel Volkes auf einmal hier zusammenkam, machten sie diese Orte binnen sehr kurzem nicht bloß bewohnbar, sondern auch angenehm, und nachdem sie Gesetz und Ordnung untereinander eingeführt, lebten sie in Ruhe während der größten Verwirrungen in Italien und nahmen bald zu an Macht und Ansehn. Denn außer den genannten flüchteten dahin noch manche aus den lombardischen Städten, vertrieben durch die Grausamkeit Klefs, des Königs der Longobarden. Dadurch wurde die neue Stadt bedeutend vergrößert, so daß zur Zeit Pipins des Frankenkönigs, als dieser auf des Papstes Bitten gegen die Longobarden herbeizog, in dem zwischen ihm und dem griechischen Kaiser geschlossenen Vertrage festgesetzt ward, daß der Herzog von Benevent und die Venezianer keinem von ihnen untertan sein, sondern ihre Unabhängigkeit bewahren sollten. Wie nun Not die Bewohner Venedigs gezwungen hatte, im Wasser zu leben, so brachte Not sie auch dahin, Mittel zu ersinnen, sich einen ehrbaren Lebensunterhalt zu verschaffen. Indem sie auf ihren Fahrzeugen in der ganzen Welt umherzogen, füllten sie ihre Stadt mit fremden Waren, und die andern Leute, welche derselben bedurften, sahen sich veranlaßt, Venedig zu besuchen. Viele Jahre lang dachten sie an keine andere Herrschaft als an die, welche ihnen für den Handel Erleichterung und Bequemlichkeit gewähren könnte. Deshalb eroberten sie mehrere Häfen in Griechenland und Syrien, und bei den Zügen der Franken nach Asien wurde ihnen, zum Dank für den durch ihre Seemacht gewährten Nutzen, die Insel Candia zugestanden. Als sie in solchen Verhältnissen lebten, war ihr Name zur See gefürchtet, in Italien geehrt: so daß sie häufig zu Schiedsrichtern bei entstandenen Zwistigkeiten bestellt wurden, wie in dem Streite geschah, den die Verteilung der gewonnenen Städte unter den Verbündeten veranlaßte. Nachdem die Entscheidung den Venezianern anheimgestellt worden, behielten die Visconti Bergamo und Brescia. Da aber diese nämlichen Venezianer, von Ländergier angetrieben, im Laufe der Zeit Padua, Vicenza, Treviso, dann Verona, Bergamo und Brescia, und im Königreich Neapel und der Romagna viele Städte sich zu eigen gemacht, stieg der Ruf ihrer Macht dermaßen, daß sie nicht bloß den italienischen Fürsten, sondern auch fremden Königen Furcht einflößten. Da nun diese einen Bund gegen sie schlossen, stürzte an einem Tage jener Staat zusammen, den sie während vieler Jahre mit ungeheurer Anstrengung gegründet hatten[23]. Und wenn sie auch in den jüngsten Zeiten einen Teil desselben wiedergewonnen haben, so leben sie doch, da sie zugleich nicht auch ihre alte Autorität und Macht zurückerlangt, gleich den übrigen italienischen Staaten abhängig von andrer Gutdünken.

Benedikt XII. war zum Papsttum gekommen. Da dieser die Besitzungen in Italien als verloren ansah und fürchtete, Kaiser Ludwig werde sich derselben bemächtigen, so beschloß er alle jene sich zu Freunden zu machen, welche Reichsländer eigenmächtig besetzt hielten, in der Absicht, sie zu einem gemeinsamen Bunde mit dem heiligen Stuhl gegen die gefürchtete Macht des Kaisers zu bewegen. Deshalb erließ er eine Verfügung, welche allen Gewaltherrschern der Lombardei den rechtmäßigen Besitz der usurpierten Städte und Ländereien zusprach. Da Benedikt darüber gestorben und Clemens VI. Papst geworden war, und der Kaiser sah, mit welcher offnen Hand der Papst über Reichsland verfügt hatte, so schenkte er, um mit fremdem Gut ebenso freigebig zu sein wie jener, allen kleinen Herren im Kirchenstaat die von ihnen besetzten Orte, die sie fortan unter kaiserlicher Autorität beherrschen sollten. So wurden Galeotto Malatesta und seine Brüder Herren von Rimini, Pesaro und Fano, Antonio von Montefeltro Herr von der Mark und Urbino, Gentile da Varano Herr von Camerino, Guido da Polenta von Ravenna, Sinibaldo Ordelaffi von Forli und Cesena, Giovanni Manfredi von Faenza, Lodovico Alidosi von Imola, und außer diesen viele andere in andern Städten, so daß von denen, die im Kirchenstaat lagen, wenige ohne Fürsten blieben[24]. Dies verursachte bis auf Alexander VI. die Schwäche des heiligen Stuhls – Alexander aber verschaffte der Kirche ihre verlorene Macht wieder, indem er die Abkömmlinge der genannten stürzte. Der Kaiser befand sich, als er diese Verleihung vornahm, zu Trient und ließ wissen, er wolle nach Italien kommen, woher eine Menge Unruhen in der Lombardei entstanden, infolge deren die Visconti Parmas sich bemächtigten. Um diese Zeit starb König Robert von Neapel, mit Hinterlassung zweier Enkelinnen, Töchter seines lange vor ihm gestorbenen Sohnes Carl. Er hatte verordnet, daß die ältere, Johanna, ihm im Reiche nachfolgen und Andreas, den Sohn des Königs von Ungarn, seinen Neffen, heiraten sollte. Das Ehebündnis währte nicht lange, denn Andreas wurde auf Geheiß der Königin ermordet und diese wählte einen andern Vetter, Ludwig Fürsten von Tarent, zum Gemahl. Aber der Bruder des Andreas, König Ludwig von Ungarn, zog, um dessen Tod zu rächen, mit vielem Kriegsvolk nach Italien und vertrieb die Königin Johanna samt ihrem Gemahl aus dem Reiche.

In der nämlichen Zeit ereignete sich zu Rom ein merkwürdiger Vorfall. Einer namens Niccolò di Lorenzo, Kanzler auf dem Kapitol, vertrieb die Senatoren aus Rom, machte sich unter dem Namen eines Tribuns zum Haupt der römischen Republik und stellte deren alte Form her, indem er seiner Verwaltung solchen Ruf von Gerechtigkeit und Ordnung verschaffte, daß nicht aus den benachbarten Orten bloß, sondern aus ganz Italien Gesandte zu ihm kamen und die alten Provinzen, da sie Roms Wiedergeburt sahn, das Haupt erhoben, während einige aus Furcht, andere durch Hoffnung bewegt, dem Tribun Ehrfurcht zollten. Ungeachtet des guten Anfanges verlor Niccolò doch bald das Vertrauen auf sich selber: der Mut sank ihm unter der Last, die er sich aufgebürdet, und ohne ernstlichen Widersacher entfloh er heimlich und ging zum Könige Carl von Böhmen, welcher, Ludwig dem Bayer zum Trotz, auf des Papstes

Geheiß zum Kaiser gewählt worden war. Um sich den Papst gewogen zu halten, sandte dieser ihm den Niccolò gefangen zu. Es traf sich nun, daß Niccolò Nachahmer fand und ein Francesco Baroncelli sich nach ihm in Rom zum Tribun machte und die Senatoren vertrieb. Deshalb befreite der Papst, als kürzestes Mittel diesem ein Ende zu machen, den Niccolò aus dem Kerker und sandte ihn nach Rom, indem er ihm die Tribunswürde erteilte, worauf er sein Amt antrat und den Francesco hinrichten ließ. Da ihm aber die Colonnesen entgegen waren, so verlor auch er nach kurzer Zeit das Leben und die senatorische Regierung begann von neuem.

Unterdessen kehrte der König von Ungarn, nach der Vertreibung der Königin Johanna, in sein Reich zurück. Der Papst aber, welcher Neapel lieber in ihren als in seinen Händen sah, brachte es dahin, daß der König in Johannes Rückkehr sich fügte, unter der Bedingung, daß Ludwig, ihr Gemahl, sich nur Prinz von Tarent und nicht König nennen sollte. Das Jahr 1350 war herangekommen und es schien dem Papste angemessen, das Jubiläum, welches Bonifaz VIII. alle hundert Jahre einmal zu feiern bestimmt, je nach fünfzig Jahren wiedereintreten zu lassen. Da er dies durch eine Verordnung bekanntgemacht, so waren die Römer es zufrieden, daß er vier Kardinäle nach Rom senden sollte, um die Verwaltung neu zu ordnen und die Senatoren nach seinem Gutdünken zu ernennen. Der Papst machte überdies Ludwig von Tarent zum Könige von Neapel, und Johanna gab aus Erkenntlichkeit der Kirche Avignon, welches ihr Erbe war. Damals war Luchino Visconti gestorben und der Erzbischof von Mailand allein als Herr der Stadt geblieben, welcher mit Toscana und seinen Nachbarn viel Kriege führte und große Macht erlangte. Nach seinem Tode folgten seine Neffen Bernabò und Galeazzo, und nach Galeazzos Tode dessen Sohn Giovan Galeazzo, welcher sich mit Bernabò in den Staat teilte. König Carl von Böhmen war Kaiser, Papst war Innocenz VI. Dieser sandte nach Italien den Kardinal Egidius[25], der ein Spanier von Nation war und durch seine Tapferkeit nicht nur in der Romagna und in Rom, sondern in ganz Italien der Kirche großen Ruhm verschaffte. Er nahm Bologna, welches vom Erzbischof von Mailand besetzt worden; nötigte die Römer einen fremden, jedes Jahr durch den Papst zu ernennenden Senator anzunehmen, schloß einen ehrenvollen Vertrag mit dem Visconti, schlug den Engländer Giovanni Aguto[26], welcher mit viertausend der Seinigen auf gibellinischer Seite in Toscana focht und dabei selber in Gefangenschaft geriet. Da nun Urban V. den päpstlichen Stuhl bestieg und von so vielen Siegen hörte, beschloß er, Italien und Rom zu besuchen, wohin auch Kaiser Carl sich begab. Wenige Monde darauf kehrte der Kaiser in sein Reich, Urban nach Avignon zurück. Nach Urbans Tode wurde Gregor XI. gewählt, und da der Kardinal Egidius gestorben, befand sich Italien wieder in dem früheren gesetzlosen Zustande, wozu namentlich der gegen die Visconti geschlossene Städtebund beigetragen hatte. Deshalb sandte der Papst zuvörderst einen Legaten mit sechstausend Bretagnern nach Italien, dann kam er selbst und führte den Hof nach Rom zurück im Jahre 1376, nachdem einundsiebzig Jahre lang der Sitz der Päpste in Frankreich gewesen war. Da aber Gregor bald darauf starb, wurde Urban VI. gewählt, und nicht lange nachher Clemens VII. zu Fondi von zehn Kardinälen, welche des erstern Wahl als unrechtmäßig anfochten. Die Genuesen, lange den Visconti untertan, empörten sich um diese Zeit, und zwischen ihnen und den Venezianern brach wegen des Besitzes der Insel Tenedos eine heftige Fehde aus, welche das ganze Land in Bewegung setzte. In diesem Kriege machte man zuerst Gebrauch von der Artillerie, einer Erfindung der Deutschen. Und obgleich die Genuesen eine Zeitlang überlegen waren und mehrere Monde lang Venedig einschlossen, so siegten die Venezianer dennoch am Ende, und durch Vermittlung des Papstes kam im Jahre 1381 der Friede zustande.

In der Kirche war, wie gesagt, ein Schisma ausgebrochen und die Königin Johanna hielt sich zur Partei des Gegenpapstes. Deshalb veranlaßte Urban VI. den Carl von Durazzo, der zur neapolitanischen Königsfamilie gehörte, gegen Johanna zu ziehn, welche ihre Sache verloren gab und nach Frankreich floh. Erzürnt über diese Vorfälle, sandte der König von Frankreich den Ludwig von Anjou nach Italien, das Reich für die Königin wiederzuerobern, Urban aus Rom zu vertreiben und den Gegenpapst dort einzusetzen. Aber Ludwig starb während des Feldzugs und die Reste seiner Truppen kehrten nach Hause zurück. Der Papst selbst ging nach Neapel, wo er neun Kardinäle einkerkern ließ, weil sie zur Partei Frankreichs und seines Gegners Clemens gehalten. Dann überwarf er sich mit dem Könige, weil dieser einen seiner Neffen nicht zum Fürsten von Capua machen wollte. Indem er sich stellte, als liege ihm nichts daran, bat er sich Nocera zur Wohnung aus, wo er sofort Befestigungen aufführte und sich anschickte, den König der Krone zu berauben. Dieser zog gegen den Papst, welcher nach Genua floh, wo er die gefangenen Kardinäle umbringen ließ. Hierauf kehrte er nach Rom zurück und ernannte, um seine Partei zu verstärken, neunundzwanzig Kardinäle. Carl, König von Neapel, aber ging nach Ungarn, wo er zum König gekrönt ward und bald starb, indem er in Neapel seine Gemahlin und seine Kinder Ladislaus und Johanna zurückließ. Gian Galeazzo Visconti hatte damals nach Bernabòs Tode den ganzen Staat von Mailand an sich gerissen und wollte auch noch Toscana besetzen, da es ihm nicht genügte, über die Lombardei zu schalten. Als er aber jener Provinz sich zu bemächtigen und zum Könige von Italien sich aufzuwerfen dachte, ereilte ihn der Tod. Auf Urban VI. war Bonifaz IX. gefolgt, während zu Avignon der Gegenpapst Clemens VII. starb und Benedikt XIII. zum Nachfolger erhielt. In diesen Zeiten war Italien voll englischer, deutscher und bretagnischer Söldlinge, die zum Teil von den bei verschiedenen Veranlassungen ins Land gekommenen Fürsten gedungen, zum Teil von den Päpsten während ihres Aufenthaltes in Avignon dahin gesandt worden waren. Mit diesen kämpften die italienischen Fürsten ihre Kriege durch, bis Lodovico da Cento, ein Romagnole, aufstand und eine Schar italienischer Soldtruppen bildete, die er die Kompagnie des heiligen Georg nannte. Die Tapferkeit und Manneszucht dieser Truppen minderte den Ruf der fremden Söldlinge und verschaffte den Italienern Berühmtheit, so daß von da an die Fürsten in ihren Fehden ihrer sich bedienten. Wegen Unfriedens mit den Römern begab sich der Papst nach Assisi, wo er bis zum Jubiläum des Jahres 1400 blieb, bei welcher Gelegenheit die Römer, um ihn zur Rückkehr nach ihrer Stadt zu veranlassen, ihm sich fügten und von neuem einen ausländischen Senator annahmen, während sie ihm zugleich erlaubten, die Engelsburg zu befestigen. Nachdem der Papst unter solchen Bedingungen zurückgekehrt, verordnete er zu größerem Vorteil der Kirche, daß jedesmal bei der Vakanz von Benefizien der päpstlichen Kammer eine Annate gezahlt werden sollte. Nach dem Tode Gian Galeazzo Viscontis wurden dessen Staaten, obgleich er zwei Söhne hinterließ, in mehrere Teile zerstückelt. In den darauffolgenden Unruhen verlor einer der Söhne das Leben; der andere, Filippo Maria, hielt sich eine Zeitlang im Kastell von Pavia und rettete sich nur durch die Treue und Tapferkeit des Kastellans. Unter denen, welche Viscontische Städte besetzten, war Guglielmo della Scala, welcher als Verbannter bei Francesco da Carrara, Herrn von Padua, lebte, mit dessen Beistand er Verona wieder einnahm. Doch blieb er dort nur kurze Zeit, denn er wurde auf Francescos Befehl vergiftet, worauf dieser Veronas sich bemächtigte. Als die Bewohner von Vicenza, die unter Viscontischer Herrschaft ruhig gelebt hatten, dies sahen, fürchteten sie die Macht des Herrn von Padua und stellten sich unter den Schutz Venedigs, weshalb die Venezianer mit dem Carraresen Krieg begannen, und ihm erst Verona, dann auch Padua nahmen.

Unterdessen starb Papst Bonifaz und es folgte ihm Innocenz VII. Diesen bat das Römische Volk, er möge ihm die Burgen und die Freiheit wiedergeben, und da der Papst nicht dareinwilligen wollte, rief es den König Ladislaus von Neapel zu Hilfe. Später aber vertrugen sie sich und der Papst kehrte von Viterbo, wohin er geflohn und wo er seinen Neffen Lodovico Migliorati zum Grafen der Mark ernannt hatte, nach Rom zurück. Er starb bald und nach ihm wurde Gregor XII. gewählt, unter der Bedingung, daß er seine Würde niederlegen sollte, falls der Gegenpapst ein gleiches täte. Auf Veranlassung der Kardinäle und um zu versuchen, ob der Kirchenspaltung ein Ende zu machen sei, verfügte sich der Gegenpapst Benedikt nach Porto Venere, Gregor nach Lucca, wo sie viel miteinander verhandelten, aber keine Entscheidung herbeiführten. Die Folge war, daß die Kardinäle den einen wie den andern verließen, worauf Benedikt nach Spanien ging, Gregor nach Rimini. Die Kardinäle ihrerseits, von Baldassar Cossa, dem Kardinallegaten von Bologna geleitet, hielten zu Pisa ein Konzil, in welchem sie Alexander V. wählten, welcher alsbald König Ladislaus in den

Bann tat, die Krone von Neapel an Ludwig von Anjou vergab, im Bunde mit Florentinern, Genuesen, Venezianern und mit Baldassar Cossa Ladislaus angriff und ihm Rom nahm. Mitten in diesem Kriege aber starb der Papst und an seiner Statt wurde Cossa gewählt, der sich Johannes XXIII. nannte. Dieser ging von Bologna nach Rom, wo er den Anjou fand, der mit Heeresmacht aus der Provence angelangt war. Sie zogen gegen Ladislaus und schlugen ihn. Aber die Fehler ihrer Hauptleute hinderten sie, die Vorteile des Sieges zu verfolgen, so daß Ladislaus bald von neuem die Oberhand bekam und Rom besetzte, worauf der Papst nach Bologna ging, Ludwig nach der Provence. Indem nun der Papst darüber nachsann, auf welche Weise er Ladislaus' Macht schwächen könnte, veranlaßte er die Wahl Sigmunds, des Königs von Ungarn, zum Kaiser, ermunterte ihn zum Zuge nach Italien und traf mit ihm in Mantua zusammen, wo sie übereinkamen, zur Wiedervereinigung der Kirche ein allgemeines Konzil zu halten. Denn nur nachdem die Einheit hergestellt, konnte die Kirche ihren Feinden Widerstand leisten.

So waren denn in jener Zeit drei Päpste, Gregor, Benedikt und Johannes, und die Kirche durch diese Spaltung schwach und ohne Ansehn. Zum Orte des Konzils wurde Costniz gewählt, eine Stadt in Deutschland, der Absicht Papst Johannes' zuwider. Obgleich König Ladislaus' Tod den Grund, welcher den Papst zur Bewilligung der Kirchenversammlung bewogen, aus dem Wege geräumt hatte, so konnte er nun doch die Teilnahme an derselben nicht verweigern, da er sie einmal zugesagt hatte. Einige Monate darauf in Costniz [d. i. Konstanz] angelangt, sah er seinen Irrtum ein und versuchte zu entfliehn: aber gefangen und eingekerkert, wurde er gezwungen, die päpstliche Würde niederzule-

ALFONSO VON ARAGON

gen. Auch Gregor dankte mittels eines Bevollmächtigten ab; Benedikt, der andere Gegenpapst, welcher nicht entsagen wollte, wurde als Ketzer abgesetzt. Von seinen Kardinälen verlassen, mußte endlich auch er sich fügen, und das Konzil wählte Oddo Colonna, welcher den Namen Martin V. annahm. So einigte sich die Kirche von neuem nach vierzigjähriger Trennung.

Es befand sich damals, wie gesagt, Filippo Visconti im Kastell von Pavia. Als aber Facino Cane starb, welcher während der lombardischen Unruhen der Städte Vercelli, Alessandria, Novara und Tortona sich bemächtigt und viele Reichtümer erworben hatte, ließ er, da er kinderlos war, seine Gemahlin Beatrice als Erbin, und veranlaßte bei seinen Freunden die Wiederverheiratung derselben mit dem Visconti. Dieser, auf solche Art mächtig geworden, gelangte wieder zum Besitze Mailands und der Lombardei. Um sich sodann für große Wohltaten dankbar zu erweisen, wie es bei Fürsten fast immer der Fall zu sein pflegt, klagte er Beatricen des Ehebruchs an und ließ sie hinrichten. Sodann dachte er an den Krieg mit Toscana, den Lieblingsplan seines Vaters Gian Galeazzo.

König Ladislaus von Neapel hatte bei seinem Tode seiner Schwester Johanna, außer dem Reiche, ein großes, von den ersten Condottieren Italiens befehligtes Heer hinterlassen. Zu diesen Condottieren gehörte Sforza von Cotignola, der in jener Art der Kriegführung einen großen Ruf erworben hatte. Die Königin, um der Schmach ihres Umgangs mit einem gewissen Pandolfello ein Ende zu machen, heiratete Jakob de la Marche, aus königlich französischem Geblüte, unter der Bedingung, daß er damit sich begnügen sollte, Fürst von Tarent genannt zu werden, während ihr der königliche Titel und die Regierung blieben. Kaum aber war er in Neapel angelangt, so begrüßte das Heer ihn als König, so daß zwischen den Ehegatten ernstliche Mißverständnisse ausbrachen und verschiedene Male der Sieg schwankte, bis am Ende die Königin obsiegte, die nachmals dem Papste feind ward. Um diese in Not zu bringen und sie zu veranlassen, sich ihm ganz in die Arme zu werfen, kündigte Sforza ihr seinen Dienst. So befand sie sich plötzlich ohne Heer und wandte sich in ihrer Verlegenheit an Alfons, König von Aragon und Sizilien, den sie an Sohnes Statt annahm. Zugleich nahm sie den Braccio da Montone in ihren Sold, der dem Sforza an Waffenruhm gleich stand und gegen den Papst war, indem er Perugia und andere Orte des Kirchenstaats besetzt hatte. Später vertrug sich die Königin mit dem Papste: König Alfons aber, welcher besorgte, von ihr gleich ihrem Gemahl behandelt zu werden, suchte in der Stille der Festungen sich zu bemächtigen; die schlaue Johanna kam ihm indes zuvor und hielt das Kastell von Neapel mit ihren Getreuen besetzt. Da nun der Verdacht zwischen beiden sich steigerte, griffen sie zu den Waffen: die Königin, mit Hilfe Sforzas, der zu ihr zurückgekehrt war, besiegte Alfons, vertrieb ihn aus Neapel, nahm die Adoption zurück und setzte an seine Stelle Ludwig von Anjou, woher zwischen Braccio, der zur Partei des Königs hielt, und Sforza, welcher für die Königin war, neuer Krieg entstand. Während dieses Kampfes ertrank Sforza beim Übergange über den Fluß Pescara, so daß die Königin, ohne Heerführer, von neuem hätte fliehen müssen, wäre ihr nicht Filippo Visconti zu Hilfe gekommen, der Alfons zur Räumung des Reiches nötigte. Braccio aber, dessen nicht achtend, fuhr fort, Johanna zu bedrängen. Da er Aquila belagerte, nahm der Papst, welcher Braccios Größe ungerne sah, Francesco, den Sohn Sforzas in seinen Sold: dieser zog gegen Aquila und schlug den Braccio, welcher dabei das Leben verlor. Von Braccios Partei blieb sein Sohn Oddo, dem der Papst Perugia nahm, aber Montone ließ. Nicht lange darauf aber kam dieser in der Romagna um, während er in florentinischem Solde focht, so daß von jener Condottierenschule Niccolò Piccinio der berühmteste blieb.

Da ich nun mit der Erzählung zu jenen Zeiten gelangt bin, welche zu erreichen ich mir vorgesetzt hatte, (indem das, was noch zu behandeln bleibt, größtenteils nichts anderes betrifft, als die Kriege der Florentiner und Venezianer mit dem Herzog von Mailand, welche ich erzählen werde, wenn ich im besondern die florentinische Geschichte beschreibe), so will ich für jetzt nicht weiter fortschreiten, sondern nur in der Kürze andeuten, in welchen Verhältnissen Italien sich in jener Epoche befand. Neapel beherrschte die Königin Johanna II. Von der Mark, dem Patrimonium und der Romagna gehörte ein Teil der Kirche, andere Teile waren von Statthaltern oder Gewaltherrschern besetzt, wie Ferrara, Modena und Reggio von den Este, Faenza von den Manfredi, Imola von den Alidosi, Forli von den Ordelaffi, Rimini und Pesaro von den Malatesta, Camerino von den Varano. Die Lombardei gehörte zum Teil dem Herzog Filippo, zum Teil Venedig, denn alle, welche dort einst abgesonderte Staaten besaßen, waren ausgestorben oder zugrunde gegangen, mit Ausnahme des Hauses Gonzaga, welchem Mantua gehörte. Über den größten Teil Toscanas herrschten die Florentiner: nur Lucca und Siena hatten ihre Unabhängigkeit bewahrt, Lucca unter den Guinigi, Siena als Republik. Genua, bald frei, bald dem französischen Königshause oder den Visconti untertan, stand ungeehrt da und gehörte zu den kleineren Staaten. Alle diese Herrscher und Staaten hatten keine eigene Heeresmacht. Filippo Visconti, in seinen Gemächern eingeschlossen, ohne sich sehen zu lassen, führte durch seine

Bevollmächtigten Krieg. Die Venezianer, als sie ihre Politik in bezug auf Italien änderten, legten die Waffen nieder, die ihnen auf der See so großen Ruhm verschafft hatten, und ließen, der Sitte der übrigen Italiener folgend, ihre Heere durch Fremde befehligen. Der Papst, weil es ihm als Kirchenfürsten nicht wohl anstand, Waffen zu führen, und die Königin Johanna, weil sie ein Weib war, taten aus Not das, was die übrigen aus unkluger Wahl taten. Auch die Florentiner gehorchten derselben Notwendigkeit: denn da sie in ihren vielen bürgerlichen Zwisten den Adel vernichtet hatten und die Verwaltung des Staates in den Händen von Leuten geblieben war, welche im Handel aufgewachsen, so teilten sie die Weise und das Schicksal der übrigen. In Italien waren also die Waffen in den Händen von kleinen Fürsten, oder von Leuten ohne Landbesitz. Die kleinen Fürsten trieben das Kriegshandwerk, nicht aus Begierde nach Ruhm, sondern um sich zu bereichern oder in größerer Sicherheit zu leben; die andern, unter den Waffen groß geworden, ohne eine andere Beschäftigung, suchten Reichtum oder Einfluß. Unter diesen waren damals die bekanntesten der Graf von Carmagnola, Francesco Sforza, Niccolò Piccinino (Braccios Zöglinge), Agnolo della Pergola, Lorenzo di Micheletto Attendolo, Agnolo Tartaglia, Giacopaccio, Ceccolino von Perugia, Niccolò von Tolentino, Guido Torello, Antonio von Pontedera und viele andere ihresgleichen. Mit diesen waren jene Herren, deren ich oben gedachte, und die römischen Edelleute, die Colonna und Orsini, und andere Barone aus dem Königreiche und der Lombardei, welche, vom Kriege lebend, gleichsam Bund und Einverständnis miteinander geschlossen, und aus der Kriegsführung eine Kunst gemacht hatten, indem sie in solchem Maße temporisierten, daß meist beide Teile verloren. Am Ende riß eine solche Feigheit ein, daß selbst ein mittelmäßiger Feldherr, wäre nur ein Schatten der alten Tapferkeit wiederaufgelebt, zur Verwunderung von ganz Italien, das in seiner geringen Klugheit diese Leute bewunderte, ihre Schmach an den Tag gebracht haben würde. Mit diesen untätigen Fürsten und ruhmlosen Waffentaten wird meine Geschichte angefüllt sein. Ehe ich mit ihr beginne, muß ich, wie ich eingangs versprochen habe, vom Ursprunge der Stadt Florenz berichten, damit jeder kennenlerne, welcher Art in jener Zeit der Zustand der Stadt, und mit welchen Mitteln sie unter so großen Wechselfällen des Schicksals, welche tausend Jahre lang Italien umgewälzt hatten, zu solchem Zustande gelangt war.

Zweites Buch

Zu den großen und bewunderungswürdigen, in unsern Tagen aber vergessenen Grundsätzen der alten Freistaaten und Fürstentümer gehörte auch das Prinzip, gemäß welchem immer wieder neue Städte und Orte angelegt wurden. Denn nichts ist eines guten Herrschers und einer wohlgeordneten Republik würdiger, nichts einem Lande vorteilhafter, als die Erbauung neuer Orte, in denen die Bewohner behufs der Verteidigung oder des Ackerbaues zusammenleben können. Jene konnten dies leicht tun, indem sie nach besiegten oder menschenarmen Ländern neue Bewohner sandten und auf solche Weise Kolonien gründeten. Denn außerdem, daß dadurch neue Ortschaften entstanden, sicherte diese Maßregel dem Sieger bei weitem mehr den Besitz des Landes, gab den menschenleeren Stellen Bewohner und förderte die richtige Verteilung der letzteren in den Provinzen. Indem man auf diese Art bequemer lebte, mehrten die Bewohner sich rascher, waren beherzter im Angriff, zuverlässiger in der Verteidigung. Da diese Sitte heutzutage durch Unklugheit der Republiken und Fürsten aufgehört hat, so ist die Schwäche, ja der Ruin der Provinzen darauf gefolgt, indem nur von jenem System Sicherheit und reichliche Einwohnerzahl zu erwarten sind. Die Sicherheit entsteht dadurch, daß die nach einem eroberten Lande gesandte Kolonie gleichsam eine Burg und Wache ist, die den Rest in

Gehorsam hält. Auch kann sich ohne eine solche Maßregel eine Provinz nicht mit durchgängig gleichmäßiger Bevölkerung erhalten; denn ein Teil verödet durch Mangel an Menschen, ein anderer verarmt durch zu große Fülle. Da die Natur hier nicht abhelfen kann, muß es der menschliche Geist tun. Denn ungesunde Orte werden gesund, wenn eine Menge Menschen auf einmal sie bewohnen kommen, die durch den Ackerbau den Boden heiligen, durch Feuer die Luft reinigen, wo die Natur nimmer abzuhelfen vermöchte. Dafür zeugt die Stadt Venedig, die in einer sumpfigen, ungesunden Gegend liegt und doch durch die Menge Bewohner, die zur selben Zeit hier zusammenströmten, gesund gemacht wird. Auch Pisa war der schlechten Luft halber nie reich an Einwohnern, bis die Sarazenen Genua und seine Küsten verwüsteten, woher es kam, daß die aus ihrer Heimat vertriebenen Bewohner dieser Gegenden auf einmal und in solcher Menge nach Pisa sich wandten, daß die Stadt volkreich und mächtig wurde. Da nun die Sitte der Gründung von Kolonien nicht mehr besteht, so lassen eroberte Länder sich schwerer behaupten, entvölkerte Länder nicht mehr sich füllen, zu volkreiche nicht mehr ihres Überflusses sich entäußern. Viele Länder, namentlich viele Striche Italiens, sind deshalb im Vergleich mit den alten Zeiten verödet. Alles dies geschah und geschieht, weil in den Fürsten kein Durst mehr ist nach wahrem Ruhme, in den Freistaaten keine preiswürdige Einrichtung mehr. In alten Zeiten also entstanden entweder neue Städte durch Kolonien, oder schon vorhandene wurden vergrößert. Zu diesen gehörte die Stadt Florenz, welche von Fiesole ihren Ursprung herschrieb, ihr Wachstum von einer Einwanderung.

Es ist wahr, wie Dante und Giovanni Villani bezeugen, daß die auf den Spitzen der Hügel liegende Stadt Fiesole,

DANTE ALIGHIERI

um ihre Märkte besuchter und für die Besuchenden bequemer zu machen, sie nicht auf der Höhe, sondern in der Ebene zwischen dem Fuß der Berge und dem Flusse Arno angelegt hatte. Nach meiner Meinung war dieser Markt die erste Veranlassung zu Bauten an dieser Stelle, indem die Handelsleute daselbst Orte zum Unterbringen ihrer Waren haben wollten, welche nachmals bleibende Wohnungen wurden. Diese mehrten sich später sehr, als die Römer, nach Besiegung der Karthager, Italien vor fremden Kriegen sicherstellten. Denn nur gezwungen halten die Menschen in ungünstigen Verhältnissen aus: ist Furcht vor Krieg da, so zieht man gebirgige und feste Orte zum Wohnen vor; ist die Besorgnis verschwunden, so weilt man lieber an bequemen und ebenen Stellen. Die Sicherheit also, welche der große Kriegsruhm der römischen Republik in Italien erzeugt hatte, veranlaßte eine solche Zunahme der schon begonnenen Wohnungen, daß diese einen Ort bildeten, den man anfangs Villa Arnina nannte. Dann entstanden in Rom die Bürgerkriege, erst zwischen Marius und Sulla, dann zwischen Cäsar und Pompeius, endlich zwischen Cäsars Mördern und jenen, die seinen Tod rächen wollten. So wurden anfangs von Sulla, hierauf von jenen drei Bürgern, die, nachdem sie Cäsar gerächt, in das Reich sich teilten, nach Fiesola neue Ansiedler gesandt, welche beinahe alle in der Ebene bei dem schon angelegten Orte ihre Wohnsitze aufschlugen. Da wurde denn derselbe an Wohnungen und Menschen und durch geordnete Verfassung so bereichert, daß er zu den Städten Italiens gezählt werden konnte. Über den Ursprung des Namens Florenz herrschen verschiedenartige Meinungen. Nach einigen kommt er von Florinus, einem der Häuptlinge in der Kolonie. Andere sagen nicht Florentia, sondern Fluentia, wegen der Nähe des Flusses Arno, und führen eine Stelle des Plinius dafür an, welcher sagt: Fluentini praefluenti Arno appositi (die Fluentiner wohnen am Flusse Arno).

Dies dürfte aber falsch sein, denn Plinius zeigt in seinem Texte nur, wo die Florentiner wohnten, nicht wie sie hießen. Zudem muß dies Wort Fluentini ein verdorbenes sein, denn Frontinus und Tacitus, die beinahe des Plinius Zeitgenossen waren, sagen Florentia und Florentini. Schon zu Tiberius' Zeiten war ihre Verfassung gleich jener der übrigen italienischen Städte. Tacitus erwähnt, daß Gesandte von ihnen zum Kaiser kamen (im Jahre 17 n. Chr.) mit der Bitte, daß die Wasser der Chiana nicht nach ihrer Gegend hingeleitet werden möchten, und man kann nicht annehmen, daß diese Stadt zu gleicher Zeit zwei Namen gehabt habe. Deshalb glaube ich, daß sie immer Florentia genannt wurde, welchen Ursprung dieser Name auch immer gehabt haben möge. Die Stadt, welcher Art auch ihre Entstehung war, nahm unter dem römischen Reiche ihren Anfang und wurde zu den Zeiten der ersten Kaiser von den Schriftstellern erwähnt. Als die Barbaren das Römerreich bedrängten, wurde Florenz von Totila, dem Gotenkönig, zerstört und zweihundertfünfzig Jahre darauf von Carl dem Großen wieder aufgebaut. Von da an bis zum Jahr Christi 1215 teilte sie das Schicksal der Mehrzahl der italienischen Städte. Erst herrschten die Karolinger, dann die Berengare, endlich die deutschen Kaiser, wie wir in unserer Einleitung über die allgemeine Geschichte gezeigt haben. In jenen Zeiten konnten die Florentiner weder an Macht wesentlich zunehmen noch etwas besonderer Aufzeichnung Würdiges vollbringen, wegen des Überwiegens derer, welchen sie gehorchten. Nichtsdestoweniger eroberten und zerstörten sie Fiesole im Jahre 1010, am Tage des hl. Romulus, einem Festtage der Fiesolaner[27]: sie taten dies entweder mit Zustimmung der Kaiser, oder in der Zeit eines Zwischenreiches, wo größere Unabhängigkeit zu sein pflegte. Da aber die päpstliche Macht in Italien wuchs, die kaiserliche abnahm, so minderte sich in allen Orten der Provinz der Gehorsam gegen die fürstliche Gewalt in hohem Grade. Unter Kaiser Heinrich III. entstand dann die völlige Teilung des Landes in eine kaiserliche und päpstliche Partei. Bis zum Jahre 1215 aber blieben die Florentiner den Herrschenden gehorsam und strebten nach nichts als nach der Bewahrung möglichst guten Verhältnisses. Doch wie im menschlichen Körper Krankheiten, je später sie auftreten, um so gefährlicher und tödlicher sind: so wurde auch Florenz, je später es von den Parteizwisten Italiens ergriffen ward, um so heftiger dadurch erschüttert. Der Grund der ersten Entzweiung ist bekannt, da Dante und eine Menge anderer Schriftsteller ihn erwähnen; doch scheint es mir passend, ihn hier in der Kürze zu erzählen.

Unter den mächtigsten Familien in Florenz waren die Buondelmonti und Uberti, und nach diesen die Amidei und Donati[28]. In dem letztern Geschlechte gab es eine reiche Witwe, welche eine sehr schöne Tochter hatte. Sie hatte dieselbe dem Messer Buondelmonte, einem jungen Edelmann, der das Haupt der Familie der Buondelmonti war, zur Gattin zugedacht. Diesen Plan aber hatte sie, sei es aus Nachlässigkeit, sei es, weil sie glaubte, es sei immer noch Zeit dazu, niemandem anvertraut, so daß der Zufall es wollte, daß Buondelmonte mit einer Jungfrau aus dem Hause der Amidei sich verlobte. Dies war jener Frau höchst unlieb, und sie geriet auf den Gedanken, durch die Schönheit ihrer Tochter die beschlossene Verbindung zu hintertreiben. Da sie nun einmal den Messer Buondelmonte allein nach Hause gehn sah, kam sie herab und ließ die Tochter hinter sich stehn, und als jener vorbeikam, trat sie ihn an mit den Worten: Ich freue mich wahrhaftig darüber, daß ihr eine Braut gewählt habt, obgleich ich diese meine Tochter euch bestimmt hatte. Hierauf stieß sie die Tür auf und ließ ihn das Mädchen sehn. Der Ritter, als er die seltne Schönheit der Jungfrau erblickte und überlegte, wie ihre Mitgift und Familie denen seiner Braut keineswegs nachständen, wurde von einer solchen Begierde, sie zu besitzen, ergriffen, daß er weder an das gegebene Wort dachte, noch an die Schmach eines Treubruchs, noch an das Unheil, welches ein solcher Treubruch über ihn verhängen konnte. So antwortete er: da ihr sie mir bewahrt habt, so würde ich ein Undankbarer sein, wenn ich, da es noch Zeit, sie ausschlüge, und ohne zu säumen, feierte er die Hochzeit. Als dies bekannt ward, erfüllte es die Familie der Amidei und die mit ihnen verwandten Uberti mit Erbitterung, und da sie mit andern ihrer Angehörigen zusammengekommen, schlossen sie, daß eine solche Beleidigung nicht ohne Schmach ertragen werden könne, und Buondelmontes Tod die einzige Rache sei. Als nun einige über die Übel sprachen, die daraus entstehn würden, sagte Mosca Lamberti, wer viel überlege, beschließe nichts, indem er die volkstümliche Redensart hinzufügte: Geschehn Ding hat Verstand[29]. Die Ausführung des Planes übertrugen sie nun dem Mosca, Stiatta Uberti, Lambertuccio Amidei und Oderigo Fifanti. Diese versammelten sich am Ostermorgen in den Häusern der Amidei, welche zwischen der alten Brücke und der Kirche Sto Stefano lagen, und da Messer Buondelmonte auf einem weißen Rosse über die Brücke ritt, in der Meinung, es sei ebenso leicht, eine Unbilde zu vergessen, wie eine Heirat abzubrechen, wurde er von ihnen am Aufgange, da, wo die Statue des Mars stand[30], angegriffen und ermordet. Diese Tat spaltete die ganze Stadt, denn die einen hielten es mit den Buondelmonti, mit den Uberti die andern. Und da diese Geschlechter viele Wohnungen, Türme und Menschen zählten, kämpften sie lange Jahre miteinander, ohne daß die einen die andern zum Weichen brachten. Obgleich nun ihre Feindschaft durch keinen Frieden beendigt ward, trat endlich Waffenstillstand ein, und so lebten sie, je nach den Umständen, bald ruhig, bald kämpfend nebeneinander.

In solcher Verwirrung befand sich Florenz bis zur Zeit Friedrichs II. (1247), welcher, da er auch König von Neapel war, seine Kräfte gegen die Kirche verstärken zu können glaubte. Um nun seine Macht in Toscana zu befestigen, zeigte er sich den Uberti günstig, welche zusamt ihren Anhängern die Buondelmonti vertrieben. So teilte sich unsere Stadt, nach dem Vorgange des gesamten Italiens, in Guelfen und Gibellinen. Es scheint mir nicht überflüssig, die Geschlechter aufzuführen, welche zu einer und der andern Faktion gehörten. Von der guelfischen Partei waren die Buondelmonti, Nerli, Rossi, Frescobaldi, Mozzi, Bardi, Pulci, Gherardini, Foraboschi, Bagnesi, Guidalotti, Sacchetti, Maniere, Lucardesi, Chiaramontesi, Compiobbesi, Cavalcanti, Giandonati, Gianfigliazzi, Scali, Gualterotti, Importuni, Bostichi, Tornaquinci, Vecchietti, Tosinghi, Arrigucci, Agli, Sizi, Adimari, Visdomini, Donati, Pazzi, della Bella, Ardinghi, Tedaldi, Cerchi. Auf gibellinischer Seite standen die Uberti, Mannelli, Ubriachi, Fifanti, Amidei, Infangati, Malespini, Scolari, Guidi, Galli, Cappiardi, Lamberti, Soldanieri, Cipriani, Toschi, Amieri, Palermini, Migliorelli, Pigli, Barucci, Cattani, Agolanti, Brunnelleschi, Caponsacchi, Elisei, Abati, Tedaldini, Giuochi, Galigai. Überdies schlossen sich den einen und andern dieser Adelsgeschlechter viele Popolanfamilien an, so daß die ganze Stadt in Parteien zerrissen war. Die vertriebenen Guelfen begaben sich nun nach dem obern Arnotal, wo viele ihrer Kastelle lagen, und verteidigten sich so gut sie konnten gegen die Macht ihrer Gegner. Als aber Kaiser

Friedrich starb (1250), schien es denjenigen Einwohnern von Florenz, die parteilos geblieben und auf die Menge Einfluß übten, es sei besser, die Stadt zur Eintracht zurückzuführen, als sie durch diese Spaltung zugrunde zu richten. Sie brachten es also dahin, daß die Guelfen, der Unbilden vergessend, heimkehrten und die Gibellinen, den Verdacht aufgebend, sie wieder aufnahmen. Als sie nun von neuem vereint waren, schien es ihnen Zeit, die Formen einer freien Verfassung einzuführen und dieselbe zu kräftigen, bevor ein neuer Kaiser größere Macht erlangte.

Sie teilten also die Stadt in Sechstel und erwählten zwölf Bürger, zwei für jedes Sechstel, sie zu regieren. Diese sollten Anziani heißen und jedes Jahr wechseln. Den aus gerichtlichen Urteilssprüchen entstehenden Feindschaften ein Ende zu machen, ernannten sie zwei fremde Richter, deren einer der Capitano del popolo hieß, der andere Podestà, um die Rechtsstreite der Bürger sowohl in Angelegenheiten des Eigentums wie der Personen zu schlichten. Da nun keine Einrichtung sich halten kann, ohne Verteidiger zu haben, so bestellten sie zwanzig Banner für die Stadt, für die Landschaft sechsundsiebzig, unter denen die ganze Jugend sich einschreiben ließ, und es ward verordnet, daß ein jeder bewaffnet zu seinem Banner stoßen sollte, sobald er vom Kapitän oder von den Anzianen gerufen würde. Die Abzeichen auf den Bannern waren verschieden, zugleich mit den Waffen: andere hatten die Bogenschützen, andere die Schildträger. Jedes Jahr am Pfingstfeste wurden mit großem Pomp den neuen Leuten die Banner überliefert und die Anführer gewechselt. Und um ihren Scharen äußeres Ansehen und einen Vereinigungspunkt zu geben, wo die im Handgemenge Zurückgedrängten sich sammeln und sodann von neuem dem Feinde entgegenrücken könnten, ordneten sie einen gewaltigen Karren an, gezogen von zwei rotbehängten Stieren, auf dem das große, rot und weiße Banner aufgepflanzt war. Wollten sie das Heer zur Stadt hinausführen, so ließen sie diesen Karren nach dem neuen Markte bringen und übergaben ihn mit feierlichem Pomp den Häuptern des Volks. Noch hatten sie, um ihren kriegerischen Unternehmungen Würde zu verleihen, eine Glocke, die man Martinella nannte, welche einen Monat lang vor dem Ausrücken des Heeres beständig läutete, damit der Feind auf die Verteidigung bedacht sein könnte. So viel Tapferkeit lebte damals in den Bürgern und mit solchem Edelmut verfuhren sie, daß, während jetzt ein unvermuteter Überfall in Kriegszeiten für erlaubt und klug gilt, er in jener Zeit als schmählich und hinterlistig angesehen ward. Diese Glocke nahmen sie auch auf ihren Feldzügen mit und gaben damit den Wachen wie bei allen Vorkommnissen die Signale.

Durch eine solche bürgerliche und kriegerische Verfassung begründeten die Florentiner ihre Freiheit. Es ist kaum glaublich, wieviel Ansehen und Macht die Stadt binnen kurzem gewann, so daß sie nicht nur die vornehmste in Toscana ward, sondern auch zu den ersten in ganz Italien gehörte und zu noch größerem Glanze emporgestiegen sein würde, hätten die neuen und häufigen bürgerlichen Zwistigkeiten ihr nicht geschadet. Unter dieser Regierung lebten die Florentiner zehn Jahre lang, während deren sie die Bewohner von Pistoja, Arezzo und Siena nötigten, Bündnisse mit ihnen zu schließen. Als sie aus dem Lager von Siena aufbrachen (1254), nahmen sie Volterra und zerstörten einige Kastelle, deren Einwohner sie nach Florenz versetzten. Alle diese Unternehmungen wurden nach dem Rate der Guelfen unternommen, welche weit größern Einfluß besaßen als die Gibellinen, einmal weil das Volk letzteren entgegen war, ihres hochmütigen Benehmens wegen zur Zeit ihrer Herrschaft unter Kaiser Friedrich; sodann weil die kirchliche Partei beliebter war als die kaiserliche, indem die Einwohner ihre Freiheit durch den Beistand des Papstes zu bewahren hofften, unter dem Kaiser sie zu verlieren besorgten. Die Gibellinen, welche ihre Autorität sich mindern sahen, konnten sich nicht Ruhe geben und warteten nur auf eine Gelegenheit, die frühere Stellung wieder einzunehmen. Diese glaubten sie gekommen, als Manfred, Kaiser Friedrichs Sohn, des Königreichs Neapel sich bemächtigt und die Macht der Kirche bedeutend geschwächt hatte (1258). Heimlich also unterhandelten sie mit diesem, um ihre vormalige Macht wiederzuerlangen; so geheim aber konnten sie diese Verhandlung nicht halten, daß sie nicht von den Anzianen entdeckt worden wäre. Diese beriefen deshalb die Uberti vor sich, welche aber nicht nur nicht gehorchten, sondern die Waffen ergriffen und in ihren Wohnungen sich befestigten. Erzürnt darüber, waffnete sich das Volk und nötigte sie mit Hilfe der Guelfen, Florenz zu verlassen und mit der ganzen gibellinischen Partei nach Siena auszuwandern. Von dort aus sandten die Vertriebenen zu König Manfred um Hilfe, und durch die Veranstaltungen Messer Farinatas degli Uberti wurden (1260) die Guelfen von den Kriegsvölkern dieses Königs am Flusse Arbia mit solchem Verluste geschlagen, daß die Übrigbleibenden Florenz für verloren hielten und nicht nach der Vaterstadt zurück, sondern nach Lucca flüchteten[31].

Manfred hatte den Gibellinen als Anführer seiner Mannschaft den Grafen Giordano gesandt, einen damals berühmten Kriegsmann. Nach erfochtenem Siege zog dieser mit ihnen nach Florenz und unterwarf die Stadt völlig dem Könige, indem er die Magistrate und die ganze Verfassung abschaffte, deren Formen die Freiheit des

Volkes bezeugten. Diese unkluge Neuerung erfüllte das Volk mit Erbitterung, und war es früher schon den Gibellinen gram gewesen, so wurde es nun aufs äußerste feindselig gegen diese Partei, was ihr den Untergang bereitete. Da der Graf Giordano nach Neapel zurückkehren mußte, ließ er den Grafen Guido Novello, Herrn des Casentino, als königlichen Statthalter zurück[32]. Dieser ließ zu Empoli einen Kriegsrat der Gibellinen halten, wo alle des Sinnes waren, daß zur Aufrechthaltung ihrer Macht in Toscana es nötig sei, Florenz zu zerstören, indem diese Stadt, der guelfischen Gesinnung ihrer Bewohner wegen, allein imstande sei, der kirchlichen Faktion wieder zu Kräften zu verhelfen. Einem so grausamen Urteilsspruche gegen eine so edle Stadt widersetzte sich weder Bürger noch Freund, außer Messer Farinata degli Uberti. Dieser verteidigte sie offen und sonder Rückhalt und sagte, er habe so viele Gefahren nur darum sich ausgesetzt, um in seiner Vaterstadt wieder leben zu können, und er wolle jetzt seinen frühern Willen nicht ändern und das ausschlagen, was das Schicksal ihm verliehen habe. Die, welche einen solchen Plan hätten, würden in ihm einen gleich entschiedenen Gegner finden, wie er den Guelfen feind gewesen; wenn einer von ihnen seine Vaterstadt fürchte, so möge er sie zugrunde richten, er hoffe sie zu verteidigen mit der nämlichen Tapferkeit, welche die Guelfen aus ihr vertrieben[33]. Messer Farinata war ein hochherziger Mann, im Kriegswesen erfahren, das Haupt seiner Partei und sehr geachtet von König Manfred. Sein Ansehen machte daher solchen Plänen ein Ende, und jene dachten auf andere Mittel, ihre Macht zu bewahren.

Die nach Lucca geflüchteten Guelfen mußten der Drohungen des Grafen Guido Novello wegen diese Stadt verlassen und begaben sich nach Bologna (1266). Hier wurden sie von den Guelfen von Parma gegen die Gibellinen gerufen, und da die Feinde vor ihrer großen Tapferkeit weichen mußten, wurden ihnen alle Besitzungen derselben zum Geschenk gemacht, wodurch sie an Reichtum und Ansehn sehr zunahmen. Als sie nun erfuhren, daß Papst Clemens den Carl von Anjou herbeigerufen habe, um Manfred das Königreich Neapel zu nehmen, so sandten sie Abgeordnete an den Papst, ihm ihre Streitkräfte anzubieten. So nahm Clemens sie nicht bloß als Freunde auf, sondern gab ihnen sein Banner, welches seitdem von den Guelfen im Kriege getragen ward und noch jetzt in Florenz gebraucht wird. Manfred verlor im Kampfe mit Carl Krone und Leben[34], und da die florentinischen Guelfen dabeigewesen, ward ihre Partei dadurch stärker, die gibellinische schwächer. Die also, welche mit dem Grafen Guido Novello in Florenz herrschten, glaubten, daß es besser sei, das Volk, das sie vorher durch Schmähungen aller Art gereizt, durch irgendeine Gunstbezeugung zu gewinnen zu suchen. Die Mittel aber, deren Anwendung vor den Tagen der Not ihnen genutzt haben würde, beschleunigten jetzt nur ihren Untergang. Sie dachten die Menge auf ihre Seite zu ziehn, indem sie ihr einen Teil der Ehren und Macht wiedergäben, die sie ihr vorher genommen: darum ernannten sie sechsunddreißig dem Volke geneigte Bürger, die mit zwei Rittern, welche man aus Bologna kommen ließ, die Verfassung neu ordnen sollten[35]. Als diese zusammentraten, teilten sie die Stadt in Zünfte und setzten jeder einen Magistrat vor, welcher den zu ihr Gehörenden Recht sprechen sollte. Überdies teilten sie jeder derselben ein Banner zu, unter welchem jeder bewaffnet sich einfinden sollte, wenn die Stadt seiner bedürfte. Anfangs waren dieser Zünfte zwölf, sieben größere und fünf kleinere. Die Zahl der letzteren wurde sodann auf vierzehn erhöht, so daß sie sich, wie noch jetzt der Fall, auf einundzwanzig belief. Die mit der Umgestaltung der Verfassung beauftragten Männer verordneten noch manches andere zum Besten der Stadt.

Um den Unterhalt der Söldner zu bestreiten, ließ der Graf Guido den Bürgern eine Steuer auflegen, traf aber auf so viele Schwierigkeiten, daß er nicht wagte, sie mit Gewalt einzutreiben. Und da es ihm schien, daß er sich nicht zu behaupten vermöge, pflog er Rat mit den Häuptern der Gibellinen, und sie beschlossen, dem Volke mit Gewalt wieder zu nehmen, was sie ihm unklugerweise zugestanden hatten. Als sie ihre Kriegsmacht geordnet und die Sechsunddreißig versammelt sahen, erhoben sie Lärm, so daß jene erschrocken nach ihren Wohnungen zurückeilten, und sogleich die Banner der Zünfte auszogen, von vielen Bewaffneten geleitet. Da diese hörten, der Graf sei mit den Seinigen in S. Giovanni[36], machten sie halt bei Santa Trinità und ordneten sich unter Messer Giovanni Soldanieri. Als der Graf vernahm, wo das Volk sei, zog er ihm voll Zorn entgegen. Das Volk aber wich dem Kampfe nicht aus, sondern rückte auf den Feind zu. An der Stelle, wo jetzt die Loggia der Tornaquinci[37] ist, stießen sie aufeinander. Der Graf wurde mit Verlust von mehreren der Seinen geworfen, verlor den Mut und fürchtete, das Volk werde ihn in der Nacht angreifen und bei der unter seiner Schar herrschenden Bestürzung töten. Diese Einbildung wirkte so heftig auf ihn, daß er, ohne an irgendeine andere Abhilfe zu denken, Rettung durch die Flucht jener durch den Kampf vorzog, und, dem Rate der Häupter seiner Partei zuwider, mit seiner gesamten Mannschaft nach Prato zog[38]. Als er aber, an einem sichern Orte angelangt, sich besann, erkannte er seinen Irrtum, und um ihn zu verbessern, rückte er bei Tagesanbruch nach Florenz, in der Absicht, die Stadt, welche er aus Feigheit verlassen, mit Gewalt zu nehmen. Indes gelang ihm sein Plan nicht: denn das Volk, das ihn nur mit Mühe zu vertreiben vermocht hätte, konnte ihn mit Leichtigkeit draußen halten. So begab er sich beschämt und reuevoll nach Casentino, während die Gibellinen auf ihre Villen sich zurückzogen.

Indem nun dem Volke der Sieg geblieben, beschloß es, nach dem Rat derer, welchen das Wohl des Staates am Herzen lag, die Parteien zu einigen und alle im Auslande befindlichen Bürger, so Gibellinen wie Guelfen, zurückzurufen (1267). Die Guelfen kehrten also nach sechsjähriger Verbannung heim, und den Gibellinen wurde die noch frische Unbilde verziehn. Nichtsdestoweniger waren sie beim Volke und den Guelfen verhaßt, denn diese konnten die Erinnerung an das Exil nicht tilgen, und jenes erinnerte sich nur zu gut der Tyrannei, die sie als Herrschende geübt. So waren denn die Gemüter keineswegs beruhigt. Während in Florenz solches vorging, kam die Nachricht, daß Conradin, Manfreds Neffe, mit Heeresmacht aus Deutschland herbeiziehe, dem Anjou Neapel zu nehmen. Da blühte den Gibellinen neue Hoffnung, ihre frühere Stellung wieder einzunehmen; die Guelfen aber sannen, wie sie gegen ihre Feinde sich schützen könnten, und ersuchten den König Carl um Hilfe, bei Conradins Durchzug sich zu verteidigen. Als nun neapolitanisches Kriegsvolk heranzog, wurden die Guelfen übermütig, und die Gibellinen verloren so sehr den Mut, daß sie zwei Tage vor der Ankunft der Truppen ohne Schwertschlag die Stadt räumten[39].

Nachdem die Gibellinen ausgezogen waren, führten die Florentiner eine neue Ordnung ein und wählten zwölf Vorsteher, die zwei Monate lang regieren sollten, und nicht mehr Anziani, sondern Buonuomini («gute Männer») hießen. Ihnen beigegeben ward ein Rat von achtzig Bürgern, den sie die Credenza nannten; nach diesen kamen hundertundachtzig Bürger, nämlich dreißig für jedes Viertel, die mit den Buonuomini und dem Rat der Credenza den allgemeinen Rat bildeten. Noch ordneten sie einen dritten Rat von hundertundzwanzig an, Popolanen (Männer aus dem Volke) wie Adelige, welcher das in den vorgenannten Ratsversammlungen Vorgekommene zur Entscheidung brachte und die Ämter in der Republik vergab. Nachdem diese Verwaltung eingesetzt war, verstärkten sie noch die guelfische Partei durch einen besondern Magistrat[40] und eigne Verfassung, um sich mit größerer Macht gegen die Gibellinen zu verteidigen, deren Güter in drei Teile geteilt wurden, von denen sie einen dem gesamten Volke anwiesen, den zweiten dem Magistrat der Partei, den man die Capitani nannte, den dritten der guelfischen Partei selbst als Entschädigung für erlittene Verluste. Der Papst, um Toscana guelfisch zu erhalten, bestellte den König Carl zum kaiserlichen Statthalter der Provinz. Während nun die Florentiner, kraft dieser neuen Verfassung, im Innern durch Gesetze, durch Waffen im Äußern, ihren Ruf aufrecht hielten, starb der Papst, und nach zwei Jahre langem Unfrieden wurde (1271) statt seiner Gregor X. gewählt, welcher, da er lange in Syrien gewesen und zur Zeit seiner Wahl sich noch dort befand und den Parteiungen fremd war, diese von einem andern Standpunkte ansah als seine Vorgänger. Da er nun durch Florenz kam, um nach Frankreich zu gehen, hielt er es für Pflicht eines guten Hirten, die Bürger wieder zu einigen, und brachte es dahin, daß die Florentiner sich dazu verstanden, Abgeordnete der gibellinischen Partei anzunehmen, um in betreff ihrer Wiederaufnahme mit ihnen sich zu besprechen. Obgleich aber der Vertrag abgeschlossen ward, waren die Gibellinen so geschreckt, daß sie nicht zurückkehren wollten. Die Schuld davon maß der Papst der Stadt bei, und zürnend sprach er den

Bann über sie aus. In diesem Banne blieb sie, solange Gregor lebte, und erst nach dessen Tod nahm sie Innocenz V. wieder in die kirchliche Gemeinschaft auf (1276). Das Pontifikat war an Nicolaus III. aus dem Hause Orsini gekommen (1277). Da die Päpste immer den fürchteten, dessen Macht groß geworden war in Italien, selbst dann, wenn die Gunst der Kirche das Wachstum befördert hatte und weil sie diese Macht dann wieder zu schmälern suchten: so entstanden daraus die vielen Unordnungen und Umwälzungen, die das Land in Bewegung setzten. Denn die Besorgnis vor einem Mächtigen half einem Schwachen groß werden, – war er groß, flößte sie Furcht vor ihm ein, – war er gefürchtet, bewog sie zum Versuche, ihn zu verkleinern. Diese Furcht war schuld, daß Manfred des Reiches beraubt und dies an Carl von Anjou vergeben ward: sie machte dann, daß man auf dessen Untergang sann. Von solchen Gründen bewogen, brachte Nicolaus III. es dahin, daß dem Könige Carl das Statthalteramt in Toscana genommen ward, welches er mit kaiserlicher Bewilligung seinem Legaten, dem Kardinal Latino, übertrug.

Florenz befand sich damals in sehr traurigen Verhältnissen. Der guelfische Adel war übermächtig geworden und hatte keine Scheu vor den Magistraten, so daß jeden Tag eine Menge Mordtaten und andere Gewalttätigkeiten vorfielen, ohne daß die Schuldigen bestraft wurden, indem dieser oder jener Adelige ihnen Schutz gewährte. Die Häupter des Volkes glaubten, um diese Willkür zu zügeln, sei es gut, die Ausgewanderten zurückzurufen, was dem Legaten Veranlassung gab, die Parteien miteinander zu versöhnen. So kehrten denn die Gibellinen zurück (1280), und statt zwölf Mitglieder des obersten Magistrats wurden vierzehn bestellt, sieben für jede Partei, die ein Jahr regierten und deren Wahl dem Papste zustehen sollte. Diese Verfassung währte zwei Jahre lang, bis Papst Martin, ein Franzose, zur Regierung kam, welcher Carl von Valois alles wiedergab, was ihm durch Papst Nicolaus genommen worden war. Dadurch entstanden in Toscana sogleich neue Faktionen, denn die Florentiner ergriffen die Waffen gegen den kaiserlichen Statthalter und führten eine neue Regierung ein, um die Gibellinen des Anteils an den Staatsgeschäften zu berauben und die Großen im Zaume zu halten. Es war im Jahre 1282 und die Innungen der Gewerbe, mit ihren Beamteten und Bannern, waren sehr geachtet, so daß, auf diese sich stützend, die Neuerer verordneten, daß statt vierzehn Bürger nur drei gewählt werden sollten, unter dem Namen von Prioren zwei Monate lang die Republik zu regieren. Es kam nicht darauf an, ob sie zu Popolan- oder Adelsfamilien gehörten, sofern sie Handel trieben oder in eine Zunft eingeschrieben waren. Später wurde die Zahl des ersten Magistrats auf sechs, nämlich einen für jedes Sechstel, erhöht, welche Zahl bis zum Jahr 1342 sich erhielt, wo man die Stadt in Viertel einteilte und acht Prioren ernannte, wenn auch bei besonderen Veranlassungen bisweilen zwölf bestellt wurden. Dieser Magistrat ward, wie wir später sehen werden, schuld am Sturze des Adels: denn letzterer wurde verschiedener Vorfälle wegen davon ausgeschlossen und sodann rückhaltlos vom Volke unterdrückt. Anfangs fügte der Adel sich darein, weil er in sich uneins war: indem eine Partei der andern die Macht entreißen wollte, verloren die einen wie die andern. Für die Prioren wurde ein Palast eingerichtet, ihre beständige Wohnung zu sein, während nach früherer Sitte die Magistrate in den Kirchen zusammenkamen, in denen auch die Ratsversammlungen gehalten wurden. Auch mittels unterer Beamten und Diener wurde ihnen äußerlich Ehre gegeben. Und obgleich sie anfangs bloß

Prioren hießen, fügte man nachmals zu größerer Auszeichnung das Wort: Signoren hinzu.

Eine Zeitlang war nun Ruhe im Innern; währenddessen entstand ein Krieg mit den Aretinern, welche die Guelfen ausgewiesen hatten und in Campaldino eine blutige Niederlage erlitten (1289)[41]. Da unterdes die Stadt an Bewohnern und Reichtümern zunahm, schien es auch geraten, sie zu vergrößern. So wurde der neue Mauerkreis angelegt (1293), der noch heutigen Tages vorhanden ist. Ehemals ging die Stadt auf der Nordseite von der alten Brücke an nicht über S. Lorenzo hinaus.

Die auswärtigen Kriege und die innere Ruhe hatten Gibellinen und Guelfen in Florenz ein Ende gemacht. Nur jener Unfriede blieb, der in allen Städten zwischen Mächtigen und Volk zu bestehen pflegt. Denn da das Volk nach den Gesetzen zu leben wünscht, die Mächtigen aber den Gesetzen befehlen zu dürfen glauben, so können sie unmöglich miteinander auskommen. Solange die Gibellinen zu Besorgnis Anlaß gaben, kam dieser Unfriede nicht zum Vorschein: als aber diese unterlegen waren, gab er sich in aller Stärke kund. Jeden Tag wurde irgendein Popolan[42] beleidigt oder geschädigt, und Gesetze und Magistrate reichten nicht hin, ihm Genugtuung zu verschaffen, denn jeder Adelige verteidigte sich mit Verwandten und Freunden gegen die Macht der Prioren und des Capitano del popolo. Die Vorsteher der Zünfte, von dem Wunsche beseelt, solchen Mißverhältnissen abzuhelfen, verordneten daher zugleich mit jeder neuen Signorie[43] bei der Übernahme des Amtes die Ernennung eines Bannerherrn der Gerechtigkeit (Gonfaloniere di giustizia), eines Popolanen, welchem tausend Mann unter zwanzig Bannern untergeordnet sein und welcher mit seiner Fahne und seinen Bewaffneten bereit sein sollte, die Rechte der Bürger zu schützen, sooft er von den Zünften oder vom Capitano (Hauptmann) dazu aufgefordert werden würde. Der zuerst Gewählte war Ubaldo Ruffoli (1293). Dieser zog mit seinem Banner aus und zerstörte die Häuser der Galletti, weil einer aus dieser Familie einen vom Volke in Frankreich getötet hatte. Es wurde den Zünften leicht, eine solche Einrichtung zu treffen, weil schwerer Unfriede unter den Adeligen herrschte, die nicht eher auf die gegen sie angeordnete Maßregel achteten, bis sie sahen, mit welcher Entschiedenheit man gegen sie verfuhr. Anfangs jagte ihnen dies große Furcht ein, nachmals aber kehrte ihr alter Übermut zurück. Denn da stets einige von ihnen unter den Signoren saßen, so wurde es ihnen nicht schwer, den Gonfaloniere an der Ausübung seines Amtes zu hindern. Da überdies der Ankläger eines Zeugen bedurfte, wenn ihm eine Beleidigung widerfuhr, so fand sich oft niemand, der gegen einen Adeligen Zeugnis ablegen wollte. Darum ereigneten sich bald wieder die nämlichen Unordnungen, und das Volk erlitt von den Großen die nämlichen Unbilden: denn die Richter waren träge, und die Urteilssprüche blieben ohne Wirkung. Als nun die Popolanen nicht wußten, welchen Entschluß sie fassen sollten, machte Giano della Bella[44], ein Mann von sehr vornehmem Geschlecht, aber ein Freund der Freiheit der Stadt, den Vorstehern der Zünfte Mut zu einer Umänderung der Verfassung. Nach seinem Rate ward verordnet, daß der Gonfaloniere unter den Prioren sitzen und viertausend Mann unter seinen Befehlen haben sollte. Der Adel wurde völlig vom Priorenamte ausgeschlossen: die Verwandten des Schuldigen wurden der Strafe unterworfen, die diesen traf; die öffentliche Meinung sollte zum Urteil hinreichen. Durch diese Gesetze, welche man die Vorschriften der Gerechtigkeit (ordinamenti della giustizia) nannte, erlangte das Volk großes Ansehen und Giana della Bella zog sich heftigen

Haß zu. Denn er war bei den Großen übel angeschrieben, weil er ihre Macht zerstört hatte, und die reichen Popolanen beneideten ihn, weil seine Autorität ihnen zu groß vorkam. Dies gab sich bei dem ersten Anlaß kund. Der Zufall wollte, daß ein Popolan in einem Streite umkam, an welchem mehrere vom Adel Teil hatten, unter andern Messer Corso Donati, welchem, weil er der kühnste von allen, schuld gegeben ward, worauf der Capitano del popolo ihn verhaftete. Wie nun auch die Sache gegangen sein mag, sei es, daß Messer Corso schuldlos befunden worden, sei es, daß der Capitano sich scheute ihn zu verurteilen: er wurde freigesprochen. Dies Urteil mißfiel dem Volke so sehr, daß es die Waffen ergriff und nach der Wohnung Gianos della Bella zog, indem es ihm anlag, er solle für die treue Beobachtung der durch ihn aufgekommenen Gesetze sorgen. Giano, der Messer Corsos Bestrafung wünschte, hieß das Volk nicht die Waffen niederlegen, wie viele für gut hielten, sondern riet, sie sollten zu den Prioren gehen und sich beschweren und auf irgendeine Maßregel dringen. Die Menge, von Unwillen erfüllt, auf den Capitano erzürnt und von Giano sich verlassen glaubend, zog nicht zu den Signoren, sondern zum Palast des Capitano, welchen sie einnahm und plünderte. Diese Handlung mißfiel allen Bürgern und die Gegner Gianos maßen ihm alle Schuld bei, so daß er, da in der nachmaligen Signorie mehrere seiner Feinde saßen, beim Capitano angeklagt ward, als habe er die Menge aufgereizt. Während die Sache verhandelt wurde, griff das Volk zu den Waffen und eilte zu seiner Wohnung, indem es ihm gegen die Signoren und seine Gegner Hilfe anbot. Giano aber wollte weder der Volksgunst noch den Magistraten sich anvertrauen, indem er der letzteren Tücke, der ersteren Wankelmut in gleichem Maße fürchtete. Um also seinen Feinden die Gelegenheit zu nehmen, ihm Unbilden zuzufügen, seinen Freunden aber keinen Anlaß zu geben, die Ruhe der Stadt zu stören: beschloß er, sich zu entfernen, dem Neide zu weichen, die Bürger von ihrer Besorgnis zu befreien und eine Stadt zu verlassen, welche er mit eigener Last und Gefahr dem Joche der Mächtigen entzogen hatte. So wählte er denn eine freiwillige Verbannung.

Nach seiner Abreise gewann der Adel neue Hoffnung, zu seiner frühern Stellung zu gelangen (1295). Da die Vornehmen glaubten, ihre eigene Uneinigkeit trage die Schuld des Unheils, so traten sie zusammen und sandten zwei der ihrigen zu der Signorie, welche sie für günstig gesinnt hielten, mit der Bitte, daß es ihr gefallen möchte, die Härte der gegen sie erlassenen Verordnungen einigermaßen zu mildern. Als dies Gesuch bekannt ward, beunruhigte es sehr die Popolanen: denn sie fürchteten, die Signorie werde jenen das Verlangte gewähren. So veranlaßte denn das Begehren des Adels einerseits, andrerseits der Verdacht des Volkes, daß man zu den Waffen griff. Der Adel rottete sich an drei Orten zusammen, bei San Giovanni, auf dem neuen Markte und auf dem Platze der Mozzi, unter drei Anführern, Messer Forese Adimari, Messer Vanni de' Mozzi und Messer Geri Spini. Die Popolanen aber kamen in großer Zahl unter ihren Bannern beim Palast der Signoren zusammen, die damals bei der Kirche S. Procolo wohnten. Und weil das Volk der Signorie nicht traute, ernannte es sechs Bürger, die mit ihr sitzen sollten. Während beide Teile zum Kampfe sich vorbereiteten, traten einige vom Volke wie vom Adel, nebst einigen geachteten Mönchen dazwischen, um Frieden zu stiften, indem sie den Adeligen in Erinnerung brachten, wie ihr Hochmut und ihre schlimme Verwaltung schuld gewesen an der Minderung ihres früheren Ansehens und an den gegen sie erlassenen Gesetzen und wie ihre jetzige Schilderhebung und der Versuch, durch

Gewalt wiederzuerlangen, was sie durch Zwist und durch unkluges Benehmen eingebüßt, keinen andern Erfolg haben könne, als den Ruin ihrer Vaterstadt und die Verschlimmerung ihrer eigenen Lage. Sie möchten in Betracht ziehn, daß das Volk an Zahl, Reichtum und feindseliger Entschlossenheit ihnen weit überlegen sei, und daß der Adel, durch welchen sie über die andern erhaben sich dünkten, beim Kampfe ein leerer Name sei, der nicht hinreiche, gegen so viele sie zu schützen. Dem Volke andrerseits stellten sie vor, wie es nicht klug sei, in allem vollständigen Sieg zu wollen, und wie es töricht, Leute zur Verzweiflung zu bringen, da Übel nicht fürchte, wer Gutes nicht hoffe; wie sie in Betracht ziehn müßten, daß es der Adel sei, der in den früheren Kämpfen die Stadt zu Ehren gebracht, und wie deshalb eine gehässige Verfolgung desselben weder gut noch gerecht genannt werden könne; wie der Adel wohl die Ausschließung vom höchsten Magistrat ertrage, nicht aber eines jeden Befugnis anerkenne, ihn in Gemäßheit der gegen ihn erlassenen Verordnungen aus der Stadt zu verweisen. Es sei also ratsam, diese Verordnungen zu mildern und dadurch den Frieden herzustellen; sie möchten nicht, auf ihre Menge vertrauend, auf Waffenglück es ankommen lassen: denn oft schon habe man gesehn, daß viele von wenigen besiegt worden seien. Des Volkes Ansichten waren geteilt. Viele wünschten den Kampf, in der Meinung, daß es, früher oder später, doch einmal dazu kommen müsse und daß es besser sei, den Streit jetzt zu schlichten als dann, wenn die Feinde neue Macht gewonnen. Glaube man, der Adel werde sich begnügen mit einer Milderung der Gesetze, so möge man sie mildern: sein Stolz aber sei von der Art, daß er nimmer ruhen würde, wenn nicht gezwungen. Andern, die gemäßigter und klüger, schien es, daß auf eine Milderung der Gesetze nicht viel ankomme, wohl aber auf den Beginn des Kampfes. Ihre Meinung überwog, und es wurde beschlossen, daß zur Begründung von Klagen gegen den Adel Zeugen nötig sein sollten.

Nachdem man die Waffen niedergelegt, währte bei beiden Parteien der Verdacht und jede verstärkte sich durch Burgen und Waffen. Das Volk ordnete die Verwaltung von neuem und übertrug sie einer geringeren Zahl von Personen, wozu es in der dem Adel günstigen Gesinnung jener Signoren einen Grund fand. Die vornehmsten unter den Popolanen waren damals die Mancini, Magolotti, Altoviti, Peruzzi und Cerretani. Nach dieser Veränderung wurde, zu größerer Auszeichnung wie Sicherheit der Signorie, im Jahre 1298 der Palast[45] derselben gegründet und die Stelle, wo ehemals die Häuser der Uberti standen, zum Platze vor demselben gemacht. Um dieselbe Zeit begann man den Bau der öffentlichen Gefängnisse[46], welche Gebäude innerhalb weniger Jahre vollendet wurden. Nie war unsere Stadt in einem glücklichern und bessern Zustande als damals, wo sie reich war an Bewohnern, an Schätzen, an Ehre. Der waffenfähigen Bürger waren dreißigtausend, zu welchen siebzigtausend aus dem Gebiete kamen. Von Toscana war ein Teil untertan, der andere befreundet. Und fanden auch zwischen Adel und Volk Reibungen und Verdacht statt, so kam es doch zu keinen schlimmen Taten und alle lebten einig und im Frieden. Wäre dieser Friede durch innere Zwietracht nicht von neuem gestört worden, so hätte er äußere Anfeindung nicht zu fürchten gebraucht: denn die Stadt war so stark, daß weder das Reich noch die Verbannten ihr Besorgnis einflößen konnten, und sie allen Staaten Italiens hätte entgegentreten dürfen. Das Übel aber, das von außen nicht kommen konnte, fügte heimischer Zwist ihr zu.

Es gab in Florenz (1300) zwei Familien, die Cerchi[47]

und Donati, mächtig durch die Zahl ihrer Glieder, durch Adel und Reichtum. Zwischen ihnen, welche durch Landbesitz Nachbarn waren, hatten einige Mißhelligkeiten stattgefunden, nicht indes von der Art, daß es zu offenem Kampfe gekommen wäre. Vielleicht wäre ihre Feindschaft ohne ernste Wirkungen geblieben, hätten nicht äußere Ursachen sie gemehrt. Zu den ersten Geschlechtern Pistojas gehörte das der Cancellieri. Es traf sich einmal, daß Lore, der Sohn des Messer Guglielmo, und Geri, der Sohn des Messer Bertaccio, alle aus dieser Familie, miteinander spielten und, da sie in Wortwechsel gerieten, Geri von Lore leicht verwundet wurde. Dies mißfiel dem Messer Guglielmo, und indem er durch Freundlichkeit dem Übel ein Ende zu machen suchte, mehrte er es: denn er befahl seinem Sohne, nach der Wohnung des Vaters des Verletzten zu gehn und ihn um Entschuldigung zu bitten. Lore gehorchte, aber dieser Beweis von Versöhnlichkeit milderte den wütenden Groll Messer Bertaccios nicht: er ließ Lore durch seine Dienstleute greifen, die Hand ihm zu größerem Schimpf auf einem Troge abhauen, und sandte ihn heim mit den Worten: Sag' deinem Vater, Wunden heile man mit Eisen, nicht mit Reden. Die Grausamkeit dieser Tat erregte in solchem Grade Guglielmos Unwillen, daß er die Seinen bewaffnete, um Rache zu üben. Auch Messer Bertaccio rüstete sich zur Verteidigung, so daß nicht diese Familie allein, sondern ganz Pistoja in Parteien zerfiel. Und da die Cancellieri von Messer Cancelliere abstammten, welcher zwei Frauen gehabt, von denen eine Bianca hieß, so nannte sich die eine Partei nach dieser die Weiße, während man die andere, in entgegengesetzter Bezeichnung, die Schwarze hieß. Viele Händel fielen zwischen diesen vor, viele Menschen verloren ihr Leben, viele Häuser wurden zerstört. Da sie miteinander sich nicht zu einigen vermochten und doch, des Unheils müde, entweder ihrer Feindschaft ein Ende zu machen oder durch Hineinziehung anderer sie ins Große zu treiben wünschten, so kamen sie nach Florenz. Die Schwarzen, mit den Donati bekannt, fanden Aufnahme bei Messer Corso, dem Haupte dieser Familie, weshalb die Weißen, um gegen diese einen kräftigen Schutz zu haben, an Messer Vieri de' Cerchi sich wandten, einen Mann, der Messer Corso in keiner Beziehung nachstand.

Dieser von Pistoja gekommene Unfriede mehrte den alten Haß zwischen den Cerchi und Donati, und dieser ward so offenbar, daß die Prioren und übrigen guten Bürger fürchteten, sie würden jeden Augenblick aneinandergeraten und die Stadt in neue Verwirrung stürzen. Deshalb wandten sie sich an den Papst[48] und baten ihn, er möge in seiner Machtvollkommenheit ein Mittel gegen diesen Hader anwenden, welches sie mit eigener Macht nicht anwenden könnten. Der Papst ließ Messer Vieri kommen und gab ihm auf, mit den Donati Frieden zu schließen. Vieri stellte sich verwundert und sagte, er führe keinen Krieg mit jenen: da nun ein Friedensschluß Krieg voraussetze, so wisse er nicht, was Friede solle, wo kein Kampf sei. Als nun Vieri von Rom zurückkehrte, ohne daß etwas zustande gekommen wäre, so steigerte sich die Gereiztheit in solchem Maße, daß jeder, auch der kleinste Zufall das Signal zum offnen Bruch geben konnte. Dies geschah denn auch wirklich. Es war im Monat Mai, während dessen öffentliche Festlichkeiten in Florenz stattfinden. Einige junge Leute aus dem Geschlechte der Donati, von mehreren ihrer Freunde begleitet, hielten eines Tages zu Pferde auf dem Platze vor der Kirche Santa Trinità, um Frauen tanzen zu sehn. Auch einige von den Cerchi, von einer Schar Edelleute gefolgt, kamen dazu, und da sie die vor ihnen stehenden Donati nicht kannten und besser sehn wollten, drängten sie mit ihren Rossen so sehr vorwärts, daß sie an jene anrannten. Sich für beleidigt haltend, griffen die Donati zu den Waffen, die Cerchi desgleichen, und sie trennten sich erst, nachdem auf beiden Seiten viele verwundet worden waren. Dies war der Anfang eines neuen Streites, der Adel wie Volk veruneinigte, und wobei die Parteien die Namen der Weißen und Schwarzen annahmen. Häupter der Weißen waren die Cerchi und zu ihnen hielten die Adimari, die Abati, ein Teil der Tosinghi, der Bardi, der Rossi, der Frescobaldi, der Nerli und Mannelli, alle Mozzi, Scali, Gherardini, Cavalcanti, Malespini, Bostichi, Giandonati, Vecchietti und Arrigucci. Viele Popolanfamilien scharten sich zu diesen nebst allen in Florenz befindlichen Gibellinen, so daß ihnen, ihrer großen Zahl wegen, die Verwaltung der Stadt beinahe ganz gehörte. Andrerseits waren die Donati Häupter der Schwarzen, und zu ihnen hielten solche Mitglieder der oben bezeichneten Häuser, welche nicht zur weißen Partei gehörten, überdies alle Pazzi, Visdomini, Manieri, Bagnesi, Tornaquinci, Spini, Buondelmonti, Gianfigliazzi, Brunelleschi. Nicht auf die Stadt allein beschränkte sich diese Feindschaft: sie erstreckte sich über das ganze Gebiet. Die Capitani guelfischer Partei und alles, was es mit dieser Faktion und der Republik hielt, fürchteten deshalb sehr, dieser Unfriede werde zum Nachteil der Stadt die gibellinische Partei wieder ins Leben rufen. Darum sandten sie zu Papst Bonifaz, damit er auf eine Abhilfe denke, wenn er nicht wolle, daß die Stadt, welche stets der Kirche Schild gewesen, zugrunde gehe oder gibellinisch werde. Der Papst sandte den Kardinal von Porto, Matteo von Acquasparta[49] als Legat nach Florenz, und da dieser bei den Weißen auf Schwierigkeiten stieß, indem dieselben weniger fürchteten, weil sie sich für die Stärksten hielten, so zog er unwillig ab und ließ die Stadt im Interdikt. So herrschte nach seiner Abreise größere Verwirrung als vor seiner Ankunft.

Während nun aller Gemüter gereizt waren, traf es sich, daß bei einer Leichenfeier, wo viele der Cerchi und Donati zusammen sich einfanden, man zu Worten kam, dann zu den Waffen griff, woraus indes damals nur Tumult entstand. Als nun jeder nach Hause gegangen, beschlossen die Cerchi, die Donati anzugreifen, und suchten sie auch mit einer großen Schar der Ihrigen: aber die Tapferkeit Messer Corsos schlug ihren Angriff ab, und viele zogen verwundet heim. Die ganze Stadt war in Waffen; die Prioren und die Gesetze vermochten nichts gegen die Mächtigen; die weisesten und besten Bürger waren voll Besorgnis. Die Donati und ihre Partei fürchteten mehr, weil sie die Schwächeren waren. Deshalb verband sich Messer Corso mit den übrigen Häuptern der Schwarzen und mit den Hauptleuten der guelfischen Partei, und sie beschlossen, den Papst zu bitten, einen von königlichem Blute zu senden, um Florenz umzugestalten, indem sie auf solche Weise über die Weißen zu siegen hofften. Diese Zusammenkunft und Beschlußnahme kamen zu den Ohren der Prioren und wurde von den Gegnern als eine Verschwörung gegen die Freiheit ihnen zur Last gelegt. Da beide Parteien bewaffnet waren, so faßten die Signoren, auf den Rat wie durch die Weisheit Dantes, welcher zu jener Zeit unter ihnen saß, neuen Mut und hießen das Volk sich waffnen, welchem viele aus der Landschaft sich anschlossen. Hierauf nötigten sie die Häupter, die Waffen niederzulegen, und sandten Messer Corso und andere der Schwarzen in die Verbannung. Und um ihre Unparteilichkeit an den Tag zu legen, verbannten sie auch mehrere der Weißen, welche indes nicht lange darauf aus anscheinend gültigen Gründen zurückkehrten.

Messer Corso und die Seinen, welche an eine günstige

Gesinnung des Papstes glaubten, begaben sich nach Rom (1301), und indem sie Bonifaz mündlich vortrugen, was sie ihm schon schriftlich gemeldet, erreichten sie ihre Absicht. Am Hofe zu Rom befand sich Carl von Valois, Bruder des Königs von Frankreich, vom Könige von Neapel nach Italien berufen, um mitzuwirken zur Wiedereroberung Siziliens. Auf die Bitten der Florentiner gestattete der Papst, daß Carl sich bis zur Zeit, wo die Seefahrt unternommen werden könnte, nach Toscana begeben sollte. So kam denn der Prinz, und obgleich die Weißen in großer Besorgnis waren, wagten sie doch sein Kommen nicht zu hindern, da er Haupt der Guelfen und päpstlicher Abgesandter war. Aber um ihn sich zum Freunde zu machen, erteilten sie ihm Machtvollkommenheit, über die Angelegenheiten von Florenz nach seinem Gutdünken zu verfügen. Nachdem Carl diese Autorität erhalten, ließ er alle seine Anhänger sich bewaffnen, was bei dem Volke einen solchen Verdacht erregte, der Prinz könnte gegen die Freiheit etwas versuchen, daß alle sich rüsteten und in ihren Wohnungen bereit hielten, falls jener irgendeine Bewegung machen sollte. Die Cerchi und die Häupter der Weißen, welche eine Zeitlang das Ruder geführt und sich hochmütig gezeigt hatten, waren allgemein verhaßt, was Messer Corso und den übrigen Verbannten der schwarzen Partei Mut einflößte, nach Florenz zurückzukehren, um so mehr, als sie wußten, daß der Prinz und die Parteihauptleute (Capitani di parte) günstig für sie gestimmt waren. Und während die Stadt, wegen Verdachtes gegen den Valois, in Waffen war, kehrten Messer Corso und die andern Ausgewiesenen nebst zahlreichen Anhängern zurück, ohne von jemand daran gehindert zu werden. Zwar wurde Messer Vieri de' Cerchi von den seinen bestürmt, er solle sich Messer Corso widersetzen; aber er wollte es nicht, indem er sagte, das Florentiner Volk müsse den züchtigen, der als Feind heranziehe. Indes fand gerade das Gegenteil statt: Messer Corso ward empfangen und nicht gestraft, während Messer Vieri flüchten mußte, um sich zu retten. Denn jener, nachdem er das Tor von Pinti erzwungen, ließ seine Schar bei San Pier maggiore halten, in der Nähe seiner Wohnungen, und nachdem dort viele Freunde und neuerungssüchtiges Volk zu ihm sich gesellt, erbrach er die Gefängnisse und ließ alle frei, die aus politischen Gründen oder wegen sonstiger Vergehen eingesperrt waren. Dann nötigte er die Signoren, ihr Amt niederzulegen und nach Hause zu gehen, und wählte eine neue Signorie aus Popolanen und Leuten von der schwarzen Partei. Fünf Tage lang wurden die Häuser der Vornehmsten unter den Weißen geplündert. Die Cerchi und die ersten ihrer Anhänger hatten die Stadt verlassen und auf ihre Kastelle sich zurückgezogen, als sie Carl übelwollend und den größten Teil des Volkes feindlich gesinnt sahen. Und während sie früher des Papstes Rate nicht hatten folgen wollen, waren sie jetzt genötigt, ihn um Hilfe anzusprechen, indem sie ihm zeigten, wie Carl gekommen, in Florenz Zwietracht zu säen, statt Eintracht zu fördern. Deshalb sandte Bonifaz von neuem den Kardinal von Acquasparta als seinen Legaten, und dieser schloß Frieden zwischen Cerchi und Donati und befestigte ihn durch Verschwägerungen und Ehebündnisse. Als er aber verlangte, daß die Weißen auch an den Ämtern teilnehmen sollten, gaben die Schwarzen dies nicht zu, so daß der Legat mit nicht geringerem Unwillen abzog, als das erste Mal, und die ungehorsame Stadt im Interdikte ließ (1302).

So blieben denn in Florenz beide Parteien, jede mißvergnügt. Die Schwarzen, welche ihre Gegner neben sich sahen, fürchteten, diese würden sie stürzen und ihre ehemalige Autorität wiedererlangen; die Weißen sahen sich des Einflusses und der Ehrenämter beraubt. Neue Unbilden mehrten Groll und Verdacht. Messer Niccolò de' Cerchi zog mit einigen seiner Freunde nach einer seiner Besitzungen und wurde, als er zum Ponte ad Affrico[50] kam, von Simone Donati angegriffen. Der Kampf währte lange und hatte auf beiden Seiten ein beklagenswertes Ende: denn Niccolò blieb auf dem Platze, und Simone wurde so gefährlich verwundet, daß er in der folgenden Nacht den Geist aufgab. Dieser Vorfall regte von neuem die ganze Stadt auf, und obgleich die Schuld der Schwarzen bei weitem die größere war, wurden sie doch von den Regierenden in Schutz genommen. Noch war die Sache nicht entschieden, so entdeckte man eine Verschwörung der Weißen mit Messer Piero Ferrante, einem aus dem Gefolge des Prinzen, deren Zweck war, den Weißen wieder zur Macht zu verhelfen. Die Entdeckung fand durch aufgefangene Briefe der Cerchi an den genannten Baron statt, obgleich viele der Meinung waren, die Briefe seien falsch und von den Donati untergeschoben gewesen, um die Schande, welche sie durch die Ermordung des Messer Niccolò sich zugezogen, zu verbergen. Deshalb wurden die Cerchi mit ihren Anhängern ins Exil geschickt, unter ihnen Dante der Dichter; ihre Güter wurden eingezogen, ihre Häuser niedergerissen (1302). In Gemeinschaft mit vielen Gibellinen, die sich ihnen anschlossen, suchten die Verbannten verschiedene Orte auf und strebten mit neuer Anstrengung nach einem günstigen Wechsel ihres Loses. Nachdem nun Carl von Valois das zustande gebracht, weshalb er nach Florenz gekommen war, zog er ab und kehrte zum Papste zurück, um den Feldzug in Sizilien zu beginnen, wobei er sich nicht klüger benahm, noch glücklicher war, als er in Florenz gewesen. Darauf kehrte er mit Schande und nach dem Verluste vieler der Seinigen heim nach Frankreich.

Nach Carls Abzug lebte man in Florenz ziemlich ruhig. Nur Messer Corso kannte keine Ruhe, weil es ihm schien, er nehme im Staate nicht die Stelle ein, auf die er Anspruch zu haben glaubte. Im Gegenteil sah er, da das Regiment ein volkstümliches war, viele an Adel unter ihm Stehende, in Einfluß und Würde. Von dieser Ehrsucht und Mißgunst angetrieben, suchte er seine unredlichen Absichten unter einer redlichen Außenseite zu verbergen, und klagte viele Bürger, welche öffentliche Gelder zu verwalten gehabt, der Unehrlichkeit an, indem er vorschlug, sie zur Verantwortung zu ziehen. Dieser Meinung stimmten viele bei, die dasselbe Verlangen hegten. Andere teilten diese Ansicht, weil sie im Wahne standen, Vaterlandsliebe sei der Beweggrund von Messer Corsos Handlungen. Andererseits verteidigten sich die angeschuldigten Bürger, welche beim Volke in Gunst standen. Dieser Streit nun ging so weit, daß man von den Worten und der Untersuchung zum Kampfe kam. Auf der einen Seite standen Messer Corso und Messer Lottieri, Bischof von Florenz, mit vielen Großen und einigen Popolanen, auf der andern die Signoren mit der großen Masse des Volks. So focht man in mehreren Straßen der Stadt. Als die Signoren die große Gefahr sahen, die ihnen drohte, sandten sie nach Lucca um Beistand, und sogleich war ganz Lucca in Florenz, und mit Hilfe dieses Volkes wurden für den Augenblick die Sachen beigelegt: der Tumult nahm ein Ende und alles blieb in den bisherigen Verhältnissen. Aber auch die Urheber der Unordnungen blieben ungestraft (1304).

Der Papst[51] hatte von diesen Zwistigkeiten vernommen und sandte Messer Niccolò von Prato[52] als Legat, ihnen ein Ende zu machen. Dieser, wegen seines Ranges, seiner Gelehrsamkeit und seines Verhaltens hochgeachtet, erwarb sogleich so großes Vertrauen, daß man es ihm überließ, nach seinem Gutdünken die Dinge zu ordnen. Da er zur gibellinischen Partei gehörte, dachte er daran, die Verwiesenen zurückzurufen. Aber zuvor wollte er die Menge gewinnen und erneute deshalb die alten Kompagnien des Volkes, wodurch er dessen Macht ebensosehr hob, wie er die des Adels minderte. Als es nun dem Legaten schien, er habe sich die Menge gewogen gemacht, versuchte er die Rückberufung der Verbannten zu erwirken, und er schlug dazu mehrere Wege ein. Aber nicht nur erreichte er seine Absicht nicht, sondern machte bei denen, welche die Verwaltung leiteten, so großen Verdacht rege, daß er zur Abreise genötigt ward, voll Grolls zum Papst zurückkehrte und Florenz voll Verwirrung und abermals im Interdikt zurückließ. Nicht *eine* Feindschaft trübte den Frieden dieser Stadt, sondern mehrere, denn da war Haß zwischen Volk und Adel, zwischen Gibellinen und Guelfen, zwischen Weißen und Schwarzen. Die Bürger standen also wieder gerüstet da, und häufige Fehden fielen vor, denn viele schmerzte des Legaten Abreise, da sie die Rückkehr der Verbannten wünschten. Die ersten, welche wiederum Unordnungen veranlaßten, waren die Medici und Giugni, die, den Rebellen günstig, mit dem Kardinal ihre Rückberufung geplant hatten. Man schlug sich in den Straßen der Stadt. Zu diesen Übeln kam die Feuersbrunst, welche in den Häusern der Abati begann, dann die Wohnungen der Caponsacchi ergriff und die der Macci, Amieri, Toschi, Cipriani, Lamberti und Cavalcanti und den ganzen neuen Markt in Asche legte, nach dem Tore Santa Maria sich verbreitete und dort alles verzehrte, hierauf von der alten Brücke aus die Häuser der Amidei, Gherardini, Pulci, Lucardesi und unzählige andere zerstörte. Im ganzen sollen gegen tausendsiebenhundert Gebäude ein Raub der Flammen geworden sein. Nach einiger Leute Meinung kam dies Feuer in der Hitze des Kampfes zufällig aus. Andere aber behaupten, Neri Abati, Prior von San Piero Scheraggio, ein wüster, übelgesinnter Mann, habe es angelegt. Es hieß, dieser habe, als er das Volk im Kampfe gesehen, den Plan gefaßt, irgendein Unheil zu veranlassen, gegen welches in der augenblicklichen Verwirrung keine Hilfe zu finden sein würde. Und damit es ihm besser gelänge, legte er bei seinen eigenen Verwandten Feuer an, wo es ihm am leichtesten war. Es war im Monate Juli[53] 1304, als Florenz durch Feuer und Schwert so arg verwüstet wurde. Messer Corso Donati allein waffnete sich nicht inmitten dieser unsäglichen Verwirrung, indem er auf solche Weise leichter zum Schiedsrichter beider Parteien sich aufwerfen zu können glaubte, sobald diese des Kampfes müde zum Vertrage sich verstehen würden. Die Waffenruhe war eher Folge von Ermattung als von Einigung: das einzige Resultat war, daß die Verbannten nicht zurückkehrten, und die sie begünstigende Partei den kürzern zog.

In Rom angekommen und von den neuen Unordnungen unterrichtet, stellte der Legat dem Papste vor, das einzige Mittel zur Beruhigung von Florenz sei, zwölf Bürger von den Einflußreichsten der Stadt zu sich kommen zu lassen, und auf solche Weise das Feuer zu löschen, indem man ihm die Nahrung entziehe. Auf diesen Rat ging der Papst ein, und die Gerufenen, unter ihnen Corso Donati, stellten sich. Hierauf ließ der Legat die Verbannten wissen, jetzt sei es Zeit zurückzukehren, da die Stadt ihrer Häupter beraubt sei. Diese brachten einen Haufen zusammen, drangen, da die Mauern noch nicht vollendet, in die Stadt ein und rückten bis zum Platze von San Giovanni vor[54]. Es war nun hierbei ein bemerkenswerter

Umstand, daß jene, welche kurz zuvor für die Wiederaufnahme der Verbannten gekämpft, als diese waffenlos in die Heimat zurückkehren zu dürfen baten, jetzt, als sie dieselben ihre Rückkehr mit Gewalt erzwingen wollen sahen, die Waffen wider sie ergriffen. So viel höher galt bei diesen Bürgern das allgemeine Beste als die persönliche Freundschaft. Mit dem ganzen Volke sich vereinigend, nötigten sie also jene zurückzukehren, von wo sie gekommen waren. Der Plan der Verbannten mißlang, weil sie einen Teil ihrer Mannschaft bei der Lastra[55] zurückgelassen und Messer Tolosato Uberti nicht erwartet hatten, der ihnen von Pistoja dreihundert Reiter zuführen sollte. Denn sie dachten, Schnelligkeit werde ihnen den Sieg eher sichern als Heeresmacht. Nachdem die Weißen und Gibellinen abgezogen, begann der alte Unfriede wieder. Um die Familie Cavalcanti ihrer Macht zu berauben, nahm das Volk derselben das ihr gehörende Castell Le Stinche im Greve Tal[56]. Und da die daselbst gemachten Gefangenen die ersten waren, welche in den neuen Kerker eingeschlossen wurden, so wurde dieser nach jenem Castell Le Stinche genannt, welchen Namen er jetzt noch führt. Zu jener Zeit (1307) erneuerten die, so die Republik regierten, die Kompagnien des Volkes und gaben ihnen Banner, während früher bloß die Zünfte dergleichen getragen hatten. Die Anführer wurden Gonfalonieren (Bannerführer) der Kompagnien und Kollegen der Signoren genannt und sollten der Signorie im Kampfe mit den Waffen beistehn, im Frieden mit Rat. Den beiden schon bestehenden Rektoren[57] wurde ein Exekutor beigegeben, welcher zugleich mit den Gonfalonieren den übermütigen Adel im Zaume halten sollte.

Unterdessen war der Papst gestorben[58] und Messer Corso und die übrigen Bürger waren aus Rom zurückgekehrt. Man würde in Frieden gelebt haben, hätte Corsos unruhiger Geist nicht neue Verwirrung veranlaßt. Um sich in Ansehn zu erhalten, hatte dieser immerfort der Meinung der mächtigsten Bürger widersprochen, und wohin er das Volk sich neigen sah, dahin legte er das Gewicht seiner Ansicht, um in dessen Gunst zu steigen. So war er Urheber aller Mißverständnisse und Neuerungen und an ihn wandten sich alle, die etwas Ungewohntes zu erhalten wünschten. Deshalb haßten ihn viele einflußreiche Bürger, und dieser Haß steigerte sich in solchem Maße, daß die Partei der Schwarzen einer offenbaren Spaltung entgegenging, indem Messer Corso der Macht und Autorität der einzelnen sich bediente, seine Widersacher aber auf das Gemeinwesen sich stützten. So groß war indes Corsos persönlicher Einfluß, daß jeder ihn fürchtete. Um ihm nun die Volksgunst zu rauben, streuten seine Feinde das Gerücht aus, er strebe nach der Alleingewalt: denn sie wußten wohl, daß jene Gunst dergleichen Anschuldigungen am schwersten widersteht. Sie hatten darin leichtes Spiel, weil seine Lebensweise über die Beschränktheit bürgerlicher Formen weit hinausging. Der Verdacht wurde noch dadurch genährt, daß er eine Tochter Uguccione della Faggiuola zum Weibe nahm, des Hauptes der Gibellinen und Weißen, der in Toscana großes Ansehen genoß[59].

Diese Verschwägerung erhöhte, als sie bekannt ward, den Mut seiner Gegner, so daß sie die Waffen ergriffen (1308), während, statt ihn zu verteidigen, die Menge aus denselben Gründen großenteils zu jenen sich scharte. Häupter seiner Feinde waren Messer Rosso della Tosa, Pazzino de' Pazzi, Geri Spini und Berto Brunelleschi. Diese mit ihren Anhängern und dem größern Teile des Volks zogen gerüstet vor den Palast der Signoren, auf deren Befehl dem Messer Piero Branca, Capitano des Volkes eine Anklage gegen Messer Corso Donati eingehändigt ward, des Inhalts, daß dieser mit dem Beistande Uguccionés sich zum Alleinherrn aufwerfen wolle. Messer Corso wurde vorgeladen und, da er sich nicht stellte, als Rebell verurteilt. Zwischen Anklage und Urteilsspruch ließ man nicht mehr denn zwei Stunden verstreichen. Nachdem der Spruch ergangen, zogen die Signoren mit den Volkskompagnien unter ihren Bannern ihn aufzusuchen. Messer Corso auf der andern Seite, nicht geschreckt durch den Abfall vieler der Seinigen, nicht durch die Verdammung, nicht durch die Macht der Signoren, nicht durch die Zahl seiner Gegner: befestigte seine Wohnungen in der Hoffnung, in ihnen sich halten zu können, bis Uguccione, zu dem er um Hilfe gesandt, herbeikäme. Seine Häuser und die dahin führenden Straßen waren durch ihn verrammelt worden und mit seinen Parteigängern besetzt, so daß die Menge, ihrer Zahl ungeachtet, nichts gegen sie auszurichten vermochte. Der Kampf tobte unterdes fort, und auf beiden Seiten waren schon viele verwundet und geblieben. Da nun das Volk sah, daß es von den Plätzen und Straßen her nicht vordringen konnte, so besetzte es die naheliegenden Gebäude, und nachdem es diese niedergerissen, drang es auf unbeachteten Nebenwegen in Corsos Wohnung ein. Als dieser sich umringt sah und die Hoffnung auf Uguccionés Hilfe aufgeben mußte, suchte er, am Siege verzweifelnd, sein Leben zu retten. Mit Gherardo Bordoni und vielen andern seiner mutigsten und treuesten Freunde machte er deshalb einen Ausfall auf den Feind: sie brachen durch und gelangten kämpfend bis zur Porta alla Croce, welche sie hinter sich ließen. Aber viele folgten ihnen: am Bache Affrico wurde Gherardo von Boccaccio Cavicciuoli getötet, und bei Rovezzano ward Corso selbst von einigen catalanischen Reitern, die im Dienste der Signorie standen, erreicht und gefangengenommen. Als er sich aber mit ihnen Florenz wieder näherte, und er es nicht über sich gewinnen konnte, seine Feinde siegreich vor sich zu sehen und von ihnen sich mißhandeln zu lassen, ließ er sich vom Pferde fallen, und als er am Boden lag wurde er von denen, die ihn führten, getötet. Seine Leiche ward von den Mönchen von San Salvi[60] aufgehoben und in der Stille beigesetzt. Ein solches Ende nahm Messer Corso, von dem die Vaterstadt und die Partei der Schwarzen viel Gutes und viel Übles erfahren hatten, und dessen Andenken in größeren Ehren gehalten werden würde, wäre er minder ruhelosen Geistes gewesen. Nichtsdestoweniger verdient er zu den seltenen Bürgern gezählt zu werden, welche unsere Stadt gehabt hat. Es ist wahr, daß seine Neuerungssucht Vaterstadt und Partei vergessen ließ, wieviel sie ihm schuldeten, ihm den Tod, allen viele Übel zuzog. Uguccione, der seinem Schwiegersohn zu Hilfe kam, vernahm zu Remole[61], wie Messer Corso vom Volke bekämpft worden war, und da er glaubte, ihm keine Hilfe mehr leisten zu können, und fürchtete, sich selber zu schaden, ohne ihm zu nützen, kehrte er zurück des Weges, den er gekommen war.

Nach dem Tode Messer Corsos, der sich im Jahre 1308 ereignete, hörten in Florenz die Unruhen auf und man lebte in Frieden bis zur Zeit, wo man vernahm, daß Kaiser Heinrich einen Zug nach Italien unternehme, von allen florentinischen Ausgewanderten begleitet, denen er verheißen, sie wieder in ihre Heimat einzuführen. Den Häuptern der Regierung schien es also gutgetan, die Zahl der Verbannten zu mindern, um weniger Feinde zu haben, weshalb sie den Beschluß faßten, allen Rebellen die Rückkehr zu gestatten, mit Ausnahme derer, welchen die Heimkehr durch das Gesetz namentlich untersagt worden. Dies betraf die meisten Gibellinen und einige von der weißen Partei, darunter Dante Alighieri, die Söhne Messer Vieris de' Cerchi und die des Giano della Bella. Überdies ersuchten sie den König Robert von Neapel um Beistand (1312), und da sie solchen nicht als bloß Befreundete erlangen konnten, übergaben sie ihm ihre Stadt auf fünf Jahre, auf daß er sie als seine Untergebenen verteidigen möchte. Der Kaiser nahm seinen Weg über Pisa und zog durch die Maremma nach Rom, wo er im Jahre 1312 die Krone empfing. Hierauf rückte er, die Florentiner zu unterwerfen, über Perugia und Arezzo gegen die Stadt und lagerte mit seinem Heere bei dem Kloster S. Salvi, eine Millie von den Toren, wo er ohne irgendeinen Erfolg fünfzig Tage lang stehen blieb. Endlich verzweifelnd am Gelingen seines Planes, brach er auf nach Pisa, wo er mit dem König Friedrich von Sizilien ein Bündnis schloß, in welchem dieser sich zu einem Angriffe auf das Königreich Neapel verpflichtete. Von Pisa aus unternahm er sodann seinen neuen Heereszug, und als er schon den Sieg zu erringen hoffte, König Robert aber den Untergang fürchtete, überraschte ihn der Tod zu Buonconvento[62].

Kurze Zeit darauf geschah es, daß Uguccione della Faggiuola Herr von Pisa und dann von Lucca wurde, wo die gibellinische Partei ihn hielt, worauf er mit den Streitmächten beider Städte den Nachbarn großen Schaden zufügte (1315). Um ihn los zu werden, ersuchten die Florentiner den König Robert, ihnen seinen Bruder Piero zuzusenden, auf daß dieser den Oberbefehl über ihr Heer übernehme. Auf der andern Seite ließ Uguccione nicht nach, seine Macht zu mehren, und hatte teils durch Gewalt, teils durch List viele Kastelle im Arnotale und im Tal der Nievole eingenommen. Als er nun Monte Catini belagerte, hielten die Florentiner es für nötig, dem Orte Hilfe zu leisten, indem sie nicht ihr ganzes Land von diesem Brande verzehrt sehen wollten. Nachdem sie also ein großes Heer gesammelt, zogen sie ins Nievoletal und boten Uguccione die Schlacht an. Sie war wild und blutig: die von Florenz unterlagen, Messer Piero von Anjou blieb und sein Leichnam war nicht mehr aufzufinden. Mit ihm fielen mehr denn zweitausend. Doch auch Uguccione feierte keinen fröhlichen Sieg, denn er zählte unter den Toten einen seiner Söhne nebst vielen andern Führern des Heeres[63].

Nach dieser Niederlage befestigten die Florentiner die naheliegenden Orte, und König Robert sandte ihnen als Anführer den Grafen von Andria, den man den Conte Novello nannte. Sei es nun, daß von Natur diesem Volke jedes bestehende Verhältnis zuwider ist, und jeder Zufall Parteiungen veranlassen kann: kurz, des Grafen Benehmen teilte die Stadt, ungeachtet des Krieges mit Uguccione, in Freunde und Gegner des Königs (1316). Häupter der Gegner waren Messer Simone della Tosa und die Magalotti mit andern Popolanen, die in der Verwaltung einen obern Rang hatten. Diese veranlaßten, daß man erst nach Frankreich, dann nach Deutschland sandte, Truppen und Anführer zu werben, um den königlichen Statthalter zu vertreiben. Der Zufall aber wollte, daß sie keine fanden. Dennoch standen sie nicht ab von ihrem Vorhaben, und da sie kein passendes Werkzeug in jenen Ländern erzielten, holten sie sich eines aus Agobbio[64]. Nachdem sie also vorerst den Grafen von Andria verjagt, ließen sie Lando von Agobbio als Vollzieher der Justiz oder als Bargello kommen und erteilten ihm ausgedehnte Gewalt über die Bürger. Lando aber war ein grausamer und habsüchtiger Mann, und indem er mit vielen Bewaffneten durch die Stadt zog, ließ er bald diesen, bald jenen hinrichten, nach Willkür derer, die ihn gerufen. Sein Übermut stieg in solchem Grade, daß er falsche Münzen mit dem Stempel der Republik prägen ließ, ohne daß jemand ihm sich zu widersetzen wagte: so viel Macht hatte der Unfriede der Florentiner ihm verliehen! Große zugleich und elende Stadt, welche nicht die Erinnerung an die vergangenen Parteikämpfe, nicht die Furcht vor Uguccione, nicht das Ansehen eines Königs in Eintracht zu halten vermocht hatte! Daher der unseligste Zustand, indem von außen Uguccione sie bedrängte, im Innern Lando d'Agobbio sie plünderte.

Die Anhänger des Königs waren Familien des Adels und mächtige Popolanen, alle guelfischer Gesinnung. Da aber ihre Gegner die Gewalt in Händen hielten, konnten sie nicht ohne Gefahr sich kundgeben. Nachdem sie indes den Beschluß gefaßt, so schimpflicher Tyrannei sich zu entziehen, schrieben sie heimlich dem Könige Robert, er möge den Grafen Guido von Battifolle[65] zu seinem Statthalter in Florenz ernennen (1317). Sogleich ging der König darauf ein, und obgleich die Signoren diesem nicht hold waren, wagten sie doch nicht sich zu widersetzen, indem jedermann um die trefflichen Eigenschaften des Grafen wußte. Nichtsdestoweniger vermochte dieser kein großes Ansehen zu erlangen, indem die Signoren und die Gonfalonieren der Kompagnien dem Lando und seiner Partei günstig blieben. Während diese Unordnungen währten, kam durch Florenz die Tochter des deutschen Königs Albrecht, welche zu ihrem Gemahl, dem Herzog Carl, König Roberts Sohne[66], zog. Die Freunde des Königs ehrten diese sehr und besprachen sich mit ihr über den Zustand der Stadt und Landos Tyrannei, so daß vor ihrer Abreise, durch ihr Bemühen und das des Königs, die Bürger sich einigten, dem Lando sein Amt nahmen und ihn, mit Beute und Blut gesättigt, nach Agobbio zurücksandten. Bei der Umwandlung der Verwaltung ward dem Könige die Herrschaft auf drei nachfolgende Jahre bestätigt, und da bereits sieben Signoren von der Partei Landos gewählt waren, fügte man ihnen

ZUG DER KÖNIGE
MIT DEN PORTRÄTS VON CASTRUCCIO CASTRACANI
UND DER MEDICI

sechs von der königlichen hinzu, so daß es eine Zeitlang dreizehn Mitglieder der Signorie gab, welche man nachmals nach altem Gebrauche auf sieben verminderte. Um diese Zeit hatte Uguccione della Faggiuola die Herrschaft über Lucca und Pisa verloren[67] und Castruccio Castracani war aus einem Bürger von Lucca Herr der Stadt geworden. Dieser, ein kühner und mutvoller Mann, in seinen Unternehmungen vom Glück begünstigt, schwang sich bald zum Haupte der toscanischen Gibellinen auf (1320). Die Florentiner ließen einige Jahre ihre bürgerlichen Zwistigkeiten ruhen und dachten nun darauf, auf welche Weise sie sich gegen Castruccio verteidigen sollten, sowohl ehe dessen Macht herangewachsen, wie auch, nachdem sie überragend geworden war. Um aber die Signoren in Stand zu setzen, nach reiferer Überlegung zu entscheiden und mit entschiedenerem Ansehen ihre Beschlüsse auszuführen, wählten sie zwölf Bürger, welche den Namen der guten Männer (Buonuomini) führten, ohne deren Rat und Beistimmung die Signoren bei keiner wichtigen Veranlassung handeln sollten. Die Obergewalt König Roberts war damals zu Ende gegangen (1322), und die Stadt, wieder Herrin ihrer selbst, wurde durch ihre gewöhnlichen Magistrate verwaltet, während die große Furcht, die sie vor Castruccio hegte, sie in Einigkeit hielt. Nach vielen Kämpfen gegen die kleinen Herrscher in der Lunigiana griff der Herr von Lucca endlich Prato an (1323). Entschlossen, der Stadt zu Hilfe zu eilen, schlossen deshalb die Florentiner die Kaufläden und zogen in Volkshaufen dahin, zwanzigtausend zu Fuße und fünfzehnhundert Reiter. Und zu dem Zwecke, Castruccios Macht zu schwächen und die ihre zu mehren, ließen die Signoren öffentlich bekanntmachen, daß jeder guelfische Rebell, wenn er zum Beistande Pratos herbeiziehe, nach dem Feldzuge ins Vaterland wieder aufgenommen werden sollte, was den Erfolg hatte, daß mehr denn viertausend Ausgewanderte sich einfanden. Dies große, mit solcher Schnelligkeit gen Prato gesandte Heer flößte dem Castruccio solche Besorgnis ein, daß er nach Lucca zurückzog, ohne das Waffenglück zu versuchen. Darauf entstand im florentinischen Lager Uneinigkeit zwischen Edeln und Volk: dieses wollte Castruccio folgen und ihn angreifen, um seiner Macht ein Ende zu machen; jene wollten abziehen unter dem Vorgeben, es sei genug, Florenz in Gefahr gebracht zu haben, um Prato zu entsetzen. Dies sei wohlgetan gewesen, da die Notwendigkeit dazu getrieben; jetzt aber, da diese nicht mehr vorhanden sei, könne durch eine Schlacht wenig gewonnen, viel verloren werden. Da sie sich nicht einigen konnten, wurde die Entscheidung den Signoren überlassen. Als das Gerücht von diesen Mißverständnissen zwischen den Großen und dem Volke nach Florenz kam, liefen auf dem Platze viele zusammen, welche gegen den Adel drohende Worte ausstießen, so daß dieser aus Furcht nachgab. Da man aber erst spät zum Entschlusse kam und viele wider ihren Willen stimmten, hatte der Feind Zeit gehabt, in Sicherheit Lucca zu erreichen.

Dieser Vorfall brachte die Menge so sehr gegen die Großen auf, daß die Signoren das den Ausgewanderten gegebene Wort nicht halten wollten. Da letztere dies merkten, beschlossen sie im voraus ihre Maßregeln zu treffen, und erreichten als die ersten vor dem übrigen Heere die Tore der Stadt. Ihr Vorhaben aber, welches man vorausgesehen, mißlang und sie wurden von den in Florenz Zurückgebliebenen abgewiesen. Um nun zu versuchen, durch Vertrag das zu erlangen, was sie mit Gewalt zu erzielen nicht vermocht, schickten sie acht Abgesandte zu den Signoren, diese an das gegebene Wort zu erinnern und an die Fährlichkeiten, denen sie im

Vertrauen auf den verheißenden Lohn sich ausgesetzt hätten. Und obgleich der Adel, dem es schien, seine Ehre erfordere die Erfüllung des gegebenen Versprechens, weil er es vorzugsweise gewesen, der für die Aufrichtigkeit der Willensmeinung der Signoren sich verbürgt hatte, zum Besten der Ausgewanderten tätig sich verwandte: so war doch, wegen des unvollständigen Sieges über Castruccio, der Haß der Menge so groß, daß jene es nicht durchsetzten, wodurch viele Unehre über die Stadt kam. Viele der Großen, erzürnt über diesen Ausgang, suchten nun zu ertrotzen, was sie nicht hatten erbitten können, und sie kamen überein mit den Ausgewanderten, diese sollten bewaffnet sich der Stadt nähern, während sie selber im Innern zu ihrer Hilfe aufstehen würden. Vor dem bestimmten Tage kam die Sache aus. Die Ausgewanderten fanden also die Stadt gerüstet und ihre Freunde so in Schrecken versetzt, daß keiner zu ihrem Beistande sich zu erheben wagte. So ließen sie denn das Unternehmen sein. Nach ihrem Abzuge wollte man diejenigen strafen, denen man ihr Kommen schuld gab: obgleich aber jeder die Schuldigen kannte, wagte niemand sie zu nennen, geschweige anzuklagen. Um indes die Wahrheit ohne Rücksicht der Person zu ergründen, beschloß man, daß jeder in den Ratsversammlungen die Namen der Beteiligten aufzeichnen sollte, welche Listen sodann dem Capitano del popolo insgeheim übergeben wurden. So wurden angeklagt Messer Amerigo Donati, Messer Tegghiaio Frescobaldi und Messer Lotteringo Gherardini. Da sie aber günstigere Richter fanden als ihr Vergehen vielleicht rechtfertigte, so wurden sie bloß zu einer Geldstrafe verurteilt.

Der durch das Heranziehen der Ausgewanderten in Florenz entstandene Tumult hatte gezeigt, daß ein einziges Haupt für eine der Kompagnien des Volkes nicht genügte. Deshalb beschloß man, für die Zukunft jedem Gonfaloniere zwei bis drei Unterbefehlshaber beizuordnen, die man Pennonieri oder Fähnleinträger nannte, damit im Notfalle, wo eine ganze Kompagnie sich nicht zu vereinigen brauchen würde, ein Teil derselben unter einem Anführer sich sammeln könnte. Und wie es in allen Freistaaten geschieht, daß immer von Zeit zu Zeit alte Gesetze abgeschafft und andere wieder aufgebracht werden: so kam es jetzt, daß, während früher die Signorie von zwei zu zwei Monaten ganz neu gewählt ward, die im Besitze der Macht und im Amte befindlichen Signoren und Kollegen sich die Befugnis erteilen ließen, selbst die Prioren zu ernennen, welche in den nächstkommenden vierzig Monaten sitzen sollten, worauf sie deren Namen in einen Beutel taten, aus dem sie alle zwei Monate gezogen wurden. Ehe aber die vierzig Monate vorüber waren, mußte man neue Namen hinzufügen, weil andere Bürger auf Eintritt in den obersten Magistrat Anspruch machten. Hieraus entstand die Sitte, die Namen zu allen Magistraten, sowohl inneren wie äußeren, eine Zeitlang im voraus in die Wahlbeutel zu legen[68], während die Magistrate früher jedesmal nach Ablauf der Amtszeit in den Ratsversammlungen erwählt worden waren. Diese neue Weise der Wahlen nannte man später die Squittinien. Da dies Verfahren alle drei oder höchstens alle fünf Jahre stattfand, so schien es den Bürgern Belästigung zu ersparen oder die Veranlassung zu den Unordnungen aus dem Wege zu räumen, welche bei den häufigen Wahlen wegen der vielen Mitbewerber entstanden. Solchen Übelständen zu entgehen, wählten sie das angegebene Mittel, nicht wissend, welch große Mängel unter diesen scheinbaren Vorteilen verborgen lagen.

Das Jahr 1325 war herangekommen und Castruccio durch die Eroberung Pistojas so mächtig geworden, daß die Florentiner, erschreckt durch seine Größe, diese Stadt anzugreifen und ihm sie zu nehmen beschlossen, ehe er in ihr recht festen Fuß gefaßt hätte. So versammelten sie denn an Bürgern und Freunden ein Heer von zwanzigtausend Mann zu Fuß und dreitausend Reitern und lagerten bei Altopascio[69], um diesen Ort zu nehmen und Castruccio zu hindern, Pistoja zu Hilfe zu ziehen. Es gelang ihnen auch Altopascio zu erobern, worauf sie, das Land verwüstend, gen Lucca zogen. Aber wegen der geringen Klugheit und noch geringern Treue ihres Feldhauptmanns machten sie keine großen Fortschritte. Dieser Feldhauptmann war Messer Raimondo di Cardona. Er, welcher gesehen hatte, wie freigebig die Florentiner in früheren Zeiten mit ihrer Freiheit gewesen, wie sie dieselbe bald Königen, bald Legaten, bald Personen von geringerem Belange untergeordnet: dachte, daß es sich treffen könnte, daß sie auch ihn zu ihrem Herrn erhöben, wenn sie in irgendeiner Not sich befänden. Er verfehlte nicht, dies merken zu lassen, und verlangte, daß ihm in der Stadt die nämliche Autorität erteilt würde, welche er im Heere besaß: anders könne er nicht den Gehorsam seiner Untergebenen erlangen, dessen ein Feldherr bedürfe. Da nun die Florentiner ihm hierin nicht zu Willen waren, verlor er seine Zeit, während Castruccio sie benutzte, indem er die Hilfsvölker an sich zog, die ihm von den Visconti und andern Herrschern der Lombardei verheißen worden waren. Nachdem er sich auf diese Weise verstärkt, verstand Messer Raimondo in seiner geringen Klugheit ebenso wenig sich zu sichern, wie er bei seinem Mangel an Pflichtgefühl nicht zu siegen verstanden hatte. Mit seinem Heere sich langsam zurückziehend, wurde er von Castruccio bei Altopascio angegriffen und nach einem langwierigen Kampfe geschlagen[70]. Eine Menge von Bürgern blieben oder wurden gefangen, mit ihnen ihr

Anführer, welcher für seine Treulosigkeit und seine verkehrten Anschläge vom Schicksal die Züchtigung erhielt, die er von den Florentinern verdient hatte. Der Schaden, welchen nach der Schlacht Castruccio durch Plünderung, Brand, Verheerung und Gefangennehmungen seinen Feinden zufügte, läßt sich nicht schildern: denn ohne auf bewaffneten Widerstand zu stoßen, zog er monatelang umher, wo immer es ihm beliebte, und die Florentiner hatten genug zu tun, indem sie nach einer solchen Niederlage ihre Stadt sicherten.

Indes verloren sie den Mut nicht dermaßen, daß sie nicht große Vorräte Geldes aufgebracht, Truppen geworben und die Freunde um Beistand ersucht hätten. Einen solchen Gegner zu zügeln, reichten aber die Vorkehrungen nicht hin. So sahn sie sich denn genötigt, den Sohn König Roberts, Carl Herzog von Calabrien, zu ihrem Herrn zu wählen, um ihn zu ihrer Verteidigung zu bewegen: denn die Anjous, gewohnt in Florenz zu schalten, wollten den Gehorsam der Stadt vielmehr als ihre Freundschaft. Da aber der Herzog in den sizilischen Kriegen beschäftigt war und nicht kommen konnte, seine Signorie anzutreten, sandte er Gualtierio, Herzog von Athen, von französischer Herkunft[71]. Dieser nahm als Statthalter Carls von der Stadt Besitz und bestellte die Magistrate nach seinem Gutdünken. Sein Verhalten war aber voll Mäßigung und von seinem eigentlichen Charakter so sehr abweichend, daß er sich allgemeine Zuneigung erwarb. Nachdem die Angelegenheiten in Sizilien geordnet, kam der Herzog Carl mit tausend Rittern nach Florenz, wo er im Jahre 1326 seinen Einzug hielt. Seine Ankunft hinderte den Herrn von Lucca an der fortgesetzten Plünderung des florentinischen Gebietes. Aber den Ruhm, den der Herzog in der Ferne gewonnen, verlor er in der Nähe, und Freund und Feind setzten der Stadt um die Wette zu. Denn ohne des Herzogs Zustimmung durften die Signoren nichts beschließen, und in Jahresfrist steckte er vierhunderttausend Gulden ein, obgleich er, nach der geschlossenen Übereinkunft, nur die Hälfte hätte erhalten sollen. So groß waren die Steuern, mit denen täglich er oder sein Vater die Stadt belasteten.

Neuer Verdacht und neue Feinde verschlimmerten diese schon schwierigen Umstände. Die lombardischen Gibellinen nämlich wurden durch des Herzogs von Calabrien Ankunft in Florenz so mißtrauisch gemacht, daß Galeazzo Visconti und die andern Herrscher im obern Italien durch Geld und Versprechen Ludwig den Baier, welcher gegen des Papstes Willen zum Kaiser gewählt worden, zum Zuge nach Italien veranlaßten (1327). Dieser kam nach der Lombardei und von dort nach Toscana, bemächtigte sich Pisas mit Hilfe Castruccios und zog, mit neuen Geldmitteln unterstützt, gen Rom. Für das Königreich Neapel fürchtend, verließ Carl nun Florenz, wo er Messer Filippo da Saggineto zu seinem Statthalter bestellte. Nach des Kaisers Abzug nahm Castruccio Pisa ein, während die Florentiner durch Vertrag Pistoja besetzten. Castruccio aber belagerte die Stadt und hielt sich dort mit solcher Tapferkeit und Ausdauer, daß die Florentiner, obgleich sie den Entsatz versuchten und bald sein Heer angriffen, bald sein Land, weder durch Gewalt noch durch List ihn zur Aufhebung der Belagerung zu nötigen vermochten. So groß war sein Durst, die Pistojesen zu züchtigen und die Florentiner zu unterdrücken. Endlich (1328) waren die ersteren genötigt, ihn als ihren Herrn anzuerkennen. Errang er nun auch bei dieser Unternehmung großen Ruhm, so waren doch die Mühseligkeiten, die er zu ertragen hatte, so groß gewesen, daß er bald nach seiner Rückkehr nach Lucca starb. Da es nun selten geschieht, daß das Geschick Glück oder Unglück nicht mit andern Glück oder Unglück paart, so starb auch zu Neapel Carl, Herzog von Calabrien und Herr von Florenz, so daß, aller Erwartung zuwider, die Florentiner in kurzer Zeit von der Furcht vor dem einen und der Herrschaft des andern sich befreit sahen[72]. Als sie nun frei waren, veränderten sie ihre Regierungsform, hoben die bestehenden Ratsversammlungen auf und wählten zwei neue, einen von dreihundert Bürgern aus Popolan-Familien, den andern von zweihundertfünfzig Großen und Popolanen, deren ersterer der Rat des Volkes hieß, der andere der Rat der Gemeinen.

Nach seiner Ankunft in Rom stellte der Kaiser einen Gegenpapst auf[73] und verordnete vieles gegen die Kirche, versuchte auch manches andere fruchtlos, so daß er am Ende mit Unehre abzog und nach Pisa kam, wo, entweder aus Groll oder wegen rückständigen Soldes, achthundert deutsche Reiter sich empörten und zu Montechiaro bei der Burg Ceruglio[74] sich verschanzten. Als der Kaiser sich nach der Lombardei gewandt, besetzten diese Lucca, von wo sie Francesco Castracani[75] vertrieben, den der Kaiser daselbst eingesetzt hatte (1329). Um nun von ihrer Beute Vorteil zu ziehen, boten sie den Florentinern die Stadt an um achtzigtausend Gulden, aber auf den Rat des Messer Simone della Tosa wurde ihnen eine abschlägige Antwort erteilt. Hätten die Florentiner dieselbe Gesinnung bewahrt, so wäre dieser Entschluß ihnen nützlich gewesen; da sie aber bald auf andere Gedanken kamen, gereichte er ihnen sehr zum Nachteil. Denn während sie damals für wenig Geld Lucca im Frieden haben konnten und sie nicht wollten, erlangten sie die Stadt nachmals nicht, als sie deren Besitz wünschten, obgleich sie dieselbe zu einem weit höhern Preise kauften. Dies war die Ursache, daß in Florenz die Regierungsform wiederholt zu großem Schaden der Republik wechselte. Auf die abschlägige Antwort der Florentiner kaufte Messer Gherardino Spinola von Genua Lucca für dreißigtausend Gulden. Wie nun die Menschen viel lässiger sind, das zu nehmen, was sie haben können, als das zu wünschen, was nie zu erreichen ist: so entstand beim florentinischen Volke auf die erste Kunde von dem wohlfeilen Kaufe, welchen Messer Gherardino gemacht, ein unendliches Verlangen, die Stadt zu besitzen, und sie machten sich selbst Vorwürfe wie ihren Beratern. Um Lucca, das sie nicht kaufen gewollt, mit Gewalt zu nehmen, sandten sie Kriegsvolk dahin. Währenddessen war der Kaiser nach Deutschland zurückgekehrt, und der Gegenpapst auf Veranstaltung der Pisaner als Gefangener nach Frankreich gegangen. Die Florentiner hatten seit Castruccios im Jahre 1328 erfolgtem Tode bis zum Jahre 1340 im Innern Ruhe und waren nur auf ihre äußern Verhältnisse bedacht. So führten sie viele Kriege in der Lombardei wegen des Heerzuges König Johanns von Böhmen, und in Toscana Luccas halber. Unterdessen schmückten sie ihre Stadt durch neue Gebäude, wie sie denn nach dem Plane Giottos, des berühmtesten Malers jener Zeit, den Glokkenturm des Doms bauten[76]. Und da im Jahre 1333 eine große Überschwemmung des Arno entstand, wobei mehrere Brücken und viele Gebäude einstürzten, so stellten sie eilig und mit bedeutenden Kosten die zerfallenen Wohnungen wieder her.

Im Jahre 1340 aber ereigneten sich neue Anlässe zu Veränderungen. Die mächtigen Bürger hatten zwei Wege, ihren Einfluß zu mehren oder aufrecht zu erhalten: sie konnten nämlich die Aufzeichnungen der Namen zu den Ämtern dermaßen beschränken, daß stets sie selbst oder ihre Freunde an die Reihe kamen; oder es stand in ihrer Macht, auf die Wahl der Rektoren[77] so einzuwirken, daß sie diese zu Freunden hatten. Dies zweite Mittel schien ihnen so wirksam, daß sie, mit den zwei gewöhnlichen Rektoren sich nicht begnügend, bisweilen einen dritten ernannten. So hatten sie in jener Zeit außergewöhnlich und unter der Benennung eines Capitano della Guardia, Messer Giacomo Gabrielli von Agobbio gewählt, dem sie große Macht über die Bürger erteilten. Jeden Tag fügte dieser, nach dem Gutdünken der Machthaber, irgendeinem eine Schmach zu, und unter den Gekränkten waren Messer Pietro de' Bardi und Messer Bardo Frescobaldi[78]. Diese, von Adel und hochmütig, konnten nicht ertragen, daß ein Fremder, ohne Grund und auf Veranlassung einiger wenigen ihnen Beleidigungen zufügte. Um sich zu rächen, verschworen sie sich gegen ihn und gegen die Regierenden. An dieser Verschwörung nahmen viele adelige und einige Popolan-Familien teil, denen die tyrannische Verwaltung mißfiel. Sie hatten unter sich verabredet, daß jeder eine bedeutende Zahl Bewaffneter in seinen Wohnungen versammeln und am Morgen nach Allerheiligen, während man für die Abgeschiedenen bete, zu den Waffen greifen, den Capitano und die Ersten der Machthaber töten und sodann mit neuen Signoren und neuer Ordnung die Verfassung ändern sollte.

Wie aber gefährliche Maßregeln, je mehr man darüber nachsinnt, um so mehr zu Bedenklichkeiten Anlaß geben: so geschieht es, daß Verschwörungen, lange vorher geplant, gewöhnlich entdeckt werden. Bei einem der Verschworenen, Messer Andrea de' Bardi, vermochte, als er die Sache überdachte, die Furcht vor der Strafe mehr als die Aussicht auf Rache: er entdeckte alles seinem Schwager Jacopo Alberti, Jacopo den Prioren, diese den Gewalthabern. Und da die Gefahr dringend und das Allerheiligenfest nahe war, so versammelten sich viele Bürger im Palast. Diese, im Verzuge Gefahr erblickend, verlangten, die Prioren sollten die Glocke läuten und das Volk zu den Waffen rufen. Gonfaloniere war Taldo Valori, und Francesco Salviati einer der Prioren. Diesen, die mit dem Bardi verwandt waren, mißfiel das Verlangen, so daß sie erwiderten: es sei nicht gut, um jeder geringen Veranlassung willen das Volk zu waffnen, indem die der Menge ohne Zügel und Mäßigung in die Hand gegebene Macht nie Gutes wirke; es sei leicht, Zwietracht zu säen, schwer, sie auszurotten; darum sei's passender, die Sache zu untersuchen und nach den Gesetzen die Strafe zu verhängen, als zum Ruin der Stadt auf den Grund eines bloßen Gerüchtes hin mit den Waffen einzuschreiten. Keiner achtete auf diese Einrede, sondern unter Schmähungen und mit drohendem Lärmen nötigte man die Signoren läuten zu lassen. Alles Volk strömte gerüstet nach dem Platze. Die Bardi aber und Frescobaldi, als sie sich entdeckt sahen, griffen, um rühmlich zu siegen oder ohne Schande zu sterben, zu den Waffen, in der Hoffnung, den Stadtteil jenseits des Flusses, wo ihre Wohnungen lagen, verteidigen zu können. So verschanzten sie sich an den Brücken, auf Hilfe harrend vom Adel der Umgebung und andern Befreundeten. Dieser Plan wurde von den Popolanen gestört, welche im erwähnten Stadtteil mit ihnen wohnten und zugunsten der Signoren sich erhoben, so daß jene, in die Mitte genommen, die Brücken aufgaben und auf die Straße sich beschränkten, wo die Bardi wohnten und welche leichter zu verteidigen war, was auch mit großer Tapferkeit geschah. Messer Giacomo von Agobbio, welcher wußte, daß die ganze Verschwörung gegen ihn gerichtet war, hielt mitten unter seinen Reisigen, für sein Leben besorgt, ratlos und ängstlich in der Nähe des Palastes; die andern Rektoren aber, freier von Schuld sich wissend, hatten mehr Mut, namentlich der Podestà, Messer Matteo von Marradi. Dieser begab sich an den Ort des

Kampfes und ritt, ohne etwas zu befürchten, über die Rubacontebrücke den Schwerstern der Bardi entgegen, indem er ein Zeichen gab, daß er mit ihnen zu reden wünsche. Die Ehrfurcht, die man vor diesem Manne hegte, sein Verhalten und seine sonstigen rühmenswerten Eigenschaften bewirkten, daß man augenblicklich einhielt im Gefecht und ihn ruhig vernahm. Mit gesetzten und ernsten Worten tadelte dieser nun ihre Verschwörung, zeigte ihnen die Gefahr, in der sie sich befänden, wenn sie nicht dem Volksdrange nachgäben, machte ihnen Hoffnung zu nachmaligem Gehör und milder Bestrafung und versprach ihnen, dafür sich zu verwenden, daß auf ihre gerechte Beschwerde Rücksicht genommen werde. Hierauf zu den Signoren zurückgekehrt, redete er diesen zu, daß sie nicht durch Vergießung von Bürgerblut siegen sollten und es ihnen nicht zustehe, Ungehörte zu verdammen. So brachte er es dahin, daß mit Zustimmung der Signoren die Bardi und Frescobaldi die Stadt verließen und samt ihren Freunden ungehindert auf ihre Kastelle sich begaben. Nachdem diese abgezogen und das Volk wieder zur Ruhe gekommen war, verfuhren die Signoren bloß gegen solche unter den Bardi und Frescobaldi, welche zu den Waffen gegriffen hatten, und um ihre Macht zu schwächen, kauften sie von den Bardi die Kastelle Mangona und Vernio und erließen ein Gesetz, nach welchem kein Bürger innerhalb zwanzig Meilen von der Stadt Kastelle besitzen sollte. Wenige Monate darauf wurde Stiatta Frescobaldi enthauptet und viele dieser Familien in die Verbannung geschickt. Den Regierenden war's nicht genug, diese beiden Geschlechter besiegt und unterworfen zu haben. Wie es beinahe immer geschieht, daß die Leute, je mehr Macht sie haben, um so mehr sie mißbrauchen und übermütig werden: so wählten sie jetzt, während vorher nur ein Capitano di guardia da war, von dem Florenz zu leiden hatte, noch einen für die Landschaft mit ausgedehnter Vollmacht, auf daß die ihnen Verdächtigen weder in noch außer der Stadt leben könnten. Der Adel aber wurde ihnen so feindlich, daß er bereit war, die Stadt und sich selber zu verkaufen, um sich zu rächen. Nur auf Gelegenheit warteten sie: diese kam und ward gut benutzt.

Die vielen Unruhen in der Lombardei und in Toscana hatten die Stadt Lucca in die Gewalt Mastinos della Scala, des Herrn von Verona, gegeben, welcher, wenn er gleich vertragsmäßig sie den Florentinern hätte überliefern sollen, sie für sich behielt, weil er, im Besitze Parmas, sie behaupten zu können glaubte und das gegebene Wort ihn nicht kümmerte. Sich zu rächen, verbündeten sich die Florentiner mit den Venezianern und verwickelten ihn in einen solchen Krieg, daß er daran war, seinen ganzen Staat zu verlieren. Keinen andern Nutzen aber hatten sie davon, als die geringe Genugtuung, Mastino gedemütigt zu haben. Denn nachdem die Venezianer, nach Art der Mächtigen die mit Schwächeren sich verbinden, Treviso und Vicenza gewonnen, verständigten sie sich, ohne auf die Florentiner ferner Rücksicht zu nehmen. Als aber bald darauf die mailändischen Visconti dem Scaliger Parma entrissen und er sich nicht getraute, Lucca ferner zu halten, beschloß er es zu verkaufen (1341). Florenz und Pisa traten auf, und da die Pisaner sahen, daß ihre Nebenbuhler, als die reicheren, die meiste Aussicht hatten, schlugen sie den Weg der Gewalt ein und griffen mit Hilfe der Visconti Lucca an. Darum standen die Florentiner dennoch nicht vom Kaufgeschäft ab, und nachdem sie mit Mastino eins geworden[79], zahlten sie einen Teil des Geldes und stellten Geiseln für den Rest, während sie Naddo Rucellai, Giovanni di Bernardino de' Medici und Rosso de' Ricci mit der Besitznahme beauftragten. Diese drangen mit Gewalt in Lucca ein, worauf ihnen von Mastinos Leuten die Stadt übergeben wurde. Die Pisaner aber setzten ihre Unternehmung fort und suchten Lucca mit Heeresmacht zu nehmen, wogegen die Florentiner sich bestrebten, sie zur Aufhebung der Belagerung zu nötigen. Nach langem Kriege wurden die Florentiner verjagt (1342): sie verloren ihr Geld, gewannen nichts als Unehre, und Lucca blieb in den Händen derer von Pisa[80].

Wie in solchen Fällen zu geschehen pflegt, stimmte der Verlust dieser Stadt das Volk gegen die Regierenden, und an allen Orten und auf allen Plätzen vernahm man Schmähungen gegen die Führer, denen man Geiz und schlechte Ratschläge schuld gab. Zu Anfang des Kampfes hatte man zwanzig Bürgern die Kriegsführung anvertraut, und diese hatten Messer Malatesta von Rimini zum Feldhauptmann gewählt. Malatesta hatte geringen Mut und noch weniger Klugheit gezeigt, so daß man König Robert von Neapel um Beistand ersuchte. Dieser sandte Gualtieri, Herzog von Athen, welcher, nach dem Ratschlusse Gottes, gerade in Florenz ankam, als der Feldzug gegen Lucca völlig gescheitert war. Da nun jene Zwanzig das Volk verstimmt sahen, dachten sie ihm durch die Wahl eines neuen Hauptmanns neue Hoffnung einzuflößen, und durch eine solche Wahl entweder es im Zaume zu halten oder ihm den Grund zu Schmähungen zu benehmen. Um ihm aber Ursache zur Furcht und dem Herzog von Athen größere Macht zu geben, ernannten sie diesen erst zum Konservator, dann zum Feldhauptmann. Die Großen, welche wegen der oben gemeldeten Gründe in Unzufriedenheit lebten und von denen viele mit Gualtieri Bekanntschaft hatten von der Zeit her, als er den Herzog von Calabrien in Florenz vertrat, glaubten, die Zeit sei gekommen, mit dem Ruin der Stadt den Brand, der sie verzehrte, zu löschen. Denn sie hielten dafür, daß es kein anderes Mittel gebe, dies Volk zu bändigen, als einem Fürsten sich zu unterwerfen, welcher, nachdem er die guten Eigenschaften der einen und den Übermut der andern kennengelernt, diese zügelte und jene belohnte. Überdies hofften sie, er werde ihr Verdienst anerkennen, wenn er mit ihrem Beistande zur obersten Macht gelangte. Deshalb taten sie sich heimlich mehrmals mit ihm zusammen und beredeten ihn, die Alleinherrschaft an sich zu reißen, indem sie ihm ihre Unterstützung dabei anboten. Mit der Autorität dieser Großen und ihrer Ermunterung vereinigten sich die Aufforderungen einiger Popolanfamilien, wie der Peruzzi, Acciaiuoli, Antellesi und Bonaccorsi[81], welche, von Schulden gedrückt, auf anderer Kosten sich die Last vom Halse zu schaffen und durch die Knechtschaft des Vaterlandes von der Knechtschaft, in der die Gläubiger sie hielten, sich zu befreien wünschten. Dies Zureden füllte den herrschsüchtigen Sinn des Herzogs mit größerer Begierde nach Macht, und um sich den Ruf der Strenge und Gerechtigkeit zu verschaffen und auf solche Weise die Menge für sich zu gewinnen, verfolgte er die, welchen die Führung des Krieges gegen Lucca obgelegen, ließ Messer Giovanni de' Medici, Naddo Rucellai und Guglielmo Altoviti[82] hinrichten und verurteilte viele zu Verbannung und Geldstrafen.

Diese Verurteilungen schreckten die Bürger mittlern Standes und gefielen bloß den Großen und dem Pöbel: diesem, weil es in seiner Natur liegt, über das Böse sich zu freuen, jenen, weil sie sich für die vielen, von den Popolanen ihnen zugefügten Unbilden gerächt sahen. Und wenn der Herzog durch die Straßen zog, vernahm man seine Hochherzigkeit mit lauter Stimme preisen, und jeder spornte ihn an, den Trug der Bürger aufzudecken und zu strafen. Das Amt der Zwanzig hatte aufgehört, der

Ruf des Herzogs war groß, größer noch die Furcht, so daß jeder, um seine Gunst zu erlangen, sein Wappen an sein Haus malen ließ und ihm vom Herrscher nichts fehlte als der Titel. Da ihn nun bedünkte, er könne ohne Gefahr alles versuchen, gab er den Signoren zu verstehen, wie er zum Wohle der Stadt es für notwendig erachte, daß die freie Signorie ihm übertragen werde: er ersuche sie demgemäß um ihre Beistimmung, nachdem schon die ganze Stadt eingewilligt. Obschon die Signoren das kommende Unheil längst vorhergesehen, waren sie doch über diese Zumutung ganz bestürzt, und wenn sie gleich die Gefahr erkannten, in die sie sich begaben, verweigerten sie dennoch mutvoll, was er verlangte, um ihre Pflicht gegen ihre Heimat nicht zu verletzen. Um sich den Anschein größerer Gottesfurcht und Demut zu geben, hatte der Herzog das Kloster der Minoriten bei Santa Croce zu seiner Wohnung gewählt. Da er nun seine böse Absicht ins Werk zu setzen dachte, ließ er öffentlich verkündigen, daß am folgenden Morgen das Volk auf dem Platze von Santa Croce vor ihm erscheinen sollte. Diese Verkündigung setzte die Signoren noch viel mehr in Furcht als früher seine Worte: sie riefen solche Bürger zusammen, welche sie für Freunde des Vaterlandes und der Freiheit hielten, und da die Macht des Herzogs ihnen kein Rätsel war, glaubten sie kein anderes Mittel zu haben, als mit Vorstellungen an ihn sich zu wenden und zu sehen, ob, wo Gewalt nicht ausreichte, Bitten genügen würden, entweder ihn von seinem Vorhaben abzubringen oder wenigstens das Joch leichter zu machen. So begab sich denn ein Teil der Signoren zu ihm, und einer von ihnen sprach zu ihm in folgender Weise:

«Wir kommen zu euch, o Herr, zunächst durch euer früheres Gesuch dazu veranlaßt, sodann durch den von euch erlassenen Befehl, daß das Volk vor euch sich versammeln solle. Denn es scheint uns, daß ihr auf außergewöhnlichem Wege das erreichen wollt, was ihr auf gewöhnlichem nicht erlangen konntet. Es ist nicht unsere Absicht, euern Plänen Gewalt entgegenzusetzen, sondern nur euch zu zeigen, wie schwer die Last ist, die ihr euch aufbürdet, wie gefährlich der Plan, den ihr verfolget: auf daß ihr später unseres Rates gedenken möget wie des Rates derer, die nicht zu eurem Besten, wohl aber um ihren Groll auszulassen, euch andere Gedanken eingaben. Ihr versucht eine Stadt ins Joch zu schlagen, die immer frei gelebt. Denn die Herrschaft, die wir einst dem Königshause von Neapel übertrugen, war Bundesgenossenschaft, nicht Untertanenschaft. Habt ihr wohl überlegt, was in einer solchen Stadt der Name der Freiheit bedeutet, welche Macht ihm innewohnt? Wißt ihr, daß den Geist der Freiheit keine Gewalt bändigt, keine Zeit verzehrt, kein Geschenk aufwiegt? Bedenket, o Herr, welche Macht erforderlich ist, eine solche Stadt in Knechtschaft zu halten. Fremde Macht genügt euch hier nicht; auf Unterstützung im Innern könnt ihr nicht bauen: denn die, welche jetzt mit euch halten und euch ermuntern den entscheidenden Schritt zu tun, werden, sobald sie durch euern Beistand ihre Gegner gedemütigt, mit allen Mitteln euch zu vernichten, sich selber zu Herrschern aufzuwerfen suchen. Das niedere Volk, auf das ihr euch verlaßt, wechselt bei der geringsten Veranlassung, so daß ihr fürchten müßt, in balder Zeit die ganze Stadt gegen euch zu haben, ihr wie euch zum Verderben. Dies ist ein Übel ohne Abhilfe. Denn solche Herren mögen ihre Herrschaft sichern, die nur wenige Gegner haben, welche durch Tod oder Bann zu vernichten leicht ist: bei dem Haß aber eines ganzen Gemeinwesens hat es niemals Sicherheit gegeben. Denn man weiß nicht, von welcher Seite her die Gefahr kommen kann, und wer vor allen sich fürchtet, kann nimmer des Einzelnen sich versichern. Wer aber es versucht, vergrößert nur die Gefahr: denn die Übrigbleibenden verstocken im Haß und sind mehr noch bereit zur Rache. Daß Zeit nicht reicht, den Durst nach Freiheit zu löschen, ist gewiß: denn man hat gehört, daß die Freiheit einer Stadt von solchen wiedergeschenkt worden ist, welche selbst sie nie gekostet, sondern bloß wegen der Erinnerungen aus der Väter Zeit sie liebten, und darum die wiedergewonnene standhaft unter jeder Gefahr schützten. Und hätten auch die Väter nicht jener einstigen Freiheit gedacht, die öffentlichen Paläste, die Versammlungsorte der Magistrate, die Banner der Stände würden an sie erinnern, und dies sind Dinge, welche bei jedem Bürger Sehnsucht wecken. Was wollt ihr der Süßigkeit des freien Lebens entgegenstellen, wodurch dem Volke die Vorliebe für seinen gegenwärtigen Zustand nehmen? Nicht dadurch würde es euch gelingen, daß ihr unser Gebiet über ganz Toscana ausdehntet und jeden Tag als Sieger über unsre Feinde heimkehrtet: denn all dieser Ruhm würde nicht des Volkes sein, sondern euer; denn die Bürger würden keine Untertanen gewinnen, sondern Knechtschaftsgenossen, zur Erschwerung ihrer eigenen Sklavenketten. Und wären eure Sitten heilig, euer Wesen gütig, eure Urteilssprüche gerecht: sie würden nicht genügen, euch Liebe zu erwerben. Und glaubtet ihr, sie genügten, so würdet ihr euch täuschen: denn einem, der frei zu leben gewohnt, ist jegliches Band ein Druck, jegliche Kette eine Last. Einen unruhigen Staat unter einem guten Fürsten zu finden, ist übrigens eine Unmöglichkeit: denn sie müssen einander ähnlich werden oder einer muß durch den andern zugrunde gehen. Ihr also habt zu überlegen, ob ihr diese Stadt mit äußerster Gewalt behaupten wollt, wozu Burgen, Besatzungen, auswärtige Freunde oft nicht hinreichen, oder mit jener Macht euch begnügen wollt, die wir euch übertragen haben. Zu letzterem laden wir euch ein, indem wir euch daran erinnern, daß bloß jene Herrschaft von Bestand ist, die freiwillig zugestanden wird. Wollet nicht, von gemeinem Ehrgeiz verblendet, an einen Platz euch hinstellen, wo ihr weder stehn noch höher klimmen könnt und wo ihr zu euerm wie unserm tiefsten Verderben herunterstürzen müßt.»

Des Herzogs verhärtetes Gemüt ward durch diese Worte nicht im geringsten gerührt. Er sagte, es sei seine Absicht nicht, der Stadt die Freiheit zu nehmen, sondern ihr sie wiederzugeben: denn nur Uneinigkeit mache die Städte dienstbar, Einigkeit aber frei. Würde Florenz durch ihn der Parteien, des Ehrgeizes, der Gehässigkeiten ledig, so gewänne es seine Freiheit wieder, statt sie zu verlieren. Und da er nicht aus Ehrsucht, sondern auf vieler Bürger Bitte diesen Entschluß fasse, so würden auch sie wohl daran tun, mit dem zufrieden zu sein, was den andern genehm sei. Was die Gefahren betreffe, in die er dadurch geraten könne, so achte er ihrer nicht: denn ein schlechter Mann nur lasse das Gute aus Furcht vor dem Bösen; ein feiger nur stehe, um eines zweifelhaften Ausgangs willen, ab von einem glorreichen Unternehmen. Er glaube so sich zu benehmen, daß sie bald innewerden würden, wie sie zu geringes Vertrauen in ihn gesetzt, zu sehr ihn gefürchtet.

Da nun die Signoren sahen, daß es nicht in ihrer Macht stand, sonst etwas Gutes zu tun, kamen sie überein, daß am folgenden Morgen das Volk auf dem Platze vor dem Palast sich versammeln sollte, um mit dessen Genehmigung dem Herzoge auf ein Jahr die Signorie zu übertragen, unter Bedingungen, wie einst Herzog Carl von Calabrien sie gehabt. – Es war am 8. September 1342, als der Herzog, begleitet von Messer Giovanni della Tosa und allen seinen Angehörigen und vielen andern Bürgern, auf den Platz kam und zugleich mit der Signorie auf die Ringhiera stieg, wie die Florentiner die Stufen nennen, welche sich unten an der Vorderseite des Palastes der Signoren befinden[83]. Dort wurde dem Volke die zwischen dem Herzog und der Signorie getroffene Übereinkunft vorgelesen. Als man aber zu der Stelle kam, wo von Übertragung der Herrschaft auf ein Jahr die Rede war, schrie das Volk: Auf lebenslang! Und als Messer Francesco Rustichelli, einer der Signoren, sich erhob, um zu reden und den Tumult zu stillen, wurden seine Worte durch das Getöse übertäubt, so daß mit des Volkes Zustimmung der Herzog nicht auf ein Jahr, sondern auf lebenslänglich zum Herrscher gewählt, von der Menge in die Höhe gehoben und getragen ward, während sein Name überall auf dem Platze erscholl. – Es ist Sitte, daß der, welchem die Wache des Palastes anvertraut ist, in Abwesenheit der Signoren in demselben sich einschließt. Rinieri di Giotto, welcher dies Amt hatte, von des Herzogs Freunden bestochen, ließ ihn ein, ohne irgendeine Nötigung abzuwarten, während die Signoren, mutlos und der Ehre bar, nach ihren Wohnungen zurückkehrten. Der Palast aber wurde von des Herzogs Dienstleuten geplündert, das Banner des Volkes zerrissen, des Herzogs Wappen draußen angebracht. Alles dies geschah zu unbeschreiblichem Leidwesen und Ärgernis der Guten und zur Freude derer, welche aus Unwissenheit oder Bosheit ihre Rechnung dabei fanden.

Nachdem der Herzog solcherweise die Herrschaft an sich gerissen, untersagte er, um denen das Ansehen zu rauben, welche die Freiheit zu verteidigen pflegten, den Signoren im Palaste ihre Beratungen zu halten, und wies ihnen dazu ein Privathaus an[84]. Den Gonfalonieren der Volkskompagnien nahm er ihre Banner, die Verordnung der Justiz gegen die Großen schaffte er ab, entließ die Gefangenen aus den Kerkern, rief die Bardi und Frecobaldi aus der Verbannung zurück und verbot jedem, Waffen zu tragen. Und um gegen die Städter besser sich verteidigen zu können, suchte er die Landschaft für sich zu gewinnen. Darum begünstigte er die Aretiner und übrigen Untertanen der Republik, schloß Frieden mit Pisa, obgleich er auf Veranlassung des Kriegs gegen diese Stadt zum Herrn von Florenz gemacht worden war, nahm den Kaufleuten, welche während des Krieges gegen Lucca dem Staate Gelder vorgeschossen, ihre Anweisungen auf die öffentlichen Kassen, erhöhte die alten Zölle, führte neue ein und beraubte die Signoren jeder Autorität. Seine Rektoren waren Messer Baglione von Perugia und Messer Guglielmo von Assisi; mit ihnen und mit Messer Cerrettieri Visdomini[85] beriet er sich. Die Geldstrafen, die er den Bürgern auflegte, waren schwer und seine Richtersprüche ungerecht: die Gerechtigkeitsliebe und Milde, die er gezeigt, waren in Hochmut und Grausamkeit verwandelt. So wurden viele Bürger, Adelige sowohl wie vornehme Bürger, an Geld oder am Leben gestraft oder auf ungewohnte Weise gequält. Und um es draußen ebenso zu machen, bestellte er sechs Rektoren für die Umgebung, welche die Landleute mißhandelten und auszogen. Die Großen beargwohnte er, obgleich sie ihm günstig gewesen und obschon er vielen derselben die Rückkehr in die Heimat gestattet hatte. Denn er konnte sich nicht davon überzeugen, daß der hochherzige Sinn, der dem Adel beizuwohnen pflegt, mit seiner Herrschaft sich befreunden würde. Deshalb begann er dem Pöbel zu schmeicheln, indem er mit dessen Gunst und durch fremde Waffenmacht seine Herrschaft zu behaupten hoffte. Da nun der Monat Mai (1343) gekommen war, wo das Volk Feste anzustellen pflegt, so ließ er unter den gemeinen Leuten mehrere Genossenschaften bilden, denen er mit hochtrabenden Benennungen Fahnen und Geld verlieh. So zog ein Teil derselben in festlichen Aufzügen durch die Stadt, während ein anderer Teil sie mit großer Pracht empfing. Als das Gerücht von der Herrschaft, die dieser Mann erlangt, sich verbreitete, zogen viele von französischem Blut herbei, denen allen, als besonderen Vertrauten, er Rang und Stellung gab, so daß in kurzer Zeit Florenz nicht den Franzosen nur, sondern auch ihrer Tracht und ihren Sitten untertan ward. Denn Männer und Frauen ahmten ihnen nach, ohne Scham wie ohne Rücksicht auf Anstand und bisherige Lebensweise. Was aber am meisten mißfiel, war die Gewalt, die er und die Seinen sonder Scheu den Frauen antaten.

So lebten die Bürger voll Unmut, weil sie die Hoheit ihres Staates zugrunde gerichtet, die Ordnung verkehrt, die Gesetze vernichtet, das ehrbare Leben verderbt, die bürgerliche Beschränkung geschwunden sahn. Denn die, welche königlichem Pomp abgeneigt waren, konnten nicht ohne Schmerz einem von bewaffneten Begleitern, Reitern und Fußknechten, umringten Herrn begegnen. Um ihre Schmach noch fühlbarer zu machen, waren sie genötigt den zu ehren, welchen sie am glühendsten haßten. Dazu gestellte sich die Furcht, indem sie die häufigen Hinrichtungen und Geldstrafen gewahrten, durch die er die Stadt erschöpfte. Wohl erkannte und fürchtete der Herzog diesen Groll und diese Besorgnisse: dennoch wollte er alle glauben machen, er halte sich für geliebt. Da ihm nun Matteo di Morozzo, entweder um sich bei ihm in Gunst zu setzen oder der Gefahr zu entgehn, angezeigt, wie die Familie der Medici mit einigen andern gegen ihn sich verschworen, forschte er nicht nur der Sache nicht nach, sondern ließ den Angeber elendiglich hinrichten. Dadurch benahm er denen, die ihn um seiner Sicherheit willen hätten warnen mögen, den Mut, während er hinwieder solche, die sein Verderben suchten, gleichsam anreizte. Dem Bettone Cini, welcher die Gelderpressungen getadelt hatte, ließ er die Zunge mit solcher Grausamkeit ausschneiden, daß er daran starb (1343). Dies mehrte die allgemeine Erbitterung und Abneigung: denn eine Stadt, welche gewohnt war, in voller Freiheit alles zu tun und über alles zu reden, konnte es nicht ertragen, daß man ihr die Hände band und den Mund verschloß.

So wuchsen denn Groll und Haß so sehr, daß selbst ein an Knechtschaft gewohntes Volk, geschweige denn die Florentiner, welche die Freiheit nicht zu bewahren wissen, die Dienstbarkeit nicht ertragen können, zur Wiedergewinnung der Unabhängigkeit entflammt worden wäre. Darum beschlossen viele Bürger jeden Standes, ihr Leben daran zu setzen oder die Freiheit wiederzuerlangen. Und an drei Orten, von drei Klassen von Bürgern, entstanden drei Verschwörungen – von Großen, von vornehmen Popolanen, von Gewerbetreibenden. Außer den allgemeinen Ursachen war Beweggrund bei den Großen, daß sie die Macht im Staate nicht wiedergewonnen, bei den Popolanen, daß sie sie verloren hatten, bei den Gewerbetreibenden, daß sie ihr Auskommen nicht mehr fanden. Bischof von Florenz war Messer Agnolo Acciaiuoli, welcher einst in seinen Predigten des Herzogs Handlungen gepriesen und ihm zur Erlangung der Gunst der Menge behilflich gewesen war. Als er ihn aber als Herrscher sah und sein tyrannisches Walten erkannte, schien es ihm, daß er seine Vaterstadt betrogen, und um seinen Irrtum wieder gut zu machen, fand er kein anderes Mittel, als daß die Hand, welche die Wunde geschlagen, sie auch heile. So machte er sich zum Haupt der ersten und mächtigsten Verschwörung, an welcher die Bardi, Rossi, Frescobaldi, Scali, Altoviti, Magalotti, Strozzi und Mancini teilnahmen. Häupter der einen der beiden andern Genossenschaften waren Manno und Corso Donati und mit ihnen die Pazzi, Cavicciuoli, Cerchi und Albizzi. In der dritten war Anführer Antonio Adimari und mit ihm die Medici, Bordoni, Rucellai und Aldobrandini. Diese dachten ihn im Hause Albizzi zu ermorden, wo er am Johannesfeste erwartet wurde, um den Wettlauf der Pferde[86] zu sehn. Aber es gelang ihnen nicht, weil er wegblieb. Sie machten sodann den Plan, ihn anzugreifen, während er in der Stadt umherwandelte: aber sie fanden die Ausführung schwer, weil er mit vieler Begleitung und bewaffnet ging und immer seine Gänge änderte, so daß man ihn nirgend mit der Gewißheit erwarten konnte. Endlich wollten sie ihn im Rate töten: aber es fiel ihnen ein, daß sie dann, selbst wenn es ihnen gelungen, in der Gewalt seiner Anhänger und Wachen sich befinden würden.

Während die Verschwornen dies überlegten, teilte Antonio Adimari Befreundeten in Siena, von denen er Beistand zu erlangen wünschte, das Geheimnis mit, indem er ihnen einige der Verschwornen nannte und versicherte, die ganze Stadt sei entschlossen sich zu befreien. Einer von jenen erzählte davon dem Messer Francesco Brunellischi, nicht in verräterischer Absicht, sondern weil er glaubte, auch er sei an der Verschwörung beteiligt. Entweder für sich selber fürchtend oder aus Haß gegen die andern, enthüllte Messer Francesco alles dem Herzog, worauf Paolo del Mazzeca und Simone da Monterappoli gefänglich eingezogen wurden. Die diesen entlockten Bekenntnisse über die Menge und den Stand der Verschwornen setzten den Herzog in Furcht und man riet ihm, sie lieber zu sich zu laden, als gefangenzunehmen:

denn, wenn sie die Flucht ergriffen, so könnte er sich ihrer ja immer durch das Exil versichern. Der Herzog ließ darauf den Antonio Adimari rufen, welcher, auf seine Freunde bauend, sogleich erschien. Er ward festgehalten, und Francesco Brunellischi wie Messer Uguccione Buondelmonti rieten dem Herzoge, mit Waffenmacht durch die Stadt zu ziehn und die Verhafteten hinrichten zu lassen. Er aber war nicht ihrer Meinung, weil seine Macht ihm nicht mit der Menge seiner Feinde im Verhältnis zu stehn schien. Darum ersann er einen andern Plan, welcher, wär er gelungen, ihm seine Feinde in die Hände und einen Zuwachs an Macht gegeben haben würde. Der Herzog war gewohnt, die Bürger zu sich zu entbieten, in vorkommenden Fällen ihm mit Rat an die Hand zu gehen. Nachdem er nun ausgesandt hatte, um durch neue Werbungen die Zahl seiner Kriegsleute zu mehren, entwarf er eine Liste von dreihundert Bürgern, die er, unter dem Vorwande, ihre Ansicht vernehmen zu wollen, durch seine Herolde zu sich bescheiden ließ: wären sie vereint, so dachte er durch Hinrichtung oder Kerker sie unschädlich zu machen. Die Verhaftung des Antonio Adimari und das Entbieten von Waffenmacht, welches nicht hatte verborgen bleiben können, hatten aber die Bürger, namentlich diejenigen, die sich schuldig fühlten, gewarnt, so daß die Beherztesten zu gehorchen sich weigerten. Und da alle die Liste lasen und einer des andern Namen fand, ermunterten sie einander, die Waffen zu ergreifen und lieber, das Schwert in der Hand, wie Männer zu sterben, als wie Kälber zur Schlachtbank geschleppt zu werden. So wurden in wenigen Stunden die drei Bünde der Verschwornen miteinander bekannt, und sie beschlossen am folgenden Tage – es war der 26. Juli des Jahres 1343 – auf dem alten Markte einen Aufstand zu erregen, sich zu rüsten und das Volk zur Freiheit aufzurufen.

Als nun der folgende Tag gekommen war, griff alles, während man zur None läutete, der Verabredung gemäß zu den Waffen. Das gesamte Volk rüstete sich unter Freiheitsrufen, und jeder sammelte sich in seiner Stadtgegend unter Bannern mit dem Wappen des Volkes, welche durch die Verschwornen in der Stille bereitet worden waren. Alle Familienhäupter, Edle wie Popolanen, fanden sich ein und beschworen ihre Verteidigung und des Herzogs Tod. Ausgeschlossen von dieser allgemeinen Bewegung waren einige der Buondelmonti und Cavalcanti, und jene vier Volksgeschlechter, welche Gualtieris Herrschaft begünstigt: diese, mit den Fleischern und andern vom niedern Volke, ritten bewaffnet auf den Platz, für den Herzog Partei nehmend. – Bei diesem Tumult ließ der Herzog den Palast in Verteidigungszustand setzen, und die Seinen, welche in verschiedenen Teilen der Stadt ihre Quartiere hatten, stiegen zu Pferde, um zum herzoglichen Palast zu eilen. Viele derselben aber wurden unterwegs angefallen und erschlagen. Dennoch langten gegen dreihundert Reiter an. Der Herzog war unschlüssig, ob er ausziehn sollte, die Feinde zu bekämpfen, oder ob es besser wäre, den Palst zu verteidigen. Andrerseits befürchteten die Medici, Cavicciuoli, Rucellai und andere Geschlechter, die besonders durch ihn gekränkt worden waren, daß, wenn er auszöge, viele, welche die Waffen gegen ihn ergriffen, zu seiner Partei sich schlagen würden. Um also der Möglichkeit eines Ausfalls und einer Verstärkung seiner Streitkräfte vorzubauen, ordneten sie einen Haufen und stürmten nach dem Platz. Als die Popolanfamilien, die es mit Gualtieri hielten, diese Streitkräfte anlangen und einen offnen Angriff beginnen sahen, wechselten sie die Partei mit des Herzogs Glückswechsel und schlossen sich ihren Mitbürgern an, mit Ausnahme des Messer Uguccione Buondelmonti, der sich in den

ZUG DER KÖNIGE
MIT DEN PORTRÄTS DER MEDICI

Palast begab, und des Giannozzo Cavalcanti. Letzterer eilte mit einem Teile seiner Genossen nach dem neuen Markte, stieg auf eine Bank und redete zu dem bewaffnet nach dem Platze ziehenden Volke, es möchte für Gualtieri Partei ergreifen. Da er weder jemand fand, der ihm folgte noch seine Frechheit züchtigte, und sah daß er vergeblich sich abmühte, beschloß er das Schicksal nicht länger zu versuchen und schlich nach seiner Wohnung zurück.

Auf dem Platze fand unterdessen zwischen dem Volke und des Herzogs Leuten ein heftiger Kampf statt, und obgleich letztere vom Palast aus Beistand erhielten, unterlagen sie doch, so daß ein Teil in der Gegner Gewalt geriet, ein Teil mit Zurücklassung der Pferde in den Palast sich flüchtete. Während man so auf dem Platze kämpfte, erzwangen Corso und Messer Amerigo Donati mit einem Volkshaufen den Eingang in das Gefängnis der Stinche, verbrannten die Schriften des Podestà und der öffentlichen Kammer, plünderten die Wohnungen der Rektoren und erschlugen alle Beamte des Herzogs, deren sie habhaft werden konnten. Als Gualtieri sah, er könne den Platz nicht behaupten, die gesamte Stadt sei wider ihn und keine Hoffnung mehr auf Hilfe da: versuchte er, ob es ihm gelänge, durch irgendeine menschliche Handlung das Volk umzustimmen. Er ließ daher die Verhafteten vor sich kommen, gab ihnen mit freundlichen Worten die Freiheit wieder und schlug den Antonio Adimari, gegen seinen Willen, zum Ritter. Vom Palaste ließ er sein Banner abnehmen und das des Volkes aufpflanzen. Alles dies aber, weil es zu spät und zur Unzeit und aus Not geschah, half ihm wenig. Übelgelaunt hielt er nun die Belagerung im Palaste aus, sah, wie er alles verlor, weil er nach zu vielem getrachtet, und fürchtete, in wenigen Tagen durch Hunger oder das Schwert umzukommen. Um dem Gemeinwesen eine Form zu geben, versammelten sich die Bürger in Santa Reparata und wählten vierzehn, zur Hälfte Adelige, zur Hälfte Popolanen, welchen es zustehen sollte, in Gemeinschaft mit dem Bischofe die öffentlichen Dinge zu ordnen. Außerdem erwählten sie sechs Männer, welchen bis zur Ernennung eines neuen Podestà dessen Befugnisse zustehen sollten.

Viel Volk war den Florentinern zur Hilfe herbeigezogen, darunter eine Schar von Siena mit sechs Abgesandten, Männern, die in ihrer Heimat einen geehrten Namen hatten. Diese suchten einen Vergleich zwischen dem Volke und dem Herzog zu bewerkstelligen, aber das Volk wollte nichts von Vergleich wissen, wofern nicht zuerst Messer Guglielmo von Assisi nebst seinem Sohne und Messer Cerrettieri Visdomini in seine Gewalt gegeben wären. Des weigerte sich der Herzog: aber durch die Drohungen der mit ihm Eingeschlossenen ließ er sich doch die Einwilligung abnötigen. Wird die Freiheit wiedergewonnen, so ist die Erbitterung heftiger, sind die Wunden tiefer, als wenn man sie verteidigt. Messer Guglielmo und sein Sohn wurden den Tausenden ihrer Feinde überliefert. Der Jüngling war noch nicht achtzehn Jahre alt. Doch vermochten weder seine Jugend, noch seine Schönheit und Schuldlosigkeit ihn vor der Wut der Menge zu retten. Die, welche sie lebend nicht hatten verwunden können, ließen ihren Haß noch an den Leichnamen aus und zerfleischten sie, ohne satt zu werden, mit Waffen, Händen und Zähnen. Und als sollten alle Sinne teilnehmen an der Rache, nachdem sie das Jammergeschrei gehört, die Wunden gesehen, die zerfetzten Leiber berührt, wollten sie auch dem Geschmack zu kosten geben, um innen wie außen gesättigt zu werden. So verderblich diese Raserei jenen beiden war, so sehr kam sie dem Messer Cerrettieri zugute. Denn die Menge, müde von den an jenen begangenen Greueln, vergaß diesen, so daß er, ohne daß man nach ihm fragte, im Palaste blieb, aus welchem er in der folgenden Nacht durch Verwandte und Freunde an einen sichern Ort gebracht wurde. Nachdem das Volk am Blute sich geletzt, wurde der Vergleich abgeschlossen. Der Herzog sollte mit den Seinen und seiner Habe ungestört abziehen, allen seinen Ansprüchen auf Florenz entsagen und außerhalb des Gebiets der Republik, im Casentino, die Entsagung bestätigen. Hierauf, am 6. August, verließ er die Stadt, von vielen Bürgern begleitet, und nachdem er im Casentino angelangt, bestätigte er obgleich ungern die Verzichtleistung, was er nicht getan haben würde, hätte der Graf Simon von Poppi nicht gedroht, ihn nach Florenz zurückzuführen. Dieser Herzog war, wie sein Verfahren bekundet, habsüchtig und grausam, schwer zugänglich, in seinen Bescheiden hochfahrend. Er wollte die Knechtschaft, nicht die Liebe der Menschen und hielt von Furcht mehr als von Zuneigung. Sein Äußeres war ebenso wenig einnehmend als sein Benehmen: er war klein und schwarz, mit langem spärlichen Barte, so daß er auf jede Weise Abneigung erregte. So raubte ihm denn innerhalb zehn Monate sein schlimmes Verhalten die Herrschaft, zu welcher die schlimmen Ratschläge anderer ihn erhoben hatten.

Diese Vorgänge in der Stadt verliehen allen den Florentinern unterworfenen Orten Mut, ihre Unabhängigkeit von neuem zu behaupten. So empörten sich Arezzo, Castiglione, Pistoja, Volterra, Colle, San Gemignano: zur selben Zeit sah sich Florenz ohne Tyrann und ohne Gebiet, und indem es seine Freiheit wiedergewann, unterwies es seine Untertanen, wie sie die ihre wiedererlangen könnten. Nachdem solcherart die Vertreibung des Herzogs mit dem Verluste des Gebietes erfolgt war, dachten die vierzehn Männer nebst dem Bischof, daß es geratener sei, die vormaligen Untertanen durch Frieden zu besänftigen, als sie durch Krieg zu reizen, indem sie sich stellten, als wären sie über deren Freiheit ebenso erfreut wie über ihre eigne. So sandten sie Abgeordnete nach Arezzo, der Herrschaft, die sie über diese Stadt in Anspruch nahmen, zu entsagen und mit den Bewohnern einen Vertrag zu schließen, um dieselben, da sie nicht mehr über sie als Untertanen gebieten konnten, wenigstens zu Freunden zu haben. Auch mit den andern Orten kamen sie, so gut es sich tun ließ, überein, um deren Freundschaft zu bewahren und Hilfe von ihnen zu erlangen. Dieser in guter Stunde gefaßte Beschluß hatte glückliche Folgen, denn nach nicht vielen Jahren stand Arezzo wieder unter florentinischer Oberherrschaft, und binnen wenigen Monden kehrten die übrigen Orte zum alten Gehorsam zurück. So erreicht man oft rascher mit minderer Gefahr und mit geringeren Kosten seinen Zweck, indem man den Rücken zu wenden scheint, als indem man mit Gewalt und Hartnäckigkeit im Verfolgen eines Ziels beharrt.

Nach Beilegung der auswärtigen Händel wandten sie sich zu den innern Verhältnissen, und nach einigem Streit zwischen Großen und Popolanen ward beschlossen, daß jenen in der Signorie das Drittel der Stellen, in den übrigen Ämtern die Hälfte zustehn sollte. Wie wir bereits oben gesagt, war die Stadt in Sechstel geteilt und für jedes Sechstel immer ein Prior gewählt worden, ausgenommen bei einigen besondern Veranlassungen, wo man zwölf oder dreizehn ernannte, was aber nur auf kurze Zeit stattfand. Man dachte nun hierin eine Änderung vorzunehmen, teils weil die Sechsteleinteilung unpassend war, teils aus dem Grunde, weil, um den Großen Genüge zu tun, die Zahl der Signoren vermehrt werden mußte. Darum teilten sie die Stadt in Viertel, für deren jedes sie drei Signoren ernannten. Den Gonfaloniere der Gerechtigkeit und die der Kompanien des Volkes ließen sie beiseite und bestellten statt der zwölf Buonuomini acht Räte, vier von jedem Stande. Nachdem die Regierung in solcher Weise geordnet worden, hätte die Stadt in Frieden leben können, wenn die Großen sich begnügt hätten, mit jener Bescheidenheit aufzutreten, welche den bürgerlichen Verhältnissen zukommt. Aber sie taten das Gegenteil: denn als Privatleute verschmähten sie Genossen und als Magistrate wollten sie Herren sein. Kein Tag verging ohne irgendeine Probe ihres Stolzes und Übermuts. Dies mißfiel dem Volke, welches klagte, statt eines Tyrannen habe es jetzt tausend. So nahm denn auf der einen Seite der Hochmut dermaßen zu, auf der andern die Erbitterung, daß die Häupter des Volkes dem Bischof das üble Verfahren der Großen und ihr schlimmes Verhalten zum Volke kundmachten und ihn ersuchten, er möge es dahinbringen, daß die Großen mit ihrem Anteil an den übrigen Magistraturen sich begnügten, während sie dem Volke die Signorie allein überließen. Der Bischof war von Natur gut, aber es war leicht, ihn bald auf die eine, bald auf die andere Seite zu bringen. Die Folge davon war gewesen, daß er anfangs auf Veranlassung seiner Geschlechtsgenossen dem Herzog von Athen sich geneigt bewiesen, dann auf den Rat andrer Bürger gegen denselben sich verschworen hatte. Bei der Umwandlung der Verfassung hatte er die Großen begünstigt: jetzt schien es ihm wohlgetan, infolge der von jenen Popolanen ihm vorgebrachten Gründe, auf des Volkes Seite sich zu stellen. Da er nun glaubte, er werde bei den andern denselben Mangel an Beständigkeit finden, der in seinem eigenen Charakter lag, so überredete er sich, er könne die Sache gütlich beilegen. Indem er die Vierzehn zusammenrief, die ihr Amt noch nicht niedergelegt, ermunterte er sie mit den ihm am passendsten dünkenden Worten, sie möchten dem Volke den Magistrat der Signorie abtreten, wobei er ihnen als Ergebnis die Ruhe der Stadt verhieß, während aus ihrer Weigerung ihr eigner Untergang hervorgehn würde. Diese Worte erregten bei den Großen heftiges Mißvergnügen und Messer Ridolfo de' Bardi redete den Bischof mit harten Worten an, indem er ihn einen unzuverlässigen Mann nannte, und ihm die Freundschaft mit dem Herzog als leichtsinnig, die Verschwörung gegen denselben als verräterisch vorwarf, worauf er mit den Worten schloß, die mit Gefahr errungenen Ehren wollten sie mit Gefahr verteidigen. Hierauf verließen er und die Seinigen zornig den Bischof und setzten ihre Genossen und alle Adelsgeschlechter von dem Vorgefallenen in Kenntnis. Ihrerseits machten auch die Popolanen ihrer Partei Anzeige von dem Geschehenen. Während nun die Großen sich bereiteten, ihre Signoren durch Waffengewalt aufrecht zu halten, schien es dem Volke geraten, nicht zu warten, bis sie bereit sein würden: bewaffnet eilte es nach dem Palast und rief, es wolle, daß die Großen auf den Magistrat verzichteten. Das Geräusch und der Tumult waren groß. Die Signoren sahen sich verlassen: denn die Großen, als sie das ganze Volk gerüstet erblickten, wagten es nicht, zu den Waffen zu greifen, und jeder blieb in seiner Wohnung. Nachdem nun die den Popolanen angehörenden Mitglieder der Signorie versucht hatten, die Menge zu beruhigen, indem sie ihr vorstellten, ihre Amtsgenossen wären bescheidene und gute Leute, und dies keine Wirkung gehabt hatte: sandten sie selbe, um keine schlimmern Auftritte zu veranlassen, nach Hause zurück, wo sie nicht ohne Not in Sicherheit anlangten. Nachdem die Großen den Palast verlassen, wurde auch den vier adeligen Räten ihr Amt genommen, und man ernannte zwölf Popolanen, und den übriggebliebenen acht Signoren ward ein Gonfaloniere der Justiz zugesellt und sechzehn Gonfalonieren der Kompanien, wobei die gesamte Verfassung eine solche Umgestaltung erfuhr, daß dem Volke alle Macht verblieb.

Während dieser Ereignisse herrschte Hungersnot in der Stadt, so daß Große wie Volk mißvergnügt waren; dieses des Mangels wegen, jene wegen der verlorenen Macht. Dieser Umstand gab dem Messer Andrea Strozzi Mut, einen Versuch gegen die Freiheit der Stadt zu wagen. Er verkaufte das Getreide zu geringerem Preise als die übrigen, so daß eine Menge Leute zu seiner Wohnung strömten. Da stieg er eines Morgens zu Pferde und rief mit einigen Begleitern die Menge zu den Waffen, worauf in kurzer Zeit über viertausend Menschen versammelt waren, mit denen er nach dem Platze der Signoren zog und Einlaß in den Palast verlangte. Aber die Signoren hielten die Angreifer mit Drohungen und mit Waffengewalt auf dem Platze zurück und jagten ihnen durch ihre öffentlichen Verkündigungen solche Furcht ein, daß bald ein jeder nach Hause sich zurückzog und Messer Andrea, von allen verlassen, mit genauer Not den Händen der Behörden entging.

Dieser Vorfall, so unsinnig er war, und obgleich er das gewöhnliche Ende ähnlicher Versuche nahm, gab dennoch den Großen Hoffnung, die Popolanen zu bezwingen, da sie sahn, daß der Pöbel nicht mit den Bürgern zusammenhielt. Um die Gelegenheit nicht vorübergehn zu lassen, beschlossen sie unter Beistand aller Art sich zu rüsten, um klugerweise durch Gewalt wiederzuerlangen, was ihnen ungerechterweise durch Gewalt genommen worden war. Die Gewißheit des Gelingens nahm bei ihnen dermaßen zu, daß sie öffentlich mit Waffen sich versahen, ihre Wohnungen befestigten, bis nach der Lombardei hin zu den Befreundeten um Hilfe sandten. Auch das Volk mit den Signoren traf Vorkehrungen, indem es sich rüstete und in Siena und Perugia Beistand verlangte. Schon war der einen wie der andern Partei Hilfe zugekommen: die ganze Stadt war in Waffen. Die Großen hatten sich diesseit des Arno[87] an drei Stellen verschanzt, bei den Wohnungen der Cavicciuoli in der Nähe von San Giovanni, bei den Häusern der Pazzi und Donati an San Pier Maggiore, bei denen der Cavalcanti am neuen Markte. Jenseit des Arno hatten sie die Aufgänge zu den Brücken und die Straßen bei ihren Wohnungen befestigt: die Nerli verteidigten die Carraia-Brücke, die Frescobaldi und Mannelli die Dreifaltigkeits-Brücke, die Rossi und Bardi die alte und die Rubaconte-Brücke[88]. Andrerseits sammelten sich die Popolanen unter dem Banner der Justiz und den Fahnen der Kompanien des Volkes.

Als die Sachen so standen, schien es dem Volke geraten, den Kampf nicht länger aufzuschieben. Die ersten, die sich in Bewegung setzten[89], waren die Medici und Rondinelli, welche die Cavicciuoli auf der Seite angriffen, wo man von San Giovanni her zu ihren Wohnungen gelangte. Hier war der Kampf heftig: denn auf die Angreifenden wurde von den Türmen mit Steinen geworfen, unten mit Armbrüsten geschossen. So währte es drei Stunden, und immer noch nahm der Andrang des Volkes zu, als endlich die Cavicciuoli, von der Menge überwältigt, keinen Beistand herannahen sehend, den Mut verloren und sich der Menge überlieferten, welche ihre Wohnungen und Habe schützte, ihnen nur die Waffen nahm und gebot, unbewaffnet in den Häusern ihrer Verwandten und Freunde unter den Popolanen sich zu verteilen. Nachdem dieser erste Sturm vorüber, wurden auch die Donati und Pazzi, die schwächer waren denn jene, leicht bezwungen. Diesseits des Arno blieben bloß die Cavalcanti übrig, stark an Mannschaft, wie durch die Lage ihrer Wohnungen. Da diese aber sämtliche Kompanien des Volkes sich gegenübersahn, während drei derselben zur Besiegung der andern hinreichend gewesen, ergaben sie sich ohne langen Kampf. Schon waren drei Viertel der Stadt in des Volkes Gewalt: das vierte nur hielten die Großen besetzt. Dies bot indes die meisten Schwierigkeiten dar, einmal wegen der Macht derer, die es verteidigten, sodann wegen der Lage, weil es durch den Arno geschützt war, so daß der Übergang über die, wie oben gesagt, verrammelten Brücken erzwungen werden mußte. Unterdes geschah der erste Angriff bei der alten Brücke. Tapfer war die Verteidigung: alle Türme waren mit Bewaffneten gefüllt, die Straßen gesperrt und die in ihnen aufgeworfenen Verschanzungen mit mutigen Leuten gefüllt, so daß das Volk mit schwerem Verlust zurückgeschlagen ward. Da die Angreifenden erkannten, daß auf diesem Punkte ihre Anstrengungen vergeblich waren, versuchten sie den Übergang über die Rubaconte-Brücke, und da sie hier denselben Widerstand fanden, griffen sie, nach Zurücklassung von vier Fahnen zur Bewachung dieser Brücken, die von Carraia an. Und obschon die Nerli hier mannhaften Widerstand leisteten, konnten sie doch gegen die Wut des Angriffs sich nicht halten, sowohl weil die Brücke, durch keine Türme verteidigt, die schwächere war, als weil die Capponi und andere benachbarte popolane Familien auf dem linken Ufer sie anfielen. Von allen Seiten gedrängt, wichen sie daher zurück von den Verschanzungen und machten dem eindringenden Volke Platz, welches bald die Rossi und Frescobaldi zurückschlug, indem alle Popolanen von jenseits des Flusses den Siegern zuströmten. So blieben allein die Bardi, welchen weder das Verderben der andern noch die Einigung des Volkes, noch endlich die geringe Aussicht auf Beistand den Mut rauben konnte und die lieber kämpfend starben oder ihre

Wohnungen geplündert und in Flammen sehn als ihren Feinden sich ergeben wollten. Sie wehrten sich mit solcher Hartnäckigkeit, daß das Volk mehrere Male, von der alten wie von der Rubaconte-Brücke her, den Angriff versuchend, jedesmal unter großen Verlusten an Toten und Verwundeten zurückgeworfen wurde. Vor Zeiten war eine Straße angelegt worden, durch welche man von der Via Romana aus innerhalb der Wohnungen der Pitti zu der Stadtmauer auf der Höhe von San Giorgio gelangen konnte[90]. Auf diesen Weg sandte das Volk sechs Fähnlein mit dem Befehl, die Häuser der Bardi von hinten anzufallen. Dieser Angriff war es, der die Bardi entmutigte und dem Volke den Sieg gab: denn als die innerhalb der Verschanzungen Kämpfenden erfuhren, ihre Häuser seien in Gefahr, verließen sie jene, um diese zu verteidigen. So kam es, daß die Verschanzung an der alten Brücke erstürmt und die Bardi auf allen Seiten in die Flucht geschlagen, bei den Quaratesi, Panzanesi und Mozzi Aufnahme suchten. Der Pöbel, nach Beute dürstend, plünderte und verheerte unterdessen ihre Wohnungen und verwüstete und verbrannte ihre Türme und Paläste mit solcher Wut, daß der grausamste Feind des florentinischen Namens sich so wilder Zerstörung geschämt haben würde.

Nach der Niederlage der Großen ordnete das Volk von neuem das Gemeinwesen, und da es sich in drei Klassen schied, das vornehme, das mittlere und das niedere, so ward angeordnet, daß die Vornehmen zwei Signoren stellen sollten, und je drei die beiden übrigen Klassen, während der Gonfaloniere bald aus der einen genommen werden sollte, bald aus der andern. Zudem wurden alle Justizverordnungen gegen die Großen wieder ins Leben gerufen, und um die Großen zu schwächen, wurden viele von ihnen dem Volke einverleibt[91]. Der Stoß, den der

GIOVANNI BOCCACCIO

Adel hier erlitt, war so heftig und drückte ihn so nieder, daß er nie mehr wagte, gegen das Volk die Waffen zu erheben, sondern allmählich gefügiger und demütiger wurde. Daher kam es, daß Florenz nicht bloß an Kriegsmacht, sondern auch an edler Sinnesart verarmte. Die Stadt blieb nun ruhig bis zum Jahre 1353. Unterdessen kam jene große Pest vor (1348), welche Messer Giovanni Boccaccio mit so beredten Worten geschildert und durch welche Florenz mehr denn sechsundneunzigtausend seiner Bewohner verlor. Auch führten in dieser Zeit die Florentiner den ersten Krieg gegen die Visconti, veranlaßt durch den Ehrgeiz des damals herrschenden Erzbischofs von Mailand. Kaum war dieser Krieg zu Ende, so begannen wieder die Parteiungen in der Stadt. Denn war auch der Adel niedergeworfen, so fehlte es dem Schicksal doch nicht an Mitteln, durch neuen Unfrieden neue Leiden hervorzubringen.

Drittes Buch

Die großen und natürlichen Feindschaften, welche zwischen Bürgertum und Adel bestehen und ihren Grund darin haben, daß dieser befehlen, jenes nicht gehorchen will, sind die Quelle aller Übel, an denen die Städte kranken. Denn in dieser Verschiedenheit der Neigungen findet jeglicher Zwist, der die Ruhe der Freistaaten zu stören kommt, seine Nahrung. Dies war der Grund der Spaltungen Roms; dies, wenn es erlaubt ist, Kleines mit Großem zu vergleichen, die Ursache des Unfriedens in Florenz. In einer und der andern Stadt waren indes die Wirkungen verschiedener Art. Denn in Rom wurde die Uneinigkeit zwischen Volk und Adel durch Worte geschlichtet, in Florenz durch Waffen. Die Fehden in Rom endeten durch ein Gesetz, die in Florenz mit dem Exil und dem Tode zahlreicher Bürger. In Rom steigerten sie den kriegerischen Geist, in Florenz ertöteten sie ihn. Während in Rom aus Gleichheit der Bürger die größte Ungleichheit hervorging, wurde in Florenz Ungleichheit zur bewunderungswürdigster Gleichheit. Diese Verschiedenheit der Wirkungen muß in der Verschiedenheit der Zwecke, welchen diese beiden Völker gelebt, ihren Grund haben. Denn das römische Volk wollte in Gemeinschaft der Adeligen der höchsten Ehren teilhaft werden: das florentinische Volk kämpfte für alleinige Herrschergewalt mit Ausschluß des Adels. Und wie das Verlangen des römischen Volks das vernünftigere, waren auch die dem Adel auferlegten Beschränkungen leichter zu ertragen; so daß dieser leicht und ohne zu den Waffen zu greifen nachgab und man nach einiger Meinungsverschiedenheit sich zu einem Gesetze einigte, durch welches dem Volke gewillfahrt wurde, ohne daß des Adels Ehre darunter litt. Andererseits aber war das Verlangen des florentinischen Volkes verletzend und ungerecht: daher kam es, daß der Adel mit aller Kraftanstrengung auf seine Verteidigung bedacht war, so viel Bürgerblut floß, so viele ihre Heimat verlassen mußten. Und die nachmals entworfenen Gesetze nahmen nicht auf das allgemeine Beste acht, sondern waren dem Sieger allein günstig. In Rom mehrten sich Gemeinsinn und Tugend mit den Siegen des Volkes: denn dadurch, daß Leute vom Volke zugleich mit den Adeligen die obersten Magistraturen, die Befehlshaberstellen in den Heeren und den eroberten Reichen erlangen konnten, wurden sie von demselben Hochsinn erfüllt, der die Adligen beseelte; und mit der Zunahme an Tapferkeit ging die Zunahme an Macht Hand in Hand. Als aber in Florenz das Volk siegte, blieb der Adel ausgeschlossen von den Ämtern, und wollte er zu denselben zugelassen werden, so mußte er im Verhalten, in der Gesinnung und Lebensweise den Popolanern nicht bloß gleich sein, sondern auch scheinen. Daraus entstand die Veränderung der Wappen, der Wechsel der Familiennamen, welche die Adeligen, um für Popolane zu gelten, vornahmen, so daß die Tapferkeit und der Hochsinn, die im Adel waren, erloschen, ohne im Volke, wo sie nicht waren, aufleben zu können. So sank Florenz immer tiefer in der Gesinnung. Und während Rom, nachdem jener Hochsinn in Übermut ausgeartet, dahin gelangte, daß es ohne einen Fürsten nicht mehr bestehen konnte: ist es mit Florenz so weit gekommen, daß ein verständiger Gesetzgeber jede beliebige Form der Regierung einführen könnte. Das im vorhergehenden Buche Erzählte wird diese Umstände deutlich gemacht haben. Nachdem ich so den Ursprung von Florenz, die Anfänge seiner Unabhängigkeit, die Ursachen der Parteiungen und deren Ausgang in der Tyrannei des Herzogs von Athen und dem Untergang des Adels gezeigt, bleiben mir jetzt die Fehden zwischen Volk und Pöbel und die aus denselben hervorgegangenen Verhältnisse zu schildern übrig.

Nachdem die Macht der Großen vernichtet, der Krieg gegen den Erzbischof von Mailand beendigt war, schien keine fernere Veranlassung zu Störungen zurückgeblieben zu sein. Aber das ungünstige Geschick unserer Stadt und ihre fehlerhafte Verfassung brachten Feindschaft zwischen den Geschlechtern der Albizzi und Ricci[92] zuwege, welche Florenz in Parteien teilte, wie einst die Fehde zwischen Buondelmonti und Uberti, zwischen Cerchi und Donati. Die Päpste, welche damals in Frankreich ihren Sitz hatten, und die in Deutschland verweilenden Kaiser hatten, um ihr Ansehen in Italien aufrechtzuerhalten, zu verschiedenen Zeiten Heeresmassen aus Leuten verschiedener Nationen dahin gesandt, so daß Engländer, Deutsche und Bretagner das Land füllten. Diese, nach Beendigung der Kriege ohne Löhnung geblieben, zogen unter den Fahnen dieses oder jenes Fürsten oder Glücksritters Beute machend umher[93]. Im Jahre 1353 kam einer dieser Söldnerhaufen unter der Anführung des Herrn von Montreal, eines Provenzalen, nach Toscana: eine Erscheinung, die alle Städte der Provinz in Schrecken setzte, und wobei die Florentiner nicht nur öffentlich Truppen warben, sondern auch einzelne Familien, wie die Albizzi und Ricci, zu eignem Schutze sich rüsteten. Diese waren einander längst abgeneigt, und jede sann darauf, wie sie die andere unterdrücken könnte, um zur Herrschaft zu gelangen. Indes waren noch keine blutigen Händel vorgefallen, sondern sie hatten bloß in den Magistraturen und Ratsversammlungen miteinander gehadert. Da nun die ganze Stadt bewaffnet war, entstand ein zufälliger Streit auf dem alten Markt, wo, wie es zu geschehen pflegt, eine Menge Leute zusammenliefen, und indem das Gerücht davon sich verbreitete, hinterbrachte man den Ricci, daß die Albizzi sie angriffen, und den Albizzi, daß die Ricci sie aufsuchten. Dadurch geriet alles in Bewegung, und mit Mühe nur gelang es den Magistratspersonen, eine und die andere Familie im Zaume zu halten, damit nicht in der Tat ein Angriff geschähe, wie durch das zufällige Gerücht und ohne Schuld von beiden sich bereits verbreitet hatte. So unbedeutend dieser Zufall war, erzürnte er die Gemüter immer mehr, so daß beide Geschlechter mit größerem Eifer um Parteigenossen sich bewarben. Und da nach dem Sturz der Großen die Bürger solche Gleichheit untereinander erlangt hatten, daß die Magistrate in weit größerer Achtung standen denn ehemals: so beschlossen sie, ohne zu Gewalttätigkeiten zu kommen, auf scheinbar gesetzlichem Wege ihre Zwecke zu erreichen.

Wir haben oben erzählt, wie der Sieg Carls I. zur Einsetzung der Capitane guelfischer Partei Veranlassung gàb und wie man diesen beim Verfahren gegen die Gibellinen ausgedehnte Vollmachten erteilte, welche durch Zeit, Zufälle aller Art und jüngere Feindschaften so in Vergessenheit geraten waren, daß viele von gibellinischer Abstammung in den vornehmsten Magistraturen saßen. Da brachte Uguccione de' Ricci, das Haupt jenes Geschlechtes, es dahin, daß die Gesetze gegen die Gibellinen wieder ins Leben gerufen wurden, indem manche die Albizzi, welche aus Arezzo stammten und vor langen Jahren in Florenz sich niedergelassen hatten, zu dieser Partei zählten. Durch Erneuerung der gedachten Gesetze (1354) hoffte Uguccione die Albizzi von den Ämtern auszuschließen, indem nach deren Bestimmung jeder, der gibellinischen Ursprungs war, in Strafe verfiel, wenn er ein Amt übernahm. Dieser Plan Uguccioncs wurde dem Piero, Sohn Filippos degli Albizzi verraten, worauf dieser beschloß, die Maßregel zu unterstützen, indem er überlegte, daß er sich selbst als Gibellinen stempeln würde, falls er sich widersetzte. Das alte, durch dieser Männer Ehrfurcht erneute Gesetz, weit entfernt, Pieros degli Albizzi Ansehen zu schaden, mehrte dasselbe und legte den Grund zu vielen Übeln. Für einen Freistaat läßt sich überhaupt kein schädlicheres Gesetz aufstellen, als eines, welches weit hinter uns liegende Zeiten oder Verhältnisse zur Norm nimmt. Nachdem nun Piero den Vorschlag unterstützt hatte, bahnte das, was seine Gegner ihm zum Verderben ersonnen, den Weg zu seiner Größe. Denn indem er sich an die Spitze der Bewegung stellte, gewann er stets höhere Macht, da die neue guelfische Faktion ihm mehr denn irgendeinem andern gewogen war.

Da das Ausfindigmachen der Gibellinen aber keiner besondern Behörde zustand, und darum das neue Gesetz keine eigentliche Kraft hatte, so beschloß man, den erwähnten Capitanen Machtvollkommenheit zu erteilen, die Gibellinen aufzuspüren und ihnen anzudeuten und sie zu ermahnen, auf die Ämter zu verzichten. Leisteten sie dieser Ermahnung nicht Folge, so sollten sie bestraft werden. Daher kam es, daß die in Florenz von den Ämtern Ausgeschlossenen den Namen Ermahnte (Ammoniti) trugen. Indem nun mit der Zeit die Capitane kühner wurden, schlossen sie rücksichtslos nicht bloß solche aus, die es verdienten, sondern sie ammonierten, von Habsucht, Haß oder sonstigen bösen Leidenschaften getrieben, jeden, der ihnen nicht genehm war. Und vom Jahre 1357, wo diese Maßregel ihren Anfang nahm, bis zum Jahre 1366 waren bereits mehr denn zweihundert

Bürger der Teilnahme an den Magistraturen beraubt. Dadurch waren die Capitane und die guelfische Partei mächtig geworden, weil jeder aus Furcht sie ehrte, namentlich ihre Häupter, Piero degli Albizzi, Messer Lapo da Castiglionchio und Carlo Strozzi. Während dies übermütige Verfahren vielen mißfiel, waren die Ricci mißvergnügter denn alle, indem sie sich gestehen mußten, die Urheber dieser Maßregel gewesen zu sein, durch welche sie den Staat ins Verderben stürzen und die Albizzi, ihre Gegner, im Widerspruche mit ihren Plänen, zu höchster Macht gelangt sahen. Als nun Uguccione de' Ricci Mitglied der Signorie war, wollte er dem Übel entgegensteuern, zu dem er und andere der Seinen Anlaß gegeben hatten. Durch ein neues Gesetz brachte er es dahin, daß die Zahl der Capitane guelfischer Partei durch dreie vermehrt ward, von denen zwei den kleineren Zünften angehörten, sowie daß die Aussprüche dieses Magistrats erst durch Bestätigung von vierundzwanzig guelfischen Bürgern Gültigkeit erlangen sollten. Durch diese Vorkehrung wurde damals die Macht der Capitane wesentlich beschränkt, so daß das Ammonieren nicht mehr in früherer Ausdehnung vor sich gehen konnte. Nichtsdestoweniger behielten die beiden Faktionen einander im Auge und suchten aus Haß wechselweise Bündnisse, Unternehmungen, Beschlüsse zu hindern oder rückgängig zu machen. In diesem unbehaglichen Zustande lebte man von dem genannten Jahre bis 1371. Während dieser Zeit gelangte die guelfische Partei wieder zu Kräften. In der Familie der Buondelmonti war (1371) ein Ritter namens Messer Benchi, welcher wegen seiner Verdienste in einem der Kriege gegen Pisa zum Popolan gemacht und dadurch befähigt worden war, im Magistrat der Signoren zu sitzen. Und als er gewählt zu werden erwartete, machte man ein Gesetz, daß kein zum Volke übergegangener Adeliger Mitglied dieses Magistrats werden könnte. Messer Benchi wurde dadurch sehr gekränkt, und indem er sich Piero degli Albizzi näherte, beschlossen sie durch Ammonitionen die niedern Popolanfamilien zu schwächen, um die Macht ganz in ihren Händen zu haben. Durch Messer Benchis Verbindungen mit dem alten Adel und die Gunst, in welcher Piero bei der Mehrzahl der mächtigen Popolanen stand, kräftigten sie ihre Faktion immer mehr und brachten es durch neue Maßregeln dahin, daß sie über die Capitane und die vierundzwanzig Bürger nach Willkür verfügen konnten. So wurde denn im Ausschließen von den Ämtern mit größerer Frechheit noch als vordem fortgefahren, und täglich stieg das Ansehen des Hauses der Albizzi, welches an der Spitze der Partei stand. Andrerseits verfehlten die Ricci mit ihren Anhängern nicht, den Plänen derselben, wo sie konnten, Hindernisse in den Weg zu legen, so daß man in ewigem Argwohn lebte und jeder einem Umsturz des Bestehenden entgegensah. Darum versammelten sich (1372), von Liebe zur Heimat angetrieben, viele Bürger in San Piero Scheraggio, und nachdem sie diese Mißhelligkeiten beraten, gingen sie zu den Signoren, zu denen einer der Angesehensten unter ihnen folgende Rede hielt:

«Viele von uns, erlauchte Herren, nahmen Anstand, selbst einer öffentlichen Angelegenheit wegen ohne öffentliche Ermächtigung sich zu versammeln, indem wir fürchteten, für vermessen gehalten oder als ehrsüchtig bestraft zu werden. Da wir aber in Betracht zogen, daß täglich und ohne Ängstlichkeit viele Bürger in Hallen und Häusern, nicht zum Wohl des Gemeinwesens, sondern aus Gründen ihres Privatinteresses zusammenkommen: so glaubten wir, daß da diejenigen, welche das Verderben des Staates planen, ohne Furcht sind, auch solche keiner Besorgnis sich hingeben dürfen, welche zu öffentlichem

Nutz und Besten sich vereinigen. Auch kümmern wir uns nicht um andrer Urteil über uns, weil andern nichts an der Meinung liegt, welche wir von ihnen hegen. Die Liebe zum Vaterland, welche uns, erlauchte Herren, beseelt, hat unsere Zusammenkunft veranlaßt, wie sie uns auffordert, gegenwärtig zu euch zu kommen, um über ein Übel mit euch zu reden, welches schon groß ist und täglich wächst in diesem Staate, und zu dessen Beseitigung wir euch unsern Beistand anbieten. So schwer diese Beseitigung auch scheinen mag, so kann sie euch doch gelingen, wenn ihr Rücksichten auf einzelne außer Augen laßt und euer Ansehn zugleich mit der Staatsgewalt gebrauchen wollt. Die allgemeine Verderbnis aller Städte Italiens hat unsere Stadt angesteckt und verderbt sie immer noch. Denn seit dies Land sich der Obergewalt des kaiserlichen Reiches entzogen hat, haben die Städte, nicht mehr gebändigt von jenem mächtigen Zügel, ihre Verfassungen und Gesetze geordnet, nicht als freie Genossenschaften, sondern in Parteien zerrissen. Dies ist Grund und Ursprung aller übrigen Gebrechen, aller Arten von Verwirrung, die in ihnen zum Vorschein kommen. Vorerst findet sich unter ihren Bürgern nicht Einheit noch Freundschaft, wenn man solche ausnimmt, die durch Mitwissenschaft irgendeines Verbrechens gegen Vaterland oder Mitbürger aneinandergekettet sind. Da in allen Religion und Gottesfurcht erloschen sind, währen Eid und Treue nur so lange, als der Vorteil es erheischt. Nicht Pflichtgefühl fordert zum Worthalten auf, sondern die Hoffnung, leichter dadurch zu täuschen. Je leichter und sicherer der Betrug, um so größern Ruhm und Preis gewährt er. So werden böse Menschen als kluge gelobt, gute als einfältige verlacht. Und wahrlich häuft sich in den italienischen Städten alles zusammen, was verdorben werden und was andere verderben kann. Die Jungen sind müßig, die Alten hängen

Lüsten nach; jedes Geschlecht und Alter krankt an schlechten Sitten; gute Gesetze helfen nicht, weil schlimme Gewohnheiten sie verfälscht haben. Daher kommt die Habsucht, die man an den Bürgern bemerkt; der Durst, nicht nach wahrem Ruhm, sondern nach unehrlichen Ehren, woraus Haß, Feindschaft, Mißverständnisse, Parteiungen hervorgehen und in deren Folge Verbannung, Mord, Unterdrückung der Guten, Erhöhung der Bösen. Denn die Guten, auf ihre Unschuld vertrauend, sehen sich nicht gleich den Schlechten nach Anhängern um, was bei besonderer Veranlassung ihren Schutz und Vorteil bringen kann. So bleiben sie unbeschützt und ungeehrt. Solches Vorkommen veranlaßt den Hang zu Parteiungen und deren Macht: die Bösen werden durch Habsucht und Ehrgeiz dazu getrieben, die Guten durch Not. Das verderblichste aber ist der Umstand, daß die Urheber und Leiter solcher Faktionen ihre Zwecke und Ansichten unter schönen und ehrbaren Worten verbergen: denn wenngleich alle die Freiheit hassen, stellen sie sich doch, als verteidigten sie dieselbe, indem sie heute die Standesinteressen des Adels, morgen die des Volkes zum Vorwand nehmen. Denn der Lohn, den sie vom Siege erwarten, ist nicht der Ruhm, die Heimat befreit, sondern die Genugtuung, andere unterworfen und die Obergewalt erlangt zu haben. Ist letzteres erreicht, so ist nichts so ungerecht, so habsüchtig, so grausam, was sie nicht zu tun wagen. Verordnungen und Gesetze werden daher nicht zum öffentlichen Besten, sondern zum Privatvorteil erlassen. Kriege, Frieden und Bündnisse werden daher nicht um des allgemeinen Ruhmes willen, sondern wenigen zu Liebe beschlossen. Sind nun andere Städte voll solcher Unordnungen, so ist unsere mehr denn eine dadurch besudelt. Denn Gesetze, Statuten, Verordnungen richten sich bei uns nicht nach den Bedürfnissen der gemeinen Freiheit, sondern nach dem Verlangen des Ehrgeizes jener Partei, die am Ruder geblieben. Die Folge davon ist, daß nach Vertreibung einer Faktion und Unterdrückung einer Fehde gleich wieder eine andere da ist: denn wenn eine Stadt einmal daran sich gewöhnt hat, durch Parteien statt durch Gesetze sich zu erhalten, so muß sie, nachdem eine Partei in ihr ohne Opposition geblieben, notwendigerweise sogleich in sich selbst wieder sich teilen. Sie hat keine Wehr gegen ein System, dessen sie sich zu eignem Heil früher selbst bediente. Wie wahr dies ist, zeigen die älteren wie neueren Zerwürfnisse. Als die Gibellinen vernichtet waren, dachte jeder, die Guelfen würden nun lange glücklich und in Ehren leben. Kurze Zeit darauf aber teilten sich diese in Weiße und Schwarze. Nach der Unterwerfung der Weißen blieb die Stadt dennoch niemals ohne Zwist: wir kämpften immer, sei es um den Verbannten uns geneigt zu zeigen, sei es in den Fehden des Adels mit dem Volke. Und um andern zu geben, was wir für uns selbst in Einigkeit nicht bewahren konnten oder wollten, wurden wir bald dem Könige Robert, bald dessen Bruder und Sohne, endlich dem Herzog von Athen aus freien Stücken untertänig. In keinem Verhältnis aber haben wir Ruhe: denn wir haben nie uns zu einigen vermocht zu freiem Leben, nie uns dazu verstanden, Unfreie zu bleiben. Ja unsere Sucht zu hadern geht so weit, daß während der Zeit der Oberherrlichkeit des Königs wir keinen Anstand genommen, einem niedrigen Menschen aus Agobbio Seiner Majestät hintanzustellen. An den Herzog von Athen sollte man zu Ehren unsrer Stadt nicht erinnern. Sein hartes und tyrannisches Gemüt hätte uns lehren sollen, klug zu sein und Eintracht zu lieben. Kaum aber war er verjagt, so hatten wir schon wieder die Waffen in der Hand und bekämpften einander mit mehr Haß und Wut denn je, so daß der alte Adel unterlag und in des Volkes Willen sich fügte. Nun hoffte man mehrere Jahre lang, es werde kein fernerer Grund zu Unordnungen sich finden, indem jenen, deren Hochmut und unerträglicher Ehrgeiz die Veranlassung davon zu sein schienen, ein Zügel angelegt worden war. Jetzt aber zeigt die Erfahrung, wie trügerisch der Menschen Urteile, wie falsch ihre Schlüsse sind. Nicht vernichtet wurden des Adels Hochmut und Ehrgeiz: sie nisteten sich nur bei unsern Popolanen ein, die jetzt, ehrsüchtig wie sie sind, den ersten Rang im Staate einzunehmen sich bestreben. Da hierzu Uneinigkeit der einzige Weg scheint, so haben sie die Stadt von neuem in Unordnungen gestürzt und die Namen Guelfen und Gibellinen wieder ins Leben gerufen, von denen man nichts mehr vernahm und von denen man, zum Heile der Stadt, nie etwas hätte vernehmen sollen. Damit in den menschlichen Dingen nichts beständig sei, ist es so bestellt, daß in allen Freistaaten Familien auftreten, mit denen das Schicksal des Ganzen zusammenhängt. Mehr denn andere ist unsere Republik reich an solchen Familien gewesen, indem nicht eine, sondern viele sie bedrängt und betrübt haben, wie Buondelmonti und Uberti, Cerchi und Donati, und jetzt, o lächerliche Schmach, Ricci und Albizzi sie stören und entzweien. Wir haben euch die verderbten Sitten und die alten und neuen Fehden nicht in Erinnerung gebracht, um euch zu entmutigen, sondern um euch auf deren Grundursache zurückzuführen und zu zeigen, auf daß ihr wie wir euch daran erinnern möget. Unser Zweck ist noch, euch bemerklich zu machen, daß der Vorgang jener alten Fehden die Unterdrückung dieser neuen nicht unmöglich erscheinen lassen muß. Denn in jenen alten Geschlechtern lag so große Macht, sie erfreuten sich so großer Begünstigungen von seiten ausländischer Fürsten, daß bürgerliches Gesetz und Sitte nicht hinreichten, sie zu zügeln. Jetzt aber, wo das Reich keine Kraft hat, den Papst keiner fürchtet, wo in ganz Italien und in dieser Stadt solche Gleichheit herrscht, daß keine fremde Autorität vorwaltet, sind solche Schwierigkeiten nicht vorhanden. Namentlich kann diese unsre Republik, ungeachtet der widersprechenden Beispiele früherer Zeiten, nicht nur einmütig bleiben, sondern auch gute und anständige Sitte und Ordnung annehmen, wenn nur ihr, erlauchte Herren, ans Werk gehen wollt. Dies legen wir euch ans Herz, von Heimatliebe dazu bewogen, nicht von Privatrücksichten. Zwar das Verderbnis ist groß: darum aber steht jetzt auf; vernichtet das Übel, welches uns siech macht, die Wut, die uns verzehrt, das Gift, welches uns tötet. Leget die Unordnungen der Vergangenheit nicht den Menschen zur Last, sondern den Zeiten, nach deren Umwandlung ihr mittels besserer Anordnungen für eure Stadt ein glücklicheres Los hoffen könnt. Das ungünstige Geschick läßt sich durch Klugheit besiegen, indem der Ehrsucht der einzelnen gesteuert wird und jene Gesetze abgeändert werden, welche die Parteien nähren, während man andrerseits solche aufstellt, die dem freien bürgerlichen Leben anpassend sind. Wollet dies jetzt lieber mit Milde und auf gesetzlichem Wege tun, als solange zu zaudern, bis man genötigt sein wird, mit bewaffneter Hand einzuschreiten.»

Teils durch eigene Kenntnis der Verhältnisse veranlaßt, teils durch das Ansehn und die Ermunterungen dieser Männer bewogen, übertrugen die Signoren sechsundfünfzig Bürgern die Sorge für das Wohl des Staates. Es ist eine große Wahrheit, daß die meisten Menschen geeigneter sind, eine gute Einrichtung aufrecht zu erhalten, als selber eine zu treffen. Jene Bürger richteten ihr Augenmerk mehr darauf, die bestehenden Parteiungen zu unterdrücken, als den Grund künftiger aus dem Wege zu räumen. So mißlang ihnen das eine wie das andere: späteren Unordnungen beugten sie nicht vor, und von den bestehenden machten sie, zu noch größerer Gefahr für den Staat, die eine mächtiger denn die andere. Auf drei Jahre schlossen sie drei Mitglieder der Familie Albizzi und drei der Familie Ricci von allen Ämtern aus, nur nicht vom Magistrat der guelfischen Partei. Piero degli Albizzi und Uguccione de' Ricci waren unter den genannten. Sämtlichen Bürgern wurde untersagt, den Palast zu betreten, ausgenommen während der Sitzungsstunden der Magistrate. Endlich verordneten sie, daß jeder, der mißhandelt oder im Besitze seines Eigentums beeinträchtigt werden würde, eine Klage vor die Räte bringen und nach bewiesener Schuld den Beleidiger zu den Großen zählen lassen[94] und den auf dem Adel lastenden Gesetzen unterwerfen könnte.

Diese Verordnungen minderten die Kühnheit der Partei der Ricci und mehrten die der Albizzi. Denn obgleich beide gleichmäßig durch den Buchstaben des Gesetzes betroffen wurden, litten doch die Ricci bei weitem mehr darunter. War auch für Piero degli Albizzi der Palast der Signoren verschlossen, so stand ihm doch jener der Guelfen offen, wo er großes Ansehen genoß. Und waren früher er und seine Anhänger eifrig im Ammonieren, so wurden sie nach dieser ihnen zugefügten Beleidigung doppelt hitzig. Andere Ursachen verstärkten diese schlimme Neigung.

Auf dem päpstlichen Stuhle saß Gregor XI., welcher, zu Avignon Hof haltend, gleich seinen Vorgängern den Kirchenstaat durch Legaten verwalten ließ, durch deren Habsucht und Hochmut viele Städte gelitten hatten. Einer derselben, der in Bologna wohnte[95], wollte (1375) eine in Florenz herrschende Hungersnot benutzen, Toscanas sich zu bemächtigen, und unterstützte die Florentiner nicht nur nicht mit Lebensmitteln, sondern griff sie, um ihnen die Aussicht auf die künftige Ernte zu nehmen, beim Herannahen des Frühlings mit großer Heeresmacht an, indem er sie um so leichter zu überwinden hoffte, wenn er sie unbewaffnet und Mangel leidend überraschte. Es hätte ihm gelingen können, wären seine Truppen nicht treulos und käuflich gewesen. So aber bestachen die Florentiner, keinen andern Ausweg sehend, seine Söldnerhaufen mit hundertunddreißigtausend Gulden, worauf diese von dem Unternehmen abstanden[96]. Der Beginn der Kriege läßt sich nach Wunsch bestimmen, nicht aber ihr Ende. Den durch des Legaten Ehrgeiz begonnenen Krieg führte der Groll der Florentiner fort. Sie verbündeten sich mit Bernabò Visconti und allen der Kirche feindlich gesinnten Fürsten und beauftragten mit den Angelegenheiten des Kriegs acht Bürger, von deren Beschlüssen keine Berufung stattfand und die über ihre Ausgaben nicht Rechenschaft abzulegen brauchten. Dieser Kampf gegen den Papst rief die Partei der Ricci wieder ins Leben, obgleich Uguccione tot war: denn im Widerspruch mit den Albizzi war diese Partei dem Bernabò Visconti immer geneigt, der Kirche feind gewesen. Überdies waren sämtliche acht Bürger Gegner der guelfischen Faktion. Deshalb hielten Piero degli Albizzi, Messer Lapo da Castiglionchio[97], Carlo Strozzi und die übrigen nur enger zusammen, um ihren Widersachern zu schaden. Und während die acht Krieg führten und sie im Ammonieren fortfuhren, währte der Kampf drei Jahre lang und endete erst mit dem Tode des Papstes. Dieser Krieg wurde mit solcher Besonnenheit und Pflichttreue und so sehr zu allgemeiner Zufriedenheit geführt, daß die acht jedes Jahr in ihrem Amte bestätigt und die Heiligen genannt wurden, obgleich sie das päpstliche Interdikt wenig geachtet, die Kirchen ihrer Güter beraubt, den Clerus zum Messelesen genötigt hatten. Um so viel höher schlugen jene Bürger das Wohl des Vaterlandes an als ihr Seelenheil, und zeigten der Kirche, daß die Florentiner, wie sie als Freunde sie geschützt, als Gegner sie bedrängen konnten. Denn die ganze Romagna, die Mark und Perugia versetzten sie in Aufstand.

Während sie gegen den Papst einen so ernsten Krieg führten, vermochten sie gegen die Capitani der guelfischen Partei und deren Faktion sich nicht zu verteidigen. Denn der Neid der Guelfen gegen die acht machte jene noch übermütiger, und sie enthielten sich nicht, selbst einige der letzteren, geschweige andere vornehme Bürger zu beleidigen. Und die Capitane wurden so anmaßend, daß man sie mehr als die Signoren fürchtete, mit geringerer Ehrfurcht zu diesen ging als zu jenen, und der Palast der guelfischen Partei in höherem Ansehen stand als jener der Signorie, so daß kein Botschafter nach Florenz kam, der nicht mit Aufträgen an die Capitane versehen gewesen wäre. Nachdem nun mit Papst Gregors Tode (1378) der Krieg ein Ende genommen, befand man sich im Innern in großer Verwirrung, denn einerseits war die Frechheit der Guelfen unerträglich, andrerseits kannte man kein Mittel, sie zu unterdrücken. Dennoch war man der Meinung, daß Kampf nötig sei, um zu sehen, welche der beiden Gewalten obsiegen würde. Auf seiten der Guelfen stand der gesamte alte Adel mit dem größern Teile der mächtigsten Popolanen, deren Häupter, wie gesagt, Messer Lapo, Piero und Carlo waren. Auf der andern Seite waren alle Popolangeschlechter von geringerer Bedeutung, an der Spitze die acht des Kriegs, Messer Giorgio Scali, Tommaso Strozzi, die Ricci, Alberti und Medici. Der Rest der Menge hielt sich, wie beinahe immer geschieht, zu den Mißvergnügten.

Den Häuptern der guelfischen Faktion schien die

Macht der Gegner beträchtlich und ihre Gefahr groß, sobald eine ihnen feindlichgesinnte Signorie ihnen entgegentreten würde. Da sie nun der Meinung waren, es sei besser, dem Ausbruch zuvorzukommen, so besprachen sie sich über die Verhältnisse der Stadt und ihre eigenen: wo sie denn zu dem Schlusse kamen, daß die Zahl der Ammonierten so über Gebühr angewachsen und so feindselig sei, daß sie die ganze Stadt wider sich haben müßten. So sahen sie keinen andern Ausweg, als die, welche sie der Ehrenämter beraubt, völlig aus der Heimat zu vertreiben, indem sie den Palast der Signoren mit Gewalt besetzten und die gesamte Verwaltung den ihrigen in die Hände gäben, nach dem Vorgange jener alten Guelfen, die nur darum ruhig und sicher in der Stadt lebten, weil sie dieselbe von allen ihren Gegnern gesäubert hatten. Alle stimmten darin überein, nur hinsichtlich der Zeit der Aufführung herrschte Meinungsverschiedenheit. Es war damals der Monat April 1378, und Messer Lapo war der Ansicht, daß man nicht ferner zaudern dürfe, indem er sagte: die Zeit sei der größte Feind der Zeit, namentlich in einem Falle wie diesem, da in der nächsten Signorie leicht Salvestro de' Medici Gonfaloniere werden könnte, von dem sie wußten, daß er ihrer Faktion sehr abgeneigt war. Piero degli Albizzi war dagegen für den Aufschub, da er urteilte, es seien Streitkräfte nötig, welche ohne Aufsehen zu sammeln unmöglich sein würde: Entdeckung aber ihrer Anschläge würde sie in offenbare Gefahr stürzen. Er schlug daher vor, das kommende Johannisfest abzuwarten, den größten Festtag der Stadt, an welchem eine bedeutende Menschenmenge in ihr sich zu versammeln pflegt, unter der sie so viele Mannschaft ihnen beliebte verbergen könnten. Um Salvestros Wahl zu hindern, sollte man ihn ammonieren: scheine dies nicht rätlich, so sollte man ein Mitglied des

Kollegiums seines Viertels ammonieren; wären nun beim Wechsel die Wahlbeutel leer, so könnte das Los leicht ihn oder einen seiner Stammverwandten treffen, wodurch er die Befähigung, als Gonfaloniere zu sitzen, verlieren würde[98]. Dieser Plan wurde angenommen, obgleich Messer Lapo wider Willen beistimmte, indem er Aufschub für gefährlich hielt. Er sagte, nie sei die Zeit gerade so, wie man sie wünsche und brauche; wer alles günstig haben wolle, versuche entweder nie etwas, oder, wenn er es tue, geschehe es gerade zu ungelegener Zeit. Sie ammonierten also das Kollegium, aber es gelang ihnen nicht, Salvestro auszuschließen, weil die acht den Anschlag entdeckten und eine neue Wahl verhinderten.

So wurde denn Salvestro, der Sohn Messer Alamannos de' Medici, zum Gonfaloniere gewählt[99]. Dieser, aus einer vornehmen Popolanfamilie stammend, konnte des Volkes Unterdrückung durch wenige Mächtige nicht mit ansehen. Da er nun daran dachte, diesem Übermute ein Ziel zu setzen, und er das Volk geneigt sah und auf den Beistand vieler edlen Popolanen zählen konnte, beriet er die Angelegenheit mit Benedetto Alberti[100], Tommaso Strozzi und Messer Giorgio Scali, die ihm alle Hilfe zu gewähren versprachen. Sie entwarfen daher ein Gesetz, welches die Justizverordnungen gegen die Großen erneuerte und die Autorität der Capitane guelfischer Partei schwächte, indem es zugleich den Ammonierten Gelegenheit bot, wieder zu den Ämtern gelangen zu können. Und um fast zu gleicher Zeit die Sache zu versuchen und sie durchzusetzen, da vorerst in den Kollegien, dann in den Ratsvereinen abgestimmt werden mußte, und Salvestro allen diesen vorgesetzt war (eine Würde, welche für die Zeit ihrer Dauer beinahe fürstliche Macht verlieh): so ließ er am nämlichen Morgen Kollegien und Rat zusammenkommen. Nun legte er zunächst ersteren den Gesetzesvorschlag vor[101], der aber als eine Neuerung unter der geringen Zahl so viele Widersacher fand, daß er durchfiel. Da nun Salvestro sah, daß der erste Weg, seinen Plan durchzusetzen, ihm verlegt war, tat er, als müsse er um eines Bedürfnisses willen den Saal verlassen, und ging, ohne von jemanden bemerkt zu werden, in den Rat. Hier stieg er auf einen erhöhten Platz, so daß jeder ihn sehen konnte, und sagte: er glaube zum Gonfaloniere gewählt worden zu sein, nicht um Privatangelegenheiten zu schlichten, welche ihre gewöhnlichen Richter haben, sondern um für das Wohl des Staates zu wachen, die Anmaßung der Mächtigen zurückzuweisen und Gesetze umzumodeln, welche die Republik ihrem Verderben zuführen müßten. Diese Dinge habe er fleißig überlegt und, soviel an ihm liege, Vorkehrungen getroffen: aber böser Wille widersetze sich in solchem Maße seinem redlichen Vorhaben, daß der Weg, Gutes zu tun, ihm versperrt, sie selbst verhindert seien ihn zu hören, geschweige seine Pläne zu beraten. Da er nun sehe, daß er dem Staate und dem öffentlichen Wohl auf keine Weise mehr nutzen könne, so wisse er nicht, aus welchem Grunde er noch in seinem Amte verbleibe, dessen er entweder nicht würdig sei oder dessen er von andern nicht würdig erachtet werde. Darum wolle er nach Hause gehn, damit das Volk an seiner Stelle einen andern ernennen könnte, der größere Fähigkeit besitze oder mehr Glück habe. Nachdem er diese Worte ausgesprochen, verließ er die Ratsversammlung, um sich nach seiner Wohnung zu begeben.

Da erhoben die Mitwissenden und die Neuerungsüchtigen im Rate Lärm, worauf die Signoren und die Kollegien herbeieilten. Als diese ihren Gonfaloniere sich entfernen sahen, hielten sie ihn mit Bitten und Gewalt zurück und veranlaßten ihn zur Rückkehr in den Rat, der in voller

Aufregung war und wo viele edle Bürger geschmäht und bedroht wurden. So ward Carlo Strozzi von einem Handwerker bei der Brust gefaßt, beinahe umgebracht und nur mit Mühe von den Umstehenden geschützt. Was aber den größten Tumult erregte und die ganze Stadt in Bewegung setzte, war das Benehmen Benedettos degli Alberti, der aus den Fenstern mit lauter Stimme das Volk zu den Waffen rief, worauf der Platz sogleich mit Bewaffneten sich füllte. Da taten denn die Kollegien, bedroht und in Furcht gesetzt, das, was sie früher auf Bitten zu tun sich geweigert hatten. Zur selben Zeit hatten die Capitane guelfischer Partei eine Menge Bürger in ihrem Palaste vereinigt, um zu beraten, wie sie gegen die Beschlüsse der Signoren sich verteidigen könnten. Als man aber das Getöse vernahm und von den getroffenen Verfügungen in Kenntnis gesetzt wurde, eilte jeder nach seiner Wohnung zurück.

Wer in einer Stadt eine Neuerung veranlaßt, möge ja nicht glauben, daß es in seiner Macht stehe, der Bewegung ein Ziel zu setzen oder ihr die beliebige Richtung zu geben. Es war Salvestros Absicht, das erwähnte Gesetz aufzustellen und der Stadt Ruhe zu verschaffen. Aber die Sache ging anders. Denn die Gemüter waren dermaßen aufgeregt, daß die Buden verschlossen blieben, die Bürger ihre Wohnungen befestigten, viele ihre bewegliche Habe in Klöstern und Kirchen verbargen und jeder ein nahes Unheil zu fürchten schien. Die Magistrate der Zünfte versammelten sich, jede ernannte einen Syndikus, und sie berieten einen ganzen Tag lang, wie die Stadt zu allgemeiner Zufriedenheit beruhigt werden könnte, ohne indes bei der Verschiedenheit der Meinungen sich zu einigen. Am folgenden Tage holten die Zünfte ihre Banner hervor, worauf die Signoren, das Kommende voraussehend, den Rat beriefen, um auf Abhilfe zu sinnen. Kaum hatte die Besprechung begonnen, so erhob sich ein Getümmel, und in einem Augenblick erschienen die Banner der Zünfte mit einer großen Zahl Bewaffneter auf dem Platze. Um nun Zünften und Volk Hoffnung zu geben, daß man sie befriedigen und den Grund des Übels aus dem Wege räumen werde, erteilte der Rat den Signoren, den Kollegien, den Capitanen guelfischer Partei, den acht des Krieges und den Syndiken der Zünfte unumschränkte Gewalt, was man in Florenz Balia nennt, die Verfassung umzumodeln zum allgemeinen Besten der Stadt. Während dies beschlossen ward, trennten sich einige Banner der kleinen Zünfte auf das Zureden solcher, welche sich an den Guelfen für neuerliche Beleidigungen rächen wollten, von den übrigen und plünderten und verbrannten das Haus Lapos da Castiglionchio. Als dieser vernahm, daß die Signorie gegen die herrschende Partei sei, und er das Volk unter Waffen sah und kein anderes Mittel ihm blieb als ein Versteck oder Flucht, verbarg er sich zuerst in Santa Croce und floh dann als Mönch verkleidet nach dem Casentino, wo man wiederholt vernahm, wie er sich anklagte, weil er Piero degli Albizzi nachgegeben, und Piero anklagte, weil er das Johannisfest abwarten wollte, um den Schlag auszuführen. Der Albizzi und Carlo Strozzi verbargen sich beim ersten Tumult, in der Meinung, daß sie, die viele Freunde und Verwandte hatten, ruhig in Florenz leben könnten, sobald die erste Aufregung vorüber sein würde. Nachdem Messer Lapos Haus in Flammen aufgegangen, wurden, wie denn das Unheil, wenn es auch spät erst und unter Hindernissen begonnen hat, mit Leichtigkeit um sich greift, viele andere Häuser, teils aus Volkshaß, teils aus persönlicher Feindschaft, gestürmt und niedergebrannt. Um Genossen zu haben, die mit größerem Durst nach fremdem Gute ihr beim Rauben Hilfe leisteten, erbrach die Menge die

Stadtgefängnisse und plünderte sodann das Kloster der Angioli und das von Sant Spirito[102], wohin viele Bürger ihre bewegliche Habe geflüchtet hatten. Selbst die öffentlichen Kassen wären den Händen dieser Plünderer nicht entgangen, hätte nicht die Autorität eines der Signoren sie beschützt, welcher zu Rosse, von vielen Bewaffneten begleitet, so gut er konnte, der Wut des Pöbels Widerstand leistete.

Nachdem diese Ausschweifungen teils durch die Bemühungen der Signorie, teils weil die Nacht darüber kam, sich gelegt hatten, begnadigte am folgenden Tage die Balia die Ammonierten, mit dem Vorbehalt jedoch, daß sie drei Jahre lang keine Ämter bekleiden sollten. Die von den Guelfen zum Nachteil der Bürger erlassenen Gesetze wurden abgeschafft, Messer Lapo da Castiglionchio und seine Stammverwandten nebst mehreren anderen der Menge besonders Verhaßten wurden zu Rebellen erklärt. Nach diesen Verordnungen ging man an die Ernennung der neuen Signorie, in welche Luigi Guicciardini als Gonfaloniere eintrat, und man hegte Hoffnung, daß diese, aus friedfertigen Leuten und Freunden der öffentlichen Ruhe zusammengesetzt, den Unordnungen ein Ende machen würde. Dennoch wurden die Buden nicht wieder geöffnet, die Bürger legten nicht die Waffen nieder, und starke Haufen von Wachen durchzogen die Stadt. Deshalb traten die neuen Signoren ihr Amt nicht mit der gewöhnlichen Feierlichkeit außerhalb des Palastes an[103], sondern innerhalb desselben und ohne irgendeine Zeremonie. Sie hielten keine Pflicht für dringender als die Beruhigung der Stadt, weshalb sie eine allgemeine Entwaffnung verordneten, die Buden öffnen ließen und eine Menge Leute aus dem Gebiet, die von den Bürgern zu Hilfe gerufen worden, die Stadt verlassen hießen. An vielen Stellen ordneten sie Wachen an, so daß die Ruhe hergestellt worden wäre, hätten nur die Ammonierten sich befriedigen lassen. Aber diese waren nicht willens, drei Jahre zu warten, bevor sie zu den Ehrenstellen wieder zugelassen wurden. Um ihnen genug zu tun, versammelten sich also die Zünfte von neuem und richteten an die Signoren die Forderung, sie sollten zum Wohl und zur Beruhigung der Stadt verordnen, daß kein Bürger, welcher zu irgendeiner Zeit im Magistrat der Signoren, der Kollegien, Capitane guelfischer Partei oder Konsuln der Zünfte gesessen, als Gibelline ausgeschlossen, sowie daß die Wahlbeutel mit neuen Namen von Bürgern der guelfischen Faktion gefüllt und die alten Beutel verbrannt werden sollten. Auf diese Forderungen gingen nicht nur die Signoren, sondern auch sämtliche Ratsausschüsse sogleich ein, so daß es den Anschein hatte, als würden die neuerdings wiederbegonnenen Unordnungen nun ein Ende nehmen.

Wie aber die Menschen sich nicht mit der Wiedererlangung des Ihrigen begnügen, sondern auch andrer Gut an sich reißen und sich rächen wollen, so machten die, welche von den Unordnungen sich Gewinn versprachen, bei den Handwerkern geltend, daß sie nie in Sicherheit leben würden, solange nicht die größere Zahl ihrer Gegner vertrieben oder vernichtet wären. Da die Signoren dies vernahmen, ließen sie die Magistrate der Zünfte zugleich mit den Syndiken vor sich kommen, und der Gonfaloniere Luigi Guicciardini hielt ihnen folgende Rede: «Hätten diese Signoren und ich mit ihnen nicht schon seit langem das Schicksal dieser Stadt erkannt, welches es mit sich bringt, daß Zwist im Innern beginnt, sobald äußerer Krieg ein Ende nimmt: so würden wir uns über die vorgefallenen Unordnungen in noch höherem Grade gewundert und gegrämt haben. Wie aber gewohnte Leiden uns minder betrüben, so haben wir die

Unordnungen der letzten Tage mit Geduld ertragen, besonders da sie ohne unser Verschulden entstanden, und wir hofften, sie würden gleich andern endlich sich legen, nachdem wir euch so viele und so wichtige Forderungen zugestanden. Da wir indes vernehmen, daß ihr euch nicht zur Ruhe begebt, im Gegenteil den Bürgern neue Schmach zufügen, mit neuen Verbannungen sie heimsuchen wollt: so steigert sich unser Mißvergnügen mit eurer Unredlichkeit. In Wahrheit, hätten wir ahnen können, daß während unserer Amtsführung, teils durch Weigerung, teils durch Nachgeben diese Stadt an den Rand des Abgrunds geführt werden sollte: so würden wir durch Flucht oder durch Exil diesen Ehren uns entzogen haben. Wir aber traten unser Amt freudig an, in der Hoffnung, mit Männern von menschlicher Gesinnung und Vaterlandsliebe zu tun zu haben, und im Glauben, daß unsere Mäßigung eure Ehrsucht besiegen würde. Jetzt aber belehrt uns die Erfahrung, daß, je größer unsere Demut ist und unsere Nachgiebigkeit, um so höher euer Hochmut und eure Anmaßung steigen. Durch diese Worte wollen wir euch nicht kränken, sondern euch warnen: denn wenn andere reden, was euch schmeichelt, wollen wir euch sagen, was euch frommt. Sagt uns als Ehrenmänner: was könnt ihr redlicherweise noch verlangen? Ihr habt den Capitanen guelfischer Partei ihre Macht nehmen wollen: sie ist ihnen genommen; ihr habt die Stimmbeutel verbrennen und neue Reformen einführen wollen: wir haben es euch zugestanden; ihr verlangtet die Befähigung der Ammonierten zu den Ehrenämtern: wir haben es gestattet. Auf eure Bitten haben wir denen, welche die Wohnungen angezündet, die Kirchen geplündert, Verzeihung angedeihen lassen; euch genugzutun, sind viele geehrte und mächtige Bürger ins Exil gesandt worden. Auf euren Wunsch sind die Großen durch neue

Verordnungen eingeschränkt worden. Welches Ende werden eure Forderungen nehmen, oder wie lange wollt ihr unsere Großmut mißbrauchen? Seht ihr nicht, daß wir geduldiger unsere Niederlage ertragen als ihr euren Sieg? Wohin wird eure Zwietracht diese Stadt führen? Erinnert ihr euch nicht, daß, während sie uneinig war, Castruccio, ein gemeiner Bürger von Lucca, sie geschlagen hat? Daß ein Herzog von Athen, euer besoldeter Feldhauptmann, sie unterjocht hat? Wenn sie aber einmütig war, haben ein Erzbischof von Mailand und ein Papst sie nicht zu besiegen vermocht, und nach mehrjährigem Kriege nur Schmach davongetragen. Warum denn wollt ihr durch Uneinigkeit diese Stadt im Frieden zur Sklavin machen, welche aus den Kämpfen mit so mächtigen Feinden frei hervorgegangen ist? Was anders als Knechtschaft wird die Folge eurer Zwietracht sein, was anders als Armut die Folge eures Raubens und Zerstörens? Denn wenn wir die verlieren, welche durch ihren Gewerbfleiß diese Stadt nähren, so können wir ihr keine Nahrung geben. Denn jene, welche ihnen ihre Habe geraubt, werden sie, wie es mit übelerworbenem Gute geschieht, nicht zu bewahren wissen, und Hunger und Elend wird die Folge sein. Ich und diese Signoren befehlen euch, ja wir lassen uns herab euch zu bitten, daß ihr endlich zur Ordnung zurückkehren und ruhig das befolgen wollet, was wir angeordnet haben. Wollt ihr irgend etwas Neues, so verlangt es auf schickliche Weise, nicht aber mit Aufruhr und Waffengeklirr. Denn wenn es etwas Ehrbares ist, so soll euer Wille geschehn, und ihr werdet nicht, zu eurem Schaden und mit eurer Schuld, schlechten Leuten Gelegenheit bieten, unter eurem Schutze das Vaterland zugrunde zu richten.»

Diese Worte machten in ihrer Wahrheit tiefen Eindruck auf die Gemüter der genannten Bürger und sie dankten mit gesetzter Rede dem Gonfaloniere, daß er gegen sie als guter Herr, gegen die Stadt als guter Bürger seiner Pflicht sich entledigt, indem sie zugleich kundgaben, wie sie stets bereit seien, dem, was ihnen befohlen werde, zu gehorchen. Um ihnen hierzu Gelegenheit zu geben, ernannten die Signoren zwei Bürger von jedem der größeren Magistrate, welche in Gemeinschaft mit den Syndiken der Zünfte über die Notwendigkeit von Reformen zur Förderung des öffentlichen Wohles beraten und den Signoren darüber Bericht erstatten sollten.

Während dies sich zutrug, entstand ein anderer Tumult, welcher dem Staate noch größern Nachteil brachte als der erste. Die meisten Plünderungen und Brandstiftungen der letzten Tage waren durch den niedrigsten Pöbel geschehen, und die Leute aus demselben, welche sich am meisten hervorgetan, fürchteten nach Beilegung der wichtigeren Streitfragen wegen der von ihnen begangenen Verbrechen gestraft und, wie es immer geschieht, von denen im Stiche gelassen zu werden, die sie zu solchen schlechten Handlungen angereizt hatten. Dazu kam der Haß des gemeinen Volkes gegen die reichen Bürger und die Zunftvorsteher, indem sie nach ihrer Meinung für ihre Arbeit nicht entsprechenden Lohn bezogen. Denn als zur Zeit König Carls I. von Anjou die Stadt in Zünfte sich teilte, gab man einer jeden derselben ein Haupt und einen Magistrat, und bestimmte, daß die Untergebenen jedweder Zunft in bürgerlichen Angelegenheiten von ihren Konsuln gerichtet werden sollten. Wie schon gesagt, waren diese Zünfte anfänglich zwölfe, welche Zahl nachmals auf einundzwanzig stieg, und ihre Macht war so groß, daß sie nach wenigen Jahren die Obergewalt in der Stadt an sich rissen. Da es nun unter ihnen mehr und minder geehrte gab, so teilten sie sich in größere und kleinere, jene sieben, diese vierzehn an der Zahl. Aus dieser Teilung, wie aus den bereits berührten andern

Ursachen, entsprang der Übermut der Capitane guelfischer Partei, indem die Bürger von ursprünglich guelfischen Geschlechtern, unter deren Leitung dieser Magistrat stand, die Popolanen der größeren Zünfte begünstigten, denen der kleinern aber und ihren Vorstehern abgeneigt waren. Dies gab zu allen den Tumulten Anlaß, welche gegen dieselben entstanden. Da aber bei der Einrichtung der Zünfte viele von den Gewerben, die das niedere Volk und der Pöbel ausüben, keine besondern Innungen bildeten, sondern je nach der Gattung der Beschäftigungen den ihnen am nächsten verwandten Zünften zugeteilt wurden: so war die Folge, daß, wenn sie für ihre Arbeit nicht hinreichend belohnt oder von den Meistern gedrückt wurden, sie niemand hatten, an den sie sich wenden konnten, als an den Magistrat der Innung, welcher sie untergeordnet waren, von dem sie, ihrer Ansicht nach, nicht mit derjenigen Gerechtigkeit behandelt wurden, die sie in Anspruch nehmen zu können glaubten. Zu den Zünften, welche solche Zugeteilte hatten und noch haben, gehört die der Tuchmacher, welche als eine höchst mächtige und allen an Autorität vorangehende, durch ihre Gewerbtätigkeit der größten Masse des niedern Volkes und des Pöbels Unterhalt verschafft.

Die der genannten Klasse angehörenden Personen, sei es, daß sie der Tuchmacherzunft oder einer andern Innung zugeteilt waren, hegten aus den angegebenen Gründen tiefen Groll. Da mit diesem Groll die Furcht wegen der Beraubungen und Brandstiftungen sich vereinigte, so versammelten sie sich nachts zu wiederholten Malen, um über das Vorgefallene zu reden und einer dem andern die Gefahr zu zeigen, in der sie sich befanden. Da ließ denn einer der Kühnsten und Erfahrensten, den übrigen Mut einflößen, in folgender Weise sich vernehmen: «Hätten wir jetzt darüber zu beraten, ob wir die Waffen ergreifen, die Wohnungen der Bürger plündern und niederbrennen, die Kirchen berauben sollten: so würde ich einer von denen sein, welche die Sache des Überlegens wert halten, ja vielleicht würde ich die Meinung hegen, daß eine ruhige Armut einem gefährlichen Gewinn vorzuziehen ist. Da aber die Waffen in unsern Händen, da bereits viel Unheil geschehen ist, so dünkt mich, daß wir jetzt zu beraten haben, wie wir erstere nicht niederlegen und vor des letztern Folgen uns schützen sollen. Ich glaube fest, wenn sonst nichts, wird die Not es uns lehren. Ihr seht die ganze Stadt voll Unmut und voll Haß gegen uns: die Bürger halten fortwährend Ratssitzungen ab, die Signorie unterhandelt beständig mit den Magistraten. Glaubt mir, es werden Fesseln für uns geschmiedet, neue Streitkräfte gegen unsere Häupter aufgeboten. Deshalb müssen wir nach zweierlei streben und bei unsern Beratungen doppelten Zweck haben: einmal, daß uns für die Vorgänge der letzten Tage keine Strafe treffe; sodann, daß wir in Zukunft in größerer Freiheit und Zufriedenheit als bisher leben können. Um uns daher für begangene Vergehen Verzeihung zu holen, müssen wir, nach meinem Dafürhalten, neue begehn, die Übel verdoppeln, Brand und Raub mehren und uns dazu viele Genossen verschaffen. Denn wo viele sündigen, wird keiner bestraft: kleine Vergehen werden gezüchtigt, große und ernste gelohnt. Und wo viele leiden, suchen wenige sich zu rächen, indem ein allgemeines Übel leichter und geduldiger sich erträgt als ein persönliches. Vergrößerung unserer Schuld wird uns also Verzeihung erwerben und uns auf den Weg führen, das zu erlangen, was zu unserer Freiheit nottut. Mich dünkt, wir gehn zuverlässigem Gewinn entgegen: denn die uns hindern könnten, sind uneinig und reich; ihre Uneinigkeit wird uns zum Siege verhelfen, ihre

Reichtümer, nachdem sie unser geworden, den Sieg sichern. Laßt euch nicht durch Alter und Vornehmheit der Familien abschrecken, womit sie euch entgegentreten. Denn die Menschen, da sie denselben Ursprung gehabt, sind gleich alt, und die Natur hat alle nach derselben Form geschaffen. Zieht uns unsere Kleider aus und ihr werdet uns alle gleich sehn; laßt uns ihre Gewänder anlegen, sie die unsern, so werden wir ohne Zweifel vornehm aussehen, sie gemein. Denn Armut und Reichtum bilden den einzigen Unterschied zwischen uns. Es tut mir leid zu vernehmen, wie viele unter euch das Vorgefallene aus Gewissenhaftigkeit bereuen und von neuen Handlungen sich fernhalten wollen. Wahrlich, wenn dem so ist, so seid ihr nicht die Männer, für die ich euch hielt: weder Gewissen noch Schande müssen euch ängstigen, denn der Sieger, durch welche Mittel er auch siegen mag, trägt nimmer Schmach davon. Das Gewissen muß uns nicht viel zu schaffen machen: denn wer, wie wir, vor Hunger und Kerker sich fürchtet, muß und kann um die Hölle wenig sich kümmern. Achtet ihr auf der Menschen Treiben, so werdet ihr sehn, wie alle diejenigen, die zu großen Reichtümern und großer Macht gelangen, diese durch Betrug oder Gewalt erreicht haben, und wie sie das, was sie durch List oder Übermacht an sich gerissen, mit dem ehrbaren Namen Gewinn betiteln, um die schnöde Art des Erwerbs vergessen zu machen. Wer aus Mangel an Klugheit oder wegen zu vieler Bedenken einen solchen Weg nicht einschlagen will, vergeht in Dienstbarkeit und Armut: denn die treuen Knechte bleiben immer Knechte, die ehrlichen Leute bleiben immer arm, und nur die untreuen und frechen streifen die Knechtschaft ab, nur die unehrlichen und raubsüchtigen die Lumpen. Gott und die Natur haben die Glücksgüter mitten unter die Leute hingestellt: mehr dem Raube ausgesetzt denn dem Fleiße, mehr schlimmen als guten Künsten. Daher kommt es, daß die Menschen einander aufzehren und dem Schwächern stets das traurigste Los beschieden ist. Darum soll man Gewalt brauchen, wo die Gelegenheit sich bietet: eine günstigere aber kann uns nie werden, da noch die Bürger uneins sind, die Signorie schwankend, die Magistrate bestürzt, so daß wir sie leicht unterdrücken mögen, bevor sie sich einigen und zu einem Entschluß kommen. Wir werden dann entweder ganz Herren der Stadt bleiben oder einen solchen Anteil an der Herrschaft bekommen, daß nicht nur vergangene Unbilde uns verziehen wird, sondern wir auch mit neuer drohen können. Ich bekenne, daß ein solcher Versuch kühn und gefährlich ist: wo aber Not drängt, ist Kühnheit Klugheit. Beherzte Männer haben in wichtigen Angelegenheiten nie nach Gefahr gefragt. Denn jene Unternehmungen, die mit Gefahr beginnen, enden mit Lohn, und ohne Gefahr hat man noch nie aus einer Gefahr sich gerettet. Wo man Kerker, Folter, Tod durch Henkershand im Hintergrunde sieht, scheint es mir gefährlicher, zu warten als zu handeln: denn im erstern Falle ist das Übel gewiß, im andern zweifelhaft. Wie oft habe ich euch über den Geiz eurer Meister, über die Ungerechtigket eurer Vorgesetzten klagen gehört! Jetzt ist die Stunde gekommen, nicht nur von ihnen loszukommen, sondern soviel mächtiger zu werden als sie, daß sie euch mehr zu fürchten und sich zu beklagen haben werden, als ihr bisher über sie. Die günstige Zeit hat Flügel; vergebens sucht ihr sie wieder zu erhaschen, nachdem sie geflohn ist. Ihr seht die Vorbereitungen eurer Widersacher. Laßt uns ihren Plänen zuvorkommen: wer von beiden Parteien zuerst die Waffen wiederergreift, bleibt Sieger und erhebt sich auf den Trümmern des Glückes der Gegner. Vielen von uns wird Ehre daraus erwachsen, Sicherheit allen.» Diese Worte stimmten die schon von selbst erhitzten Gemüter noch mehr zum Bösen, so daß sie beschlossen, einen Aufstand zu erregen, nachdem sie ihre Partei verstärkt haben würden. Durch einen Eidschwur verpflichteten sie sich endlich einander beizustehn, wenn einer von ihnen durch die Magistrate festgenommen werden sollte.

Während die Genannten sich bereiteten, eine Umwälzung der bestehenden Verhältnisse zu versuchen, kam ihr Vorhaben zur Kenntnis der Signorie. Diese ließ deshalb einen, namens Simone della Piazza, greifen, durch den die ganze Verschwörung bekannt ward und wie am nächsten Tage die Unordnungen ihren Anfang nehmen sollten. In dieser drohenden Gefahr wurden die Kollegien und jene Bürger zusammenberufen, welche mit den Syndiken der Zünfte für die Beruhigung der Stadt zu sorgen hatten. Ehe alle vereint waren, war der Abend schon angebrochen, und die Gerufenen gaben den Signoren den Rat, noch die Konsuln der Zünfte herbeizuziehn, welche der Meinung waren, daß alle Bewaffneten nach der Stadt beschieden werden und die Bannerführer der Kompagnien des Volkes am nächsten Morgen mit den ihrigen gerüstet auf dem Platze erscheinen sollten. Während Simone gefoltert wurde und die Bürger sich versammelten, stellte ein gewisser Niccolò von San Friano[104] die Uhr des Palastes. Dieser merkte, was im Gange war und setzte, nach Hause zurückgekehrt, die ganze Nachbarschaft in Bewegung, so daß in einem Augenblicke mehr denn tausend Bewaffnete auf dem Platze von Santo Spirito sich einfanden. Die Kunde davon drang zu den andern Verschworenen, und San Pier Maggiore und San Lorenzo, als Sammelpunkte bezeichnet, waren bald mit Bewaffneten gefüllt.

Schon war der Tag angebrochen, der 21. Juli. Auf dem Platze vor dem Palaste waren zugunsten der Signoren nicht über achtzig Leute in Waffen erschienen und von den Bannerführern nicht einer. Denn da sie vernahmen, die ganze Stadt sei in Aufruhr, fürchteten sie, ihre Wohnungen zu verlassen. Die ersten vom niedern Volke, die auf den Platz eindrangen, waren die von San Pier Maggiore, bei deren Ankunft jener Haufe von Bewaffneten sich nicht regte. Hierauf erschien eine andere Volksmasse, und da sie auf keinen Widerstand stießen, verlangten sie mit fürchterlichem Geschrei, die Signorie solle ihre Gefangenen herausgeben. Um diese durch Gewalt zu befreien, da Drohungen nichts fruchteten, legten sie in den Häusern des Gonfaloniere Luigi Guicciardini Feuer an, worauf die Signoren, Ärgeres besorgend, ihnen willfahrten. Sodann nahm der Pöbel dem Executor das Banner der Justiz und verbrannte, unter diesem einherziehend, die Wohnungen vieler Bürger, die aus Staatsgründen oder wegen persönlicher Verhältnisse verhaßt waren. Manche aber, um eigene Unbilden zu rächen, führten den Pöbel nach den Wohnungen ihrer Feinde, denn der Ruf «nach dem Hause dieses oder jenes», oder die Richtung, die der Bannerträger einschlug, reichte hin, das Schicksal der Gebäude zu bestimmen. Alle Papiere der Zunft der Wollenwirker wurden verbrannt. Nachdem sie soviel Unheil angestiftet, schlugen sie, um auch irgendein löbliches Werk zu tun, den Salvestro de' Medici und eine Menge anderer Bürger zu Rittern, vierundsiebzig im ganzen, darunter Benedetto und Antonio degli Alberti, Tommaso Strozzi und andere ihrer Beschützer, obgleich manche dazu gezwungen werden mußten[105]. Das Seltsamste bei diesen Vorgängen war, daß man vielen die Häuser anzündete, welche noch am nämlichen Tage und von den nämlichen Leuten (so wankelmütig ist die Menge) zu Rittern geschlagen wurden, wie unter anderen dem Luigi Guicciardini geschah. Da die Signoren in dieser

Verwirrung von den Soldtruppen, von den Vorstehern der Zünfte und den Bannerführern sich im Stich gelassen sahen, verloren sie den Mut, weil keiner dem Befehle, Beistand zu leisten, gefolgt und von den sechzehn Gonfalonen nur das Banner des goldenen Löwen und das der Vehe, unter Giovenco della Stufa und Giovanni Cambi, erschienen. Diese hielten sich kurze Zeit nur auf dem Platze, denn da sie keine der andern nachkommen sahen, zogen auch sie wieder nach Hause. Von den Bürgern andrerseits, welche die Wut dieser zügellosen Menge gewahrten, den Palast verlassen sahen, blieben einige in ihren Wohnungen, andere folgten den Haufen der Bewaffneten, um in deren Mitte ihre eignen Häuser und die ihrer Freunde leichter schützen zu können. So wuchs die Macht der Aufrührer, während die der Signoren sich verminderte. Der Tumult hielt den ganzen Tag an, und als die Nacht gekommen, blieb der Haufen beim Palast des Messer Stefano hinter der Kirche San Barnaba unter den Waffen. Es waren über sechstausend zusammen, und ehe der Morgen anbrach, nötigten sie durch Drohungen die Zünfte, ihnen ihre Banner herauszugeben. Nachdem es Tag geworden, zogen sie mit diesen und dem Banner der Justiz vor den Palast des Podestà, und da der Podestà sich weigerte, ihnen den Zutritt zu gestatten, erzwangen sie ihn.

Die Signoren wollten nun einen Versuch machen, mit dem Volke sich zu verständigen, da Gewalt nichts gefruchtet haben würde. Sie beriefen deshalb vier der Kollegien und sandten sie nach dem Palaste des Podestà, das Begehren der Aufrührer zu vernehmen. Die Abgesandten fanden, daß die Häupter des Volkshaufens mit den Syndiken der Zünfte und einigen andern Bürgern die Punkte, die sie von der Signorie verlangen wollten, beraten hatten. So kehrten sie denn mit vier Abgeordneten des Pöbels mit folgenden Forderungen nach dem Palaste zurück: «Die Zunft der Wollwirker solle keinen fremden Richter mehr halten; drei neue Handwerkerinnungen sollten errichtet werden, eine für die Wollkämmer und Färber, eine andere für die Schneider, Wamsmacher, Bartscherer und ähnliche, die dritte endlich für das gemeine Volk; diese drei neuen Zünfte sollten immer zwei Signoren stellen, die übrigen vierzehn kleineren drei; die Signorie habe die Anweisung von Versammlungshäusern für diese Zünfte zu übernehmen; keiner der zu denselben Gehörenden dürfe innerhalb zweier Jahre zur Zahlung von Schulden unter fünfzig Dukaten angehalten werden; das Leihhaus solle die Zinsen streichen, so daß nur die Kapitalien zurückerstattet zu werden brauchten; endlich sollten die Verbannten und Verurteilten freigesprochen und alle Ammonierten zu den Ämtern wieder zugelassen werden.» Außer diesen Forderungen stellten sie manche andere noch zum Besten ihrer besondern Gönner, während sie hinwiederum auf Ausschließung von den Ämtern und Verbannung vieler ihrer Gegner bestanden. So ehrenkränkend und schwer tragbar diese Forderungen auch waren, so wurden sie doch, der dringenden Gefahr wegen, von den Signoren, den Kollegien und dem Volksrate sogleich der Beratung unterworfen. Um aber Kraft zu haben, bedurften sie auch der Zustimmung des Gemeinderats, dessen Zusammenberufung auf den folgenden Tag verschoben werden mußte, da zwei Ratsversammlungen an einem Tage nicht stattfinden konnten. Dennoch schienen für den Augenblick die Zünfte und das gemeine Volk damit sich zu begnügen, und versprachen, jeder Unordnung ein Ende zu machen, sobald das neue Gesetz entworfen sein würde.

Während nun am folgenden Morgen der Gemeinderat seine Sitzung hielt, erschien die ungeduldige und wankelmütige Menge unter denselben Bannern auf dem Platze und erregte ein so entsetzliches Getöse, daß dem ganzen Rat und der Signorie Schrecken eingejagt ward. Da ging einer der Signoren, Guerriante Marignolli, mehr durch Furcht veranlaßt als durch etwas anderes, unter dem Vorwande, das Tor zu bewachen, hinab und floh nach seiner Wohnung. Dabei konnte er aber sich nicht so verbergen, daß die Menge ihn nicht erkannte: es wurde ihm nichts zuleide getan, aber, sein ansichtig werdend, schrie der Pöbel, alle Signoren sollten den Palast verlassen, sonst würden sie ihre Kinder ermorden und ihre Häuser in Brand stecken. Unterdessen war das Gesetz beraten worden: die Signoren hatten sich in ihre Gemächer begeben, und die Mitglieder des Rats standen im Erdgeschosse, ohne durch die Loggia und über den Hof zu gehen, verzweifelnd am Heil der Stadt, da sie so schlechte Gesinnung bei der Menge wahrnahmen, so viel bösen Willen oder Furcht bei denen, die sie hätten zügeln oder beherrschen können. Auch die Signoren waren bestürzt und unschlüssig, da sie von einem der Ihrigen sich verlassen und von keinem Bürger beraten, geschweige unterstützt sahen. In dieser Ungewißheit über das, was sie tun könnten und sollten, wurden sie von Messer Tommaso Strozzi und Messer Benedetto degli Alberti, entweder aus Ehrsucht und in der Hoffnung, Herren des Palastes zu bleiben, oder in der Überzeugung, recht zu handeln, überredet, dem Sturme nachzugeben und als Privatleute nach ihren Wohnungen zurückzukehren. Dieser Rat, von solchen erteilt, welcher Urheber des Aufstandes gewesen, bestimmte die Mehrzahl zur Nachgiebigkeit, erregte aber den Unwillen von zwei der Signoren, Alamanno Acciaiuoli und Niccolò del Bene. Da in diesen etwas Entschlossenheit wiederauflebte, sagten sie, wenn die andern sich entfernen wollten, so könnten sie es nicht hindern: sie selbst aber, so lange Zeit sei, wollten ihr Amt nicht aufgeben, es sei denn zugleich mit dem Leben. Diese Uneinigkeit verdoppelte die Furcht der Signoren und die Erbitterung des Volkes: so daß der Gonfaloniere, welcher lieber mit Schmach als mit Gefahr aus seinem Amte scheiden wollte, dem Schutze des Tommaso Strozzi sich befahl, der ihn aus dem Palaste hinweg nach seiner Wohnung geleitete. In gleicher Weise entfernten sich, einer nach dem andern, die übrigen Signoren, so daß Alamanno und Niccolò, um nicht für mutiger denn verständig zu gelten, von allen verlassen, gleichfalls nach Hause gingen. Solcherweise blieb der Palast in der Gewalt des Pöbels und der Achten des Krieges, welche ihre Stellen noch nicht verlassen hatten.

Als das Volk in den Palast eindrang, trug die Fahne der Justiz ein Wollkämmer, Michele di Lando. Barfuß und schlecht gekleidet, von dem ganzen Haufen gefolgt, stieg dieser die Treppe hinan, und als er im Audienzsaal der Signoren angekommen war, sprach er, zur Menge gewendet: «Ihr seht, dieser Palast ist euer, die Stadt ist in euern Händen. Was denkt ihr, daß jetzt geschehen soll?» Da riefen alle, sie wollten, daß er Gonfaloniere und Signore sein und sie und die Stadt nach seinem Gutdünken regieren sollte. Michele nahm die Signorie an, denn er war klug und verständig und hatte der Natur mehr zu danken als dem Glück. Er beschloß die Ruhe herzustellen und den Unordnungen ein Ende zu machen. Und nun die Menge zu beschäftigen und zu seinen Anordnungen Zeit zu gewinnen, befahl er, man sollte einen Ser Nuto holen, der von Lapo da Castiglionchio zum Hauptmann der Häscher bestimmt gewesen war. Die Mehrzahl derer, die ihn umgaben, entfernte sich, des Auftrags sich zu entledigen. In der Absicht, seine Regierung, die er durch Gunst erlangt, mit Gerechtigkeit zu beginnen, ließ er öffentlich den Befehl ergehen, keiner sollte rauben oder Feuer anlegen. Und um allen Angst einzujagen, ließ er auf dem Platze den Galgen aufrichten. Die Verwaltung neu zu ordnen, entließ er die Syndiken der Zünfte und ernannte andere, entsetzte Signoren und Kollegien ihrer Stellen und ließ die Wahlbeutel verbrennen. Unterdessen wurde Ser Nuto von dem Pöbel auf den Platz geschleppt und an jenen Galgen bei einem Fuße aufgehängt, welcher Fuß bald allein von ihm übrigblieb, da die Umstehenden ihn in Stücke zerrissen. Währenddessen hatten die Achte des Kriegs, in dem Glauben, daß durch die Entfernung der Signoren das Regiment ihnen anheimgefallen sei, die neue Signorie bestimmt. Als Michele di Lando dies vernahm, ließ er ihnen sagen, sie möchten sogleich den Palast verlassen, denn er wollte allen zeigen, wie er ohne ihren Beistand Florenz zu regieren wisse. Hierauf ließ er die Syndiken der Zünfte zusammenkommen und wählte die Signorie: vier Glieder für das gemeine Volk, zwei für die großen, zwei für die kleinen Zünfte[106]. Überdies ließ er neue Wahlbeutel füllen und teilte das gesamte Regiment in drei Teile, von denen einer den neuen Zünften, der andere den kleinen, der dritte den großen anheimfallen sollte. Dem Salvestro de' Medici überließ er das Einkommen von den Buden der alten Brücke[107], für sich selber nahm er das Amt eines Podestà zu Empoli[108]; vielen Bürgern von der Volkspartei gewährte er Begünstigungen, nicht bloß, um sie für ihre Mühen zu belohnen, sondern auch, um an ihnen Stützen und Beschützer gegen die Mißgunst zu finden.

Dem Pöbel schien es, Michele sei bei der Anordnung der Verwaltung den großen Popolanen zu günstig gewesen, und sie glaubten, an der Regierung nicht so vielen Anteil erhalten zu haben, wie ihnen zur Bewahrung und Verteidigung der errungenen Rechte nötig dünkte. Von ihrer gewohnten Frechheit angetrieben, griffen sie daher von neuem zu den Waffen und zogen tumultierend unter ihren Fahnen auf den Platz, indem sie verlangten, die Signoren sollten auf der Ringhiera erscheinen, um neue Artikel in betreff ihrer Sicherheit und ihrer Wohlfahrt zu beraten. Als Michele di Lando dies Treiben sah, tadelte er, um die Unzufriedenheit nicht noch zu steigern und ohne auf ihr Verlangen zu achten, die Art und Weise, wie sie ihr Begehren anbrachten, und forderte sie auf, die Waffen niederzulegen, wo ihnen dann zugestanden werden würde, was durch Gewalt sich abtrotzen zu lassen die Ehre der Signorie nicht gestattete. Die Menge, auf die Signorie ungehalten, zog nach Santa Maria Novella und ernannte dort acht Anführer mit verschiedenen Unterbeamten, ihnen Autorität zu geben, so daß die Stadt zwei Regierungen und Magistraturen auf einmal hatte. Diese Führer des gemeinen Volkes beschlossen untereinander, daß stets acht von ihren Zünften Erwählte mit den Signoren im Palaste wohnen und alle Verordnungen der Signorie ihrer Bestätigung bedürfen sollten. Dem Messer Salvestro de' Medici und Michele di Lando nahmen sie alles, was durch frühere Beschlüsse ihnen bewilligt worden war. Vielen der Ihrigen wiesen sie Ämter und Geldunterstützungen an, um ihren Rang mit der gehörigen Würde behaupten zu können. Nachdem sie diese Beschlüsse gefaßt, sandten sie, um denselben Rechtsgültigkeit zu verschaffen, zur Signorie mit dem Verlangen, sie durch die Ratsausschüsse bestätigen zu lassen, indem sie zugleich ihren Entschluß kundgaben, es durch Gewalt zu erzwingen, falls sie es im Wege des Vergleichs nicht erhielten. Die Abgeordneten erklärten, mit großer Kühnheit und noch größerem Dünkel, vor der Signorie den Gegenstand ihrer Sendung und warfen dem Gonfaloniere vor, wie undankbar er für die ihm von ihnen übertragene

Würde und die ihm erteilten Ehren sich bewiesen. Und da sie endlich von Worten zu Drohungen kamen, ertrug Michele diese Anmaßung nicht. Mehr seiner gegenwärtigen Würde gedenkend als seines niedern Standes, beschloß er, so ungewöhnliche Frechheit auf ungewohnte Weise zu strafen. Er zog das Schwert, das er umgürtet hatte, verwundete die beiden schwer und ließ sie dann binden und einsperren[109].

Als dies bekannt ward, entflammte es den Zorn der Menge. Im Glauben, sie würden mit Gewalt erringen, was sie durch Vorstellungen nicht erlangt, griffen sie mit großem Lärm zu den Waffen und setzten sich in Marsch, die Einwilligung der Signorie zu erzwingen. Michele seinerseits, dies voraussehend, beschloß ihnen zuvorzukommen, indem er glaubte, es sei ehrenvoller, den Feind anzugreifen, als ihn hinter den Mauern des Palastes zu erwarten und gleich seinen Vorgängern mit eigenem Schimpf wie zur Schmach des Gemeinwesens fliehn zu müssen. Nachdem er also eine Menge Bürger versammelt, welche ihre Verblendung einzusehn begonnen, stieg er zu Pferde und zog mit einem großen Haufen Bewaffneter nach Santa Maria Novella. Beinahe zu gleicher Zeit mit dem Gonfaloniere hatte der Pöbel sich in Bewegung gesetzt, um nach dem Palaste zu ziehen, und der Zufall wollte, daß sie auf verschiedenen Wegen zogen und nicht aufeinanderstießen[110]. Michele, sogleich umkehrend, fand so den Platz besetzt und den Angriff auf den Palast begonnen: ohne Zaudern ließ er den Kampf eröffnen[111], überwältigte den Pöbel, vertrieb einen Teil desselben aus der Stadt und nötigte die übrigen, die Waffen niederzulegen und sich zu verbergen.

Nach diesem Erfolge legte sich der Tumult, bloß durch die Entschiedenheit des Gonfaloniere, der in jener bedrängten Zeit alle Bürger an Mut, an Klugheit und Güte übertraf und zu der geringen Zahl derer gezählt werden muß, welche sich um ihre Heimat wahrhaft verdient gemacht haben. Denn wäre er böswillig oder ehrsüchtig gewesen, so hätte der Staat seine Freiheit eingebüßt und wäre in tiefere Knechtschaft gesunken, als die des Herzogs von Athen gewesen war. Aber seine treffliche Gesinnung ließ nimmer einen Gedanken in ihm aufkommen, der dem allgemeinen Wohl entgegen gewesen wäre, und seine Klugheit ließ ihn die Sache so leiten, daß viele von seiner Partei ihm nachgaben, und er die Widerstrebenden zum Gehorsam zwingen konnte. Diese Vorgänge flößten dem Volke Furcht ein und ließen die Angesehenern von den Zünften zur Einsicht kommen, indem sie bedachten, welche Schmach es für Leute sei, die den Hochmut der Großen gedemütigt, jetzt den üblen Geruch des Pöbels ertragen zu müssen.

Als Michele den Sieg über die Unruhestifter davontrug, war die neue Signorie schon gezogen, und es saßen in ihr zwei so gemeinen und verächtlichen Standes, daß das allgemeine Verlangen, solche Schmach loszuwerden, dadurch gesteigert wurde. Als nun am ersten Tage des Septembers die neuen Prioren ihr Amt antraten und die abtretenden den Palast verließen, erhob sich unter den Bewaffneten, mit denen der Platz gefüllt war, das Geschrei, sie wollten unter den Signoren keinen mehr vom niedrigsten Pöbel, worauf die Signorie, um sie zu befriedigen, jene beiden, Tira und Baroccio geheißen[112], des Amtes entsetzte, und an deren Stelle Messer Giorgio Scali und Francesco di Michele gewählt wurden. Überdies lösten sie die neuen Zünfte des niederen Volkes auf und nahmen allen Dazugehörenden, Michele di Lando, Lodovico di Puccio und einige andere von besserm Stande ausgenommen, die Befähigung, zu den Ämtern zu gelangen. Die Ehrenämter wurden zu zwei Hälften gleichmäßig für die größeren Zünfte und für die kleineren bestimmt. Nur zu der Signorie sollten die kleinen immer fünf Mitglieder stellen, die großen vier, das Amt des Bannerführers aber von den einen auf die andern übergehn. Damit beruhigte sich für damals die Stadt.

Obgleich nun aber die Regierung den Händen des Pöbels entrissen war, blieben die Bürger der kleinen Zünfte mächtiger als die großen Popolanen; denn diese sahen sich genötigt zurückzustehn, um den Pöbel auszuschließen und suchten zu diesem Zwecke die geringeren Popolanen in ihr Interesse zu ziehen. Damit waren auch solche einverstanden, welche jene Partei nicht wieder aufkommen lassen wollten, die unter dem Namen Guelfen so viele Bürger durch ihre Gewalttätigkeit beleidigt hatten. Da nun Messer Giorgio Scali, Benedetto degli Alberti, Salvestro de' Medici und Tommaso Strozzi zu denen gehörten, die der guelfischen Regierungsform günstig gesinnt waren, so wurden sie gleichsam Herren der Stadt. Diese Vorgänge veranlaßten die Fortdauer der durch die Ehrfurcht der Ricci und der Albizzi entstandenen Zwietracht zwischen den vornehmen Popolanen und den geringern Bürgern, eine Zwietracht, welche zu verschiedenen Zeiten zu den wichtigsten Begebenheiten Anlaß gab, und die ich noch mehrfach zu erwähnen haben werde, weshalb ich die eine der Parteien mit dem Namen der popolaren, die andere mit der Benennung der plebejischen bezeichne. Drei Jahre lang währte dieser Zustand unter zahlreichen Verbannungen und Hinrichtungen. Denn jene, welche die Zügel in Händen hielten, lebten fortwährend in Unruhe, weil es in der Stadt wie draußen zahlreiche Unzufriedene gab. Die Unzufriedenen in der Stadt versuchten täglich einen Umsturz hervorzurufen, oder man glaubte, daß sie es versuchten. Die in der Fremde, durch keinerlei Rücksicht gehemmt, säten bald

FILIPPO STROZZI

hier, bald dort Aufruhr, bald durch diesen Fürsten, bald durch jenen Freistaat.

In jener Zeit (1379) befand sich zu Bologna Gianozzo von Salern, Feldhauptmann Carls von Durazzo, aus dem neopolitanischen Königshause, welcher, einen Kriegszug gegen das Reich Neapel und die Königin Johanna beabsichtigend, diesen Hauptmann in der genannten Stadt hielt, mit Vergünstigung Papst Urbans, des Feindcs der Königin. Auch verschiedene verbannte Florentiner waren damals in Bologna und standen mit Carl in genauer Verbindung, was den Verdacht der Machthaber in Florenz sehr vermehrte und schuld war, daß Verdächtigungen leicht Gehör fanden. Während dieser Besorgnisse wurde dem Magistrat angezeigt, daß Giannozzo von Salern mit den Ausgewanderten vor Florenz rücken, und viele der Bürger die Waffen ergreifen und ihm die Stadt überliefern würden. Infolge dieses Berichts wurden verschiedene angeklagt, unter den ersten Piero degli Albizzi und Carlo Strozzi, sodann Cipriano Mangioni, Messer Jacopo Sacchetti, Messer Donato Barbadori, Filippo Strozzi und Giovanni Anselmi, welche alle, mit Ausnahme Carlo Strozzis, der die Flucht ergriff, eingezogen wurden. Obgleich keiner wagte zu ihren Gunsten sich zu waffnen, übertrugen dennoch die Signoren dem Messer Tommaso Strozzi und Benedetto Alberti mit einer Schar Bewaffneter die Bewachung der Stadt. Die Gefangenen wurden ins Verhör genommen, und man fand keine Schuld an ihnen, so daß der Capitano sie nicht verurteilen wollte, worauf ihre Gegner das Volk in solchem Grade aufreizten und seinen Grimm so entflammten, daß man sich für genötigt hielt, sie zu verdammen. Dem Piero degli Albizzi half weder die Größe seines Hauses noch der altbegründete Ruf, daß er lange Zeit hindurch mehr denn irgendein anderer Bürger geehrt und gefürchtet gewesen.

Während jener glücklichen Zeit traf es sich einmal, daß einer, entweder aus freundlicher Gesinnung, um ihn in seiner Größe milder zu stimmen, oder in der Absicht, ihn an die Vergänglichkeit des Irdischen zu mahnen, bei einem Gastmahl, das er vielen Bürgern gab, ihm eine silberne Schüssel voll Backwerk sandte, worunter ein Nagel verborgen war, welchem, als er gefunden und von den Anwesenden gesehn ward, die Deutung beigelegt wurde, als erinnere man ihn daran, er solle das Rad nun festnageln. Denn da das Glück ihn jetzt obenaufgeführt, so könne es nicht ausbleiben, daß er in die Tiefe gezogen werde, wenn es seinen Kreislauf vollende. Diese Deutung bestätigte erst sein Sturz, dann sein Tod.

Nach diesen Hinrichtungen (1380) blieb die Stadt in großer Verwirrung, weil Sieger und Besiegte zugleich Besorgnis hegten. Die Furcht der Regierenden aber trug die schlimmsten Früchte: denn jeder, auch der unbedeutendste Zufall veranlaßte sie, der Guelfenpartei neue Unbilden zuzufügen, indem sie die Bürger verurteilten, von den Ämtern ausschlossen, ins Exil sandten. Zur Aufrechthaltung der bestehenden Verhältnisse wurden neue Gesetze und neue Verordnungen erlassen. Alles dies geschah zum Nachteil derjenigen, gegen welche die herrschende Partei Verdacht hegte: ja, es wurden sechsundvierzig Bürger gewählt, welche in Gemeinschaft mit den Signoren den Staat von diesen Verdächtigen reinigen sollten. Diese ammonierten viele Bürger und zählten viele Popolanen zu den Großen, und um der äußern Gewalt Widerstand leisten zu können, nahmen sie Messer Giovanni Aguto[113] in ihren Sold, einen Engländer von Nation und berühmten Kriegsmann, der längere Zeit dem Papste und andern in Italien gedient hatte. Die Furcht vor einem Angriffe von außen wurde durch die Rüstungen erregt, welche Carl von Durazzo zum Zweck des Zuges gegen

Neapel machte, und durch das Verweilen vieler florentinischer Ausgewanderter in seiner Nähe. Solchen Gefahren suchte man ebensowohl durch Gegenrüstungen als mit Geld zu begegnen, denn als Carl in Arezzo angelangt war, erhielt er von den Florentinern vierzigtausend Dukaten, worauf er sie in Ruhe zu lassen versprach. Er setzte sodann seinen Zug fort, eroberte das Königreich und sandte die Königin Johanna gefangen nach Ungarn. Dieser Sieg mehrte von neuem die Befürchtungen der Machthaber in Florenz, denn sie konnten sich nicht davon überzeugen, daß ihr Geld mehr über den König vermöchte, als die alte Freundschaft des Hauses Anjou mit den von ihnen mit solcher Härte unterdrückten Guelfen.

Diese Befürchtungen standen in anhaltender Wechselwirkung mit tyrannischen Handlungen (1381), so daß die Unzufriedenheit fast allgemein war. Sie wurde gesteigert durch das anmaßende Benehmen Giorgio Scalis und Tommaso Strozzis, deren Autorität jene der Magistrate überwog, und von welchen jeder unter Beistand des Pöbels unterdrückt zu werden besorgte. Nicht nur den Gutgesinnten, sondern selbst den Unruhestiftern schien diese Regierung eigenmächtig und gewalttätig. Wie aber Messer Giorgios Übermut endlich ein Ende nehmen mußte, so geschah es, daß durch einen seiner Anhänger einer namens Giovanni di Cambio eines Komplotts gegen den Staat beschuldigt (1382), vom Capitano aber schuldlos befunden wurde. Da nun der Richter dem falschen Ankläger die Strafe auferlegen wollte, die dem Beklagten zuteil geworden wäre, hätte man jenen schuldig erkannt, und Messer Giorgio weder durch Bitten noch durch sein Ansehn ihn davon zu befreien vermochte: so zogen er und Messer Tommaso Strozzi mit einem Haufen Bewaffneter nach den Gefängnissen, holten den Verhafteten heraus, plünderten den Palast des Capitano und nötigten ihn, sich zu verbergen. Diese Frechheit steigerte dermaßen den Haß gegen ihn, daß seine Gegner die Gelegenheit günstig erachteten, ihm nicht bloß die Gewalt zu entreißen, die er sich angemaßt, sondern auch dem Pöbel, welcher nunmehr drei Jahre lang willkürlich in der Stadt geschaltet. Dazu gab auch noch der Capitano Veranlassung, welcher nach dem Aufhören des Tumults zu den Signoren ging und ihnen sagte: er sei gerne gekommen, das Amt anzutreten, wozu die Signorie ihn ernannt, weil er geglaubt habe, gerechten Leuten zu dienen, die zum Schutze, nicht zur Unterdrückung des Rechts die Waffen ergreifen würden. Nachdem er aber Regierung und Lebensweise der Stadt kennengelernt, so entsage er, um so Gefahr wie Beschädigung zu entgehn, jener Würde, die er, um der Ehre und Vorteils willen, übernommen habe. Die Signoren ermutigten den Capitano, indem sie ihm Ersatz für den erlittenen Verlust, für die Zukunft Sicherheit verhießen. Indem nun einige von ihnen mit verschiedenen Bürgern sich berieten, die sie für Freunde der öffentlichen Wohlfahrt und wohlgesinnt hielten, urteilten sie, daß es Zeit sei, dem Messer Giorgio und dem niedern Volke ihre Gewalt zu nehmen, indem die neuerliche Gewalttat ersterem alle Gemüter entfremdet habe. Darum hielten sie's für gut, diese Gelegenheit zu benutzen, bevor der allgemeine Unwille sich lege, indem sie wußten, daß der geringfügige Umstand die Volksgunst gewinnen und verlieren läßt. Sie glaubten überdies, daß es, zur Durchführung ihres Planes, nötig sei, Messer Benedetto Alberti zu gewinnen, ohne dessen Zustimmung sie das Unternehmen gefährlich erachteten.

Messer Benedetto war ein sehr reicher und menschlich gesinnter Mann und ein eifriger Freund der Freiheit seines Vaterlandes, welchem alles tyrannische Walten mißfiel, weshalb es leicht ward, ihn zu beruhigen und so zu stimmen, daß er Messer Giorgio fallenließ. Denn die Gründe, welche ihn den großen Popolanen und der Partei der Guelfen feind und dem gemeinen Volke geneigt gemacht hatten, waren deren Übermut und Eigenmächtigkeit gewesen: da er nun aber sah, daß die Häupter des Volkes es jenen nachmachten, hatte er längst schon von ihnen sich abgewandt, und die einer großen Menge Bürger zugefügten Unbilden hatten seine gänzliche Mißbilligung erfahren. So vermochten ihn denn dieselben Beweggründe, welche ihn zur Volkspartei geführt, auch wieder sie zu verlassen. Nachdem die Signorie nun den Messer Benedetto und die Vorsteher der Zünfte für sich gewonnen und sich gerüstet hatte, ließ sie Messer Georgio Scali greifen. Tommaso Strozzi rettete sich durch die Flucht. Am folgenden Tage wurde Messer Giorgio enthauptet: seine Anhänger waren in solche Furcht versetzt, daß keiner zu seinem Gunsten sich erhob, sondern im Gegenteil, alle wie um die Wette seinen Untergang beförderten. Da nun dieser seinem Tode vor demselben Volke entgegensah, das kurz vorher ihn angebetet hatte, klagte er über sein widriges Geschick und über die Gesinnung jener Bürger, welche, indem sie ihm Unrecht zugefügt, ihn genötigt, der großen Menge zu schmeicheln, die weder Treue noch Dankbarkeit kenne. Und als er unter den Bewaffneten Benedetto Alberti erkannte, hub er an: «Auch du, Messer Benedetto, lässest zu, daß mir diese Unbill widerfahre, welche ich sicherlich von dir abzuwenden mich bestreben würde, stände ich an deinem Platze. Aber ich verkünde dir, dieser Tag ist wie meines Übels Ende, so des deinen Anfang.» Hieraufklagte er sich selber an, einem Volke zuviel Vertrauen geschenkt zu haben, welches durch jedes Wort, jede Bewegung, jeden Verdacht sich leiten und verkehren lasse. Unter diesen Klagen starb er, umringt von bewaffneten, seines Todes sich freuenden Feinden. Einige seiner vertrautesten Freunde wurden nach ihm hingerichtet und vom Pöbel geschleift.

Der Tod dieses Bürgers setzte die ganze Stadt in Bewegung, weil einige dazu mitgewirkt, um der Signorie und dem Capitano del popolo geneigt sich zu zeigen, viele andere aus eignem Ehrgeiz, noch andere wegen persönlicher Besorgnisse. Da so die Stadt voll Uneinigkeit war und jeder verschiedene Zwecke hatte, so wünschten alle, ihre Absichten zu erreichen, bevor sie die Waffen niederlegten. Der alte Adel, den man «die Großen» nannte, konnte die Ausschließung von den Ehrenämtern nicht verschmerzen und strebte auf alle Weise wieder zu denselben zu gelangen, weshalb er die Autorität der Capitane guelfischer Partei hergestellt zu sehn wünschte. Die vornehmen Popolanen und die großen Zünfte ertrugen es nicht länger, daß sie mit den kleinen Zünften und dem gemeinen Volke in die Verwaltung sich hatten teilen müssen. Die kleinen Innungen andrerseits wünschten ihre Macht zu vergrößern, statt sie zu schwächen, und der Pöbel fürchtete, die Kollegien seiner Zünfte zu verlieren. Diese Spaltungen waren schuld daran, daß ein ganzes Jahr lang in Florenz Unordnung herrschte, bald die Altadeligen zu den Waffen griffen, bald die größeren, bald die kleineren Zünfte und mit ihnen das gemeine Volk, und daß öfter noch in verschiedenen Teilen der Stadt alles gerüstet stand. Dies veranlaßte eine Menge Händel unter ihnen wie mit den Palastwachen, und die Signorie, bald sich fügend, bald widerstrebend, suchte so großen Übelständen, so gut sie's vermochte, abzuhelfen. Endlich, nach zwei Parlamenten und verschiedenen Balien, die zur Ummodelung der Verfassung ernannt wurden, nach vielen Verlusten, nach Verwirrung und dringenden Gefahren, kam eine Verwaltung zustande, durch welche alle nach dem Gonfalonierat Salvestros de' Medici Verwiesenen in die Heimat zurückgerufen wurden. Denen, welchen die Balia von 1378 Auszeichnungen und Einkünfte zugewiesen, wurden diese wieder genommen; der guelfischen Partei wurden ihre früheren Ehrenstellen wieder eingeräumt; die beiden neuen Zünfte wurden ganz aufgehoben und die Genossen derselben wie ehemals andern Innungen zugewiesen; den kleinen Zünften wurde das Amt des Gonfaloniers der Gerechtigkeit genommen, ihre Teilnahme an den Ehrenämtern von der Hälfte auf ein Drittel und auf die minder bedeutenden beschränkt. So kam die oberste Gewalt vom niedern Volke ab und wieder in die Hände der vornehmen Popolanen und der guelfischen Partei, und die Verfassung, wie sie von 1378 bis 1381 bestanden, nahm auf immer ein Ende.

Die neuen Machthaber waren aber in ihren Handlungen ebenso gewalttätig, und der durch sie herbeigeführte Zustand war in seinen Anfängen ebenso drückend, wie das Regiment des Pöbels gewesen war. Denn viele adlige Popolanen, welche sich dem gemeinen Volke geneigt bewiesen hatten, wurden zugleich mit einer großen Zahl der plebejischen Anführer verbannt. Unter ihnen war Michele di Lando, welchen die Verdienste, die er sich durch seine Entschlossenheit um die Stadt erworben hatte, als die zügellose Menge in ihrem Toben daran war, sie zugrunde zu richten, nicht vor dem Groll der guelfischen Partei zu schützen vermochten. So war die Heimat ihm wenig dankbar für seine guten Werke. Da Mißgriffe dieser Art bei Fürsten wie in Freistaaten gewöhnlich sind, geschieht es, daß die Menschen, durch ähnliche Beispiele gewarnt, den Gewalthabern oft nicht die Zeit lassen, ihre Undankbarkeit an den Tag zu legen. Mehr denn irgendeinem mißfielen diese Landesverweisungen und Hinrichtungen dem Messer Benedetto Alberti, der sie öffentlich wie im vertrauten Kreise tadelte. Die Häupter der Partei fürchteten ihn, weil sie ihn für einen der wärmsten Freunde des niedern Volkes hielten, und sie waren der Meinung, er habe die Hinrichtung Giorgio Scalis nicht darum zugegeben, weil er mit dem Verhalten desselben unzufrieden gewesen, sondern weil er allein am Ruder zu bleiben gehofft habe. Seine Worte und sein Benehmen verstärkten den Verdacht, weshalb die ganze Partei den Blick auf ihn gerichtet hielt und nur einer Gelegenheit harrte, ihn zu unterdrücken.

Während dieser Vorgänge (1383) waren die äußern Angelegenheiten nicht von großem Belang. Ereignete sich einmal etwas, so gab's mehr Schrecken als Schaden. In der genannten Zeit kam Ludwig von Anjou nach Italien, um die Königin Johanna wieder auf den Thron zu setzen und Carl von Durazzo zu verjagen. Sein Zug setzte die Florentiner in nicht geringe Furcht: denn nach alter Freunde Sitte sprach Carl sie um Beistand an, während Ludwig, wie solche zu tun pflegen, die neue Freundschaft suchen, ihre Neutralität wünschte. Um nun Ludwig scheinbar Genüge zu tun und Carl zu helfen, entließen sie Messer Giovanni Aguto aus ihrem Solde und veranlaßten den Papst Urban, Carls Freund, ihn zu seinem Feldhauptmann zu erwählen: eine Täuschung, die Ludwig leicht erkannte und sehr übel aufnahm. Während des Krieges, der in Apulien zwischen Carl und Ludwig stattfand, langten französische Hilfsvölker für diesen in Toscana an. Aretinische Ausgewanderte führten diese nach ihrer Stadt[114] und nötigten so die Durazzosche Partei zum Weichen. Gerade als es im Plane war, in Florenz eine ähnliche Umwälzung zu veranlassen, starb Ludwig von Anjou und die Dinge nahmen eine andere Gestalt an. Denn Carl von Durazzo sicherte sich das Reich, das er beinahe verloren hatte, und die Florentiner, welche schon für die eigene Heimat besorgt gewesen, erlangten Arezzo durch Kauf von der französischen Besatzung (1384). Nach diesem glücklichen Ausgange des Kriegs zog Carl nach Ungarn, welches Reich ihm durch Erbschaft zugefallen war, und ließ in Apulien seine Gemahlin zurück, mit seinen beiden noch kleinen Kindern, Ladislaus und Johanna. Er setzte sich die ungarische Krone auf, aber er bezahlte diesen Zug bald mit seinem Leben.

Des Königs anfänglicher Erfolg in Ungarn wurde in Florenz mit einer Pracht gefeiert, wie kaum in irgendeiner Stadt eigener Siege wegen Feste angestellt worden. Hier konnte man den Glanz des Gemeinwesens wie der großen Familien kennenlernen: denn viele der letzteren wetteiferten mit den öffentlichen Freudenbezeigungen. Alle übertraf an Pomp und Aufwand die Familie der Alberti: denn die Aufzüge, die Waffenspiele, die sie veranstaltete, waren vielmehr einem Fürsten angemessen als einem bürgerlichen Hause. Dadurch ward der Neid gesteigert, welcher, zusamt dem Verdachte, den die Machthaber auf Messer Benedetto geworfen, seinen Ruin herbeiführte. Denn jene konnten sich seinetwegen nicht beruhigen, in der Meinung, in jedem Augenblicke könne Messer Benedetto mit dem Beistande seiner Partei sein früheres Ansehen wiedererlangen und sie aus der Stadt vertreiben. Da sie in solcher Besorgnis waren, begab es sich, daß, während er einer der Bannführer der Kompanien war, sein Eidam Filippo Magalotti durch das Los Gonfaloniere der Justiz wurde (1387), was die Furcht der Gegner mehrte, Messer Benedetto möchte zu mächtig werden und die herrschende Partei dadurch in Gefahr kommen. Indem sie diesem nun ohne Tumult abzuhelfen versuchten, veranlaßten sie den Bese Magalotti, seinen Stammverwandten und Feind, daß er den Signoren erklärte, es fehle dem

Messer Filippo am gehörigen Alter, weshalb er das Amt nicht antreten könne noch dürfe.

Die Sache wurde von den Signoren zur Beratung gezogen, und einige von ihnen aus Haß, andere, um keine Unruhe zu erregen, entschieden, Messer Filippo sei zur Übernahme des Banneramts unfähig, worauf an seiner Statt Bardo Mancini gewählt ward, ein entschiedener Gegner der Volkspartei und Messer Benedettos. Kaum hatte dieser sein Amt angetreten, so rief er eine Balia zusammen, welche neben andern Umänderungen Messer Benedetto Alberti verwies und den Rest der Familie, mit Ausnahme des einzigen Messer Antonio, von den Ehrenstellen ausschloß. Vor seinem Weggehen ließ Messer Benedetto alle seine Verwandten zu sich kommen, und als er sie traurig und in Tränen sah, sagte er zu ihnen: «Ihr seht, meine Gönner und Genossen, wie das Schicksal mich zugrunde gerichtet und euch bedroht hat. Darüber wundere ich mich nicht und müßt auch ihr euch nicht wundern: denn so geht's immer denen, die unter vielen Bösen gut sein und aufrecht halten wollen, was die Mehrzahl niederzureißen sich bestrebt. Die Liebe zu meiner Heimat bewog mich, dem Salvestro de' Medici mich anzuschließen, von Messer Giorgio Scali mich zu trennen. Dieselbe Liebe erzeugte in mir den Haß gegen das Verfahren der gegenwärtigen Gewalthaber, welche, wie sie keine erlitten, so auch keinen Tadel dulden wollten. Es ist mir lieb, daß ich durch mein Exil sie von der Furcht befreie, die nicht ich allein ihnen einflöße, sondern jeder, von dem sie wissen, daß er ihr eigenmächtiges und verruchtes Wirken durchschaut. Darum haben sie, indem sie mich trafen, zugleich die andern bedroht. Um meinetwillen bin ich nicht traurig, denn die durch das freie Vaterland mir verliehene Ehre kann das unterdrückte mir nicht rauben. Ja, die Erinnerung an mein vergangenes Leben wird mir immer mehr Freude machen, als das Unglück, welches meine Verbannung nach sich zieht, mir Leidwesen verursachen kann. Aber es schmerzt mich, daß meine Heimat wenigen zur Beute, ihrem Hochmut und ihrer Habsucht zum Raube wird. Um euretwillen bin ich betrübt: denn ich fürchte, daß die Übel, welche heute bei mir enden und bei euch beginnen, euch mit größerer Heftigkeit verfolgen werden, als sie mich verfolgt haben. Darum ermahne ich euch, eure Gemüter gegen jegliches Unglück zu stählen und euch so zu verhalten, daß, was auch immer Widriges euch zustoßen mag (und dessen wird nicht wenig sein), jeder erkenne, daß ihr schuldlos seid und es nicht verdient habt.» Um nun im Auslande einen ebenso geachteten Namen zu hinterlassen wie in seiner Heimat, unternahm er einen Pilgerzug nach des Heilands Gruft. Auf der Heimkehr starb er zu Rhodus. Seine Gebeine wurden nach Florenz gebracht und mit großen Ehrenbezeigungen von denen bestattet, welche gegen den Lebenden keine Schmähung und Verleumdung unterlassen hatten.

Nicht der Familie der Alberti bloß widerfuhr damals solche Unbill, sondern manche andere Bürger wurden verwiesen oder ammoniert; unter den Verbannten waren Piero Benini, Matteo Alderotti, Giovanni und Francesco del Bene, Giovanni Benci', Andrea Adimari und mit ihnen eine große Zahl von Genossen der kleinen Zünfte; unter den Ammonierten fanden sich die Covoni, Benini, Rinucci, Formiconi, Corbizzi, Mannelli und Alderotti. Es war die Sitte, eine Balia auf gewisse Zeit zusammenzurufen: die Mitglieder aber, nachdem sie das bewerkstelligt, weshalb sie zusammenberufen worden waren, verzichteten des Anstands wegen auf ihre Stellen wieder, auch wenn die festgesetzte Frist noch nicht abgelaufen war. Da es nun der damals bestehenden Balia schien, daß sie ihre

Obliegenheiten erfüllt habe, wollte sie, wie es Sitte, sich zurückziehen. Viele aber, die dies vernahmen, eilten bewaffnet nach dem Palast und verlangten, vor der Verzichtleistung sollten viele andere noch verwiesen und von den Ämtern ausgeschlossen werden. Dies mißfiel den Signoren sehr, und mit schönen Worten hielten sie die Zudringlichen so lange hin, bis sie Verstärkung erhalten hatten, worauf sie jene nötigten, aus Furcht die Waffen niederzulegen, welche die Wut ihnen in die Hand gegeben. Um sie aber nicht völlig zu Unzufriedenen zu machen und um die Autorität der geringeren Zünfte noch mehr zu schmälern, ließen sie letztern statt des dritten nur den vierten Teil der Ehrenämter. Und um stets zwei Leute, worauf sie zählen konnten, in der Signorie zu halten, gaben sie dem Gonfaloniere und vier andern Bürgern Auftrag, einen Wahlbeutel mit Namen von Ausgesuchten zu füllen, von denen für jede Signorie zwei gezogen werden sollten.

Nachdem in solcher Weise die Verhältnisse nach dem Jahre 1381 geordnet worden, lebte man bis zum Jahre 1393 in der Stadt in ziemlicher Ruhe. In dieser Zeit nahm Giovan Galeazzo Visconti, welchen man den Grafen von Virtu nannte, seinen Ohm Messer Bernabò gefangen und wurde damit Herr der gesamten Lombardei. Wie er durch List Herzog von Mailand geworden, glaubte er, durch Gewalt König von Italien werden zu können. Und im Jahre 1390 begann er gegen Florenz einen Krieg, dessen Wechselfälle von der Art gewesen, daß mehrmals der Herzog näher dran war, zu verlieren, als die Florentiner, welche indes nur sein Tod vom Verderben rettete. Übrigens aber war die Gegenwehr mutig und für einen Freistaat bewunderungswürdig, und der Ausgang war minder schlimm, als der Krieg bedrohlich gewesen. Denn als der Herzog Bologna, Pisa, Perugia und Siena eingenommen und die Krone in Bereitschaft hielt, die er in Florenz als italienischer König sich aufsetzen wollte, raffte der Tod ihn weg, der ihn seine errungenen Siege nicht genießen, die Florentiner ihre Verluste verschmerzen ließ.

Während dieses Krieges mit dem Visconti wurde Gonfaloniere der Justiz Messer Maso degli Albizzi (1393), welchen die Hinrichtung Pieros den Alberti feind gemacht hatte. Obschon nun Messer Benedetto im Exil gestorben war, so wollte Maso sich dennoch an der Familie rächen, bevor seine Amtszeit zu Ende ging. Dazu benutzte er die Veranlassung, daß ein wegen Einverständnisses mit dem Feinde zur Untersuchung gezogener Bürger Alberto und Andrea degli Alberti nannte. Diese wurden sogleich gefänglich eingezogen, was die ganze Stadt in große Bestürzung versetzte, worauf die Signoren, nachdem sie sich mit Waffen versehn, das Volk zum Parlament riefen und eine Balia ernennen ließen, kraft derer sie viele Bürger aus der Stadt verwiesen und die Wahlbeutel neu füllten. Unter den Verwiesenen befanden sich beinahe alle Alberti; auch viele aus den kleinern Zünften wurden ammoniert und mit dem Tode bestraft. So vieler Unbilden wegen standen die Zünfte und das gemeine Volk von neuem in Waffen auf, da es ihnen schien, daß Ehre und Leben zugleich in Gefahr wären. Ein Teil von ihnen erschien auf dem Platze vor dem Palast, während ein anderer nach der Wohnung des Messer Vieri de' Medici eilte, welcher nach Messer Salvestros Tode[115] das Haupt dieses Geschlechts geblieben war. Denen, die auf dem Platze sich einfanden, gaben die Signoren, in der Absicht, sie einzuschläfern, als Anführer mit dem Banner der guelfischen Partei und dem des Volkes, den Messer Rinaldo Gianfigliazzi[116] und Messer Donato Acciaiuoli, zwei Popolanen, die bei dem gemeinen Volke mehr denn andere beliebt waren. Die nach Messer Vieris Wohnung eilten, baten ihn, er möge die Leitung des Gemeinwesens in seine Hand nehmen und sie von der Tyrannei jener Bürger befreien, welche die Gutgesinnten und das allgemeine Wohl vernichteten.

Alle, welche über jene Zeit Nachrichten hinterlassen haben, stimmen überein in der Ansicht, daß Messer Vieri ohne Mühe zum Herrn der Stadt sich hätten aufwerfen können, wäre sein Ehrgeiz größer gewesen als sein rechtlicher Sinn. Denn die schweren Kränkungen, welche, mit Recht oder Unrecht, den Zünften und den Freunden derselben zugefügt worden waren, hatten die Gemüter dermaßen zur Rache gestimmt, daß sie bloß eines Anführers bedurften, um ihren Durst zu stillen. Es fehlte auch nicht an solchen, welche Messer Vieri daran erinnerten, wieviel in seiner Hand liege. Antonio de' Medici, welcher eine Zeitlang in Feindschaft mit ihm gelebt, wollte ihn bewegen sich an die Spitze des Staates zu stellen. Jener aber antwortete ihm: «Als du mein Feind warest, schreckten deine Drohungen mich nicht: jetzt, da du mir Freund bist, soll dein Rat mir nicht schaden.» Und zur Menge sich wendend, redete er ihr zu, guten Mutes zu sein: er wolle ihr Verteidiger werden, unter der Bedingung, daß sie sich von ihm beraten lasse. Hierauf verfügte er sich in ihrer Mitte nach dem Platze, und nachdem er in den Palast getreten, sagte er zu den Signoren: es reue ihn nicht, daß er in einer Weise gelebt habe, welche ihm die Liebe des Volkes von Florenz erworben, aber es tue ihm leid, daß man von ihm eine Meinung hege, die er durch sein vergangenes Leben nicht verdient habe. Denn da er nie als einen Unruhestifter und Ehrgeizigen sich gezeigt, so wisse er nicht, woher es komme, daß man ihn für einen Beförderer von Unordnungen und für einen nach der Obergewalt Strebenden halte. Er bitte deshalb die Signoren, ihm nicht des Volkes Unwissenheit zur Last zu legen, denn sobald und soweit er es vermocht, habe er sich in ihre Gewalt begeben. Es dünke ihn aber, daß es gut sei, im Glück mit Bescheidenheit zu verfahren und lieber einen halben Sieg zu genießen und das Beste der Stadt zu erzielen, als durch einen vollständigen Sieg der Stadt großen Schaden zuzufügen. Die Signoren priesen Messer Vieri sehr und ersuchten ihn, das Volk zum Niederlegen der Waffen zu bewegen: wäre dies geschehn, so würden sie nicht verfehlen, seinen und andrer Bürger Rat zu befolgen. Hierauf ging Messer Vieri wieder hinab auf den Platz und vereinte seinen Haufen mit den von Messer Rinaldo und Messer Donato geführten. Dann erklärte er, er habe bei den Signoren eine ihnen sehr günstige Gesinnung gefunden, und vieles mit denselben besprochen: wegen der Kürze der Zeit aber und der Abwesenheit der übrigen Magistrate habe kein Beschluß gefaßt werden können. Unterdessen bitte er sie die Waffen abzulegen und den Signoren zu gehorchen, indem er sie versichere, daß Nachgiebigkeit mehr denn Hochmut, Bitten mehr denn Drohungen geeignet seien auf sie zu wirken, und wie ehrenvolle und sichere Stellung ihnen nicht fehlen würden, wenn sie von ihm sich leiten ließen. So brachte er es dahin, daß alle auf sein Wort nach Hause gingen.

Kaum war das Volk entwaffnet, so besetzten die Signoren sogleich den Platz mit Kriegsleuten; dann boten sie zweitausend der bestehenden Ordnung der Dinge ergebene Bürger auf, die sie in Fähnlein teilten und denen sie befahlen, bei jedem Aufruf zum Beistande sich bereit zu halten. Den Nichteingeschriebenen ward das Tragen von Waffen untersagt (1393). Nach diesen Vorbereitungen ließen sie viele der Handwerker, die sich während der neuerlichen Unruhen in die vordere Reihe gestellt hatten, hinrichten oder straften sie mit Landesverweisung. Überdies verordneten sie, um dem Gonfaloniere der Justiz mehr Ansehn und Würde zu verleihen, daß zu diesem Amte das Alter von fünfundvierzig Jahren erforderlich sein sollte. Die bestehende Ordnung zu sichern, erließen sie noch verschiedene Bestimmungen, die denen, gegen welche sie gerichtet waren, unerträglich schienen und selbst den wackern Bürgern ihrer eignen Partei verhaßt waren, weil sie ein Regiment, das um sich zu behaupten solcher Gewalttätigkeiten bedurfte, weder für gut noch für gesichert halten konnten. Nicht bloß den in der Stadt gebliebenen von den Alberti und den Medici, die sich vorwarfen, das Volk getäuscht zu haben, sondern vielen andern mißfiel so gesetzwidriges Verfahren. Der erste, welcher Widerstand versuchte, war Messer Donato Acciaiuoli. Dieser, obgleich großen Ansehens genießend, und Messer Maso'n degli Albizzi, welcher wegen der während seines Gonfalonierats ausgeführten Dinge gleichsam Gebieter in der Stadt war, eher überlegen als gleichstehend, konnte inmitten so vieler Unzufriedenen nicht zufrieden leben, noch, wie die Mehrzahl tat, den Schaden des Gemeinwesens zu seinem persönlichen Vorteil benutzen. Deshalb kam er auf den Gedanken, zu versuchen, ob er den Verbannten die Heimat, oder wenigstens den Ammonierten die Teilnahme an den Ämtern wiederzugeben imstande wäre. Diese Ansicht teilte er einem und dem andern Bürger mit, indem er zeigte, wie man die Menge nicht auf andere Weise befriedigen und den Parteiungen ein Ziel setzen könne. So wartete er nur, bis er Mitglied der Signorie sein würde, um seinen Wunsch zu verwirklichen. Und da in den menschlichen Handlungen Aufschub langweilt, Eile Gefahr bringt, so stürzte er sich in Gefahr, um der Langeweile zu entgehn (1397). Einer seiner Verwandten, Michele Acciaiuoli, und Niccolò Ricoveri, sein Freund, saßen unter den Signoren, so daß es Messer Donato schien, dies wäre eine Gelegenheit, die nicht unbenutzt vorübergehn dürfte. Darum ersuchte er sie, den Ratsausschüssen einen Gesetzentwurf vorzulegen, durch welchen die Verwiesenen in die Heimat zurückberufen würden. Die Genannten unterhielten sich darüber mit ihren Genossen, welche ihnen zur Antwort gaben, sie seien nicht geneigt, Neuerungen zu versuchen, wo der Erfolg ungewiß, die Gefahr gewiß sei. Da gab ihnen Messer Donato, nachdem er alle Mittel und Wege versucht, in seinem Zorn zu verstehn, da sie sich nicht dazu verstehen wollten, auf gütlichem Wege Ordnung eingeführt zu sehn, so sollte es mit den Waffen in der Hand geschehn. Diese Worte mißfielen so sehr, daß, nachdem man sich mit den Parteihäuptern beraten, Messer Donato vorgeladen ward. Nachdem er sich nun gestellt, wurde er von dem Manne, dem er den Auftrag erteilt, überwiesen, so daß man ihn nach Barletta in die Verbannung schickte. Auch Alamanno und Antonio de' Medici wurden verwiesen, mit allen von Messer Alamanno abstammenden Mitgliedern der Familie, und vielen, niederm Stande angehörenden, beim gemeinen Volke aber in Ansehn stehenden Leuten aus den Zünften. Alles dies ereignete sich während zweier Jahre, nachdem Messer Maso in die Spitze der Angelegenheiten getreten war.

Als so im Innern der Stadt viele Mißvergnügte waren, außerhalb derselben viele Verbannte, fanden sich unter den Exilierten zu Bologna Picchio Cavicciuoli, Tommaso de' Ricci, Antonio de' Medici, Benedetto degli Spini, Antonio Girolami, Cristofano di Carlone und zwei andere von ganz niederm Stande zusammen. Alles junge Wagehälse und entschlossen, alles aufs Spiel zu setzen, wenn es die Rückkehr in die Heimat galt. Diesen kam von Piggiello und Baroccio Cavicciuoli, welche von den Ämtern ausgeschlossen in Florenz lebten, auf geheimen Wegen die Weisung zu, daß sie ihnen Aufnahme in ihrer

Wohnung gewähren würden, wenn sie heimlich nach der Stadt kämen; von dort aus könnten sie sodann Messer Maso degli Albizzi ermorden und das Volk zu den Waffen rufen. Bei der Unzufriedenheit der Menge mit dem gegenwärtigen Regiment würde dies nicht schwer sein, um so mehr, da die Ricci, Adimari, Medici, Mannelli und viele andere Geschlechter ihnen sich anschließen würden. Von dieser Aussicht angelockt kamen die Genannten am 4. August 1397 nach Florenz, und nachdem sie heimlich in die bezeichneten Wohnungen sich begeben, ließen sie Messer Maso beobachten, dessen Mord das Signal zum Aufstand sein sollte. Messer Maso verließ morgens sein Haus und verweilte im Laden eines in der Nähe von San Pier maggiore wohnenden Apothekers. Der Mann, der ihn aufgespürt, eilte den Verschwornen die Nachricht zu geben: diese griffen zu den Waffen, fanden aber, als sie den Ort erreichten, daß Messer Maso weggegangen war. Ohne indes durch das Mißlingen ihres ursprünglichen Planes sich irremachen zu lassen, wandten sie sich gegen den alten Markt hin, wo sie einen von der feindlichen Partei töteten. Nun erhoben sie das Geschrei: «Volk, Waffen, Freiheit! Tod den Tyrannen!» Sie zogen nach dem neuen Markte und ermordeten einen andern am Ende der Calimala[117]. Nachdem sie nun eine Zeitlang mit demselben Rufe weitergezogen und keiner ihnen sich anschloß, begaben sie sich nach der Halle der Neghittosa[118]. Hier stiegen sie oben hinauf, während eine große Volksmenge sich um sie versammelt hatte, mehr um sie zu sehn, als daß sie ihren Absichten günstig gewesen wäre, und sie munterten mit lauter Stimme die Männer auf, die Waffen zu ergreifen und das Joch abzuschütteln, das ihnen so verhaßt sei. Sie versicherten dabei, mehr als die eigenen Unbilden, die sie erlitten, hätten die Klagen der Unzufriedenen in der Stadt sie bewogen, ihnen wieder zur Freiheit zu verhelfen; sie hätten gehört, wie viele zu Gott beteten, er möge ihnen Gelegenheit bieten, sich zu rächen; sie würden sich rächen, wenn sie einen fänden, der sie anführte: jetzt aber, da die Gelegenheit da sei, da die Führer sich gefunden, ständen sie da und schauten einander an, und warteten in ihrem Unverstande, bis die, die ihnen zur Wiedererlangung der Freiheit behilflich sein könnten, den Tod gefunden und ihre eigenen Ketten noch schwerer geworden wären. Sie wunderten sich nur, daß ein Volk, welches wegen einer geringen Unbill die Waffen zu ergreifen pflege, bei so vielen und großen sich nicht rege; daß es ertrage, daß so viele Mitbürger der Heimat und der Ämter beraubt seien, während es jetzt in seiner Gewalt stehe, den Verbannten die Heimat, den Ausgeschlossenen die Teilnahme an den Ämtern wiederzugeben. Waren auch diese Worte wahr, so machten sie doch keinen Eindruck auf die Menge, welche entweder sich fürchtete, oder wegen der beiden begangenen Mordtaten die Aufrührer haßte. Als nun letztere sahn, wie weder Worte noch Handlungen die Umstehenden bewegten, erkannten sie zu spät, wie gefährlich es sei, ein Volk frei machen zu wollen, welches lieber in der Knechtschaft bleibt. Am Erfolge ihres Unternehmens verzweifelnd, zogen sie sich nach der Kirche Santa Reparata zurück, wo sie, nicht ihr Leben zu retten, sondern ihren Tod zu verzögern, sich einschlossen. Beim ersten Auflauf rüsteten und verschlossen die erschrockenen Signoren den Palast; als sie aber vernahmen, wie die Sache stand, wer die Unruhestifter waren und wohin sie sich geflüchtet, faßten sie wieder Mut und befahlen dem Capitano mit seinen Leuten und vielen andern Bewaffneten sie gefangenzunehmen. Ohne große Mühe wurden die Kirchtüren erbrochen, einige blieben bei der Verteidigung, die übrigen wurden ergriffen. Bei der Untersuchung fand man keine andern Mitschuldigen als Baroccio und Piggiello Cavicciuoli, welche zugleich mit jenen hingerichtet wurden.

Diesem Vorfall folgte ein andrer von größerem Belang (1400). Die Stadt führte, wie gesagt, Krieg gegen den Herzog von Mailand, welcher, da er Waffengewalt nicht hinreichend fand, sie zu unterwerfen, zur List seine Zuflucht nahm und durch Vermittelung florentinischer Emigranten, welche die Lombardei füllten, einen Plan anlegte, um welchen eine Menge Leute in der Stadt wußten. Diesem gemäß, sollten an einem bestimmten Tage viele der waffenfähigen Verbannten die nächstgelegenen Orte verlassen und auf dem Flusse Arno in die Stadt eindringen, sodann mit ihren Freunden nach den Wohnungen der vornehmsten Machthaber eilen, diese töten und nach ihrem Gutdünken die Verfassung ändern. Unter den Verschwornen in Florenz selbst befand sich ein Ricci, Samminiato genannt. Wie es nun bei Verschwörungen häufig vorkommt, daß wenige nicht reichen, viele zur Entdeckung führen, so fand Samminiato einen Ankläger, während er Genossen suchte. Er teilte nämlich die Sache dem Salvestro Cavicciuoli mit, welchen alles, seinem Hause und ihm selbst widerfahrene Übel dem Plane hätte geneigt machen sollen: auf diesen aber wirkte mehr die bevorstehende Gefahr als die entfernte Aussicht, so daß er sogleich alles den Signoren entdeckte, welche den Samminiato greifen ließen und nötigten, den ganzen Zusammenhang zu berichten. Von den Mitwissenden wurde aber keiner ergriffen als Tommaso Davizi, welcher, von Bologna kommend und mit dem Vorgefallenen unbekannt, schon vor seinem Eintreffen verhaftet ward. Alle übrigen flohen, durch Samminiatos Gefangennehmung gewarnt. Nachdem nun jene beiden bestraft worden waren, ernannte man eine Balia von verschiedenen

Bürgern, mit dem Auftrage, die Schuldigen aufzufinden und zur Sicherung der bestehenden Ordnung der Dinge Anstalten zu treffen. Diese erklärten zu Rebellen sechs aus dem Hause der Ricci, sechs von den Alberti, zwei Medici, drei Scali, zwei Strozzi, Bindo Altoviti, Bernardo Adimari, mit vielen aus dem niedern Volke. Die Geschlechter Alberti, Ricci und Medici wurden mit wenigen Ausnahmen auf zehn Jahre sämtlich ammoniert. Unter den Ausgenommenen fand sich Messer Antonio degli Alberti, der für einen ruhigen und friedfertigen Mann galt. Nun traf es sich, daß, als aller Verdacht wegen der Verschwörung noch nicht völlig verschwunden war, ein Mönch eingezogen ward, den man in jener Zeit mehrmals zwischen Florenz und Bologna hin- und herziehn gesehen hatte. Dieser bekannte, er habe dem Messer Antonio mehrmals Briefe überbracht, worauf letzterer sogleich verhaftet und, obgleich er anfangs leugnete, vom Mönche überwiesen wurde, infolgedessen man ihn zu einer Geldstrafe verurteilte und nach einem, von Florenz dreihundert Millien entfernten Orte verwies. Damit nun nicht täglich von den Alberti Gefahr zu besorgen wäre, wurden alle dieses Geschlechtes, welche mehr denn fünfzehn Jahre zählten, ins Exil geschickt.

Das eben Erzählte ereignete sich im Jahre 1400, und zwei Jahre darauf starb Gian Galeazzo, Herzog von Mailand, dessen Tod, wie schon gesagt, dem seit zwölf Jahren währenden Krieg ein Ende machte. Da in dieser Zeit die Republik mehr Kräfte und Autorität gewonnen, weil sie ohne Feinde, fremde wie einheimische, sich fand, so wurde der Feldzug gegen Pisa unternommen, der 1406 zu einem glorreichen Ende geführt ward. Dann hatte man im Innern Ruhe bis zum Jahre 1433. Nur im Jahre 1412, wo die Alberti die ihnen angewiesenen Verbannungsorte[119] verließen, ernannte man eine Balia gegen sie, welche sie mit Geldstrafen verfolgte. Überdies führte die Republik Krieg gegen König Ladislaus von Neapel, dessen im Jahre 1414 erfolgter Tod demselben ein Ende machte, nachdem die Florentiner vom Könige, dem sie überlegen waren, die Stadt Cortona erlangt, deren Herrschaft er an sich gebracht hatte. Kurz nach jenem Erwerb aber hatte Ladislaus seine Macht wieder verstärkt und einen neuen Krieg begonnen, der gefährlicher war als der erste. Wäre derselbe nicht durch des Königs Tod beendigt worden, wie der Krieg mit Mailand durch den des Herzogs, so wäre Florenz wiederum dem Verluste seiner Unabhängigkeit ausgesetzt gewesen. Das Glück war aber auch diesmal den Florentinern hold, denn nachdem Ladislaus Rom, Siena, die Mark und Romagna eingenommen und nur Florenz ihm fehlte, seine Macht bis nach der Lombardei auszudehnen, ereilte ihn sein Ende. So war der Tod den Florentinern treuer denn irgendein andrer Freund, um ihnen zu ihrer Rettung behilflicher als ihre Tapferkeit. Hierauf herrschte acht Jahre lang innen und außen Ruhe. Dann aber begannen sowohl die Kriege gegen Filippo, Herzog von Mailand, wie neuerdings die Parteiungen, die erst mit dem Untergange des Regiments endeten, welches vom Jahre 1381 bis 1434 gewährt, so viele Kriege mit so großem Ruhm geführt, und Arezzo, Pisa, Cortona, Livorno, Montepulciano an die Republik gebracht hatte. Noch größere Dinge aber hätte es ins Werk gesetzt, wäre die Stadt einmütig geblieben, wären die alten Zwiste nicht von neuem aufgelebt, wie im nächsten Buche ausführlich dargestellt werden wird.

Viertes Buch

Die unter dem Namen von Republiken sich selbst beherrschenden Städte, solche besonders, deren Verfassung nicht gut geregelt ist, verändern oft Regierung und Verhältnisse, nicht, wie viele wähnen, durch Freiheit oder Knechtschaft, wohl aber durch Knechtschaft oder Zügellosigkeit. Denn nur der Freiheit Namen feiern die Diener der Zügellosigkeit, die von der Volkspartei; wie die Diener der Knechtschaft, der Adel: beide wollen weder den Gesetzen untertan sein, noch den Menschen. Wenn es einmal geschieht, was freilich ein seltener Fall ist, daß zum Glück einer solchen Stadt ein weiser, guter, einflußreicher Bürger aufsteht und Gesetze erläßt, die solchen Unfrieden zwischen Adel und Volk beilegen oder so lenken, daß kein Übel von ihnen kommen mag: dann wahrlich kann eine Stadt frei genannt, eine Verfassung für wohlbegründet erachtet werden. Denn wenn sie auf gute Gesetze sich stützte und auf weise Ordnung, bedarf sie nicht gleich andern der Kraft und Tugend eines einzelnen, sich aufrecht zu halten. Solche Gesetze und Ordnung hatten mehrere alte Freistaaten, die eines langen Daseins sich erfreut haben. Solcher Ordnung und Gesetze entbehrten und entbehren aber diejenigen, deren Regierungsform bald von der tyrannischen zur anarchischen umspringt, bald umgekehrt. Denn da jeder dieser Formen machtvolle Feinde entgegenstehn, können sie keinen Bestand haben: die eine mißfällt den klugen Leuten, die andere den guten;

die eine kann leicht Nachteile, die andere schwerlich Nutzen bringen; in der einen ist den Übermächtigen zu viel Gewalt eingeräumt, in der andern den Einfältigen; eine und die andere müssen aufrecht gehalten werden durch Glück oder Macht eines Mannes, den der Tod hinwegraffen, den die Umstände bedeutungslos machen können.

So wurde das Regiment, welches mit der Hinrichtung des Messer Giorgio Scali im Jahre 1381 seinen Anfang nahm, anfangs durch Messer Maso degli Albizzi, dann durch Niccolò da Uzzano[120] gehalten. Von 1414 bis 1422 lebte die Stadt in Ruhe, da König Ladislaut tot und die Lombardei in mehrere Staaten geteilt war, so daß weder innen noch von außen zu Befürchtungen Anlaß sich fand. Zunächst dem Uzzano waren die angesehensten Bürger Bartolommeo Valori, Nerone di Nigi, Messer Rinaldo degli Albizzi, Neri di Gino und Lapo Niccolini[121]. Die durch die Feindschaft der Albizzi und Ricci entstandenen, durch Messer Salvestro de' Medici zu solcher Glut wieder angefachten Parteiungen waren nie ganz unterdrückt worden. Und obgleich die volkstümlichste derselben nur drei Jahre herrschte und schon 1381 unterlag, blieb sie doch am Leben, weil der größere Teil des Volkes ihre Gesinnung teilte. Freilich wurde sie durch die vielen Parlamente und die unablässige Verfolgung ihrer Häupter bis zum Jahre 1400 beinahe auf nichts heruntergebracht. Die vornehmsten Familien, welche diese Verfolgung traf, die Alberti, Ricci und Medici, wurden mehrmals ihrer Mitglieder und ihrer Reichtümer beraubt, und was ihnen in der Stadt blieb, war von den Ehrenämtern ausgeschlossen. Durch so gehäuftes Unglück hatte diese Partei Kraft und Mut verloren. Bei vielen aber blieb die Erinnerung an erduldete Schmach und das Verlangen, sich zu rächen: es blieb im innern Herzen verborgen, weil es außen keinen

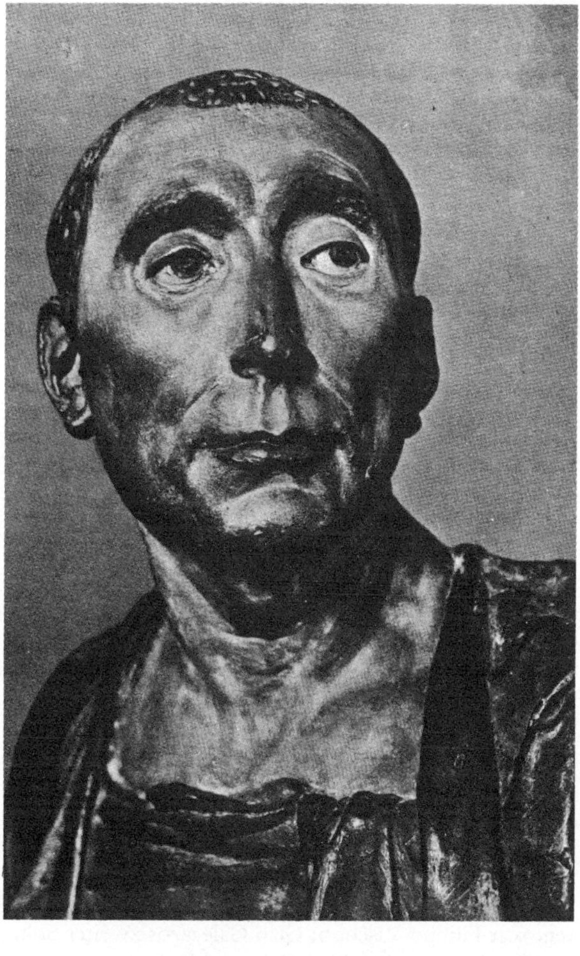

NICCOLÒ DA UZZANO

Anhaltspunkt fand. Die vornehmen Popolanen, welche die Stadt friedfertig regierten, begingen zwei Fehler, die ihren eignen Ruin herbeiführten: der lange Besitz der Herrschaft machte sie übermütig, und eben dieser Besitz und der Neid des einen gegen den andern waren Schuld, daß sie auf die, welche ihnen schaden konnten, nicht genug ein wachsames Auge hielten. Indem diese nun durch ihr hochfahrendes Benehmen täglich den Haß der Menge verstärkten, auf das Schädliche nicht achteten, weil sie es nicht fürchteten, oder durch gegenseitige Mißgunst es nährten: gewann das Haus der Medici neues Ansehen. Der erste in demselben, der wieder zu Autorität gelangte, war Giovanni di Bicci. Da dieser sehr reich geworden und von Natur freundlich und gütig war, wurde er mit Bewilligung der Machthaber zum obersten Magistrat zugelassen (1421). Darüber zeigte die ganze Stadt eine solcher Freude, da es der Menge schien, sie habe in ihm einen Verteidiger gewonnen, daß die Verständigeren der herrschenden Partei mit Recht Verdacht schöpften, indem sie das Wiederaufleben der alten Zwistigkeiten voraussahen. Niccolò da Uzzano verfehlte nicht die andern Bürger zu warnen, indem er ihnen zeigte, wie gefährlich es sei, einen zu fördern, der beim Volke in solcher Gunst stehe; wie man Übeln leicht im Anfange entgegenwirken könne, es aber schwer sei, sie zu heilen, nachdem man sie habe um sich greifen lassen; wie es ihm klar sei, daß Giovanni in mancher Hinsicht weit über Messer Salvestro stehe. Jene aber hörten nicht auf Niccolò, weil sie sein Ansehn beneideten und sich nach Genossen umsahen, dieses zu schwächen.

Während diese Streitigkeiten wieder zu beginnen drohten, war Filippo Visconti, Gian Galeazzos zweiter Sohn, durch seines Bruders Tod Gebieter der gesamten Lombardei geworden und wünschte sehnlich, Herr von Genua zu werden, welches damals unter dem Dogen Tommaso da Campo-Fregoso selbständig war. Aber er erwartete weder in diesem noch in irgendeinem andern Unternehmen Glück, wenn er nicht vorher einen neuen Vertrag mit den Florentinern schlösse, von dessen Bekanntmachung er das Gelingen seiner Pläne hoffte. Deshalb sandte er Abgeordnete nach Florenz, einen solchen Vertrag zustande zu bringen. Viele Bürger waren dagegen, rieten indes, man sollte, ohne neuen Vertrag, in dem mehrere Jahre bestandenen guten Einvernehmen beharren: denn sie erkannten, daß dem Herzog ein Gefallen geschah, während die Republik wenig Nutzen davon hatte. Viele aber waren der Meinung, man sollte einen Bund mit ihm schließen und ihm dadurch Schranken setzen, durch deren künftige Übertretung seine böse Gesinnung sich kundgeben würde, auf daß man bei einem Friedensbruche einen um so gerechtern Krieg gegen ihn führen könnte. Nachdem so die Sache vielfach hin und her beraten worden, schloß man eine Übereinkunft, in welcher der Herzog versprach, mit den Angelegenheiten der diesseits der Magra und des Panaro[122] gelegenen Länder sich nicht befassen zu wollen.

Nachdem dieser Vertrag geschlossen worden, besetzte Filippo Brescia und bald darauf Genua (1422), der Meinung derer zuwider, welche in Florenz zum Abkommen mit ihm geraten und geglaubt hatten, Brescia werde von den Venezianern geschützt werden, Genua durch eigene Kraft. Und da der Herzog im Vertrage mit dem Dogen ihm Sarzana gelassen und andere Orte diesseit der Magra, unter der Bedingung, daß, wolle er sie verkaufen, dies nur an Genua geschehen könne, so waren die Bedingungen des Bundes mit Florenz schon verletzt. Überdies hatte er mit dem Legaten von Bologna ein Abkommen getroffen. Diese Dinge beunruhigten unsere Bürger und veranlaßten sie, auf neue Mittel gegen neue Übel zu sinnen. Als der Herzog von diesen Besorgnissen hörte, schickte er, entweder sich zu rechtfertigen, oder um die Gesinnung der Florentiner zu prüfen, oder aber um sie einzuschläfern, Abgesandte, indem er sich stellte, als wundere er sich über ihren Verdacht, wobei er Verzichtleistung auf alles, was dazu Veranlassung gegeben, anbieten ließ. Die einzige Folge davon war eine Entzweiung unter den Bürgern: denn eine Partei, und zwar die angesehenste, war der Meinung, es sei gut, sich zu rüsten und sich vorzubereiten, des Gegners Pläne zu kreuzen: wären die Vorkehrungen getroffen und bliebe Filippo ruhig, so wäre ja kein Krieg entstanden, der Friede aber befestigt. Viele andere, sei es aus Neid gegen die Gewalthaber, sei es aus Furcht vor Krieg, waren der Meinung, man dürfe so geringfügiger Ursachen wegen auf einen Verbündeten keinen Verdacht werfen: sein Benehmen rechtfertige so starke Besorgnisse nicht; die Zehn des Krieges ernennen und Truppen werben, heiße wohl Krieg, und wenn man mit einem so mächtigen Fürsten sich einlasse, führe man die Stadt an einen Abgrund, ohne irgendeinen Gewinn erwarten zu können. Etwaige Erwerbungen an Land könnten uns nichts nützen, indem wir sie der dazwischenliegenden Romagna wegen zu behaupten nicht imstande sein würden, und die Nachbarschaft des Kirchenstaates uns verbiete, auf die Romagna unser Augenmerk zu richten. Dennoch setzten jene, welche sich für den Fall eines Krieges rüsten wollten, ihre Ansicht durch, und die andern unterlagen, so daß man den Magistrat der Zehn ernannte, Truppen warb und neue Steuern auflegte. Diese Abgaben, die mehr auf den geringeren als den vornehmeren Bürgern lasteten, erregten viel Unzufriedenheit, und jeder verdammte den Ehrgeiz und die Habsucht der Mächtigen, indem man sie beschuldigte, sie stürzten den

Staat in einen unnötigen Krieg, um ihre eigenen Zwecke zu verfolgen und das Volk durch Druck zu beherrschen.

Noch war man mit dem Herzog zu keinem offenbaren Bruch gekommen, aber der Verdacht war immer stärker geworden (1423). Denn auf Ersuchen des Legaten von Bologna, welcher sich vor dem als Verbannter in Kastell Bolognese verweilenden Messer Antonio Bentivogli fürchtete, hatte der Herzog nach jener Stadt Truppen gesandt, welche, den Grenzen des florentiner Gebietes so nahe, Besorgnis einflößten. Was aber am meisten Furcht erregte und zum Ausbruch der Feindseligkeiten gewichtigen Anlaß gab, war des Herzogs Unternehmung gegen Forli. Herr dieser Stadt war Giorgio Ordelassi; als dieser starb, ließ er seinen Sohn Tibaldeo unter Gilippos Vormundschaft zurück. Und obschon die Mutter, welche dem Vormund nicht traute, ihn zu ihrem Vater Lodovico Alidosi, dem Herrn von Imola, sandte, so wurde sie doch vom Volke von Forli genötigt, das Testament zu befolgen und ihn in die Hände des Herzogs zu geben. Um nun den Verdacht zu schwächen und seine Absicht besser zu verbergen, verordnete der Herzog, daß der Markgraf von Ferrara den Guido Torello als seinen Bevollmächtigten sandte, die Regierung von Forlì in seine Hand zu nehmen. So gelangte diese Stadt in Filippos Gewalt. Als man diese Nachricht zugleich mit jener von der Ankunft der mailändischen Söldner in Florenz erhielt, bewirkte sie einen rascheren Entschluß zum Kriege, obgleich viele dagegen waren und Giovanni de' Medici öffentlich abriet, indem er zeigte, wie sehr man auch von der feindseligen Gesinnung des Herzogs überzeugt sein möchte, so sei es doch besser, seinen Angriff abzuwarten, als ihm mit gewaffneter Hand entgegenzutreten. Denn im letzteren Falle würde, angesichts der Fürsten Italiens, der Krieg auf seiten des Herzogs ebenso gerechtfertigt erscheinen wie

GIOVANNI DI PIERFRANCESCO DE' MEDICI

auf der unsern. Man könnte nicht einmal offen jenen Beistand in Anspruch nehmen, welchen man begehren dürfte, nachdem sein Ehrgeiz sich kundgegeben: mit anderm Mut und andern Kräften würden endlich die eigenen Interessen verteidigt werden, als fremde. Die andern hielten entgegen, es sei besser, den Feind in seinem Hause aufzusuchen, als im eigenen ihn zu erwarten; das Glück sei beim Angriff günstiger als bei der Verteidigung; wenn auch nicht mit geringeren Kosten, doch mit geringerem Schaden führe man auf fremdem Gebiete Krieg als auf dem eigenen. Kurz, die letztere Ansicht trug den Sieg davon, und man beschloß, der Magistrat der Zehn sollte alle möglichen Mittel anwenden, dem Herzog die Stadt Forlì zu entreißen.

Als Filippo sah, daß die Florentiner seinen Plänen auf die Romagna sich in den Weg stellen wollten, ließ er alle Rücksicht fallen und sandte Agnolo della Pergola mit einem starken Haufen nach Imola, damit der Herr dieser Stadt, auf die Verteidigung seines eigenen Besitztums hingewiesen, mit der Vormundschaft seines Enkels sich nicht befassen möchte (1424). Da nun Agnolo in der Nähe von Imola angelangt war, während die florentinischen Truppen noch in Modigliana[123] standen, nahm er nachts, da der großen Kälte wegen die Gräben gefroren waren, durch Überraschung die Stadt und sandte Lodovico Alidosi gefangen nach Mailand. Als die Florentiner Imola verloren und den Krieg begonnen sahen, sandten sie Truppen gegen Forlì; die Stadt wurde von allen Seiten eingeschlossen und berannt. Damit nun die herzoglichen Kriegsvölker nicht vereint zum Entsatz heranrücken könnten, hatten jene den Grafen Alberigo in Sold genommen, welcher von seinem Orte Zagonara[124] aus täglich bis zu den Toren Imolas streifte. Als Agnolo della Pergola sah, daß er der starken Stellung wegen, die unsere Truppen eingenommen, Forlì nicht mit Gewißheit zu Hilfe kommen konnte, beschloß er, Zagonara wegzunehmen, indem er urteilte, die Florentiner würden diesen Ort nicht verlieren wollen: wollten sie ihn aber verteidigen, so müßten sie ihre Stellung vor Forlì aufgeben und den Kampf unter ungünstigen Umständen beginnen. So nötigte er die Truppen Alberigos zu kapitulieren, und sie versprachen das Kastell zu übergeben, wenn sie innerhalb vierzehn Tagen keinen Beistand von den Florentinern erhielten. Als man im florentinischen Lager und in der Stadt Nachricht davon erhielt und keiner dem Feinde diesen Sieg gönnen wollte, verschafften sie ihm einen viel wichtigeren. Denn da die Belagerungsarmee vor Forlì aufbrach, um Zagonara Hilfe zu leisten, wurden unsere Truppen, als sie auf den Feind stießen, nicht sowohl durch dessen Tapferkeit geschlagen, sondern durch die Ungunst des Wetters. Nachdem die unsern nämlich mehrere Stunden lang in tiefem Kote und unter Regen dahingezogen waren, fanden sie frische Gegner, von denen sie mit Leichtigkeit überwunden wurden. Bei dieser durch ganz Italien berühmt gewordenen Niederlage kam nichtsdestoweniger keiner um als Lodovico degli Obizi und zwei der Seinen, welche, vom Pferde stürzend, im Moraste erstickten.

Ganz Florenz war über die Nachricht von diesem Unglück traurig, am meisten aber die vornehmen Bürger, welche zum Kriege geraten. Denn sie sahen den Feind kräftig, sich selbst entwaffnet und freundlos, und das Volk aufgebracht. Die Menge beschuldigte sie auf öffentlicher Straße, klagte über die ihr auferlegten Lasten, über den ohne Grund begonnenen Krieg. «Haben sie nun», hieß es, «den Magistrat der Zehn ernannt, um den Feinden Furcht einzujagen? Haben sie Forlì geholfen und es dem Herzog entrissen? Seht, wie ihre Ratschläge zutage liegen und das Ziel, nach dem sie strebten – nicht die Freiheit zu verteidigen, der sie gram sind, sondern die eigene Macht zu verstärken, welche Gott gerechterweise geschwächt hat. Nicht durch diese Unternehmung allein, sondern durch manche andere haben sie der Stadt Lasten aufgebürdet, denn ähnlicher Art war der Krieg gegen König Ladislaus. An wen werden sie um Beistand sich wenden? An Papst Martin, den sie um Braccios da Montone[125] willen beleidigt? An die Königin Johanna, die von ihnen im Stich gelassen, genötigt war, sich dem König von Aragon in die Arme zu werfen?» Überdies brachte das Volk noch alles andere vor, was einer erzürnten Menge einzufallen pflegt. Die Signoren hielten es darum für passend, eine Zahl Bürger zu versammeln, welche die böse Stimmung durch gute Worte beschwichtigen sollten. Messer Rinaldo degli Albizzi, der älteste Sohn Messer Masos, welcher durch eignes Talent und durch den vom Vater ererbten Namen den vornehmsten Rang in der Stadt zu erlangen hoffte, sprach dabei lange, indem er zeigte, es sei unklug, die Dinge nach den Wirkungen zu beurteilen, da gutberatene Unternehmungen häufig unglücklichen Ausgang haben, schlecht beratene dagegen oft glücklich enden. Lobe man schlimmen Rat um des guten Erfolges willen, so bestärke man dadurch die Menschen nur im Irrtum, zum großen Nachteil des Gemeinwesens, indem schlimmer Rat nicht immer glücklich sei. Gleicherweise tue man Unrecht indem man einen weisen Entschluß tadle, weil er keinen guten Erfolg habe: denn dadurch schrecke man die Bürger davon ab, der Stadt mit Rat beizustehn und zu sagen, was sie denken. Hierauf erläuterte er, wie notwendig dieser Krieg gewesen sei: wäre er nicht in der Romagna begonnen worden, so würde er in Toscana ausgebrochen sein. Da Gott nun einmal zugelassen, daß ihre Truppen geschlagen

NICCOLÒ PICCININO

worden, so würde der Verlust um so größer sein, je mehr man sich dadurch in Furcht setzen lasse: zeige man aber dem Geschick die Stirn und treffe man die erforderlichen Vorkehrungen, so würden weder sie den Verlust empfinden, noch der Herzog des Sieges sich erfreuen. Die Kosten und künftigen Auflagen dürften sie nicht schrecken: denn diese zu ändern sei verständig, während erstere im Vergleich mit früher sich sehr verringern würden. Geringerer Vorkehrungen bedürfe nämlich der, welcher sich verteidigen wolle, als der Angreifende. Endlich ermahnte er sie, ihrer Väter Beispiel nachzuahmen, welche immer gegen jeglichen Fürsten sich verteidigt, indem sie nie im Unglück den Mut sinken ließen. Durch sein Zureden wieder ermutigt, warben die Bürger nun den Grafen Oddo, Braccios da Montone Sohn, und gaben ihm den Niccolò Piccinino bei, Braccios Schüler und den berühmtesten von allen, die unter dessen Fahnen gefochten. Diesen fügten sie noch andere Condottieri hinzu und machten einige derjenigen, die ihre Pferde verloren, von neuem beritten. Hierauf ernannten sie zur Bestimmung der neuen Steuern zwanzig Bürger, die dadurch ermutigt, daß sie die mächtigen Bürger durch die erlittene Niederlage entmutigt sahen, sie ohne irgendeine Rücksicht gleich allen andern besteuerten.

Damit waren die Vornehmen sehr unzufrieden (1426). Um des äußern Anstandes willen beschwerten sie sich anfangs nicht über die von ihnen eingeforderten Abgaben, sondern tadelten diese im allgemeinen als unrecht und rieten, sie herabzusetzen. Da dies vielen bekannt ward, hinderte man sie in den Ratsversammlungen, ihren Willen durchzusetzen. Um nun die Härte der Maßregel durch die Ausführung empfinden zu machen und den Haß der Menge dawider zu erregen, bewirkten sie, daß die Steuereinnehmer beim Sammeln mit großer Strenge verfuhren, indem sie ihnen über das Leben jedes Widerspenstigen Macht erteilten. Daraus entstand viel Unheil durch Tod und Körperverletzung. So hatte es den Anschein, als würden die Parteien zu offnem Kampfe kommen, und jeder Verständige war eines herannahenden Unglücks gewärtig, indem die Vornehmen, an Achtung gewohnt, nicht ertrugen, daß Hand an sie gelegt ward, und die andern gleichmäßige Verteilung der Lasten verlangten. Viele der ersteren aber berieten miteinander und kamen zu dem Beschlusse, daß es nötig sei, die Regierung wieder in ihre Hand zu nehmen, weil ihre geringe Achtsamkeit das Volk ermutigt habe, mit den öffentlichen Angelegenheiten sich zu befassen und die ehemaligen Häupter der Menge wieder kühner geworden seien. Nachdem sie diese Dinge nun zu verschiedenen Malen beredet, beschlossen sie, einmal sämtlich zusammenzukommen. In der Kirche Santo Stefano fanden sich mehr denn siebzig Bürger ein, mit Erlaubnis von Messer Lorenzo Ridolfi und Francesco Gianfigliazzi, die unter den Signoren saßen. Giovanni de' Medici aber war nicht unter ihnen, sei es, daß sie ihn nicht geladen, oder daß er nicht kommen wollte, weil er anderer Meinung war.

Messer Rinaldo degli Albizzi sprach zu allen. Er stellte ihnen den Zustand der Stadt dar, und wie durch ihre Unachtsamkeit die Macht des gemeinen Volkes sich wieder gehoben, nachdem im Jahre 1381 ihre Väter diese Macht gebrochen. Er erinnerte an die Gesetzlosigkeit, die von 1378 bis 1381 geherrscht, wie alle jetzt Gegenwärtigen damals einer den Vater, der andere den Großvater verloren, und wie jetzt dieselben Gefahren drohten und die Stadt derselben Verwirrung entgegengehe. Schon habe die Menge nach ihrem Gutdünken eine Steuer aufgelegt: würde sie nicht durch überwiegende Gewalt zurückgehalten oder durch bessere Ordnung, so würde sie bald auch nach ihrem Willen die Magistrate ernennen. Träfe dies ein, so würde sie die Stelle der bessern Bürger einnehmen und die Regierung stürzen, welche zweiundvierzig Jahre lang zum großen Ruhme der Stadt gewährt: Florenz würde dann ohne Prinzip entweder nach dem Gutdünken der Menge regiert werden, wo auf der einen Seite Willkür herrsche, Gefahr auf der andern; oder durch die überragende Macht eines einzelnen, der sich zum Fürsten aufwerfen würde. Unterdessen müsse jeder, dem das Vaterland und die eigene Ehre lieb seien, in sich gehen und der Tugend Bardo Mancinis gedenken, welcher durch den Sturz der Alberti das Vaterland der Gefahr entriß, von der es damals bedroht war. Der Grund der Frechheit der Menge liege in der zu großen Ausdehnung der Wahlen zu den Ämtern: daher komme es, daß der Palast mit Leuten von gestern und von niederm Stande gefüllt sei. Er schloß damit, das einzige ihm bekannte Mittel, dem Übel abzuhelfen, bestehe darin, daß man den Großen[126] die Gewalt wiedergebe und den kleinen Zünften ihre Macht nehme, indem man ihre Zahl von vierzehn auf sieben herabsetzte. Das gemeine Volk würde solcherweise in den Ratsversammlungen geringeren Einfluß haben, sowohl durch Verminderung seiner Zahl als auch durch Zunahme der Autorität der Großen, die der alten Feindschaft wegen ihm entgegen sein würden. Er deutete zugleich darauf hin, wie die Klugheit es verlange, sich der Menschen den Zeitläuften entsprechend zu bedienen. Wenn ihre Väter das niedere Volk gebrauchten, um den Übermut des alten Adels zu brechen, so müsse jetzt, wo der Adel demütig, das Volk frech geworden, des letzteren Übermut mit jenes Hilfe unterdrückt werden. Diesen Zweck zu erreichen, könne man List oder Gewalt brauchen: dies sei leicht, da einige von ihnen zum Magistrat der Zehn gehörten und heimlich Bewaffnete in die Stadt lassen könnten.

Jeder lobte Messer Rinaldo und hieß seinen Rat gut, und Niccolò da Uzzano unter andern sagte, alles, was Messer Rinaldo vorgebracht, sei wahr und seine Mittel gut und sicher, falls man sie anwenden könne, ohne einen offenbaren Zwiespalt in der Stadt zu veranlassen. Letzteres könnte erreicht werden, wenn man Giovanni de' Medici gewinne. Denn stimme dieser ein, so könne die ihres Hauptes wie ihrer Kräfte beraubte Menge nicht schaden; sei er aber entgegen, so könne man nicht ohne Waffen zum Ziel gelangen. Die Waffen zu gebrauchen sei aber gefährlich: entweder unterliege man, oder man könne den Sieg nicht benutzen. Bescheidentlich rief er ihnen seine früheren Ermahnungen ins Gedächtnis zurück: wie sie dieser Schwierigkeit nicht abhelfen gewollt, zur Zeit als es nur leichte Mühe gekostet haben würde: wie es jetzt aber nicht geschehen könne, ohne Furcht vor größerem Unheil. Das einzige Mittel sei, den Medici zu gewinnen. So wurde denn Messer Rinaldo der Auftrag erteilt, zu diesem zu gehn und zu versuchen, ihn zu ihrer Partei herüberzuziehen.

Messer Rinaldo tat, wie ihm aufgetragen worden, und bot alle seine Gründe und die besten Worte auf, ihn zu veranlassen, ihrem Plane seine Zustimmung zu geben, statt, durch Begünstigung der Menge, diese zum Nachteil des Staates und der Stadt aufzuregen. Giovanni antwortete darauf: er halte es für Pflicht eines weisen und guten Bürgers, die bestehende Ordnung in seiner Vaterstadt nicht umzustoßen, da nichts die Gemüter so sehr erbittere als deren Veränderung: denn in solchen Fällen müsse man viele verletzen, und wo es viele Unzufriedene gebe, müsse man täglich schlimme Vorfälle besorgen. Ihr Entschluß scheine ihm zwei sehr gefährliche Seiten zu haben: er verleihe die Ehrenämter denen, die, weil sie nie daran teilgenommen, sie minder schätzen und weniger Grund haben, über deren Vorenthaltung sich zu beschweren; sodann aber nehme er sie solchen, welche, da sie einmal in deren Besitze gewesen, nimmer rasten würden, bis sie dieselben wiedererlangt hätten. So würde der den einen zugefügte Schaden größer sein als der den andern daraus erwachsende Vorteil. Der Urheber würde sich also wenige Freunde erwerben und sehr viele Feinde; letztere würden ihn mit größerem Eifer angreifen, als jene ihn verteidigen. Denn die Menschen wären mehr darauf bedacht, Unbilden zu rächen, als für Wohltaten sich dankbar zu bezeigen, indem sie glauben, durch Dankbarkeit könnten sie verlieren, während Rache ihnen Nutzen und Vergnügen bringe. Hierauf zu Messer Rinaldo im besondern sich wendend, fuhr er fort: Ihr aber, wenn ihr der Vergangenheit gedächtet und wieviel Trug in dieser Stadt geübt wird, würdet einen solchen Entschluß nicht mit so großer Wärme fassen. Denn wer euch dazu rät, würde, nachdem er mit Hilfe eurer Autorität das Volk seiner Macht beraubt, euch diese Macht dann wieder mit Hilfe des um solcher Unbill willen feindlich gestimmten Volkes nehmen. Es würde euch ergehn wie Messer Benedetto Alberti, welcher auf hinterlistige Vorstellungen in den Sturz Giorgio Scalis und Tommaso Strozzis einwilligte und bald darauf von den nämlichen, die ihn dazu beredet, ins Exil gesandt ward. Endlich ermahnte er ihn, die Sache reiflicher zu überlegen und das Beispiel seines Vaters nachzuahmen, welcher, um das öffentliche Wohlwollen zu gewinnen, den Preis des Salzes verminderte; welcher verordnete, daß, wer unter einem halben Gulden Abgabe zu zahlen habe, nach Gutdünken zahlen könne oder nicht, und wollte, daß am Tage des Zusammentretens der Ratsversammlungen jeder vor seinen

Gläubigern sicher wäre. Dann schloß er seine Rede mit der Bemerkung, daß, soviel an ihm liege, er der Meinung sei, man solle die Stadt in ihren gegenwärtigen Verhältnissen lassen.

Diese Verhandlungen blieben der Stadt nicht verborgen, mehrten Giovannis Ruf, aber auch den Haß gegen die übrigen Bürger. Um denen, welche diese Volksgunst zum Umsturz des Bestehenden benutzen wollten, den Mut zu benehmen, ließ der Medici in seinen Reden jedem deutlich werden, wie er keine Parteiungen nähren, sondern sie unterdrücken und, so viel an ihm liege, die Einigkeit der Stadt herstellen wolle. Viele seiner Anhänger waren damit unzufrieden, weil sie eine entschiedenere Stellung wünschten. Unter diesen war Alamanno de' Medici, welcher, von Natur heftig, nicht abließ, Giovannis Kälte und Bedächtigkeit zu verdammen und ihn zu reizen, daß er seine Gegner verfolgen, seinen Freunden zu Willen sein möchte. Er sagte, sein Benehmen trage die Schuld, daß seine Feinde ohne Scheu gegen ihn verführen, was einst den Ruin seines Hauses und seiner Freunde herbeiführen würde. Cosimo, Giovannis Sohn, wurde auch von Alamanno im gleichen Sinne bearbeitet: Giovanni aber, was ihm auch immer enthüllt oder vorhergesagt werde mochte, blieb bei seinem Vorsatze. Die ganze Sache war indes einmal offenbar geworden und die Stadt in völligem Zwiespalt. Im Palast waren zum Dienst der Signoren zwei Kanzler, Ser Martino und Ser Paolo. Dieser war der Partei Uzzanos hold, jener der Mediceischen. Da nun Messer Rinaldo sah, daß Giovanni ihnen nicht beipflichten wollte, dachte er den Ser Martino seines Amtes zu entsetzen, um den Palast immer mehr zugunsten seiner Partei zu stimmen. Weil aber die andern dies vorhersahen, wurde nicht nur Ser Martino geschützt, sondern Ser Paolo zum Nachteil und Verdruß seiner Partei entfernt.

Dies hätte sogleich schlimme Folgen gehabt, wären nicht gerade damals durch den Krieg, der mit der Niederlage von Zagonara eine schlimme Wendung nahm, die Gemüter beschäftigt gewesen. Denn während alles dies in Florenz vorging, hatte Agnolo della Pergola mit den Truppen des Herzogs alle Besitzungen der Florentiner in der Romagna besetzt, Castrocaro[127] und Modigliana ausgenommen, teils wegen geringer Stärke der Orte, teils wegen Schuld derer, die sie zu verteidigen hatten. Bei der Besetzung jener Ortschaften ereigneten sich zwei Vorfälle, welche zeigten, wie sehr Tapferkeit auch vom Feinde geachtet, Feigheit und Bosheit aber gering geschätzt wird.

Kastellan der Burg von Monte Petroso[128] war Biagio del Melano. Von den Feinden umringt, ohne Aussicht, die Feste zu retten, warf dieser nach jener Seite, die noch nicht brannte, Stroh und Kleidungsstücke hinab und darauf seine beiden kleinen Söhne, indem er den Feinden zurief: Nehmt die Güter, welche das Glück mir verliehen hat, und welche ihr mir rauben könnt: die geistigen Güter aber, worin mein Ruhm und meine Ehre bestehn, werde ich euch nicht geben, könnt ihr mir nicht nehmen. Die Feinde liefen hinzu, die Kinder zu retten, und boten ihm Stricke und Leitern dar, um sich herabzulassen: er aber verschmähte sie und wollte eher in den Flammen umkommen, als sein Leben durch die Feinde seines Vaterlandes gerettet sehen. Ein Beispiel, des gerühmten Altertums würdig, und seiner Seltenheit wegen zwiefach der Bewunderung wert. Den Kindern wurde alles zugestellt, was man retten konnte: sie wurden mit großer Sorgfalt den Verwandten zugesandt, und die Republik bewies ihnen nicht mindere Gnade, indem sie ihnen, solange sie lebten, Unterstützung gewährte. Das Gegenteil davon ereignete sich in Galatea[129], wo Zanobi dal Pino

Podestà war, welcher, ohne sich zu verteidigen, die Burg übergab und den Agnolo della Pergola überdies aufforderte, die Berge der Romagna zu verlassen und ins toscanische Hügelland zu ziehn, wo er mit geringerer Gefahr und größerem Gewinn würde Krieg führen können. Agnolo verabscheute dieses Mannes feige und boshafte Gesinnung und überantwortete ihn seinen Knechten, welche, nachdem sie vielerlei Spott mit ihm getrieben, ihm nur Papier, worauf Nattern gemalt[130], zum Essen anboten, indem sie sagten, sie wollten ihn, den Guelfen, auf solche Weise zum Gibellinen machen. So starb er nach wenigen Tagen vor Hunger.

Unterdessen war der Graf Oddo mit Niccolò Piccinino in das Lamonetal[131] gezogen (1425), um den Herrn von Faenza für Florenz zu gewinnen oder wenigstens Agnolo della Pergola an seinem Umherziehen durch die Romagna zu hindern. Da aber jenes Tal stark befestigt ist und die Einwohner in den Waffen geübt sind, so verlor Graf Oddo das Leben und Niccolò Piccinino wurde als Gefangener nach Faenza gebracht. Das Glück aber wollte, daß die Florentiner, besiegt, das erlangten, was sie als Sieger vielleicht nicht erreicht haben würden: denn Niccolò tat soviel in Faenza, daß der Herr der Stadt und dessen Mutter den Florentinern freund wurden. Durch den dabei abgeschlossenen Vertrag erlangte Niccolò Piccinino seine Freiheit wieder, befolgte aber nicht selber den Rat, den er andern gegeben hatte. Denn als er mit der Stadt über Erneuerung seines Soldverhältnisses unterhandelte, verließ er, sei es, daß die Bedingungen ihm nicht günstig schienen, sei es, daß ihm anderwärts vorteilhaftere geboten wurden, beinahe plötzlich Arezzo, wo er stand, und begab sich nach der Lombardei, wo er bei dem Herzoge Dienste nahm.

Durch diesen Vorfall ängstlich geworden und durch die

wiederholten Niederlagen geschreckt, fürchteten die Florentiner, sie könnten diesen Krieg nicht allein bestehn und sandten Abgeordnete zu den Venezianern, indem sie diesen vorstellten, sie möchten jetzt, wo es ihnen noch leicht sei, der Größe eines Mannes, welcher, wenn sie ihn gewähren ließen, ihnen gleich gefährlich werden würde wie den Florentinern, einen Damm entgegenstellen. Dazu riet ihnen auch Francesco Carmagnola[132], einer der berühmtesten Kriegsleute jener Zeit, der früher in Diensten des Herzogs gestanden, dann aber von ihm abgefallen war. Die Venezianer waren ungewiß, da sie nicht wußten, wie weit sie dem Carmagnola trauen durften, dessen Feindschaft gegen den Herzog sie für eine bloße Vorspiegelung hielten. Während sie noch zauderten, geschah es, daß der Herzog dem Carmagnola durch einen Diener Gift geben ließ, welches zwar nicht stark genug war, ihn zu töten, ihn aber dem Tode nahe brachte. Nachdem der Grund des Übels entdeckt worden, ließen die Venezianer ihren Verdacht fahren, und da die Florentiner in ihren Aufforderungen fortfuhren, schlossen sie mit diesen einen Bund, wobei beide Teile sich verpflichteten, auf gemeinsame Kosten Krieg zu führen: die Erwerbungen in der Lombardei sollten Venedig gehören, die in Toscana und der Romagna Florenz. Carmagnola wurde oberster Anführer der Bundestruppen. In Gemäßheit dieser Übereinkunft wurde nun die Lombardei Schauplatz des Krieges, wo Carmagnola sich sehr tapfer hielt, so daß er innerhalb weniger Monate (1426) dem Herzog mehrere Orte zusamt der Stadt Brescia nahm, deren Eroberung in jener Zeit und beim damaligen Stande der Kriegskunst allgemeines Staunen erregte.

Dieser Krieg hatte von 1422 bis 1427 gewährt. Der bisherigen Abgaben müde, kamen die Florentiner überein, eine neue Anordnung zu treffen. In der Absicht, die

Abgaben in ein richtiges Verhältnis zu den Vermögensumständen zu bringen, wurde verordnet, daß der Besitz damit belastet werden, und wer für hundert Gulden Eigentum habe, einen halben Gulden zahlen sollte. Da nun die Verteilung Sache des Gesetzes, nicht der Menschen war, so kam auf die Schultern der mächtigen Bürger eine schwere Last. Auch waren sie dem Gesetze schon abhold, ehe es beraten wurde. Nur Giovanni de' Medici pries es offen, so daß es durchgesetzt ward. Und weil bei der Verteilung die Güter eines jeden summiert wurden, was die Florentiner *accatastare* nennen, so hieß man diese Vermögenssteuer Catasto. Dies Verfahren legte zum Teil dem tyrannischen Walten der Mächtigen Zügel an, weil sie nicht wie früher die Geringeren bedrükken und dann durch ihre Drohungen in den Ratsversammlungen zum Schweigen bringen konnten. So war diese Auflage nach dem Sinn der Menge, während die Mächtigen sich ihr sehr ungerne fügten. Wie es aber geschieht, daß die Menschen nimmer zufriedenzustellen sind, und, sobald sie eine Sache erlangt, eine andere begehren: so verlangte das Volk, nicht sich begnügend mit der durch das Gesetz bewirkten Gleichheit der Steuer, man solle die früheren Jahre durchgehn um zu sehn, was die Vornehmen, nach dem Verhältnis des Katasters, damals weniger gezahlt; es verlangte sodann, daß diese nach dem Maßstabe solcher zahlen sollten, welche, mit ungesetzlich hoher Steuer belastet, ihre Besitzungen zu veräußern sich genötigt gesehn hatten. Mehr noch als der Kataster setzte dies Begehren die Vornehmen in Angst: um sich also dagegen zu schützen, hörten sie nicht auf, gegen den Kataster selbst zu reden, indem sie behaupteten, er sei durchaus ungerecht, weil dabei auch die beweglichen Güter in Betracht gezogen seien, die man heute besitze, morgen verliere. Überdies gebe es viele

Leute, die verborgen Geld besitzen, welches beim Veranschlagen nicht aufgefunden werden könne. Noch fügten sie hinzu: solche, welche der Leitung der öffentlichen Angelegenheiten wegen ihre eigenen Interessen aus den Augen lassen, müßten eine geringere Last tragen, indem ihre persönlichen Leistungen hinreichten; es sei nicht gerecht, daß die Stadt von ihrem Eigentume und ihrer Arbeit zugleich Nutzen ziehe, während die andern nur Geld zu zahlen brauchten. Die, welche dem Kataster günstig waren, erwiderten darauf: Wenn die beweglichen Güter sich veränderten, so könne auch die Steuer sich nach ihnen richten, und durch häufiges Wechseln könne man einem solchen Übelstande abhelfen. Auf die, welche Geld verborgen halten, brauche man nicht zu achten: denn vom Gelde, das keinen Ertrag gebe, könne man billigerweise keine Abgaben einziehn; sollte aber das Geld Ertrag leisten, so müsse es auch zum Vorschein kommen. Sei es ihnen nicht genehm, ihre Zeit dem Staate zu widmen, so möchten sie's bleibenlassen und sich nicht bemühen: es würden sich jederzeit wohlgesinnte Bürger finden, denen es nicht schwer fiele, der Heimat mit Geld und Rat Hilfe zu leisten. Die Ehre und Vorteile, welche die Verwaltung verleihe, seien überdies so groß, daß sie damit sich begnügen müßten, statt ihren Anteil am Tragen der öffentlichen Lasten zu verweigern. Das Gebrechen aber liege da, wo sie's nicht bekennen wollten: es mißfalle ihnen, daß sie nicht ferner ohne persönlichen Nachteil Krieg führen könnten, da sie gleich den andern für die Kosten zu stehen hätten: wäre dies Mittel früher bekannt gewesen, so würde der Krieg gegen König Ladislaus, wie der gegen den Herzog von Mailand unterblieben sein, beide zum Vorteil einzelner, nicht aus Bedürfnis unternommen. Giovanni de' Medici beschwichtigte diese Aufregung, indem er zeigte, daß es nichts fromme, der Vergangenheit nachzuspüren, und man wohltue, sein Augenmerk auf die Zukunft zu richten; wären die Auflagen in früheren Jahren ungerecht verteilt gewesen, so müsse man Gott dafür danken, daß man ein Mittel gefunden, diesem abzuhelfen. Dies müsse die Stadt zur Eintracht bewegen, nicht aber sie in Zwietracht stürzen, wie die Untersuchung der ehemaligen Steuern und ihre Gleichstellung mit den jetzigen tun würde. Wer mit einem halben Siege sich begnüge, sei immer der Klügste: wer den Sieg zu weit verfolgen wolle, verliere oft. Mit solchen Worten beruhigte er die erregten Gemüter, und von Gleichstellung war ferner nicht die Rede.

Der Krieg mit dem Herzog währte unterdessen fort. Zwar wurde mit Hilfe eines päpstlichen Legaten zu Ferrara Friede geschlossen, aber gleich zu Anfang hielt der Herzog sich nicht an die Bedingungen, so daß die Verbündeten von neuem zu den Waffen griffen. Bei Maclovio[133] stießen sie mit den mailändischen Truppen zusammen und schlugen sie. Nach dieser Niederlage brachte der Herzog neue Friedensanerbietungen vor, worauf die Venezianer und Florentiner eingingen, letztere, weil sie gegen die erstern Verdacht hegten, indem es ihnen schien, sie gäben ihr Geld aus, um andere mächtig zu machen; jene, weil sie nach dieser Niederlage ihren Feldhauptmann Carmagnola zaudernd zu Werke gehen sahn, so daß sie ihm nicht mehr trauen zu können glaubten. So wurde denn im Jahre 1428[134] der Friede geschlossen, durch welchen die Florentiner die verlornen Orte in der Romagna wiedererlangten, den Venezianern Brescia blieb, wozu der Herzog ihnen noch Bergamo und das dazugehörige Gebiet abtreten mußte. Dieser Krieg kostete Florenz drei Millionen fünfzigtausend Dukaten: Venedig gewann dabei Land und Macht, Florenz erwarb nur

Armut und Zwietracht. Nachdem äußerer Friede erlangt war, entbrannte von neuem häusliche Fehdc. Da die Vornehmen die Vermögenssteuer nicht ertragen konnten und doch kein Mittel sahn, sich ihr zu entziehn: so suchten sie derselben immer mehr Feinde zu machen, um bei ihren Angriffen mehr Genossen zu haben. Darum machten sie die mit der Ausführung des Gesetzes beauftragten Beamten darauf aufmerksam, daß auch die Güter im Gebiet der Republik geschätzt werden müßten, um zu sehn, ob Besitzungen von Florentinern sich darunter befänden. Infolgedessen wurden sämtliche Untertanen aufgefordert, innerhalb einer bestimmten Zeit die Verzeichnisse ihres Eigentums einzureichen. Darüber beschwerten die Volterraner sich bei der Signorie, so daß die erzürnten Beamten achtzehn von ihnen einsperren ließen. Dies erregte heftigen Unwillen bei den Volterranern, indes blieben sie ruhig aus Rücksicht für ihre gefangenen Mitbürger.

In dieser Zeit erkrankte Giovanni de' Medici, und da er die tödliche Natur seines Übels erkannte, berief er seine Söhne Cosimo und Lorenzo und sagte zu ihnen: «Ich glaube, die Zeit, welche Gott mir bei meiner Geburt bestimmte, ist abgelaufen. Ich sterbe zufrieden, denn ich lasse euch reich, gesund und angesehn, so daß ihr, wenn ihr in meine Fußtapfen tretet, in Florenz geehrt und von jedem gerne gesehen leben könnt. Denn nichts beruhigt mich so sehr bei meinem Tode, als der Gedanke, daß ich nie irgend jemand beleidigt, im Gegenteil, so viel an mir lag, jedem Wohltaten erzeigt habe. Euch ermahne ich, ein gleiches zu tun. Wollt ihr in Sicherheit leben, so nehmet an der Regierung so vielen Anteil, als Gesetze und Menschen euch zugestehen: auf solche Weise werdet ihr dem Neide wie den Gefahren entgehn. Denn was der Mensch sich nimmt, erregt Haß, nicht was ihm gegeben wird: immer werdet ihr solche sehn, welche das Ihrige einbüßen, weil sie nach fremdem Gut begehren, und die, bevor sie verlieren, in anhaltender Beängstigung leben. Durch solche Kunst habe ich unter so vielen Gegnern, inmitten solcher Mißhelligkeiten mein Ansehn in dieser Stadt nicht bloß bewahrt, sondern gemehrt. So werdet ihr tun, folgt ihr meinem Beispiele: handelt ihr anders, so bedenkt, daß der Erfolg nicht glücklicher sein wird, als er bei denen war, die zu meiner Zeit sich selbst zugrunde gerichtet haben und ihre Familien.»

Bald darauf starb er (1429), zu großem Leidwesen der Stadt, wie er durch seine vortrefflichen Eigenschaften es verdiente. Giovanni de' Medici war mildtätig: nicht denen nur gab er Almosen, die ihn darum angingen, sondern oft half er ungefragt der Not der Armen ab. Er liebte jeden, pries die Guten, bedauerte die Schlechten. Nie strebte er nach Ehren und erlangte sie alle. Nie betrat er den Palast, wenn er nicht gerufen ward. Er liebte den Frieden und scheute sich vor dem Kriege. Beim Unglück anderer unterstützte er, beim Glücke half er mit. Bereicherung auf öffentliche Kosten haßte er, während er zum allgemeinen Besten beitrug. In seinen Ämtern zeigte er sich wohlwollend: er war nicht beredt, aber von vollendeter Klugheit. Sein Aussehn ließ auf trübe Gemütsart schließen, in der Unterredung aber war er heiter und spaßhaft. Bei seinem Tode war er reich an Gut, reicher aber noch an gutem Ruf und Liebe der Menschen. Seine Erbschaft, die der Glücksgüter nicht bloß, sondern auch die der Geistesgaben, wurde von seinem Sohne Cosimo nicht nur in gutem Stand erhalten, sondern gemehrt.

Die Volterraner waren ihrer Gefangenschaft müde, und um ihre Freiheit wiederzuerlangen, versprachen sie, den ihnen gewordenen Befehlen sich zu fügen. Als sie nun in

Freiheit gesetzt und nach Volterra zurückgekehrt waren, kam die Zeit, wo ihre neuen Prioren das Amt antraten. Unter ihnen befand sich einer namens Giusto[135], ein Mann von niederer Herkunft, der aber beim gemeinen Volke in Ansehn stand und einer derer war, die in Florenz eingekerkert gewesen waren. Dieser, der öffentlichen Schmach, wie der ihm persönlich zugefügten wegen gegen die Florentiner erzürnt, wurde noch von Giovanni di (Contugi) aufgehetzt, einem vornehmen Manne, der mit ihm im Magistrate saß und ihn ermunterte, mittels des Ansehns der Prioren und der Gunst, die er genoß, das Volk aufzuwiegeln, den Florentinern die Obergewalt zu entreißen und sich selber zum Herrn aufzuwerfen. Auf diesen Rat griff Giusto zu den Waffen, zog durch die Stadt, nahm den durch die Florentiner bestellten Capitan gefangen und stellte sich mit des Volkes Zustimmung an die Spitze der Verwaltung. Diese in Volterra vorgefallene Neuerung mißfiel den Florentinern sehr, da sie aber mit dem Herzoge Frieden geschlossen und die Verträge eben eingegangen waren, dachten sie Zeit zu haben, die Stadt wieder zu nehmen. Um die Gelegenheit nicht ungenutzt zu lassen, sandten sie sogleich Messer Rinaldo degli Albizzi und Messer Palla Strozzi als Kommissarien zu diesem Unternehmen. In der Voraussetzung, daß die Florentiner angreifen würden, hatte Giusto unterdessen in Siena und Lucca Hilfe verlangt. Die von Siena schlugen sie ihm ab, weil sie im Bunde mit Florenz waren; Paolo Guinigi, der Herr von Lucca, um die Freundschaft des florentinischen Volkes wiederzugewinnen, die er wegen seiner offenkundigen Freundschaft mit dem Visconti verloren zu haben dachte, verweigerte nicht bloß Giusto den Beistand, sondern sandte dessen Abgeordneten gefangen nach Florenz. Um nun die Volterraner unvorbereitet zu überfallen, versammelten die Kommissarien all ihre Mannschaft, boten im untern Arnotal und im Gebiet von Pisa eine Menge Fußvolk auf und zogen gen Volterra. Sah aber Giusto sich auch von den Nachbarn verlassen und im Begriff, von den Florentinern angegriffen zu werden: so verlor er darum doch nicht den Mut, sondern bereitete sich zur Gegenwehr, vertrauend auf die sichere Lage und auf die Tüchtigkeit der Mauern.

Es gab in Volterra einen Messer Arcolano, Bruder jenes Giovanni, der Giusto zu diesem Unternehmen veranlaßt. Dieser, der von ansehnlichem Geschlechte war und Einfluß genoß, versammelte einige Freunde und zeigte ihnen, wie durch diesen Vorfall Gott ihrer Vaterstadt günstig sich bewiesen: denn wenn sie die Waffen ergreifen, Giusto der Herrschaft berauben und die Stadt den Florentinern wiedergeben wollten, so würde der Erfolg davon sein, daß sie die Ersten in der Stadt blieben und dieser ihre Gerechtsame bewahrt würden. Nachdem sie nun so übereingekommen, begaben sie sich zum Palast, wo Giusto sich befand, und während ein Teil von ihnen unten blieb, verfügten sich Messer Arcolano und drei andere nach dem Saal, wo sie den Signore im Gespräch mit mehreren Bürgern fanden. Indem Messer Arcolano tat, als habe er mit ihm zu reden, führte er ihn in ein Nebenzimmer, wo er und seine Begleiter ihre Waffen zogen und ihn anfielen. Die Sache war aber nicht so leicht gemacht, wie sie glaubten: denn Giusto setzte sich zur Wehr und, bevor sie ihn töteten, verwundete er zwei von ihnen schwer; aber endlich erlag er der Übermacht, und seine Leiche wurde aus dem Palast auf die Straße hinabgeworfen. Nachdem nun die Partei Messer Arcolanos zu den Waffen gegriffen, übergab sie die Stadt den Kommissarien, welche mit ihren Heerhaufen in der Nähe standen und ohne irgendeine Bedingung einzogen. Daher kam es, daß Volterras Verhältnisse sich verschlimmerten, indem unter andern ein bedeutender Teil des Gebiets losgetrennt und zu einem Vikariat gemacht wurde[136].

Da nun Volterra in solcher Weise beinahe in einem Zuge verloren und gewonnen worden, wäre zu einem neuen Kriege keine Veranlassung vorhanden gewesen, hätte menschlicher Ehrgeiz ihn nicht herbeigeführt. In den mailändischen Kriegen hatte lange für Florenz Niccolò Fortebraccio gekämpft, ein Schwestersohn Braccios von Perugia. Nach dem Friedensschluß wurde dieser von den Florentinern verabschiedet und befand sich zur Zeit des Zuges gegen Volterra noch im Lager bei Fucecchio[137], so daß die Kommissarien der Republik ihn und seine Truppen in Anspruch nahmen. Es hieß, daß Messer Rinaldo zur Zeit, wo er um dieses Feldzugs willen mit ihm zu tun hatte, ihn veranlaßt habe, unter irgendeinem Vorwand Lucca anzugreifen, indem er ihn überredete, er werde in diesem Falle es in Florenz dahin bringen, daß man einen Krieg gegen diese Stadt unternehme, dessen Führung ihm anvertraut werden solle. Nachdem der Zug gegen Volterra beendigt und Niccolò in sein Standlager bei Fucecchio zurückgekehrt war, besetzte er im November 1429, sei es nun auf Messer Rinaldos Zureden oder aus eignem Antriebe, die lucchesischen Kastelle Ruoti und Compito. Hierauf stieg er in die Ebene hinab und machte große Beute. Als die Nachricht von diesem Angriff nach Florenz kam, sah man überall in der Stadt Zusammenkünfte von Leuten aller Art, und die meisten wollten, man sollte einen Zug gegen Lucca unternehmen. Unter den großen Bürgern, die dieser Ansicht waren, befanden sich die von der Mediceischen Partei, denen Messer Rinaldo sich genähert, entweder von dem Glauben bewogen, daß ein solches Unternehmen dem Staate zum Vorteil gereichen könne, oder von seinem eigenen Ehrgeiz angetrieben, da er hoffen mochte, der erste dabei zu sein. Mit ihnen standen Niccolò da Uzzano und seine Partei im Widerspruch. Es ist kaum glaublich, daß in betreff eines Krieges so verschiedene Meinungen in einer Stadt herrschen konnten. Dieselben Bürger und dasselbe Volk, welche den nach zehnjährigem Frieden zur Verteidigung der eignen Freiheit gegen den Herzog von Mailand unternommenen Krieg getadelt, verlangten jetzt, nach so vielen Unkosten und bei so gedrückten Verhältnissen, nach einem neuen Kriege, um andern die Freiheit zu nehmen. Diejenigen hinwiederum, welche jenen Krieg gewollt, tadelten diesen. So ändern sich mit der Zeit die Ansichten; so viel rascher bei der Hand ist die Menge, wo es gilt, andrer Gut zu nehmen, als das ihrige zu schützen; so viel stärker wirkt auf die Menschen die Hoffnung des Erwerbs, als die Besorgnis vor Verlusten. Denn letztere fürchtet man dann bloß, wenn sie in der Nähe sind; auf ersteren hofft man, er mag noch so ferne liegen. Das Florentiner Volk aber war voll Hoffnung wegen der Erwerbungen, die Niccolò Fortebraccio gemacht und machte, und wegen der Nachrichten, die von den dem Gebiete von Lucca benachbarten Rektoren der Republik gemeldet wurden. Denn die Vikarien von Pescia und Vico kamen ein um die Erlaubnis, von den Kastellen Besitz nehmen zu dürfen, die sich ihnen anbieten kamen: bald werde das ganze lucchesische Gebiet ihnen gehören. Dazu kam das Verhalten des von dem Signore von Lucca mit Klagen über Fortebraccios Angriff nach Florenz gesandten Abgeordneten, der die Signorie bitten sollte, gegen einen Nachbarstaat und gegen eine stets befreundet gebliebene Stadt keinen Krieg unternehmen zu wollen. Dieser Abgesandte hieß Messer Jacopo Viviani. Einige Zeit zuvor hatte der Beherrscher Luccas, Paolo Guinigi, ihn der Teilnahme an einer Verschwörung wegen gefangengehalten, ihm aber, obgleich er schuldig befunden worden, dennoch das Leben geschenkt. Im Glauben, daß Messer Jacopo die frühere Schmach vergessen haben würde, vertraute er ihm: dieser aber, mehr der Gefahr eingedenk als der Wohltat, ermunterte nach seiner Ankunft in Florenz die Bürger heimlich zu dem Unternehmen. Solche Ermunterung, im Verein mit den übrigen Hoffnungen, veranlaßten die Signorie zur Zusammenberufung des Rates, wo vierhundertachtundneunzig Bürger sich einfanden, vor denen von den Vornehmsten der Stadt die Sache besprochen ward.

Unter den ersten, welche zugunsten des Unternehmens waren, befand sich, wie gesagt, Rinaldo degli Albizzi. Dieser zeigte den Vorteil, der aus dem Erwerb Luccas erwachsen würde; er deutete auf die gelegene Zeit hin, indem die Stadt ihnen vom Herzog von Mailand und den Venezianern zur Beute gelassen sei, während der Papst, mit den Angelegenheiten des Königreichs Neapel beschäftigt, sie nicht hindern könnte. Dabei gab er die Leichtigkeit der Eroberung zu bedenken, indem Lucca einem Bürger untertan und jener ursprünglichen Kraft und des alten Eifers in der Verteidigung seiner Freiheit verlustig sei: so daß es entweder vom Volke übergeben werden würde, um den Herrscher loszuwerden, oder vom Herrscher aus Furcht vor dem Volke. Er berichtete, wie feindselig gegen die Republik Paolo Guinigi in Gesinnung und Handlung sich gezeigt, und wie gefährlich er werden könne, wenn der Papst oder der Herzog einen neuen Krieg gegen die Stadt begännen. Dann schloß er, indem er sagte, das florentinische Volk habe nie einen leichtern, vorteilhaftern und gerechtern Krieg unternommen. Dagegen sagte Niccolò da Uzzano, nie sei ein Unternehmen ungerechter und gefahrvoller gewesen, und von keinem andern sei größerer Nachteil zu erwarten. Vorerst wende man sich gegen eine guelfische, dem florentinischen Volke jederzeit befreundete Stadt, die mit eigener Gefahr wiederholt in ihren Schoß die Guelfen aufgenommen, zur Zeit, wo die Tore der eigenen Heimat ihnen verschlossen gewesen. In den Gedenkbüchern unsrer Geschichte finde sich nicht, daß das freie Lucca jemals Florenz beleidigt habe: habe eine Beleidigung stattgefunden, während die Stadt unfrei gewesen, wie einst durch Castruccio, jetzt durch den Guinigi: so dürfe man nicht der Stadt die Schuld beimessen, sondern dem Herrscher. Könnte man gegen den Herrscher allein Krieg führen, und nicht gegen die Bürger, so würde ihm dies weniger mißfallen: da dies aber unmöglich sei, so dürfe er nicht einwilligen, daß eine befreundete Bürgerschaft des ihrigen beraubt werde. Da man indes heutzutage auf eine Weise lebe, daß man auf Recht oder Unrecht wenig achte, so wolle er diese Betrachtung beiseite lassen und bloß auf den Vorteil der Stadt bedacht sein. Er glaube nun, man könne solches vorteilhaft nennen, wovon nicht leicht Schaden zu besorgen sei. Deshalb wisse er nicht, wie man ein Unternehmen als vorteilhaft bezeichnen dürfe, wo der Nachteil gewiß sei, der Vorteil zweifelhaft. Der gewisse Nachteil seien die durch den Krieg veranlaßten Kosten, die sich so hoch belaufen würden, daß sie einer der Ruhe sich erfreuenden Stadt Schrecken einjagen müßten, geschweige einer durch langen und gefahrvollen Krieg ermatteten, wie die ihrige. Der in Aussicht gestellte Vorteil sei der Erwerb Luccas: gewiß kein geringer Vorteil. Aber man müsse auf die Ungewißheit achten, die seiner Meinung zufolge so groß sei, daß er diesen Erwerb für unmöglich halte. Sie möchten nicht glauben, daß die Venezianer und der Herzog von Mailand einen solchen Erwerb gern sehen würden: jene gäben bloß ihre Zustimmung, um nicht als undankbar zu erscheinen, da sie kurz zuvor mit florentinischem Gelde so viel Land erlangt;

diesem würde es lieb sein, sie in neue Kriege und neue Unkosten verwickelt zu sehn, damit er dann, wären sie auf allen Seiten müde und gedrückt, sie von neuem angreifen, oder, wozu es ihm an Mitteln nicht fehlen würde, mitten im Unternehmen und in der besten Hoffnung des Sieges Lucca unterstützen könnte, heimlich durch Geld, oder durch Entlassung seiner Truppen, die er auf solche Weise als Söldner den Lucchesen zu Hilfe schicken möchte. Darum ermahnte er sie, von dem Unternehmen abzustehn und gegen den Beherrscher Luccas ein solches Verhalten zu beobachten, daß sie ihm innerhalb der Stadt so viele Feinde als möglich machten. Denn es gebe keine bequemere Weise, die Stadt sich zu unterwerfen, als indem man sie unter dem Tyrannen leben und von ihm bedrücken und schwächen lasse. Verfahre man dann klüglich, so werde die Stadt dahin gebracht werden, daß, wenn ihr Beherrscher sie nicht mehr bewältigen könne, sie aber sich selber zu regieren weder wisse noch vermöge, sie notwendig in die Gewalt der Republik fallen müsse. Aber er sehe die Gemüter gereizt und seine Worte unbeachtet: dennoch wolle er ihnen vorhersagen, daß sie einen Krieg begännen, in welchem sie viel ausgeben, großen Gefahren sich aussetzen, Lucca, statt es zu erobern, von seinem Bedrücker befreien, und aus einer befreundeten, schwachen und unterjochten Stadt eine feindselige und freie machen würden, ein einstiges Hindernis der Größe ihrer Republik.

Nachdem nun für und gegen das Unternehmen gesprochen worden, begann man der Sitte gemäß heimlich die Meinungen zu erforschen. Von der ganzen Zahl fanden sich bloß achtundneunzig abratende. Als demgemäß der Beschluß gefaßt und der Magistrat der Zehn zur Besorgung der Kriegsangelegenheiten ernannt worden, warben sie Truppen zu Fuß und zu Pferde. Zu Kommissarien wählten sie Astorre Gianni und Messer Rinaldo degli Albizzi und verständigten sich mit Niccolò Fortebraccio, daß er der Republik die genommenen Ortschaften abtreten und den Krieg als ihr Feldhauptmann fortführen sollte. Nachdem die Kommissarien mit dem Heere auf dem Gebiete von Lucca angelangt, teilten sie es; Astorre breitete sich in der Ebene aus, gegen Camajore und Pietrasanta; Messer Rinaldo zog nach dem Gebirge, indem er der Meinung war, daß es leicht sein würde, die Stadt zu nehmen, nachdem man erst ihr Gebiet besetzt habe. Ihre Unternehmungen waren nicht glücklich, nicht weil sie nicht Ortschaften genug nahmen, sondern der Klagen halber, welche im Laufe des Kriegs den einen und andern von ihnen trafen. Wahr ist's, daß Astorre Gianni dazu selber offenbare Veranlassung gab. Nahe bei Pietrasanta liegt ein Tal namens Seravezza, reich und dicht besiedelt. Diese, als sie die Ankunft des Kommissars vernommen, zogen ihm entgegen und baten ihn, sie als getreue Untergebene des florentinischen Volkes anzunehmen. Astorre stellte sich, als gehe er auf ihr Anerbieten ein: hierauf ließ er alle Pässe und starken Plätze des Tals durch seine Leute besetzen und die Männer in der Hauptkirche versammeln. Dann nahm er sie sämtlich gefangen und ließ den ganzen Ort von seinen Soldaten plündern und verwüsten, auf die grausamste und habsüchtigste Weise, indem er weder Kirchen schonte noch Weiber, so Jungfrauen wie verheiratete. Kaum waren diese Dinge in Florenz bekanntgeworden, so erregten sie bei den Magistraten nicht nur, sondern in der ganzen Stadt, das heftigste Mißvergnügen.

Einige von Seravezza, die aus den Händen des Kommissars entkommen waren, eilten nach Florenz und erzählten ihr Elend überall und jedem, so daß sie, aufgemuntert von solchen, welche die Bestrafung des Kommissars wünschten, entweder seiner schlechten Handlung wegen oder weil er zu der ihnen feindlichen Faktion gehörte, an den Magistrat der Zehn sich wandten und um Gehör baten. Nachdem sie vorgelassen worden, sprach einer von ihnen auf folgende Weise: «Wir sind überzeugt, erlauchte Herren, daß unsere Worte bei euch Glauben und Teilnahme finden werden, wenn ihr erfahrt, auf welche Art euer Kommissar unsern Ort einnahm und wie wir von ihm behandelt worden sind. Unser Tal war immer guelfisch, wofür die Denkwürdigkeit eurer frühern Zeiten Zeugnis ablegen können: es ist oft euern Bürgern, die vor den Verfolgungen der Gibellinen Schutz suchten, ein Zufluchtsort gewesen. Unsere Vorfahren und wir selber haben stets den Namen dieser erlauchten Republik, als Haupt und Führerin unserer Partei, in Ehren gehalten. Während die Lucchesen Guelfen waren, dienten wir ihnen bereitwillig; seit sie aber unter dem Tyrannen stehn, der den alten Freunden den Rücken gewandt und der gibellinischen Faktion sich angeschlossen hat, haben wir ihm vielmehr gezwungen als freiwillig gehorcht. Gott weiß wie oft wir ihn angefleht, er möge uns eine Gelegenheit geben, unsere Gesinnung gegen die Partei, zu der wir früher gehörten, an den Tag zu legen. Wie blind sind die Sterblichen in ihren Wünschen! Was wir zu unserm Besten verlangten, ist unser Ruin geworden. Denn kaum vernahmen wir, daß eure Fahnen nach unserer Gegend zogen, so gingen wir eurem Kommissar entgegen, nicht wie Feinden, sondern wie unsern alten Herren: wir gaben das Tal und all unsre Habe und uns selber in seine Hände, und befahlen ihm uns an, im Glauben, in ihm wenn nicht eines Florentiners Gemüt, doch ein menschliches zu finden. Verzeihet uns: das Bewußtsein, daß uns Schlimmeres nicht treffen kann, als uns getroffen hat, gibt uns

Mut zum Reden. Euer Kommissar hat von einem Menschen nichts an sich als die Gestalt, von einem Florentiner nichts als den Namen: er ist eine todbringende Pest, ein wildes Raubtier, ein scheußliches Ungetüm, wie je eines geschildert worden. Nachdem er uns in unsrer Kirche versammelt, indem er sich stellte, als wollte er mit uns reden, nahm er uns gefangen und plünderte und verbrannte das ganze Tal, beraubte, beschädigte, mißhandelte, tötete die Bewohner, nahm und verdarb ihre Habe, schändete Frauen und Mädchen, die er den Armen der Mütter entriß und seinen Soldaten zur Beute gab. Hätten wir, durch eine dem florentinischen Volke oder ihm selbst zugefügte Unbill solche Behandlung uns zugezogen, oder hätte er uns, bewaffnet und uns verteidigend, überwältigt, so würden wir weniger uns beschweren, sondern uns selber anklagen, weil wir durch Beleidigung oder durch Anmaßung es verdient: daß er aber, nachdem wir unbewaffnet uns in seine Hand gegeben, uns geplündert und solche Schmach und Schaden uns zugefügt, darüber müssen wir Beschwerde führen. Und obgleich wir die ganze Lombardei hätten mit Klagen erfüllen und zum Nachteil dieser Stadt die Kunde von dem uns geschehenen Unrecht verbreiten können, haben wir dies zu tun verschmäht, um nicht einen so ehrenwerten und menschenfreundlichen Staat mit der Unehrbarkeit und Grausamkeit eines einzelnen schlechten Bürgers zu beflecken. Hätten wir, bevor dies herbe Schicksal uns traf, die Habsucht dieses Mannes gekannt, so würden wir uns bemüht haben, dessen Gier, so maß- und bodenlos sie auch sein mag, zu genügen, und auf solche Weise hätten wir wenigstens durch Aufopferung eines Teils unsrer Habe den Rest gerettet. Da es dazu aber zu spät, haben wir uns an euch wenden wollen, euch zu bitten, daß ihr dem Unglück eurer Untertanen zu Hilfe kommen möget, damit andere durch unser Beispiel nicht davon abgeschreckt werden, eurer Herrschaft sich zu unterwerfen. Rührt unser grenzenloses Unglück euch nicht, so möge die Furcht vor dem Zorn Gottes euch bewegen, der seine Tempel geplündert und in Asche gelegt und unser Volk in seinem Schoße verraten gesehn hat.» Nachdem sie so gesprochen, warfen sie sich auf den Boden nieder, schreiend und flehend, daß man ihnen Habe und Heimat und, da die Ehre nicht wieder herzustellen sei, mindestens die Frauen ihren Männern, die Töchter den Vätern wiedergeben sollte. Die Scheußlichkeit des Vorfalls, wie man ihn zuerst vernahm und dann aus dem Munde der Beteiligten hörte, machte auf den Magistrat Eindruck; Astorre wurde unverweilt zurückberufen und hierauf verurteilt und ammoniert. Man stellte Nachforschung an nach der Habe der Seravezzesen und gab ihnen zurück, was man fand; für das übrige wurden sie im Verlauf der Zeit auf verschiedene Art von der Stadt entschädigt.

Andrerseits wurde Messer Rinaldo degli Albizzi angeklagt, er führe den Krieg nicht zum Vorteil des florentinischen Volks, sondern zu seinem eigenen. Es hieß, seit er Kommissar geworden, sei ihm die Lust vergangen, Lucca zu nehmen: denn es genüge ihm, die Landschaft zu plündern, seine Besitzungen mit Vieh, seine Häuser mit Beute zu füllen, und da ihm die von seinen Helfershelfern für eigene Rechnung gemachte Beute nicht genüge, so kaufe er die von den Soldaten gesammelte, so daß aus einem Kommissar ein Handelsmann geworden sei. Diese Verleumdungen, als sie Messer Rinaldo zu Ohren kamen, kränkten sein ehrenhaftes und stolzes Gemüt, mehr als für einen Mann von seiner Stellung sich paßte, und ärgerten ihn so sehr, daß er, ohne Urlaub zu erwarten oder auch nur darum anzuhalten, nach Florenz zurückkehrte und mit folgenden Worten vor den Magistrat der Zehn trat: Er wisse sehr wohl, mit wieviel Beschwerde und Gefahr es verbunden sei, einem zügellosen Volke und einer uneinigen Stadt zu dienen. Denn jenes greife jedes Gerücht auf, diese strafe das Böse, lasse das Gute unbelohnt, verklage das Zweideutige. Wer also siege, den lobe niemand; wer verliere, den schmähe jeder: denn die befreundete Partei verfolge ihn aus Neid, die feindliche aus Haß. Nichtsdestoweniger habe er nie aus Furcht vor leeren Beschuldigungen eine Handlung unterlassen, aus der seiner Vaterstadt ein sicherer Nutzen erwachsen könnte. Wahr sei's, die Ehrlosigkeit der gegenwärtigen Verleumdungen habe seine Geduld besiegt und seinen Sinn geändert. Deshalb bitte er den Magistrat, er möge in Zukunft sich mehr angelegen sein lassen seine Bürger in Schutz zu nehmen, damit diese sich mehr angelegen sein ließen zugunsten des Vaterlandes zu handeln. Da es in Florenz nicht Sitte sei, ihnen die Ehre des Triumphs zu gönnen, so möge man sie mindestens vor falscher Herabwürdigung schützen. Die Magistratspersonen möchten sich erinnern, daß auch sie Bürger dieser Stadt seien und in jedem Augenblicke eine Beschuldigung gegen sie erhoben werden könne, die sie lehren würde, wie eine Verleumdung rechtliche Männer kränke.

Die Zehn bestrebten sich, den Verhältnissen gemäß, ihn zu besänftigen, und übertrugen die Leitung des Kriegs dem Neri di Gino (Capponi) und Alamanno Salviati. Diese, statt die Streifzüge durch die Landschaft fortzusetzen, rückten mit dem Lager gegen die Stadt. Und da noch die kalte Jahreszeit währte, stellten sie sich bei Cappanole auf. Hier dünkte es die Kommissarien, daß man die Zeit verliere; da sie aber die Stadt enger einschließen wollten, weigerten sich die Söldner des schlechten Wetters wegen, ungeachtet die Zehn geboten, das Lager zu schlagen und wollten von keinen Gegengründen hören.

Zu jener Zeit (1430) lebte in Florenz ein ausgezeichneter Baumeister, namens Filippo di Ser Brunellesco, von dessen Werken unsere Stadt voll ist, so daß er es verdiente, daß nach seinem Tode sein marmornes Bildnis[138] in der Hauptkirche von Florenz aufgestellt ward, mit einer Inschrift darunter, welche noch heutzutage den Lesenden an seine trefflichen Eigenschaften erinnert. Dieser zeigte, wie man, vermöge der Lage der Stadt und des Bettes des Flusses Serchio, Lucca unter Wasser setzen könne, und er machte es so wahrscheinlich, daß die Zehn verordneten, man sollte einen Versuch machen. Hieraus entstand aber nichts als Unordnung in unserm Lager und Sicherheit für den Feind. Denn die Lucchesen warfen nach jener Seite, wo man den Fluß hinleitete, einen Damm auf und durchstachen dann nachts den Deich des Kanals, in welchen man das Wasser eingelassen, so daß dieses, da es auf der Stadtseite wegen des erhöhten Terrains Widerstand fand, durch die Öffnung sich in die Ebene ergoß und die Florentiner nötigte, ihr Lager statt näher weiter weg zu rücken.

Nachdem nun dies Unternehmen mißlungen war, sandten die Zehn, welche ihr Amt von neuem antraten, den Messer Giovanni Guicciardini[139] als Kommissar. Dieser näherte sich, so viel er konnte, mit dem Lager der Stadt. Als der Herr von Lucca den Feind so nahe heranrücken sah, sandte er auf den Rat eines Messer Antonio del Rosso aus Siena, der im Namen dieser Republik bei ihm sich befand, den Salvestro Trenta und Lionardo Buonvisi zum Herzog von Mailand. Diese ersuchten ihn im Namen des Herrschers um Hilfe, und da sie ihn dazu wenig geneigt fanden, baten sie ihn heimlich, er möge ihnen Truppen leihen, wogegen sie ihm versprachen, ihren Gebieter gefangen in seine Hände und die Stadt seiner Gewalt zu überliefern. Ginge er nicht darauf ein, so

FRANCESCO SFORZA

warnten sie ihn, der Guinigi werde Lucca den Florentinern übergeben, die ihm deshalb unter vielen Verheißungen anlägen. Die Besorgnis, die um dieser Ursache willen in dem Herzoge aufstieg, ließ ihn sonstige Rücksichten vergessen, so daß er veranlaßte, daß der Graf Francesco Sforza, der in seinem Solde stand, öffentlich um seine Entlassung einkam, als wollte er nach dem Königreich Neapel ziehen. Nachdem der Sforza Urlaub erhalten, kam er mit seinem Soldhaufen nach Lucca, obgleich die Florentiner, die um die Veranlassung wußten und das Kommende voraussahen, zu dem Grafen den ihm befreundeten Boccaccino Alamanni sandten, um ihn abzuhalten. Nachdem er in Lucca angelangt, verlegten die Florentiner das Lager nach Ripafratta[140]; der Graf aber zog sogleich nach Pescia[141], wo Paolo da Diacceto Vikar war, welcher, mehr von der Furcht angetrieben als von irgendeinem bessern Beweggrunde, ohne weiteres nach Pistoja floh, so daß der Ort verloren gewesen wäre, hätte nicht Giovanni Malavolti ihn verteidigt. Als nun der Graf Pescia im ersten Augenblicke nicht hatte erobern können, zog er nach dem Borgo a Buggiano und nahm ihn, worauf er das benachbarte Kastell Stigliano in Asche legte. Da die Florentiner diese Bedrängnis sahen, nahmen sie ihre Zuflucht zu den Mitteln, die sie oft gerettet, indem sie wußten, daß bei Söldnern Bestechung hilft, wo Gewalt nicht ausreicht. Deshalb boten sie dem Sforza Geld, damit er nicht nur abziehn, sondern ihnen die Stadt überliefern möchte. Dieser, der von den Lucchesen kein Geld mehr erlangen zu können hoffte, war leicht dahin gebracht, es von denen zu nehmen, die dessen noch hatten, und er kam mit den Florentinern überein, gegen Erlegung von fünfzigtausend Dukaten nicht Lucca ihnen zu überliefern (dazu war er doch zu ehrbar), sondern die Stadt ihrem Schicksal zu überlassen. Nachdem dieser

Vertrag geschlossen, veranstaltete er, um dem Herzog gegenüber eine Entschuldigung zu haben, daß die Lucchesen ihren Herrscher vertrieben.

Es lebte, wie bereits gesagt worden, Messer Antonio del Rosso als Abgesandter von Siena in Lucca. Dieser vereinigte sich auf Anstiften Francesco Sforzas mit den Bürgern zum Verderben Paolo Guinigis. Häupter der Verschwörung waren Piero Cennami und Giovanni da Chivizzano. Der Graf stand mit seinen Truppen außerhalb der Stadt am Serchio, und bei ihm war Lanzilao, Paolos Sohn. Nachts nun zogen die Verschworenen, vierzig an der Zahl und bewaffnet, nach Paolos Wohnung: dieser, über ihr Kommen sehr verwundert, ging ihnen entgegen und erkundigte sich nach der Ursache. Da antwortete ihm Piero Cennami: er habe sie lange beherrscht und ihnen den Feind auf den Hals gezogen, so daß sie entweder Hungers sterben oder durchs Schwert umkommen müßten. Darum seien sie willens, künftig sich selber zu regieren, und verlangten die Schlüssel der Stadt und den Schatz. Darauf antwortete Guinigi, der Schatz sei leer, die Schlüssel und er selbst seien in ihrer Gewalt. Nur um eines bitte er sie: sie sollten seine Herrschaft unblutig zu Ende gehn lassen, wie sie unblutig begonnen und sich erhalten. Paolo und sein Sohn wurden dann vom Grafen Sforza dem Herzoge von Mailand überliefert und starben im Gefängnis.

Der Abzug des Grafen hatte Lucca von dem Alleinherrscher und die Florentiner von der Furcht vor dem Heere des erstern befreit. Die Lucchesen bereiteten sich also von neuem auf die Verteidigung vor, während ihre Gegner den Angriff erneuerten. Letztere ernannten den Grafen von Urbino[142] zu ihrem Feldhauptmann, und dieser bedrängte die Stadt dermaßen, daß die Belagerten von neuem an den Herzog sich wenden mußten, welcher, wie früher den Grafen Sforza, so jetzt auf ähnliche Weise den Niccolò Piccinino ihnen zu Hilfe sandte. Als dieser sich anschickte in Lucca einzurücken, zogen die Unsern ihm am Serchio entgegen, wurden aber im Gefecht geschlagen, so daß der Kommissar mit wenigen Truppen nach Pisa sich rettete. Diese Niederlage stürzte die ganze Stadt in Betrübnis, und da das Unternehmen von der Gesamtheit ausgegangen war und die Popolanen nicht wußten, gegen wen sie sich wenden sollten, so griffen sie jene an, welchen die Besorgung der Kriegsangelegenheiten übertragen war, indem sie die, welche den Krieg beschlossen, nicht angreifen konnten. Die auf Messer Rinaldo gehäuften Beschuldigungen wurden also erneuert: wer aber am meisten zerrissen ward, war Messer Giovanni Guicciardini, den sie anklagten, er habe nach Sforzas Abzuge den Krieg zu Ende bringen können, sei aber durch Geld bestochen worden. Sie gingen so weit, zu behaupten, er habe eine Summe nach Hause gesandt, und bezeichneten die Personen, welche sie gebracht und empfangen. Diese Gerüchte wurden so laut, daß der Kapitan des Volks, auf Veranlassung derselben angetrieben von der feindlichen Partei, den Kommissar vor sich lud. Messer Giovanni stellte sich aufs höchste erbittert, seine Verwandten aber, um ihre Ehre zu retten, vermittelten, daß die Sache niedergeschlagen ward.

Nach jenem Siege erlangten die Lucchesen nicht bloß ihre Ortschaften wieder, sondern besetzten auch die des pisanischen Gebietes, mit Ausnahme von Bientina, Calcinaja, Livorno und Ripafratta. Hätte man nicht eine in Pisa angezettelte Verschwörung entdeckt, so wäre auch diese Stadt verlorengegangen. Die Florentiner ordneten ihre Truppen wieder und ernannten den Micheletto (Attendolo), Sforzas Zögling, zum Anführer (1431). Andrerseits verfolgte der Herzog seinen Sieg, und um den Florentinern größern Schaden zuzufügen, veranlaßte er, daß Genua, Siena und der Herr von Piombino zum Schutze Luccas sich verbanden und Niccolò Piccinino zu ihrem Feldhauptmann wählten. Dies stellte seine Pläne ins helle Licht. Deshalb erneuerten Florenz und Venedig ihr Bündnis, und der Krieg begann aufs neue in der Lombardei wie in Toscana, und mit wechselndem Glück wurde hier und dort gekämpft. Als endlich jeder müde war, einigte man sich im Mai 1433. Florenz, Lucca und Siena, die während des Krieges einander verschiedene Kastelle weggenommen, gaben sie wieder heraus und jeder gelangte zu seinem frühern Besitztum.

Während dieser Krieg seinen Verlauf hatte, kochte es fortwährend im Innern. Nach dem Tode des Vaters verfuhr Cosimo de' Medici mit größerer Entschiedenheit in den öffentlichen Angelegenheiten und mit mehr Eifer und Freiheit unter seinen Parteigenossen, als Giovanni getan. Als daher diejenigen, welche über des Vaters Tod gefrohlockt, sahen, welcherart der Sohn war, wurden sie bestürzt. Cosimo war ein äußerst kluger Mann, von freundlichem Ernste, sehr freigebig und menschlich gesinnt, der nie gegen Parteien und Gesamtheit etwas versuchte, sondern darauf bedacht war, jedem Wohltaten zu erzeigen und durch seine Freigebigkeit sich Anhänger unter den Bürgern zu verschaffen. Sein Beispiel mehrte darum den Unwillen gegen die Regierenden, und er glaubte, daß er mit solchen Mitteln in Florenz mächtig und sicher wie irgendeiner leben, oder, wenn der Ehrgeiz seiner Gegner etwas Außerordentliches veranlasse, ihnen durch Waffenmacht und Volksgunst überlegen sein würde. Große Beförderer seines Einflusses waren Averardo de' Medici und Puccio Pucci, von denen der erstere durch Kühnheit, dieser durch Besonnenheit und Scharfsinn ihm zu Gunst und Größe zu gelangen halfen. Puccios

COSIMO DE' MEDICI

Rat und Urteil waren so hoch gehalten und von allen anerkannt, daß die Partei Cosimos nicht nach ihm, sondern nach Puccio benannt ward. Von einer so uneinigen Stadt war der Krieg gegen Lucca unternommen worden, durch den der Parteihaß noch mehr angefacht, geschweige denn gemildert ward. Hatte auch die Partei Cosimos den Krieg begünstigt, so fiel dessen Führung doch der andern Faktion anheim, als den Meistvermögenden im Staate. Da Averardo und seine Freunde dies nicht hindern konnten, so waren sie mit aller Anstrengung darauf bedacht, diese zu verleumden: ereignete sich irgendein Unfall (und es ereigneten sich deren viele), so wurde er nicht dem wechselnden Glück oder der feindlichen Macht zur Last gelegt, sondern dem Mangel an Besonnenheit auf seiten des Kommissars. Dies erschwerte die Vergehen des Astorre Gianni, dies erzürnte Rinaldo degli Albizzi und veranlaßte ihn, ohne Urlaub von seinem Posten sich zu entfernen, dies verursachte Giovanni Guicciardinis Vorladung durch den Capitano des Volkes. Daraus entstanden alle übrigen auf Magistrate und Kommissarien gehäuften Beschuldigungen: wirkliche Fehler wurden übermäßig verschrien, erdichtete aufgebracht, und wirkliche und erdichtete von dem meist mit Haß erfüllten Volke geglaubt.

Diese Verhältnisse und diese ungewohnte Verfahrungsweise wurden von Niccolò da Uzzano und den Häuptern seiner Partei sehr wohl erkannt, und oft hatten sie über Mittel zur Abhilfe miteinander beraten und keine gefunden: denn es dünkte sie gefährlich, die Sache in dieser Weise fortgehn zu lassen, schwierig, ihr in den Weg zu treten. Und Niccolò da Uzzano war der erste, dem ein Staatsstreich mißfiel, so daß, als man vor den Toren Krieg, innerhalb der Stadt diese Mißverhältnisse hatte, Niccolò Barbardori, der ihn bewegen wollte, zum Sturze

Cosimos die Hand zu bieten, in seine Wohnung sich begab, wo er ihn gedankenvoll in seinem Arbeitszimmer sitzen fand, und unter Anführung der besten Gründe ihm anlag mit Messer Rinaldo sich zu verbinden, um den Medici aus der Stadt zu verweisen. Darauf antwortete Niccolò da Uzzano ihm folgendermaßen: «Es würde für dich und dein Haus und unsere Republik gut sein, wenn du und die übrigen, die deine Ansicht teilen, vielmehr einen silbernen Bart hättet als einen goldnen, wie man den deinen nennt[143]: denn eure Ratschläge, von grauen und erfahrnen Häuptern ausgehend, würden dann weiser und jedem nützlicher sein. Mich dünkt, daß die, welche auf Cosimos Verbannung sinnen, vorerst ihre Kräfte mit denen Cosimos messen sollten. Unsere Partei habt ihr die adelige, die uns gegenüberstehende die des Pöbels genannt. Stimmte die Wirklichkeit mit dem Namen, so würde jedenfalls der Sieg zweifelhaft sein, und wir sollten eher fürchten denn hoffen, gewarnt durch das Beispiel des alten Adels dieser Stadt, der vom niedern Volke vernichtet worden ist. Aber wir haben viel mehr zu fürchten, da unsere Partei uneins ist, während die der Gegner zusammenhält. Vorerst haben Neri di Gino (Capponi) und Nerone di Nigi, zwei unserer vornehmsten Bürger, sich nie klar ausgesprochen, daß wir sagen könnten, sie wären mehr unsere als jener Freunde. Viele unserer Geschlechter, ja viele Häuser sind geteilt, denn viele sind uns gram und den andern geneigt aus Neid gegen Brüder und Verwandte. Einige der wichtigsten will ich dir nennen: die übrigen magst du dir selber vorführen. Von den Söhnen Messer Masos degli Albizzi hat Lucca aus Neid gegen Messer Rinaldo sich zur feindlichen Partei geschlagen. Im Hause der Guicciardini ist von Messer Luigis Söhnen Piero dem Messer Giovanni feind und unsern Gegnern geneigt; Tommaso und Niccolò Soderini[144] gehören aus Haß gegen ihren Oheim Francesco zu unsern offnen Widersachern. Betrachtet man also recht wer sie sind und wer wir, so weiß ich nicht, weshalb unsere Partei eher die adelige genannt wird als die ihre. Ist es, weil das ganze niedere Volk ihnen anhängt, so macht dies unsre Stellung nur mißlicher, die ihre besser. Denn wenn es mit den Waffen oder durch Abstimmung zur Entscheidung kommt, so müssen wir ihnen nachstehn. Halten wir noch unser Ansehn aufrecht, so ist dies dem alten Ruhme zu danken, den unsre Partei fünfzig Jahre lang bewahrt hat: käme es aber zur Probe und würde unsre Schwäche entdeckt, so wären wir verloren. Sagst du, daß die Gerechtigkeit der Sache, die uns zum Handeln treibt, unser Ansehn mehren, das unsrer Gegner schwächen würde: so antworte ich dir, daß diese Gerechtigkeit von den andern aufgefaßt und anerkannt werden muß wie von uns. Das Gegenteil aber findet statt. Denn der Grund unsers Handelns beruht in dem Verdachte, Cosimo werde sich zum Herrn dieser Stadt machen. Nähren wir diesen Verdacht, so teilen die andern ihn nicht mit uns: schlimmer noch, sie legen uns das zur Last, wessen wir sie beschuldigen. Cosimos Handlungen, die uns zu solchem Verdacht berechtigen, sind, daß er allen mit seinem Gelde dient, Privatleuten nicht bloß, sondern auch dem Gemeinwesen, Florentinern nicht bloß, sondern Feldhauptleuten; daß er diesem und jenem nach Ämtern strebenden Bürger sich günstig zeigt; daß er durch die allgemeine Gunst, die er genießt, diesem und jenem seiner Freunde zu größeren Ehren verhilft. Als Gründe seiner Verbannung müßte man also anführen, daß er mildtätig, gefällig, freigebig und von allen geliebt ist. Sag mir einmal, welches Gesetz verbietet oder tadelt an den Menschen das Mitleid, die Freigebigkeit, die Zuneigung? Sind dies nun auch alles Mittel, durch welche man sich zur

Herrschaft hinaufschwingt, so hält man sie doch nicht dafür und uns gelingt es nicht, die Menge davon zu überzeugen. Denn unser Verfahren hat uns um das öffentliche Vertrauen gebracht, und die Stadt, welche von Natur parteiisch und, weil stets in Faktionen zerrissen, verderbt ist, kann auf Anklagen dieser Art nicht hören. Gesetzt aber, es gelänge, ihn zu verbannen (und es kann leicht gelingen, wenn wir eine uns günstige Signorie abwarten), wie könntet ihr, unter so vielen seiner Freunde, die uns bleiben und seiner Rückkehr harren würden, jemals verhindern, daß er zurückkehrte? Dies würde unmöglich sein, denn da deren so viele sind und sie beim Volke in Gunst stehen, so würdet ihr sie nimmer gewinnen können. Und je mehr von seinen gleich anfangs sich kundgebenden Freunden ihr vertriebet, um so mehr Gegner würdet ihr euch machen: so daß er nach kurzem zurückkehren und euer einziger Gewinn der sein würde, seiner Feindschaft einen andern und entschiedenern Charakter gegeben zu haben. Denn seine Sinnesart würde durch jene verdorben werden, die ihn zurückrufen und denen er zu vielen Dank schulden würde, um ihnen nicht zu Gefallen zu sein. Hättet ihr aber die Absicht, euch durch den Tod seiner zu entledigen, so würde dies euch nimmer mittels der Magistrate gelingen: denn sein Geld und eure Bestechlichkeit werden ihn stets retten. Gesetzt aber er stürbe oder kehrte nicht heim aus dem Exil, so sehe ich nicht ein, wie dies dem Staate fruchten sollte. Denn befreit er sich von Cosimo, so wird er dem Rinaldo untertan, und ich bin einer von denen, die wünschen, daß kein Bürger an Macht und Ansehn höher stehe als der andere. Müßte aber einer dieser beiden voranstehen, so weiß ich nicht, weshalb ich Messer Rinaldo mehr lieben sollte denn Cosimo. Anders will ich dir nicht sagen, als daß Gott diese Stadt davor behüten möge, daß einer ihrer

Bürger ihr Gebieter werde: verdienen's aber unsere Sünden, so wolle er sie davor behüten, daß sie ihm zu gehorchen habe. Rate also nicht zur Ausführung eines Plans, der nach allen Seiten hin nachteilig ist, und bilde dir nicht ein, man könne, von wenigen unterstützt, vielen widerstehen. Denn all diese Bürger, teils aus Unklugheit, teils aus Bosheit, sind bereit den Staat zu verkaufen, und das Glück ist ihnen insofern hold, als sie den Käufer gefunden haben. Befolge darum meinen Rat: befleißige dich eines stillen Lebens, und du wirst, wo es sich um Freiheit handelt, unsere Parteigenossen nicht minder beargwohnen als unsere Gegner. Tritt irgendeine Umwälzung ein, so wirst du, wegen deines parteilosen Verhaltens, jedem genehm sein und folglich dir selber nutzen, ohne deiner Heimat zu schaden.»

Diese Worte zügelten einigermaßen den Barbadoro, so daß Ruhe erhalten ward, solange der Krieg gegen Lucca währte. Nachdem aber Friede geschlossen und Niccolò da Uzzano gestorben war, blieb die Stadt ohne Krieg und ohne Zügel. Die feindseligen Gemüter erhitzten sich daher immer mehr und Messer Rinaldo, der sich nun der einzige Gebieter in seiner Partei dünkte, ließ nicht ab, allen Bürgern, von denen er glaubte, daß sie Gonfaloniere werden dürften, mit Bitten und Vorstellungen anzuliegen, daß sie sich rüsten sollten, die Heimat von dem Manne zu befreien, welcher, durch Weniger Übelwollen und Vieler Unklugheit unterstützt, notwendig sie in Knechtschaft führen müsse. Dies Verfahren Messer Rinaldos wie das Benehmen der Anhänger der andern Faktion, hielt die ganze Stadt in Besorgnis: jedesmal, wenn man die Namen zur Besetzung eines Magistrats zog, zählte man, wie viele von der einen und der andern Partei in demselben saßen, und bei der Ziehung der Signorie war die gesamte Bürgerschaft in Aufregung.

Jede, auch die geringste Angelegenheit, die vor die Magistrate kam, wurde zu einer Streitfrage; die Geheimnisse wurden veröffentlicht; gut und übel fand Anhalt wie Widerrede; Gute wie Schlechte wurden gleichmäßig zerrissen; kein Magistrat erfüllte seine Pflicht.

Als nun die Stadt in solcher Verwirrung (1433) und Messer Rinaldo darauf bedacht war, Cosimos Macht zu stürzen, traf es sich, daß Bernardo Guadagni Aussicht auf das Venneramt[145] hatte. Sobald dies dem Albizzi bekannt ward, bezahlte er für diesen die Steuern, damit öffentliche Schulden ihn nicht hinderten, zu der genannten Würde zu gelangen. Als die Signorie gewählt ward, wollte der Zufall, der unsern Zwistigkeiten immer hold gewesen, daß Bernardo Gonfaloniere ward, um für die Monate September und Oktober zu sitzen. Messer Rinaldo verfügte sich alsobald zu ihm und sagte ihm, wie die Adelspartei und jeder, der ein anständiges Leben wolle, sich darüber freue, daß er zu dieser Würde gelangt sei, und wie es bei ihm stehe, so zu handeln, daß sie nicht umsonst sich gefreut. Hierauf deutete er ihm die aus der Uneinigkeit entspringenden Gefahren an, und wie bloß Cosimos Tod zur Einigkeit führen könnte: denn er allein, durch die Gunst, die er durch seine unermeßlichen Reichtümer sich erwerbe, veranlasse ihre Schwäche: er sei schon so hoch gestiegen, daß er Fürst werden würde, wenn man sich nicht vorsehe, und es stehe einem guten Bürger zu, diesem Übel anzuhelfen, das Volk zusammenzurufen und die Gewalt an sich zu nehmen, um dem Vaterlande die Freiheit wiederzugeben. Er erinnerte ihn daran, wie Salvestro de' Medici ungerechterweise die Macht der Guelfen beschränken konnte, denen zum Lohn für das von ihren Vorfahren vergossene Blut die Regierung zustand, und wie, was jener ungerechterweise gegen viele zu tun sich erkühnt, er gerechterweise gegen einen einzelnen tun dürfe. Er redete ihm zu, sich nicht zu fürchten, denn die Freunde würden bereit sein, mit den Waffen ihm beizuspringen: das gemeine Volk, das Cosimo anbete, solle er nicht fürchten, denn Cosimo würde nicht mehr Gunst von demselben erlangen, als einst Giorgio Scali. Auch seiner Reichtümer möge er nicht achten: denn wenn Cosimo in den Händen der Signoren sei, seien es seine Schätze auch. Er schloß mit der Versicherung, daß eine solche Handlung dem Staate zu Sicherheit und Eintracht verhelfen würde, ihm zum Ruhme. Bernardo gab kurz zur Antwort, er halte es für notwendig, nach seinen Worten zu handeln, und da die Zeit auf Taten zu verwenden sei, so möge er darauf bedacht sein, Streitkräfte zu sammeln, um ihm die Überzeugung zu geben, daß er auf Unterstützung rechnen könne.

Nachdem Bernardo Guadagni den Magistrat angetreten, die Genossen vorbereitet und mit Messer Rinaldo sich verabredet hatte, ließ er Cosimo vorladen. Obgleich viele Freunde widerrieten, erschien dieser doch, mehr bauend auf seine Unschuld als auf die Barmherzigkeit der Signoren. Als Cosimo im Palast festgehalten war, verließ Messer Rinaldo mit vielen Bewaffneten seine Wohnung: ein gleiches tat die ganze Partei und sie kamen auf den Platz, wo die Signorie das Volk berufen ließ. Hierauf wurde eine Balia von zweihundert Männern gewählt, die Verfassung neu zu ordnen. Als diese Balia zusammentrat, brachte man mit der Reform zugleich die Frage über Cosimos Leben oder Tod vor. Viele waren für seine Verbannung, viele für seine Hinrichtung, viele andere schwiegen, entweder aus Mitleid mit ihm oder aus Furcht vor den andern. Die Uneinigkeit war nun so groß, daß man zu keinem Beschlusse kam. In dem Turm des Palastes ist ein Gemach, so groß als der Umfang des Turmes selbst zuläßt, das Alberghettino (die kleine Herberge) geheißen: hier wurde Cosimo eingeschlossen und dem Federigo Malavolti zur Bewachung anvertraut. Als von hier aus Cosimo vernahm, wie das Parlament zusammenberufen ward, und er das Waffengeräusch auf dem Platze und das mehrmalige Läuten zur Balia hörte, war er seines Lebens wegen besorgt; mehr aber noch fürchtete er, daß seine persönlichen Feinde ihn heimlicherweise aus der Welt schaffen würden. Deshalb enthielt er sich der Speise, so daß er während vier Tagen keine andere Nahrung zu sich nahm als ein wenig Brot. Als Federigo dies gewahrte, sagte er zu ihm: «Du fürchtest, vergiftet zu werden, Cosimo, und lässest dich vor Hunger umkommen und gönnst mir wenig Ehre, indem du glaubst, ich werde zu solcher Verruchtheit die Hand bieten. Ich glaube nicht, daß es an dein Leben geht, da du in und außer dem Palast so viele Freunde hast: sollte es aber doch daran gehn, so sei versichert, daß sie eine andere Weise ersinnen müssen als indem sie mich zum Werkzeug wählen, es dir zu nehmen. Denn ich will meine Hände mit keines Menschen Blute beflecken, am wenigsten mit deinem, da du mich nie gekränkt hast. Sei deshalb guten Mutes, nimm Nahrung zu dir, erhalte dich am Leben für Freunde und Heimat. Und damit du dies mit größerer Zuversicht tun kannst, will ich mit dir von den für dich bereiteten Speisen essen.» Diese Worte ermutigten Cosimo völlig: mit Tränen in den Augen umarmte und küßte er Federigo und dankte ihm mit aus dem Herzen kommenden Worten für seine Teilnahme und Freundlichkeit, indem er ihm versprach, seine Dankbarkeit ihm zu bezeigen, wenn je das Schicksal ihm dazu Gelegenheit böte.

Nachdem nun Cosimo sich einigermaßen beruhigt und die Bürger über den Vorfall viel hin und her geredet, geschah es, daß Federigo, um ihn aufzuheitern, einen Diener des Gonfaloniere, il Farganaccio genannt, zum

Abendessen mit sich führte, einen lustigen und spaßhaften Menschen. Als das Mahl beinahe zu Ende, beschloß Cosimo, der diesen Mann kannte, sein Kommen zu benutzen, und gab Federigo ein Zeichen, sich zu entfernen. Dieser, der den Wink verstand, stellte sich, als gehe er Sachen holen, die noch zum Nachtessen fehlten, und ließ die beiden allein. Nach einigen zum Farganaccio gesprochenen freundlichen Worten gab Cosimo diesem ein Erkennungszeichen und trug ihm auf, zum Oberaufseher des Spitals von Santa Maria Nuova[146] zu gehn, um bei ihm tausendeinhundert Dukaten zu holen: hundert solle er für sich behalten, die tausend aber dem Gonfaloniere bringen und ihn bitten, unter irgendeinem passenden Vorwande ihn besuchen zu kommen. Farganaccio tat, wie ihm aufgetragen war: das Geld wurde gezahlt, Bernardo Guadagni zeigte sich günstiger gestimmt, und der Erfolg war, daß Cosimo nach Padua verwiesen ward, dem Willen Messer Rinaldos entgegen, der seinen Tod wollte. Auch Averardo und viele andere des Hauses Medici wurden verwiesen, wie Puccio und Giovanni Pucci. Und um die zu schrecken, denen Cosimos Exil mißfiel, gaben sie den acht der Wache und dem Capitano des Volkes unumschränkte Gewalt. Nach diesen Beratungen erschien am 3. Oktober 1433 Cosimo vor den Signoren, von denen ihm die Verbannung angezeigt ward, mit der Weisung, zu gehorchen, wolle er nicht strengere Maßregeln gegen Habe und Person veranlassen. Mit heiterer Miene nahm Cosimo die Nachricht auf, indem er versicherte, er werde gern gehn, wohin die Signorie ihn sende. Nur bat er, daß, da man sein Leben geschont, man es auch beschützen möge, da er vernehme, daß auf dem Platze viele seien, die nach seinem Blute dürsteten. Hierauf bot er, wo er auch sein möchte, sich und sein Gut der Stadt, dem Volke und den Signoren an. Der Gonfaloniere sprach ihm Mut zu und behielt ihn im Palast, bis die Nacht anbrach. Dann führte er ihn nach Hause und nachdem er ihn zum Abendessen bei sich gehalten, ließ er ihn von mehreren Bewaffneten nach der Grenze geleiten. Wo Cosimo durchreiste, ward er ehrenvoll empfangen, und von den Venezianern wurde ihm ein feierlicher Besuch zuteil, als wäre er kein Verbannter, sondern im Besitz der höchsten Ehrenämter.

Nachdem Florenz einen so einflußreichen und so allgemein beliebten Bürger verloren, war jeder bestürzt, und es fürchteten in gleichem Maße Sieger wie Besiegte. Da nun Messer Rinaldo das kommende Unheil ahnte, und weder gegen sich, noch gegen seine Partei etwas verfehlen wollte, versammelte er viele befreundete Bürger und sagte zu ihnen: «Er sehe ihren Ruin bevorstehn, weil sie durch ihrer Feinde Bitten, Tränen und Geld sich erweichen lassen und nicht gewahrt, daß bald das Bitten und Weinen an sie kommen und ihre Bitten nicht gehört werden, niemand ihren Tränen Mitleid schenken und sie genötigt sein würden, vom empfangenen Gelde das Kapital herauszugeben und mit Tortur, Exil und Tod die Zinsen zu bezahlen. Sie selber seien schuld daran, da sie Cosimo am Leben und seine Freunde in Florenz gelassen. Denn man müsse Mächtige entweder nicht anrühren, oder, wenn man sie einmal angetastet, sie aus dem Wege schaffen. Er sehe kein andres Mittel, als sich in der Stadt zu verstärken, damit man die Gegner, wenn sie sich auflehnten, was sie bald tun würden, mit den Waffen verjagen könne, da dies auf gesetzlichem Wege nicht gelungen sei. Das Mittel aber sei das vorlängst schon von ihm angedeutete: die alten Adeligen zu gewinnen, indem man ihnen die Teilnahme an den Ehrenämtern wieder zugestehe, und sich durch deren Beistand zu verstärken, da die Gegner das gemeine Volk zu ihren Bundesgenossen gemacht. Ihre Partei würde um so kräftiger werden, je mehr Leben, Hochsinn, Mut und Ansehen in ihr sich vereinen würden. Ergreife man dies letzte und wirksame Mittel nicht, so sehe er nicht, wie man sich inmitten so vieler Feinde halten wolle, und erwarte einen baldigen Sturz ihrer Genossenschaft wie den Ruin der Stadt.» Einer der Versammelten aber, Mariotto Baldovinetti, widersetzte sich ihm, indem er den Hochmut des Adels und dessen unerträgliche Haltung hervorhob, und wie man sich nicht unter einer sichern Tyrannei beugen müsse, um der vom Volke drohenden noch zweifelhaften Gefahr zu entgehn. Als Messer Rinaldo sah, daß man seinen Rat nicht beachtete, beklagte er sein widriges Schicksal und das seiner Anhänger, indem er alles mehr dem Himmel zur Last legte, der es so wolle, als dem Unverstand und der Blindheit der Menschen. Während nun die Sache so blieb, ohne daß man irgendeine nötige Vorkehrung traf, wurde ein von Messer Agnolo Acciaiuoli an Cosimo gerichteter Brief aufgefunden, welcher ihn von der Stimmung der Stadt in Rücksicht seiner in Kenntnis setzte, und ihm riet, irgendeinen Krieg zu veranlassen und sich Neri Capponi zum Freunde zu machen. Denn wenn die Stadt in Geldnot sei, so werde sie keinen finden, der sie unterstütze, und man werde um so mehr an ihn denken und nach seiner Rückkehr sich sehnen. Wenn aber Neri von Messer Rinaldo sich lossage, so werde des letztern Partei so geschwächt werden, daß sie keinen Widerstand leisten könne. Dieses Schreiben, welches dem Magistrat in die Hände fiel, war Ursache, daß Messer Agnolo gefangen, gefoltert und verbannt ward, ohne aber daß die dem Cosimo günstige Gesinnung sich darum geändert hätte.

Schon war beinahe ein Jahr verflossen seit dem Tage, wo Cosimo ins Exil gegangen war, und als das Ende des

August des Jahres 1434 herankam, wurde für die beiden nächstfolgenden Monate Niccolò di Cocco als Gonfaloniere gezogen und mit ihm acht Signoren, alle von Cosimos Partei. Deshalb schreckte diese Signorie Messer Rinaldo und seine sämtlichen Anhänger. Da nun, bevor die Signoren ihr Amt antreten, sie drei Tage lang ohne öffentliche Stellung bleiben, besprach sich Messer Rinaldo von neuem mit den Häuptern seiner Faktion und zeigte ihnen die sichere und nahe Gefahr. Zugleich deutete er ihnen an, das Mittel zu Abhilfe sei, zu den Waffen zu greifen, während der abtretende Gonfaloniere, Donato Velluti, das Volk auf dem Platze versammeln, eine neue Balia ernennen lassen und die neuen Signoren ihres Amtes entsetzen werde, worauf man andere im Sinne der Faktion ernennen, die Wahlbeutel verbrennen und die neuen mit befreundeten Namen füllen müsse. Diesen Plan erkannten viele als sicher und notwendig, viele andere hielten ihn für zu gewaltsam und gefährlich. Unter denen, welche nicht einstimmten, war Messer Palla Strozzi, ein ruhiger, freundlich und menschlich gesinnter Mann, mehr geeignet, den Wissenschaften zu leben, als ein Parteihaupt zu sein und bürgerliche Zwiste zu führen. Dieser sagte also, schlaue oder tollkühne Pläne erschienen anfangs gut, während man sie bei der Ausführung schwierig, beim Ausgange nachteilig finde. Er glaube, die Besorgnis vor neuen Kriegen, da die Truppen des Herzogs an unserer Grenze in der Romagna ständen, müsse die Signoren veranlassen, mehr an solche Dinge zu denken als an den Unfrieden im Innern: sähe man aber doch, daß die Gegner eine Änderung vornehmen wollten, was sie nicht tun könnten, ohne daß es verlaute, so sei's immer an der Zeit, die Waffen zu ergreifen, und was zum allgemeinen Heil erforderlich sei, auszuführen. Geschähe dies aus Notwendigkeit, so würde die Menge sich weniger darüber wundern und es ihnen nicht so zur Last legen. So beschloß man denn, die neuen Signoren ihr Amt antreten zu lassen und ihr Verhalten zu beaufsichtigen: vernehme man von irgendeiner Maßregel gegen die Partei, so sollte jeder zu den Waffen greifen und auf dem Platz von Sant' Apollinari sich einfinden, in der Nähe des Palastes. Von dort könnte man sodann sich dahin begeben, wo es notwendig erscheine.

Nachdem sie mit diesem Beschluß auseinandergegangen, traten die neuen Signoren ihr Amt an, und der Gonfaloniere, um sich Ansehn zu verschaffen und denen, die sich ihm widersetzen möchten, Furcht einzujagen, verurteilte seinen Vorgänger Donato Velluti zum Gefängnis, unter dem Vorgeben, er habe sich öffentliche Gelder angeeignet. Hierauf fragte er bei seinen Amtsgenossen an, ob sie Cosimo zurückberufen wollten, und als er sie dazu geneigt fand, besprach er sich mit den Häuptern der Mediceischen Partei. Von diesen ermuntert, berief er die Anführer der feindlichen Faktion, Messer Rinaldo, Ridolfo Peruzzi und Niccolò Barbadori, vor sich. Messer Rinaldo war nun der Meinung, es sei nicht länger Zeit zu säumen und verließ seine Wohnung mit einer großen Schar Bewaffneter. Ridolfo Peruzzi und Niccolò Barbadori vereinigten sich alsobald mit ihm. Mit ihnen waren viele andere Bürger und viele Söldner, die ohne Löhnung in Florenz sich befanden, und alle hielten, der Verabredung gemäß, auf dem Platz von S. Apollinari. Messer Palla Strozzi, obgleich er viel Volk versammelt, rückte nicht aus, ebensowenig Messer Giovanni Guicciardini, weshalb Messer Rinaldo zu ihnen sandte, sie zur Eile anzutreiben und ihnen ihr Zögern vorzuwerfen. Messer Giovanni antwortete, er führe gegen die feindliche Partei hinlänglich Krieg, indem er dadurch, daß er zu Hause bleibe, seinen Bruder Piero hindere, den Signoren zu

Hilfe zu ziehn; Messer Palla aber, nachdem wiederholt zu ihm gesandt worden, kam nach S. Apollinari zu Pferde und unbewaffnet, mit zweien zu Fuße. Der Albizzi ging ihm entgegen und warf ihm mit starken Ausdrücken seine Lässigkeit vor, indem er sagte, dies Zurückhalten rühre entweder von geringem Vertrauen her oder von Mangel an Mut: beide Vorwürfe müsse ein Mann scheuen, der das gelten wolle, was er gelte. Glaube er, indem er seinen Pflichten gegen die Partei nicht nachkomme, daß die siegenden Feinde ihm das Leben schenken oder das Exil erlassen würden, so täusche er sich. Was ihn selbst, Rinaldo, betreffe, so habe er, wenn ein Unglück sich ereigne, wenigstens die Genugtuung, vor dem Eintreffen der Gefahr mit Rat, in der Gefahr mit den Waffen auf dem Fleck gewesen zu sein. Für ihn, den Strozzi, aber und die übrigen würde der Schmerz doppelt sein, indem sie sich vorwerfen müßten, das Vaterland dreimal verraten zu haben: einmal, indem sie Cosimo retteten, zum andernmal, indem sie seinen Rat verschmähten, jetzt endlich, indem sie die Waffen nicht gebrauchten. Auf diese Worte erteilte Messer Palla keine Antwort, die den Umstehenden verständlich gewesen wäre, sondern wandte murmelnd sein Pferd um und kehrte nach Hause zurück.

Als die Signoren vernahmen, daß Messer Rinaldo und seine Partei die Waffen ergriffen, und sie sich verlassen sahn, ließen sie den Palast schließen und wußten, ratlos, nicht, was sie beginnen sollten. Indem aber Messer Rinaldo zögerte, auf dem Platz zu erscheinen, weil er die Streitkräfte erwartete, die nicht eintrafen: beraubte er sich der Gelegenheit, zu siegen, und machte den Gegnern Mut, sich vorzusehen, vielen Bürgern aber, zu ihnen sich zu begeben und sie zu ermuntern, Bedingungen vorzuschlagen, damit man die Waffen niederlege. Verschiedene minder Verdächtige begaben sich deshalb im Auftrage der Signoren zu Messer Rinaldo und sagten ihm, die Signorie wisse nicht, aus welchem Grunde diese Bewegung stattfinde und habe nie daran gedacht, ihn zu kränken; sei von Cosimo gesprochen worden, so habe man darum doch nicht die Absicht gehabt, ihn zurückzurufen: sei dies der Grund des Verdachtes, so möchten sie sich beruhigen, und es möchte ihnen gefallen in den Palast zu kommen, wo sie gerne gesehn und alles ihnen nach Willen geschehn würde. Diese Worte bewirkten bei Messer Rinaldo keine Änderung seines Vorhabens, sondern er sagte, er wolle sich sichern, indem er die Signoren zum Rücktritt in den Privatstand nötige, worauf zu allgemeinem Besten die Verhältnisse neu geordnet werden würden. Es geschieht immer, daß, wo die Befugnisse gleich, die Meinungen verschieden sind, selten etwas Verständiges beschlossen wird. Ridolfo Peruzzi, durch die Worte der genannten Bürger gewonnen, sagte, er suche nichts anderes, als daß Cosimo nicht zurückkehre; erlange man dies durch Vertrag, so dünke es ihn Sieges genug. Er wolle, um größern Sieges willen, die Stadt nicht mit Blutvergießen erfüllen, und deshalb der Signorie gehorchen. Hierauf begab er sich mit seinen Leuten nach dem Palast, wo er mit Freuden aufgenommen ward. Messer Rinaldos Verweilen bei S. Apollinari, Messer Pallas Unentschlossenheit und Messer Ridolfos Abfall raubten ihrer Partei den Sieg. Die Gemüter der Bürger, welche dem erstern folgten, hatten schon zu erkalten angefangen. Endlich kam noch des Papstes Autorität dazwischen.

Vom römischen Volke vertrieben, lebte Papst Eugenius in Florenz[147]. Da dieser den Tumult vernahm und es ihn seines Amtes dünkte, ihn beizulegen, sandte er den Patriarchen Messer Giovanni Vitelleschi[148], einen vertrauten Freund Messer Rinaldos, um diesen zu ersuchen,

GIOVANNI VITELLESCHI

er möge zu ihm kommen: er, der Papst, werde es bei der Signorie weder an Einfluß noch an Bemühungen fehlen lassen, ihn ohne Blut und Beschädigung der Bürger zufrieden- und sicherzustellen. Messer Rinaldo ließ sich von dem Freunde bereden und zog mit seinem ganzen Haufen nach Santa Maria Novella, wo der Papst wohnte. Dieser eröffnete ihm, die Signoren hätten in ihn ihr Vertrauen gesetzt und ihm die Schlichtung des ganzen Streites übertragen: alles werde geordnet werden, wenn er die Waffen niederlege, wie man von ihm verlange. Messer Rinaldo, der die Kälte Messer Pallas und Messer Ridolfo Peruzzis Wankelmut erfahren, warf sich, bessern Rats bar, dem Papst in die Arme, indem er dachte, dessen Ansehn würde ihn schützen. Der Papst ließ hierauf den Messer Niccolò Barbadori und die andern draußen Wartenden wissen, sie sollten die Waffen niederlegen: Messer Rinaldo bleibe bei ihm, um ein Abkommen mit den Signoren zu treffen. Auf diese Weise entschloß sich jeder, sich zu entwaffnen.

Als die Signoren ihre Gegner in diesem Zustande sahen, ließen sie sich durch Vermittlung des Papstes auf eine Verhandlung ein, andrerseits aber sandten sie heimlich nach dem Gebirge von Pistoja, Truppen zu holen. Diese und was sonst von Bewaffneten aufzutreiben war, zogen nachts in Florenz ein und besetzten die festen Plätze der Stadt. Am folgenden Morgen beriefen sie das Volk auf den Platz und ernannten eine neue Balia, welche damit begann, Cosimo de' Medici und die mit ihm Verwiesenen in die Heimat zurückzurufen, worauf sie von der feindlichen Partei Messer Rinaldo degli Albizzi, Ridolfo Peruzzi, Niccolò Barbadori und Messer Palla Strozzi mit vielen andern Bürgern verbannte, und dies in so bedeutender Menge, daß es wenige Orte in Italien gab, wo nicht florentinische Verwiesene zu finden gewesen wären, und manche Städte außerhalb Italiens voll von ihnen waren. Florenz wurde solcherweise nicht nur um viele tüchtige Männer ärmer, sondern auch an Reichtum und Gewerbefleiß. Als der Papst den großen Ruin sah, der über jene gekommen, welche auf seine Bitten die Waffen niedergelegt, war er sehr ungehalten darüber und drückte dem Messer Rinaldo sein Bedauern aus über die ihm infolge seines zu ihm gehegten Vertrauens widerfahrene Unbilde, indem er ihn zur Geduld ermunterte und zur Hoffnung auf den Wechsel des Glücks. Messer Rinaldo antwortete darauf: «Der Mangel an Vertrauen zu mir, bei denen, die mir hätten glauben sollen, und das Übermaß des Vertrauens, das ich in Euch gesetzt, haben mich und meine Partei zugrunde gerichtet. Aber ich klage mich mehr denn andere an, weil ich glaubte, Ihr, der Ihr aus Eurem Lande vertrieben wurdet, könntet mich in dem meinigen halten. Von Glückswechseln habe ich ziemlich reife Erfahrungen gewonnen: wie ich dem Glück wenig getraut, so betrübt Unglück mich minder, und ich weiß, daß auch mir das Schicksal ein freundlicheres Gesicht zeigen kann, wenn es ihm beliebt. Beliebt es ihm aber nicht, so werde ich wenig nur eine Stadt vermissen, wo die Gesetze weniger vermögen als die Menschen. Denn die Heimat ist wünschenswert, wo man Gut und Freunde in Sicherheit genießen kann: jene nicht, wo das Gut leicht geraubt werden kann und die Freunde aus Besorgnis vor eigener Beschädigung in der Not abfallen. Weise und gute Männer hat es stets weniger geschmerzt vom Unglück ihres Vaterlands zu hören, als es vor sich zu sehn, und sie halten es für rühmlicher, ehrenwerte Verbannte zu sein als knechtische Bürger.» Und den Papst verlassend, voll Erbitterung und oft sich selber die eigenen Entschlüsse vorwerfend und die Kälte seiner Genossen anklagend, ging er ins Exil. Cosimo hingegen, nachdem die Kunde seiner Rückberufung zu ihm gelangt, kehrte nach Florenz zurück. Selten geschah es, daß ein, nach einem Siege im Triumph heimkehrender Bürger von seiner Vaterstadt unter solchem Zusammenlauf des Volkes und mit solchen Bezeugungen der Anhänglichkeit empfangen ward, wie er bei seiner Rückkehr aus der Verbannung. Freiwillig begrüßte ihn ein jeder als Wohltäter des Volkes und Vater des Vaterlandes.

Zweiter Teil

Fünftes Buch

In ihrem Kreislauf pflegen die meisten Staaten von Ordnung zu Unordnung überzugehn, um dann von der Unordnung zur Ordnung zurückzukehren. Denn da die Natur den menschlichen Dingen keinen Stillstand gestattet, so müssen sie notwendig abwärts steigen, nachdem sie den Gipfel der Vollkommenheit erreicht haben, wo sie nicht ferner aufwärts zu steigen vermögen. Sind sie nun herabgestiegen und durch Zerrüttung aufs tiefste gesunken, so müssen sie, da ferneres Sinken unmöglich, notwendig wieder aufwärts steigen. So in stetem Wechsel geht es abwärts zum Bösen, aufwärts zum Guten. Denn Kraft zeugt Ruhe, Ruhe Trägheit, Trägheit Unordnung, Unordnung Zerrüttung, wie hinwieder aus der Zerrüttung Ordnung entsteht, aus der Ordnung Kraft, aus der Kraft Ruhm und Glück. Darum haben verständige Männer beobachtet, daß die Wissenschaften der kriegerischen Tapferkeit folgen, und in Staaten und Städten erst Feldherren auftreten, dann Philosophen. Denn wenn gut und tapfer geführte Waffen Sieg gebracht haben, der Sieg Ruhe, so kann der kriegerische Mut durch keine ehrenvollere Friedenskunst geschwächt werden, als durch die Wissenschaften, noch kann die Entwöhnung vom Kriege mit größerer und gefahrvollerer Täuschung bewirkt werden, als durch diese. Dies sah Cato sehr wohl ein, als die Philosophen Diogenes und Carneades als athenische Abgesandte zum römischen Senat kamen. Da dieser bemerkte, wie die römischen Jünglinge ihnen voll Bewunderung folgten, und er den Nachteil erkannte, der seinem Vaterlande durch die Entwöhnung vom Kriegerleben zugefügt werden würde, so brachte er es dahin, daß in Zukunft kein Philosoph in Rom aufgenommen werden durfte. Auf solche Weise schreiten also die Staaten ihrem Sturze zu, und sind sie gefallen, und ist das Volk klüger geworden durch Unglück, so kehren sie, wie gesagt, zur Ordnung zurück, wenn nicht irgendeine außerordentliche Macht sie völlig erdrückt. So ward, erst durch die alten Etrusker, dann durch die Römer, Italien bald glücklich, bald elend, und wenn auch auf den Trümmern Roms nicht aufgebaut worden ist, das Ersatz gegeben hätte für das Verlorene, das imstande gewesen wäre, Glorreiches zu wirken unter einer geregelten Herrschaft: so erblühte doch so großer Hochsinn in einigen der neuen Städte und Reiche, die sich auf jenen Ruinen erhoben, daß, wenn auch nicht eine Macht die andern überwog, dennoch Ordnung und Eintracht genug bestand, um Italien von den Barbaren zu befreien und zu schützen. War unter diesen Staaten der florentinische einer der kleineren in Hinsicht auf den Umfang, so war er es nicht in Hinsicht auf Ansehen und Macht. Denn da dieser Staat recht in Italiens Mitte lag, reich war und Angriffe nicht duldete: so focht er die gegen ihn begonnenen Kriege glücklich durch, oder verlieh als Bundesgenosse den Sieg. Sahen nun diese neuen Staaten keine durch langen Frieden gesegneten Zeiten entstehen, so waren sie doch auch nicht gefährlich durch grausame Kriege. Denn wenn man nicht behaupten kann, da sei Friede, wo Nachbarstaaten einander oft mit den Waffen angreifen, so kann man ebensowenig *das* Krieg nennen, wo die Leute einander nicht töten, wo die Städte nicht geplündert, die Reiche nicht zerstört werden. Ihre Kriege waren nur Scheinkriege, die man ohne Furcht begann, ohne Gefahr durchkämpfte, ohne Nachteil beendete. So wurde jene kriegerische Tugend, welche anderwärts durch langen Frieden unterzugehn pflegt, in Italien durch die Lauheit des Kriegführens unterdrückt, wovon die Geschichte unseres Landes vom Jahre 1434 zum Jahre 1494 den Beweis liefern wird. Da wird man sehen, wie am Ende dem Ausländer von neuem der Weg gebahnt wird, von neuem Italien in seine Macht gegeben ward. Und werden auch die Taten unserer Fürsten, außen wie zu Hause, nicht, gleich jenen der Alten, ihrer Größe und Hochherzigkeit wegen mit Bewunderung gelesen werden, so werden sie vielleicht nicht geringern Stoff zur Betrachtung bieten, wenn man sieht, wie so edle Völkerschaften durch schwache und schlecht geführte Waffen im Zaum gehalten wurden. Findet man endlich bei der Beschreibung der Ereignisse in dieser verderbten Welt nicht kriegerische Tapferkeit, nicht Feldherrntalent, noch Vaterlandsliebe des Bürgers zu berichten: so wird man erfahren, mit welchem Trug, mit welchen Listen und Künsten Fürsten, Krieger, Lenker von Freistaaten umgingen, um jenen Ruf zu bewahren, den sie ohne ihr Verdienst erworben hatten. Vielleicht ist die Kenntnis dieser Verhältnisse nicht minder fruchtbringend als die der alten Geschichte. Denn wenn die eine zur Nachahmung auffordert, so dient die andere zur Warnung.

Durch seine Beherrscher war Italien zu dem Zustande gelangt, daß, wenn die Eintracht der Fürsten einen Frieden vermittelte, dieser bald durch diejenigen, welche die Waffen in Händen hatten, gestört ward. So brachte der Krieg keinen Ruhm, der Friede keine Ruhe. Als auf solche Weise im Jahre 1433 zwischen dem Herzoge von Mailand und dem Bunde Friede geschlossen worden war, so wandten sich die Soldtruppen, die nach Krieg verlangten, wider den Kirchenstaat. Es gab damals in Italien unter diesen Soldtruppen zwei Parteien, die Braccesken und die Sforzesken. Diese hatten den Grafen Francesco, Sforzas Sohn, zu ihrem Haupte, jene den Niccolò Piccinino und Niccolò Fortebraccio. Beinahe alle übrigen italienischen Haufen hielten sich zu der einen oder andern dieser Parteien. Die Sforzasche stand aber in größerm Ansehn, sowohl wegen des Kriegsruhms ihres Führers, als auch weil der Herzog von Mailand diesem seine natürliche Tochter, Madonna Bianca, zur Ehe versprochen hatte. Die Aussicht auf diese Verbindung mehrte sehr das Ansehn des Sforza. Nach dem lombardischen Frieden griffen also, aus verschiedenen Gründen, diese Parteien Papst Eugenius an. Den Niccolò Fortebraccio trieb Braccios da Montone alte Feindschaft gegen die Kirche, Ehrgeiz den Grafen Francesco. Während nun Niccolò Rom angriff, bemächtigte sich Sforza der Mark (1433). Die Römer, die keinen Krieg wollten, vertrieben den Papst, der unter Gefahren und Beschwerden nach Florenz flüchtete und dort, gedrängt, verlassen von den Fürsten, die keine Lust hatten, um seinetwillen wieder zu den Waffen zu greifen, die sie eben müde niedergelegt, mit Francesco sich vertrug und seine Herrschaft über die Mark anerkannte, obgleich der Graf, bei der Besetzung, zum Schaden Spott gefügt, indem er bei Bezeichnung des Ortes, von wo er seinen Beamten schrieb, der Sitte gemäß in lateinischer Sprache hinzufügte: Ex Girofalco nostro Firmiano, invito Petro et Paulo[149]. Da er mit der Belassung des Landes sich nicht begnügte und zum Bannerführer der Kirche ernannt werden wollte, ward ihm auch dies zugestanden. So viel stärker war in Papst Eugen die Besorgnis vor der Gefahr eines Krieges als vor der Schmach des Friedens. Nachdem er solcherweise den Grafen gewonnen, zog dieser gegen den Fortebraccio,

GATTAMELATA

und sie kämpften mehrere Monate lang miteinander auf dem Gebiet der Kirche. Dieser Kampf aber brachte dem Papst und dessen Untertanen größern Schaden als den Kriegführenden. Endlich wurde durch Vermittlung des Herzogs von Mailand ein Vergleich und Waffenstillstand geschlossen, infolgedessen beide im Kirchenstaate als Gewalthaber blieben.

Kaum war dort der Streit beigelegt, so gab Batista da Canneto Anlaß zu dessen Wiederausbruch in der Romagna. Dieser ermordete in Bologna einige aus der Familie Grifoni und vertrieb den päpstlichen Governatore mit andern seiner Gegner. Um sich nun mit Gewalt zu behaupten, wandte er sich an den Herzog von Mailand: der Papst aber, die Unbill zu rächen, bat die Venezianer um Hilfe. Von beiden Seiten ward der verlangte Beistand gewährt, so daß auf einmal zwei große Heere in der Romagna standen (1434). Niccolò Piccinino war der Feldhauptmann des Visconti; die Venezianer und Florentiner hatten den Gattamelata und Niccolò da Tolentino[150] zu Führern. Bei Imola kam es zur Schlacht[151], in welcher letztere den kürzern zogen und Niccolò da Tolentino als Gefangener zum Herzog gesandt ward, wo er, entweder durch dessen Veranstaltung oder aus Schmerz über den Verlust binnen wenigen Tagen starb. Der Herzog, sei es, daß frühere Kriege ihn geschwächt, oder weil er glaubte, die Verbündeten würden nach der Niederlage den Kampf nicht weiterführen, verfolgte seinen Vorteil nicht, und ließ diesen und dem Papst Zeit, sich von neuem zu sammeln. Sie wählten nun den Grafen Francesco Sforza zu ihrem Feldhauptmann und beschlossen den Fortebraccio aus dem Kirchenstaate zu vertreiben, um zu sehen, ob sie dem zugunsten des Papstes begonnenen Kriege ein Ende machen könnten. Als die Römer sahen, daß der Papst in Macht dastand, suchten sie sich mit ihm zu vertragen, und da sie ihn willig fanden, nahmen sie einen Statthalter von ihm an[152]. Niccolò Fortebraccio hielt neben andern Orten Tivoli, Montefiascone, Città di Castello und Assisi besetzt. Da er das Feld nicht zu behaupten vermochte, hatte er sich in letztgenannte Stadt zurückgezogen und wurde hier von Sforza belagert. Da nun die Entschließung sich in die Länge zog, weil Niccolò sich männlich verteidigte, so schien es dem Herzog von Mailand nötig, entweder den Verbündeten diesen Erfolg streitig zu machen, oder nach demselben auf seine eigene Verteidigung bedacht zu sein. Um also den Grafen zur Aufhebung der Belagerung zu nötigen, befahl er dem Niccolò Piccinino, durch die Romagna in Toscana einzurücken. Die Verbündeten, denen es nötiger schien, Toscana zu verteidigen, als Assisi zu nehmen, erteilten hierauf dem Sforza den Befehl, Niccolò den Paß zu verlegen. Schon stand dieser mit seinem Heere bei Forli. Der Graf andrerseits rückte bis Cesena vor, indem er seinem Bruder Lione die Verteidigung der Mark und seiner andern Staaten übertrug. Während aber Piccinino den Durchzug versuchte, der Graf ihn daran hinderte, griff Fortebraccio den Lione an, nahm ihn gefangen, zerstreute seine Truppen und verfolgte mit gleichem Eifer und Ruhm den Sieg, indem er mehrere Orte der Mark besetzte. Dies betrübte den Grafen sehr, indem er alle seine Besitzungen verloren zu haben wähnte. Deshalb ließ er einen Teil seines Heeres dem Piccinino gegenüberstehn, zog mit dem andern wider Fortebraccio, griff ihn an und schlug ihn. Fortebraccio fiel verwundet in des Sforza Gewalt und starb an der Wunde. Dieser Sieg gab dem Papst seine Städte wieder, die jener besetzt, und nötigte den Herzog von Mailand, Frieden zu suchen, der auch durch die Vermittlung des Markgrafen von Ferrara, Niccolò da Este, geschlossen ward. Die vom Herzog in der Romagna eingenommenen Orte wurden der Kirche zurückgegeben, und die Kriegsvölker desselben kehrten heim. Als diese nun abgezogen, vermochte Batista da Canneto, wie es mit solchen zu geschehen pflegt, die sich bloß durch fremde Macht in einem Staate behaupten, sich durch eigene Kraft nicht in Bologna zu halten. Er floh, und Messer Antonio Bentivogli kehrte zurück, das Haupt der ihm feindlichen Partei.

Alles dies ereignete sich während Cosimos Verbannung[153]. Nach seiner Rückkehr beschlossen seine Anhänger und viele andere durch die früheren Gewalthaber gekränkte Bürger, ohne fernere Schonung ihre Stellung zu sichern. Die Signorie, welche im November und Dezember folgte, begnügte sich deshalb nicht mit den durch ihre Vorgänger zugunsten der Partei getroffenen Maßregeln, sondern verlängerte vielen die Zeit der Verbannung, änderte die Orte des Exils, verbannte viele andre. Nicht sowohl Parteigeist ward dabei in Betracht gezogen, als Reichtümer, Verwandtschaften, Freundschaften. Wäre diese Proskription von Blutszenen begleitet gewesen, so würde sie mit jenen des Octavian oder Sulla sich haben vergleichen lassen. Ohne Blut ging es doch nicht ab. Denn Antonio Guadagni, Bernardos Sohn, wurde enthauptet, und da vier Bürger, unter ihnen Zanobi de' Belfratelli und Cosimo Barbadori, ihren Verbannungsort verlassen und sich nach Venedig begeben hatten, sandten die Venezianer, mehr auf Cosimos Freundschaft gebend als ihrer Ehre achtend, sie gefangen nach Florenz, wo man sie schimpflich zum Tode verurteilte. Dadurch mehrte sich das Ansehn der Partei, der Schrecken der Gegner. Indem man aber in Betracht zog, daß eine so mächtige Republik ihre Freiheit den Florentinern verkauft hatte, glaubte man, sie habe dies nicht sowohl getan, um Cosimo einen Dienst zu erzeigen, als um die Parteiwut in Florenz immer mehr anzufachen und durch Blutvergießen die Spaltung noch gefährlicher zu machen. Denn die Venezianer sahen kein größeres Hindernis auf ihrem Wege zur Macht, als die Einigkeit der Florentiner.

Nachdem nun die Stadt von Gegnern oder Verdächtigen gesäubert war, begannen sie Neuemporgekommene zu begünstigen, um ihre Partei zu verstärken. Die Familie der Alberti und früher Landesverwiesene wurden zurückgerufen. Alle Großen, mit geringen Ausnahmen, wurden wieder unter die Popolanen aufgenommen. Die Güter der Rebellen verteilten sie untereinander um niedern Preis. Hierauf festigten sie sich mittels neuer Gesetze und Anordnungen, und veränderten die Wahlbeutel, indem sie die Namen der Gegner herausnahmen und die der Befreundeten hineinlegten. Gewarnt aber durch den Sturz ihrer Gegner, und in dem Glauben, daß die neuen Füllungen der Wahlbeutel nicht hinreichen würden, ihre Macht zu sichern, wollten sie, daß jene Magistrate, welchen der Blutbann zusteht, aus den Häuptern ihrer Partei zusammengesetzt sein sollten, und bestimmten also, daß die Accoppiatoren[154], welche die neue Füllung der Wahlbeutel zu besorgen hatten, die Befugnis haben sollten, in Gemeinschaft mit der abtretenden Signorie die neue zu ernennen. Dem Magistrat der Acht der Wache erteilten sie peinliche Gerichtsbarkeit und verordneten, daß die auf eine gewisse Zeit Verbannten, deren Exil zu Ende, nicht heimkehren dürften, wenn nicht von den Signoren und Kollegien, welche siebenunddreißig an der Zahl sind, vierunddreißig zur Erteilung der betreffenden Erlaubnis sich vereinten. Der Briefwechsel mit den Verbannten wurde untersagt; jedes Wort, jeder Wink, jede Vorkehrung, die den Herrschenden irgendwie mißfällig, wurde hart bestraft. Blieb in Florenz irgendein Verdächtiger, dem man auf diese Weise nicht beizukommen vermochte, so wurde er durch die von neuem auferlegten Abgaben zugrunde gerichtet. So war binnen kurzem die ganze feindliche Partei vertrieben oder verarmt und die Herrschaft in der Gewalt der Mediceischen Faktion. Um nun äußerer Hilfe nicht zu entbehren und sie den Übelwollenden abzuschneiden, verbündeten sie sich mit dem Papste, mit Venedig und dem Herzog von Mailand zu gegenseitiger Verteidigung ihrer Staaten.

Während die florentinischen Angelegenheiten diese Wendung nahmen, starb Johanna, Königin von Neapel (1435), und setzte durch ihren letzten Willen René von Anjou zum Erben des Throns ein[155]. Damals befand sich in Sizilien Alfons, König von Aragon, welcher, da er zu vielen Baronen des Reiches in vertrautem Verhältnisse stand, diese Krone sich zu eigen zu machen trachtete. Die Neapolitaner und viele Barone begünstigten René: der Papst seinerseits wollte weder von René noch von Alfons hören, sondern das Reich durch einen Statthalter verwalten lassen. Alfons begab sich unterdes aufs Festland und wurde von dem Herzoge von Sessa empfangen. Er nahm einige Fürsten in seinen Sold, in der Absicht, da er schon Capua besaß, welches der Fürst von Tarent in seinem Namen hielt, die Neapolitaner zu zwingen, sich seinem Willen zu fügen. Darauf sandte er sein Heer gen Gaeta, welches für die Neapolitaner war. Letztere wandten sich daher an den Herzog von Mailand mit der Bitte um Beistand. Dieser bewog die Genuesen, ihnen beizustehn, und nicht nur um dem Herzoge, ihrem Oberherrn, gefällig zu sein, sondern auch um ihre Waren in Neapel und Gaeta zu retten, rüsteten sie eine mächtige Flotte. Als Alfons dies vernahm, verstärkte er seine Seemacht und zog selbst den Genuesen entgegen. Bei den Ponza-Inseln kam es zum Kampfe[156]: die aragonische Flotte unterlag,

Alfons ward mit vielen der vornehmsten Führer gefangen und von den Genuesen dem Visconti überliefert.

Dieser Sieg setzte alle diejenigen in Bestürzung, welche in Italien Filippo Marias Übergewicht fürchteten. Denn sie urteilten, es sei ihm jetzt eine gute Gelegenheit geboten, des Ganzen sich zu bemächtigen. Er aber, so verschieden sind der Menschen Ansichten, faßte ganz entgegengesetzten Beschluß. Alfons war ein kluger Mann, und sobald er mit dem Visconti eine Unterredung haben konnte, zeigte er ihm, wie sehr unrecht er daran tue, dem Anjou günstig, ihm aber entgegen zu sein. Denn werde René König von Neapel, so werde er auch alles aufwenden, dem Könige von Frankreich die Herrschaft über Mailand zu verschaffen, um Hilfe nahe zu haben und in schwierigen Umständen nicht erst um offne Straße für Zuziehende nachsuchen zu müssen. Dessen könne er sich nur vergewissern, indem er den Visconti stürze und Mailand französisch werden lasse. Das Gegenteil werde geschehen, siege er, Alfons, ob. Denn da er keinen andern Feind fürchte als Frankreich, so sei er genötigt, den, welcher diesem Feinde die Tore öffnen könne, zu lieben und ihm gefällig, ja gehorsam zu sein. So werde der Titel von jenem Königreiche Alfons gehören, Macht und Ansehn aber Filippo. Deshalb müsse letzterer am reiflichsten die Gefährlichkeit des einen Plans, den Vorteil des andern überlegen, wenn er nicht vielmehr einer Laune folgen, als sich der Macht vergewissern wolle. Denn in dem einen Falle werde er Fürst sein und unabhängig, in dem andern werde er, mitten innestehend zwischen zwei mächtigen Herrschern, entweder sein Land verlieren oder immer in Besorgnis leben und jenen sich fügen müssen. Diese Vorstellungen vermochten so viel über den Herzog, daß er seine Pläne änderte, Alfons freigab und ihn ehrenvoll nach Genua und von dort nach dem Königreich sandte, worauf dieser nach Gaeta sich begab, welches von einigen seiner Anhänger besetzt worden war, sobald man von seiner Befreiung Kunde erhielt.

Als die Genuesen sahen, daß der Herzog, ohne auf sie Rücksicht zu nehmen, Alfons befreit und ihre Gefahr und Auslagen sich zunutze gemacht, während ihm der Ruhm der Freilassung geblieben, ihnen der Vorwurf der zugefügten Niederlage, wurden sie alle gegen ihn sehr erbittert. Wenn die Stadt Genua ihre Unabhängigkeit genießt, so wählt sie durch freie Stimmen einen Herrscher, welcher Doge genannt wird, nicht als unumschränkter Fürst, oder um allein zu beschließen, sondern damit er als Oberhaupt vorschlage, was Magistrate und Ratsversammlungen in Untersuchung ziehn sollen. Es gibt in dieser Stadt viele edle Familien, die so mächtig sind, daß sie ungern nur den Magistraten gehorchen. Die angesehensten sind die Fregosi und die Adorni. Daher kommen die Zwistigkeiten in Genua und die Umwälzungen der bürgerlichen Ordnung. Denn da sie nicht durch Redekünste, sondern oft mit den Waffen um die Herrschaft streiten, so folgt daraus, daß immer eine Partei am Boden liegt, wenn die andere herrscht. Es geschieht auch wohl, daß jene, welche ihre Würde verloren, fremde Hilfe ansprechen und das Vaterland, das sie selber nicht beherrschen können, der Willkür eines Ausländers überliefern. Daher kam es und kommt es, daß die Gewalthaber in der Lombardei oft auch in Genua regieren, wie es gerade der Fall war, als Alfons von Aragon gefangen genommen wurde. Unter den vornehmen Genuesen, welche Veranlassung gewesen, daß ihre Stadt sich dem Visconti unterworfen hatte, war Francesco Spinola, welcher, wie es nicht selten vorkommt, nicht lange nachdem er sein Vaterland in Knechtschaft gebracht, dem Herzoge verdächtig wurde. Darüber zürnend, wählte er gleichsam ein freiwilliges Exil in Gaeta. Da er sich hier befand, als die Seeschlacht mit König Alfons vorfiel, und er sich dabei tapfer hielt, glaubte er auf solche Weise, dem Herzog gegenüber wenigstens so viel Verdienst erworben zu haben, daß ihm ein ruhiger Aufenthalt zu Genua gestattet werden würde. Als er aber sah, daß der Verdacht des Visconti währte, weil dieser nicht glaubte, daß der ihn lieben könnte, welcher die Freiheit seiner Heimat nicht geliebt: beschloß er von neuem das Glück zu versuchen und mit einem Male dem Vaterlande die Unabhängigkeit wieder zu erringen, für sich aber Ruhm und Sicherheit. Denn es schien ihm, daß es nur einen Weg gebe, bei seinen Mitbürgern wieder zu Ehren zu gelangen: es so zu machen, daß, woher die Wunde gekommen, auch Heilung und Gesundheit kämen. Als er nun die allgemeine Erbitterung gegen den Herzog wegen der Freilassung des Königs gewahrte, hielt er die Zeit für geeignet, seine Pläne ins Werk zu setzen, und besprach sich darüber mit einigen, die er als gleichgesinnt kannte und die er zur Teilnahme aufforderte.

Das berühmte Fest Sankt Johannes des Täufers war gekommen, an welchem Arismino, des Herzogs neuer Statthalter, in Genua einzog. Da er von Opicino, dem abgehenden Statthalter, und von vielen Genuesen begleitet, den Einzug schon bewerkstelligt hatte, schien es dem Spinola, daß er keine Zeit verlieren dürfe. So verließ er denn bewaffnet seine Wohnung, mit denen, welche um seine Pläne wußten, und als er auf dem vor seinem Hause liegenden Platze sich befand, rief er die Freiheit aus. Es war wunderbar zu sehn, wie das Volk und die Bürger bei diesem Rufe zusammenliefen, so daß keiner, mochte er eigenen Vorteils wegen oder aus andern Gründen dem Herzog geneigt sein, Zeit hatte, zu den Waffen zu greifen, ja kaum soviel, um die Flucht ergreifen zu können.

Arismino flüchtete mit einigen Genuesen, die bei ihm waren, in das Kastell, das in des Herzogs Namen besetzt gehalten wurde. Opicino, welcher glaubte, wenn er den Palast erreichte, wo zweitausend Bewaffnete standen, sich retten oder den Seinigen Mut zur Gegenwehr einflößen zu können, eilte dahin, wurde aber, bevor er den Platz erreichte, niedergestoßen, in Stücke gehauen und so durch Genua geschleppt. Nachdem nun die Bürger einheimische Magistrate gewählt, nahmen sie binnen wenigen Tagen das Kastell und die übrigen von den Herzoglichen besetzten festen Plätze und waren bald ganz befreit vom Joche Filippo Viscontis.

Den Fürsten Italiens, welche anfangs voll Unruhe gewesen waren und die Besorgnis genährt hatten, der Herzog möchte zu mächtig werden, flößte der Ausgang dieser Angelegenheit die Hoffnung ein, daß es ihnen gelingen würde, ihn im Zaum zu halten. Ungeachtet des kürzlich erst geschlossenen Bündnisses vertrugen sich nun Florentiner und Venezianer mit Genua. Als Messer Rinaldo degli Albizzi und die übrigen Häupter der Florentiner Ausgewanderten gewahrten, daß Mißverständnisse im Anzug waren und die Dinge in der Welt ihr Aussehn änderten, faßten sie Hoffnung, den Herzog zu offnem Kriege gegen Florenz bewegen zu können. Sie begaben sich deshalb nach Mailand, wo Messer Rinaldo den Visconti in folgender Weise anredete: «Wenn wir, die wir einst deine Gegner waren, jetzt vertrauensvoll als Bittende dir nahen, um durch deinen Beistand in unser Vaterland zurückzukehren, so mußt du nicht, so muß niemand, der den Zeitlauf menschlicher Angelegenheiten und Glückswechsel betrachtet, Verwunderung darüber äußern. Denn für unser voriges und gegenwärtiges Tun haben wir offen darliegende und verständige Gründe und Rechtfertigung, dir gegenüber für das Vergangene, gegenüber unserm Vaterlande für das Gegenwärtige. Kein redlicher Mann wird einen schmähen, weil er sein Vaterland verteidigt, auf welche Weise auch immer solches geschehen möge. Unser Zweck war niemals, dich zu kränken und dir Schaden zuzufügen, sondern die Heimat vor Schaden zu bewahren. Beweis davon ist, daß im Laufe der glänzendsten Siege unseres Bundes, sobald wir erkannten, du wärest zu wahrem Frieden geneigt, wir diesen Frieden sehnlicher wünschten als du selber. So glauben wir nichts getan zu haben, was uns unfähig machen dürfte, irgendeine Gnade von dir zu erlangen. Unser Vaterland kann sich ebensowenig darüber beschweren, daß wir dich jetzt ermuntern, gegen dasselbe jene Waffen zu gebrauchen, vor denen wir es mit solcher Beharrlichkeit schützten. Denn *das* Vaterland verdient von allen Bürgern geliebt zu werden, welches alle seine Bürger gleichmäßig liebt: nicht jenes, welches einige wenige werthält indem es alle übrigen zurücksetzt. Keiner darf die gegen das Vaterland gewandten Waffen ohne Unterschied verdammen. Denn die Städte, wenngleich Körper gemischter Natur, haben mit einfachen Körpern Ähnlichkeit. Wie in letzteren häufig Krankheiten sich erzeugen, welche ohne Eisen und Feuer sich nicht heilen lassen: so entsteht in jenen oft so viel Verderbnis, daß, wäre selbst das Eisen nötig, ein redlicher und guter Bürger ärger fehlen würde, wendete er es aus Furcht vor gewaltsamen Mitteln nicht an, als wenn er damit die Heilung vornähme. An welchem größern Übel aber kann der Leib eines Freistaates kranken als an der Knechtschaft? Welche Arznei ist nötiger als jene, durch deren Anwendung er genesen kann? Nur notwendige Kriege sind gerecht; nur jene Waffen sind fromme Waffen, deren Anwendung die einzige Aussicht bietet. Ich weiß nicht, welche Notwendigkeit größer ist als die, welche uns antreibt; welche Liebe feuriger ist als die, welche die Ketten des Vaterlandes bricht. Unsere Sache ist also die Sache der Gerechtigkeit und Liebe: dies muß von uns wie von dir in Erwägung gezogen werden. Auf deiner Seite fehlt die Gerechtigkeit nicht: denn nach einem feierlich geschlossenen Frieden haben die Florentiner sich nicht gescheut, mit den Genuesen sich zu verbünden, welche gegen dich sich empört haben. Bewegt also unsere Sache dich nicht, so sollte deine Entrüstung dich bewegen, um so mehr, als das Unternehmen leicht ist. Vorgänge früherer Zeiten, bei denen du die Macht des florentinischen Volks und seine Beharrlichkeit im Widerstande kennengelernt hast, dürfen dich nicht schrecken. Auch jetzt müßten diese dir Besorgnis einflößen, wenn sie von derselben Stärke wären wie vormals. Aber jetzt wirst du das Gegenteil finden. Denn welche Macht soll in einer Stadt sein, welche neuerlich den größern Teil ihres Reichtums und ihrer Tätigkeit ausgewiesen hat? Welche Beharrlichkeit soll ein Volk zeigen, das durch so vielfache und neue Feindschaften zerrissen ist? Diese Zwietracht ist Ursache, daß auch, was geblieben von Reichtum, nicht so wie damals verwendet werden kann. Denn gerne geben die Menschen das ihrige hin, wenn sie sehen, daß es für eigenen Ruhm, eigene Ehre und Größe geschieht. Dann hoffen sie, im Frieden das Gut wiederzugewinnen, das sie im Kriege einbüßen. Anders aber ist es, wenn sie in Frieden und Kriege sich gleichmäßig unterdrückt sehen, wenn sie im Kriege der Feinde Härte, im Frieden der einheimischen Gebieter Übermut zu ertragen haben. Den Völkern aber schadet weit mehr der Bürger Habsucht, als der Feinde Raubsucht: denn von dieser ist das Ende abzusehn, nicht aber das Ende von jener. Du hast in früheren Kriegen die Waffen gegen eine ganze Stadt erhoben: ein kleiner Teil nur ist's, gegen den du jetzt sie erhebst. Du kamst, vielen und guten Bürgern ihre Stellung und Macht zu nehmen: jetzt kommst du gegen wenige nur und schlechte. Du zogest aus, einer Stadt ihre Freiheit zu rauben: jetzt ziehst du, ihr sie wiederzugeben. Es läßt sich nicht denken, daß so verschiedene Ursachen gleiche Wirkung haben sollten. Du darfst auf sicheren Sieg hoffen: wie große Sicherheit aber dieser Sieg deiner Stellung verleihen wird, siehst du selbst am besten ein. Denn Toscana wird dir befreundet sein und dankbar für so große Verpflichtung und wird dir bei deinen Unternehmungen nützlicher sein als Mailand. Und während ehemals diese Zunahme deiner Macht für ein Werk des Ehrgeizes und der Gewalttätigkeit gegolten haben würde, wird sie jetzt gerecht und menschenfreundlich genannt werden. Laß also diese Gelegenheit nicht vorübergehn und bedenke, daß, wenn deine früheren Unternehmungen gegen Florenz dir mit Not Kosten und Unehre brachten, die gegenwärtige dir mit Leichtigkeit großen Vorteil und Ehre bringen wird.»

Vieler Worte bedurfte es nicht, Filippo Maria Visconti zum Kriege gegen Florenz zu bewegen. Denn ihn feuerten dazu an erblicher Haß wie blinder Ehrgeiz, um so mehr, als die neue Beleidigung hinzutrat, der Vertrag der Republik mit den Genuesen. Dennoch erfüllten ihn die früheren Kosten, die überstandenen Gefahren, die Erinnerung an neuerliche Verluste und die eiteln Hoffnungen der Ausgewanderten mit Besorgnis. Sobald der Herzog den Aufstand Genuas erfahren, hatte er den Niccolò Priccinio mit all seiner Reiterei und solchem Fußvolk, als er in der Eile auftreiben konnte, gegen jene Stadt gesandt, um zu versuchen, sich ihrer wieder zu bemächtigen, bevor die Bürger zu festen Beschlüssen gekommen sein und die Regierung geordnet haben würden. Denn er setzte seine Hoffnung auf das Kastell, welches seine Leute besetzt hielten. Obschon nun aber Niccolò die Genuesen von den Hügeln vertrieb und ihnen das Tal von Ponzeveri nahm, wo sie sich gelagert hatten, sie auch bis zur Stadtmauer verfolgte: so stellte ihm doch die Standhaftigkeit der Bürger solche Schwierigkeiten entgegen, daß er unverrichteter Dinge sich zurückziehn mußte. Nun befahl ihm der Herzog, auf Antreiben der verbannten Florentiner, die Riviera di Levante anzugreifen und, dem Pisanischen nahe, auf genuesischem Gebiete den Krieg mit aller Macht zu führen. Denn er dachte, daß dieser Feldzug ihm mit der Zeit an die Hand geben werde, welcher Entschluß der ratsamste sei. Darauf berannte Niccolò Sarzana und nahm den Ort. Nachdem er viele Verheerungen angerichtet, zog er, um die Florentiner noch besorgter zu machen, nach Lucca, indem er vorgab, er wolle nach dem Königreich Neapel, um dem Könige von Aragon Beistand zu leisten (1436). Darüber verließ Papst Eugen Florenz und begab sich nach Bologna, wo er neue Unterhandlungen zwischem dem Herzog und den Verbündeten anknüpfte, indem er dem erstern andeutete, wenn er keinen Vergleich eingehn wolle, so werde er sich genötigt sehn, den Grafen Francesco, welcher damals als sein Verbündeter und in seinem Solde focht, dem Bunde zu überlassen. Die Bemühungen des Papstes scheiterten aber: denn ohne Genua wollte der Visconti sich nicht vergleichen; der Bund aber verlangte, Genua sollte unabhängig bleiben. So traute keiner dem Frieden und jeder bereitete sich zum Kampfe.

Als unterdessen Niccolò Piccinino nach Lucca gekommen war, fürchteten die Florentiner neue Anschläge. Sie sandten also Neri Capponi, Ginos Sohn, mit Mannschaft ins Pisanische, erlangten vom Papst, daß Francesco Sforza sich mit Neri Capponi vereinige und hielten mit ihrem Heere bei Santa Gonda[157]. Von Lucca aus ersuchte Piccinino um Erlaubnis zum Durchzug nach Neapel, und als man ihm diesen weigerte, drohte er, ihn zu erzwingen. Die Heere waren sich gleich, gleich die Berühmtheit der Feldherren. Da nun keiner das Glück versuchen wollte, und überdies, da es im Dezember, die Kälte sie hinderte, standen sie viele Tage lang ohne Schwertstreich einander gegenüber. Der erste, der sich in Bewegung setzte, war Piccinino, dem man vorgestellt hatte, er werde Vico Pisano leicht erobern, wenn er einen nächtlichen Angriff unternehme. Er tat's, aber der Ort hielt sich, worauf er das umliegende Land verheerte und den Borgo San Giovanni alla Vena plünderte und in Flammen aufgehn ließ. Obschon dies Unternehmen im wesentlichen mißlang, veranlaßte es doch Niccolò weiterzuziehn, um so mehr als er sah, daß Neri und der Graf sich nicht rührten. So griff er Santa Maria in Castello und Filetto an und nahm sie[158]. Auch jetzt noch setzten die Florentiner sich nicht in Bewegung, nicht, weil der Graf Besorgnis hegte, sondern weil der florentinische Magistrat den Krieg noch nicht beschlossen hatte, aus Rücksicht gegen den Papst, welcher den Frieden unterhandelte. Was die Florentiner aus Klugheit taten, gab dem Feinde, der es für Furcht nahm, Mut zu neuen Unternehmungen. So erschien er mit aller Macht vor Barga. Da beschlossen die Florentiner, alle Rücksicht beiseite zu lassen und Barga nicht nur zu Hilfe zu kommen, sondern in das Gebiet von Lucca einzufallen. Der Graf Francesco griff daher den Piccinino an und nötigte ihn, mit bedeutendem Verlust die Belagerung aufzuheben. Unterdessen sandten die Venezianer, auf den Friedensbruch von seiten des Herzogs sich stützend, ihren Feldhauptmann Giovan Francesco da Gonzaza nach der Ghiaradadda[159], wo dieser das feindliche Land so sehr beschädigte, daß Filippo Maria sich genötigt sah, den Piccinino aus Toscana zurückzurufen. Diese Maßregel und der erfochtene Vorteil gaben den Florentinern Mut, den Feldzug gegen Lucca zu wagen, in der Hoffnung, diese Stadt zu erobern. Denn sie sahen den einzigen Gegner, den sie fürchteten, den Herzog, mit den Venezianern beschäftigt, während die Lucchesen, die ihre Feinde aufgenommen und ihnen Vorschub geleistet, nicht darüber klagen durften, daß sie nun selber angegriffen wurden.

Im April des Jahres 1437 brach also der Graf Francesco Sforza mit dem Heere auf. Bevor aber die Florentiner fremdes Gebiet angriffen, wollten sie wieder nehmen, was ihr Eigentum war, und eroberten Santa Maria in Castello und die übrigen vom Piccinino besetzten Orte. Hierauf gingen sie auf lucchesisches Gebiet über und berannten Camajore, dessen Einwohner, obgleich treu gesinnt, sich ergaben, weil die Furcht vor dem nahen Feinde mehr bei ihnen vermochte, als die dem entfernten Freunde gelobte Treue. So nahmen sie auch Massa und Sarzana. Nach diesen Unternehmungen kehrten sie gegen Ende Mai mit dem Lager in die Nähe Luccas zurück, zerstörten alle Frucht und Getreide, steckten die Landhäuser in Brand, fällten die Bäume, trieben das Vieh weg und unterließen nichts, was Feinden Schaden zufügen kann. Die Lucchesen hinwiederum, als sie sich vom Herzoge verlassen sahen und verzweifelten, das Land verteidigen zu können, gaben es auf und befestigten auf alle Weise die Stadt, welche sie halten zu können hofften, da sie voll Bewaffneter war. In dieser Hoffnung bestärkte sie überdies die Erinnerung an frühere Unternehmungen der Florentiner. Nur fürchteten sie den Wankelmut des gemeinen Volks, sowie daß dieses, eine Belagerung mit Widerwillen ertragend, die Gefahr höher als die Freiheit anschlagen und sie zu irgendeinem schädlichen und schmählichen Abkommen nötigen möchte. Um nun das

Volk zur Verteidigung zu entflammen, ließen sie es auf dem Platze zusammenkommen, und einer der Ältcren und Verständigeren hielt folgende Anrede: «Ihr müsset stets vernommen haben, daß, wenn eine Tat aus Not geschieht, weder Lob noch Tadel ihr folgen darf noch kann. Beschuldigtet ihr also uns, diesen Krieg mit Florenz veranlaßt zu haben, indem wir die herzoglichen Kriegsvölker aufnahmen und ihnen den Angriff gegen die Florentiner gestatteten, so würdet ihr euch sehr irren. Ihr kennt die alte Feindschaft der Florentiner gegen uns, deren Grund nicht Beleidigung eurerseits ist, Furcht ihrerseits, sondern eure Schwäche und ihr Ehrgeiz. Jene gibt ihnen Aussicht, euch zu unterdrücken, dieser treibt sie an, es zu versuchen. Glaubet nicht, daß irgendein Verdienst, das ihr euch um sie erwerben würdet, sie von diesem Vorhaben abbringen, oder Beleidigung von eurer Seite zu größerm Hasse reizen kann. Sie also sinnen darauf, euch die Freiheit zu nehmen: ihr müßt darauf bedacht sein, sie zu schützen. Das, was sie und wir zu diesem Zwecke tun, mag Betrübnis erregen, aber keine Verwunderung. Uns tut es leid, daß sie uns angreifen, daß sie unsere Ortschaften nehmen, unsere Wohnungen anzünden, unser Land verheeren. Wird aber einer von uns so unverständig sein, sich darüber zu wundern? Denn stände es in unserer Macht, wir würden ihnen das nämliche oder Schlimmeres zufügen. Sie haben diesen Krieg wegen des Zuges Niccolò Piccininos begonnen. Wäre aber Niccolò nicht gekommen, so würden sie ihn aus irgendeinem andern Grunde angefangen haben, und durch Verzögerung wäre das Übel vielleicht nur noch größer geworden. Jenem Zuge dürft ihr deshalb nichts zur Last legen, sondern eurem ungünstigen Geschick und ihrer ehrsüchtigen Natur. Denn wir konnten dem Herzog nicht abschlagen, sein Kriegsvolk aufzunehmen, und nachdem er einmal da war, konnten wir ihm nicht wehren, den Krieg zu beginnen. Ihr wißt, daß ohne eines Mächtigen Hilfe wir uns nicht retten können: keine Macht aber gibt's, die uns sicherer und kräftiger schützt als die des Herzogs. Er hat uns die Freiheit wiedergegeben: laßt ihn darum sie schützen. Er ist unserer beständigen Feinde größter Feind gewesen. Hätten wir also, um die Florentiner nicht zu reizen, den Herzog beleidigt, so würden wir den Freund eingebüßt, den Feind mächtiger und mehr noch auf unsern Nachteil versessen gemacht haben. So ist's viel besser, mit des Herzogs Zuneigung diesen Krieg, als mit seiner Abneigung Frieden zu haben. Auch dürfen wir hoffen, daß er uns aus den Gefahren, in die er uns gestürzt, retten werde, so wir uns selber nicht aufgeben. Es ist euch bekannt, mit welchem Ingrimm die Florentiner uns mehrmals angegriffen, und mit welchem Ruhme wir uns gegen sie verteidigt haben. Oft war uns keine andere Hoffnung geblieben, als auf Gott und die Zeit: einer und die andere haben uns geholfen. Verteidigten wir uns damals, weshalb sollten wir jetzt verzagen? Damals ließ ganz Italien uns ihnen zur Beute: jetzt haben wir den Herzog für uns und die Aussicht, daß die Venezianer uns nicht sehr entgegen sein werden, da die sich mehrende Macht von Florenz ihnen ein Dorn im Auge ist. Früher waren die Florentiner freier, hatten größere Hoffnung auf fremden Beistand, waren selbst mächtiger, während wir in jeder Hinsicht schwächer waren. Denn damals verteidigten wir einen Tyrannen, jetzt verteidigen wir uns; damals gehörte andern der Ruhm des Widerstandes, jetzt uns selbst; damals griffen jene uns vereint an, jetzt sind sie uneins, denn ganz Italien ist mit ihren Verbannten gefüllt. Bliebe uns aber auch diese Hoffnung nicht, so müßte die Notwendigkeit allein uns zur äußersten Gegenwehr auffordern. Jeden Feind müsset ihr in einem vernünftigen

Maße fürchten, denn jeder will seinen Ruhm und euern Sturz. Mehr denn alle übrigen aber müßt ihr die Florentiner fürchten: denn ihnen würden nicht unser Gehorsam und unser Tribut samt der Herrschaft über diese Stadt genügen, sondern sie würden unsere Personen und unser Gut wollen, um mit unserem Blute ihre Grausamkeit, mit unserer Habe ihre Gier zu sättigen. Darum muß jeder sie fürchten, wer er auch sei. Lasset euch deshalb nicht dadurch bewegen, daß ihr eure Äcker verwüsten, eure Landhäuser verbrennen, eure Ortschaften besetzen seht. Denn, retten wir diese Stadt, so retten wir notwendig auch jene. Verlieren wir sie, so würde die Rettung alles übrigen für uns keine Früchte tragen. Bleiben wir frei, so kann der Feind nicht leicht deren Besitz behaupten: verlieren wir die Freiheit, so nutzt jener Besitz uns nichts. Ergreift also die Waffen und haltet vor Augen, daß der Preis des Sieges nicht nur des Vaterlandes Heil sein wird, sondern das Heil eurer Häuser und eurer Kinder.» – Die letzten Worte dieser Rede erfüllten die Menge mit großem Eifer, und alle versprachen eher zu sterben als zu verzagen oder an einen Vertrag zu denken, der die Freiheit beeinträchtigen würde. Darauf ordneten sie alles, was zur Verteidigung erforderlich ist.

Unterdessen verlor das florentinische Heer seine Zeit nicht, nahm, nach vielfacher Beschädigung des Landes, Monte Carlo, das sich auf Bedingungen ergab, und zog hierauf nach Uzano, damit, von allen Seiten eingeschlossen, die Lucchesen auf keinen Beistand hoffen sollten und wegen Mangels an Lebensmitteln sich ergeben müßten. Das genannte Kastell war stark und gut besetzt, so daß dessen Einnahme nicht leicht war wie bei andern. Als die Lucchesen die Gefahr näherrücken sahen, wandten sie sich, wie natürlich, an den Herzog, dem sie sich auf alle Weise empfahlen. In ihren Reden deuteten sie bald auf ihre eigenen Verdienste hin, bald auf die durch die Florentiner erduldeten Beleidigungen, und wie er seine übrigen Freunde ermuntern würde, käme er ihnen zu Hilfe, wie sie entmutigen, ließe er sie im Stiche. Und wenn sie samt der Freiheit das Leben verlören, so würde er bei den Freunden die Ehre verlieren wie das Vertrauen bei allen denen, welche je um seinetwillen eine Gefahr zu bestehen haben würden. Diese Worte begleiteten sie mit Tränen, ihn durch Mitleid zu bewegen, wenn das Gefühl der Pflicht es nicht täte. Indem nun bei dem Herzog der alte Haß gegen die Florentiner zu der neuen Verpflichtung kam, die er gegen die Lucchesen hatte, und namentlich der Wunsch, die Macht der Florentiner nicht allzusehr wachsen zu lassen: beschloß er ein starkes Heer nach Toscana zu senden, oder die Venezianer mit solchen Massen anzugreifen, daß die Florentiner sich genötigt sehen würden, ihre eignen Unternehmungen aufzugeben, um den Bundesgenossen beizuspringen.

Kaum hatte der Herzog diesen Entschluß gefaßt, so vernahm man in Florenz, er werde Heerhaufen nach Toscana senden. Dies ließ bei den Florentinern die Hoffnung des Gelingens schwächer werden. Um nun den Herzog in der Lombardei zu beschäftigen, lagen sie den Venezianern an, ihm ihre volle Macht entgegenzusetzen. Aber auch diese waren ängstlich geworden, weil der Markgraf von Mantua sie verlassen hatte und in des Visconti Sold getreten war. Da sie sich nun wie entwaffnet sahen, so erwiderten sie, sie könnten den bisherigen Kriegsstand nicht aufrechthalten, geschweige ihn verstärken, sende man ihnen nicht als Feldherrn den Grafen Francesco, unter der Bedingung jedoch, daß er in eigener Person über den Po gehe. Verpflichte dieser sich nicht, hinüberzugehn, so wollten sie durch die früheren Verträge nicht ferner gebunden sein: denn ohne Feldhauptmann wollten sie keinen Krieg führen; auf andere als den Grafen könnten sie sich nicht verlassen; den Grafen aber könnten sie nicht gebrauchen, wenn er sich nicht verpflichte, allerorten Krieg zu führen. Den Florentinern schien kräftige Kriegführung in der Lombardei nötig: andrerseits aber sahen sie ihr Unternehmen gegen Lucca vereitelt, wenn sie ohne den Grafen blieben. Sie begriffen übrigens sehr wohl, daß dies Begehren der Venezianer nicht in der Notwendigkeit, den Grafen an der Spitze ihres Heeres zu sehen, seinen Grund habe, sondern in dem Wunsche, sie an der Eroberung von Lucca zu hindern. Der Graf seinerseits, ginge er nach der Lombardei, sollte jedem Verlangen der Verbündeten nachkommen: er aber wollte jene Verpflichtung nicht eingehen, weil er auf die durch die Verschwägerung mit dem Herzog ihm eröffnete Aussicht zu verzichten keine Lust hatte[160].

Die Florentiner wußten also nicht, welchen Entschluß sie fassen sollten. Der Wunsch, Lucca zu besitzen und die Furcht vor dem Kriege mit dem Herzog bewegten sie gleichmäßig. Wie gewöhnlich geschieht, siegte die Furcht, und sie waren es zufrieden, daß nach der Einnahme Uzanos der Graf nach der Lombardei ziehn sollte. Noch blieb aber eine Schwierigkeit, welche, da es nicht an den Florentinern lag, sie zu heben, ihnen mehr Unruhe verursachte und mehr Ungewißheit als die erste. Denn der Graf weigerte sich über den Po zu gehen, und die Venezianer wollten ihn nur unter dieser Bedingung annehmen. Da sich nun kein Mittel fand, die beiden zu einem freiwilligen Vergleiche zu bewegen, so beredeten die Florentiner den Grafen, er sollte sich mittels eines an die Signorie von Florenz gerichteten Schreibens zum Übergange über jenen Fluß verpflichten, wobei sie ihm bedeuteten, diese vertraulich gegebene Zusage werde die öffentlichen Verträge nicht ändern, und er könne es später nach seinem Willen halten. Hätten die Venezianer den Krieg einmal begonnen, so müßten sie ihn auch fortsetzen, und auf diesem Wege werde der Wendung, welche die Sachen zu nehmen drohten, entgegengearbeitet. Den Venezianern hielten sie auf der andern Seite vor, dies vertrauliche Schreiben genüge, den Sforza zu verpflichten, und sie möchten sich damit begnügen. Denn wo sie den Grafen decken könnten, der Rücksichten wegen, die er gegen den künftigen Schwiegervater zu beobachten habe, sei es gut, dies zu tun: weder ihm noch ihnen würde es Nutzen bringen, ihn ohne dringende Not bloßzustellen. In solcher Weise wurde des Grafen Abreise nach der Lombardei beschlossen. Nachdem dieser nun Uzano genommen und um Lucca einige Basteien aufgeworfen, um die Lucchesen eingeschlossen zu halten, und nachdem er darauf die Führung des Kriegs den Kommissarien übergeben, ging er über den Apennin und begab sich nach Reggio. Die Venezianer aber, die ihm nicht trauten, verlangten, er sollte vor allem andern über den Po gehen und zu ihren übrigen Truppen stoßen. Der Graf weigerte sich, ihnen Folge zu leisten, und es kam zwischen ihm und dem venezianischen Abgeordneten, Andrea Morosini, zu heftigen Worten, indem sie einander übermäßigen Hochmuts und geringer Zuverlässigkeit beschuldigten. Nachdem sie nun gegenseitig sich verwahrt, daß der eine nicht zum Dienste gehalten sei, der andere nicht zum Zahlen, kehrte der Sforza nach Toscana zurück, der andere nach Venedig. Die Florentiner wiesen dem Grafen im Gebiete von Pisa sein Standquartier an und hofften ihn zur Fortsetzung des Kriegs gegen Lucca bewegen zu können. Aber sie fanden ihn auch dazu nicht geneigt. Denn da der Herzog von Mailand vernommen hatte, der Graf habe aus Rücksicht gegen ihn nicht über den Po gehn wollen, so hoffte er auch durch dessen Dazwischentreten die Lucchesen retten zu können und ersuchte ihn, er möchte sich bemühen, zwischen Florenz und Lucca einen Vergleich zustande zu bringen und, womöglich, auch ihn einzuschließen, indem er ihm Hoffnung gab, daß die Vermählung mit seiner Tochter nun vor sich gehn würde. Diese Heirat aber lag dem Grafen sehr am Herzen, denn da der Herzog keine Söhne hatte, so hoffte er auf diese Weise zum Besitz von Mailand zu gelangen. Darum widersetzte er sich immer den kriegerischen Plänen der Florentiner und versicherte, er werde sich nicht in Bewegung setzen, hielten die Venezianer ihm nicht die Zusage von Sold und Feldhauptmannschaft. Der Sold allein genügte ihm nicht: denn da er seiner Staaten sich vergewissern wollte, so bedurfte er einer andern Stütze noch als der Florentiner. Verließen ihn also die Venezianer, so war er genötigt, an seine Angelegenheiten zu denken, und er war klug genug, durchblicken zu lassen, er werde sich mit dem Herzog verständigen.

Diese Ausflüchte und Unredlichkeit mißfielen den Florentinern höchlich, denn nicht nur sahen sie die Unternehmung gegen Lucca scheitern, sondern fürchteten selbst für eigenen Besitz, wenn der Herzog und der Graf sich vertrügen. Um nun die Venezianer zu bewegen, den Grafen in ihrem Dienste zu behalten, begab sich (1438) Cosimo de' Medici nach Venedig, im Glauben, er werde durch sein Ansehn die Republik dazu bestimmen. Da besprach er nun im Senate ausführlich diese Sache, indem er zeigte, in welchen Verhältnissen Italien sich befinde: wie groß die Macht des Herzogs sei und wo das Übergewicht der Waffen liege; er schloß seine Rede: wenn der Graf sich mit dem Herzog verbände, so müßten die Venezianer aufs Meer zurückkehren, die Florentiner für eigene Unabhängigkeit kämpfen.

Die Venezianer antworteten darauf: sie kennten ihre

Streitkräfte und die der Italiener und glaubten sich auf alle Fälle verteidigen zu können; sie wären nicht gewohnt, Kämpfer zu bezahlen, die andern dienten; die Florentiner möchten daran denken, den Grafen zu entlohnen, da sie sich seiner bedienten. Es sei aber, um ihre Staaten in Ruhe zu bewahren, nötiger, den Stolz des Grafen zu demütigen, als ihn zu bezahlen: denn der Menschen Ehrgeiz kenne keine Grenzen, und wenn er jetzt Sold erhalte, ohne Dienst zu tun, so werde er bald Herabwürdigenderes und Gefährlicheres verlangen. Es scheine ihm unerläßlich, seinem Trotz irgendeinen Zügel anzulegen und ihn nicht so wachsen zu lassen, bis er unverbesserlich würde. Wollten sie aber, aus Furcht oder aus andern Beweggründen, ihn zum Freunde halten, so möchten sie ihn immer bezahlen. So kehrte Cosimo unverrichteter Dinge heim.

Nichtsdestoweniger lagen die Florentiner dem Grafen an, er sollte sich nicht vom Bunde lossagen. Er tat dies auch gegen seinen Willen: aber der Wunsch, jene Ehe zu schließen, hielt ihn anhaltend in Spannung, so daß auch der unbedeutendste Zufall eine Sinnesänderung bewirkte. Er hatte zur Bewachung seiner Besitzungen in der Mark den Furlano, einen seiner vornehmsten Hauptleute, zurückgelassen. Diesem wurde vom Herzoge so zugesetzt, daß er des Grafen Dienst verließ und sich ihm anschloß. Da ließ der Sforza alle Rücksicht fallen und vertrug sich in seiner Besorgnis mit dem Herzog, und es war in den Bedingungen ausgesprochen, daß er sich um die Angelegenheiten in der Romagna und in Toscana nicht kümmern sollte. Nach diesem Vertrage drang er in die Florentiner, sie sollten sich mit den Lucchesen verständigen. Er drang so sehr, daß die Republik, anderer Mittel beraubt, mit jenen im Monat April des Jahres 1438 einen Vergleich schloß, durch welchen Lucca die Freiheit bewahrte, die Florentiner Monte Carlo und einige andere

Kastelle erhielten. Hierauf erfüllten sie ganz Italien mit Klageschreiben: wie sie mit Lucca Frieden geschlossen, weil Gott und die Menschen nicht gewollt, daß die Lucchesen unter ihre Herrschaft gelangen sollten. Es geschieht selten, daß einer über den Verlust eigenen Besitzes so viel Mißvergnügen an den Tag legt wie damals die Florentiner über das Mißlingen ihrer Pläne, fremden Gutes sich zu bemächtigen.

Während nun die Florentiner mit diesem Unternehmen beschäftigt waren, unterließen sie doch nicht, an ihre Nachbarn zu denken und ihre Stadt auszuschmücken. Wie gesagt war Niccolò Fortebraccio gestorben[161], der eine Tochter des Grafen von Poppi[162] zur Frau hatte. Letzterer hatte bei dessen Tode Borgo S. Sepolcro zusamt der Burg in Händen und herrschte dort zu Lebzeiten des Schwiegersohns in seinem Namen. Nach Niccolòs Tode nun behauptete er den Ort als Witthum der Tochter und wollte ihn dem Papste nicht herausgeben, der ihn, als der Kirche entzogenes Besitztum, zurückforderte. Endlich sandte Papst Eugen den Patriarchen (Vitelleschi) mit Mannschaft, den Borgo zu nehmen. Als der Graf sah, daß er den Ort gegen diese Macht nicht schützen konnte, bot er ihn den Florentinern an: diese aber schlugen ihn aus. Nachdem aber der Papst in ihre Stadt zurückgekehrt war (1439), boten sie sich als Vermittler zwischen ihm und dem Grafen an. Da indes Schwierigkeiten sich fanden, fiel der Patriarch in das Casentino ein, nahm Pratovecchio und Romena und bot sie den Florentinern an, die sie aber gleichmäßig ausschlugen, ausgenommen, wenn der Papst ihnen gestatte, sie dem Grafen von Poppi zurückzugeben. Nach manchem Hin- und Herreden gestand der Papst dies zu, unter der Bedingung jedoch, daß sie jenen veranlassen sollten, den Borgo zu räumen. Als der Papst diesen Entschluß gefaßt, schien es den Florentinern passend, ihn zu bitten, selbst ihre Domkirche Santa Reparata zu weihen, deren Bau lange vorher begonnen und jetzt so weit gediehen war, daß der Gottesdienst in ihr stattfinden konnte. Papst Eugen sagte ihnen dies gerne zu[163], und zu größerer Zierde der Stadt und Ehre für den Papst errichtete man von Santa Maria Novella, wo dieser wohnte, bis zu der Kirche, welche geweiht werden sollte, ein Gerüst, vier Ellen breit, zwei Ellen hoch, oben und allseits mit reichen Zeugen bedeckt, auf welchem der Papst mit seinem Hofe daherzog, samt jenen Magistratspersonen der Stadt und den Bürgern, die zu seiner Begleitung bestellt worden waren. Alle übrige Bürgerschaft und Volk füllte die Straße, die Häuser und die Kiche, den Zug zu sehen. Nachdem nun die bei solchen Einweihungen üblichen Zeremonien beendigt waren, beehrte der Papst, dem Vorgange noch größere Feierlichkeit zu geben, den damaligen Justiz-Gonfaloniere Giuliano Davanzati, einen allzeit geachteten Bürger, mit der Ritterwürde. Um nun nicht minder wohlgeneigt zu erscheinen denn der Papst, verlieh die Signorie diesem auf ein Jahr das Capitanat von Pisa.

Es gab in jener Zeit einen Zwiespalt zwischen der römischen und der griechischen Kirche, so daß sie im Gottesdienste nicht in allen Stücken stimmten. Nachdem im Baseler Konzil durch die Prälaten der abendländischen Kirche viel darüber verhandelt worden, beschloß man alles aufzuwenden, damit der griechische Kaiser und die Prälaten der morgenländischen Kirche in genannter Stadt zusammenkämen, um zu versuchen, ob sie mit der römischen sich einigen könnten. Obgleich nun ein solcher Plan der Majestät des griechischen Reiches widerstritt, wie dem Stolz seiner Prälaten die Unterwerfung unter den Papst unangenehm war: so beschlossen sie, von den Türken bedrängt und ohne Hilfe durch eigene Kraft, dennoch sich zu fügen, um dann zuverlässig auf andrer Beistand rechnen zu dürfen. So verfügten sich denn der Kaiser und der Patriarch, zugleich mit vielen Prälaten und Baronen, nach Venedig, um dem Beschluß des Baseler Konzils zu folgen: aber durch die Pest in Furcht gesetzt, beschlossen sie, in Florenz die Einigung stattfinden zu lassen. Nachdem hier die römischen und griechischen Prälaten mehrere Tage nacheinander in der Domkirche zusammengekommen, wichen die Griechen nach vielen Besprechungen und verständigten sich mit der römischen Kirche und dem Papste[164].

Nachdem zwischen Lucca und Florenz, zwischen dem Herzog und dem Grafen Friede geschlossen worden, glaubte man, die Waffen würden endlich ruhen, jene namentlich, welche die Lombardei und Toscana bedrängten. Denn der Kampf im Königreich Neapel zwischen René von Anjou und Alfons von Aragon konnte nur mit dem Untergange eines der Streitenden endigen. Und obgleich der Papst unbefriedigt war, weil er mehrere seiner Städte verloren, und obschon man wußte, wie groß der Ehrgeiz des Visconti und der Venezianer war: so dachte man doch, der Papst würde aus Not ruhig bleiben, die andern aus Ermattung. Aber es kam anders. Denn weder der Herzog noch die Venezianer hielten Ruhe, so daß man von neuem zu den Waffen griff und die Lombardei und Toscana noch einmal mit Kriegsgetümmel erfüllt wurden. Der Hochmut des Visconti duldete es nicht, daß die Venezianer Bergamo und Brescia besaßen, um so weniger, als er sie in Waffen und täglich durch sein Land ziehn und es beunruhigen sah. Er dachte sie nicht nur im Zaum zu halten, sondern seine Städte wiederzunehmen, wenn der Papst, Florenz und der Graf sie im Stiche ließen. Deshalb beschloß er, dem Papste die Romagna zu nehmen, im Glauben, daß nach einem solchen Verlust der

Papst ihm nicht schaden könnte und die Florentiner, wenn sie den Brand so in ihrer Nähe erblickten, entweder aus Furcht sich nicht bewegen, oder, ständen sie auf, ihn nicht mit Vorteil angreifen würden. Der Herzog wußte überdies, wie die Florentiner, der lucchesischen Angelegenheit wegen, auf die Venezianer zürnten, und glaubte deshalb, sie würden minder bereit sein, die Waffen für sie zu ergreifen. Was den Grafen Sforza betraf, so glaubte er, die neugeschlossene Freundschaft und die Aussicht auf die Heirat würden hinreichen, ihn in Ruhe zu halten. Um sich nun Vorwürfen zu entziehn und einem jeden weniger Veranlassung zu geben, sich zu erheben, namentlich aber weil er, in Gemäßheit des mit dem Grafen geschlossenen Vertrages, die Romagna nicht angreifen durfte, richtete er es so ein, daß Niccolò Piccinino den Feldzug beginnen sollte, gleichsam als täte er's auf eigene Hand.

Als jener Vertrag zwischen dem Visconti und dem Sforza stattfand, stand Niccolò in der Romagna, und im Einverständnis mit dem erstern stellte er sich, als zürne er, wegen der zwischen jenem und dem Grafen, seinem Erbfeinde, geschlossenen Freundschaft. Drauf zog er mit seiner Mannschaft nach Camurata, einem Ort zwischen Forli und Ravenna, und befestigte ihn, als wollte er dort lange bleiben, bis er andern Dienst gefunden. Während nun die Sage von seinem Groll überall verbreitet war, ließ Niccolò den Papst wissen, wie groß seine Verdienste um den Herzog und dessen Undank seien, und wie dieser sich wohl vernehmen lasse, er denke noch ganz Italien sich zu unterwerfen, da er die beiden ersten Feldherren in seinem Sold habe. Wolle aber der Papst, so könne er's dahin bringen, daß von diesen beiden Feldherren der eine sein Gegner, der andere ihm unnütz werden würde. Denn, versehe er ihn mit Geld und setze er ihn in den Stand, seine Scharen beisammenzuhalten, so werde er die Staaten des

Sforza angreifen, welche dieser der Kirche genommen. Der Graf würde dann an sich selber zu denken haben und dem Ehrgeiz des Herzogs nicht Vorschub leisten können. Der Papst glaubte diesen Vorspiegelungen, sandte dem Niccolò fünftausend Dukaten und machte ihm eine Menge Versprechungen, indem er ihm für sich und seine Söhne Besitztümer zusagte. Und obgleich man den Papst vor Trug warnte, wollte er doch nichts davon hören. Die Stadt Ravenna wurde von Ostasio da Polenta für den römischen Stuhl verwaltet. Da es nun dem Niccolò Zeit schien, den Angriff nicht aufzuschieben, weil sein Sohn Francesco zu des Papstes Schaden Spoleto gebrandschatzt hatte, so beschloß er gen Ravenna zu ziehn, entweder weil dies Unternehmen ihm leichter vorkam oder weil er mit Ostasio im Einverständnisse war. Wenige Tage nachdem er vor der Stadt angelangt, nahm er sie auch durch Vertrag. Hierauf besetzte er Bologna, Imola und Forli. Das Wunderbarste aber war, daß von zwanzig Burgen, welche päpstliche Truppen in jener Provinz besetzt hielten, nicht eine einzige dem Piccinino entging. Es genügte ihm nicht, dem Papste diesen Schimpf anzutun: wie durch die Tat, wollte er ihn auch mit Worten schmähen, und schrieb ihm, es geschehe ihm ganz recht, daß er ihm die Ortschaften weggenommen, da er sich nicht gescheut, die Freundschaft zwischen ihm und dem Herzog stören zu wollen und durch ganz Italien Briefe gesandt habe, des Inhalts, daß er den Herzog verlassen, um den Venezianern sich zu nähern[165].

Niccolò ließ seinen Sohn Francesco zur Bewachung der eroberten Romagna zurück und zog mit dem größern Teil seiner Mannschaft nach der Lombardei. Nachdem er sich hier mit den übrigen herzoglichen Kriegsvölkern vereinigt, fiel er ins Gebiet vor Brescia ein und nahm es bald ganz. Hierauf begann er die Belagerung der Stadt.

Der Herzog, welcher wünschte, man möchte ihm die Venezianer zur Beute lassen, entschuldigte sich bei dem Papste, bei den Florentinern, bei Sforza: Niccolos Verfahren in der Romagna sei zwar dem Abkommen zuwider, aber ebensosehr gegen seinen eigenen Willen gewesen. Durch geheime Boten ließ er sie sodann wissen: er werde diesen Ungehorsam strafen, sobald Zeit und Umstände es gestatteten. Die Florentiner und der Graf glaubten ihm nicht, sondern sie urteilten, wie auch wirklich der Fall war, daß diese Unternehmung nur den Zweck gehabt habe, sie aufzuhalten, damit er die Venezianer demütigen könnte, welche, voll Stolz im Glauben, sie könnten mit eigener Macht der Macht des Visconti widerstehn, um Beistand nachzusuchen verschmähten, sondern unter Anführung ihres Feldhauptmanns, des Gattamelata, den Krieg begannen. Der Graf Francesco wünschte mit florentinischer Hilfe ins Königreich Neapel zum Beistand des Königs René zu ziehn, wenn die Vorfälle in der Romagna und Lombardei ihn nicht zurückgehalten hätten, und die Florentiner hätten dies Unternehmen gerne begünstigt, der alten Freundschaft wegen, die zwischen ihnen und dem französischen Königshause bestand. Der Herzog dagegen wäre dem König Alfons beigestanden, wegen der Freundschaft, die er nach seiner Gefangennehmung mit ihm geschlossen. Jetzt waren aber die einen wie die andern mit Kriegen in ihrer Nachbarschaft so beschäftigt, daß sie den Gedanken an ferne Kämpfe aufgeben mußten. Als nun die Florentiner die Romagna von den herzoglichen Kriegsvölkern besetzt und die Venezianer im Nachteil sahen, und sie zu fürchten begannen, der Sturz anderer würde ihren eigenen Sturz herbeiführen: so baten sie den Grafen, nach Toscana zu kommen, wo man untersuchen würde, was zu tun, um sich der Macht des Herzogs zu widersetzen, die nun größer war, als sie je gewesen. Denn sie versicherten, daß, wenn man jetzt seiner Gier nicht auf irgendeine Weise Schranken setzen könnte, jeder, der in Italien Besitzungen habe, darunter leiden würde. Zwar erkannte der Graf, wie wohlbegründet die Furcht der Florentiner war, dennoch hielt die vom Herzog ihm immer noch vorgehaltene Aussicht ihn schwankend, während der Visconti, seines Wunsches kundig, ihm die größte Hoffnung machte, falls er die Waffen nicht gegen ihn erheben würde. Da des Herzogs Tochter[166] schon erwachsen war, so gediehen zu verschiedenen Malen die Sachen so weit, daß alles zur Hochzeit vorbereitet ward: dann wurden allerlei Ausflüchte hervorgesucht, um es noch anstehn zu lassen. Um aber den Grafen noch fester zu halten, bekräftigte der Herzog seine Worte durch Taten und sandte ihm dreißigtausend Gulden, die er ihm dem Vertrag zufolge zu geben hatte.

Unterdessen hatte der Krieg in der Lombardei seinen Fortgang. Die Venezianer verloren täglich mehr Land, und alle Heere, welche sie nach den lombardischen Stromlinien sandten, wurden von den herzoglichen besiegt. Das offne Land um Verona und Brescia war ganz besetzt und die beiden Städte so enge eingeschlossen, daß sie, der allgemeinen Ansicht nach, nur kurze Zeit noch sich halten konnten. Der Markgraf von Mantua, viele Jahre hindurch Feldhauptmann der Republik, hatte sie, aller Erwartung zuwider, verlassen und sich dem Herzog angeschlossen, so daß im Verlauf des Feldzugs Furcht sie nötigte, das zu tun, wozu anfangs sich zu bequemen Hochmut ihnen nicht erlaubt hatte. Denn da sie erkannten, wie ihr einzig Heil in der Freundschaft der Florentiner und des Grafen Francesco bestehe, begannen sie um diese nachzusuchen, obgleich voll Scham und Mißtrauen. Denn sie fürchteten, von den Florentinern die Antwort zu erhalten, welche sie diesen in der lucchesischen Angelegenheit und in der Sache des Grafen gegeben. Doch fanden sie die Florentiner bereitwilliger, als sie erwarteten und als sie durch ihr Verhalten verdient. Soviel mehr vermochte über die Florentiner der Haß gegen den alten Feind, als der Groll auf den vieljährigen, gewohnten Freund. Und da sie längere Zeit schon vorhergesehn, daß die Venezianer in Not kommen würden, so hatten sie dem Grafen vorgestellt, wie der Untergang Venedigs sein Ruin sein würde, und er sich sehr im Lichte stehe, wenn er glaube, der Herzog Filippo werde mehr Rücksicht auf ihn nehmen, wenn er im Unglück, als wenn er im Glücke sei. Auch machten sie ihm bemerklich, er habe ihm seine Tochter nur darum versprochen, weil er ihn fürchte. Da nun die Not veranlasse, ein Versprechen zu halten, das die Not abgedrungen habe: so sei es erforderlich, den Herzog in solcher Not zu erhalten, was nicht geschehen könne, außer wenn die Venezianer mächtig blieben. Er möchte deshalb bedenken, daß, wenn Venedig seine Festlandbesitzungen aufgeben müsse, nicht nur der Vorteil ihm entgehe, den er von dieser Republik, sondern auch der, welchen er durch ihr Ansehn erlangen könnte. Gehe er die italienischen Staaten der Reihe nach durch, so werde er sehen, daß der eine ohnmächtig sei, ihm feindlich gesinnt der andere. Die Florentiner allein seien nicht mächtig genug ihn zu halten, so daß es für ihn von größtem Belange sei, die Landmacht der Venezianer kräftig zu unterstützen. Diese Gründe, vereint mit dem Hasse, den der Sforza auf den Herzog geworfen, weil es ihm endlich vorkam, daß dieser seiner nur spotte mit der vorgespielten Heirat, veranlaßten ihn, endlich in den Vergleich zu willigen, obwohl er sich auch damals wieder ausbedang, den Po nicht überschreiten zu müssen. Im Februar 1438[167] ward dieser Vergleich geschlossen, wobei die Venezianer sich zum Tragen von zwei Dritteln, die Florentiner zu einem Drittel der Kosten verpflichteten, während beide noch übernahmen, die Besitzungen des Grafen in der Mark auf eigene Kosten zu verteidigen. Die Verbündeten begnügten sich aber nicht mit diesen Streitkräften, sondern zogen noch an sich den Herrn von Faenza, die Söhne des Messer Pandolfo Malatesta von Rimini und Pietro Gian Paolo Orsini. Den Markgrafen von Mantua aber konnten sie ungeachtet großer Verheißungen dem mailändischen Bündnisse nicht abwendig machen. Der Herr von Faenza seinerseits, nachdem er sich schon mit den Verbündeten vertragen, wandte sich zum Visconti, als dieser ihm vorteilhaftere Bedingungen stellte, und raubte so jenen die Hoffnung, mit den Angelegenheiten der Romagna rasch fertig zu werden.

Die Lombardei war damals in großer Aufregung, weil die herzoglichen Kriegsvölker Brescia so enge eingeschlossen hielten, daß man von einem Tage zum andern glaubte, die Stadt würde durch Hunger zur Übergabe genötigt werden. In nicht günstigerer Lage befand sich Verona. Der Verlust aber einer dieser Städte würde alle übrigen Rüstungen und alle bisherigen Auslagen zuschanden gemacht haben. Das sicherste Mittel, einen solchen Verlust abzuwenden, schien des Sforza Einrücken in die Lombardei. Drei Hindernisse aber stellten sich in den Weg: zuerst des Grafen Entschluß, den Po nicht zu überschreiten; sodann die Befürchtung der Florentiner, daß sie der Willkür des Visconti ausgesetzt bleiben würden, wenn der Graf sie verließe, indem der Herzog leicht in seine festen Plätze sich zurückziehn, dem Angriff des Grafen entgehn und in Toscana einfallen könnte, unterstützt von den florentinischen Ausgewanderten, die den damals Regierenden die größte Besorgnis einflößten; endlich die Ungewißheit, welchen Weg der Graf mit seinen Scharen ziehn sollte, um sicher das paduanische

Gebiet zu erreichen, wo die andern venezianischen Kriegsvölker standen. Das zweite dieser Bedenken, welches die Florentiner betraf, wog am schwersten: nichtsdestoweniger aber beschlossen letztere, die Gefahr erkennend und gedrängt durch die Venezianer, welche täglich mit der Erklärung, sie wären ohne ihn verloren, um den Grafen anhielten, eigene Besorgnis fremder Not hintanzusetzen. Es blieb nur die Schwierigkeit des Weges, den die Venezianer zu sichern verhießen. Da zur Unterhandlung mit dem Sforza Neri Capponi gebraucht worden war, so hielt die Signorie für gut, ihn auch nach Venedig zu senden, um der Republik das Zugeständnis werter zu machen und sichern Durchzug anzuordnen.

Neri verließ also Cesena und gelangte zu Schiffe nach Venedig. Nie wurde ein Fürst von jener Signorie ehrenvoller empfangen als er: denn sie waren der Ansicht, daß die Rettung ihres Staates von seiner Ankunft und den mit ihm zu beratenden Maßregeln abhinge. Nachdem nun Neri vor den Senat gekommen, sprach er folgendermaßen: «Meine Signorie, erlauchter Fürst, ist immer der Ansicht gewesen, die Größe des Herzogs sei der Ruin dieses wie ihres Staates. Sie glaubt aber auch, nur durch beider Blüte könne das Heil des einen wie des andern gesichert werden. Wäre diese Ansicht in gleichem Maße die eurige gewesen, so würden unsere Umstände jetzt besser sein und ihr wäret geborgen vor den Gefahren, die euch gegenwärtig bedrohen. Da aber ihr zur Zeit, wo es euch obgelegen hätte, uns nicht Glauben noch Hilfe gewährtet: so haben wir uns nicht beeilen können, euern Übeln abzuhelfen. Ihr eurerseits konntet euch nur spät entschließen, uns aufzufordern, da ihr in Glück und Unglück uns verkannt habet, und nicht wisset, daß wir so gemacht sind, daß wir immer lieben, was wir einmal lieben, was wir einmal hassen, immer hassen. Die Liebe, die wir zu dieser erlauchten Signorie getragen, kennt ihr selber: denn um euretwillen habt ihr die Lombardei oft mit unserm Gelde und unserm Kriegsvolke erfüllt gesehn. Den Haß, der uns gegen Filippo erfüllt, und gegen sein Haus stets erfüllen wird, kennt die ganze Welt. Nun ist es nicht leicht, daß alte Liebe und alter Haß durch neue Dienste oder Unbilden ausgelöscht werden. Wir waren überzeugt und sind es noch, daß wir in diesem Kampfe, zur großen Freude des Herzogs und mit geringer Gefahr, Zuschauer bleiben konnten. Hätte er sich auch auf den Trümmern eurer Macht zum Herrn der Lombardei erhoben, so blieb doch in Italien so viel noch aufrecht, daß wir an unserm Heil nicht zu verzweifeln brauchten. Denn mit der Zunahme von Macht und Besitztum mehren sich ebenfalls Feinde und Neid, worin Krieg und Verluste ihren Ursprung haben. Wir wußten auch, wieviel wir sparten, wenn wir uns fernehielten vom gegenwärtigen Kriege; welchen drohenden Gefahren wir entgingen, und wie der Kampf, der jetzt die Lombardei durchtobt, leicht die Grenzen Toscanas überschreiten kann, wenn wir uns dreinmischen. Alle diese Besorgnisse aber haben unserer alten Liebe zu Venedig nachstehn müssen, und wir haben beschlossen, euch mit derselben Schnelligkeit zu Hilfe zu kommen, mit der wir uns selbst beim Angriff verteidigen würden. Da nun die Signoren eingesehn, wie es vor allem nötig ist, Brescia und Verona Beistand zu leisten, und sie der Meinung sind, dies könne nicht geschehn ohne den Grafen: so haben sie mich zuerst abgesandt, diesen zum Einrücken in die Lombardei und zum Kriegführen, ohne Unterschied des Ortes, zu bewegen, da ihr wisset, daß er nicht verpflichtet ist, über den Po zu gehn. Ich bewog ihn dazu durch jene Gründe, die uns selbst bewegen. Und wie er sich durch Waffen unüberwindlich dünkt, so will er sich auch an Edelmut nicht besiegen lassen. Unsere

Wohlgeneigtheit gegen euch will er noch überbieten: denn obgleich er weiß, daß durch seinen Abzug Toscana bloßgestellt wird, so hat er doch, da er uns eigene Gefahr eurem Heil hintanstellen sieht, auch seine Rücksichten diesem nicht vorangehn lassen wollen. Ich komme also, euch den Grafen anzubieten mit siebentausend Reitern und zweitausend Soldaten zu Fuß, bereit, den Feind, wo es auch sei, aufzusuchen. Ich bitte euch, in meinem wie in meiner Signoren Namen, daß, wie seine Mannschaft beträchtlicher als die, zu deren Führung er verpflichtet ist, eure Freigebigkeit ihn auch dafür belohne, auf daß er nicht bereue, in euern Dienst getreten zu sein, wir nicht bereuen, ihn dazu veranlaßt zu haben.» Neris Worte wurden vom Senate mit einer Aufmerksamkeit vernommen, als wären es Orakelsprüche, und die Zuhörer wurden durch seine Rede in solche Bewegung versetzt, daß sie nicht abwarteten, bis, der Gewohnheit gemäß, der Fürst ihm geantwortet. Sondern aufspringend, die Hände emporgehoben, viele mit Tränen in den Augen, dankten sie den Florentinern für ihren Liebesdienst, ihm selbst für dessen rasche und sorgsame Ausführung. Sie versprachen, nie sollte dies aus der Erinnerung ihrer Nachkommen, geschweige aus der ihrigen schwinden, und ihr Vaterland sollte ein gemeinsames sein für sie wie für die Florentiner.

Nachdem dieser Drang vorüber, sprach man über den Weg, welchen der Graf einschlagen sollte, damit man ihm durch Brücken, durch das Ebnen böser Stellen, wie auf andere Weise sichern könnte[168]. Der Straßen waren vier. Der eine Weg ging über Ravenna längs der See: er wurde nicht gewählt, weil er großenteils beengt war durch Strand und Sümpfe. Ein anderer war die gerade Straße: diesen sperrte ein von herzoglicher Mannschaft besetzter Turm, l'Uccellino, den man einnehmen mußte, wollte man dieses Weges ziehen. Dies war aber schwierig wegen der Kürze der Zeit, und weil der Marsch des Hilfsheeres, der mit Schnelligkeit ausgeführt werden mußte, dadurch verzögert worden wäre. Die dritte Straße führte durch den Wald des Sees[169], war aber unzugänglich, weil der Po ausgetreten war. Der vierte Weg blieb offen, jener durch das Bolognesische, der über Ponte Puledrano, Cento und La Pieve, zwischen Finale und Bondeno nach Ferrara führte, von wo man zu Wasser wie zu Lande ins Paduanische gelangen und mit den venezianischen Kriegsvölkern sich vereinigen konnte. Diese Straße, obgleich sie manche Schwierigkeiten darbot und an verschiedenen Punkten feindlichem Angriffe bloßgestellt war, wurde doch als die wenigst gefährliche gewählt. Nachdem dies dem Grafen Sforza angezeigt worden, brach er schnell auf und zog am 20. Juni ins Gebiet von Padua ein. Das Einrücken dieses Feldherrn in die Lombardei erfüllte Venedig und die untergebenen Provinzen mit froher Hoffnung, und während die Venezianer bis dahin am eigenen Heil gezweifelt, fingen sie nun an, selbst neuen Zuwachs ihrer Macht zu hoffen.

Das erste, was der Graf vornahm, war, daß er Verona zu Hilfe zog. Um dies zu hindern, rückte Niccolò Piccinino mit seinen Haufen nach Soave, einem zwischen vicentinischem und veronesischem Gebiete gelegenen Kastell, und verschanzte sich dort, indem er von Soave bis zu den Sümpfen der Etsch einen Graben zog. Als der Sforza sah, daß der Weg durch die Ebene ihm verlegt war, beschloß er durchs Gebirge zu ziehn und sich von dieser Seite Verona zu nähern, indem er dachte, daß Niccolò entweder nicht glauben würde, daß er diese Straße einschlage, welche steil und beschwerlich war, oder daß, wenn er's glaubte, es nicht mehr an der Zeit sein würde, ihn zu hindern. Nachdem er sich nun auf acht Tage mit Lebensmitteln versehen, unternahm er mit seinem Heere den Zug und langte unterhalb Soave in der Ebene an. Und obgleich der Piccinino einige Basteien aufgeworfen, dem Grafen auch diesen Weg abzuschneiden, so reichten sie doch nicht hin ihn aufzuhalten. Als Niccolò den Feind gegen alle Erwartung in seiner Nähe angelangt sah, zog er sich, um nicht zu einem unvorteilhaften Treffen genötigt zu werden, über die Etsch zurück, worauf der Graf ungehindert in Verona einrückte.

Nachdem nun der Sforza seine erste Aufgabe, den Entsatz Veronas, glücklich gelöst, blieb ihm die zweite, die Befreiung Brescias. Diese Stadt liegt dem Gardasee so nahe, daß, wenn auch auf der Landseite eingeschlossen, sie dennoch von der Wasserseite mit Lebensmitteln versorgt werden kann. Dies zu hindern, hatte der Herzog mit seinen Völkern am See feste Stellungen eingenommen und gleich zu Anfang seines Kriegsglücks alle Ortschaften besetzt, welche den Brescianern zu Wasser Beistand leisten konnten. Auch die Venezianer hatten Galeeren auf dem See, aber sie waren zu schwach im Verhältnis zur herzoglichen Streitmacht. Der Graf hielt es daher für nötig, der venezianischen Seemacht mit dem Landheere zu Hilfe zu kommen, indem er hoffte, daß es gelingen würde, die Ortschaften zu nehmen, welche Brescia aushungerten. Er schlug deshalb bei Bardolino, einem am See gelegenen Kastell, das Lager auf, indem er dachte, daß nach der Einnahme des einen die andern sich ergeben würden. Hier war ihm aber das Glück nicht hold, denn ein großer Teil seiner Mannschaft erkrankte, so daß er die Sache aufgab und sich nach Zevio, einem veronesischen Kastell, zurückzog. Die Feste lag in einer gesunden Gegend und war reichlich mit Lebensmitteln versehen. Als Niccolò diesen Rückzug sah, beschloß er, die Gelegenheit, des Sees sich zu bemächtigen, nicht zu verlieren.

Er verließ deshalb sein Lager bei Vergasio, zog mit gewählten Scharen nach dem See, griff die venezianische Flottille mit großer Heftigkeit an und nahm sie beinahe ganz. Infolge dieses Sieges ergaben sich beinahe sämtliche Kastelle dem Piccinino.

Durch diesen Verlust in Schrecken gesetzt, und fürchtend, Brescia werde sich ergeben, bestürmten die Venezianer den Sforza mit Boten und Briefen, er solle der Stadt zu Hilfe ziehn. Da dieser sah, daß von der Wasserseite her keine Hoffnung mehr war und das offne Land durch Gräben, Basteien und Werke aller Art, welche Niccolò angeordnet, so unzugänglich gemacht war, daß ein Heer, einem feindlichen entgegenziehend, in augenscheinliches Verderben sich stürzte: so beschloß er gleichfalls durchs Gebirge gen Brescia zu rücken, wie er Verona gerettet. Er verließ Zevio, zog durch das Tal von Acri nach dem See von Sant Andrea und erreichte Torboli und Peneda am Gardasee. Von dort rückte er auf Tenna[170], wo er das Lager aufschlug, indem der Besitz dieses Kastells notwendig war, wollte er sich Brescia nähern. Als Niccolò von dem Vorhaben des Sforza Kunde erhielt, führte er seine Scharen nach Peschiera[171]. Mit dem Markgrafen von Mantua und einigen seiner besten Truppen zog er dann dem Grafen entgegen. Es erfolgte ein Kampf: Niccolò wurde geschlagen, seine Mannschaft zersprengt; ein Teil ward gefangengenommen, einige flohen nach der Flotte, andere zum Heere. Niccolò schloß sich in Tenna ein, da aber die Nacht kam, so bedachte er, daß, wenn er den Tag hier abwartete, er dem Grafen sicher in die Hände fallen würde. Um nun dieser Gefahr zu entgehen, versuchte er noch einmal sein Glück. Von allen seinen Leuten war ein einziger bei ihm, ein Deutscher, kräftig von Körperbau und ihm stets mit großer Treue anhangend. Diesen bewog der Piccinino, er solle ihn in einen Sack stecken, diesen auf den Rücken nehmen und, als trüge er Geräte seines Herrn, an einen sichern Ort bringen. Tenna war vom feindlichen Lager eingeschlossen, wegen des eben erfochtenen Sieges aber waren keine Wachen ausgestellt, herrschte lauter Unordnung. So ward es dem Deutschen leicht, seinen Gebieter zu retten. Denn er lud ihn auf seinen Rücken und ging, als Sackträger gekleidet, ungehindert durch das ganze Lager, bis er ihn zu seiner übrigen Mannschaft brachte.

Wäre dieser Sieg gehörig benutzt worden, so würde er Brescia größere Erleichterung, den Venezianern größern Vorteil gebracht haben. Die schlechten Maßregeln aber ließen jene Stadt in der nämlichen schwierigen Lage und machten der Freude bald ein Ende. Denn nachdem Niccolò zu den Seinigen zurückgekehrt, sann er darauf, wie er die Scharte ausmerzen und die Venezianer am Entsatz hindern könnte. Er kannte die Lage der Zitadelle von Verona und wußte von Kriegsgefangenen, daß es nicht schwer sein würde, sie zu nehmen. Drum schien es ihm, das Glück biete ihm ein Mittel, seine Ehre wiederzugewinnen und des Feindes Jubel über den neuen Sieg durch neuen Verlust in Leid umzuwandeln. Die Stadt Verona liegt am Ausgange der lombardischen Ebene am Fuß des Gebirges, welches Italien von Deutschland scheidet, in solcher Weise, daß sie teils auf dem Abhange der Höhen gebaut ist, teils in der Ebene. Der Etschfluß tritt aus dem Trientiner Tale hervor und wirft sich, in Italien angelangt, nicht gleich in die Ebene, sondern folgt links dem Bergzuge, findet die genannte Stadt und teilt sie in zwei ungleiche Hälften. Der größere Teil findet sich auf der Seite des flachen Landes, der kleinere, mit zwei Burgen, auf der Hügelseite. Diese Burgen, San Piero und San Felice, erscheinen stärker vermöge ihrer Lage als durch ihre Werke und beherrschen von ihrem hohen Standpunkte aus die ganze Stadt. Im ebenen Teile diesseits der Etsch, den Mauern der Stadt angelehnt, sind zwei andere, tausend Schritte voneinander entfernt liegende Festen, die eine die alte, die andere die neue Zitadelle genannt. Auf der innern Seite läuft von der einen zur andern eine Mauer, die gleichsam die Sehne zum Bogen bildet, welchen die zwischen beiden Festen sich erstreckenden Stadtmauern beschreiben. Der ganze, durch diese beiden Mauerlinien eingeschlossene Raum ist mit Menschen gefüllt und heißt Borgo San Zeno. Diese Zitadellen und diesen Borgo beschloß Niccolò Piccinino zu besetzen, in der Meinung, daß es ihm unschwer gelingen würde, teils wegen der nachlässigen Bewachung, teils weil er glaubte, daß des neuerrungenen Vorteils wegen die Sorgfalt noch geringer sein würde, wie auch, weil er wußte, daß im Kriege kein Unternehmen so leicht gelingt wie jenes, welches der Feind für unausführbar hält.

Nachdem er nun einen Teil seiner besten Mannschaft gewählt, zog er mit dem Markgrafen von Mantua gen Verona und erstieg und nahm bei Nacht, ohne gehört zu werden, die neue Zitadelle. Dann führte er seine Leute in die Stadt hinab, erbrach das Tor Sant' Antonio und ließ die ganze Reiterei ein. Die venezianische Besatzung der alten Burg vernahm zuerst den Lärm, als jene der neuen umgebracht wurde, erkannte dann den Feind, als das Tor erbrochen ward, und begann das Volk zu den Waffen zu rufen und zu läuten. Die Bürger sprangen in der Verwirrung auf: die mutigsten griffen zu den Waffen und eilten nach der Piazza de' Rettori. Niccolòs Leute hatten unterdessen den Borgo San Zeno geplündert, und als sie vorrückten und die Bürger sie als herzogliche Truppen erkannten, gaben sie die Hoffnung auf, sich verteidigen zu können, und rieten den venezianischen Beamten nach den Kastellen zu fliehen und ihre Personen wie die Stadt zu retten. Denn sie stellten ihnen vor, daß es besser sei, sich selbst am Leben und diese reiche Stadt günstigerem Geschick zu bewahren, als beim Versuch, das gegenwärtige Mißgeschick zu bessern, das Leben zu verlieren und die Stadt ins Verderben zu stürzen. So flohen denn die Rektoren und alles, was venezianischen Namen trug, nach der Burg San Felice. Hierauf gingen einige der vornehmsten Bürger zu Niccolò und dem Markgrafen von Mantua und baten, sie möchten lieber Verona reich mit Ehren, als verarmt mit Schande besitzen, um so mehr als sie, die Bewohner, weder bei den bisherigen Besitzern durch Verteidigung ein Verdienst erworben, noch bei den jetzt Eingedrungenen Mißfallen erregt hätten. Niccolò und der Markgraf sprachen ihnen Mut zu und schützten sie vor Plünderung, soweit die zuchtlosen Sitten der Truppen es gestatteten. Und da die beiden Heerführer beinahe überzeugt waren, daß der Graf Francesco zur Wiedereinnahme Veronas heranrücken würde, so wandten sie alles auf, um die festen Plätze in ihre Gewalt zu bekommen, und sperrten jene, die zu nehmen ihnen nicht gelang, durch Gräben und Verhaue von der Stadt ab, um dem Feinde den Einzug zu erschweren.

Als dem Grafen Francesco, der mit den Seinigen bei Tenna stand, die erste Kunde von diesem Überfall zukam, hielt er sie für ein leeres Gerücht. Als dann aber zuverlässigere Nachrichten die Wahrheit bestätigten, wollte er die stattgefundene Nachlässigkeit rasch wieder gut machen. Und obgleich seine Unterfeldherren rieten, er sollte Verona und Brescia aufgeben und gen Vicenza ziehn, um nicht vom Feinde eingeschlossen zu werden: so wollte er doch nichts davon hören, sondern die Wiedereroberung jener Stadt versuchen. Und indem er sich in dieser Ungewißheit der Gemüter an die venezianischen Proveditoren und den ihn begleitenden florentinischen Kommissar Bernardetto de' Medici wandte, verhieß er ihnen, die Stadt werde sicher wieder in seine Hände kommen, wenn nur eine der Burgen sich halte. Darauf ordnete er sein Heer und zog im Eilmarsch nach Verona. Als Niccolò ihn daherziehn sah, wähnte er, daß er den Rat der Seinigen befolgte und sich auf Vicenza zurückzöge: als er aber das Heer sich auf Verona zuwenden und die Richtung der Burg San Felice einschlagen sah, wollte er sich zur Gegenwehr bereiten. Aber es war zu spät. Denn die Absperrung der Burg war nicht beendigt: die Mannschaft war aus Habsucht und beim Beutemachen auseinandergelaufen, und er konnte sie nicht schnell genug vereinigen, um des Sforza Heer zu hindern, der Festung sich zu nähern, durch sie in die Stadt einzuziehn und sie wieder zu erobern, zu Niccolòs Schande und zum großen Nachteil seiner Truppen. Mit dem Markgrafen zog der Piccinino sich erst in die Zitadelle zurück und floh dann durch das offne Land nach Mantua. Dort sammelten sie die Reste der Mannschaft, die sich beim Überfall gerettet, und vereinigten sich mit den andern, welche vor Brescia geblieben waren. So ward Verona innerhalb vier Tagen vom herzoglichen Heere gewonnen und verloren. Nach diesem Siege, da der Winter schon gekommen und Brescia notdürftig mit Lebensmitteln versehen worden, bezog der Graf Quartier in Verona und verordnete den Bau von Galeeren zu Torboli, um beim Frühlingsanfang zu Wasser und zu Lande stark genug zu sein, Brescia ganz zu entsetzen.

Als der Herzog (1440) sah, daß der Krieg der Jahreszeit wegen ruhte, daß die Hoffnung, Verona und Brescia zu nehmen, fehlgeschlagen war, wie auch daß Geld und Rat der Florentiner an allem diesen schuld und letztere weder durch die von seiten Venedigs erfahrene Kränkung in ihrer Freundschaft wankend geworden, noch sich durch seine Verheißungen hatten gewinnen lassen: so beschloß er, um ihnen die Früchte ihrer Saat zu kosten zu geben, in Toscana einzufallen. Sowohl der Piccinino wie die florentinischen Ausgewanderten ermunterten ihn dazu. Jenen bewog das Verlangen, Braccios da Montone vormaliges Besitztum zu erwerben und den Sforza aus der Mark zu verjagen: diese drängte der Wunsch, in ihre Heimat zurückzukehren. Jeder hatte den Herzog durch Gründe bearbeitet, welche zu seinen Plänen stimmten. Niccolò zeigte ihm, wie er ihn nach Toscana senden und doch Brescia belagert halten könne, da er den See beherrsche und die Kastelle in gutem Zustande habe, während ihm andere Feldhauptleute und Truppen blieben, dem Sforza sich zu widersetzen, falls dieser einen andern Zug unternehmen wolle. Es sei aber nicht wahrscheinlich, daß er etwas anderes vornehmen werde, ohne Brescia entsetzt zu haben: dieser Entsatz sei indes unmöglich. So führe er, der Herzog, Krieg in Toscana, und unterbreche den lombardischen Feldzug nicht. Er erläuterte überdies, wie die Florentiner, sobald sie ihn in Toscana einrücken sähen, genötigt sein würden, den Grafen zurückzurufen, oder aber ihrem Verderben entgegenzugehn. Was auch erfolge, für den Herzog könne es nur Gewinn sein. Die Ausgewanderten versicherten, das Volk, der Bedrückungen und des Übermuts der Vornehmen müde, würde ganz gewiß in Waffen gegen sie aufstehn, wenn Niccolò mit dem Heere sich Florenz näherte. Sie zeigten, letzteres sei leicht, indem sie, durch Vermittlung des mit Rinaldo befreundeten Grafen von Poppi, die Straße durch das Casentino offen erhalten würden. So geschah es denn, daß der Herzog, von selbst schon zu diesem Unternehmen geneigt, durch die Genannten noch mehr darin bestärkt ward. Die Venezianer ihrerseits lagen dem Grafen Sforza an, er sollte ungeachtet der rauhen Jahreszeit Brescia zu

Hilfe ziehn. Dieser aber erklärte, es sei im Winter unmöglich: er müsse den Frühling abwarten und unterdessen Heer und Flotte rüsten, um den Entsatz zu Wasser und zu Lande zu versuchen. Damit waren die Venezianer übel zufrieden und bewerkstelligten die Rüstungen langsam, so daß die Reihen ihres Heeres sehr gelichtet waren.

Als die Florentiner sich alles dies vergegenwärtigten, erschraken sie, als sie sahen, wie der Krieg ihnen auf den Leib rückte und in der Lombardei wenig ausgerichtet worden war. Auch wegen der päpstlichen Kriegsvölker gerieten sie in Unruhe, nicht etwa als wäre der Papst ihr Feind gewesen, sondern weil sie sahn, daß die Truppen mehr ihrem entschiedenen Gegner, dem Patriarchen, als dem Papste selbst gehorsamten. Giovanni Vitelleschi von Corneto war anfangs apostolischer Vikar, dann Bischof von Recanati, hierauf Patriarch von Alexandrien, und als er endlich Kardinal ward, pflegte man ihn den Kardinal von Florenz zu nennen[172]. Er war mutig und schlau und wußte sich beim Papste sehr in Gunst zu setzen, so daß dieser ihn zum Anführer des Heeres der Kirche ernannte und ihm alle Unternehmungen in Toscana, in der Romagna, im Königreich Neapel und im Römischen anvertraute. Dadurch stieg sein Ansehn bei den Truppen und beim Papste dermaßen, daß letzterer sich scheute ihm Befehle zu erteilen, und die ersteren ihm und keinem andern untertan waren. Da nun der Kardinal mit dem Heere in Rom war, als das Gerücht von Niccolò Piccininos beabsichtigtem Zuge sich verbreitete, verdoppelte sich die Besorgnis der Florentiner, weil seit der Verbannung Messer Rinaldos degli Albizzi der Kardinal sich dem Staate stets feindselig gezeigt hatte, da er gesehn, daß der durch seine Vermittlung in Florenz zwischen den Parteien abgeschlossene Vergleich nicht nur nicht gehalten, sondern zu Messer Rinaldos Ruin umgangen worden war, während Messer Rinaldo auf seine Veranlassung die Waffen niedergelegt und so es den Gegnern möglich gemacht hatte, ihn zu vertreiben. Darum schien es den Häuptern der Regierung, die Zeit sei gekommen, wo Messer Rinaldo sich schadlos halten könnte, wenn er bei Niccolòs Einrücken in Toscana mit ihm sich vereinigte. Dies war ihnen um so wahrscheinlicher, da Niccolòs Vorrücken aus der Lombardei, wo er beinahe sichern Vorteil aufgab, um zweifelhaftem nachzugehen, ihnen unzeitig vorkam, und sie glaubten, er tue dies nur infolge irgendeines neuen Verständnisses oder heimlichen Truges. Diesen Verdacht teilten sie dem Papste mit, der schon seinen Irrtum erkannt hatte, andern so große Macht einzuräumen.

Während die Florentiner in dieser Ungewißheit sich befanden, zeigte ihnen ein Zufall den Weg, des Patriarchen sich zu versichern. Die Republik hielt allerorten aufmerksame Kundschafter zum Auffangen der Briefträger und zum Entdecken von Komplotten. Nun wurden zu Montepulciano Briefe aufgebracht, die der Patriarch ohne des Papstes Vorwissen an Niccolò Piccinino geschrieben. Diese Briefe wurden dem Papste durch den mit dem Kriegswesen beauftragten Magistrat vorgelegt. Obgleich sie in ungewohnten Charakteren geschrieben und der Sinn derselben auf solche Weise verworren war, daß man ihn nicht deutlich zu machen vermochte: so erzeugte doch diese Dunkelheit zugleich mit den Unterhandlungen mit dem Feinde beim Papste solchen Verdacht, daß er beschloß, sich des Patriarchen zu bemächtigen. Den Auftrag dazu erteilte er dem Antonio Rido aus Padua, welchem die Bewachung des römischen Kastells anvertraut war. Dieser war zum Gehorsam bereit und harrte nur der Gelegenheit. Der Patriarch hatte beschlossen, sich nach Toscana zu begeben, und da er am folgenden Tage abreisen wollte, ließ er den Kastellan wissen, er sollte sich am Morgen auf der zur Burg führenden Brücke einfinden, indem er mit ihm zu reden habe. Antonio hielt die Gelegenheit für günstig und gab den Seinen Verhaltungsbefehle. Zur angesetzten Zeit befand er sich auf der Brücke, welche, da sie dem Kastell so nahe liegt, zu dessen Schutze aufgezogen und niedergelassen werden kann. Als nun der Patriarch zur Stelle gekommen und sich mit ihm unterhielt, gab er den Seinigen ein Zeichen, die Brücke aufzuziehn, so daß jener plötzlich aus einem Feldherrn ein Gefangener ward. Seine Begleiter schlugen anfangs Lärm, beruhigten sich dann aber, als sie des Papstes Willen vernahmen. Als nun der Kastellan den Patriarchen tröstete und ihm Hoffnung und Mut einsprechen wollte, erwiderte dieser ihm: man nehme mächtige Leute nicht gefangen, um sie wieder loszulassen; die nicht verdienten, gefangen zu werden, verdienten auch nicht, daß man sie wieder freigebe. Kurz darauf starb er im Kerker. Der Papst aber verlieh seine Stelle dem Lodovico[173], Patriarchen von Aquileja, und während er früher in die Kriege zwischen den Verbündeten und dem Herzoge sich nicht hatte mischen wollen, zeigte er sich jetzt bereit, daran teilzunehmen und versprach zur Verteidigung Toscanas viertausend Reiter und zweitausend Fußsoldaten zu stellen.

Indem die Florentiner so dieser Besorgnis ledig waren, blieb ihnen die Furcht vor Niccolò und der die lombardischen Angelegenheiten bedrohenden Verwirrung, da zwischen Venedig und dem Grafen Mißhelligkeiten bestanden. Um über diese besser urteilen zu können, sandten sie nach Venedig den Neri Capponi und Messer Giuliano Davanzati, mit dem Auftrage, die Weise der Kriegsführung für das nächste Jahr festzustellen. Dem Neri befahlen sie, nachdem er die Meinung der Venezianer vernommen, zum Sforza zu gehn, um auch dessen Ansicht zu hören und ihn zu dem zu veranlassen, was zum Heil der Bundesangelegenheiten nötig schien. Die Botschafter waren noch nicht in Ferrara angelangt, als sie vernahmen, Niccolò Piccinino sei mit sechstausend Reitern über den Po gegangen. Diese Nachricht veranlaßte sie ihre Reise zu beschleunigen. Als sie nun in Venedig anlangten, fanden sie, daß die Signorie mit aller Entschiedenheit darauf drang, Brescia sollte ohne Zeitverlust entsetzt werden, indem die Stadt nicht auf Hilfe in besserer Jahreszeit, noch auf den Bau der Flotte warten könne, sondern, wenn sie keinen Beistand sähe, sich ergeben müsse, was den Sieg des Herzogs sichern und ihre Landmacht zugrunde richten würde. Neri ging darauf nach Verona zum Grafen Sforza, dessen Gegengründe zu hören. Dieser stellte ihm vor, der Zug nach Brescia fruchte in diesem Moment nichts, schade für die Zukunft: denn in Betracht der Jahreszeit und der Lage könne man Brescia nicht helfen, während man die Truppen ermüden und in Unordnung bringen und gerade dann, wenn die zu einem neuen Unternehmen geeignete Zeit herangenaht, sich genötigt sehn würde, nach Verona zurückzukehren, um sich mit dem zu versehen, was der Winter verbraucht und was für den Sommer unerläßlich sei. So würde die gute Jahreszeit über Hin- und Herziehn verstreichen. Als Unterhändler befanden sich beim Grafen in Verona Messer Orsatto Justiniani und Messer Giovanni Pisani. Nach vielen Reden und Gegenreden wurde mit diesen abgemacht, daß die Republik dem Grafen für das neue Jahr achtzigtausend Dukaten, jedem von ihren übrigen Kriegsvölkern vierzig Dukaten für die Lancia[174] geben, er dagegen sich beeilen sollte, mit seinem gesamten Heere ins Feld zu rücken und den Herzog anzugreifen, um den Niccolò zum Rückzug aus Toscana zu veranlassen. Damit kehrten sie nach Venedig zurück, wo aber, der bedeutenden Geldsummen wegen, alles lässig betrieben wurde.

Niccolò Piccinino setzte unterdessen seinen Zug fort. Schon war er in der Romagna angelangt und hatte die Söhne Messer Pandolfo Malatestas veranlaßt, von den Venezianern abzufallen und dem Herzog sich anzuschließen. Dies mißfiel jenen, mehr noch aber den Florentinern, welche den Niccolò in der Romagna aufhalten zu können geglaubt hatten. Als sie aber den Abfall der Malatesti vernahmen, wurden sie besorgt, ihr Feldhauptmann Pietro Giampaolo Orsini, welcher auf deren Gebiet stand, würde überrumpelt werden und sie ohne Heer bleiben. Auch den Grafen Sforza setzte dies in Schrecken, weil er die Mark zu verlieren fürchtete, wenn Niccolò in das Florentinische einrückte. Entschlossen, seine eigenen Besitzungen zu schützen, ging er nach Venedig und zeigte, wie es für den Bund vorteilhaft sein würde, wenn er nach Toscana zöge: der Krieg müsse da geführt werden, wo des Feindes Feldhauptmann und Heer, nicht wo sein Land und seine Städte lägen. Denn mit der Vernichtung des Heeres sei der Krieg geendet: seien aber die Städte genommen, das Heer unversehrt, so werde der Kampf oft nur um so heftiger. Die Mark und Toscana seien verloren, leiste man dem Niccolò nicht kräftigen Widerstand; wären sie verloren, so gebe es auch für die Lombardei keine Hilfe mehr. Wie aber auch die Sache sein möge, so wolle er doch seine Untertanen und Freunde nicht im Stich lassen: er sei als Landesherr nach der Lombardei gekommen und wolle sie nicht als bloßer Feldhauptmann verlassen. Der Doge antwortete ihm darauf, es liege auf der Hand, daß, wenn er nicht bloß die Lombardei verlasse, sondern das Heer über den Po zurückführe, alle ihre Festlandbesitzungen verloren sein würden und sie nichts mehr aufwenden könnten, diese zu schützen. Denn der sei nicht klug, der eine nicht zu verteidigende Sache verteidigen wolle, und es sei weniger Schmach und Nachteil, seine Staaten zu verlieren als Staat und Geld zugleich. Träfe aber die Venezianer ein solcher Verlust, so würde man sehn, inwieweit Venedigs Ansehn Toscana und der Romagna noch zu helfen vermöchte. Darum sei ihre Ansicht von der seinigen ganz verschieden. Da durch Niccolòs Abzug die herzogliche Macht sehr geschwächt sei, so werde der Sieg leicht sein: man könne dem Herzog so zusetzen, daß er genötigt sein werde, entweder den Piccinino zurückzurufen, oder auf andere Hilfsmittel zu sinnen. Wer die Dinge genau betrachte, müsse einsehn, daß der Herzog den Niccolò bloß darum nach Toscana gesandt, um den Grafen von dem begonnen Unternehmen abzuziehen und den Krieg, der ihn jetzt im eigenen Hause bedränge, auf fremdes Gebiet zu verpflanzen. Zöge also der Graf ihm nach, ohne daß äußerste Not ihn drängte, so sähe der Visconti seinen Plan gelungen. Wenn man aber die Kriegsmacht in der Lombardei im Stande halte und den Florentinern andern Schutz zukommen lasse, so werde der Herzog bald seinen Irrtum gewahren, wenn er in der Lombardei verliere, in Toscana nicht gewinne. Nachdem nun jeder seine Ansicht erläutert, beschloß man einige Tage zu warten, um den Erfolg des Vertrags des Niccolò mit den Malatesti kennenzulernen, wie auch, ob den Florentinern der Orsini genüge und ob der Papst aufrichtig zum Bunde hielte, wie er es zugesagt. Nach einigen Tagen erfuhren sie, daß die Malatesti mehr durch Furcht als durch schlimme Absicht zu diesem Schritte verleitet worden, daß Pietro Giampaolo mit seinen Völkern nach Toscana sich gewandt und der Papst mehr denn je entschlossen sei, dem Bunde beizustehn. Diese Nachrichten bestimmten den Sforza zu bleiben, während Neri Capponi mit tausend seiner Reiter und fünfhundert andern auf Florenz zog. Nähmen aber die toscanischen Angelegenheiten eine solche Wendung, daß des Grafen Hilfe dort durchaus erfordert werde, so sollte man schreiben und er würde ohne Zögern zuziehn. Mit dieser Heermacht nun traf im April der Capponi in Florenz ein, an demselben Tage, als Pietro Giampaolo mit seinen Haufen anlangte.

Niccolò Piccinino, nachdem er die romagnotischen Angelegenheiten geordnet, beschloß in Toscana einzurücken. Als er den Paß über den Apennin von San Benedetto und durch das Montonetal versuchen wollte, fand er ihn durch die guten Anstalten des Niccolò von Pisa so besetzt, daß er erkannte, wie auf dieser Seite jede Anstrengung vergeblich sein würde. Da bei diesem unerwarteten Angriffe die Florentiner mit Truppen wie mit Hauptleuten schlecht versehen waren, so hatten sie verschiedene ihrer Bürger mit in der Eile zusammengerafftem Fußvolk zur Bewachung der Bergpässe gesandt, unter andern den Ritter Messer Bartolommeo Orlandini, welchem die Bewachung des Kastells von Marradi und des dortigen Passes anvertraut ward. Nachdem nun Niccolò Piccinino den Paß von San Benedetto wegen der guten Vorkehrungen seiner Verteidiger hatte aufgeben müssen, dachte er den von Marradi durch Feigheit des Wachehaltenden zu gewinnen. Marradi ist ein Kastell am Fuße des Gebirges, welches Toscana von der Romagna scheidet, auf der romagnolischen Seite am Eingange des Lamone-Tals gelegen. Es ist zwar nicht befestigt, aber Fluß, Berge und Bewohner machen es stark: denn letztere sind waffengeübt und treu gesinnt, und der Fluß hat das Erdreich so weggefressen und strömt zwischen so steilen Ufern, daß es unmöglich ist, dem Tal entgegenziehend den Ort zu gewinnen, wenn eine kleine Brücke verteidigt wird, während auf der Gebirgsseite der Boden so abschüssig ist, daß die Lage trefflich geschützt wird. Messer Bartolommeos Feigheit nahm aber den Leuten den Mut, dem Ort seine Stärke. Denn kaum vernahm er das Getöse des heranziehenden Heeres, so floh er, alles aufgebend, mit den Seinigen und machte erst zu Borgo San Lorenzo[175] halt. Niccolò zog in die verlassenen Ortschaften ein, ebenso verwundert darüber, daß sie nicht verteidigt worden, wie voll Freude, daß ihm der Durchzug gelungen war. Er rückte nun im Mugello vor, wo er einige Kastelle nahm, und blieb bei Puliciano[176] stehn, von wo er bis zu den Fiesolanerhügeln das ganze Land durchstreifte und so mutig wurde, daß er über den Arno ging und bis zu einer Entfernung von drei Millien von Florenz seine plündernden Scharen sandte.

Die Florentiner ihrerseits verloren den Mut nicht und suchten vor allem die bestehende Regierung zu sichern, welche übrigens nicht gefährdet war, da Cosimo beim Volke beliebt und die vornehmsten Stellen der Verwaltung in den Händen weniger Mächtigen waren, die durch ihre Strenge Ordnung hielten, hätte es selbst Unzufriedene oder Neuerungssüchtige gegeben. Sie wußten überdies, mit welcher bedeutenden Macht, infolge der lombardischen Verträge, Neri zurückkehrte, und harrten der Völker des Papstes. Als nun Neri anlangte und die Stadt in mancherlei Besorgnis und Aufregung fand, beschloß er auszuziehn, um den Piccinino zu zügeln und an der Verheerung des Landes zu hindern. Nachdem er also soviel Volk er vermochte unter die Fußsoldaten gesteckt, zog er mit diesen und seiner Reiterschar aus, nahm Remole, welches der Feind besetzt, und lagerte dort, indem er die Herzoglichen in ihren Streifzügen störte und den Bürgern Hoffnung gab, daß das Land bald vom Feinde geräumt wäre. Da Niccolò gesehn, daß in der Stadt, als sie von Truppen entblößt, kein Aufstand ausgebrochen war, so dünkte es ihn, er verliere seine Zeit. Er beschloß deshalb eine andere Unternehmung zu versuchen, um die Florentiner zu veranlassen, ihm ihre Truppen nachzusenden. Hätte er Gelegenheit, mit diesen zur Feldschlacht zu kommen und sie zu schlagen, so hoffte er, daß ihm all seine Pläne gelingen würden.

Beim Heere des Piccinino befand sich der Graf von Poppi, der beim Einrücken des Feindes in das Mugello von den ihm verbündeten Florentinern abgefallen war. Obgleich die Florentiner ihm nicht trauten, so hatten sie doch, um ihn durch Wohltaten zu gewinnen, den Sold, den sie ihm zahlten, erhöht und ihn zum Kommissar über alle ihre Ortschaften gemacht, die an seine Besitzungen stießen. Soviel aber vermag Parteisucht über die Menschen, daß weder Begünstigung noch Furcht ihn die Freundschaft, die ihn mit Messer Rinaldo und dessen Anhängern verband, vergessen machen konnten: so daß er, gleich nachdem er die Ankunft Niccolòs vernommen, zu ihm ging und ihn mit aller Macht der Überredung bewog, die Nähe der Stadt zu verlassen und nach dem Casentino sich zu wenden, indem er ihm die günstige Lage der Gegend zeigte, von welcher aus er dem Feinde ungefährdet die Spitze bieten könnte. Der Piccinino befolgte seinen Rat, zog nach dem Casentino, nahm Romena und Bibbiena und lagerte beim Kastell San Niccolò. Dieses Kastell ist am Fuße des Bergrückens gebaut, der das Casentino vom Arnotal scheidet, und da es eine ziemlich hohe Lage hat und hinlängliche Besatzung hielt, so war dessen Eroberung nicht leicht, obgleich Niccolò es anhaltend aus kleinem Feldgeschütz beschoß. Diese Belagerung währte zwanzig Tage, während deren die Florentiner ihre Truppen sammelten und bei Figline[177] schon dreitausend Reiter musterten, von mehreren Hauptleuten geführt unter dem Oberbefehl des Orsini und der Kommissarien Neri Capponi und Bernardetto de' Medici. Zu diesen kamen vier aus dem belagerten Kastell mit der Bitte um Beistand. Nachdem die Kommissarien die Ortsverhältnisse untersucht, sahen sie, daß sie ihnen nicht anders Hilfe leisten konnten, als von der Seite des Arnotales her, wo indes die Höhen vom Feinde eher besetzt werden konnten als von ihnen, weil jene kürzeren Weg hatten, und weil ihr Zug sich nicht verheimlichen ließ, so daß, wenn man ein gewagtes Unternehmen versuchte, das Heer in Gefahr geraten konnte. Die Kommissarien lobten also die Treue der Bewohner und rieten ihnen, sich zu ergeben, wenn sie sich nicht mehr halten könnten. So nahm der Piccinino das Kastell nach zweiunddreißigtägiger Einschließung. Ein so großer Zeitverlust um so kleinen Gewinnes willen war eine der Hauptursachen des Mißlingens seines ganzen Feldzugs. Denn blieb er in der Nähe der Hauptstadt stehn, so veranlaßte er, daß die Regierenden mit mehr Schwierigkeit Geld von den Bürgern erlangten, daß das Sammeln der Truppen größeren Hindernissen unterlag und alle übrigen Veranstaltungen durch die Nähe des Feindes erschwert wurden, während manche Mut gefaßt haben möchten, dafür zu stimmen, daß man mit Niccolò ein Abkommen schließen sollte, da der Krieg sich in die Länge zu ziehen drohte. Aber der Wunsch des Grafen von Poppi, an den Kastellanen sich zu rächen, die lange Zeit seine Gegner gewesen, verleitete ihn zu dem erwähnten Rat, welchen er befolgte, um jenem genugzutun. Es war zu beider Verderben. Überhaupt geschieht es selten, daß nicht die Leidenschaften einzelner dem Gemeinwohl schaden. Piccinino, seinen Vorteil verfolgend, nahm Rassina und Chiusi[178]. Der Graf von Poppi redete ihm zu, er sollte dort stehenbleiben, indem er ihm zeigte, wie er seine Truppen zwischen Chiusi, Caprese und La Pieve aufstellen[179], das Gebirge beherrschen, nach seinem Gutdünken in das Casentino, das Arno- und das Chiana-Tal hinabsteigen und bei jeder Bewegung des Feindes bereit sein könnte. Niccolò aber, die rauhe Gegend vor Augen, sagte ihm, seine Pferde nährten sich nicht von Steinen, und zog nach dem Borgo S. Sepolcro, wo er gut aufgenommen ward. Von dort aus machte er einen Versuch bei den Bewohnern von Città di Castello, die aber als Freunde der Florentiner ihm kein Gehör gaben. Da er nun die Peruginer zu seinem Willen zu haben wünschte, begab er sich mit vierzig Reitern nach Perugia, wo man ihn als einen Mitbürger freundlich empfing. Nach wenigen Tagen aber erregte er Verdacht und versuchte beim Legaten und dem Volke manches ohne Glück, worauf er, nachdem er achttausend Dukaten empfangen, zum Heere zurückkehrte. Vom Lager aus knüpfte er ein Einverständnis in Cortona an, den Florentinern diese Stadt zu nehmen: aber unzeitige Entdeckung machte seinen Plan scheitern. Zu den ersten dortigen Bürgern gehörte Bartolommeo di Senso. Als dieser eines Abends, dem Befehl des Capitano zufolge, die Torwache bezog, ließ ihn ein ihm befreundeter Mann aus der Gegend wissen: er möge nicht gehn, wenn ihm sein Leben lieb sei. Bartolommeo wollte die Sache ergründen und kam auf das vom Piccinino geschmiedete Komplott, welches er dem Capitano anzeigte. Dieser versicherte sich der Häupter der Verschwörung, verdoppelte die Torwachen und erwartete den Niccolò, welcher, der Verabredung gemäß, zur Nachtzeit kam, sich aber zurückzog, als er sich entdeckt sah.

Während so die Angelegenheiten in Toscana zu geringem Vorteil für des Herzogs Truppen sich verwickelten, war in der Lombardei keine Ruhe. Hier war der Visconti in offenbarem Verlust. Denn sobald die Jahreszeit gestattete, rückte der Graf Francesco mit seinem Heere ins Feld. Da die Venezianer ihre Flotte wieder instand gesetzt, wollte der Graf vorerst des Sees sich versichern und den Herzog von diesem vertreiben, indem er der Ansicht war, daß, wenn dies gelungen, das übrige leicht sein würde. Darum griff er die herzogliche Flotte an und besiegte sie, worauf er mit der Landmacht die Kastelle dem Feinde nahm, so daß die Truppen, welche Brescia zu Lande einschlossen, genötigt waren, nach dreijähriger Einschließung die Belagerung aufzuheben. Der Graf zog hierauf gegen den Feind, der bei Soncino am Oglio haltgemacht, und nötigte ihn, sich bis Cremona zurückzuziehn, wo der Herzog Widerstand leistete, um von dieser Seite her seine Staaten zu verteidigen. Da aber der Graf ihn von Tag zu Tag mehr bedrängte und er, wenn nicht das ganze, wenigstens einen Teil seiner Staaten zu verlieren besorgte, sah er ein, wie sehr er Unrecht gehabt, Niccolò nach Toscana zu senden. Den Irrtum zu verbessern, meldete er diesem, in welcher Bedrängnis er sich befinde und wie seine Pläne mißlungen, indem er ihn aufforderte, so rasch als möglich aus Toscana nach der Lombardei zurückzukehren.

Unterdessen hatten die Florentiner unter ihren Kommissarien ihre Mannschaft mit der des Papstes vereinigt und bei Anghiari haltgemacht, einem Kastell am Fuß der Berge, welche das Tibertal vom Chianatal trennen, vier Millien vom Borgo San Sepolcro. Das Land ist dort eben, die Felder zu einem Reitergefecht geeignet. Von den glücklichen Fortschritten des Sforza und der Rückberufung Niccolòs in Kenntnis gesetzt, dachten sie, der Sieg sei ohne Schwertstreich und Staub gewonnen, und meldeten daher ihren Kommissarien, sie sollten sich der Feldschlacht enthalten, da der Piccinino doch nur noch wenige Tage in Toscana aushalten könnte. Niccolò erhielt Kunde von diesem Befehl, und die Notwendigkeit des

Abzugs erkennend, beschloß er, um nichts unversucht zu lassen, den Kampf zu wagen, indem er dachte, er würde die Feinde unvorbereitet und keiner Schlacht gewärtig finden. Es bestärkten ihn darin Messer Rinaldo, der Graf von Poppi und die übrigen ausgewanderten Florentiner, die in Piccininos Abzug ihren offenbaren Ruin sahen, in einer Schlacht aber zu siegen oder ehrenvoll zu fallen hofften. Auf diesen Entschluß setzte sich das Heer in Bewegung und zog aus der Gegend von Città di Castello nach dem Borgo, ohne daß die Feinde es gewahrten, worauf es sich daselbst durch zweitausend Mann verstärkte, welche, der Geschicklichkeit des Feldherrn und seinen Verheißungen trauend und auf Plünderung erpicht, ihm folgten.

Indem nun Niccolò Piccinino in Schlachtordnung auf Anghiari zuzog, war er keine zwei Millien mehr vom Orte entfernt, als Micheletto Attendolo, einer der florentinischen Hauptleute, große Staubwolken aufsteigen sah. Sobald er merkte, es sei der Feind, rief er zu den Waffen. Groß war der Tumult im Lager der Florentiner, denn, wie diese Heere überhaupt unordentlich lagerten, war hier noch doppelte Nachlässigkeit, weil sie den Feind ferne und eher auf Flucht als auf Angriff sinnend wähnten. So waren denn alle ungerüstet, von ihren Quartieren entfernt, der eine hier, der andere dort, wohin der Wunsch, der großen Hitze sich zu entziehen, oder andere Umstände sie gerufen hatten. Dennoch war der Eifer der Kommissarien und des Feldhauptmanns so groß, daß sie vor dem Anlangen des Feindes zu Pferde und imstande waren, seinem Angriffe Widerstand zu leisten. Und wie Micheletto der erste, den Feind zu bemerken, so war er auch der erste, der ihm entgegenzog und mit den Seinen nach der Brücke eilte, über welche nicht fern von Anghiari die Straße geht[180]. Da vor dem Anmarsch des

Feindes Piero Giampaolo Orsini die Gräben zu seiten der Straße zwischen der Brücke und Anghiari hatte ausfüllen lassen, so stellte sich Micheletto der Brücke gegenüber, Simoncino, der päpstliche Feldhauptmann, mit dem Legaten zur Rechten, zur Linken die florentinischen Kommissarien mit dem Orsini, während sie die Fußsoldaten überall auf dem Flußufer verteilten. Der einzige Weg, der so dem Feinde offen blieb, die Florentiner anzugreifen, war der auf die Brücke zuführende, und nur hier hatten die Florentiner zu kämpfen, ausgenommen, daß sie ihrem Fußvolke den Befehl erteilt, falls die feindlichen Fußsoldaten die Linien verließen, um sich auf den Flanken ihrer Reiterei auszubreiten, mit den Armbrüsten gegen sie zu wirken, damit sie beim Kampf an der Brücke ihren Reitern nicht in die Flanke fielen. Die ersten Anrükkenden wurden nun vom Micheletto nach mannhaftem Widerstande zurückgeworfen. Astorre und Francesco Piccinino aber, gewählte Mannschaft führend, warfen sich auf Micheletto mit solcher Heftigkeit, daß sie ihn von der Brücke und bis zum Fuß der Anhöhe zurückdrängten, welche nach Anghiari hinansteigt. Dann aber war es ihr Los, von denen, welche ihnen in die Flanke fielen, geworfen und wieder über die Brücke gejagt zu werden. Dieser Kampf währte zwei Stunden, während deren bald die Florentiner, bald die Feinde Herren der Brücke waren. Und obgleich bei diesem Kampfe die beiden Truppenmassen einander das Gleichgewicht hielten, so ward doch diesseits und jenseits der Brücke zum großen Nachteil Niccolòs gestritten. Denn kamen seine Leute über die Brücke, so fanden sie den Feind in bedeutender Zahl: er konnte sich dort auf dem geebneten Boden halten und die ermüdeten durch frische Truppen ersetzen. Gewannen aber die Florentiner die Brücke, so konnte Niccolò seine Streitkräfte nicht gehörig entwickeln noch benutzen, weil jenseits die Gräben und Dämme an der Straße ihn hinderten. Obgleich nun die Herzoglichen mehrmals den Übergang erkämpft, wurden sie doch von den frischen Kriegsvölkern des Feindes stets zurückgeworfen. Als aber die Florentiner der Brücke einmal so sich versichert, daß ihre Mannschaft auf der jenseitigen Straße vorrücken konnte, so blieb dem Piccinino bei dem heftigen Angriff und der ungünstigen Örtlichkeit keine Zeit mehr, frische Scharen vorrücken zu lassen, so daß die vorderen sich mit den hinteren Linien vermengten, der eine den andern drängte, das ganze Heer umkehrte und alle, ohne weitere Rücksicht, nach dem Borgo flohen.

Die florentinischen Soldaten begaben sich nun ans Beutemachen und gewannen viel an Gefangenen, Rüstungen und Pferden. Denn nicht über tausend Reiter kamen mit dem Piccinino davon. Die Leute aus Borgo, die dem Niccolò gefolgt waren, um Beute zu machen, wurden nun selber Beute: sie wurden alle gefangen und mußten Lösegeld zahlen; Fahnen und Wagen wurden genommen. Der Sieg brachte Toscana noch mehr Nutzen als dem Herzog Schaden. Denn, verloren die Florentiner den Tag, so war Toscana in der Gewalt des Visconti. Jetzt, da er der Verlierende, büßte er nur die Waffen und Pferde seines Heeres ein, die ohne übermäßige Kosten wieder zu ersetzen waren. Nie gab es Zeiten, in welchen der Krieg, den man in fremdem Lande führte, minder gefährlich gewesen wäre, als in diesen. Bei einer so entschiedenen Niederlage, in einem Kampfe, der von der zwanzigsten bis zur vierundzwanzigsten Stunde währte, starb ein einziger Mann, und dieser nicht an einer Wunde, sondern durch einen Sturz, wobei er unter die Pferdehufe kam. So sicher kämpfte man damals. Denn da alle beritten, mit Rüstung bedeckt und vor dem Tode sicher waren, wenn sie sich ergaben: so war überhaupt kein Grund vorhanden, weshalb sie sterben sollten. Beim Kämpfen schützte sie die Rüstung; konnten sie nicht mehr kämpfen, so ergaben sie sich[181].

Dies Treffen ist, sowohl in Betracht des während desselben als später Vorgefallenen, ein schlagender Beweis der damaligen unseligen Kriegsführung. Denn, nachdem der Feind unterlegen und Piccinino sich nach dem Borgo geflüchtet, wollten die Kommissarien ihm folgen und ihn belagern, um den Sieg zu einem vollständigen zu machen. Aber die Mehrzahl der Führer und Soldaten wollte ihnen nicht gehorchen: sie sagten, sie wollten die Beute in Sicherheit bringen und für die Verwundeten Sorge tragen. Das Merkwürdigste war, daß sie am folgenden Tage, ohne von einem Kommissar oder Hauptmann Urlaub zu haben oder auch nur danach zu fragen, nach Arezzo zogen, dort die Beute ließen und nach Anghiara zurückkehrten. Ein Verfahren, welches jeder löblichen Kriegsordnung und Disziplin dermaßen widerstrebte, daß jeder, auch der geringste Rest eines geordneten Heeres ihnen den Sieg, welchen sie unverdient errungen, leicht und verdienterweise wieder hätte entreißen können. Noch mehr: obgleich die Kommissarien wollten, daß sie die gefangenen Reiter nicht freilassen sollten, um dadurch dem Feinde die Gelegenheit zu nehmen, sich sogleich wieder zu verstärken, befreiten sie dieselben doch. Man kann nicht umhin, sich darüber zu wundern, wie ein Heer dieser Art Tapferkeit genug bewahrte, den Sieg davonzutragen, und wie dagegen so groß die Feigheit des Feindes, daß er sich von so regellosen Haufen schlagen ließ.

Während so die florentinischen Truppen auf der Aretiner Straße hin- und herzogen, hatte Niccolò Piccinino Zeit, mit dem Reste seines Heeres Borgo zu verlassen und sich nach der Romagna zurückzuziehen. Ihn begleiteten die ausgewanderten Florentiner, welche, da sie jede Hoffnung, in ihre Heimat zurückzukehren, geschwunden sahen, nach eigenem Gutdünken der eine hierhin, der andere dorthin gingen. Messer Rinaldo degli Albizzi ließ sich zu Ancona nieder, und um das himmlische Vaterland zu erwerben, nachdem er das irdische verloren, ging er das Grab des Heilands besuchen. Von dort zurückgekehrt, starb er plötzlich bei der Tafel, während er die Hochzeit einer seiner Töchter feierte[182]. Darin lag eine Gunst des Schicksals, daß der mindest unglückliche Tag seines Exils auch der letzte war. Ein ehrenwerter Mann in jedem Glücksverhältnis, der es aber mehr noch gewesen sein würde, hätte das Geschick ihn in einer einträchtigen Stadt geboren werden lassen: denn in einer uneinigen Stadt schadeten ihm viele seiner Eigenschaften, die ihm sonst Lob und Ruhm erworben haben würden.

Nachdem nun das Kriegsvolk aus Arezzo zurückgekommen und Niccolò abgezogen war, erschienen die Kommissarien vor dem Borgo. Die Bewohner des Ortes wollten sich den Florentinern unterwerfen, diese aber weigerten sich, die Unterwerfung anzunehmen[183]. Während dies verhandelt ward, faßte der päpstliche Legat Argwohn gegen die Kommissarien, als wollten sie der Kirche den Ort nehmen. Man kam darüber zu heftigen Worten, und es würden Unordnungen stattgefunden haben zwischen den florentinischen und päpstlichen Truppen, hätte die Unterhandlung sich in die Länge gezogen. Da sie aber das Ende nahm, welches der Legat wünschte, so wurde alles bald wieder ruhig.

Während dieser Verhandlung hieß es, Niccolò Piccinino sei gen Rom gezogen. Andere sagten, er habe die Richtung nach der Mark eingeschlagen. Darum schien es dem Legaten und den Reiterscharen Sforzas geraten, nach Perugia zu ziehen, um von dort aus entweder der Mark oder Rom zu Hilfe zu kommen, wohin immer Niccolò sich gewandt haben mochte. Bernardo de' Medici sollte sie begleiten, Neri Capponi aber mit den florentinischen Truppen das Casentino besetzen. Nachdem dies beschlossen worden, lagerte Neri vor Rassina, nahm den Ort, erstürmte dann mit derselben Schnelligkeit Bibbiena, Pratovecchio und Romena, und schlug das Lager vor Poppi auf, das er von zwei Seiten einschloß, in der Ebene von Certomondo[184] und von dem Hügelrücken, der nach Fronzole sich erstreckt. Der Graf Francesco, von Poppi, von Gott und von den Menschen sich verlassen sehend, hatte sich in seiner Hauptstadt eingeschlossen, nicht weil er auf irgendeine Hilfe hoffte, sondern um von dort aus einen weniger nachteiligen Vergleich zu schließen. Als der Capponi ihm aber nahe rückte, verlangte er sich zu vertragen, und es wurden ihm Bedingungen gestellt, wie er sie unter diesen Verhältnissen erwarten konnte: er und seine Kinder und die bewegliche Habe sollten sicher sein, Ort und Land den Florentinern gehören. Als sie nun die Kapitulation abschlossen, kam er herab auf die Brücke, die über den am Fuße des Hügels von Poppi strömenden Arno führt, und sagte zu Neri in tiefer Betrübnis: «Hätte ich mein Geschick und eure Macht wohl ermessen, so käme ich jetzt als Freund mich eures Sieges mit euch zu freuen, nicht als Gegner euch zu bitten, meinem Unglück etwas von seiner Bitterkeit zu nehmen. Mein gegenwärtiges Los ist für mich traurig und elend, wie für euch vorteilhaft und glücklich. Ich hatte Pferde, Waffen, Untertanen, Land und Reichtümer: welch Wunder, wenn ich ungern sie aufgebe? Wollet und könnet ihr aber über ganz Toscana gebieten, so müssen wir andern gehorchen: hätte ich nicht geirrt, so wäre weder mein Geschick bekannt geworden, noch würde eure Großmut sich zeigen können. Wollt ihr mir meine Besitzungen lassen, so würdet ihr der Welt ein ewiges Beispiel eures milden Sinnes geben. Lasset darum euer Mitleid größer sein als mein Vergehen: lasset dies eine Haus dem Abkömmling jener, von welchen eure Väter unzählige Gunst empfangen haben!»

Neri antwortete darauf: die blinde Zuversicht auf die ohnmächtige Macht anderer habe ihn zu solcher Versündigung gegen die Republik verleitet, daß es unter den gegenwärtigen Zeitumständen unerläßlich sei, das Seinige aufzugeben und als Feind der Florentiner die Orte zu verlassen, die er als ihr Freund nicht habe besitzen wollen. Denn er habe ein solches Beispiel gegeben, daß er nicht gehegt werden dürfe, wo bei jedem Glückswechsel die Republik durch ihn gefährdet werden könnte: nicht vor ihm, sondern vor seinen Besitzungen hege man Besorgnis. Könnte er in Deutschland Fürst werden, so würde die Republik es ihm wünschen und ihn begünstigen in der Erinnerung an seine Vorfahren. Hierauf gab der Graf ganz erzürnt zur Antwort: aus je größerer Ferne er die Florentiner sehe, um so lieber werde es ihm sein. Und so ward jede freundliche Unterredung abgebrochen.

Der Graf, da er kein anderes Mittel sah, trat den Ort und seine sämtlichen Ansprüche den Florentinern ab, und zog fort in Tränen, mit seiner Gattin und seinen Kindern, seine tragbare Habe mit sich nehmend. Er konnte sich nicht darüber trösten, einen Staat verloren zu haben, welchen seine Vorfahren vier Jahrhunderte hindurch besessen[185]. Als diese Siege in Florenz bekannt wurden, erfüllten sie die Häupter der Regierung und das ganze Volk mit unbeschreiblicher Freude. Und da Bernardetto de' Medici fand, die Kunde von dem Zuge des Piccinino gen Rom oder die Mark sei falsch, so vereinigte er seine Völker wieder mit denen des Capponi, und bei ihrem gemeinschaftlichen Eintreffen in Florenz wurden ihnen die größten Ehrenbezeigungen zuteil, welche die Stadt ihren Gesetzen zufolge den siegreichen Bürgern gewähren kann, und sie wurden von der Signorie, von den Capitanen guelfischer Partei und sodann von der gesamten Bürgerschaft als Triumphierende empfangen.

Sechstes Buch

Sich selbst bereichern, den Feind zugrunde richten, war stets der Zweck derer, welche einen Krieg beginnen, und daß es so ist, liegt in der Natur der Dinge. Nur darum sucht man den Sieg, nur darum strebt man nach Zuwachs an Besitz, um seine Macht zu heben, die des Gegners zu schwächen. Wenn also der Sieg verarmen läßt, oder der Erwerb entkräftet, so folgt daraus, daß man das Ziel des Krieges entweder zu weit übersprungen, oder aber es nicht erreicht hat. Durch Kriege und Siege bereichern sich solche Fürsten oder Freistaaten, welche den Feind vernichten und Herren sind über Beute und Kriegsabgaben. Die aber verarmen ungeachtet des Sieges, denen die Unterdrückung des Feindes nicht gelingt, und deren Soldaten, nicht aber sie selbst, über Beute und Steuern verfügen. Dieser ist ganz unglücklich beim Verlieren, noch unglücklicher im Siege: denn unterliegend erträgt er die Schmach, welche der Feind ihm zufügt; siegend jene, die ihm die Freunde bereiten, eine Schmach, die man schwerer erträgt, weil kein vernünftiger Grund dafür vorhanden, namentlich wenn man sich genötigt sieht, die Lasten der Untertanen noch durch neue Auflagen zu mehren. Wer aber menschliche Empfindung in sich trägt, kann sich nicht freuen über einen Sieg, über den die Untertanen sich nur betrüben. Die gutgeordneten alten Freistaaten pflegten bei Siegen den Schatz mit Gold und Silber zu füllen, Gaben unter das Volk zu verteilen, den Untergebenen den Tribut zu erlassen und sie durch Spiele und Feste zu erfreuen. Jene Staaten aber in den Zeiten, die wir beschreiben, leerten erst den Schatz, plünderten dann das Volk und sicherten es nicht vor dem Feinde. Alles dies war Folge der Unordnung, womit Krieg geführt wurde. Denn da man den besiegten Feinden nur ihre Habe nahm und sie weder gefangenhielt noch tötete, so wurde von diesen ein neuer Angriff auf den Sieger nur solange verschoben, bis es ihren Führern gelungen, sie mit neuen Pferden und Waffen zu versehen. Da überdies Beute und Kriegssteuer den Truppen gehörten, so zogen die siegreichen Fürsten daraus keinen Vorteil für die neue Löhnung, sondern erpreßten diese von ihren Untertanen. Für letztere hatte so der Sieg keinen andern Vorteil, als daß er die Bedenklichkeiten der Fürsten minderte, wenn es darauf ankam, neue Lasten aufzulegen. Dahin hatten jene Soldtruppen das Kriegswesen gebracht, daß so Sieger wie Besiegte stets frischer Geldmittel bedurften, um ihre Scharen brauchen zu können. Denn der eine mußte sie neu rüsten, der andere sie belohnen. Und wie die Besiegten ohne neue Pferde nicht kämpfen konnten, so wollten es die Sieger nicht ohne neue Zulage. Daher kam es, daß der eine des Sieges wenig sich freute, der andere den Verlust wenig empfand: denn der Besiegte hatte Zeit sich wieder zu erholen, der Sieger keine Zeit, seinen Vorteil zu verfolgen.

Diese Unordnung und heillose Kriegführung waren schuld daran, daß Niccolò Piccinino schon wieder zu Pferde saß, ehe man in Italien seinen Sturz vernommen, und nach der Niederlage dem Feinde größern Schaden zufügte als vorher. So kam es, daß er nach dem Verluste von Tenna Verona nehmen konnte; daß er, nachdem er hier sein Heer eingebüßt, mit einer mächtigen Schar in Toscana einzufallen vermochte; daß er, bei Anghiari geschlagen, schon ehe er die Romagna erreichte, mächtiger im Felde war als zuvor und den Herzog mit Hoffnung erfüllte, die Lombardei zu verteidigen, welche während seiner Abwesenheit beinahe ganz in Feindesgewalt geraten war. Denn während Niccolò Toscana in Verwirrung setzte, waren des Herzogs Angelegenheiten zu dem Punkte gelangt, daß er anfing sich für verloren zu halten. Indem er nun glaubte, er könne zum Äußersten getrieben werden, bevor Niccolò auf seinen Ruf wieder erschiene, nahm er, um den Eifer des Sforza zu zügeln und das Geschick, welchem er durch Waffen nicht beizukommen vermochte, durch Klugheit zu lenken, seine Zuflucht zu jenen Mitteln, deren er sich in ähnlichen Fällen oft mit Erfolg bedient hatte. Darum sandte er den Herrn von Ferrara, Niccolò da Este, nach Peschiera, wo der Sforza stand, und ließ ihn zum Frieden aufmuntern und ihm zeigen, wie dieser Krieg nicht in seinem Interesse liege. Wenn nämlich der Herzog so geschwächt werde, daß er seine bisherige Stellung nicht mehr zu behaupten vermöge, so werde er, der Graf, der erste sein, der darunter leide, indem Venedig und Florenz nicht mehr dieselbe Rücksicht auf ihn nehmen würden. Zum Beweise, daß der Herzog den Frieden wolle, bot er ihm die endliche Eheschließung an: er werde seine Tochter nach Ferrara senden und verspreche, sie ihm zu übergeben, nachdem Friede gemacht worden. Der Graf antwortete: wenn der Herzog wahrhaft den Frieden wolle, so sei nichts leichter, da Florentiner und Venezianer sich danach sehnten. Man könne ihm aber nur schwer Glauben beimessen, da man wisse, daß er immer nur aus Not Frieden geschlossen und, wie die Not vorüber stets die Kriegslust ihm wiederkehre. Ebensowenig könne er dem Ehebündnis trauen, da er so oft damit getäuscht worden. Übrigens wolle er, wäre der Frieden geschlossen, in letzterer Hinsicht tun, was seine Freunde ihm raten würden.

Die Venezianer, welche ihre Kriegsanführer oft unklugerweise im Verdacht hatten, wurden durch diese Unterhandlungen natürlich sehr beunruhigt. Da nun der Graf diesen Verdacht tilgen wollte, fuhr er fort mit allem Eifer Krieg zu führen: doch wirkte auf ihn der Ehrgeiz, auf die Venezianer die Besorgnis so erkältend, daß während des noch übrigen Teils des Sommers wenig von Belang vorgenommen ward. Als nun der Piccinino nach der Lombardei zurückgekehrt und der Winter bereits angefangen war, bezogen die Heere ihre Quartiere, das des Grafen in Verona, der Herzog in Cremona, die florentinischen Truppen in Toscana, die päpstlichen in der Romagna. Letztere hatten nach dem Siege bei Anghiari Forli und Bologna angegriffen, um sie dem Francesco Piccinino zu nehmen, der diese Städte für seinen Vater besetzt hielt. Der Streich mißlang, da Francesco sich wacker verteidigte. Die Ravennaten aber wurden so sehr in Furcht gesetzt, daß sie nicht mehr unter die Herrschaft der Kirche zurückkehrten, sondern im Einverständnis mit ihrem Gebieter, Ostasio da Polenta, sich den Venezianern übergaben, welche zum Lohne dafür und damit Ostasio ihnen nicht etwa durch Gewalt nehmen könnte, was er ihnen unklugerweise gegeben, ihn mit einem Sohne nach Candia sandten, wo er den Tod fand. Da, ungeachtet der errungenen Vorteile, der Papst sich in Geldverlegenheit befand, verkaufte er den Florentinern un fünfundzwanzigtausend Dukaten das Kastell Borgo San Sepolcro.

Als die Sachen zu diesem Punkte gelangt waren und des Winters wegen jeder sich vor dem Kriege sicher hielt, dachte man auch nicht mehr an den Frieden, am wenigsten der Herzog, der auf Niccolò Piccinino und die Jahreszeit vertraute. Deshalb brach er alle Unterhandlungen mit dem Sforza ab, rüstete Niccolòs Heer mit großem

Eifer und traf alle Vorkehrungen zu einem künftigen Feldzuge. Der Graf, dem dies zu Ohren kam, begab sich nach Venedig, um mit dem Senat zu beraten, was im nächsten Jahr zu tun sein würde. Niccolò seinerseits, der gerüstet dastand und den Feind unvorbereitet sah, wartete den Frühling nicht ab, sondern ging im tiefen Winter über die Adda, rückte in das Brescianische ein und besetzte das ganze Land (1441) mit Ausnahme von Adula und Acri, wobei er über zweitausend Sforzasche Reiter, welche diesen Angriff nicht erwarteten, niederwarf und gefangen nahm. Was aber den Grafen am meisten kränkte und die Venezianer ängstete, war, daß Ciarpellone, einer der ersten Hauptleute des Sforza, die Fahnen verließ. Der Graf reiste sogleich von Venedig ab und begab sich nach Brescia, wo er fand, daß Niccolò, nachdem er diese Verheerung angerichtet, in seine Quartiere zurückgekehrt war. Da er nun den Krieg beendigt fand, wollte er die Flamme nicht wieder anfachen, sondern die Muße, welche Winter und Feind ihm ließen, benutzen, sich instand zu setzen, im jungen Jahr die alte Unbill zu rächen. Er bewog deshalb die Venezianer, ihre in Toscana stehenden Truppen zurückzurufen und statt des verstorbenen Gattamelata den Micheletto-Attendolo in ihren Dienst zu nehmen.

Beim Frühlingsanfang war der Piccinino der erste, der ins Feld rückte. Er berannte Cignano, ein zwölf Millien von Brescia entlegenes Kastell, dem der Sforza zu Hilfe zog, worauf die beiden Hauptleute nach gewohnter Weise gegeneinander Krieg führten. Da der Graf wegen Bergamo besorgt war, zog er vor Martinengo, welches Kastell eine solche Lage hatte, daß er nach dessen Einnahme jener durch Niccolò hartbedrängten Stadt leicht Hilfe leisten mochte. Niccolò Piccinino, welcher einsah, daß der Feind ihm nur von dieser Seite beikommen konnte, hatte das Kastell auf jede Weise befestigt, so daß der Sforza nötig fand, auf dessen Belagerung seine ganze Macht zu verwenden. Da nahm Niccolò mit seinem Heere eine Stellung ein, wo er dem Gegner die Zufuhr abschnitt und durch Gräben und Basteien so sich sicherte, daß dieser ihn nur mit offenbarer Gefahr angreifen konnte. Nun befanden die Belagerer sich in schlimmerer Lage als die Belagerten. Denn der Graf konnte wegen des Mangels an Lebensmitteln die Einschließung nicht fortsetzen und ebensowenig, der vom Feinde drohenden Gefahr wegen, das Lager abbrechen, so daß für den Herzog entschiedener Sieg, für die Venezianer und den Sforza gänzlicher Untergang bevorstand.

Das Glück aber, dem es nicht an Mitteln fehlt, die Freunde zu begünstigen, den Feinden zu schaden, ließ in der Erwartung dieses Sieges des Piccinino Ehrsucht und Anmaßung dermaßen sich steigern, daß er alle Rücksicht gegen den Herzog wie gegen sich selbst aus den Augen setzte. Er ließ den Visconti wissen: nachdem er so lange unter seinen Fahnen gedient, habe er noch nicht einmal soviel Land erworben, daß er sich darin könne begraben lassen, weshalb er nun wissen wolle, welcher Lohn für seine Bemühungen ihm bevorstehe. Denn in seiner Hand liege es, ihm die ganze Lombardei zu unterwerfen und alle seine Feinde zu überliefern, und da ihn dünke, er dürfe für sichern Sieg sichern Lohnes gewärtig sein, so verlange er die Abtretung der Stadt Piacenza, damit er, nach so langen Feldzügen müde, bisweilen ausruhen könnte. Zuletzt scheute er sich nicht, dem Herzog zu drohen, er werde das Unternehmen aufgeben, wenn dieser nicht in sein Begehren willigte. Diese beleidigende und übermütige Art verletzte den Visconti so und erzürnte ihn dermaßen, daß er beschloß, lieber auf die erwarteten Vorteile zu verzichten, als dem Piccinino seinen Willen zu tun. Ihn, welchen so viele Gefahren und Drohungen der Feinde nicht zur Sinnesänderung gebracht, brachte dazu der Übermut der Freunde. Er beschloß mit dem Grafen sich zu vertragen, sandte zu ihm den Antonio Guidobuono von Tortona und ließ ihm die Hand seiner Tochter und Friedensbedingungen anbieten, die von ihm wie von den Verbündeten mit Freudigkeit angenommen wurden.

Nachdem dies heimlich abgeschlossen worden, ließ der Herzog den Piccinino wissen: er solle mit dem Grafen auf ein Jahr Waffenstillstand schließen, indem er vorgab, die Kriegskosten lasteten so schwer auf ihm, daß er einen sichern Frieden nicht um eines zweifelhaften Sieges willen aufgeben könnte. Über diesen Entschluß war Niccolò aufs höchste erstaunt, da er nicht begriff, was den Herzog veranlaßte, auf so glorreichen Sieg zu verzichten, und es ihm nicht in den Sinn kam, daß, um die Freunde nicht belohnen zu müssen, jener die Feinde retten wollte. Er widersetzte sich daher diesem Plan so viel er konnte, bis, um ihn zur Ruhe zu bringen, der Herzog genötigt war, ihm zu drohen, er werde ihn, wenn er sich sträube, seinen Soldaten und dem Feinde zur Beute geben. Da gehorchte der Piccinino, in derselben Stimmung wie einer, der Heimat und Freunde zu verlassen genötigt ist, und beklagte sein widriges Schicksal, indem bald Glückswechsel, bald der Herzog ihm den Sieg entrissen. Nachdem der Waffenstillstand abgeschlossen, fand die Hochzeit Francesco Sforzas mit Madonna Bianca statt, und die Stadt Cremona wurde ihm als Mitgift eingeräumt. Hierauf ward im November 1441 Frieden geschlossen, für die Venezianer durch Francesco Barbarigo und Paolo Trono, für die Florentiner durch Messer Agnolo Acciaiuoli. Die Venezianer erwarben dabei Peschiera, Asola und Leonato, Kastelle des Markgrafen von Mantua.

Nachdem der Krieg in der Lombardei beendigt, währte

noch der im Königreich Neapel, welcher die Ursache ward, daß man auch in der Lombardei von neuem begann. Während der erwähnten Feldzüge hatte Alfons von Aragon dem Könige Renè von Anjou das ganze Land genommen, mit Ausnahme der Stadt Neapel: so daß Alfons, seinen Sieg für sicher haltend, während der Belagerung Neapels dem Grafen Sforza Benevent und seine übrigen dortigen Besitzungen zu nehmen beschloß, was er ohne Gefahr tun zu können glaubte, indem der Sforza in der Lombardei beschäftigt war. Es gelang ihm auch wirklich und er besetzte diese Orte mit geringer Mühe. Als aber die Nachricht von dem geschlossenen Frieden anlangte, fürchtete Alfons, der Graf würde um seiner Besitzungen willen dem Anjou zu Hilfe kommen, welcher aus demselben Grunde diese Hoffnung nährte. Er sandte zu ihm, indem er ihn aufforderte, einem Freunde zu helfen, an einem Feinde sich zu rächen. Andrerseits lag Alfons den Herzog von Mailand an, er möchte dem Grafen so viel zu schaffen machen, daß er dies sein lasse, um an Wichtigeres zu denken. Der Visconti ging darauf ein, ohn zu bedenken, daß er so den Frieden störte, den er soeben zu seinem großen Nachteil geschlossen. Er gab Papst Eugen[186] zu verstehn, es sei nun Zeit, die Länder wiederzunehmen, welche der Graf besetzt hielt, und bot ihm dazu den Piccinino an, welcher nach dem Friedensschluß mit seinen Truppen nach der Romagna gegangen war, und dessen Löhnung während des Krieges er übernehmen wollte. Papst Eugen griff eifrig nach diesem Plane, teils weil er den Sforza haßte, teils weil er das Seinige wiederzuerlangen wünschte. War er einst mit gleicher Hoffnung vom Piccinino getäuscht worden, so besorgte er jetzt, wo der Herzog dabei war, keine Täuschung mehr. Nachdem er nun seine Scharen mit denen Niccolòs vereinigt, griff er die Mark an. Durch einen so unerwarteten Angriff überrascht, setzte sich der Sforza mit seinen Kriegsvölkern in Marsch. Unterdes nahm König Alfons Neapel ein, so daß, mit Ausnahme des Castelnuovo, das ganze Reich sich in seiner Gewalt befand. René ließ im Kastell eine starke Besatzung und begab sich nach Florenz, wo er auf die ehrenvollste Weise empfangen ward. Als er sodann, nach wenigen Tagen, sah, daß ihm die Mittel zur Fortsetzung des Krieges mangelten, segelte er nach Marseille.

Alfons nahm nun das Castel nuovo, und Francesco Sforza vermochte in der Mark dem Papste und Niccolò nicht die Spitze zu bieten. Er wandte sich deshalb an die Venezianer und Florentiner mit Bitten um Truppen und Geld, indem er ihnen vorhielt, daß, wenn sie nicht drauf bedacht wären, den Papst und den König im Zaum zu halten, während er sich noch verteidigen könnte, sie später an ihr eigen Heil denken müßten, indem jene beiden sich dem Visconti anschließen und Italien unter sich teilen würden. Eine Zeitlang blieben die beiden Republiken unentschlossen, sowohl weil sie nicht wußten, ob es ratsam wäre, sich den Papst und den König zu Feinden zu machen, als auch weil die Angelegenheiten Bolognas sie in Anspruch nahmen. Annibale Bentivogli hatte den Francesco Piccinino aus dieser Stadt vertrieben und, um sich gegen den dem Genannten günstigen Herzog verteidigen zu können, die Venezianer und Florentiner um Beistand ersucht, welchen diese ihm auch nicht verweigerten. Hier beschäftigt, konnten sie sich nun nicht entschließen, dem Grafen Hilfe zu leisten. Als aber Annibale den Francesco geschlagen und diese Sache zu Ende schien, beschlossen die Florentiner, dem Sforza beizustehn. Um indes des Herzogs sicher zu sein, erneuerten sie das Bündnis mit ihm, welches der Visconti auch hielt. Denn wenn er auch zugegeben, daß der Krieg gegen den

Grafen begonnen ward, während der König René noch unter den Waffen stand: so wollte er doch nicht, daß der Sforza alle seine Besitzungen verlöre, als er jenen aus dem Königreiche vertrieben sah. Darum willigte er nicht bloß ein, daß dem Sforza Hilfe gesandt wurde, sondern er schrieb auch dem Könige mit dem Ersuchen, in sein Reich zurückzukehren und den Krieg gegen ihn nicht weiter fortzusetzen. Alfons tat dies zwar ungern; aber der Verbindlichkeiten wegen, die er dem Visconti schuldete, beschloß er doch dessen Wunsch zu erfüllen und zog sich mit seiner Mannschaft jenseits des Tronto zurück.

Während dieser Vorgänge in der Romagna hatten die Florentiner zu Hause nicht viel Ruhe. Zu den angesehensten Bürgern gehörte Neri Capponi, dessen Ansehen dem Cosimo de' Medici mehr denn irgend etwas Besorgnis einflößte. Denn sein Einfluß in der Stadt ward noch durch den vermehrt, welchen er bei dem Kriegsvolk hatte; dies kam daher, weil er zu verschiedenen Malen Anführer der florentinischen Heere gewesen war und sie durch Tapferkeit und gute Führung gewonnen hatte. Überdies bewirkte die Erinnerung an die Siege, die er wie sein Vater Gino davongetragen, indem dieser Pisa erobert, jener bei Anghiari den Piccinino geschlagen: daß viele ihn liebten, die aber ihn fürchteten, welche im Regieren keine Genossen wollten. Unter den Hauptleuten des florentinischen Heeres war damals Baldaccio von Anghiari[187], ein sehr wackerer Kriegsmann, den keiner in Italien an Tapferkeit und körperlicher Gewandtheit übertraf. Dieser genoß beim Fußvolk, dessen Anführer er stets gewesen, eines solchen Rufes, daß man der Meinung war, die Scharen würden ihm zu jedem Unternehmen nach seinem Willen folgen. Baldaccio war sehr befreundet mit Neri und liebte dessen treffliche Eigenschaften, von denen er so oft Zeuge gewesen, was andere Bürger mit großem Verdacht erfüllte. Da diese es für gefährlich hielten, ihn zu entlassen, für gefährlicher noch, ihn im Dienste zu behalten, so beschlossen sie ihn umzubringen. Die Umstände zeigten sich ihrem Plane günstig. Der Justiz-Gonfaloniere war Messer Bartolommeo Orlandini. Es war derselbe, von dem wir erzählten, daß er bei Niccolò Piccininos Einfall in Toscana, zur Bewachung von Marradi gesandt, schmählich entfloh und den Paß aufgab, der durch seine örtliche Beschaffenheit allein beinahe verteidigt wurde. Solche Verzagtheit mißfiel dem Baldaccio, der durch scharfe Worte wie durch Briefe Messer Bartolommeos Feigheit angriff, worüber dieser beschämt und zornig sich nach Rache sehnte, indem er durch den Tod des Anklägers die Schmach seines Betragens auslöschen zu können wähnte.

Um dieses Verlangen des Messer Bartolommeo wußten die übrigen Bürger, so daß sie ihn ohne Mühe beredeten, durch Baldaccios Ermordung die eigene Beleidigung zu rächen und den Staat von einem Manne zu befreien, den man entweder mit Gefahr besolden, oder mit Schaden entlassen würde. Nachdem nun der Orlandini ihn zu töten beschlossen, verbarg er mehrere bewaffnete junge Männer in seinem Gemache, und da Baldaccio, wie er zu tun pflegte, auf den Platz vor dem Palast gekommen, um mit dem Magistrat in Dienstangelegenheiten zu verhandeln, sandte der Gonfaloniere zu ihm, der ohne Argwohn dem Rufe folgte. Messer Bartolommeo kam ihm entgegen und ging mit ihm, von Geschäften redend, zwei- oder dreimal den langen Gang entlang, der an den Gemächern der Signoren vorüberführt. Als ihm nun der Augenblick gekommen schien und er sich in der Nähe des Zimmers befand, in welchem die Bewaffneten harrten, gab er ein Zeichen, worauf diese hervorsprangen, den Baldaccio, welchen sie allein und ohne Waffen fanden, sogleich töteten und zum Fenster des

Palastes hinauswarfen, welches sich auf der Seite des Zollamtes befindet. Die Leiche wurde dann auf den Signorenplatz geschleppt, und lag da, mit abgeschlagenem Haupte, den ganzen Tag über dem Volke zum Schauspiel. Er hinterließ einen einzigen Sohn, welchen Annalena, seine Gattin, ihm nicht lange zuvor geboren, der ihn aber nur kurz überlebte. Nachdem nun Annalena gatten- und kinderlos geblieben, wollte sie keine zweite Ehe eingehn, sondern schuf ihre Wohnung in ein Kloster um, wo sie mit andern edlen Frauen sich einschloß und heilig lebte und starb. Wegen des von ihr gestifteten und nach ihr genannten Klosters wird ihr Andenken, wie es heute noch lebt, so immer leben.

Dies Ereignis minderte zum Teil Neris Einfluß und nahm ihm so Ansehn wie Anhänger. Damit begnügten sich aber die Regierenden nicht. Denn nachdem nun zehn Jahre seit dem Beginn ihrer Macht verflossen, die der Balia verliehene Machtvollkommenheit erloschen war, und manche in Worten und Handlungen kühner wurden, als ihnen genehm war: so schien es den Häuptern der Faktion zur Sicherung ihrer Stellung notwendig, sie von neuem mit Entschiedenheit einzunehmen, indem sie den Freunden größeres Ansehn verliehen, die Gegner aber unterdrückten. Darum ließen sie im Jahre 1444 durch die Ratsausschüsse eine neue Balia ernennen, welche die Zulassung zu den Ämtern wieder beschränkte, die Wahlen zur Signorie einer kleinen Zahl Bürger zugestand, die Kanzlei der Riformagioni erneuerte, indem sie dieselbe dem Ser Filippo Peruzzi nahm und einem andern gab, der sich nach der Willensmeinung der Mächtigen zu verhalten haben sollte. Sie verlängerte den Verbannten die Zeit ihrer Ausschließung, ließ den Giovanni di Simone Vespucci ins Gefängnis werfen, nahm den Accoppiatoren der feindlichen Faktion die Amtsehren, darunter den

Söhnen Piero Baroncellis, allen Serraglis, dem Bartolommeo Fortini, Messer Francesco Castellani und vielen andern. Auf solche Weise gelangten sie zu neuem Ansehn und Macht, während sie den Ehrgeiz der Verdächtigen und feindlich Gesinnten gewaltsam niederhielten.

Nach diesen Anstalten im Innern wandten sie sich zu den auswärtigen Verhältnissen. Niccolò Piccinino war, wie gesagt, vom König Alfons verlassen worden, und der Graf hatte durch florentinische Hilfe seine Macht so sehr verstärkt, daß er jenen bei Fermo angriff und ihm eine solche Niederlage beibrachte, daß sein Heer beinahe aufgelöst war. Mit einem geringen Reste von Truppen flüchtete er nach Montecchio, wo er sich so tapfer und so lange hielt, daß seine zerstreuten Leute sich sammeln konnten und allmählich zu ihm zurückkehrten, worauf er sich um so glücklicher gegen den Sforza verteidigte, da der Winter kam und die Truppen ihre Quartiere beziehen mußten. Niccolò war diese ganze Zeit über darauf bedacht, seine Mannschaft zu verstärken, und erhielt Beistand vom Papste und vom König Alfons. Beim Frühlingsanbruch, als man wieder ins Feld rückte, fand er sich so stark, daß der Graf ohne Zweifel den Kürzern gezogen haben würde, hätte nicht der Herzog von Mailand die Pläne des Piccinino durchkreuzt. Der Visconti ließ ihn wissen: er möge ohne Zeitverlust zu ihm kommen, indem er mündlich über wichtige Dinge mit ihm zu reden habe. Dieser nun, begierig des Herzogs Absicht zu vernehmen, verließ einen sichern Sieg um einer ungewissen Sache willen, und begab sich nach Mailand, indem er seinem Sohne Francesco den Oberbefehl über das Heer anvertraute. Kaum vernahm dies der Sforza, so wollte er Niccolòs Abwesenheit benutzen, um zu schlagen. In der Nähe des Kastells Monteloro fand der Kampf statt, in welchem Francesco Piccinino unterlag und gefangen ward. Als Niccolò zu Mailand angelangt war und fand, daß der Herzog ihn nur an der Nase herumführte, und er nun des Sohnes Niederlage und Gefangenschaft vernahm, betrübte er sich so sehr, daß er (im Jahre 1445) in einem Alter von vierundsechzig Jahren starb. Als Feldherr hatte er mehr Tapferkeit als Glück gehabt. Seine Söhne Francesco und Jacopo hatten weniger Kriegserfahrung, aber noch mehr Unglück als der Vater: so daß Braccios Soldheer beinahe völlig aufgerieben ward, während Sforzas Waffen durch die Gunst des Schicksals immer höhern Ruhm erwarben. Als der Herzog das Mißgeschick der Truppen Niccolòs und dessen Tod erfuhr, suchte er, auf die aragonische Macht wenig bauend, mit dem Grafen Frieden zu schließen, was ihm auch mittels der Florentiner gelang. Dem Papste blieben dabei von den Städten der Mark Osimo, Fabriano und Recanati, während der Graf alles übrige behielt.

Nachdem der Friede in der Mark erfolgt war, hätte ganz Italien der Ruhe genießen können, wäre sie nicht durch die Bolognesen gestört worden. Es gab in Bologna zwei sehr mächtige Geschlechter, Canneschi und Bentivogli. Haupt der letzteren war Annibale, der ersteren Batista. Um das gegenseitige Vertrauen zu mehren, hatten sie sich miteinander verschwägert: aber unter Leuten, die nach demselben hohen Ziele streben, ist Verschwägerung leichter denn Freundschaft. Die Stadt hatte mittels des Annibale Bentivogli, nach Francesco Piccininos Vertreibung, mit Florenz und Venedig Bündnisse geschlossen. Da aber Batista wußte, wieviel dem Herzog daran lag, Bologna befreundet zu erhalten: so kam er mit ihm überein, den Annibale zu töten und das Viscontische Banner aufzupflanzen. Nachdem sie die Art und Weise verabredet, griff am 24. Juni 1445 Batista den Bentivogli mit den Seinen an, ermordete ihn, rief den Namen

Filippos aus und durchzog mit seinen Anhängern die Stadt. Es befanden sich in Bologna venezianische und florentinische Kommissarien, die beim ersten Aufruhr in ihre Wohnungen sich zurückzogen. Als sie aber sahen, wie das Volk sich nicht zu den Mördern schlug, sondern, bewaffnet auf dem Platze erscheinend, laut über Annibales Mord klagte: so faßten sie Mut, schlossen sich mit den in der Eile gesammelten Leuten jenem an, warfen sich auf die Gegenpartei und schlugen sie in kurzer Zeit, indem sie einen Teil töteten, die übrigen aus der Stadt vertrieben. Da es dem Batista an Zeit zu fliehn, den Gegnern an Zeit ihn zu töten gefehlt hatte, so verbarg er sich in seiner Wohnung in einem unterirdischen Gewölbe, welches zum Aufbewahren des Getreides bestimmt war. Nachdem die Gegner ihn den ganzen Tag gesucht, und sie bestimmt wußten, daß er die Stadt nicht verlassen, jagten sie seinem Gesinde solche Angst ein, daß ein Diener ihn aus Furcht verriet. Man holte ihn in voller Rüstung aus seinem Schlupfwinkel und tötete ihn, worauf er durch die Stadt geschleppt und verbrannt wurde. War des Herzogs Ansehn groß genug gewesen, ihn zu diesem Unternehmen zu verleiten, so war dessen Macht zu ferne, ihn zu retten.

Nachdem durch Batistas Tod und die Zerstreuung der Seinigen dieser Tumult beseitigt, waren die Bolognesen in großer Verwirrung. Denn von der Bentivoglischen Familie war keiner fähig, die Leitung zu übernehmen, indem Annibale einen einzigen sechsjährigen Sohn, namens Giovanni, hinterlassen hatte. Man fürchtete deshalb, unter den Anhängern dieses Hauses würde Zwiespalt entstehen und die Rückkehr der Gegenpartei und ihren eignen Ruin veranlassen. Während sie in dieser Ungewißheit waren, befand sich zu Bologna Francesco, der vormalige Graf von Poppi. Dieser eröffnete den

Vornehmsten der Stadt: wenn sie von einem aus Annibals Blute regiert sein wollten, so wisse er ihnen einen solchen anzugeben. Er erzählte ihnen nun, wie vor etwa zwanzig Jahren Ercole Bentivogli, ein Vetter des Ermordeten, zu Poppi verweilt und mit einem Mädchen des Kastells Bekanntschaft gehabt habe, von welcher ihm ein Sohn namens Santi geboren worden sei. Ercole habe ihn wiederholt als den Seinigen anerkannt, woran auch niemand zweifeln könne, der einst den Vater gesehn und den jungen Mann kenne, indem die größte Ähnlichkeit zwischen beiden bestehe. Die Bürger maßen seinen Worten Glauben bei und sandten sogleich nach Florenz, den Jüngling aufzufinden und Cosimo und Neri zu ersuchen, ihn nach Bologna ziehn zu lassen. Santis Pflegevater war tot, und er lebte unter der Aufsicht eines Oheims, Antonio da Cascese. Dieser war reich, kinderlos und mit Neri befreundet, der, als er den Antrag vernahm, urteilte, daß er weder von der Hand zu weisen noch blindlings anzunehmen sei, und wollte, daß Santi mit den bolognesischen Abgesandten in Cosimos Beisein reden sollte. Sie kamen also zusammen, und Santi ward von den Bolognesen nicht nur geehrt, sondern geradezu angebetet: soviel vermochte Parteigeist bei diesen Leuten. Es wurde aber nichts beschlossen, sondern Cosimo nahm den Santi beiseite und sagte zu ihm: «In einem solchen Falle kann der beste Rat nur von dir selbst ausgehen. Denn du mußt jenen Entschluß fassen, zu dem du dich am meisten hingezogen fühlst. Bist du Ercole Bentivoglis Sohn, so wirst du dich zu jenen Unternehmungen wenden, die deines Geschlechts und deines Vaters würdig sind. Bleibst du der Sohn Antonios da Cascese, so wirst du dein Leben in Florenz und in Geschäften der Wollenweberzunft unrühmlich verbringen.» Diese Worte wirkten auf den Jüngling, und während er früher geneigt gewesen, die

Sache abzuweisen, sagte er nun, er gebe sich ganz dem anheim, was Cosimo und Neri beschließen würden. Diese verständigten sich hierauf mit den bolognesischen Abgeordneten. Santi wurde mit Kleidung, Pferden und Dienern versehen und unter zahlreichem Geleit nach Bologna geführt, wo ihm die Leitung der Söhne Messer Annibales wie der städtischen Angelegenheiten übertragen ward. Er zeigte darin eine so große Klugheit daß, während alle seine Vorfahren im Kampfe mit ihren Gegnern den Tod gefunden hatten, er im Frieden lebte und in Ehren starb.

Nach Niccolò Piccininos Ableben und der wiedererlangten Ruhe wünschte der Herzog von Mailand einen Feldhauptmann zu finden, welchem er seine Heere anvertrauen könnte. Er trat daher in Unterhandlung mit dem Ciarpellone, einem der ersten Unterfeldherren des Grafen Francesco. Nachdem sie sich verständigt, verlangte dieser Urlaub, um sich nach Mailand zu begeben, angeblich um einige Kastelle in Besitz zu nehmen, welche ihm vom Herzog Filippo in früheren Kriegen geschenkt worden. Da der Sforza die wahre Sachlage argwöhnte, so ließ er den Ciarpelloni erst festhalten, dann umbringen, damit er ihm nicht schaden könnte, unter dem Vorgeben, er habe ihn über Intriguen ertappt. Der Herzog empfand darüber großes Mißvergnügen und Ärger, was den Florentinern und Venezianern erwünscht war, die immer die Besorgnis hegten, der Visconti und der Sforza möchten sich einander anschließen. Jener Unwille veranlaßte aber neue Unordnung in der Mark. Herr von Rimini war Gismondo Malatesta, welcher, als Schwiegersohn des Grafen, die Herrschaft über Pesaro zu erhalten hoffte. Der Sforza aber gab dieselbe seinem Bruder Alessandro, worüber Gismondo heftig erzürnt ward. Dazu kam, daß sein Feind, Federigo von Montefeltro, mit des Grafen

Hilfe sich in Urbino festgesetzt hatte. Der Malatesta näherte sich nun dem Herzoge und lag dem Papste wie dem König Alfons an, den Grafen zu bekriegen. Letzterer wollte den Gismondo die ersten Früchte des Krieges kosten lassen, den er wünschte, und griff ihn plötzlich an. Da ging der Lärm von neuem los in der Romagna und Mark. Denn der Visconti, König und Papst sandten dem Malatesta bedeutende Verstärkung, während Florenz und Venedig den Grafen wenn nicht mit Truppen, doch mit Geld unterstützten. Damit war der Herzog nicht zufrieden, sondern wollte auch dem Grafen Cremona und Pontremoli nehmen: Cremona schützten ihm aber die Venezianer, Pontremoli die Florentiner. Als so der Kriegslärm auch in der Lombardei wieder anhub, wurde (1446) der herzogliche Feldhauptmann Francesco Piccinino bei Casale von den venezianischen Truppen unter Micheletto Attendolo geschlagen. Dies erfüllte die Venezianer mit stolzer Hoffnung. Sie sandten einen Kommissar nach Cremona, fielen in die Ghiaradadda ein und besetzten sie ganz bis Crema. Da wandte sich der Herzog an König Alfons mit dem Gesuch um Hilfe: dem Königreich drohe Gefahr, wenn die Lombardei von Venedig verschlungen werde. Der Aragonier verhieß Beistand, aber ohne des Sforza Zustimmung war der Zug nach der Lombardei kaum ausführbar.

Nun bat Filippo den Grafen, er möchte seinen schon bejahrten und blinden Schwiegervater nicht verlassen. Der Sforza zürnte diesem wegen des Krieges, den er ihm auf den Hals geladen, andrerseits aber mißfiel ihm die große Zunahme der venezianischen Macht. Überdies fehlte es ihm an Geld und die Verbündeten sandten ihm karge Unterstützung. Denn bei den Florentinern war die Furcht vor dem Visconti, die sie auf den Grafen so großen Wert legen ließ, schon geschwunden; die Venezianer gar wünschten des letztern Sturz, indem sie der Meinung waren, nicht der Visconti, sondern der Sforza würde sie an der Eroberung der Lombardei hindern. Während aber Filippo den Grafen an sich zu ziehen trachtete, indem er ihm den Oberbefehl seiner sämtlichen Heere antrug, unter der Bedingung, daß er von den Venezianern abfiele und dem Papste die Mark wiedergäbe: sandten auch die Venezianer Abgeordnete, um ihm, falls sie es eroberten, Mailand zu versprechen, nebst der immerwährenden Feldhauptmannschaft ihrer Heere, vorausgesetzt, daß er den Krieg in der Mark fortführte und das Zuziehn der aragonischen Hilfsmacht hinderte. Die Versprechungen der Venezianer waren also groß, sehr groß ihre Verdienste: denn sie hatten diesen Krieg begonnen, dem Grafen Cremona zu retten. Frisch war hingegen die Erinnerung an die vom Herzog erlittenen Unbilden, unzuverlässig und schwach seine Versprechungen. Dennoch war der Sforza lange unschlüssig. Einerseits bestimmten ihn die Bundesverpflichtung, die gelobte Treue, die neuliche Begünstigung und die gemachten Zusagen; andrerseits des Schwiegervaters Bitten und der Verdacht, daß Gift verborgen liege unter den Verheißungen der Venezianer, von deren Gutdünken, nachdem sie gesiegt, die Erfüllung abhängen würde – eine Lage, in welche ein Verständiger nie ohne Not sich begibt. Den Zweifeln des Sforza machte der Ehrgeiz der Venezianer ein Ende. Denn da diese Hoffnung hatten, Cremona zu besetzen, wo sie Verständnis angeknüpft, ließen sie unter einem Vorwande ihre Truppen vor die Stadt rücken. Aber die Sforzaschen Befehlshaber kamen hinter den Anschlag und er mißlang. Sie gewannen Cremona nicht und verloren den Grafen, der, aller Bedenklichkeit ein Ende machend, dem Visconti sich näherte.

Papst Eugen war gestorben und Nicolaus V. ihm nachgefolgt (1447). Schon stand des Sforza ganzes Heer geschart bei Cotignola, als ihm die Nachricht kam vom Tode Filippo Maria Viscontis. Er war am letzten Tage des August im Jahre 1447 gestorben. Diese Kunde erfüllte den Grafen mit großer Besorgnis. Denn einmal war er seiner Truppen nicht ganz sicher, weil Sold rückständig war; sodann fürchtete er die Venezianer, die gerüstet und seine Feinde waren, weil er sie eben verlassen und dem Herzog sich angeschlossen; er fürchtete Alfons, seinen beständigen Feind, und hoffte weder auf den Papst noch auf die Florentiner, weil letztere Bundesgenossen Venedigs waren, und weil jener die der Kirche gehörenden Länderstriche zurückfordern würde. Dennoch beschloß er dem Glücke keck ins Gesicht zu schauen und sein Verhalten den Ereignissen anzupassen. Denn oft entdeckt man handelnd Auskunftmittel und Wege, die man stillestehend nimmer finden würde. Mit großer Hoffnung erfüllte ihn der Glaube, daß die Mailänder, wollten sie sich schützen gegen der Venezianer Ehrgeiz, keinen andern Beistand als den seinen ansprechen könnten. Deshalb zog er getrosten Mutes nach dem Bolognesischen, ging an Modena und Reggio vorüber, blieb an der Enza[188] stehn und sandte nach Mailand, seine Dienste anzubieten. Nach des Herzogs Tode wollten ein Teil der Mailänder die Republik, andere einen Fürsten. Von letzteren wünschten diese den Grafen, jene den König Alfons. Die Republikaner als die einigeren trugen den Sieg davon und errichteten nach ihrer Weise einen Freistaat, welchem viele Städte des Herzogtums sich nicht fügen wollten, indem sie teils auf Unabhängigkeit von Mailand Anspruch machten, teils selbst freie Staaten zu bilden sich vornahmen. So gaben sich Piacenza und Lodi den Venezianern, während Pavia und Parma sich für frei erklärten. Als der Sforza von dieser Verwirrung hörte, zog er nach Cremona, wo zwischen seinen Abgeordneten und den mailändischen das Abkommen getroffen wurde, daß er Feldhauptmann der Republik sein sollte, unter den Bedingungen, die er zuletzt mit dem Herzog eingegangen. Doch wurde hinzugefügt, daß Brescia ihm gehören sollte, bis es gegen Verona ausgetauscht würde, falls die Eroberung dieser Stadt gelinge.

Vor des Visconti Tode hatte Papst Nicolaus die italienischen Fürsten zum Frieden zu stimmen versucht. Mittels der Gesandten, welche Florenz bei Gelegenheit seiner Krönung schickte, veranstaltete er eine Zusammenkunft zu Ferrara, um einen langen Waffenstillstand oder dauernden Frieden zu schließen. Dort trafen nun zusammen der päpstliche Legat und die Gesandten der Venezianer, der Florentiner und des Herzogs. Die des Königs Alfons blieben aus. Dieser stand zu Tivoli mit viel Reiterei und Fußvolk und bezeigte sich dem Herzog günstig, so daß man glaubte, die beiden würden, falls es ihnen gelinge, den Sforza auf ihre Seite zu ziehn, die Florentiner und Venezianer angreifen und unterdessen, bevor des Grafen Truppen die Lombardei hätten erreichen können, den Friedensabschluß verzögern, an welchem der König nicht teilnahm, indem er erklärte, er werde des Herzogs Beschlüsse ratifizieren. Mehrere Tage lang wurden Unterhandlungen gepflogen, und nach vielem Hin- und Herreden beschloß man, dem Herzog die Wahl zu lassen zwischen festem Frieden oder fünfjährigem Waffenstillstand. Damit gingen die Gesandten nach Mailand, wo sie ihn tot fanden. Dessen ungeachtet wollten die Mailänder dem Vertrage beipflichten: nun aber weigerten sich die Venezianer, die sich der Hoffnung hingaben, ihre Herrschaft über die ganze Lombardei auszudehnen. Sie taten dies um so mehr, als gleich nach des Visconti Tode Lodi und Piacenza sich ihnen ergeben hatten, worauf sie sich mit der Aussicht schmeichelten, daß sie durch Gewalt oder Vertrag Mailand seines Gebietes berauben und die Hauptstadt selbst so bedrängen würden, daß sie sich ihnen ergeben müßte, bevor man ihr zu Hilfe käme. Dies wurde ihnen doppelt wahrscheinlich, als sie die Florentiner in einen Krieg mit König Alfons sich verwickeln sahen.

Dieser König stand bei Tivoli und da er gemäß der Verabredung mit dem Visconti den Feldzug in Toscana beginnen wollte und der in der Lombardei schon angefangene Krieg dies zu erleichtern schien: so wünschte er vor seinem Einrücken ins florentinische Gebiet einen Anhaltspunkt in demselben zu haben. Deshalb knüpfte er in der Burg von Cennina im obern Arnotal ein Einverständnis an und besetzte sie plötzlich. Durch diesen unerwarteten Angriff überrascht, warben die Florentiner Truppen, als sie den König heranrücken sahen; sie ernannten die Zehn und bereiteten sich nach ihrer gewohnten Weise zum Kampfe. Schon war Alfons mit seiner Mannschaft ins Gebiet von Siena gerückt und tat alles mögliche, um diese Stadt auf seine Seite zu ziehn aber die Bewohner hielten fest am Bunde mit Florenz und gewährten dem Könige weder bei sich, noch in einer ihrer Burgen Aufnahme. Doch versahen sie ihn wohl mit Lebensmitteln, was durch ihre Schwäche und des Feindes Stärke entschuldigt war. Der König gab den früheren Gedanken auf, dem Arnotal zu folgen, teils weil er Cennina wieder verloren, teils weil die Florentiner schon Truppen aufgebracht hatten. So zog er denn gen Volterra und besetzte mehrere Ortschaften des Gebiets. Hierauf rückte er ins Pisanische ein, wo Arrigo und Fazio, aus dem Geschlecht der Grafen von der Gherardesca[189] ihn begünstigten, nahm einige Kastelle und bestürmte Campiglia. Indes konnte er den Ort nicht nehmen, welchem die Florentiner

FEDERIGO DA MONTEFELTRE
HERZOG VON URBINO

und der Winter zu Hilfe kamen. Mit Zurücklassung von Besatzung in den eroberten Kastellen führte er darauf sein Heer in die Winterquartiere im Gebiet von Siena. Durch die Jahreszeit begünstigt, versahen sich nun die Florentiner, so rasch sie vermochten, mit Truppen unter der Anführung Federigos, Herrn von Urbino, und des Gismondo Malatesta von Rimini. Diese waren zwar alte Gegner, aber die Klugheit Neri Capponis und Bernardettos de' Medici, der Kommissarien beim Heer, hielt doch die Eintracht in dem Maße aufrecht, daß man schon im Winter ins Feld rückte, die verlorenen Kastelle im Pisanischen wie Pomarance im Volterranischen nahm und die königlichen Besatzungen, die bis dahin das Land brandschatzten, so in Zaum hielt, daß sie mit Mühe die ihnen anvertrauten Orte schützen konnten. Als der Frühling (1448) gekommen, sammelten die Kommissarien ihre Truppen, fünftausend Reiter und zweitausend Mann zu Fuß, bei Spedaletto, während der König die seinigen, fünfzehntausend an der Zahl, bis drei Millien von Campiglia führte. Als man nun eben dachte, er werde diesen Ort berennen, warf er sich auf Piombino[190] im Glauben, er werde das schlecht verteidigte Städtchen leicht nehmen: eine Eroberung, von welcher er sich großen Vorteil, für die Florentiner aber schweren Verlust versprach, weil er von dort aus, wo die Verbindung zur See wie der Weg ins Pisanerland ihm offen standen, die Florentiner durch langen Krieg ermüden zu können glaubte. Den letzteren war deshalb dies Unternehmen sehr unerwünscht. Nachdem sie aber über das, was zu tun, Beratung gepflogen, waren sie der Ansicht, der König werde entweder mit Schmach zum Abzug genötigt oder geschlagen werden, wenn es ihnen gelinge, sich in den Waldstrichen bei Campiglia zu halten. Darauf rüsteten sie vier im Hafen von Livorno liegende Galeazzen, verstärkten die Besatzung Piombinos durch dreihundert Mann und lagerten, da die Stellung in den Waldungen der Ebene ihnen gefährlich schien, bei Caldana[191], wo es schwer war ihre Linien anzugreifen.

Das Heer bezog den Proviant aus den benachbarten Ortschaften, mit Mühe indes, weil deren Zahl wie die der Einwohner nicht bedeutend waren. Deshalb trat Mangel ein, besonders an Wein: denn, da er in jenen Gegenden nicht gebaut wird und man ihn von auswärts nicht beziehen konnte, so war es untunlich, jeden damit zu versehn. Der König hingegen, obgleich von den Florentinern eingeschlossen, hatte Überfluß an allem, Pferdefutter ausgenommen, indem Lebensmittel ihm von der Seeseite zukamen. Die Florentiner wollten nun erproben, ob es ihnen gleichfalls gelingen würde, sich von der See her zu versorgen. Sie beluden ihre Galeazzen mit Lebensmitteln und ließen sie nach der Küste segeln, aber sieben königliche Fahrzeuge begegneten ihnen, nahmen ihnen zwei Schiffe und verjagten die beiden andern. Dieser Verlust benahm den Truppen die Hoffnung auf Zufuhr. Darum flohen mehr denn zweihundert Troßbuben in das neapolitanische Lager, meist durch den Mangel an Wein dazu getrieben, und die übrigen Truppen murrten: sie könnten nicht an so warmem Orte aushalten, wo kein Wein und wo das Wasser schlecht. Endlich sahen sich die Kommissarien genötigt zum Aufbruch und zogen vor einige Orte, die der König noch besetzt hielt. Auch dieser, obgleich er keinen Mangel an Lebensmitteln litt und an Mannschaft überlegen war, sah doch seine Unternehmung scheitern, weil sein Heer vom Maremmen-Fieber angegriffen war, das solche Verheerung anrichtete, daß viele starben und fast alle erkrankt waren. Er wollte darum einen Vertrag schließen: man sollte ihm fünfzigtausend Goldgulden zahlen und Piombino seinem

Schicksal überlassen. Als man dies in Florenz beriet, stimmten viele dafür, die nach Frieden verlangten, indem sie versicherten, sie wüßten nicht, wie man hoffen könne, in einem Kriege zu siegen, der so bedeutende Kosten veranlasse. Neri Capponi aber, der sich nach Florenz begeben, sprach so entschieden gegen den Vergleich, daß alle Bürger einstimmig ihn verwarfen, den Herrn von Piombino als ihren Schutzbefohlenen annahmen und in Kriegs- wie Friedenszeit ihm beizustehn versprachen, wenn er nur sich selbst nicht aufgäbe und wie bisher sich verteidige. Als der König dies vernahm und sah, daß er mit seinem fieberkranken Heere nichts vermochte wider den Ort, brach er wie ein Besiegter sein Lager ab, in welchem er über zweitausend Tote zurückließ, und zog mit dem Rest, der auch in traurigem Zustand war, nach dem Gebiet von Siena und hierauf zurück ins Königreich, aufs heftigste den Florentinern zürnend, die er bei geeigneter Zeit mit neuem Kriege bedrohte.

Während dies in Toscana vorging, machte der neue Feldhauptmann der Mailänder, Francesco Sforza, vor allem sich den Francesco Piccinino zum Freunde, damit dieser, der im Solde der Republik stand, ihn in seinen Unternehmungen begünstigen oder mindestens ihm nicht so entschieden feindlich entgegentreten möchte. Hierauf zog er mit seinem Heere ins Feld. Da die Einwohner von Pavia sahen, daß Widerstand vergeblich sei, sie auf der andern Seite den Mailändern sich nicht fügen wollten, so boten sie ihm den Besitz ihrer Stadt an, unter der Bedingung, daß er sie Mailand nicht unterwerfe. Der Graf sehnte sich sehr nach diesem Besitz, der ihm ein schöner Anfang zur Ausführung seiner Pläne zu sein schien. Nicht hielt ihn zurück die Besorgnis oder Scheu, sein Wort zu brechen: denn große Männer nennen Schande das Verlieren, nicht aber den Gewinn durch

Trug. Nur besorgte er, durch die Besitzergreifung Pavias die Mailänder so zu erzürnen, daß sie sich den Venezianern in die Arme würfen; auf der andern Seite fürchtete er, falls er das Anerbieten ausschlüge, die Einmischung des Herzogs von Savoyen, welchem viele Bürger das Regiment übertragen wollten: beides Fälle, die ihn um die gehoffte Herrschaft über die Lombardei bringen konnten. Endlich wurde er mit sich eins, geringere Gefahr sei mit dem Nehmen verbunden, da er glaubte, es werde ihm gelingen, die Mailänder zu beschwichtigen. Diesen stellte er vor, welcher Gefahr man ausgesetzt gewesen wäre, wenn er Pavia nicht genommen hätte. Denn die Bürger würden sich entweder Venedig oder dem Herzog unterworfen haben: in jedem Falle ein offenbarer Verlust für den Staat. Sie müßten eher damit zufrieden sein, ihn zum Nachbar und Freunde zu haben, als einen Mächtigen und Gegner, wie jene sein würden. Die Mailänder waren über den Vorfall bestürzt, da sie des Sforza Ehrgeiz und seinen Endzweck klar zu sehen glaubten. Aber sie beschlossen, ihren Unwillen zu verheimlichen, da sie, falls sie auf seine Dienste verzichteten, nicht wußten, an wen sie sich wenden sollten, die Venezianer ausgenommen, vor deren Stolz und harten Bedingungen sie sich scheuten. Deshalb wollten sie sich vom Grafen nicht trennen und in Gemeinschaft mit ihm den Übeln abzuhelfen suchen, die sie bedrängten, in der Hoffnung, daß sie, von diesen befreit, ihn selbst los werden würden. Denn nicht nur die Venezianer bedrohten sie, sondern auch die Genuesen und der Herzog von Savoyen, im Namen Carls, Herzog von Orléans, dessen Mutter eine Schwester des letzten Visconti war[192]. Der Angriff wurde von dem Grafen mit geringer Mühe zurückgewiesen. So blieben denn nur die Venezianer, welche das Herzogtum mit zahlreichem Heere besetzen wollten und Lodi und Piacenza innehatten. Vor Piacenza zog der Graf, nahm und plünderte die Stadt nach langer Einschließung und führte dann sein Heer in die Winterquartiere, während er selbst nach Cremona ging und dort mit seiner Gemahlin die rauhe Jahreszeit hindurch ausruhte.

Als aber der Frühling kam, rückten die venezianischen Scharen ins Feld. Die Mailänder wollten Lodi nehmen und dann mit Venedig sich verständigen: denn sie trugen ungern die Kriegskosten und trauten dem Feldhauptmann nicht. So wäre ihnen der Friede in jeder Hinsicht erwünscht gewesen. Sie beschlossen deshalb vor Caravaggio zu ziehn, in der Meinung, daß Lodi sich ergeben würde, wenn es ihnen gelänge, dem Feinde dies Kastell zu entreißen. Der Graf tat ihren Willen, obgleich er lieber über die Adda gegangen und ins Gebiet von Brescia eingefallen wäre. Nachdem er nun vor Caravaggio das Lager geschlagen, befestigte er dasselbe durch Gräben und Schutzwehren, damit die Venezianer, wenn sie den Ort entsetzen wollten, ihn nur mit Nachteil angreifen könnten. Die Venezianer ihrerseits näherten sich unter ihrem Feldhauptmann Micheletto Attendolo dem Lager des Sforza auf zwei Bogenschüsse und blieben dort mehrere Tage hindurch stehen, wobei es zu zahlreichen Scharmützeln kam. Der Graf fuhr nichtsdestoweniger fort, das Kastell zu bedrängen, so daß dessen Übergabe vorauszusehen war, was den Gegnern sehr mißfiel, indem sie es als einen entschiedenen Verlust ansahen. Unter ihren Hauptleuten war deshalb heftiger Streit hinsichtlich der Mittel, Caravaggio zu entsetzen. Man hielt dafür, dies könnte nur geschehn, indem man den Feind in seinen Verschanzungen angriffe, wo man sich in offenbarem Nachteil befand. Der Verlust jenes Ortes aber schien ihnen so bedrohlich, daß der Senat, obgleich von Natur vorsichtig und jedem gewagten und zweifelhaften

Schritte abgeneigt, es vorzog, alles aufs Spiel zu setzen, um Caravaggio zu retten, statt durch dessen Aufgabe den ganzen Feldzug aufzugeben.

Sie beschlossen also den Sforza auf alle Weise anzugreifen, und nachdem sie eines Morgens frühzeitig gerüstet, begannen sie den Kampf auf einem wenig bewachten Punkte. Wie es bei solchen unerwarteten Angriffen oft geschieht, brachten sie im ersten Moment das mailändische Heer in Verwirrung. Der Graf aber stellte die Ordnung so rasch und so vollkommen wieder her, daß die Feinde, nachdem sie fruchtlos sich bemüht, die Verschanzungen zu erstürmen, nicht nur zurückgeworfen, sondern dermaßen geschlagen wurden, daß von ihrem über zwölftausend Reiter zählenden Heere nicht tausend sich retteten und alles Gepäck und Fuhrwerk den Siegern in die Hände fiel. Nie bis zu jenem Tage erlitten die Venezianer eine entschiedenere und entsetzlichere Niederlage. Zwischen Beute und Gefangenen sah man in tiefer Betrübnis einen venezianischen Proveditore, welcher vor dem Kampfe und während des Feldzugs vom Grafen schlecht gesprochen und ihn einen Bastard und Feigling gescholten hatte. Als dieser sich nun gefangen sah, glaubte er sicher, daß er seinen Verdiensten gemäß behandelt werden würde. Darum trat er vor den Grafen ängstlich und voll Furcht, nach der Art der gemeinen und doch hochmütigen Naturen, die im Unglück ebenso demütig und untertänig sind, wie übermütig im Glück. Auf die Knie sich niederwerfend, bat er um Verzeihung wegen der Beleidigung. Der Graf hob ihn auf, faßte ihn beim Arme und sagte ihm, er sollte guten Mutes sein. Hierauf bemerkte er, er wundere sich sehr, daß ein verständiger und ernster Mann, wofür er doch gelten wolle, in den Irrtum gefallen sei, so schlecht von denen zu reden, die es nicht verdienten. Was aber die Vorwürfe selbst betreffe, die er ihm gemacht, so wisse er nicht, wie sein Vater Sforza es mit Madonna Lucia seiner Mutter gehalten, da er nicht dabei gewesen und ihr Zusammenleben nicht habe regeln können. Was jene also getan, könne ihm weder zum Lobe gereichen noch zum Tadel. Was er selbst aber zu tun gehabt, das, wisse er, habe er auf solche Weise ausgeführt, daß keiner ihm einen Vorwurf machen dürfe, was er und sein Senat ihm auf der Tat bezeugen könnten. Hierauf riet er ihm, in Zukunft in Reden bescheidener, vorsichtiger im Handeln zu sein.

Nun zog der Graf mit seinem siegreichen Heere ins Brescianische, besetzte das ganze Land und lagerte zwei Millien von der Stadt. Die Venezianer ihrerseits, welche gleich nach der Niederlage die Besorgnis gehegt, daß Brescia zunächst angegriffen werden würde, hatten die Besatzung, so rasch und so gut sie es vermochten, verstärkt und sammelten nun die Reste ihres geschlagenen Heeres und neue Streitkräfte, während sie, kraft des Bündnisses, bei den Florentinern um Hilfstruppen anhielten. Diese, von dem Kriege mit König Alfons befreit, sandten ihnen auch tausend Mann Fußvolk und zweitausend Reiter. So hatten die Venezianer Zeit, an einen Vergleich zu denken. Es war eine Zeitlang gleichsam das Los Venedigs, im Kriege zu verlieren und durch Verträge zu gewinnen, so daß, was sie im Kampfe einbüßten, ihnen durch den Friedensschluß bisweilen zwiefach ersetzt wurde. Die Republik wußte, daß die Mailänder dem Sforza nicht trauten, daß dieser nicht Feldhauptmann, sondern Herr der Mailänder zu sein wünschte, und daß es bei ihnen stand, mit einem von beiden Frieden zu schließen, indem der eine Teil aus Ehrgeiz, aus Furcht der andere den Frieden wünschte. Sie beschlossen daher mit dem Grafen sich zu verständigen und ihm ihren Beistand bei seinen Unternehmungen anzubieten: überzeugt, daß die Mailänder, wenn sie sich getäuscht sähen vom Sforza, in ihrer Entrüstung eher jedem andern als ihm sich unterwerfen würden, und, in die Lage gebracht, daß sie weder sich selbst verteidigen, noch dem Grafen trauen könnten, in Ermangelung andern Schutzes sich ihnen, den Venezianern, übergeben müßten. Darauf erforschten sie die Gesinnung des Sforza, den sie zum Frieden geneigt fanden, da er für sich, nicht für Mailand, von dem bei Caravaggio erfochtenen Siege Vorteil zu ziehen wünschte. Sie schlossen deshalb einen Vergleich, durch welchen sie dem Grafen, solange er Mailand nicht nähme, monatlich dreizehntausend Gulden zu zahlen und überdies während der Dauer des Kriegs viertausend Reiter und zweitausend Fußsoldaten zu stellen sich verpflichteten. Andrerseits verhieß der Graf den Venezianern Ortschaften, Gefangene und was er während des Krieges gewonnen, zurückzugeben und mit demjenigen Teil des Landes sich zu begnügen, welchen der Herzog Filippo bei seinem Tode besessen.

Dieser Vergleich betrübte die Stadt Mailand mehr, als der bei Caravaggio errungene Vorteil sie erfreut hatte. Die Vornehmen waren niedergeschlagen, die Leute aus dem Volke klagten, die Frauen und Kinder weinten, alle zusammen nannten den Grafen einen Wortbrüchigen und Verräter, und obgleich sie nicht hofften, durch Bitten und Verheißungen seinen undankbaren Sinn zu ändern, so sandten sie doch Abgeordnete zu ihm, um zu sehen, welche Miene er zu seinem unwürdigen Handeln machte. Als diese vor den Grafen gekommen, redete einer von ihnen folgendermaßen: «Leute, welche von jemandem etwas zu erlangen wünschen, pflegen Bitten, Belohnungen oder Drohungen anzuwenden, um ihn durch Mitleid, oder durch Gewinnsucht, oder aber durch Furcht zur Gewährung zu stimmen. Da aber bei harten, habsüchtigen und nach ihrer Meinung mächtigen Menschen diese Beweggründe nicht wirken können: so sind jene in großem Irrtum, welche da wähnen, sie durch Bitten zu erweichen, durch Belohnungen zu gewinnen, durch Drohungen zu schrecken. Wir nun, die wir leider zu spät deinen grausamen Sinn, deinen Ehrgeiz und deinen Hochmut erkennen, kommen zu dir, nicht weil wir etwas erreichen wollen, oder etwas zu erlangen hoffen, wenn wir darum ersuchten: sondern um dich zu mahnen an die Wohltaten, welche das mailändische Volk dir erzeigt, und um dir zu zeigen, mit welchem Undank sie von dir vergolten worden sind, auf daß, inmitten der Übel, die uns bedrängen, wir zum mindesten den Genuß haben, dir sie vorwerfen zu können. Es kann nicht aus deinem Gedächtnisse geschwunden sein, in welcher Lage du nach des Herzogs Tode dich befandest. Du hattest Papst und König zu Feinden; du hattest Venezianer und Florentiner verlassen und warst sozusagen ihr Gegner geworden, weil sie mit Recht dir zürnten und deiner nicht ferner bedurften. Du warst ermattet durch den Krieg mit der Kirche, mit geschwächtem Heere, ohne Geld, ohne Freunde, ohne Hoffnung, dein Besitztum und deinen frühern Ruf bewahren zu können. Dein Fall war unabwendbar, wäre dir nicht unsere Einfalt zu Hilfe gekommen. Denn wir allein nahmen dich in unser Land auf, dazu veranlaßt durch die Ehrfurcht, die wir gegen das Andenken unsers Herzogs empfanden, mit dem du verschwägert und neuerdings befreundet warst. Wir glaubten, du würdest deine Anhänglichkeit auf seine Erben übertragen, und unsere Wohltaten im Verein mit den seinen die Freundschaft so stählen, daß sie fest nicht bloß, sondern unzertrennlich werden müßte. Darum sagten wir dir, außer den früheren Verträgen, Brescia zu oder Verona. Was mehr konnten wir dir geben, dir verheißen? Und du, was konntest du in jener Zeit von irgendeinem wünschen, geschweige erlangen? Du erhieltest also von uns unerwartetes Gut, wir von dir unerwarteten Schaden. Nicht bis heute hast du gewartet, deine schlechte Gesinnung uns kundzugeben. Kaum warst du unser Feldherr, so nahmst du gegen alles Recht Besitz von Pavia, was uns an den Endzweck deiner Freundschaft hätte mahnen sollen. Wir ertrugen die Schmähung, in dem Wahne, die Größe des Erwerbs werde deinen Ehrgeiz sättigen. Doch, ach! die, welche alles wollen, kann nicht ein Teil befriedigen. Du versprachst, die nächstfolgenden Erwerbungen sollten uns zugute kommen, da du sehr wohl wußtest, wie du mit einem Male uns wieder nehmen konntest, was du uns allmählich gabst. So war es nach dem Siege bei Caravaggio, der mit unserm Blut und unserm Gelde gebahnt, zu unserm Ruin ausschlagen sollte. Unselig sind die Städte, welche ihre Freiheit gegen die Ehrsucht derer zu verteidigen haben, die sie unterdrücken wollen; viel unseliger aber die, welche sich mit erkauften und treulosen Waffen wie die deinen schützen müssen. Möchte wenigstens unser Beispiel der Nachwelt dienen, da wir keinen Nutzen zogen vom Beispiel der Thebaner und Philipps von Makedonien, der nach dem Siege aus ihrem Feldherrn Feind und dann Herrscher ward. Nur eine Anklage kann uns treffen: daß wir dem zu sehr getraut, dem wir nicht hätten trauen sollen. Denn dein vergangenes Leben und dein nach dem Hohen strebender Sinn, der nie mit Rang und Besitz sich begnügte, hätten uns mahnen sollen; wir hätten auf den keine Hoffnung setzen dürfen, der den Herrn von Lucca verraten, Florentiner und Venezianer ausgepreßt, den Herzog mißachtet, den König gering gehalten und vor allem Gott und seine Kirche mit so vieler Beschädigung verfolgt hat. Wir hätten nie glauben sollen, daß so viele Fürsten bei Francesco Sforza weniger gelten würden als die Mailänder und daß er uns die Treue bewahren würde, die er andern so oft gebrochen. Fällt aber dieser Mangel an Klugheit *uns* zur Last, so kann er *dich* nicht entschuldigen: er wird dich nicht befreien von der Schmach der Untreue, die, infolge unserer gerechten Klagen, an deinem Namen haften wird; er wird dich nicht befreien von dem Stachel des Gewissens, wenn die Waffen, die wir bereitet, andern zu widerstehn und sie im Zaume zu halten, gegen uns selber sich wenden. Denn du wirst dich der Strafe verfallen erkennen müssen, welche den Vatermördern beschieden ist. Wärest du auch geblendet durch Ehrgeiz, so wird die ganze Welt, deines Unrechts Zeuge, dir die Augen öffnen: dir wird Gott sie öffnen, welchem Meineid, verletzte Treue, Verrat mißfallen und der nicht der Schlechten Freund ist. Rechne darum auf keinen sichern Sieg: denn Gottes gerechter Zorn kann ihn dir entreißen, und wir sind entschlossen, nur mit dem Leben unsere Freiheit aufzugeben, die wir, könnten wir sie nicht schützen, lieber jedem andern Fürsten als dir zum Opfer bringen würden. Kämen wir aber um unserer Sünden willen dennoch in deine Hände, so halte für gewiß, daß die Herrschaft, die in dir beginnt mit Trug und Schande, mit Gespött und Schmach enden wird in dir oder deinen Kindern.»

Zwar fühlte sich der Sforza durch die Vorwürfe der Mailänder in jeder Hinsicht getroffen, doch erwiderte er, ohne durch Wort oder Miene irgendeine merkliche Aufregung an den Tag zu legen, er wolle ihrer Erbitterung die schwere Kränkung ihrer unklugen Worte nachsehn, auf die er antworten würde, stände er vor einem, der ihren Zwist zu schlichten hätte. Man würde dann sehn, daß er nicht gegen die Mailänder unrecht gehandelt, sondern nur vorgesorgt, auf daß ihm nicht Unrecht durch sie geschehe. Denn sie wüßten wohl, wie sie sich benommen nach dem Siege von Caravaggio; wie sie, statt ihn durch Brescia oder Verona zu belohnen, mit den Venezianern sich zu vertragen gesucht, damit *ihm* allein die Last der Feindschaft bliebe, während *sie* im Frieden die Früchte des Sieges genössen. Darum dürften sie sich nicht darüber beklagen, daß er den Vertrag geschlossen, den sie vor ihm zu schließen gesucht. Hätte er gezaudert diesen Entschluß zu fassen, so würde er ihnen jetzt die Undankbarkeit vorzuwerfen haben, die sie ihm vorwürfen. Ob dies begründet oder nicht, würde durch des Krieges Ausgang jener Gott zeigen, den sie zum Rächer anriefen, der aber klar werden lassen würde, wer ihm genehmer und auf wessen Seite das Recht in diesem Kampfe.

Nach dem Abgang der Gesandten bereitete sich der Graf zum Angriff auf Mailand. Die Bürger sorgten für die Gegenwehr und hofften mit Hilfe des Jacopo und Francesco Piccinino, die aus altem Hasse der Partei Braccios gegen die des Sforza ihnen treu geblieben, ihre Unabhängigkeit so lange zu verteidigen, bis es ihnen gelingen würde, die Venezianer und den Grafen, von denen sie nicht glaubten, daß sie lange Freunde bleiben könnten, zu veruneinigen. Der Graf, der dasselbe voraussah, hielt es für geraten, sie durch die Hoffnung auf Vorteil an sich zu ketten. Indem er nun den Feldzug ordnete, übertrug er den Venezianern den Angriff auf Crema, während er den Rest sich vorbehielt. Dadurch bewirkte er, daß sie so lange bei ihm aushielten, bis er das ganze mailändische Gebiet eingenommen und die Stadt so bedrängte, daß die Einwohner sich nicht mehr mit dem Notwendigsten versehen konnten. An ihrem Heil verzweifelnd, sandten sie da Abgeordnete nach Venedig, mit der Bitte, daß sie sich erbarmen und, wie es einer Republik zieme, ihrer Freiheit günstig sich bezeigen möchten, nicht aber einem Tyrannen, den sie nicht nach ihrem Gutdünken zügeln würden, gelänge es ihm, der Stadt sich zu bemächtigen. Sie möchten nicht glauben, er werde sich an die Bedingungen der Verträge halten: er werde nicht ruhen, bis er die alte Grenze des Staates hergestellt habe. Noch hatten die Venezianer Crema nicht genommen, und da sie, bevor sie Partei wechselten, im Besitz dieser Stadt sein wollten, so antworteten sie öffentlich, sie könnten ihnen nicht helfen wegen des mit dem Grafen eingegangenen Vertrages; im geheimen aber hielten sie die Abgeordneten so hin, daß diese die sichere Hoffnung auf ein Abkommen nach Hause melden konnten.

Schon war der Sforza (1449) mit seinen Truppen der Stadt so nahe gerückt, daß er die Vorstädte angriff, als die Venezianer, welche unterdes Crema genommen, nicht länger aufschieben wollten, mit den Mailändern Freundschaft zu schließen. Zu den ersten Bedingungen des Vertrags gehörte die Zusage, daß sie ihre Freiheit schützen würden. Nachdem dies geschehen, erteilten sie ihren im Lager des Grafen befindlichen Truppen den Befehl, sich auf venezianisches Gebiet zurückzuziehen. Zugleich zeigten sie diesem den mit Mailand geschlossenen Frieden an und ließen ihm zwanzig Tage Frist, demselben beizutreten. Der Sforza wunderte sich nicht über diesen Entschluß, denn er hatte ihn längst vorausgesehn und täglich erwartet: nichtsdestoweniger konnte er nicht umhin, da es nun geschehen, sich darüber zu betrüben, wie die Mailänder sich betrübt hatten, als er sie verließ. Er brachte zwei Tage hin, bevor er den von Venedig zu ihm gekommenen Abgeordneten Antwort erteilte, und beschloß, während dieser Zeit die Venezianer hinzuhalten und das Unternehmen nicht aufzugeben. Er erklärte daher öffentlich, er wolle den Frieden annehmen, und sandte Bevollmächtigte nach Venedig, ihn zu ratifizieren: unter der Hand aber befahl er ihnen, nicht zu ratifizieren, sondern mit verschiedenen Ausflüchten und Scheingründen die Sache aufzuschieben. Um aber die Venezianer an seine Aufrichtigkeit glauben zu machen, schloß er mit Mailand auf einen Monat Waffenstillstand, zog seine Truppen zurück und ließ sie an verschiedenen Orten in der Umgebung Quartiere beziehen. Dies war Ursache seines Sieges und des Unterganges der mailändischen Sache. Denn die Venezianer, den Friedensaussichten trauend, sorgten weniger für die Kriegsangelegenheiten, während die Mailänder, nachdem Waffenstillstand geschlossen, der Feind sich zurückgezogen und die Venezianer Freunde geworden, wähnten, der Graf werde das Unternehmen aufgeben. Dies brachte ihnen zwiefachen Nachteil: denn einmal vernachlässigten sie die Verteidigungsanstalten, sodann machten sie, da das Land vom Feinde befreit und die Zeit zum Säen gekommen, reichliche Aussaat. Darum konnte der Sforza sie später um so leichter aushungern. Was den Feinden Schaden, brachte dem Grafen Nutzen, außerdem daß er Zeit gewann Atem zu schöpfen und nach Beistand sich umzusehn.

In diesem lombardischen Kriege hatten sich die Florentiner für keine der Parteien erklärt und dem Grafen keine Hilfe gewährt, weder als er für die Mailänder kämpfte, noch später. Denn da der Graf solcher Hilfe nicht bedurfte, hatte er sie nicht darum ersucht. Nach der Niederlage von Caravaggio aber hatten sie, den Bedingungen des Bundes zu genügen, die Venezianer unterstützt. Als nun der Sforza allein stand, nicht wissend, wohin er sich wenden sollte, war er genötigt, die Florentiner dringend um Beistand zu bitten. Öffentlich wandte er sich an die Republik, heimlich an die Freunde und namentlich an Cosimo de' Medici, zu dem er von jeher in vertrautem Verhältnis gestanden und von dem er in jeglichem Unternehmen treuen Rat und reichliche Unterstützung erhalten hatte. Auch in der gegenwärtigen Bedrängnis verließ ihn Cosimo nicht, sondern ließ ihm aus eigenen Mitteln reichliche Hilfe zukommen, und machte ihm Mut, das Begonnene auszuführen. Er wünschte auch, die Stadt möchte ihn öffentlich unterstützen, stieß aber dabei auf Schwierigkeiten. Neri Capponi genoß in Florenz immer großen Ansehens. Diesem schien es nicht zum Heil der Stadt, daß der Sforza Herr von Mailand werde, sondern er glaubte, es würde für Italien vorteilhafter sein, wenn dieser dem Frieden beitrete. Zunächst besorgte er, die Mailänder würden aus Erbitterung gegen den Grafen den Venezianern sich in die Arme werfen, woraus nur allgemeines Unheil entstehen könnte. Gelänge es ihm aber, Mailand zu erobern, so dürfte so große Kriegsmacht, mit so bedeutendem Länderbesitz vereint, zu gefährlich sein. Und wie der Sforza schon als Graf unerträglich, so werde mit ihm als Herzog nicht auszukommen sein. Er behauptete deshalb, wie für ganz Italien so sei es für Florenz besser, daß der Sforza berühmter Feldherr bleibe und die Lombardei in zwei Freistaaten sich teile, die nimmer zum Schaden der übrigen sich vereinigen würden, während jeder für sich nicht eigentlich gefährlich werden könnte. Dies zu bewirken, sehe er kein passenderes Mittel, als den Grafen nicht zu unterstützen und dem alten Bündnis mit Venedig treu zu bleiben. Diese Gründe erhielten nicht die Zustimmung der Freunde Cosimos. Denn sie glaubten, der Capponi spreche sich so aus, nicht weil er das Beste des Staates dadurch zu fördern glaube, sondern weil er nicht wolle, daß der Sforza, Cosimos Freund, Herzog werde, indem er den dadurch entstehenden allzu großen Zuwachs der Macht Cosimos fürchte. Seinerseits legte der Medici seine Gründe dar, weshalb er glaube, daß es für den Staat und Italien nützlich sei, wenn man den Sforza unterstütze. Es sei töricht zu denken, die Mailänder würden ihre Unabhängigkeit bewahren können: die Verhältnisse der Bürgerschaft, die Lebensweise, die alten Parteiungen widerstrebten jeder Art republikanischer Verfassung. Es liege in der Natur der Sache, daß entweder der Sforza Herzog, oder die Venezianer Herren werden müßten. Unter solchen Umständen könne niemand einen vernünftigen Zweifel hegen, was besser, einen mächtigen Freund oder einen übermächtigen Feind zum Nachbar zu haben. Er glaube übrigens nicht, daß die Mailänder, weil sie mit dem Grafen im Kriege, den Venezianern sich unterwerfen würden. Denn der Sforza habe eine Partei in Mailand, die Venezianer nicht; und wenn einmal die Stadt nicht länger sich zu verteidigen vermöchte, so würde sie lieber dem Sforza als den Venezianern gehorchen. Diese Meinungsverschiedenheiten hielten die Beschlüsse lange im Schwanken, bis endlich durchgesetzt ward, daß Abgeordnete zum Sforza gehn sollten, den Vergleich mit ihm zu unterhandeln. Fänden sie ihn dermaßen stark, daß sein Sieg vorauszusehen, so sollten sie gleich abschließen, wo nicht, die Sache in die Länge ziehen.

Als die Gesandten (1450) zu Reggio anlangten, vernahmen sie, der Graf habe sich zum Herrn von Mailand gemacht. Denn nachdem die Frist des Waffenstillstands verstrichen, schloß er mit seinem Heere die Stadt ein, in der Hoffnung, dieselbe, den Venezianern zum Trotz, bald zu nehmen, da letztere ihr nur von der Adda her zu Hilfe kommen konnten und auch dieser Weg sich leicht verlegen ließ. Der Graf fürchtete um so weniger, angegriffen zu werden, da der Winter gekommen, vor dessen Ende er den Sieg in Händen zu halten glaubte, um so mehr, als Francesco Piccinino gestorben und sein Bruder allein Feldhauptmann der Belagerten geblieben war. Die Venezianer hatten einen Gesandten nach Mailand abgeordnet, die Bürger zu standhafter Gegenwehr zu ermahnen und ihnen zugleich kräftige und rasche Hilfe zu versprechen. Nun fanden noch während des Winters einige leichte Scharmützel statt; als aber die Witterung milder geworden, stellte sich das venezianische Heer unter Pandolfo Malatesta an der Adda auf. Als sie hier berieten, ob sie, den Entsatz zu versuchen, den Grafen angreifen und es auf eine offene Schlacht ankommen lassen sollten, riet Pandolfo davon ab, da er des Sforza Kriegserfahrung und die Tüchtigkeit seiner Truppen kannte. Er hoffte, man werde, ohne zu schlagen, sicher siegen, wenn man warte, bis der Graf durch Mangel an Bedarf und an Lebensmitteln zum Rückzuge genötigt werde. Deshalb riet er, man sollte im Lager stehen bleiben und so den Mailändern Hoffnung auf Entsatz gewähren, damit sie sich nicht verzweifelnd dem Grafen ergäben. Die venezianische Republik war damit einverstanden, sowohl weil sie die Sache selbst für sicher hielt, als auch weil sie dachte, die Mailänder würden in dieser Not sich ihrer Herrschaft unterwerfen, da sie sich für überzeugt hielt, diese würden, der erlittenen Unbilden gedenkend, nie den Sforza als Herrn anerkennen.

Die Belagerten waren indes aufs Äußerste getrieben. Da die Zahl der Armen auch sonst bedeutend, so starb man Hungers in den Straßen. Deshalb entstanden allerorten Getümmel und Klagen, welche die Magistrate in große Betrübnis versetzten, so daß sie die Zusammenrottungen des Volks auf alle Weise zu hindern suchten. Es pflegt lange zu währen, bevor eine ganze Bevölkerung übelgestimmt wird: ist sie es aber einmal, so setzt der unbedeutendste Zufall sie in Bewegung. Da nun zwei Männer nicht vornehmen Standes in der Nähe des neuen Tors von dem traurigen Zustande der Stadt und ihrem Elend redeten und einander fragten, ob denn keine

Abhilfe möglich sei: so begannen andere ihnen sich anzuschließen, so daß bald eine Menge versammelt waren und das Gerücht umlief, die vom neuen Tor wären gegen die Verwaltung in Waffen aufgestanden. Da war bald die ganze Volksmasse, die nur auf einen Anlaß harrte, gerüstet, und sie machten den Guasparre da Vicomercato zu ihrem Anführer. Hierauf zogen sie zu dem Orte, wo die Magistrate saßen und brachen auf diese mit solcher Wut los, daß sie alle erschlugen, die nicht die Flucht ergriffen. Unter andern mordeten sie den venezianischen Botschafter Lionardo Venier, als wäre er Urheber ihres Elends und als freue er sich über die Hungersnot. Als sie nun auf solche Weise gleichsam Herren der Stadt geworden, berieten sie, was zu tun, um aus ihren Nöten sich zu befreien und Ruhe zu gewinnen. Und alle waren der Ansicht, daß man, da die Freiheit nicht zu halten sei, einem fremden Fürsten sich anvertrauen müsse, um unter seinem Schutz zu stehen. Der eine wollte den König Alfons rufen, der andere den Herzog von Savoyen, der dritte den König von Frankreich: vom Grafen Sforza war damals noch nicht die Rede, so groß war die Entrüstung gegen ihn. Als man indes sich nicht verständigen konnte, war der Vicomercato der erste, welcher vom Sforza sprach und dartat, wie es kein anderes Mittel gebe, den Krieg los zu werden, als indem man ihn rufe. Denn das mailändische Volk bedürfe eines sichern und baldigen Friedens, nicht der weitaussehenden Hoffnung auf kräftigen Beistand. Er entschuldigte des Grafen Handlungsweise, klagte dagegen die Venezianer an und die übrigen Staaten Italiens, von denen der eine aus Ehrgeiz, der andere aus Habsucht ihnen die Freiheit nicht gönnten. Und da sie nun diese Freiheit einmal opfern müßten, so wäre es das beste, sie einem zu opfern, der die Stadt verteidigen könne und wolle, auf daß sie mit der Dienstbarkeit wenigstens Frieden erlangten, nicht aber größeres Unheil und gefährlicheren Krieg. Man hörte ihn aufmerksam an, und nachdem er geendet, schrien alle, man solle den Grafen rufen. So ward denn Guasparre zu ihm gesandt, den Beschluß des Volkes ihm kundzutun. Mit Freuden vernahm der Sforza die frohe und glückliche Kunde, zog am 26. Februar 1450 als Herrscher in Mailand ein und wurde mit lautem Jubel von denen empfangen, die kurz zuvor in heftigem Hasse ihm geflucht hatten.

Als die Nachricht davon nach Florenz kam, erteilte man dem unterwegs befindlichen Gesandten den Auftrag, sie sollten statt zum Unterhandeln mit dem Grafen, zur Beglückwünschung des Herzogs weiterziehn. Sie wurden von dem Sforza aufs ehrenvollste empfangen und ausgezeichnet, denn er wußte, daß die Florentiner die treuesten und kräftigsten Freunde waren, die er gegen die Übermacht Venedigs haben konnte. Es war klar, daß Florenz, nun der Furcht vor dem Hause Visconti ledig, den Venezianern und Aragonesen gegenüberstehn würde. Denn letztere waren feindlich gesinnt, weil sie wußten, daß Florenz stets befreundet gewesen mit dem französischen Königshause. Die Venezianer aber ahnten, daß die alte Furcht vor den Visconti auf sie übergegangen sei, und da sie gesehen, mit welcher Standhaftigkeit Florenz die Visconti verfolgt, so sannen sie nach, wie sie die Republik stürzen könnten, von der sie gleiche Verfolgung fürchteten. Diese Betrachtungen waren Veranlassung, daß der neue Herzog sich bald an Florenz anschloß, dagegen Venedig und der König Alfons gegen sie sich verbündeten, unter der Verpflichtung, zu gleicher Zeit ins Feld zu rücken, der König gegen die Florentiner, die Venezianer gegen den Herzog, welcher, so hofften sie, da er neu in seiner Herrschaft, weder mit eigenen Kräften noch mit fremder Hilfe sich zu halten imstande sein würde.

Da aber das Bündnis zwischen Florenz und Venedig noch bestand und nach dem Piombiner Feldzug der König mit ersterem Staate Frieden geschlossen, so schien es ihnen passend, den Krieg nicht zu beginnen, bevor er durch irgendeinen Vorwand gerechtfertigt werden könnte. Beide Teile sandten daher Botschafter nach Florenz, um glauben zu machen, das neugeschlossene Bündnis bezwecke nicht einen Angriff auf andere, vielmehr Schutz eigenen Besitzes. Hierauf beschwerte sich der venezianische Gesandte bei den Florentinern darüber, daß sie dem Alessandro Sforza, des Herzogs Bruder, den Durchzug durch die Lunigiana gestattet, um nach der Lombardei sich zu begeben, und überdies die zwischen dem Herzog und dem Markgrafen von Mantua geschlossene Abkunft veranlaßt: Dinge, wie er sagte, welche ihren freundschaftlichen Verhältnissen zuwiderliefen. Deshalb ermahne er sie zu bedenken, daß, wer mit Unrecht kränke, andern Grund zu gerechter Wiedervergeltung gebe, und wer den Frieden breche, des Kriegs gewärtig sein müsse. Die Republik hieß Cosimo de' Medici antworten. Dieser erinnerte in langer und wohlgesetzter Rede an alle Wohltaten, welche die Stadt der Republik Venedig erwiesen; zeigte, welche Macht diese durch der Florentiner Geld, Kriegsvölker und Rat erworben, und bemerkte, da die Veranlassung zur Freundschaft von den Florentinern ausgegangen, so werde von ihnen nimmer der Grund zur Feindschaft gelegt werden. Da sie stets Freunde des Friedens gewesen, so könne ihnen auch das zwischen Venedig und dem König geschlossene Bündnis nicht anders als lieb sein, sobald dessen Zweck nicht Krieg, sondern Frieden. In der Tat wundere er sich sehr über die vorgebrachten Klagen, indem er sehe, daß eine so große Republik einer so unbedeutenden Kleinigkeit solches Gewicht beilege. Wäre es aber auch der Beachtung wert, so wollten sie, daß männiglich wisse, wie ihr Land einem jeden offen stehe, wie auch, daß der Herzog der Mann sei, der, um mit Mantua Frieden zu schließen, niemandes Rat noch Gunst bedürfe. Er fürchte daher, daß unter diesen Klagen irgendein Gift verborgen liege. Wäre dies der Fall, so werde die Welt bald erfahren, daß, wie der Florentiner Freundschaft Vorteil bringe, so ihre Feindschaft Schaden.

Für den Augenblick (1451) blieb es aber dabei und die Gesandten schienen befriedigt abzuziehn. Unterdessen wurde das Bündnis geschlossen und das Benehmen der neuen Freunde ließ die Florentiner und den Sforza eher den Wiederausbruch des Krieges befürchten, als festen Frieden hoffen. Die Florentiner gingen nun mit dem Herzog einen förmlichen Bund ein, und das Übelwollen der Venezianer kam an den Tag, indem sie die Stadt Siena auf ihre Seite zogen und alle Florentiner und deren Untertanen aus ihrem Gebiet verwiesen. Gleich darauf tat König Alfons das nämliche, ohne auf den im Jahr zuvor geschlossenem Frieden Rücksicht zu nehmen und ohne einen scheinbaren, geschweige denn wirklichen Grund zu seinem Verfahren zu haben. Die Venezianer suchten überdies Bologna zu gewinnen und nachdem sie die Ausgewanderten unterstützt, beförderten sie selbe, von vielem Kriegsvolk begleitet, nachts durch die Abzugskanäle in die Stadt. Erst dann erfuhr man ihre Anwesenheit, als sie selbst Geräusch zu machen anhuben. Als nun Santi Bentivogli dadurch geweckt ward, vernahm er, die ganze Stadt sei von den Rebellen eingenommen. Und obgleich viele ihm rieten, er sollte durch die Flucht sein Leben retten, da er durch sein Bleiben die jetzige Verfassung nicht zu retten imstande sei, so wollte er doch dem Glück das Angesicht zeigen. Er griff zu den Waffen, flößte den Seinen Mut ein, raffte einige Freunde zusammen, mit denen er die Feinde angriff. Viele derselben blieben auf dem Platze, der Rest floh. Da urteilte jeder, er habe den rechten Beweis abgelegt, daß er ein echter Bentivogli.

Diese Anzeichen und Tatsachen ließen die Florentiner fest an den Krieg glauben. Deshalb trafen sie die altgewohnten Vorbereitungen, ernannten den Magistrat der Zehne, nahmen neue Hauptleute in Sold, sandten Botschafter nach Rom, Neapel, Venedig, Mailand, Siena, bei den Freunden um Beistand anzuhalten, den Verdacht ins klare zu bringen, die noch Unschlüssigen zu gewinnen, der Feinde Ratschläge zu entdecken. Vom Papst[193] erhielt man nichts anderes als allgemeine Redensarten, Zusicherung der Wohlgeneigtheit und Ermunterung zur Eintracht. Vom König eitle Entschuldigungen wegen des Ausweisens der Florentiner, mit dem Erbieten sichern Geleits für alle, die es ansprechen würden. Und obgleich Alfons sich bemühte, die kriegerischen Pläne zu verheimlichen, so erkannten die Gesandten dennoch seine Übelgeneigtheit und kamen hinter verschiedene Zurüstungen, die gegen die Republik gerichtet waren. Mit dem Herzog wurde das Bündnis unter manchen Zusätzen bestätigt und durch seine Vermittlung auch Freundschaft mit Genua geschlossen, mit Hintansetzung alter Klagen und Ansprüche. Die Venezianer suchten dies Verhältnis auf alle Weise zu hintertreiben und baten sogar den griechischen Kaiser, alle florentinischen Bewohner seiner Staaten auszuweisen. So sehr gaben sie ihrer Feindseligkeit Raum und so viel vermochte bei ihnen die Ländergier, daß sie rücksichtslos den Untergang derjenigen herbeizuführen suchten, die zu ihrer Größe so tätig mitgewirkt hatten. Der Kaiser aber achtete nicht auf ihre Einflüsterungen. Der venezianische Senat untersagte den florentinischen Gesandten, das Gebiet der Republik zu betreten: er schützte vor, da man im Bunde mit König Alfons, so könne man sie nicht ohne dessen Beisein vernehmen. Die Sienesen empfingen die Botschafter mit freundlichen Worten, da sie besorgten, daß es ihnen schlimm ergehn könnte, bevor der Bund imstande wäre, ihnen Hilfe zu senden. Darum hielten sie's für geraten, die Macht einzuschläfern, der zu widerstehn sie sich außerstande sahen. Die Venezianer und der König wollten, wie man vermutete, um den Krieg zu rechtfertigen, Gesandte nach Florenz schicken. Der venezianische aber wurde zurückgewiesen, und da der des Königs seines Auftrags nicht allein sich entledigen zu dürfen glaubte, blieb es ohne förmliche Botschaft. Die Venezianer erkannten nun, daß die Florentiner sie noch geringer achteten, als sie dieselben vor wenigen Monaten geschätzt.

Während diese neuen Kriege drohten (1452), kam Kaiser Friedrich III. nach Italien, um gekrönt zu werden. Als er am 30. Januar mit fünfzehnhundert Reitern in Florenz einzog, wurde er von der Signorie aufs ehrenvollste empfangen und verweilte bis zum 6. Februar, an welchem Tage er seine Reise nach Rom fortsetzte. Nachdem er hier feierlich gekrönt worden und seine Hochzeit mit der Kaiserin[194] gefeiert, die zur See dahin gelangte, trat er seine Rückreise nach Deutschland an und war im Mai wieder in Florenz, wo ihm dieselben Ehrenbezeigungen zuteil wurden. Auf der Rückkehr verlieh er dem Markgrafen von Ferrara, der sich ihm ergeben bezeigt, Modena und Reggio[195]. Unterdessen bereiteten sich die Florentiner zum Kriege, und um ihr Ansehn zu erhöhen und die Gegner zu schrecken, schlossen sie und der Herzog mit dem Könige von Frankreich ein Bündnis zur Verteidigung ihrer gegenseitigen Staaten, was sie durch ganz Italien mit Glanz und Jubel bekanntmachten.

Der Mai des Jahres 1452 war gekommen, als es den Venezianern ratsam schien, den Anfang des Krieges nicht länger hinauszuschieben. Sie griffen daher mit sechzehntausend Reitern und sechstausend Mann Fußvolk von der Seite von Lodi her den Herzog an, während der Markgraf von Montferrat, entweder durch eigenen Ehrgeiz verlockt oder durch Venedig angetrieben, ihm auf der Seite von Alessandria ins Land fiel. Der Herzog seinerseits hatte achtzehntausend Reiter und dreitausend Mann zu Fuß zusammengebracht, Alessandria und Lodi und alle übrigen Orte mit guten Besatzungen versehn und fiel mit seinen Scharen ins Brescianische ein, wo er den Venezianern großen Schaden zufügte. Von beiden Seiten wurde das Land verheert und die schwachen Ortschaften geplündert. Nachdem aber bei Alessandria der Markgraf von den Truppen des Sforza geschlagen worden, konnte dieser größere Macht gegen die Venezianer wenden.

Während so der Krieg in der Lombardei mittels einer Reihe unbedeutender Scharmützel fortgesetzt ward, begann er gleichfalls in Toscana zwischen König Alfons und den Florentinern, ohne indes größeren Ereignissen Raum zu geben. Nach Toscana kam des Königs unrechtmäßiger Sohn, Ferrante, mit zwölftausend Mann unter dem Oberbefehl des Herrn von Urbino. Ihre erste Waffentat war ein Angriff auf Fojano im Chianatal; denn da sie die Sienesen zu Freunden hatten, so fielen sie von dieser Seite her ins florentinische Gebiet ein. Das Kastell hatte eine schwache Mauer, war klein und nicht stark bevölkert: aber die Bewohner galten, nach den Begriffen jener Zeit, für mutig und treu. Die Besatzung bestand aus zweihundert Soldaten, welche die Signorie dahin gesandt hatte. Vor diesem unbedeutenden Kastell lagerte Ferrante: aber die Tapferkeit der Belagerten war so groß oder die seinige so gering, daß er sechsunddreißig Tage davorlag, bis er es nahm. Die Stadt hatte unterdessen alle Muße, die wichtigeren Orte besser zu besetzen, Truppen zusammenzuziehn und die Verteidigung zu ordnen. Die Feinde rückten ins Chianti[196], wo es ihnen nicht einmal gelang, zwei Villen zu nehmen, welche Privatleuten gehörten. An diesen vorüber zogen sie nun vor Castellina, welcher Ort zehn Millien von Siena an der Grenze des Chianti gelegen ist, mit schwachen Befestigungswerken und in noch schwächerer Lage. Aber die Schwäche des Belagerungsheeres konnte dieser doppelten Schwäche nicht Meister werden, und nach vierundvierzig Tagen mußte es schmachvoll abziehn. So furchtbar waren damals die Heere, so gefährlich die Kriege, daß Orte, die man jetzt als nicht zu verteidigen aufgibt, damals als uneinnehmbar sich hielten. Während nun Ferrante so im Chianti stand, unternahm er Streifzüge durch das florentinische Gebiet und wagte sich bis zu sechs Millien von der Stadt, zum Schrecken und Schaden der Untertanen. Die florentinischen Scharen, achttausend Mann stark, waren indes unter Astorre Manfredi von Faenza und Gismondo Malatesta von Rimini gen Colle[197] gezogen und vermieden eine Schlacht, weil sie durch deren Verlust das Schicksal des ganzen Krieges zu entscheiden fürchteten. Denn verloren sie auch kleine Kastelle, so waren sie gewiß, selbe mit dem Frieden wiederzuerlangen; der großen Orte aber waren sie sicher, da sie wußten, der Feind werde sie nicht angreifen. Noch hatte der König eine Flotte von etwa zwanzig Galeeren und Schnellseglern in den Gewässern von Pisa. Während das Landheer vor Castellina lag, griff die Flotte die Rocca di Vada[198] an und nahm sie wegen Sorglosigkeit des Befehlshabers. Darauf nun belästigten die Feinde das umliegende Land, wovon sie indes bald ablassen mußten, als die Florentiner einen kleinen Haufen

FRANCESCO PETRARCA

nach Campiglia sandten, der jene auf den Strand beschränkt hielt.

Um alle diese Kriege kümmerte sich der Papst nur insoweit, als er Frieden stiften zu können hoffte. Während er aber dem auswärtigen Kriege fremd blieb, hätte er zu Hause beinahe einen gefährlicheren gefunden. In jener Zeit lebte in Rom ein Messer Stefano Porcari[199], edel durch Geschlecht und Wissen, noch mehr aber durch glänzende Eigenschaften des Geistes. Wie ruhmsüchtige Leute zu tun pflegen, wünschte dieser, eine der Erinnerung würdige Handlung auszuführen oder zu versuchen. Da schien es ihm, das beste wäre der Versuch, seine Vaterstadt den Händen der Prälaten zu entreißen und die alten Regierungsformen wieder einzuführen, indem er, im Fall des Gelingens, neuer Begründer und zweiter Vater seines Vaterlandes genannt zu werden hoffte. Ihm flößten Hoffnung ein die ausschweifende Lebensweise der Geistlichkeit und die Unzufriedenheit der Barone und des Volkes, vor allem aber die Verse Petrarcas in der Kanzone: Spirto gentil[200], worin es heißt:

Im Kapitol such' einen Herrn, Kanzone,
Den ganz Italien ehrt' aus *einem* Munde,
Der mehr an andre denkt, als an sich selber.

Messer Stefano wußte, daß oft ein göttlicher und prophetischer Geist die Dichter erfüllt: er dachte, Petrarcas Vorhersagung müsse eintreffen, und er sei der zur Ausführung des glorreichen Unternehmens Bestimmte, da es ihm schien, er überträfe alle andern Römer an Beredtsamkeit, Geist, Lebensart und Freunden. Während er diesen Gedanken nachhing, vermochte er nicht ein so behutsames Schweigen zu beobachten, daß er nicht durch Umgang und Lebensweise sich entdeckte. So wurde er dem Papste verdächtig. Ihn aus dem Wege zu schaffen, verbannte dieser ihn nach Bologna und trug dem Governatore der Stadt auf, ihn täglich vor sich kommen zu lassen. Dies erste Mißlingen entmutigte Messer Stefano nicht, sondern er blieb bei seinen Entwürfen, unterhielt mit seinen Freunden vorsichtig Verbindung und ging verschiedene Male heimlich nach Rom, von wo er mit solcher Schnelligkeit zurückkehrte, daß er da war, wenn er dem Governatore sich stellen mußte. Als er aber (1453) glaubte, genug Teilnehmer gewonnen zu haben, wollte er die Ausführung nicht länger verschieben. Drum ersuchte er seine in Rom befindlichen Freunde, zu einer bestimmten Zeit ein glänzendes Nachtmahl herrichten zu lassen, zu welchem alle Verschworenen eingeladen werden sollten, mit dem Auftrage, ihre vertrautesten Freunde mitzubringen. Vor dem Ende des Mahls versprach er in ihrem Kreise zu sein. Alles wurde nach seinem Wunsche ausgerichtet, und schon war Messer Stefano in dem Hause, wo zu Nacht gespeist ward. Kaum war nun der Schmaus zu Ende, so trat er in einem Gewandte von Goldstoff und, um wichtig zu erscheinen, mit Ketten und Kleinodien behängt, in den Kreis der Gäste, umarmte sie und ermunterte sie in einer langen Rede zum Entschluß und zum glorreichen Werke. Hierauf verteilte er die Rollen und ordnete an, daß am folgenden Morgen ein Teil den päpstlichen Palast angreifen, ein andrer Haufen in den Straßen Roms das Volk zu den Waffen rufen sollte. In derselben Nacht noch kam die Verschwörung dem Papste zu Ohren: durch Verrat eines der Teilnehmer, oder, wie andere sagen, weil Messer Stefanos Anwesenheit in der Stadt ruchbar ward. Wie dem aber auch sein möge, noch vor Tagesanbruch ließ Papst Nicolaus den Porcaro mit dem größern Teile seiner Genossen verhaften und sodann, wie sie's verschuldet, hinrichten. Solchen Ausgang nahm sein Plan. Wurde auch von einigen die Absicht belobt, so wird doch sein Mangel an Urteil und Klugheit stets getadelt werden. Denn haftet auch ein Schatten von Ruhm am ursprünglichen Gedanken solcher Unternehmungen, so stürzt ihre Ausführung fast jedesmal in sicheres Verderben.

Der Krieg in Toscana hatte beinahe ein Jahr gewährt und der Frühling 1453 war gekommen, mit ihm die Zeit, wo die Heere ins Feld zu rücken pflegen, als der Herr Alessandro Sforza, des Herzogs Bruder, den Florentinern mit zweitausend Reitern zu Hilfe zog. Da nun ihr Heer dem königlichen überlegen, dachten sie an die Wiedereroberung der verlorenen Ortschaften und nahmen mit geringer Mühe einige Kastelle. Hierauf zogen sie vor Fojano, welches durch Sorglosigkeit der Kommissarien geplündert ward, so daß die zerstreuten Einwohner nur mit Mühe und durch Befreiung von Abgaben und andere Belohnungen zur Rückkehr vermocht werden konnten. Auch Vada wurde wiedergewonnen, welches die Feinde aufgaben und in Brand steckten, als sie sahen, daß sie es nicht zu halten imstande waren. Währenddessen hatte das aragonische Heer, welches mit dem florentinischen sich nicht zu messen wagte, in die Nähe Sienas sich zurückgezogen, von wo es das Gebiet der Republik durch Streifzüge und Räubereien sehr beunruhigte. Der König aber dachte auf andere Mittel, den Feinden beizukommen und sie durch Teilung zu schwächen.

Herr im Val di Bagno[201] war Gherardo Gambacorti, der, wie seine Ahnen, entweder aus Freundschaft oder aus Bedürfnis, stets im Dienste der Republik oder im Schutzverhältnis zu ihr gestanden hatte. Mit ihm ließ sich der König Alfons in Unterhandlungen ein, er sollte seine Besitzungen gegen andere im Königreich Neapel vertauschen. Kaum ward diese Schiebung in Florenz bekannt, so sandte man zum Gambacorti einen Abgeordneten, der ihn an die alten Verpflichtungen erinnern und zum treuen

Ausharren bei der Republik ermahnen sollte. Gherardo stellte sich sehr verwundert und verschwor sich, nimmer sei ein so ruchloser Gedanke ihm in den Sinn gekommen: er werde selbst nach Florenz sich begeben als Unterpfand seiner Treue. Da er aber unwohl, so werde sein Sohn ihn ersetzen, den er dem Abgeordneten als Geißel überlieferte. Diese Worte und Handlung ließen die Florentiner glauben, Gherardo rede die Wahrheit und sein Ankläger sei ein Verleumder gewesen, weshalb sie nicht mehr an die Sache dachten. Der Gambacorta aber betrieb nun die Unterhandlung um so eifriger, und als der Vertrag abgeschlossen, sandte Alfons den Johanniterritter Fra Puccio mit beträchtlicher Mannschaft nach dem Val di Bagno, um die Kastelle zu besetzen. Das Volk aber, welches der Republik zugetan, unterwarf sich nur ungern den königlichen Beamten.

Fra Puccio hatte unterdes beinahe alle Orte besetzt: nur die Burg von Corzano fehlte ihm noch. Als der Gambacorta die Plätze übergab, war in seinem Gefolge Antonio Gualandi aus Pisa, ein kühner Jüngling und ungehalten über diese Verräterei. Indem dieser nun die Lage der Burg betrachtete und die Besatzung derselben, die in Miene und Haltung ihren Unwillen nicht verheimlichte, während er mit Gherardo am Tore stand, um das aragonische Kriegsvolk einzulassen: wandte er sich plötzlich gegen das Innere, drängte mit beiden Händen Gambacorta zum Tore hinaus und rief den Wachen zu, sie sollten vor den Augen dieses Verräters das Tor sperren und die Burg den Florentinern erhalten. So geschah's. Nun verbreitete sich der Lärm bis Bagno und nach den naheliegenden Orten: die ganze Bevölkerung stand auf gegen die Aragonesen, vertrieb sie und richtete die florentinischen Banner auf. Als dies in Florenz ruchbar ward, nahm man Gherardos Sohn in Verwahrsam, sandte Kriegsvolk ab und machte diese Gegend, die bis dahin eigene Herren gehabt, zu einem Vikariat der Republik. Der Gambacorta aber, an seinen Oberherrn wie am eigenen Sohne zum Verräter geworden, floh mit genauer Not, indem er Gattin, Kinder und Habe in der Feinde Gewalt ließ. In Florenz aber legte man auf diesen Vorfall großes Gewicht. Denn gelang es dem Könige, dieses Landstriches sich zu bemächtigen, so konnte er mit Leichtigkeit in das Tibertal und Casentino rücken und dort die Republik so belästigen, daß diese dem auf dem sienesischen Gebiete stehenden Heere ihre volle Macht entgegenzustellen nicht imstande gewesen wäre.

Außer den in Italien getroffenen Anstalten zur Abwehr der Macht der Verbündeten, hatten die Florentiner den Messer Agnolo Acciaiuoli als Botschafter zum Könige von Frankreich[202] gesandt, um ihn zu veranlassen, René von Anjou zu unterstützen, damit dieser ihnen wie dem Herzog zu Hilfe ziehn und dann an die Eroberung des Königreichs Neapel denken könnte. Zu diesem Zwecke sagten sie ihm Truppen und Geld zu. Während nun so in Toscana und der Lombardei Krieg geführt ward, schloß der Botschafter mit dem König René einen Vergleich, wonach dieser zu Ende Juli mit zweitausendvierhundert Reitern nach Italien kommen, ihm hinwieder bei seinem Eintreffen in Alessandria Florenz und der Herzog dreißigtausend Gulden, wie während der Dauer des Kriegs monatlich zehntausend zahlen sollten. Als nun der König dem Vertrage nachkommen und über die Alpen ziehen wollte, verweigerten der Herzog von Savoyen und der Markgraf von Montferrat, als Freunde Venedigs, ihm den Durchzug. Da riet der Gesandte ihm, er solle nach der Provence zurückkehren, mit einem Teile der Seinigen zur See nach Italien gehn und durch Vermittlung des französischen Königs von dem Herzog von Savoyen den Durchzug erlangen. So geschah's: René stieg mit einigen von seiner Mannschaft an der italienischen Küste ans Land, und auf Veranstaltung des Königs wurde sein Kriegsvolk in Savoyen aufgenommen. Der Herzog von Mailand empfing ihn aufs ehrenvollste, und die vereinigten italienischen und französischen Truppen verbreiteten unter den Venezianern einen solchen Schrecken, daß sie ihnen in kurzer Zeit die Orte nahmen, die sie im Cremonesischen besaßen. Damit nicht zufrieden, besetzten sie beinahe das ganze Gebiet von Brescia, so daß das feindliche Heer, welches das Feld nicht mehr zu halten wagte, dicht unter Brescias Mauern lagerte.

Als aber der Winter kam, führte der Herzog seine Truppen in die Quartiere und wies dem König René Piacenza an. Nachdem nun die rauhe Jahreszeit von 1453 ohne eine Unternehmung vorübergegangen und der Sommer (1454) gekommen, wo man dachte, der Herzog würde ins Feld ziehn und den Venezianern ihre Festlandbesitzungen nehmen: erklärte René, er sei genötigt, nach Frankreich zurückzukehren. Dieser Entschluß war dem Sforza unerwartet und verursachte ihm großes Mißvergnügen. Obgleich er nun sogleich zu ihm ging, ihn von dem Gedanken abzubringen, vermochte er ihn doch weder durch Vorstellungen noch Versprechen zu bewegen, und erlangte bloß, daß René verhieß, einen Teil seiner Truppen zurückzulassen und seinen Sohn Johann zu senden, um statt seiner den Verbündeten zu dienen. Den Florentinern hingegen war dieser Abzug nicht unlieb; sie hatten ihre Besitzungen wiedererworben, fürchteten den König nicht mehr, und wünschten andrerseits nicht, daß der Sforza mehr als das ihm zustehende Land erobern sollte. René zog also weiter und sandte, dem Versprechen gemäß, seinen Sohn, der aber nicht in der Lombardei verweilte, sondern nach Florenz kam, wo man ihn aufs ehrenvollste empfing.

Nach des Königs Abreise nahm Francesco Sforza gerne Friedensvorschläge an: Venedig, Alfons und Florenz, sämtlich des Krieges müde, sehnten sich nach Ruhe; der Papst aber war besonders darauf bedacht, Eintracht zu stiften, da in demselben Jahre Mohammed, der türkische Großherr, sich Konstantinopels und damit des ganzen griechischen Reichs bemächtigt hatte[203]. Diese Eroberung setzte die ganze Christenheit in Schrecken, am meisten die Venezianer und den Papst, die schon den Lärm der türkischen Waffen in Italien zu hören glaubten. Der Papst ersuchte deshalb die italienischen Fürsten, sie möchten Gesandte zu ihm beordern mit Machtvollkommenheit zum Abschluß eines allgemeinen Friedens. Dies geschah auch: als man aber zur Verhandlung kam, traf man auf eine Menge Schwierigkeiten. Der König verlangte von den Florentinern Entschädigung für die Kriegskosten, Florenz tat seinerseits ein gleiches. Die Venezianer verlangten vom Sforza Cremona, der Herzog nahm von Venedig Bergamo, Brescia und Crema in Anspruch, so daß die Lösung der Schwierigkeiten unmöglich schien. Was aber in Rom zwischen so vielen schwer durchführbar schien, gelang zwischen zweien in Mailand und Venedig. Denn während man dort über den Frieden unterhandelte, schlossen der Herzog und die Venezianer ihn am 9. April 1454. Jedem wurde der Besitzstand, wie er vor dem Kriege gewesen, wieder zugestanden; dem Herzog wurde freigelassen, die von den Fürsten von Montferrat und Savoyen ihm genommenen Landesteile wiederzuerobern; den übrigen Fürsten Italiens ward einmonatliche Frist zum Beitritt gewährt. Dies taten der Papst, die Florentiner, Siena und andere kleinere Staaten. Überdies schlossen Florenz, der Sforza und Venedig Eintracht auf fünfundzwanzig Jahre. Nur König Alfons bezeigte sich unzufrieden, indem er es gegen seine Würde hielt, bei einem solchen Frieden die Nebenrolle zu übernehmen. Deshalb währte es längere Zeit, ehe er seine Meinung kundgab. Nachdem aber der Papst und andere Fürsten mehrere feierliche Botschaften an ihn gesandt, ließ er sich durch diese, namentlich durch die päpstliche, bereden. So schloß er für sich und seinen Sohn auf dreißig Jahre Frieden, und König und Herzog gingen doppelte Verwandtschaft ein und feierten doppelte Hochzeit, indem sie wechselweise Sohn und Tochter miteinander verlobten[204]. Um aber in Italien wenigstens den Samen der Zwietracht zu lassen, bequemte sich Alfons nicht eher zum Frieden, als bis die Verbündeten ihm zugestanden, ohne Widerspruch ihrerseits die Genuesen, Gismondo Malatesta und Astorre, den Herrn von Faenza, angreifen zu können. Nach diesem Abschluß kehrte sein Sohn Ferrante, der zu Siena weilte, ins Königreich zurück, nachdem er durch seinen toscanischen Feldzug keine Handbreit Landes gewonnen, dagegen viel Mannschaft verloren hatte.

Nachdem dieser allgemeine Friede geschlossen worden, fürchtete man bloß, Alfonsos Feindschaft gegen Genua werde ihn brechen. Aber es kam anders: nicht der König, sondern, wie stets vorher geschehn, die Gier der Söldner trübte die Eintracht. Nach dem Friedensschluß hatten die Venezianer, wie es Sitte ist, ihren Feldhauptmann Jacopo Piccinino entlassen. Zu diesem schlugen sich einige ohne Sold gebliebene Hauptleute: sie zogen nach der Romagna, dann ins Gebiet von Siena, wo Jacopo sich festsetzte und einige Kastelle nahm. Zu Anfang dieser Bewegungen, beim Beginn des Jahres 1455, starb Papst Nicolaus, zu dessen Nachfolger Calixt III. gewählt ward. Den neuen und nahen Krieg zu unterdrücken, vereinigte dieser unter dem Giovanni Ventimiglia so viel Mannschaft er aufbringen konnte, und sandte sie mit florentinischen und mailändischen Truppen, die in gleicher Absicht herbeigeeilt waren, gegen Jacopo. Bei Bolsena[205] kam man zum Kampfe, und obgleich der päpstliche Führer gefangen ward, erlitt doch der Piccinino eine Niederlage und zog sich auf Castiglione della Pescaia[206] zurück, wo er verloren gewesen wäre, hätte nicht König Alfons ihn mit Geld unterstützt. Dies erweckte bei allen den Argwohn, daß Jacopo den Zug auf Anstiften des Königs unternommen habe. Um sich von diesem Verdachte zu reinigen und Eintracht zu bewahren mit den Verbündeten, die er sich durch diesen schwachen Kriegsversuch beinahe entfremdet hatte, veranlaßte nun (1456) Alfons den Piccinino, die Kastelle herauszugeben, wogegen die Sienesen ihm zwanzigtausend Gulden zahlten. Nachdem der Vergleich zustande gekommen, nahm er jenen und seine Scharen in seine Staaten auf.

Obgleich die Angelegenheit des Piccinino damals dem Papste zu schaffen machte, setzte er darum doch die Gedanken für das Wohl der durch die türkische Übermacht bedrohten Christenheit nicht hintan. So sandte er in alle christlichen Länder Abgeordnete und Prediger, die Fürsten und Völker zu ermuntern, sich zum Schutz ihres Glaubens zu rüsten und durch Geld und persönlichen Dienst das Unternehmen gegen den gemeinsamen Feind ins Werk zu setzen. In Florenz wurden zu jener Zeit viele milde Beisteuern gegeben, auch bezeichneten sich viele mit einem roten Kreuze, um mit ihrer Person zum Kriege bereit zu sein. Überdies wurden feierliche kirchliche Umzüge gehalten, und man verfehlte nicht zu zeigen, daß man mit Rat, mit Geld und Mannschaft in den ersten Reihen bei diesem Unternehmen stehen wollte. Dieser Eifer des Kreuzzuges kühlte sich indes einigermaßen, als man vernahm, wie die Türken bei der Belagerung der an der Donau gelegenen Festung Belgrad von den Ungarn geschlagen und in die Flucht geschlagen worden waren. Nachdem solcherweise bei den Christen jene Furcht nachgelassen, welche der Fall Konstantinopels ihnen eingeflößt hatte, nahm man die Rüstungen lauer, während man in Ungarn selbst lässiger zu Werke ging, nachdem Johannes Waiwoda, der Sieger in jenem Kampfe, gestorben war[207].

Um aber zu den italienischen Angelegenheiten zurückzukehren, so war es das Jahr 1456, in welchem die Piccininischen Händel endigten. Nachdem nun die Menschen die Waffen niedergelegt, schien Gott selbst sie in die Hand nehmen zu wollen. Denn es ereignete sich ein furchtbarer Orkan, der in Toscana Unheil anrichtete, das der Nachwelt kaum glaublich vorkommen wird, wie es in der Vergangenheit nie erhört worden war. Am 24. August, eine Stunde vor Sonnenaufgang, erhob sich vom Adriatischen Meere her in der Richtung von Ancona eine ungeheure schwere Wolke, welche etwa zwei Millien lang wie breit, über das Land hin gegen Livorno nach dem Mittelmeer zog. Von höheren Kräften getragen, mochten diese nun natürliche oder übernatürliche sein, in sich selbst zerrissen, kämpfte sie mit sich selber; die zerfetzten Dunstmassen, bald zum Himmel steigend, bald den Boden streifend, stießen aneinander, drehten sich mit rasendem Wirbel im Kreise herum, trieben eine tobende Windsbraut vor sich her und entluden sich kämpfend in Feuer und Blitzen. Diese verwirrten und zerrissenen Nebel, diese wilden Winde und Wetterstrahlen waren von einem Getöse begleitet, welches man nie, weder bei Erdbeben noch Gewittern, vernommen. Der Schrecken war so groß, daß jeder vermeinte, das Weltende sei gekommen, und Erde, Meer und Himmel und die übrige Welt kehrten in das alte Chaos zurück. Dies Wetter brachte die unerhörtesten Wirkungen hervor, am meisten bei dem Kastell San Casciano. Dies Kastell liegt acht Millien von Florenz entfernt[208], auf einem Hügelrücken, der die Flußtäler der Pesa und der Greve scheidet. Zwischen diesem Ort und dem Borgo San Andrea, der mehr nach unten auf denselben Anhöhen liegt, zogen die Sturmwolken hin: San Andrea berührten sie nicht. San Casciano streiften sie bloß, so daß sie einige Zinnen und Rauchfänge niederwarfen: außerhalb aber, auf dem freien Felde, wurden viele Wohnungen bis auf die Fundamente abgetragen. Die Dächer der Kirchen von Santa Maria zu Bagnuolo und von Santa Maria della Pace wurden ganz wie sie waren über eine Millie weit geschleudert. Ein Fuhrmann ward mit seinen Maultieren weit von der Straße in einem angrenzenden Talgrunde tot gefunden. Die dicksten Eichen, die stärksten Bäume, die solcher Wut nicht weichen wollten, wurden nicht nur entwurzelt, sondern fern von ihrem Platze hingeworfen. Daher kam es, daß nachdem der Sturm vorüber und der Tag angebrochen, die Leute wie betäubt dastanden. Das Land war verödet und vernichtet, Häuser und Kirchen waren eingestürzt; man vernahm das Wehklagen derer, welche ihr Eigentum zerstört sahen und unter den Trümmern Vieh und Angehörige tot fanden: alles dies erregte so großes Mitleid wie Entsetzen. Ohne Zweifel wollte Gott Toscana eher bedrohen als strafen. Denn wäre ein solches Unwetter über eine Stadt hereingezogen, mit eng aneinander gedrängten Wohnungen und vielen Menschen, statt daß es über Bäume und vereinzelte Häuser hereinbrach: so wäre zweifelsohne ein Unheil entstanden, wie man es sich kaum vorzustellen vermag. Aber Gott wollte damals dies kleine Beispiel geben, um die Erinnerung an seine Macht bei den Menschen wieder aufzufrischen.

Dem König Alfons, um wieder anzuknüpfen, wo ich stehengeblieben, war mit dem Frieden wenig gedient. Da der Krieg, den er ohne irgendeinen vernünftigen Grund den Sienesen durch Jacopo Piccinino auf den Hals geladen, zu nichts geführt hatte, wollte er sehn, ob ein anderer Krieg, den er nach den Pakten des Bündnisses zu führen berechtigt war, Wichtigeres zutage fördern würde. So begann er im Jahre 1456 gegen Genua Krieg zu Lande und zur See, um die Stadt den damals herrschenden Fregosen zu nehmen, den Adornen wiederzugeben. Zugleich ließ er auf der andern Seite den Piccinino über den Tronto gehen, um Gismondo Malatesta anzugreifen. Dieser, der seine Plätze gut verwahrt hielt, achtete den Einfall Jacopos gering, und das Unternehmen hatte keinen Erfolg. Der Krieg gegen Genua aber machte dem König wie seinem Reiche mehr zu schaffen, als ihm lieb war. Doge von Genua war zu jener Zeit Pietro Fregoso. Sich zu schwach haltend dem Könige gegenüber, beschloß dieser das, was er nicht behaupten konnte, wenigstens einem zu geben, der ihn gegen seine Feinde schützte und ihm für die Gunst eine Wohltat gewährte. Darum sandte er Abgeordnete nach Frankreich an Carl VII. und trug ihm die Herrschaft über Genua an. Der König ging auf das Erbieten ein und sandte zur Besitznahme Johann von Anjou, den Sohn des Königs René, der kurz vorher Florenz verlassen hatte und nach Frankreich zurückgekehrt war. Carl war der Meinung, daß Johann, der viel von den italienischen Sitten angenommen, die Stadt besser denn ein anderer regieren würde; nebenbei dachte er auch, daß derselbe von da aus eine Unternehmung gegen Neapel einleiten könnte, dessen Besitz seinem Vater durch Alfons genommen worden war. So begab sich denn Johann nach Genua, wo man ihn wie einen Herrscher empfing und die Festen der Stadt und des Staates in seine Hand gab.

Dieser Zwischenfall mißfiel Alfonso, da es ihm schien, er habe sich einen zu mächtigen Gegner zugezogen. Doch verlor er den Mut nicht und beharrte unerschrockenen Geistes bei seinen Plänen. Schon war sein Heer unter Villamarina bis Portofino[209] gelangt, als er plötzlich erkrankte und starb. Sein Tod befreite Johann und Genua vom Kriege. Ferrante aber, der dem Vater folgte[210], war voll Unruhe und Verdacht, da er einen so gefährlichen Feind in Italien hatte und an der Treue vieler seiner Barone zweifelte, als hingen diese, neuerungssüchtig, französischem Interesse an. Auch vor dem Papste, dessen Ehrgeiz er kannte, fürchtete er sich, als werde dieser versuchen, ihn, der noch neu im Reiche, dessen zu berauben. Nur auf den Herzog von Mailand hoffte er, dem die Erhaltung der gegenwärtigen Verhältnisse Neapels ebensosehr am Herzen lag wie Ferdinand selber. Denn wenn die Franzosen sich Neapels bemächtigten, so besorgte er, daß sie auch auf seine Staaten Anschläge machen würden, die sie ja schon als etwas ihnen Gehöriges zurückverlangen zu können glaubten. Nach Alfonsos Tod sandte deshalb Francesco Sforza sogleich Briefe und Mannschaft an den neuen König, die Mannschaft, um ihm Beistand und Ansehn zu verleihen, das Geld, um ihn zu ermuntern, guten Mutes zu sein: nichts könne im gegenwärtigen Moment ihn nötigen, ihn zu verlassen. Des Papstes Absicht war, nach dem Tode des Königs das Reich seinem Neffen Pietro Lodovico Borgia zu geben. Um diesem Plane einen Schein von Rechtlichkeit zu verleihn und die italienischen Fürsten mehr auf seiner Seite zu haben, machte er bekannt, er wolle das Königreich wieder unter die Herrschaft der Kirche bringen, und suchte den Herzog zu überreden, nicht auf Ferdinands Seite zu sein, indem er ihm zugleich die Besitzungen anbot, die er einst im Neapolitanischen sein genannt. Inmitten aber dieser Pläne und neuen Umwälzungen starb Calixtus, und ihm folgte Pius II., Sienese von Geburt, aus dem Hause der Piccolomini und früher Enea (Silvio) geheißen. Dieser Papst, der nur an der Christenheit Vorteil und die Ehre der Kirche dachte, indem er alle persönlichen Zwecke beiseite setzte, krönte auf Francesco Sforzas Bitten Ferdinand zum Könige, indem er der Ansicht war, daß es ihm leichter gelingen würde, den Krieg in Italien zu unterdrücken, wenn er die bestehenden Verhältnisse bestätigte, als indem er die Franzosen begünstigte, welche Neapel zu nehmen trachteten, oder aber wenn er, wie Calixt, das Reich für sich behalten wollte. Der König aber ernannte, der Begünstigung eingedenk, Antonio, des Papstes Neffen, zum Herzog von Amalfi[211] und gab ihm eine seiner natürlichen Töchter zur Frau. Auch stellte er der Kirche Benevent und Terracina wieder zurück.

Nun schienen die Waffen in Italien zu ruhen und der Papst schickte sich an, die Christenheit gegen die Türken zu Felde zu rufen, wie schon sein Vorgänger Calixtus begonnen hatte, als zwischen Johann von Anjou, Herrn von Genua, und den Fregosen Uneinigkeit entstand, welche wichtigern und größern Krieg anfachte, als die vorhergehenden gewesen waren. Pietrino Fregoso wohnte auf einem ihm gehörenden Kastell an der Riviera. Diesem schien es, daß Johann ihn nicht gemäß seinem Verdienste und dem seines Hauses belohnt habe, da er doch durch sie Herr der Stadt geworden sei. Bald brach offene Zwietracht aus. Ferdinand war darüber vergnügt, da er darin das einzige Rettungsmittel sah, und unterstützte Pietrino mit Truppen und Geld, indem er dadurch den Anjou verjagen zu können wähnte. Dieser sandte nun nach Frankreich um Hilfe und wandte sich dann gegen den Fregosen, der durch vielfache Unterstützung eine nicht unbedeutende Macht gesammelt hatte, so daß Johann sich genötigt sah, auf die Behauptung der Stadt sich zu beschränken. Da schlich sich während einer Nacht

Pietrino in Genua ein und besetzte einige Orte: als aber der Tag kam, griffen die Anjouschen Leute ihn an und schlugen ihn, so daß er selbst auf dem Platze blieb und die Seinigen getötet oder gefangen wurden.

Dieser Vorteil machte Johann Mut, sich gegen Neapel zu wenden. Im Oktober 1459 segelte er mit einer mächtigen Flotte von Genua ab, wandte sich nach Bajä und dann nach Sessa, wo er von dem Herzoge aufgenommen ward. Der Fürst von Tarent[212], Aquila und andere Städte und Fürsten schlugen sich zum Anjou, so daß im Königreich alles in Verwirrung war. Als Ferdinand dies sah, wandte er sich um Hilfe an den Papst und den Herzog, und vertrug sich, um weniger Gegner zu haben, mit dem Malatesta (1460). Dies nahm Jacopo Piccinino, Gismondos persönlicher Feind, so übel, daß er des Königs Sold verließ und sich Johann näherte. Der König sandte nun Federigo, dem Herzoge von Urbino, Geld, brachte so ein für jene Zeit anständiges Heer zusammen und griff oberhalb des Flusses Sarno den Feind an. Aber er ward geschlagen und verlor mehrere seiner besten Hauptleute. Nach dieser Niederlage blieb nur die Stadt Neapel mit wenigen Orten und Fürsten dem Könige treu, während die meisten Johann anerkannten. Jacopo Piccinino wollte nun, dieser sollte Neapel angreifen und sich der Hauptstadt bemächtigen, wogegen Johann seine Meinung durchsetzte, dem Gegner erst sein ganzes Land zu nehmen und ihn dann in der Hauptstadt anzugreifen, deren Eroberung sodann viel leichter sein würde. Dieser Entschluß brachte ihn aber um alle Früchte des Siegs, und er erkannte zu spät, daß die Glieder dem Haupte folgen, nicht das Haupt den Gliedern.

Ferdinand war nach der Niederlage nach Neapel geeilt, wo er die Flüchtlinge aus seinen Staaten aufnahm und, so gut es ging, Geldmittel und einige Mannschaft auftrieb.

Von neuem ging er Papst Pius und Sforza um Hilfe an, die er auch von beiden reichlicher und rascher als vordem empfing, weil sie in großer Besorgnis lebten, er möchte das Königreich verlieren. Nachdem nun der König sich etwas erholt, verließ er die Stadt, und da seine Angelegenheiten sich zu heben begannen, eroberte er einige Orte wieder. Während dort (1461) der Kampf währte, ereignete sich ein Zufall, der Johann von Anjou mit seinem Ansehn die Aussicht auf Sieg raubte. Die Genuesen waren des habgierigen und hochmütigen Regiments der Franzosen so müde, daß sie die Waffen ergriffen gegen den königlichen Gouverneur, den sie nötigten, sich in das kleine Kastell zu flüchten. Fregosi und Adorni waren dabei einmütig und wurden zur Eroberung wie zur Behauptung vom Herzog von Mailand mit Geld und Truppen unterstützt. Der König René aber, welcher darauf seinem Sohne mit einer Flotte zu Hilfe kam, wurde beim Ausschiffen seiner Mannschaft dermaßen geschlagen, daß er, statt wie er hoffte Genua vom Kastell aus zu nehmen, schmachvoll nach der Provence zurückkehren mußte. Als diese Nachrichten nach Neapel kamen, erschreckten sie Johann von Anjou sehr. Doch gab er das Unternehmen nicht auf, sondern hielt längere Zeit aus, durch die Barone ermuntert, welche wegen ihres Abfalls einen harten Stand mit König Ferdinand zu haben besorgten. Am Ende aber stießen nach vielen Wechselfällen die beiden Heere bei Troia aufeinander, wo Johann im Jahre 1463 geschlagen wurde. Die Niederlage indes schadete ihm minder als die Untreue Jacopo Piccininos, welcher sich dem Könige anschloß, so daß der Anjou, ohne Heer, nach Ischia sich zurückzog, von wo er sich nach Frankreich begab. Dieser Krieg währte vier Jahre lang, und der, welcher durch die Tapferkeit der Seinigen mehrmals gesiegt, verlor doch am Ende durch seine Lässigkeit. Die

Florentiner nahmen keinen offenkundigen Anteil an diesen Vorgängen. König Johann von Aragon, der kürzlich durch Alfonsens Tod die Krone erlangt, ersuchte sie wohl durch eine Botschaft, sie möchten seinem Neffen Ferdinand beispringen, wozu sie durch den neuerlichen Bund mit dessen Vater Alfons verpflichtet seien. Sie antworteten aber, sie wären jenem zu nichts verpflichtet und keineswegs geneigt, dem Sohne in einem Kriege beizustehen, den der Vater veranlaßt habe. Wie dieser Krieg ohne ihren Rat noch Vorwissen begonnen worden sei, so möge er ohne ihren Beistand geführt und beendet werden. Die Gesandten machten im Namen ihres Königs auf Verpflichtungsstrafe und Schadenersatz Anspruch, und reisten ab, aufgebracht gegen die Stadt. So bewahrten denn während des erwähnten Krieges die Florentiner Frieden nach außen hin, nicht aber im Innern, wie aus dem folgenden Buche sich ergeben wird.

Siebentes Buch

Denen, welche das vorhergehende Buch gelesen haben, dürfte es vielleicht scheinen, daß der Geschichtsschreiber florentinischer Begebenheiten zu lange bei den Ereignissen in der Lombardei und im Königreich Neapel verweilt habe. Indes habe ich eine solche Ausdehnung meiner Erzählung absichtlich nicht vermieden und werde sie auch künftig nicht vermeiden: denn wenn ich gleich nicht versprochen habe, die Geschichte Italiens zu schreiben, so scheint es mir doch nicht passend, die wichtigen Ereignisse zu übergehn, welche in dem Lande vorgefallen sind. Spräche ich nicht davon, so würde unsere Geschichte schwerer verständlich und minder willkommen sein, um so mehr, da die meisten Kriege, an denen teilzunehmen die Florentiner sich genötigt sahen, durch das Verhalten anderer Völker und Fürsten entstanden sind. So gab der Krieg Johanns von Anjou und des Königs Ferdinand Anlaß zu dem Haß und der bittern Feindschaft, die nachmals zwischen dem König und den Florentinern, namentlich aber der Familie Medici bestand. Denn Ferdinand beklagte sich darüber, daß man ihn in jenem Kriege nicht nur nicht unterstützt, sondern seinem Gegner Vorschub geleistet habe, und dieser Groll ward die Ursache großer Übel, wie aus der Fortsetzung unserer Erzählung sich ergeben wird. Da ich nun in der Darstellung der äußern Verhältnisse bis zum Jahre 1463 gelangt bin, muß ich mehrere Jahre zurückgehn, um die innern Bewegungen zu schildern. Zuvor aber, meiner Gewohnheit gemäß, durch eine kleine Untersuchung zeigen, wie jene sich in ihrer Aussicht betrügen, welche in einem Freistaat auf Eintracht hoffen. Wahr ist es, daß manche Meinungsverschiedenheiten dem Gemeinwesen schaden, andere ihm nutzen. Jene schaden, welche Sekten und Parteiwesen hervorrufen; solche nutzen, die sich davon frei erhalten. Da nun der Stifter einer Republik nicht hindern kann, daß Feindschaften in ihr entstehen, so sollte er wenigstens von vornherein Sekten entgegenzuarbeiten suchen. Darum muß man wissen, wie in den Städten die Bürger auf zwiefache Weise sich einen Namen machen, auf öffentlichen oder besondern Wegen. Öffentlich gelangt man zu Ansehn, indem man in einer Schlacht siegt, einen Ort erobert, als Gesandter einen Auftrag mit Eifer und Gewandtheit ausführt, dem Staate weise und vom Glück gekrönte Ratschläge erteilt. Nebenbei aber macht man sich bekannt und beliebt, indem man diesem oder jenem Bürger Wohltaten erzeigt, ihn vor den Behörden verteidigt, ihn mit Geld unterstützt, ihm unverdienterweise zu Ehrenstellen verhilft, und sich durch öffentliche Spiele und Geschenke die Neigung der Menge verschafft. Durch dieses Verfahren entstehen Sekten und Parteimänner, und sosehr das so erworbene Ansehen schadet, sosehr nutzt jenes, wenn es sich von Faktionen freihält: denn es ist auf öffentliches Wohl, nicht auf Privatvorteil begründet. Und wenn auch die Bürger, welche diesem rühmlichen Ziele nachstreben, nicht zu hindern vermögen, daß heftige Abneigung entsteht: so können sie doch, da sie keine Anhänger haben, die sich persönlichen Interesses wegen zu ihnen halten, dem Gemeinwesen keinen Nachteil bringen, sondern im Gegenteil Vorteil.Denn ihre verdienstlichen Handlungen zu vollbringen, müssen sie auf die Erhebung dieses Gemeinwesens bedacht sein und namentlich aufeinander achten, damit die Grenzen der bürgerlichen Verhältnisse nicht überschritten werden. Die Feindschaften in Florenz waren stets von Faktionen begleitet und daher stets schädlich, und nimmer blieb eine siegreiche Partei einig, ausgenommen solange die feindliche noch am Leben war. War sie aber tot und hatte die herrschende keine Furcht mehr, die sie zurückgehalten, keinen Halt in sich, der sie gezügelt hätte: so zerfiel sie augenblicklich. Im Jahre 1434 behielt die Partei Cosimos de' Medici die Oberhand: da aber die geschlagene Faktion groß war und voll angesehener Männer, so bewahrte die siegende aus Besorgnis eine Zeitlang Einigkeit und Mäßigung, so daß in ihrem Innern keine Irrungen stattfanden, während sie sich beim Volke nicht durch Härte verhaßt machte. Daher kam es, daß jedesmal, wenn diese Partei der Menge bedurfte, um ihre Autorität wieder zu befestigen, sie dieselbe geneigt fand, ihren Häuptern jene unbeschränkte Vollmacht und Befugnis zu verleihen, die sie verlangten. So kräftigten sie in den Jahren 1434 bis 1455, nämlich in einundzwanzig Jahren, ihre Macht zu sechs verschiedenen Malen, indem sie, gewöhnlich durch die Ratsausschüsse, sich außerordentliche Vollmacht erteilen ließen.

In Florenz waren, wie mehrmals gesagt worden ist, zwei sehr mächtige Bürger, Cosimo de' Medici und Neri Capponi. Neri hatte sein Ansehen auf öffentlichen Wegen erworben: deshalb waren seine Freunde zahlreich, seiner Parteigenossen wenige. Cosimo andrerseits, der durch öffentliche wie durch heimliche Mittel zur Macht gelangt war, hatte nicht weniger Freunde als Anhänger. Solange nun diese einig und beide am Leben blieben, erlangten sie stets vom Volke ohne Schwierigkeit was sie wünschten, denn mit der Macht war auch die Gunst verbunden. Da aber das Jahr 1455 herangekommen, Neri tot, die feindliche Faktion völlig vernichtet war, stießen die Gewalthaber auf Schwierigkeiten, sich zu behaupten. Cosimos Freunde, zu mächtig geworden, waren selber schuld daran: denn die unterdrückten Gegner flößten ihnen keine Besorgnis mehr ein, und sie wünschten das Ansehn ihres eignen Hauptes zu mindern. Diese Stimmung veranlaßte die Mißhelligkeiten, welche nachmals im Jahre 1469 erfolgten, so daß jene, in deren Händen die Regierung sich befand, in den Beratungen, wo von öffentlicher Verwaltung öffentlich die Rede war, sich dahin äußerten, es sei gut, daß die unbeschränkte Vollmacht der Balia nicht erneut würde, sondern daß man die Wahlbeutel schließe und die Magistrate nach Maßgabe der bisherigen Squittinien ziehe. Diesen Umtrieben entgegenzutreten, hatte Cosimo zwei Mittel: er konnte entweder mit den Parteigenossen, die ihm geblieben waren, die Macht mit Gewalt wieder an sich nehmen und so alle übrigen verletzen, oder aber die Sache gehn und mit der Zeit seine Freunde zur Erkenntnis kommen lassen, daß sie durch ihr Beginnen nicht ihm, sondern sich selber Macht und Ansehen nahmen. Dies letzte Mittel wählte er, indem er wohl wußte, daß er bei dieser Art der Regierung keine Gefahr lief, indem die Wahlbeutel mit Namen seiner Anhänger gefüllt waren und der Weg der Gewalt ihm immer noch offen stand. Nachdem nun die Ziehung der Magistrate durchs Los von neuem eingeführt worden war, schien es der Stadt, sie habe ihre Freiheit wiedererlangt; die Magistrate urteilten nicht nach dem Willen der Mächtigen, sondern nach eigner Ansicht, so daß bald dieser, bald jener Freund eines Gewalthabers den Kürzern zog und solche, welche ihre Häuser voll Begrüßender und voll Geschenken zu sehen gewohnt waren, sie jetzt an Menschen wie Dingen leer fanden. Sie merkten, daß sie nun auf gleicher Stufe mit solchen standen, auf die sie einst von oben herabsahen, während vormals Gleichstehende sie überragten. Sie waren nicht angesehen noch geehrt, sondern oft verlacht und verhöhnt, und man redete über sie und über die öffentlichen Verhältnisse ohne Scheu auf Straßen und Plätzen, so daß sie bald innewurden, nicht Cosimo habe die Autorität verloren, sondern sie selbst. Cosimo aber stellte sich, als merke er nichts, und wenn irgendein Beschluß gefaßt wurde, der dem Volke genehm war, so war er stets der erste, ihn zu begünstigen. Was aber den Großen den meisten Schrecken einjagte und Cosimo die beste Gelegenheit gab, sie zur Erkenntnis zu bringen, war die Erneuerung der im Jahre 1427 vorgenommenen Vermögenssteuer, wobei nicht Menschen, sondern Gesetze die Abgaben zu bestimmen hatten.

Nachdem der Beschluß durchgegangen (1458) und schon der Magistrat ernannt war, ihn ins Werk zu setzen, traten die Großen zusammen und begaben sich zu Cosimo, ihn zu bitten, er möge sie und sich aus den Händen des Volkes retten und der Regierung das Ansehen wiedergeben, wodurch er mächtig, sie geehrt würden. Er erwiderte darauf, er sei es zufrieden; nur wolle er, daß das Gesetz nach der Ordnung und mit Zustimmung des Volkes erlassen würde, nicht aber mit Gewalt, wovon er nicht reden hören wollte. Nun versuchten sie es in den Ratsausschüssen mit dem Gesetzvorschlag zur Balia, drangen aber nicht durch. Die mächtigen Bürger eilten nun wieder zu Cosimo, aufs demütigste bittend, er möge ins Parlament willigen: er aber schlug es rund ab, denn er wollte sie zu völliger Erkenntnis ihres Irrtums bringen. Und als der Justizgonfaloniere Donato Cocchi ohne seine Zustimmung das Parlament zusammenberufen wollte, ließ ihn Cosimo durch die mit ihm sitzenden Prioren dermaßen verhöhnen, daß er den Verstand darüber verlor und als ein Sinnloser nach Hause geschafft werden mußte.

Da es nun aber nicht ratsam ist, die Sachen soweit kommen zu lassen, bis alle Leitung derselben unmöglich ist: so beschloß Cosimo zur Zeit, als Luca Pitti, ein entschlossener, keine Rücksicht kennender Mann, das Venneramt[213] übernommen hatte, diesen das Unternehmen ausführen zu lassen, so daß, würde das Beginnen getadelt, der Tadel nicht ihn, sondern Luca träfe. Dieser bot also zu Anfang seiner Amtsführung wiederholt dem Volke an, eine außerordentliche Kommission zu ernennen, und als jedesmal eine Weigerung erfolgte, bedrohte er die in den Ratsausschüssen Sitzenden mit hochmütigen und beleidigenden Worten. Diese Worte machte er durch die Tat gut: denn im August 1458, am Vorabend des St. Laurentius-Festes, wo er den Palast mit Bewaffneten gefüllt hatte, rief er das Volk auf den Platz und zwang es durch Waffengewalt in das einzuwilligen, was es vorher abgeschlagen hatte. Nachdem nun die Faktion sich wieder gesammelt, die Balia stattgefunden, die ersten Magistrate nach dem Gutdünken einer Oligarchie gewählt worden waren: verbannten sie, um das durch einen Gewaltstreich erlangte Regiment mit Schrecken einzuleiten, den Messer Girolamo Machiavelli nebst einigen andern, und schlossen viele von den Ehrenämtern aus. Da dieser Messer Girolamo den Ort seiner Verbannung verließ, ward er zum Rebellen erklärt, und als er nun durch Italien umherzog, die Fürsten gegen seine Heimat aufreizend, wurde er in der Lunigiana durch den Treubruch eines der dortigen Herren gefangengenommen, worauf er zu Florenz sein Leben im Kerker endete.

Acht Jahre lang währte dieses gewalttätige, unerträgliche Regiment. Denn da Cosimo, schon alt und müde und durch Kränklichkeit geschwächt, den öffentlichen Angelegenheiten nicht mehr wie früher sich widmen konnte, so plünderten eine kleine Zahl Bürger die Stadt. Luca Pitti wurde zum Lohn für die Wohltat, die er dem Staate erzeigt, zum Ritter geschlagen, und er, um sich nicht minder dankbar zu bezeigen, veranstaltete, daß die bisherigen Prioren der Zünfte künftig Prioren der Freiheit genannt werden sollten, auf daß sie von dem verlornen Gute wenigstens den Titel wiedererhielten. Auch verlegte er den Sitz des Gonfaloniere, der früher zur Rechten der Prioren war, in deren Mitte. Und um sich der Zustimmung des Himmels zu diesen Maßregeln vergewissert zu zeigen, stellte er öffentliche kirchliche Umzüge und Feierlichkeiten an, um Gott für die wiedererlangten Ehren zu danken. Messer Luca erhielt von der Signorie und von Cosimo reiche Geschenke, worauf die ganze Stadt mit ihnen wetteiferte, so daß es hieß, die Gaben beliefen sich auf zwanzigtausend Dukaten. Dadurch stieg sein Ansehen so hoch, daß nicht Cosimo, sondern Messer Luca die Stadt regierte. Im Vertrauen auf diese Gunst des Schicksals begann er zwei Bauten, die eine in Florenz, die andere zu Rusciano[214], einem nur eine Millie von der Stadt entlegenen Orte, beide großartig und königlich, namentlich aber der Palast in der Stadt, größer als irgendein anderer von einem Privatmann errichteter. Um diese zu Ende zu führen, scheute er keine ungewöhnliche Maßregel: nicht nur Bürger und Einzelne machten ihm Geschenke und unterstützten ihn mit den Dingen, deren er zum Bau bedurfte, sondern ganze Gemeinden und Ortschaften leisteten ihm Beisteuer. Überdies fanden alle Verwiesenen und alle solche, die wegen Mord oder Raub öffentliche Sühne fürchteten, wenn sie nur zum Bau verwandt werden konnten, bei ihm Schutz und Sicherheit. Wenn auch die übrigen Bürger nicht gleich ihm bauten, waren sie darum doch nicht minder habsüchtig und gewalttätig, so daß Florenz, obschon kein äußerer Krieg es schwächte, durch seine Bürger dem Abgrund zugeführt wurde. Während dieser Zeit erfolgten, wie gesagt, die Kämpfe im Königreich und in der Romagna, wo der Papst die Malatesti befeindete, denen er Rimini und Cesena zu nehmen trachtete, so daß Papst Pius' Pontificat in diesen Unternehmungen und den Plänen zu einem Feldzug gegen die Türken verstrich.

In Florenz währten unterdes Uneinigkeit und Gärung fort. Die Zwietracht in Cosimos Partei begann, wie schon erwähnt, im Jahre 1455 aus den genannten Gründen, welche damals durch seine Klugheit ausgeglichen wurden. Als aber das Jahr 1464 gekommen war, verschlimmerte sich Cosimos Krankheit, so daß er von dieser Welt schied. Sein Tod schmerzte Freunde wie Feinde: denn die, welche ihn wegen seiner Stellung an der Spitze der öffentlichen Angelegenheiten nicht liebten, aber sahen, wie groß bei seinen Lebzeiten die Habsucht seiner Anhänger war, während Scheu vor ihm sie noch einigermaßen zurückhielt, fürchteten nach seinem Tode völlig zugrunde gerichtet zu werden. Auf Piero, seinen Sohn, setzten sie kein großes Vertrauen. Denn wenn er auch von gütiger Sinnesart war, so besorgten sie doch, daß er, kränklich und in den Geschäften unerfahren, viele Rücksicht auf jene einflußreichen Bürger würde nehmen müssen, so daß sie, ohne Zügel, ihren Begierden noch mehr Raum geben würden. So war denn bei allen die Trauer um ihn groß. Cosimo war unter allen Bürgern, die nicht durch kriegerisches Talent und Gewalt geherrscht, der angesehenste und einflußreichste, den nicht nur Florenz, sondern, so weit die Erinnerung reicht, eine andere Stadt jemals zu den ihrigen gezählt hat. Denn er überragte nicht nur jeden andern seiner Zeit an Autorität und Reichtum, sondern auch durch Freigebigkeit und Klugheit; denn unter seinen vielen Eigenschaften, die ihn zum ersten Rang in seiner Heimat verhalfen, war auch die, daß er alle andern Bürger an Liberalität und großartigem Aufwand übertraf. Seine Freigebigkeit kam namentlich nach seinem Ableben zum Vorschein, als sein Sohn Piero die Vermögensverhältnisse ordnen wollte: denn es ergab sich, daß beinahe kein angesehener Bürger in der Stadt war, welchem Cosimo nicht bedeutende Summen Geldes geliehen hätte. Oft unterstützte er unaufgefordert edle Bürger, wenn er sie in Verlegenheit wußte. Seine Prachtliebe zeigte sich in den vielen Gebäuden, die er aufführen ließ: in Florenz wurden die Klöster und Kirchen von San Marco und San Lorenzo und das Nonnenkloster Santa Verdiana, in den Fiesolanerhügeln San Girolamo und die Abtei, im Mugello eine Minoritenkirche durch ihn nicht etwa hergestellt, sondern von Grund aus neu gebaut. Überdies errichtete er in Santa Croce, in der Servitenkirche, bei den Camaldulensern in den Angioli, in San Miniato Altäre und prächtige Kapellen, und stattete alle diese Bauten mit geistlichen Gewändern, Verzierungen und allem zum Gottesdienst Gehörenden aus. Nach diesen kirchlichen Gebäuden müssen seine Privathäuser genannt werden, von denen eines in der Stadt, so wie es für einen Bürger seiner Stellung sich geziemte, und vier Landhäuser zu Careggi, Fiesole, Cafaggiuolo und am Trebbio[215], königlichen Palästen gleich, nicht Wohnungen eines Privaten. Und da es ihm nicht genügte, wegen der Pracht seiner Bauten in Italien bekannt zu sein, errichtete er in Jerusalem ein Hospiz für arme und kranke Pilger. Alle diese Werke kosteten ihn große Summen. Obgleich aber diese Wohnungen und seine übrigen Handlungen königlich waren und er in Florenz alleiniger Herrscher, so machte sich doch die Klugheit so sehr bei ihm geltend, daß er die Bescheidenheit des bürgerlichen Lebens nie überschritt. In den Zusammenkünften in seinem Hause, in der Dienerschaft, Pferden, der ganzen

Lebensweise und in seinen verwandtschaftlichen Verbindungen, war er immer jedem andern achtbaren Bürger gleich. Denn er wußte, daß auffallende Dinge, wenn sie oft und mit Anmaßung sich blicken lassen, viel mehr den Neid der Menschen erregten, als Dinge gleicher Art, wenn sie unter ehrbarer Hülle erscheinen. Als er darum seine Söhne zu verheiraten hatte, suchte er keine fürstlichen Verwandtschaften, sondern verband Giovanni mit Cornelia degli Alessandri, und Piero mit Lucrezia de' Tornabuoni. Und von seinen Enkelinnen, Pieros Töchtern, gab er die Bianca dem Guglielmo de' Pazzi, Nannina an Bernardo Rucellai.

An Kenntnis der öffentlichen Verhältnisse in Fürstentümern und Freistaaten kam keiner seiner Zeit ihm gleich. Daher geschah es, daß er bei so vielen Glückswechseln in einer so geteilten Stadt und bei einem so wetterwendischen Volke einunddreißig Jahre lang das Regiment führte: denn da er sehr verständig war, erkannte er die Übel schon von ferne, und war deshalb imstande ihr Wachstum zu verhindern, oder, wenn sie gewachsen, ihrer schädlichen Wirkung vorzubeugen. So besiegte er nicht nur den Ehrgeiz zu Hause, sondern wurde auch desselben bei manchen Fürsten mit so vielem Glück und solcher Gewandtheit Meister, daß die, welche mit ihm oder seiner Vaterstadt sich verbündeten, ihren Gegnern gleichblieben oder sie besiegten, während seine Widersacher Zeit, Habe und Land verloren. Ein Beispiel davon sind die Venezianer, welche, mit ihm im Bunde, gegen den Herzog Filippo glücklich waren, während sie, von ihm getrennt, erst dem Visconti, dann dem Sforza unterlagen. Und als sie mit König Alfons gegen die Republik Florenz sich verbanden, entzog Cosimo durch seinen großen Kredit so Neapel wie Venedig dermaßen die Geldmittel, daß sie sich genötigt sahen, um jeden Preis

Frieden zu schließen. Alle Schwierigkeiten, die sich Cosimo innen wie außen entgegenstellten, endeten also glorreich für ihn und zum Nachteil seiner Gegner: die innern Zwistigkeiten mehrten seine Macht in der Regierung, die auswärtigen Kriege sein Ansehen. Denn er vergrößerte das Gebiet der Republik durch den Borgo San Sepolcro, Montedoglio[216], das Casentino und Val di Bagno. So vernichteten seine Geschicklichkeit und sein Glück alle Feinde, während sie die Freunde erhöhten.

Cosimo war im Jahre 1389, am Tage der hl. Cosmus und Damian, geboren. Seine frühere Lebenszeit war durch manche Leiden getrübt, wie seine Verbannung, Gefangennehmung, Todesgefahr bezeugen. Vom Konzil zu Costniz, wohin er mit Papst Johann gezogen, mußte er nach dessen Sturze verkleidet fliehen, um sein Leben zu retten. Nach seinem vierzigsten Jahre aber lebte er glücklich, so daß solche nicht allein, die in öffentlichen Angelegenheiten ihm sich anschlossen, sondern diejenigen auch, die in ganz Europa seine Geldgeschäfte besorgten, dieses Glückes teilhaft wurden. Von daher schreiben sich große Reichtümer in verschiedenen florentinischen Familien, wie in jenen der Tornabuoni, Benci, Portinari, Sassetti und andern, die von seinem Rat und Glück abhängig waren. Soviel er auch für Kirchen und Bedürftige ausgab, so beklagte er sich doch bisweilen gegen Freunde, er habe nie zu Ehren Gottes soviel zu verwenden vermocht, daß er ihn in seinen Büchern als Schuldner fände. Er war von gewöhnlicher Größe, von dunkler Gesichtsfarbe und ehrwürdigem Aussehen. Ohne gelehrt zu sein, war er sehr beredet und voll natürlicher Klugheit. Gegen Freunde war er gefällig, gegen Arme mildtätig, in der Unterredung fördernd, im Raten vorsichtig, im Ausführen rasch, in Reden und Antworten zugleich scharf und ernst. Messer Rinaldo degli Albizzi, zu Anfang seines

Exils, ließ ihm sagen, die Henne brüte. Worauf Cosimo erwiderte: außerhalb des Nestes lasse sich schlecht brüten. Andern Ausgewanderten, die ihn warnen ließen, sie schliefen nicht, gab er zur Antwort: er glaub' es gerne, da er ihnen den Schlaf vertrieben habe. Als Papst Pius die Fürsten zum Kreuzzug gegen die Türken anfeuerte, sagte er von ihm, er sei ein Greis und lasse sich in ein Unternehmen der Jugend ein. Den venezianischen Botschaftern, die mit denen des Königs Alfons nach Florenz kamen, über die Republik sich zu beschweren, zeigte er sein entblößtes Haupt und fragte, von welcher Farbe es sei. Und als sie antworteten: weiß, fiel er ein: lange Zeit wird nicht vergehn, bis die Häupter eurer Senatoren ebenso weiß sind wie das meine. Als wenige Stunden vor seinem Tode seine Gattin ihn fragte, weshalb er die Augen geschlossen halte, erwiderte er: um sie daran zu gewöhnen. Als nach seiner Rückkehr aus der Verbannung einige Bürger sagten, die Stadt werde zugrunde gerichtet und es sei ein unheiliges Werk, so viele Ehrenmänner aus der Heimat zu verjagen, gab er zur Antwort: Besser die Stadt zugrunde gerichtet als verloren; mit zwei Ellen roten Tuches mache man einen Ehrenmann, und mit Paternostern halte man das Ruder nicht in der Hand. Diese Aussprüche gaben den Gegnern Veranlassung, ihn zu verleumden, als liebe er sich mehr denn das Vaterland, diese Welt mehr als die andere. Manche andere Worte könnten von ihm angeführt werden, die ich aber als überflüssig übergehe.

Die Gelehrten fanden in Cosimo einen Freund und Beschützer. Er berief nach Florenz den Argyropulos[217] von griechischer Nation und einen der gelehrtesten Männer seiner Zeit, um die florentinische Jugend in der griechischen Sprache und andern Fächern zu unterrichten. Er hielt in seinem Hause den Marsilio Ficino[218], zweiten Vater der Platonischen Philosophie, den er sehr liebte, und damit dieser seinen Studien ungestörter obliegen und er dessen Umgang bequemer genießen könnte, schenkte er ihm eine Besitzung in der Nähe der seinigen zu Careggi. Diese seine Klugheit also, seine Reichtümer, seine Lebensweise und sein Glück erwarben ihm bei den Florentinern zugleich Liebe und Furcht, bei den Fürsten Italiens nicht bloß, sondern des gesamten Europa außerordentliche Achtung. So ließ er seinen Nachkommen eine solche Grundlage, daß sie ihm in großen Eigenschaften gleichkommen, im Glück ihn bei weitem übertreffen konnten. Das Ansehen, dessen Cosimo in Florenz genoß, verdiente er in dieser Stadt nicht allein, sondern in der ganzen Christenheit zu haben. Indes waren seine letzten Lebensjahre durch schwere Prüfungen getrübt. Von seinen beiden Söhnen, Piero und Giovanni, starb dieser, auf den er am meisten hoffte, während der andere kränklich und durch seine Körperbeschaffenheit zur Leitung der öffentlichen wie der häuslichen Angelegenheiten wenig geeignet war. Als er sich einmal nach des Sohnes Tode durch seine Wohnung tragen ließ, sagte er seufzend: dies ist ein zu großes Haus für so wenig Familie. Auch quälte seinen Hochsinn der Gedanke, er habe das florentinische Gebiet nicht durch irgendeine großartige Erwerbung erweitert: ein Kummer, der um so nagender war, da er die Meinung hegte, von Francesco Sforza getäuscht worden zu sein, welcher, als er noch Graf, ihm zugesagt hatte, nach seiner Erhebung zum Herrn von Mailand Lucca für die Florentiner zu erobern. Dies geschah nicht, weil der Graf mit dem Glück seine Meinung änderte und, Herzog geworden, den Staat, den er durch Krieg erworben, im Frieden besitzen wollte, weshalb er weder Cosimo noch irgend jemandem Beistand leistete und überhaupt keinen Krieg mehr unternahm, außer wenn er sich zu verteidigen genötigt war. Dies kränkte Cosimo sehr, da es ihm schien, er habe Mühe und Geld aufgewandt, einen Undankbaren und Treulosen großzumachen. Überdies glaubte er, die Krankheit, an der er litt, hindere ihn mit früherer Ausdauer sich den öffentlichen und Privatgeschäften zu widmen, so daß die einen wie die andern darunter litten: denn die Stadt wurde von den Bürgern beraubt, während sein Vermögen durch Söhne und Beamte geschmälert ward. Alle diese Dinge beunruhigten ihn während seiner letzten Lebenszeit. Dennoch starb er voll Ruhmes und mit großem Namen, und in der Stadt wie auswärts bezeigten alle Bürger und christlichen Fürsten seinem Sohne Piero ihr Beileid wegen des Verlustes, und mit großem Pomp ward er von der gesamten Einwohnerschaft zur Gruft getragen, in San Lorenzo beigesetzt, und durch öffentliches Dekret auf dem Grabstein «Vater des Vaterlands» genannt. Wenn ich bei der Beschreibung von Cosimos Handlungen diejenigen nachgeahmt habe, welche Biographien von Fürsten, nicht aber allgemeine Geschichte schreiben, so möge keiner darüber sich wundern. Denn da er in unserer Stadt ein außerordentlicher Mann gewesen, so habe ich ihn auf ungewohnte Weise loben müssen.

Während Florenz und Italien in diesen Verhältnissen waren, fand sich König Ludwig (XI.) von Frankreich in ernsten Krieg verwickelt, welchen seine Barone mit Hilfe des Herzogs Franz von Bretagne und Carls, Herzog von Burgund, gegen ihn führten. Die Sache war so gewichtig, daß er nicht daran denken konnte, dem Herzog Johann von Anjou in den genuesischen Angelegenheiten und denen Neapels zu helfen. Im Gegenteil glaubte er selbst fremder Hilfe zu bedürfen, und da die Stadt Savona in französischer Gewalt geblieben war, übergab er sie dem Herzog von Mailand, indem er ihm zugleich zu verstehen gab, er werde nichts dagegen haben, wenn er einen

Anschlag auf Genua machen wolle. Der Sforza ging darauf ein, und vermöge der Autorität, welche des Königs Freundschaft ihm gab, wie mittels der Begünstigung von seiten der Adornen, bemächtigte er sich der Stadt. Um nun nicht undankbar zu erscheinen, sandte er fünfzehnhundert Reiter nach Frankreich unter der Führung seines ältesten Sohnes Galeazzo. Während nun so Ferdinand von Aragon König von Neapel, Francesco Sforza Herzog der Lombardei und Fürst von Genua geblieben und durch verwandtschaftliche Bande miteinander vereint waren, sannen sie darauf, wie sie sich ihre Staaten dergestalt zu sichern vermöchten, daß sie in Ruhe regieren und sie bei ihrem Ableben ihren Erben ungefährdet hinterlassen könnten. Sie kamen darauf zu dem Schlusse, es sei nötig, daß der König sich jener Barone versichere, die in den Anjouschen Wirren gegen ihn gestanden, und daß der Herzog die Braccesken Soldtruppen zu unterdrücken sich bestrebe, welche natürliche Feinde seines Blutes und unter Jacopo Piccinino immer noch großes Ansehen bewahrten. Denn dieser war der erste Feldhauptmann in Italien geblieben, und da er keinen Besitz hatte, so mußte jeder, der im Besitz sich befand, ihn fürchten, der Herzog namentlich, welcher ihn sehend glaubte, er könne sich bei Jacopos Lebzeiten nicht als sichern Machthaber betrachten, noch der Gewißheit leben, den Söhnen diese Macht zu hinterlassen. Darum suchte nun der König durch jedes Mittel mit seinen Baronen zur Einigung zu gelangen, und bediente sich aller Kunstgriffe, um sie einzuschläfern, was ihm auch glücklich gelang. Denn jene Fürsten sahen offenbaren Ruin vor sich, blieben sie mit Ferdinand im Kriege, wogegen ihr Schicksal wenigstens zweifelhaft war, wenn sie mit ihm sich vertrugen und ihm trauten. Da nun die Menschen sicherem Übel am ersten zu entfliehen trachten, so kommt es, daß die Fürsten kleinere Gewalthaber leicht täuschen können. Jene glaubten an des Königs Frieden, da sie im Kriege offenbare Gefahr sahen: sie warfen sich ihm in die Arme und wurden auf verschiedene Weise und unter verschiedenen Vorwänden aus dem Wege geräumt. Dies setzte Jacopo Piccinino in Furcht, der mit seinen Kriegsvölkern zu Sulmona[219] stand. Um nun dem Könige die Gelegenheit zu nehmen, ihn zu unterdrücken, wandte er sich mittels Befreundeter an den Herzog von Mailand, um sich mit ihm zu einigen. Der Herzog machte ihm glänzende Anerbietungen, worauf Jacopo beschloß, ihm sich anzuschließen, und mit hundert Reitern nach Mailand zog (1465).

Jacopo hatte unter seinem Vater und mit dem Bruder lange Zeit erst für den Visconti, dann für das mailändische Volk gekämpft, so daß er infolge mehrjähriger Bekanntschaft in jener Stadt viele Freunde hatte und allgemeinen Wohlwollens sich erfreute, welches durch die gegenwärtigen Umstände sich noch gemehrt hatte. Denn das Glück und die Macht der Sforzas hatten Neid gegen sie erregt, während Jacopos lange Abwesenheit und ungünstige Schicksale bei dem Volke Mitgefühl und heißes Verlangen ihn zu sehen erzeugt hatten. Alles dies tat sich bei seinem Eintreffen kund: denn es gab wenige vom Adel, die ihm nicht entgegenzogen; die Straßen, durch welche sein Weg ihn führte, waren mit Menschen gefüllt und überall erscholl sein Name. Diese Ehrenbezeugungen beschleunigten seinen Untergang, denn mit dem Verdachte mehrte sich beim Herzog das Verlangen, sich seiner zu entledigen. Um dies unbeargwohnt ausführen zu können, wollte er, daß Jacopos Hochzeit mit seiner natürlichen Tochter Drusiana, die er längere Zeit vorher ihm verlobt hatte, stattfinden sollte. Hierauf kam er mit Ferdinand überein, daß dieser ihn mit dem Titel eines obern Feldhauptmanns und hunderttausend Gulden Sold in seinen Dienst nehmen sollte. Nachdem dies abgeschlossen, zog der Piccinino mit einem herzoglichen Gesandten und Drusiana, seiner Gattin, nach Neapel, wo er froh und ehrenvoll empfangen und mehrere Tage lang durch Feste aller Art unterhalten ward. Als er aber um Urlaub einkam, nach Sulmona zu gehen, wo seine Scharen im Quartier lagen, wurde er vom König nach dem Kastell geladen, nach beendigtem Mahle mit seinem Sohne Francesco gefangen und kurze Zeit darauf hingerichtet. So fürchteten unsere italienischen Fürsten bei andern jene Tapferkeit, die in ihnen selbst erloschen war, und unterdrückten sie: nachdem sie dann in allen geschwunden, ging das Land dem Verderben entgegen, welches in nicht langer Frist es überfiel und betrübte.

Unterdes hatte Papst Pius (II.) die Romagna beruhigt, und da er nun überall Frieden sah, schien es ihm an der Zeit, die Christenheit zum Zuge gegen die Türken zu veranlassen, so daß er alle jene Bestimmungen erneuerte, die von seinen Vorgängern ausgegangen waren. Alle Fürsten verhießen Geld oder Mannschaft, namentlich Matthias, König von Ungarn, und Carl, Herzog von Burgund, versprachen persönlich bei dem Unternehmen zu erscheinen und wurden vom Papste zu obersten Anführern ernannt. Die Hoffnungen des Papstes stiegen so hoch, daß er Rom verließ und nach Ancona ging, wo das gesamte Heer sich sammeln sollte, und wo er, der Zusage gemäß, venezianische Schiffe zu finden hoffte, um die Scharen nach der slavonischen Küste überzusetzen. Nach des Papstes Ankunft strömte nun in jener Stadt soviel Volks zusammen, daß binnen wenigen Tagen alle Lebensmittel, die daselbst waren und die man aus den benachbarten Orten herbeischaffen konnte, verzehrt waren, so daß alle Mangel litten. Überdies war kein Geld da für solche, denen es daran fehlte, keine Waffen für die damit nicht Versehenen; Matthias und Carl erschienen nicht und die Venezianer sandten einen Seekapitän mit einigen Galeeren, mehr des Scheines willen und um zu zeigen, daß sie ihr Wort hielten, als um jenes Heer übersetzen zu können. Da nun der Papst bejahrt und krank war, so starb er inmitten dieser Verlegenheit und Unordnung[220]. Nach seinem Tode kehrte jeder nach Hause zurück. Dies geschah im Jahre 1465[221], worauf Paul II., ein Venezianer, den Heiligen Stuhl bestieg. Auf daß nun die meisten Staaten Italiens ihre Herrscher wechseln sollten, starb im folgenden Jahre (1466) auch Francesco Sforza, Herzog von Mailand, nach sechzehnjähriger Regierung und erhielt seinen Sohn Galeazzo zum Nachfolger.

Der Tod dieses Fürsten war Ursache, daß die Mißhelligkeiten in Florenz heftiger wurden und ihre Wirkungen rascher hervortraten. Als bei Cosimos Tode sein Sohn Piero Erbe des väterlichen Vermögens und Ansehens geblieben, rief er Messer Diotisalvi Neroni zu sich, einen Mann von großer Autorität bei der Bürgerschaft, in den Cosimo so viel Vertrauen setzte, daß er sterbend seinem Sohne befahl, in öffentlichen wie in Privatangelegenheiten dessen Rat zu befolgen. Piero bewies darauf dem Messer Diotisalvi dasselbe Vertrauen wie einst sein Vater. Und da er diesem nach dem Tode gehorchen wollte, wie er bei seinen Lebzeiten ihm gehorcht hatte, so holte er den Rat dieses Mannes in seinen Vermögensangelegenheiten ein, wie in dem, was die Regierung der Stadt betraf. Mit ersteren zu beginnen, beschloß er alle Rechnungsbücher seiner Banken kommen zu lassen und ihm vorzulegen, damit er den Stand von Soll und Haben kennenlernen und ihm nach seiner Klugheit raten könnte. Messer Diotisalvi verhieß ihm Aufmerksamkeit und Treue: als aber die

Bücher anlangten und er sie genauer untersuchte, fand er in allen Teilen große Unordnung. Und da eigener Ehrgeiz mehr über ihn vermochte, als die Anhänglichkeit an Piero oder Dankbarkeit für die von Cosimo ihm erzeigten Wohltaten, dachte er, es würde leicht sein, die Autorität des Medici zu schmälern und ihm die Stellung zu nehmen, welche sein Vater ihm gleichsam erblich hinterlassen hatte. Deshalb erteilte er Piero einen Rat, der ehrbar und wohlmeinend schien, unter dem aber sein Untergang verborgen lag. Er zeigte ihm die Unordnung in seinen Vermögensangelegenheiten, und über wie große Summen er verfügen müsse, wollte er nicht, mit seinem Kredit, die Autorität als Bürger wie als Herrscher verlieren. Nun eröffnete er ihm, wie er dem Übel auf keine ehrbarere Weise abhelfen könnte, als indem er jenes Geld wieder nutzbar zu machen suchte, welches viele, Einheimische wie Fremde, seinem Vater schuldeten. Denn um in Florenz Parteigenossen, auswärts Freunde sich zu erwerben, war Cosimo im Geldverleihen äußerst freigebig gewesen, so daß die ihm geschuldeten Summen von nicht geringem Belange waren. Es schien Piero ein verständiger Rat, mit seinem Eigentume das Defizit zu decken. Als er aber die Rückforderung jener Summen befahl, nahmen die Bürger es übel, gleichsam als wollte er das ihrige nehmen, nicht aber das Seinige zurückverlangen, und sie schmähten ihn ohne Rücksicht und verschrien ihn als geizig und undankbar.

Als nun Messer Diotisalvi die allgemeine, durch seine Ratschläge veranlaßte Mißstimmung des Volkes gegen Piero sah, tat er sich mit Messer Luca Pitti, Messer Agnolo Acciaiuoli und Niccolò Soderini zusammen, und sie beschlossen Pieros Untergang. Auf diese Männer wirkten verschiedene Beweggründe. Messer Luca wollte die Stelle Cosimos einnehmen, denn er war so groß geworden, daß er es verschmähte, in Piero einen Größern anzuerkennen. Messer Diotisalvi, welcher erkannte, wie wenig Messer Luca zum Haupt der Republik paßte, dachte, daß binnen kurzem die obere Leitung ihm selber zufallen müsse, wäre Piero aus dem Wege geräumt. Niccolò Soderini aber verlangte nach freierem Leben in der Stadt und größerer Unabhängigkeit der Magistrate. Messer Agnolo war aus nachfolgenden Gründen den Medici feind. Sein Sohn Raffaello hatte längere Zeit vorher die Alessandra de' Bardi mit reicher Mitgift geheiratet. Diese wurde, wegen eigener Fehler oder anderer Schuld, von Schwiegervater und Gatten schlecht behandelt, so daß einer ihrer Verwandten, Lorenzo d' Ilarione, einst bei Nacht mit vielen Bewaffneten sie aus der Wohnung Messer Agnolos entführte. Die Acciaiuoli beklagten sich sehr über diesen von den Bardi ihnen zugefügten Schimpf. Die Sache kam vor Cosimo, welcher urteilte, die Acciaiuoli müßten der Alessandra ihre Heiratgabe zurückerstatten, worauf es dieser freistehe, mit ihrem Gatten sich wieder zu vereinigen. Messer Agnolo glaubte bei diesem Spruch von Cosimo nicht als Freund behandelt worden zu sein, und da er sich an ihm nicht zu rächen vermocht hatte, so wollte er es beim Sohne nachholen. Waren auch die Gesinnungen der Verschworenen so verschieden, so gaben sie doch denselben Grund an: sie wollten, daß die Stadt durch die Magistrate, nicht aber nach einiger Wenigen Gutdünken regiert würde. Den Haß gegen Piero und die Anlässe zu Klagen mehrten damals eine Menge Kaufleute, welche zahlungsunfähig wurden, was man öffentlich ihm schuld gab, als habe er, durch plötzliches Einfordern seiner Gelder, sie zu Schmach und Schaden der Stadt zugrunde gerichtet. Dazu kamen noch die Unterhandlungen, welche zum Zweck hatten, seinem ältesten Sohne Lorenzo die Clarice degli Orsini[222] zu vermählen, was allen reichlichen Stoff bot, ihn anzugreifen, indem man sagte, daß dieses Verschmähen eines florentinischen Ehebündnisses für seinen Sohn deutlich zeige, wie er sich nicht mehr als Bürger ansehe und sich anschicke die Herrschaft an sich zu reißen. Denn wer seine Mitbürger nicht zu Verwandten wolle, wolle sie zu Knechten, und es sei daher natürlich, daß er keine Freunde habe. Die Häupter des Widerstandes glaubten schon den Sieg in Händen zu halten, indem der größere Teil der Bürger ihnen anhing, durch jenen Namen der Freiheit getäuscht, welchen sie auf ihren Schild geschrieben um dem Unternehmen den Schein der Ehrbarkeit zu geben.

Als diese Mißverhältnisse in der Stadt gärten, wollten einige, denen Bürgerzwist mißfiel, den Versuch machen, ob durch heitere Festlichkeiten der Sache eine andere Wendung gegeben werden könnte. Denn die müßige Menge ist gewöhnlich das Werkzeug in den Händen der Neuerungssüchtigen. Um nun diesem entgegenzuwirken und das Volk zu zerstreuen und seine Gedanken von den öffentlichen Angelegenheiten abzulenken, beschlossen sie ein Jahr nach Cosimos Tode, unter dem Vorgeben, daß es gut sei, die Stadt zu erheitern, zwei Feste anzuordnen, die nach gewohnter Weise höchst prachtvoll waren. In dem einen derselben wurde vorgestellt, wie die Drei Könige aus dem Orient dem Sterne folgten, welcher des Heilands Geburt verkündete, welches so glänzend und herrlich war, daß Vorbereitungen und Ausführung die ganze Stadt mehrere Monde lang beschäftigt hielten. Das andere Fest war ein Turnier, in welchem die ersten Jünglinge der Stadt mit den berühmtesten Rittern Italiens sich maßen. Unter diesen jungen Florentinern war der angesehendste Lorenzo, Pieros de' Medici ältester Sohn, der nicht durch Gunst, sondern durch eigene Tapferkeit den ersten Preis errang[223]. Nachdem diese Schauspiele vorüber waren, gaben die Bürger sich wieder ihren gewohnten Gedanken hin und jeder folgte seiner Meinung eifriger denn zuvor, woraus große Mißhelligkeiten und Gärung entstanden, welche durch zwei Vorfälle gemehrt wurden. Einer derselben war das Aufhören der Machtvollkommenheit der Balia, der andere der Tod des Herzogs Francesco von Mailand. Der neue Herzog Galeazzo sandte Botschafter nach Florenz, um den bestehenden Bund mit der Stadt zu erneuern, zu dessen Bedingungen unter andern gehörte, daß dem Herzog jährlich eine gewisse Geldsumme gezahlt werden sollte. Die vornehmsten Gegner der Medici griffen diesen Punkt auf und widersetzten sich öffentlich in den Ratsversammlungen der Zumutung, indem sie zeigten, nicht mit Galeazzo, sondern mit Francesco sei diese Verbindlichkeit eingegangen worden, so daß sie mit Francescos Tode ende: Galeazzo besitze nicht des Vaters große Fähigkeiten, so daß man von ihm denselben Vorteil nicht hoffen könne noch dürfe. Habe man von dem Vater wenig gehabt, so werde man von dem Sohne noch weniger haben, und wolle irgendein Bürger ihm, weil er ein mächtiger Fürst, Sold zahlen, so sei das der bürgerlichen Ordnung wie der Freiheit der Stadt zuwider. Piero hingegen bemühte sich darzutun, es sei nicht gut, eine so notwendige Freundschaft durch Knauserei zu verlieren: nichts sei so heilbringend für die Republik und für ganz Italien, wie ihr Bund mit dem Herzog von Mailand, damit die Venezianer, wenn sie ihre Einigkeit sähen, nicht hoffen dürften, jenes Herzogtum durch falsche Freundschaft oder offnen Krieg zu unterdrücken. Denn sobald diese vernehmen würden, daß die Florentiner sich abgewendet von dem Herzoge, so würden sie auch, die Waffen in der Hand, gegen ihn dastehn und ihn, der noch jung, neu in der Regierung und ohne

Freunde, durch List oder Gewalt gewinnen und in jedem Falle der Republik unberechenbaren Nachteil zufügen.

Pieros Worte und Gründe fanden keinen Eingang, die Mißhelligkeiten begannen offenbar zu werden, und jeder kam nachts mit seinen Parteigenossen an verschiedenen Orten zusammen. Die Freunde der Medici vereinigten sich in der Crocetta, die Gegner in der Pietà. Diese Gegner, welche Piero bald zu stürzen wünschten, hatten die Unterschriften vieler ihrem Unternehmen geneigten Bürger gesammelt. Und als sie einst nachts beieinander waren, berieten sie sich über die Art der Ausführung: Alle waren sich darüber einig, man müsse die Macht der Medici schmälern; über die Art und Weise aber verständigten sie sich nicht. Die Ruhigsten und Gemäßigsten wollten, daß man jetzt, wo die Autorität der Balia zu Ende, darauf achten sollte, daß sie nicht wiedererneut werde. Geschähe dies, so glaubten sie gewiß zu sein, daß, wenn die Ratsausschüsse und Magistrate regierten, in kurzer Zeit Pieros Ansehen sinken und er mit der Autorität in der Verwaltung auch den Kredit in Privatangelegenheiten verlieren würde, da seine Vermögensumstände von der Art waren, daß sein Ruin unabwendbar schien, wenn man ihn verhinderte, der öffentlichen Gelder sich zu bedienen. Geschähe dies, so wäre von ihm nichts mehr zu befürchten und man würde ohne Verbannung und Blut die Freiheit wiedererlangt haben, was mit den Wünschen jedes guten Bürgers übereinstimmen müsse. Versuche man aber Gewalt zu brauchen, so werde man auf viele Gefahren stoßen: denn mancher lasse den von selbst fallen, dem er beispringen würde, wenn ein andrer ihn stieße. Überdies brauche man sich weder zu rüsten noch nach Freunden umzusehn, wenn man nichts Außerordentliches gegen ihn ins Werk setze; täte er es aber seinerseits, so würde ihm dies so zur Last gelegt werden und den Verdacht in solchem Maße steigern, daß er seinen eigenen Ruin beschleunigen und andern jedes Unternehmen gegen ihn erleichtern würde. Vielen unter den Versammelten mißfiel diese Weiterung: sie sagten, die Zeit würde ihm zu Hilfe kommen, nicht ihnen; hielten sie sich an den gewöhnlichen Lauf der Dinge, so wäre Piero keineswegs gefährdet, wohl aber sie: denn die ihm feindlichen Magistrate würden ihn ruhig seiner gewohnten Hilfsquellen sich bedienen lassen, und seine Freunde ihn zum Herrn machen und die Gegner zugrunde richten, wie es im Jahre achtundfünfzig geschehen. Wenn jener Rat von braven Männern erteilt worden, so komme dieser von einsichtigen. Man müsse ihn stürzen, während die öffentliche Meinung ihm entgegen sei. In der Stadt müsse man sich rüsten und auswärts den Markgrafen von Ferrara in Sold nehmen, um nicht ohne Truppen zu sein; man müsse sich bereithalten für den Augenblick, wo eine günstig gestimmte Signorie ans Ruder komme. Bei diesem Vorhaben blieb es, die neue Signorie abzuwarten und dann Maßregeln zu ergreifen. Unter den Verschworenen befand sich Ser Niccolò Fedini, der bei ihnen das Amt eines Kanzlers versah. Durch sicherere Hoffnung verlockt, entdeckte dieser dem Piero alle Anschläge seiner Feinde und übergab ihm das Verzeichnis der Verschwornen und Beistimmenden. Piero erschrak, als er die Zahl und Stellung der ihm feindlichen Bürger ermaß, und mit seinen Anhängern sich beratschlagend, beschloß auch er die Günstigen zur Aufzeichnung ihrer Namen zu veranlassen. Nachdem er nun dies Geschäft einem seiner Vertrautesten übertragen, fand er bei den Bürgern so großen Wankelmut, daß viele, die gegen ihn sich unterzeichnet, jetzt auch zu seinen Gunsten ihre Namen hersetzten.

Während dieser Vorgänge kam die Zeit der Erneuerung des obersten Magistrats, und Niccolò Soderini wurde Justizgonfaloniere[224]. Es war wunderbar zu sehn, unter welchem Zulauf von vornehmen Bürgern nicht nur, sondern auch des Volkes er zum Palast geführt ward. Auf dem Wege dahin wurde ihm ein Kranz von Ölzweigen aufs Haupt gesetzt, um anzudeuten, wie man von ihm das Heil und die Freiheit des Vaterlandes erwarte. Man ersieht daraus, wie aus vielen andern Erfahrungen, wie wenig wünschenswert es ist, eine Magistratur oder Regierung unter zu hochgespannten Erwartungen anzutreten: denn da man denselben nicht mit Werken entsprechen kann, indem die Menschen mehr zu verlangen pflegen als sich leisten läßt, so ist Mißvergnügen oder selbst Schande die Folge. Messer Tommaso und Niccolò waren Brüder. Niccolò war entschiedener und hitziger, Messer Tommaso verständiger. Dieser, welcher mit dem Medici sehr befreundet war und die Gesinnungen des Bruders kannte, wie derselbe nur die Freiheit der Stadt und die Ordnung der öffentlichen Angelegenheiten ohne Gewaltstreich wünschte, ermunterte ihn, neue Squittinien vorzunehmen, um mittels derselben die Wahlbeuel mit den Namen solcher Bürger zu füllen, die wahre Freunde der Freiheit wären. Geschähe dies, so würden die Verhältnisse festgestellt und gesichert ohne Unordnung und ohne Beeinträchtigung einzelner. Niccolò hörte auf des Bruders Rat und ließ über diesen Plänen die Zeit seines Amtes verstreichen. Die Verschwornen, seine Freunde, aber ließen dies ruhig geschehen, weil sie aus Neid nicht wollten, daß durch Niccolòs Autorität die Umwälzung vor sich gehen sollte, indem sie in dem Wahne standen, unter einem andern Gonfaloniere ihren Zweck immer noch erreichen zu können. Das Ende der Amtszeit kam unterdes heran, und Niccolò, der viel begonnen und nichts durchgeführt, verließ den Palast mit ungleich größerer Unehre, als er mit Ehren in ihn eingetreten war.

Durch diese Vorgänge wurde die Medizeische Partei sehr gekräftigt, denn die Anhänger Pieros faßten neuen Mut, während die Neutralen sich zu ihm wandten. So kam es, daß bei gleichen Kräften mehrere Monate ohne Unruhen vorübergingen. Unterdessen gewann Pieros Partei immer mehr an Macht, so daß die Gegner besorgt wurden und zusammentraten, und nun durch Gewalt zu erreichen beschlossen, was sie mittels der Magistrate und auf leichte Weise nicht auszuführen vermocht oder nicht gewollt hatten. Sie kamen überein, Piero zu ermorden, welcher krank zu Careggi lag. Zu diesem Zweck wollten sie den Markgrafen von Ferrara mit seinen Scharen in die Nähe der Stadt ziehn, und nach Pieros Tode den Platz mit Bewaffneten füllen, um die Signorie zu nötigen, die Verfassung nach ihrem Willen zu ordnen. Denn obgleich diese ihnen nicht ganz günstig war, so hofften sie doch die Widerstrebenden durch Furcht zum Weichen zu bringen. Messer Diotisalvi besuchte Piero oft, um seine Absichten zu verbergen, sprach mit ihm von der Einigkeit in der Stadt und erteilte ihm Ratschläge. Piero wußte um alle Pläne, und Messer Domenico Martelli hinterbrachte ihm noch, wie Francesco Neroni, Diotisalvis Bruder, ihn gedrängt habe, er möge sich zu ihnen schlagen: der Sieg sei gewiß, und die Sache gewonnen. Da beschloß Piero zu den Waffen zu greifen, wozu die von seinen Gegnern mit dem Markgrafen und Ferrara gepflogenen Unterhandlungen ihm einen Vorwand boten. Er gab vor, er habe von Messer Giovanni Bentivoglio, Herrn von Bologna, ein Schreiben erhalten, welches ihm anzeige, der Markgraf stehe mit Mannschaft am Flusse Albo und es heiße allgemein, er ziehe auf Florenz. Auf diese Anzeige hin ergriff Piero die Waffen und zog mit einer starken Schar in die Stadt ein. Da rüsteten sich nun alle seine Anhänger und gleicherweise die feindliche Faktion: aber größere Ordnung herrschte unter den ersteren, denn sie waren bereit, während die übrigen noch nicht den ihnen geeignet scheinenden Zeitpunkt gefunden hatten. Da Messer Diotisalvis Wohnungen an die Medizeischen stießen, so hielt er sich dort nicht sicher, sondern ging bald nach dem Palast, der Signorie zuzureden, sie solle Piero zum Niederlegen der Waffen veranlassen, bald zu Messer Luca Pitti, um diesen zur Standhaftigkeit zu ermahnen. Am tätigsten von allen zeigte sich Niccolò Soderini, welcher, die Waffen in der Hand, von beinahe allem niedern Volke seines Viertels begleitet, nach den Wohnungen Messer Lucas sich begab. Diesen bat er, er möge zu Pferde steigen und der Signorie zu Hilfe kommen, die ihnen geneigt sei und wo man auf sichern Erfolg rechnen dürfe, während man zu Hause bleibend, entweder von bewaffneten Gegnern schmachvoll unterdrückt oder von unbewaffneten schimpflich getäuscht werden würde. Bald werde er bereuen, nicht getan zu haben, was später nicht mehr tunlich sein werde; wolle er durch Krieg Piero stürzen, so werde ihm dies jetzt leicht gelingen; wolle er Frieden, so wäre es vorzuziehn, Bedingungen vorschreiben zu können, statt sich dieselben vorschreiben zu lassen. Diese Worte machten keinen Eindruck auf Messer Luca, der schon seinen Sinn geändert hatte und von Piero durch die Aussicht auf Verschwägerung und Zugeständnisse gewonnen worden war, indem man eine seiner Nichten mit Giovanni Tornabuoni verheiratet hatte. Darum redete er dem Niccolò zu, er solle die Waffen niederlegen und nach Hause gehn: es müsse ihm genügen, daß die Stadt durch ihre gewöhnlichen Magistrate regiert werde; dies würde geschehen, alle würden die Waffen niederlegen und ihre Zwistigkeiten durch die Signoren geschlichtet werden, deren Mehrzahl ihnen günstig sei. Da nun Niccolò ihn nicht umzustimmen vermochte, so kehrte er nach Hause zurück, vorher aber sagte er: «Ich allein kann das Heil meiner Vaterstadt nicht fördern, aber ich kann ihr Unglück prophezeien. Euer Verhalten wird Florenz die Freiheit kosten, Euch Ansehen und Gut, mich und andere die Heimat.»

Während dieses Lärms hatte die Signorie den Palast geschlossen und die Magistrate berufen, ohne sich für irgendeine Partei zu erklären. Als die Bürger, namentlich aber Messer Lucas Anhänger, Piero bewaffnet, seine Gegner aber entwaffnet sahen, begannen sie nachzusinnen, nicht etwa wie sie Piero Widerstand leisten, sondern wie sie seine Freunde werden sollten. Drauf versammelten sich die vornehmsten Leute, Häupter beider Faktionen, im Palast bei der Signorie, wo vieles über die öffentlichen Verhältnisse und über die Aussöhnung geredet ward. Und da Piero seiner Körperschwäche wegen dort sich nicht einfinden konnte, beschlossen alle einstimmig, ihn in seiner Wohnung aufzusuchen, Niccolò Soderini ausgenommen, welcher, nachdem er Kinder und Habe dem Messer Tommaso anvertraut, nach seiner Villa sich begab, dort das Ende der Angelegenheit abzuwarten, von welchem er vorhersah, daß es für die Heimat ein nachteiliges, für ihn selbst ein unglückliches sein würde. Nachdem nun die übrigen Bürger bei dem Medici angelangt, beklagte sich einer von ihnen, welchem zu reden aufgetragen worden war, über die Unordnungen in der Stadt, deren größeres Verschulden er dem zuschob, der zuerst die Waffen ergriffen; da sie nun nicht wüßten, was Piero, welcher zuerst sich gerüstet, begehre, so wären sie gekommen, seinen Willen zu vernehmen, in der Absicht ihm zu folgen, wenn das Wohl der Stadt dadurch gefördert würde. Piero erwiderte darauf: nicht jener, welcher zuerst nach den Waffen greife, sei Urheber der Verwirrung, sondern der, welcher den andern dazu nötige. Wenn sie ernstlicher darüber nachdächten, wie sie sich gegen ihn verhalten, so würden sie sich minder über die Maßregeln wundern, die er zu seiner Sicherheit getroffen habe. Denn sie würden sehen, wie die nächtlichen Zusammenkünfte, die Unterschriften, die Intrigen, ihm Macht und Leben zu nehmen, ihn genötigt die Waffen zu ergreifen: da er sich indes auf Rüstung in seinen Wohnungen beschränkt habe, so liege es zutage, daß nur Selbstverteidigung, nicht Angriff sein Zweck gewesen sei. Er wolle nichts und verlange nichts als Sicherheit und Ruhe, und habe nie gezeigt, daß er nach anderm strebe. Denn nachdem die Autorität der Balia zu Ende gewesen, habe er nie an außerordentliche Maßregeln gedacht, um sie ihr wiederzugeben; er sei ganz zufrieden damit, daß die Stadt durch die Magistrate regiert werde, sobald nur *sie* damit sich begnügten. Sie möchten sich daran erinnern, daß Cosimo und seine Söhne mit wie ohne Balia in Florenz ehrenvoll leben könnten, und daß im Jahre 58 nicht das Medizeische Haus, sondern sie es gewesen, welche zu jener außerordentlichen Gewalt griffen. Wollten sie dieselbe jetzt nicht, so wolle auch er sie nicht: dies aber genüge ihnen nicht, denn er habe gesehn, wie sie nicht in Florenz sich halten zu können glaubten, solange er dort sei. In Wahrheit habe er dies nie sich eingebildet, vielweniger geglaubt, daß seine und seines Vaters Freunde nicht mit ihm in Florenz leben zu können wähnten, da er noch nie andern als ruhigen und friedliebenden Sinn gezeigt habe. Hierauf wandte er sich zu Messer Diotisalvi und dessen Brüdern und warf ihnen mit ernsten, verweisenden Worten die von Cosimo empfangenen Wohltaten, das ihnen geschenkte Vertrauen und ihren großen Undank vor. Und seine Rede war so gewichtig, daß mehrere der Anwesenden sich in solchem

Grade ereiferten, daß sie jene mit den Waffen angegriffen haben würden, hätte er sie nicht gezügelt. Piero schloß damit, er sei bereit, alles gutzuheißen, was sie und die Signorie beschließen würden und verlange nichts als Ruhe und Sicherheit. Man sprach dann über vieles und gelangte zu keinem Entschluß: nur kam man im allgemeinen überein, es sei notwendig, die bestehenden Verhältnisse umzuändern und den Dingen eine andere Gestalt zu geben.

Um jene Zeit war Justizgonfaloniere Bernardo Lotti[225], nicht ein Anhänger Pieros, so daß es diesem geraten schien, keine Änderung zu versuchen, solange dieser im Magistrate saß. Als aber die Signoren für September und Oktober gezogen wurden, im Jahre 1466, gelangte zur obersten Würde Roberto Lioni, welcher, sobald er seinen Sitz eingenommen, da alles vorbereitet war, das Volk auf den Platz rief und eine ganz aus Anhängern der Medici bestehende Balia wählen ließ, die sodann die Magistrate nach Gutdünken der Gewalthaber ernannte. Dies setzte die Häupter der feindlichen Partei in Furcht, so daß Messer Agnolo Acciaiuoli nach Neapel floh, Messer Diotisalvi Neroni und Niccolò Soderini nach Venedig. Luca Pitti blieb in Florenz, auf Pieros Versprechungen und die neue Verschwägerung bauend. Alle Entflohenen wurden für Rebellen erklärt und die ganze Familie der Neroni zerstreut. Der damalige Erzbischof von Florenz, Messer Giovanni Neroni, um größerem Übel zu entgehn, wählte freiwilliges Exil in Rom. Mehrere andere Bürger, die sogleich sich entfernten, wurden nach verschiedenen Orten verwiesen. Dies genügte nicht: man ordnete einen kirchlichen Umzug an, Gott für die Erhaltung der bestehenden Macht und die wiederhergestellte Einigkeit zu danken, und während dieser Feier wurden verschiedene Bürger verhaftet und gefoltert, einige sodann hingerichtet, andere verbannt. Kein auffallenderes Beispiel von Schicksalswechsel aber gab es, als das des Messer Luca Pitti. Sogleich erkannte man die Kluft zwischen Sieg und Niederlage, zwischen Ehre und Schmach. Sein Haus, das einst von den Besuchen der Bürger erfüllt war, lag nun einsam und erstorben. Auf der Straße scheuten sich Freunde und Verwandte ihn zu begleiten, ja zu begrüßen: denn einige von ihnen hatten ihre bürgerlichen Ehren, andere ihre Habe eingebüßt, alle waren bedroht. Die von ihm begonnenen stolzen Gebäude wurden von den Baumeistern verlassen, die ihm einst gewährte Gunst verwandelte sich in Schimpf, die Ehre in Schande. So kamen viele, die ihm wertvolle Dinge geschenkt, sie als geliehen wiederverlangten, während solche, die ihn bis zum Himmel gerühmt, ihn als gewalttätig und undankbar verschrien. Da bereute er zu spät, Niccolò Soderini nicht geglaubt zu haben, und hätte es vorgezogen mit den Waffen in der Hand ehrenvoll zu sterben, als ehrlos unter siegreichen Gegnern zu leben.

Die Verbannten begannen nun ihre Gedanken darauf zu richten, wie sie die Stadt, welche sie nicht zu halten verstanden, auf irgendeine Weise wiedergewinnen könnten. Messer Agnolo Acciaiuoli, der sich zu Neapel befand, wollte aber, bevor er sich auf etwas einließ, Pieros Gesinnung erproben, um zu sehn, ob er hoffen dürfe, mit ihm sich wieder zu versöhnen. Deshalb richtete er ein Schreiben an ihn in folgenden Ausdrücken: «Ich lache über die Launen des Glücks, und die Art und Weise, wie es Freunde zu Feinden, Feinde zu Freunden macht. Du magst dich daran erinnern, wie ich bei der Verbannung Deines Vaters, dieses ihm zugefügte Unrecht mehr achtend als meine eigne Gefahr, die Heimat verlor und auch beinahe das Leben verloren hätte. Solange ich mit Cosimo lebte, habe ich nie unterlassen, Euer Haus zu ehren und zu begünstigen, und nach dessen Tode habe ich nie die Absicht gehegt, Dir zu nahe zu treten. Wahr ist es, daß Deine Kränklichkeit und das zarte Alter Deiner Söhne mir Furcht einflößten, so daß ich es für gut hielt dem Staate eine solche Verfassung zu geben, daß nach Deinem Ableben seine Existenz nicht gefährdet würde. Dies war der Anlaß zu dem Geschehenen, welches nicht gegen Dich gerichtet war, sondern das Beste unserer Heimat bezweckte. War es ein Irrtum, so verdient er durch meine gute Absicht und die Erinnerung an die Vergangenheit ausgelöscht zu werden. Ich kann nicht glauben, daß, nachdem Dein Haus in mir so große Anhänglichkeit gefunden, ich nicht bei Dir Erbarmen finden sollte, und daß so viele Verdienste vor einem einzigen Fehl verschwinden könnten.»

Nach Empfang dieses Schreibens antwortete Piero darauf folgendermaßen: «Dein Lachen an Deinem gegenwärtigen Wohnorte ist Grund, daß ich nicht weine: denn lachtest Du zu Florenz, so würde ich in Neapel trauern. Ich bekenne, daß Du meinem Vater wohlgewollt hast, und Du wirst eingestehn, daß Du von ihm belohnt worden bist, so daß Deine Verpflichtung in demselben Maße größer war als die unsre, wie Tatsachen höher zu schätzen sind als Worte. Da Du nun für Deine guten Handlungen Lohn erhalten hast, so wirst Du Dich nicht darüber wundern, daß Deinem schlimmen gerechte Vergeltung folgt. Die Vaterlandsliebe ist Dir keine Entschuldigung: denn es wird nie einen geben, der die Meinung hegen wird, diese Stadt sei weniger von den Medici geliebt und begünstigt worden, als von den Acciaiuoli. So lebe denn dort ohne Ehre, nachdem Du hier mit Ehren zu leben nicht verstanden hast.»

Nachdem nun Messer Agnolo alle Hoffnung aufgegeben, mit der herrschenden Partei sich zu versöhnen, begab er sich nach Rom, wo er sich mit dem Erzbischof und den übrigen Ausgewanderten beriet, worauf sie auf jede Weise versuchten, die in genannter Stadt befindliche Medizeische Bank um ihren Kredit zu bringen, so daß Piero alle Mühe hatte, ihr Vorhaben zu vereiteln, was ihm mit Hilfe seiner Freunde gelang. Andrerseits versuchten Messer Diotisalvi und Niccolò Soderini, den venezianischen Senat gegen ihre Vaterstadt aufzubringen, indem sie urteilten, daß bei einem neuen Kriege die gegenwärtige, vielen verhaßte Partei nicht imstande sein würde, sich zu behaupten. In jener Zeit befand sich zu Ferrara Giovan Francesco, der Sohn des Messer Palla Strozzi, welcher bei der Umwälzung des Jahres 34 mitsamt seinem Vater aus Florenz vertrieben worden war. Dieser hatte großen Kredit und galt bei den Handelsleuten für sehr reich. Die neuen Ausgewanderten zeigten dem Giovan Francesco, wie leicht es für ihn sein würde, in die Heimat zurückzukehren, wenn die Venezianer zu einem Unternehmen veranlaßt werden könnten. Und sie glaubten, daß letzteres zu erlangen wäre, wenn man für einen Teil der Kosten einstehn wollte: sonst zweifelten sie an der Sache. Der Strozzi, altes Unrecht zu rächen recht begierig, hörte auf ihre Ratschläge und versprach das Unternehmen mit seinem gesamten Vermögen zu unterstützen. Darauf gingen jene zum Dogen und beklagten sich bei ihm über ihr Exil, als dessen einzigen Grund sie angaben, daß sie in ihrer Heimat gesetzmäßige Regierung und Gehorsam gegen die Magistrate gewollt hätten, nicht aber gegen eine Oligarchie. Deshalb hätten Piero de' Medici und seine Anhänger, an tyrannisches Herrschen gewohnt, mit Trug die Waffen ergriffen, mit Trug sie entwaffnet, mit Trug sie aus der Vaterstadt vertrieben. Damit noch nicht zufrieden, hätten sie den Himmel selbst mißbraucht, viele andere zu unterdrücken, die auf Treu und Glauben in der Stadt geblieben; während der öffentlichen heiligen Zeremonien und feierlichen Gebete seien viele Bürger gefangen und hingerichtet worden: ein schändliches, gottloses Handeln. Rache wollten sie dafür nehmen: zu diesem Zwecke aber wüßten sie an niemand mit festerer Hoffnung sich zu wenden als an den Senat, welcher, als Haupt eines immer freien Staates, mit solchen Mitleid haben müßte, die ihre Freiheit verloren. Ihr Hilferuf ergehe also an freie Männer wider Tyrannen, an Fromme gegen Gottlose; sie möchten sich erinnern, wie dies Medizeerhaus sie um den Besitz der Lombardei gebracht, als, dem Willen der übrigen Bürger entgegen, Cosimo den Sforza wider den Senat begünstigte und unterstützte. Wenn darum ihre gerechte Sache sie nicht bewege, so sollte gerechter Haß und die Begierde sich zu rächen sie bestimmen.

Diese letzten Worte veranlaßten den Senat zum Entschluß, und Bartolommeo Colleone[226], ihr Feldhauptmann, erhielt (1467) den Befehl, das florentinische Gebiet anzugreifen. Das Heer sammelte sich so rasch als möglich und es stieß zu ihm Ercole da Este, welchen Borso, Markgraf von Ferrara, sandte. Im ersten Anlauf, bevor die Feinde in Ordnung waren, verbrannten diese den Flecken Dovadola[227] und beschädigten das umliegende Land. Die Florentiner aber hatten auch der Niederlage der den Medici feindlichen Partei mit Galeazzo, Herzog von Mailand, und dem Könige von Neapel neuen Bund geschlossen und den Grafen Federigo von Urbino als Feldhauptmann in ihren Sold genommen, so daß sie in Ordnung und von Freunden unterstützt, die Feinde weniger achteten. Denn Ferdinand sandte seinen ältesten Sohn Alfonso, und Galeazzo kam in eigner Person, beide mit zureichender Macht. Sie sammelten sich bei Castrocaro, einem florentinischen Kastell am Fuß des Gebirges, welches aus Toscana nach der Romagna sich herabzieht. Unterdes hatte sich der Feind gen Imola zurückgezogen, und so fanden zwischen beiden Heeren nach der Sitte jener Zeit einige leichte Scharmützel statt: weder von der einen noch von der andern Seite wurden Ortschaften angegriffen, noch eine Feldschlacht gewagt; jeder blieb im Lager und benahm sich mit kaum glaublicher Feigheit. Dies mißfiel in Florenz: denn man sah sich in einen Krieg verwickelt, in dem man viel ausgab und wenig zu erlangen hoffen durfte, und die Behörden beklagten sich darüber bei den Bürgern, die als Kommissarien zum Heere gesandt waren. Diese erwiderten, die ganze Schuld liege an dem Herzog Galeazzo, welcher wegen seiner geringen Autorität und Erfahrung weder selbst einen tüchtigen Entschluß fassen könne, noch auf Verständigere hören wolle, so daß es unmöglich sei, etwas zu tun, solange er beim Heere bleibe. Die Florentiner ließen deshalb den Herzog wissen, wie es für sie gut und nützlich sei, daß er persönlich ihnen zu Hilfe gekommen, indem dies allein schon den Feinden den Mut benehmen könne: indes schätzten sie seine Sicherheit und die seiner Staaten viel höher als eigenen Vorteil; denn, wären diese geborgen, so hielten sie alles für geborgen, stieße ihm aber Schlimmes zu, so fürchteten sie jegliches Unglück. Sie fänden daher seine lange Abwesenheit von Mailand nicht ratsam, da er in der Regierung neu und von mächtigen und verdächtigen Nachbarn umgeben sei, so daß Intrigen gegen ihn leicht angezettelt werden könnten. So ermunterten sie ihn denn, in seine Staaten zurückzukehren und einen Teil seiner Mannschaft zu ihrer Verteidigung zu lassen. Dem Herzog gefiel dieser Rat, und ohne anderes zu bedenken, begab er sich nach Mailand zurück. Indem nun die florentinischen Hauptleute von diesem Hindernis befreit wurden, rückten sie dem Feinde näher, um zu zeigen, daß die Beschönigung ihrer Langsamkeit wirklich gegründet gewesen sei. So kamen sie zu einer regelmäßigen Schlacht[228], welche einen halben Tag währte, ohne daß eines der beiden Heere geschlagen ward. Tot blieb niemand, nur einige Pferde wurden verwundet und auf beiden Seiten Gefangene gemacht. Dann nahte der Winter, wo die Truppen ihre Quartiere zu beziehen pflegen, weshalb Messer Bartolommeo sich nach Ravenna zurückzog, die Florentiner nach Toscana, die königlichen und herzoglichen Truppen in ihre Heimat sich begaben. Da nun aber dieser Angriff keine Bewegung in Florenz veranlaßte, wie die Ausgewanderten verheißen hatten, und den Truppen der Sold fehlte, so wurde ein Abkommen verhandelt und bald beschlossen[229]. Aller Hoffnung ledig, wandten sich nun die Verbannten nach verschiedenen Gegenden. Messer Diotisalvi ging nach Ferrara, wo der Markgraf Borso ihm Aufnahme und Unterhalt gewährte. Niccolò Soderini ließ sich in Ravenna nieder, wo er mit einem kleinen venezianischen Jahrgehalt alt ward und starb. Er war ein gerechter und beherzter Mann, aber schwankend und langsam im Entschließen, woher es kam, daß er als Justizgonfaloniere die Gelegenheit des Sieges verstreichen ließ, die er später als Privatmann vergebens wiederzuerlangen sich bestrebte.

Nachdem der Friede erfolgt war, hielten die Bürger, welche in Florenz die Oberhand behalten hatten, ihren Sieg nicht für vollständig, wenn sie nicht die Gegner bloß, sondern die Verdächtigen auch, durch jedes Mittel unterdrückten. Deshalb veranlaßten sie Bardo Altoviti, der das Venneramt[230] bekleidete, von neuem eine Menge Bürger von den Ehrenämtern auszuschließen, andere aus der Stadt zu verweisen, wodurch ihre Macht und der Schrekken der Gegenpartei sich mehrten. Diese Macht gebrauchten sie völlig rücksichtslos und benahmen sich

FEDERIGO DA MONTEFELTRO
HERZOG VON URBINO

LORENZO DE' MEDICI
«IL MAGNIFICO»

so, daß es schien, als hätten Gott und das Geschick ihnen die Stadt zur Beute gegeben. Von diesen Dingen vernahm Piero wenig und konnte, seiner Krankheit wegen, diesem Wenigen nicht abhelfen: denn er war dermaßen von der Gicht zusammengezogen, daß er nur noch der Zunge sich bedienen konnte. So blieb ihm kein anderes Mittel, als seine Anhänger zu ermahnen und zu bitten, nach bürgerlicher Sitte zu leben und ihre Vaterstadt lieber mächtig als zerstört zu sehn. Um nun der Stadt irgendeine Festlichkeit zu geben, beschloß er die Vermählung seines Sohnes Lorenzo mit Clara aus dem Hause Orsini glänzend zu feiern, und diese Hochzeit wurde denn auch mit einem Pomp und jeder Art Pracht ausgerichtet, wie sie für einen solchen Mann sich ziemten. Mehrere Tage vergingen unter neuen Tänzen, Gastmahlen und hergebrachten Vorstellungen. Die Größe des Medizeischen Hauses und seiner Herrschaft zu zeigen, wurden zwei kriegerische Schauspiele hinzugefügt. Das eine war ein Reitergefecht zur Nachahmung einer Feldschlacht, das andere stellte die Erstürmung eines Kastells vor. Alles dies wurde mit der größtmöglichen Ordnung und Geschicklichkeit ins Werk gesetzt.

Während es solcherart in Florenz zuging, lebte das übrige Italien ruhig, wenngleich in steter Besorgnis vor der türkischen Macht, deren Unternehmungen die christliche Welt zurückzudrängen fortfuhren und welche die Insel Negropont zu großer Schmach und Schaden des Christennamens erobert hatten. In jener Zeit starb Borso Markgraf von Ferrara, welchem sein Bruder Ercole nachfolgte[231]. Es starb auch Gismondo von Rimini, der Kirche hartnäckiger Gegner, und hinterließ als Erben seines Staates Roberto, seinen natürlichen Sohn, der sich später unter den italienischen Kriegsleuten einen geehrten Namen machte. Papst Paul starb, und zu seinem Nachfolger wählte man Sixtus VI., vorher Francesco von Savona[232], einen Mann von der niedrigsten Herkunft, den aber seine Tugenden zu der Würde eines Generals des Franziskanerordnes und dann zu jener eines Kardinals erhoben hatten. Er war der erste Papst, der zu zeigen begann, wieviel ein Papst vermöge, und wie eine Menge Dinge, die man vorher Irrtümer nannte, durch die päpstliche Autorität verdeckt werden konnten. Zu den Mitgliedern seiner Familie gehörten Pietro und Girolamo, von denen die Welt glaubte, sie wären seine Söhne, obgleich er ihnen ehrbarer klingende Namen beilegte. Den erstern, der ein Klosterbruder war, machte er zum Kardinal unter dem Titel von San Sisto. Dem Girolamo gab er die Stadt Forli, welche er dem Antonio Ordelaffi nahm, dessen Vorfahren sie lange Zeit hindurch beherrscht hatten. Diese ehrsüchtige Handlungsweise machte, daß die italienischen Fürsten mehr auf ihn achteten und jeder ihn sich zum Freunde zu halten suchte. Darum gab der Herzog von Mailand seine natürliche Tochter Caterina[233] dem Girolamo zur Gattin und zur Mitgift die Stadt Imola, welche er dem Taddeo degli Alidosi abgenommen. Zwischen dem Herzoge und dem Könige von Neapel wurde auch neue Verschwägerung eingegangen, denn Elisabetta[234], die Tochter Alfonsos, des ältesten Sohnes König Ferdinands, wurde dem Giovan Galeazzo, des Herzogs Erstgeborenem, zur Ehe gegeben.

So lebte man denn in Italien in ziemlicher Ruhe (1469), und die Hauptbeschäftigung der Fürsten war, einander zu beobachten und durch neue Freundschaften und Bündnisse einer des andern sich zu versichern. Dieses tiefen Friedens ungeachtet wurde Florenz durch seine Bürger arg gequält, und Piero, von der Krankheit gehindert, vermochte ihrem Ehrgeiz keine Schranken zu setzen. Um indes sein Gewissen zu entlasten und zu sehn, ob er den

Gewalthabern Scham einflößen könnte, berief er sie eines Tages in sein Haus und hielt ihnen folgende Anrede: «Ich hätte nimmer geglaubt, daß die Zeit kommen würde, wo das Verfahren und die Lebensweise meiner Freunde mich nach meinen Feinden mich sehnen lassen, wo der Sieg mich nach der Niederlage seufzen machen würde. Denn ich glaubte in meiner Genossenschaft Männer zu haben, deren Begierde Maß und Ziel kennte, und die damit sich begnügten, nachdem sie an ihren Widersachern sich gerächt, in der Heimat geehrt und sicher zu leben. Aber jetzt erkenne ich, wie sehr ich mich getäuscht habe, indem ich den natürlichen Ehrgeiz aller Menschen, namentlich aber den eurigen, wenig kannte. Denn es genügt euch nicht, die Herren der Stadt zu sein und unter eurer kleinen Zahl in die Ehrenstellen und einträglichen Ämter euch zu teilen, durch welche einst viele Bürger ausgezeichnet zu werden pflegten; es genügt euch nicht, die Güter eurer Gegner unter euch verteilt zu haben; es genügt euch nicht, allen übrigen die öffentlichen Lasten aufbürden zu können, während ihr, von denselben frei, jeglicher Vorteile genießet, zum Nachteil der gesamten Einwohnerschaft. Ihr beraubet den Nachbar seines Eigentums, ihr verkauft die Gerechtigkeit, ihr entzieht euch den ordentlichen Gerichtshöfen, ihr unterdrückt die Friedfertigen und erhöhet die Gewalttätigen. In ganz Italien, glaube ich, kommen nicht so viele Beispiele von Habsucht und übermächtigen Eingriffen vor, wie in dieser Stadt. Hat denn unsre Heimat uns das Leben gegeben, damit wir das ihre nehmen? Hat sie uns Sieg verliehen, damit wir sie zugrunde richten? Ehrt sie uns, damit wir sie herabwürdigen? Ich verspreche euch, mit dem Wort, welches ehrliche Leute geben und halten sollen, daß, wenn ihr fortfahrt so euch zu benehmen, daß der errungene Sieg mich gereuen muß, ich Maßregeln ergreifen werde, die euch den Mißbrauch des Sieges bereuen machen sollen.» Jene Bürger antworteten, wie Zeit und Ort es mit sich brachten, aber darum ließen sie doch nicht ab von ihrem schlimmen Treiben. Es ging so weit, daß Pietro den Messer Agnolo Acciaiuoli heimlich nach Cafaggiuolo kommen ließ und mit ihm lange über die Lage der Dinge sich unterhielt. Man zweifelt nicht daran, daß er, wäre ihm ein längeres Leben beschieden gewesen, alle Verbannten zurückgerufen haben würde, um dem Raubsystem der herrschenden Partei Schranken zu setzen. Aber der Tod verhinderte die Ausführung dieser heilsamen Pläne, denn zugleich von Körper- und Seelenleiden bedrängt, starb er im dreiundfünfzigsten Jahre seines Alters[235]. Florenz konnte die Tüchtigkeit und Güte dieses Mannes nicht ganz erkennen, weil sein Vater Cosimo nur wenige Jahre vor ihm starb, und weil die nicht lange Zeit, die er diesen überlebte, in Krankheit und bürgerlichen Unruhen verstrich. Piero wurde in der Kirche San Lorenzo in der Nähe des Vaters beigesetzt und seine Leichenfeier mit dem Pomp begangen, der einem solchen Bürger anstand. Er hinterließ zwei Söhne, Lorenzo und Giuliano, welche zwar allen Hoffnung gaben, daß sie dem Staate großen Nutzen gewähren würden, deren Jugend indes viele Besorgnisse erregte[236].

Unter den vornehmsten Bürgern, welche an den Regierungsgeschäften Anteil hatten, ragte über alle Messer Tommaso Soderini[237] hervor, dessen Klugheit und Ansehen nicht in Florenz bloß, sondern bei allen Fürsten Italiens bekannt waren. Auf diesen waren nach Pieros Tode aller Augen gerichtet: viele Bürger besuchten ihn zu Hause als den ersten Mann der Stadt und viele Fürsten schrieben ihm; aber er, der sehr verständig war und seine Verhältnisse wie die des Medizeischen Hauses mit richtigem Blicke ermaß, beantwortete jene Schreiben nicht und

GIULIANO DI PIERO DE' MEDICI

deutete den Bürgern an, nicht sein Haus, sondern das der Medici sollten sie besuchen. Um nun durch die Tat zu zeigen, was er durch Worte ausgesprochen, versammelte er alle Ersten der vornehmen Geschlechter in dem Kloster Sant' Antonio, wohin er auch Lorenzo und Giuliano de' Medici berief. Hier hielt er eine lange und ernste Rede über die Zustände der Stadt und Italiens, wie über die Gesinnungen der Fürsten, und schloß damit: wenn sie in Florenz Einigkeit und Frieden bewahren wollten und sicher leben vor innerem Zwiespalt und äußerem Kriege, so sei es nötig, jene Jünglinge zu ehren und das Ansehen ihres Hauses aufrecht zu halten. Denn den Leuten werde nicht leid, das zu tun, woran sie gewohnt sind; Neues lasse man ebenso rasch fallen, wie man es rasch annehme; es sei immer leichter, eine Macht aufrecht zu halten, welche durch die Länge ihrer Dauer den Neid schon zum Schweigen gebracht, als eine neue aufzustellen, die durch mancherlei Stürme ohne Mühe gestürzt werden könnte. Nach Messer Tommaso sprach Lorenzo, und, obwohl er jung war, sprach er mit solchem Ernst und so großer Bescheidenheit, daß er bei allen die Hoffnungen erregte, die er später in so hohem Grade erfüllte. Und bevor man sich trennte, schworen jene Bürger, die beiden Brüder als Söhne, sich als Väter zu betrachten. Nach dieser Übereinkunft wurden Lorenzo und Giuliano als die Ersten im Staate geehrt und sie befolgten treulich die Ratschläge Messer Tommasos.

Als man so (1470) in innerer wie äußerer Ruhe lebte, da es keinen Krieg gab, der den Frieden störte, entstand ein unerwarteter Tumult, der gleichsam eine Vorbedeutung künftigen Unheils war. Zu den Familien, welche mit der Partei Luca Pittis gestürzt wurden, gehörte die der Nardi[238]: denn Salvestro und dessen Brüder, welche deren Häupter waren, wurden erst verbannt und dann infolge des venezianischen Krieges für Rebellen erklärt. Unter ihnen Bernardo, Salvestros Bruder, ein entschlossener und tollkühner junger Mann. Da diesem Armut das Exil noch verbitterte und er nach wiederhergestelltem Frieden kein Mittel zur Rückkehr sah, beschloß er irgend etwas zu unternehmen, um neue Unruhen zu erregen: denn oft erzeugt ein schwacher Anfang große Wirkungen, indem die Menschen geneigter sind, einem schon begonnenen Unternehmen sich anzuschließen, als es selber zu beginnen. Bernardo hatte viele Bekanntschaft in Prato, namentlich aber in Pistoja und dessen Umgebungen, wo ihm die Familie der Palandra besonders befreundet war, Landleute aber zahlreich und gleich den übrigen Pistojesen in Blut und Waffen aufgewachsen. Er wußte, daß diese unzufrieden waren, da die florentinischen Magistrate in ihren Fehden unglimpflich mit ihnen verfahren waren. Überdies kannte er die Gesinnung der Pratesen, welche sich hart und tyrannisch regiert glaubten, und von einzelnen war ihm die Abneigung gegen die bestehenden Verhältnisse bekannt. Alles dies erregte in ihm Hoffnung, einen neuen Brand in Toscana veranlassen zu können, indem er Prato zum Aufstande brächte, wo dann so viele sich zusammenfinden würden die Flamme zu schüren, daß die Löschenden am Werke verzweifeln müßten. Diesen Plan teilte er dem Messer Diotisalvi mit, und fragte ihn, ob er auf Beistand von den Fürsten durch seine Vermittlung rechnen dürfte, wenn es ihm gelänge Prato zu besetzen. Messer Diotisalvi hielt das Unternehmen für äußerst gewagt und den Erfolg kaum möglich: da es ihm aber schien, er könne mit anderer Gefahr das Glück von neuem versuchen, so bestärkte er den Nardi in seinem Vorhaben, indem er ihm von Bologna und Ferrara sichern Beistand verhieß, wenn es ihm glückte Prato zu nehmen und mindestens vierzehn Tage zu halten. Durch dies

Versprechen mit seliger Hoffnung erfüllt, begab sich darauf Bernardo heimlich nach Prato, wo er mit einigen die Sache besprach und sie geneigt fand darauf einzugehn. Dieselbe Geneigtheit fand er auch bei den Mitgliedern der Familie Palandra, und nachdem sie Zeit und Art und Weise verabredet, setzte Bernardo den Neroni von allem in Kenntnis.

Podestà zu Prato für das florentinische Volk war Cesare Petrucci. Bei solchen Befehlshabern in den Städten ist es Sitte, die Torschlüssel bei sich zu behalten: wenn dann namentlich in unverdächtigen Zeiten jemand aus dem Orte sie verlangt, um ein- oder ausgelassen zu werden, so werden sie abgeholt. Bernardo, der diese Sitte kannte, verfügte sich gegen Tagesanbruch mit denen von Palandra und etwa hundert Bewaffneten nach dem auf der Seite von Pistoja gelegenen Tore, während die Mitwissenden in der Stadt gleichfalls sich rüsteten. Einer von letzteren ging zum Podestà, die Schlüssel zu holen, unter dem Vorgeben, daß ein Bewohner des Ortes eingelassen zu werden begehre. Der Podestà, eines solchen Anschlags nicht gewärtig, sandte einen seiner Diener mit den Schlüsseln. Als sie vom Regierungspalast entfernt waren, nahmen die Verschwornen sie diesem ab, öffneten das Tor und ließen Bernardo mit seiner Schar ein. Nach getroffener Verabredung teilten sie sich in zwei Haufen: einer derselben, von Salvestro aus Prato geführt, nahm die Zitadelle, während der andere, unter Bernardos Leitung, den Palast besetzte und den Podestà mit seinen Dienstleuten einigen der ihrigen zur Bewachung übergab. Hierauf machten sie Lärm und zogen durch die Straßen, die Freiheit ausrufend. Schon war der Tag angebrochen und auf das Geräusch eilten viele Leute nach dem Platze. Als sie vernahmen, wie Burg und Palast eingenommen und der Podestà mit den Seinen gefangen sei, wunderten sie sich, woher dies kommen möchte. Die acht Bürger, welche dort den höchsten Rang haben, versammelten sich in ihrem Amtshause, um über die zu ergreifenden Maßregeln zu beratschlagen. Als Bernardo und die Seinen, welche eine Zeitlang durch den Ort gezogen waren, fanden, daß keiner ihnen sich anschloß, und sie vernahmen, die achte hätten sich versammelt, begaben sie sich zu ihnen. Bernardo erklärte hier, wie es der Zweck seines Unternehmens sei, sie und die Heimat aus der Dienstbarkeit zu befreien, und wie groß der Ruhm derer sein werde, welche die Waffen ergreifen und ihn bei diesem glorreichen Vorhaben unterstützen würden, durch welches beständige Ruhe und ein guter Name erlangt werden müßten. Er erinnerte sie an ihre ehemalige Freiheit und gegenwärtigen Verhältnisse, und zeigte ihnen sichere Hilfe, wenn sie nur wenige Tage lang der Streitmacht widerstehen wollten, welche die Florentiner gegen sie aufbringen könnten. Er versicherte, in Florenz Einverständnis zu haben, welches bald an den Tag kommen würde, sobald man vernähme, daß dieser Ort sich einmütig ihm angeschlossen habe.

Diese Worte machten auf die achte keinen Eindruck; sie erwiderten ihm, sie wüßten nicht, ob man in Florenz in Freiheit oder Knechtschaft lebe, und dies gehe sie auch durchaus nichts an; das aber wüßten sie wohl, daß sie nach keiner andern Freiheit verlangten, als den Magistraten untergeben zu sein, welche Florenz regierten, von denen ihnen niemals etwas so Schlimmes widerfahren, daß es sie veranlassen könnte, die Waffen gegen sie zu ergreifen. Unterdes forderten sie ihn auf, den Podestà in Freiheit zu setzen und seine Mannschaft aus dem Orte zu entfernen, sich selbst aber rasch der Gefahr zu entziehn, in die er sich durch Unklugheit gestürzt habe.

Bernardo verlor bei diesen Worten nicht den Mut,

sondern wollte sehen, ob Furcht die Pratesen bewegen würde, da seine Vorstellungen nicht gefruchtet. Um sie nun in Schrecken zu setzen, beschloß er den Tod Cesare Petruccis, den er aus dem Gefängnis zu holen und an den Fenstern des Palastes aufzuhängen befahl. Schon war Cesare, einen Strick um den Hals, dem Fenster nahe, als er Bernardo sah, welcher auf seinen Tod drang, und zu dem er sagte: «Bernardo, du befiehlst meine Hinrichtung, in dem Glauben, die Bewohner des Ortes würden dir dann folgen. Aber das Gegenteil wird eintreffen, denn dies Volk hat so große Ehrfurcht vor den durch die Florentiner gesandten Magistratspersonen, daß das Unrecht, welches du an mir verübst, dir solchen Haß zuziehen wird, daß du darüber zugrunde gehen mußt. Nicht mein Tod, wohl aber mein Leben kann dir zum Erfolg verhelfen: denn wenn ich diesen gebiete, was du willst, so werden sie eher mir denn dir gehorchen, und wenn ich deine Befehle befolge, so wird dein Zweck erreicht werden.» Dem Bernardo, welcher sich ziemlich ratlos fand, gefiel der Vorschlag, und er befahl ihm, daß er von einem Balkon, der nach dem Platze hinausging, dem Volke gebieten sollte, ihm zu gehorsamen. Nachdem Cesare Petrucci sich dazu hergegeben, ward er nach dem Gefängnis zurückgeführt.

Schon war die Schwäche der Verschwornen offenbar, und viele Florentiner, welche in Prato wohnten, waren zusammengekommen, unter ihnen Messer Giorgio Ginori, ein Rhodiser Ritter. Dieser war der erste, welcher zu den Waffen griff und Bernardo anfiel, welcher auf dem Platze hin und her ging, bald bittend und bald drohend, wenn man ihn nicht hörte noch ihm folgte. Da nun viele mit Messer Giorgio heranstürmten, wurde er verwundet und gefangen. Hierauf war es leicht, den Podestà zu befreien und der übrigen Herr zu werden: denn da sie in geringer Zahl und verteilt waren, wurden sie beinahe alle gefangen oder getötet.

Unterdes war die Kunde dieser Vorgänge nach Florenz gelangt, und zwar viel größer als die Wirklichkeit: denn es hieß, Prato sei genommen, der Podestà mit seinen Leuten getötet, der Ort mit Bewaffneten gefüllt; Pistoja sei in Waffen und viele der Bürger in jene Verschwörung verwickelt. So füllte sich denn sogleich der Palast mit Bürgern, die mit der Signorie sich zu beraten kamen. Es war damals in Florenz Roberto da San Severino[239], ein angesehener Kriegsmann; diesen beschloß man gen Prato zu senden mit der Mannschaft, die man im Augenblick aufzutreiben vermochte. Sie trugen ihm also auf, sich dem Orte zu nähern und ausführlichen Bericht über die Lage der Dinge zu erstatten, auch solche Mittel anzuwenden, die seiner Klugheit die passendsten schienen. Roberto war kaum jenseits des Kastells Campi[240], als er einem Boten des Podestà begegnete, der ihm verkündete, Bernardo sei gefangen, seine Gefährten flüchtig oder tot, der Tumult zu Ende. Darauf kehrte er nach Florenz zurück, wohin man bald darauf Bernardo Nardi führte. Als nun der Magistrat diesen nach dem wahren Tatbestande des Unternehmens befragte, so erwiderte er, der Schwäche, mit der er gehandelt, sich bewußt: er habe sich darauf eingelassen, weil er es vorgezogen, in Florenz zu sterben, als im Exil zu leben. So wollte er seinen Tod wenigstens durch irgendeine bemerkenswerte Tat besiegeln.

Nachdem dieser Tumult fast in demselben Moment entstanden und unterdrückt worden, kehrten die Bürger zu ihrer gewohnten Lebensweise zurück, indem sie ruhig der bestehenden Verhältnisse sich erfreuen wollten. Daher entstanden jene Übel, welche der Friede mit sich zu führen pflegt: denn die unbeschäftigten jungen Leute verschleuderten Zeit und Gut für Kleider, Gastmähler und dergleichen Sinnengenüsse, im Spiel und mit Weibern, und ihr Trachten ging nur dahin, in prachtvollen Anzügen zu erscheinen und scharfe Reden vernehmen zu lassen. Wer die spitzeste Zunge hatte, galt für den weisesten. Zur Vermehrung dieser Unsitte trugen noch die Höflinge des Herzogs von Mailand bei, der mit seiner Gemahlin und seinem ganzen Hofe, wie er sagte zur Erfüllung eines Gelübdes, nach Florenz kam, wo er mit dem Pomp empfangen ward, welcher für einen solchen Fürsten und so großen Freund der Republik paßte. Man sah damals, was in der Stadt bis dahin nicht gesehn worden war: während der Fastenzeit, in welcher man gemäß dem Kirchengebote der Fleischspeisen sich enthalten soll, aß des Herzogs ganzer Hof Fleisch, ohne Ehrfurcht vor Gott und der Kirche. Und da viele Schauspiele aufgeführt wurden ihn zu ehren, unter andern in der Kirche Santo Spirito die Ausgießung des Heiligen Geistes über die Apostel, und bei dem vielen Feuer, welches bei solchen Gelegenheiten gebraucht zu werden pflegt, die Kirche verbrannte, so glaubten viele, Gott habe durch diesen Brand seinen Zorn gegen uns verkündigen wollen. Fand also der Herzog Florenz voll Wohllebens, wie es sonst nur an Höfen stattzufinden pflegt, und die Sitten im Widerspruch mit gutgeordneten bürgerlichen Verhältnissen: so ließ er die Stadt in noch erhöhtem Grade verderbt zurück. Daher dachten die guten Bürger, es sei notwendig, der Sache Einhalt zu tun, und sie setzten dem Kleiderprunk, dem Pomp bei Begräbnissen, den Gastereien Grenzen durch neue Gesetze.

Inmitten dieses Friedens entstand in Toscana eine neue, unerwartete Unruhe. Im Gebiete von Volterra fanden einige Bewohner dieser Stadt ein Alaunlager. Da sie den Vorteil erkannten, so sahen sie sich nach Leuten um, die sie mit Geld unterstützten und durch ihre Autorität schützen könnten, und wandten sich daher an einige florentinische Bürger, die sie an dem Gewinn teilnehmen ließen. Wie es mit neuen Unternehmungen gewöhnlich der Fall ist, wurde auch diese anfangs vom Volterranischen Volke nur wenig beachtet: da es aber mit der Zeit den großen Vorteil erkannte, wollte es spät und fruchtlos dem abhelfen, welchem zu geeigneter Zeit leicht Rat geschafft worden wäre. Sie begannen also in den Ratsversammlungen die Sache zu besprechen: es sei nicht passend, hieß es, daß eine auf dem Gemeindegebiet entdeckte Industrie zum Besten einzelner ausgebeutet würde. Drauf ordneten sie (1472) eine Gesandtschaft an die Florentiner: die Untersuchung ward einigen Bürgern übertragen, welche, sei es, daß sie bestochen waren von jener Gesellschaft, oder daß sie wirklich so für Recht hielten, urteilten, das Volterranische Volk bringe eine ungerechte Forderung vor, indem es seine Bürger des Ertrags ihrer Bemühungen und Industrie berauben wolle; nicht ihm gehörten die Alaunwerke, sondern Privatleuten, aber es sei in der Ordnung, daß jährlich eine gewisse Abgabe als Anerkennung der Abhängigkeit vom Volke entrichtet werde. Diese Entscheidung mehrte Aufregung und Haß in Volterra, statt sie zu mindern; in den Ratsversammlungen wie in der ganzen Stadt war von nichts anderm die Rede. Die Gemeinde verlangte zurück, was sie als ihr genommen betrachtete; die Privaten schickten sich an, zu behaupten, was sie zuerst erworben und in dessen Besitz sie durch den zu Florenz erlassenen Ausspruch bestätigt worden waren. Es kam so weit, daß in dem Zwist ein in der Stadt wohlbekannter Bürger, den man il Pecorino nannte, umkam, nach ihm mehrere andere, die es mit ihm hielten und deren Häuser geplündert und in Brand gesteckt wurden. Wie nun der Aufstand um sich griff, entgingen die florentinischen

Beamten, welche die Stadt verwalteten, mit genauer Not dem Tode.

Nachdem diese ersten Unordnungen stattgefunden, beschlossen sie zunächst Abgeordnete nach Florenz zu senden, welche der Signorie mitteilten, daß, wenn sie die alten Verträge beobachten wollte, auch die Stadt in ihrem bisherigen Untertanenverhältnis verharren würde. Über den Bescheid ward vielfach hin- und hergestritten. Messer Tommaso Soderini riet, man sollte die Volterraner unter jeder Bedingung wieder aufnehmen, da es ihm nicht an der Zeit scheine, einen so nahen Brand zu schüren, von dem leicht die eigene Wohnung ergriffen werden könnte. Denn er fürchte den Charakter des Papstes und die Macht des Königs, und traue weder der Freundschaft der Venezianer noch jener des Herzogs, da er nicht wisse, wie treu die eine, und wie stark die andere sei. So brachte er denn das einfache Wort in Erinnerung: besser ein magerer Vergleich denn ein fetter Sieg. Lorenzo de' Medici auf der andern Seite, dem es schien, die Gelegenheit sei günstig, sein Urteil und seine Klugheit an den Tag zu legen, und der überdies von jenen bearbeitet wurde, welche die Autorität Soderinis beneideten, beschloß in eine Unternehmung sich einzulassen und das Beginnen der Volterraner mit den Waffen zu strafen, indem er behauptete, wenn man diese nicht auf entschiedene Weise züchtete, so würden andere sich nicht scheuen, wegen jedes geringfügigen Umstandes ohne Scheu noch Ehrfurcht ein gleiches zu tun. Nachdem also ein Kriegszug beschlossen worden, wurde den Volterranern zur Antwort gegeben, sie könnten nicht die Haltung der Verträge verlangen, die sie zuerst gebrochen: sie möchten also dem Gutdünken der Signorie sich anheimgeben oder des Kriegs gewärtig sein. Nachdem die Boten mit dieser Antwort zurückgekehrt waren, bereiteten sie sich zur Verteidigung, indem sie die

Stadt befestigten und zu allen Fürsten Italiens sandten, um Beistand zu erlangen. Indes wurden sie von wenigen gehört, denn nur die Stadt Siena und der Herr von Piombino sagten ihnen Hilfe zu. Die Florentiner andrerseits, welche durch Schnelligkeit sich des Sieges zu versichern hofften, sammelten zehntausend Mann Fußvolk und zweitausend Reiter, welche unter der Leitung Federigos, des Herrn von Urbino, ins Volterranische einrückten und das Land ohne Schwierigkeit besetzten. Hierauf schlugen sie ihr Lager vor der Stadt, welche wegen ihrer hohen und beinahe von allen Seiten unersteiglichen Lage nur an jenem Punkte, wo die Kirche San Alessandro liegt, anzugreifen war. Die Volterraner hatten zu ihrer Verteidigung etwa tausend Soldaten geworben, welche, als sie den entschlossenen Angriff der Florentiner sahen und am Gelingen der Gegenwehr verzagten, in der Verteidigung lässig, hinwieder in täglichen willkürlichen Handlungen gegen die Bürger um so eifriger waren. So waren denn die armen Volterraner draußen von den Feinden, im Innern von den Freunden bedrängt, so daß sie an ihrem Schicksal verzweifelnd an einen Vergleich zu denken begannen und, da sie keinen andern Ausweg sahen, sich den florentinischen Kommissarien in die Arme warfen. Diese hießen die Tore öffnen, ließen den größern Teil des Heeres ein und begaben sich nach dem Palast, wo die Prioren saßen, denen sie nach ihren Wohnungen zurückzukehren befahlen. Auf dem Wege dahin wurde einer von einem Soldaten verächtlicherweise beraubt. Damit begann, wie denn die Menschen eher dabei sind Schlimmes als Gutes zu tun, die Verheerung und Plünderung der Stadt: einen ganzen Tag lang wurde geraubt und mißhandelt, weder Frauen noch fromme Orte entgingen diesem wüsten Treiben, und im Verein mit den Soldaten, welche Volterra belagert, plünderten die, welche es hätten schützen sollen.

Die Kunde von diesem Erfolge wurde in Florenz mit großem Jubel vernommen, und da das Unternehmen Lorenzos Werk gewesen, so mehrte sich dadurch sein Ansehn sehr. Einer seiner vertrauten Freunde warf dabei dem Messer Tommaso Soderini den von ihm erteilten Rat vor, indem er sagte: Was sagt ihr jetzt, da Volterra erobert ist? Worauf Messer Tommaso: Mir scheint die Stadt verloren: denn nahmt ihr sie auf Bedingungen an, so gewährte sie euch Vorteil und Sicherheit; da ihr sie jetzt aber mit Gewalt behaupten müsset, so wird sie in schlimmen Zeiten Schwäche und Verlegenheit veranlassen und im Frieden Schaden und Unkosten.

Damals hatte der Papst (1473), der die Orte des Kirchenstaates in ihrem Gehorsam halten wollte, Spoleto hart gezüchtigt, welches sich, innerer Faktionen wegen, empört hatte. Da nun Città di Castello ebenfalls widerspenstig war, ließ er es belagern. Der einflußreichste Mann in dieser Stadt war Niccolò Vitelli[241]. Dieser war mit Lorenzo de' Medici sehr befreundet, so daß es ihm nicht an Hilfe von diesem fehlte, welche zwar nicht hinreichte, Niccolò zu sichern, wohl aber den ersten Samen der Zwietracht zwischen Papst Sixtus und den Medici auszustreuen, der damals zu so schlimmer Frucht aufschoß. Diese Früchte würden schon eher gereift sein, wäre nicht der Tod Fra Pieros, des Kardinals von San Sisto, erfolgt[242]. Denn da dieser Kardinal eine Umreise durch Italien gemacht und nach Venedig und Mailand gegangen war, unter dem Vorgeben, als wolle er die Vermählung Ercoles Markgrafen von Ferrara ehren, hatte er bei jenen Fürsten angepocht, um zu sehen, wie sie gegen die Florentiner gesinnt wären. Nach Rom (1474) zurückgekehrt, starb er aber, nicht ohne Verdacht, von den Venezianern vergiftet worden zu sein, die die Macht des Papstes fürchteten, wenn der Geist und Mut Fra

Pieros ihm zur Seite stände. Denn obschon die Natur ihn aus gemeinem Blute hatte hervorgehen lassen und er innerhalb der Klosterwände in geringen Verhältnissen aufgewachsen war: so zeigten sich doch bei ihm, sobald er zur Kardinalswürde gelangt war, solcher Hochmut und Ehrgeiz, daß sie nicht einmal dem Pontifikat, geschweige denn dem Kardinalat geziem war. Denn er scheute sich nicht, in Rom ein Bankett zu feiern, das für jeden König übertrieben gewesen wäre, und wobei er mehr denn zwanzigtausend Gulden ausgab. Als nun Sixtus diesen Ratgeber nicht mehr hatte, verfolgte er seine Pläne langsamer. Nachdem indes Florenz, Venedig und der Herzog ihren Bund erneuert und dem Papste wie dem Könige freigestellt hatten sich anzuschließen, verbündeten sich diese beiden, indem sie den andern Fürsten anheimgaben ihnen beizutreten. Und schon sah man Italien in zwei Parteien geteilt, denn täglich geschahen Dinge, welche zu Mißverständnissen zwischen beiden Bünden Anlaß gaben. So geschah es mit der Insel Cypern, auf welche der König Ferdinand Pläne hatte, die aber von den Venezianern besetzt ward[243]. Deshalb hielten der Papst und der König noch enger zusammen. Für den besten Feldhauptmann in Italien galt Federigo, Herr von Urbino, der lange in florentinischem Solde gestanden hatte. Um dem feindlichen Bunde nun diesen Führer zu nehmen, beschlossen Papst und König Federigo zu gewinnen: der König lud ihn ein, ihn in Neapel zu besuchen, und Sixtus riet ihm dies zu tun. Federigo gehorchte, zur Verwunderung wie zum Mißvergnügen der Florentiner, die ihm das Schicksal des Piccinino vorhersagten. Aber es kam anders: Federigo kehrte hochgeehrt aus Neapel und Rom zurück, doch als Feldhauptmann jenes Bundes[244]. Der Papst und der König versuchten nun noch die Herren der Romagna und die Stadt Siena zu gewinnen, um mittels derselben die Floren-

ROBERTO MALATESTA

tiner noch mehr zu bedrängen. Als letztere dies bemerkten, wandten sie alles auf, den Ehrgeiz der Geannten unschädlich zu machen, und da sie Federigo von Urbino verloren, nahmen sie Roberto Malatesta von Rimini in ihren Sold. Sie erneuten ihren Bund mit Perugia und schlossen Freundschaft mit dem Herrn von Faenza. Der Papst und König gaben als Grund ihres Hasses gegen die Florentiner an, daß sie wünschten, diese sollten sich von Venedig trennen und ihnen anschließen: denn der Papst glaubte, die Kirche könnte ihr Ansehen und der Graf Girolamo seine Besitzungen in der Romagna nicht behaupten, solange Florenz und Venedig einig wären. Andererseits besorgten die Florentiner, jene wollten sie mit den Venezianern verfeinden, nicht um sie zu Freunden zu machen, sondern um ihnen ungestraft schaden zu können. In solchen Winkelzügen und versteckten Feindschaften lebte man in Italien zwei Jahre lang, bevor neue Unruhen ausbrachen. Zuerst ging der Lärm, wenn auch kein heftiger, in Toscana los.

Braccio von Perugia, ein durch seine Feldherrngaben sehr ausgezeichneter Mann, von dem oft die Rede gewesen ist, hinterließ zwei Söhne, Oddo und Carlo. Dieser war zarten Alters, jener wurde, wie schon erzählt worden, von den Bewohnern des Val di Lamona erschlagen. Als nun Carlo herangewachsen war, ward er von den Venezianern, des Andenkens des Vaters wegen, und weil man von ihm selbst Hoffnungen hegte, unter die Zahl der Feldhauptleute der Republik aufgenommen. In jener Zeit trat das Ende seines Dienstes ein, den er zu erneuern nicht Lust hatte, indem er zusehen wollte, ob es ihm gelinge, durch seinen Namen und den Ruf seines Vaters zu den vormaligen Verhältnissen in Perugia zurückzukehren. Die Venezianer gaben leicht ihre Zustimmung, indem Neuerungen ihnen jedesmal eine Vergrößerung ihres

Gebietes zu bringen pflegten. So kam Carlo nach Toscana, und da er die Erreichung seiner Absichten in Perugia schwierig fand, weil die Stadt im Bunde mit Florenz war, und er doch irgendeinen Vorteil von seinem Zuge ziehen wollte, so griff er (1476) die Sienesen an, indem er vorgab, die Republik schulde noch eine Summe für Dienste, die sein Vater ihr geleistet, und deren Befriedigung er verlange. Der Angriff geschah mit solcher Heftigkeit, daß er beinahe ihr ganzes Gebiet in Verstörung brachte. Da die Sienesen immer geneigt sind, von den Florentinern Schlimmes zu glauben, so lebten sie der Überzeugung, es sei im Einverständnisse mit diesen geschehen, und richteten tausend Klagen an den Papst und an den König. Auch sandten sie Abgeordnete nach Florenz, welche sich über diese Schmach beschwerten und geschickt dartaten, ohne Hilfe ihrerseits habe Carlo sie nicht mit solcher Zuversicht angreifen können. Die Florentiner rechtfertigten sich, indem sie die Versicherung gaben, sie würden alles tun, um jenen zu verhindern, ihnen ferner zu schaden, worauf sie denn in der von den Gesandten angegebenen Weise dem Carlo befahlen, sich fernerer Gewalttätigkeiten gegen Siena zu enthalten. Dieser beschwerte sich darüber, indem er sagte, die Florentiner hätten, indem sie seine Sache aufgegeben, sich selbst eines großen Gewinnes, ihn aber großen Ruhmes beraubt: denn er würde in kurzer Zeit Herr der Stadt geworden sein, so große Feigheit und solchen Mangel an Ordnung in der Verteidigung habe er gefunden. So zog er denn ab und kehrte zu seinen früheren Verhältnissen bei den Venezianern zurück. Obgleich nun aber die Sienesen durch den Beistand der Florentiner vor fernerer Belästigung geschützt worden waren, bewahrten sie doch gegen diese tiefen Groll, indem sie keine Verpflichtung gegen Leute zu haben glaubten, die sie von einem Übel befreit, welches zuvor durch sie selber veranlaßt worden wäre.

Während die oben erzählten Dinge zwischen dem Papst und dem König und in Toscana vorgingen, ereignete sich in der Lombardei ein wichtigerer Fall, welcher größeres Unheil verkündete. Ein Mantuaner, namens Cola, unterwies in Mailand die Söhne der ersten Häuser in der lateinischen Sprache. Er war ein nicht minder gelehrter als ehrgeiziger Mann. Sei es, daß ihm Lebensweise und Sitten des Herzogs verhaßt waren, oder daß andere Gründe ihn bestimmten, genug, in allen seinen Unterredungen legte er die Abneigung gegen das Leben unter der Herrschaft eines lasterhaften Fürsten an den Tag, und nannte glorreich und selig die, welchen Verhältnisse und Glück gestattet, in einem Freistaate geboren zu werden und zu leben. Er zeigte dabei, wie alle berühmten Männer in Republiken, nicht aber unter Fürsten groß geworden, weil jene tüchtige Männer heranziehen, diese sie unterdrücken, indem jene von der Tugend Vorteil hoffen, diese zu fürchten. Die Jünglinge, mit denen dieser Mann am vertrautesten umging, waren Giovanni Andrea Lampugnano, Carlo Visconti, Girolamo Olgiato. Mit diesen unterhielt er sich oft über den schlechten Charakter des Fürsten und das Unglück der Untertanen, und er gewann einen solchen Einfluß auf diese Jünglinge, daß er ihnen den Schwur abnahm, sie würden ihre Heimat von dieser Tyrannei befreien, sobald ihr Alter es ihnen möglich machte. Da nun die jungen Leute solches Verlangen nährten, das mit den Jahren stets zunahm, so trieben des Herzogs Betragen und persönliche Beleidigungen, die ihnen von ihm widerfuhren, sie zu schnellerer Ausführung. Galeazzo war wollüstig und grausam, und viele Handlungen, welche seinen Charakter von einer und der andern Seite zeigten, hatten ihn äußerst verhaßt gemacht.

Denn es genügte ihm nicht, edle Frauen zu verführen: er fand auch noch Freude daran, ihre Schmach zu veröffentlichen, und er war nicht zufrieden damit, Menschen zu töten, wenn er sie nicht auf irgendeine grausame Art hinrichten konnte. Auch lastete auf ihm der furchtbare Verdacht, seine Mutter umgebracht zu haben: denn da ihn bedünkte, er wäre noch nicht rechter Herrscher solange diese lebte, so benahm er sich gegen sie auf eine Weise, die sie veranlaßte nach Cremona, ihrem Heiratsgut, sich zurückzuziehen. Auf der Reise dahin aber starb sie, von plötzlichem Unwohlsein ergriffen, und viele waren der Meinung, der Sohn habe ihren Tod veranlaßt. Der Herzog hatte dem Visconti und Olgiato durch Frauen Schmach zugefügt, und den Lampugnano nicht in den Genuß der Abtei Miramondo treten lassen wollen, welche einem seiner Verwandten durch den Papst erteilt worden war. Diese persönlichen Beleidigungen mehrten bei diesen jungen Männern die Begierde, zugleich sich selber zu rächen und die Heimat von so großen Übeln zu befreien, in der Hoffnung, nicht nur beim Adel, sondern im gesamten Volke Anhang zu finden. Nachdem sie nun den Mord des Herzogs beschlossen, waren sie oft beisammen, und ihre vieljährige Freundschaft erregte keinen Verdacht. Sie sprachen immer über dies Vorhaben, und um sich an den Gedanken der Ausführung zu gewöhnen, gaben sie einander mit den Scheiden der Waffen, die sie zu diesem Zwecke bestimmt hatten, Stöße auf die Brust und in die Seite. Sie sprachen über Zeit und Ort. Im Kastell schien es ihnen nicht sicher, auf der Jagd unzuverlässig und gefahrvoll, auf seinen Spaziergängen durch die Stadt schwer, wenn nicht unausführbar, bei einem Gastmahl zweifelhaft. So beschlossen sie ihn denn bei irgendeinem Aufzug oder öffentlichen Feste zu morden, wo sie seines Kommens gewiß wären und unter verschiedenen Vorwänden ihre Freunde vereinigen könnten. Sie beschlossen noch, ihn auch dann umzubringen, wenngleich einige von ihnen durch Zufall vom Hofe zurückgehalten werden möchten.

Es war im Jahre 1476, und das Weihnachtsfest nahe. Da am Tage des heiligen Stefan der Herzog die Kirche des Märtyrers in feierlichem Aufzug besuchen wollte, so schien ihnen diese Gelegenheit nach Zeit und Ort eine passende. Als nun der Morgen gekommen, ließen sie einige ihrer vertrautesten Freunde und Diener sich rüsten, unter dem Vorgeben, sie wollten dem Giovan Andrea Beistand leisten, der gegen den Willen einiger Mißgünstigen einen Wasserlauf nach seinen Besitzungen zu leiten gedächte, worauf sie jene, so bewaffnet, nach der Kirche führten, angeblich um sich beim Herzog zu beurlauben. Unter verschiedenen Vorwänden ließen sie noch andere Freunde und Verwandte dahin kommen, in der Hoffnung, daß nach geschehener Tat alle ihnen zur Errichtung ihres Zweckes helfen würden. Ihre Absicht war, nach Galeazzos Ermordung mit jenen Bewaffneten nach dem Stadtviertel zu ziehen, wo sie das Volk am leichtesten aufwiegeln zu können glaubten, und es mit den Waffen gegen die Herzogin und die Gewalthaber zu führen. Die Menge, dachten sie, würde ihnen wegen der Not, die sie litt, leicht folgen, um so mehr, als sie die Absicht hatten, ihr die Wohnungen des Messer Cecco Simonetta, des Giovanni Botti, des Francesco Lucani, alle Häupter der Regierung, zur Plünderung zu überantworten, und auf diese Weise sich zu sichern und dem Volke die Freiheit wiederzugeben. Nachdem der Plan entworfen und festgestellt worden, gingen Lampugnano und die andern frühe schon nach der Kirche, wo sie zusammen die Messe hörten. Nachdem diese vorüber, wandte sich Giovan Andrea zu einer Statue des hl. Ambrosius und sprach: «O

Beschützer dieser unserer Stadt, du kennst unser Vorhaben und den Zweck, zu welchem wir uns in diese Gefahr begeben wollen: sei unserm Unternehmen geneigt und bezeige, indem du die Gerechtigkeit begünstigst, daß die Ungerechtigkeit dir mißfällt.»

Als nun der Herzog seinerseits nach der Kirche sich verfügen wollte, ereigneten sich verschiedene Vorbedeutungen seines nahen Todes. Denn als der Tag gekommen, legte er wie gewöhnlich einen Panzer an, welchen er indes sogleich wieder sich abnehmen ließ, gleichsam als drücke oder belästige er ihn. Er wollte im Schlosse Messe hören, fand aber, daß sein Kapellan mit sämtlichem Apparat nach Santo Stefano sich begeben hatte. Er wollte, daß statt des Kapellans der Bischof von Como den Gottesdienst halten sollte: dieser aber hatte irgendeine Verhinderung. Da fand er sich geradezu genötigt, nach der Kirche zu gehen, und ließ zuerst seine Söhne Giovan Galeazzo und Ermes zu sich führen, die er mehrmals umarmte und küßte, so daß es schien, als könnte er sich von ihnen nicht trennen. Endlich aber machte er sich auf, verließ das Castell und begab sich zwischen den Gesandten von Mantua und Ferrara nach der Kirche. Unterdessen hatten die Verschworenen, um weniger Verdacht zu erregen und der scharfen Kälte zu entgehen, in ein Gemach des ihnen befreundeten Erzpriesters sich zurückgezogen; als sie aber vernahmen, der Herzog komme, kehrten sie in die Kirche zurück, wo Giovan Andrea und Girolamo rechts vom Eingange sich aufstellten, Carlo zur Linken. Schon traten mehrere der Begleiter ein, hierauf Galeazzo selber, von zahlreichem Gefolge umgeben, wie es für eine so feierliche Gelegenheit sich schickte. Die ersten, welche vorwärts kamen, waren Lampugnano und Olgiato. Indem sie sich stellten, als wollten sie für den Herzog Platz machen, näherten sie sich ihm und griffen ihn an mit den kurzen scharf geschliffenen Waffen, die sie in den Ärmeln verborgen hielten. Lampugnano gab ihm zwei Stiche, den einen in den Unterleib, in die Kehle den andern, während auch Olgiato ihm in Brust und Kehle Wunden beibrachte. Carlo Visconti, welcher zunächst der Türe stand und an dem der Herzog schon vorbeigegangen, als er von seinen Gefährten angegriffen wurde, konnte ihn nicht von vorne verwunden, durchbohrte ihm aber mit zwei Stichen Schulter und Rücken. Diese sechs Wunden folgten einander so plötzlich und rasch, daß Galeazzo schon am Boden lag, ehe man der Tat recht inneward. Er konnte nichts tun noch sagen, als im Fallen den Namen Mariä ausrufen. Als er dalag, entstand das wildeste Getöse: eine Menge Schwerter fuhren aus den Scheiden, und, wie es bei solchem unvorhergesehenen Tumult zu geschehen pflegt, einer floh aus der Kirche, ein anderer eilte nach der Stelle, wo die Tat geschehen, ohne vom Wie noch Warum etwas zu wissen. Die dem Herzog Zunächststehenden aber, welche ihren Herrn leblos daliegen sahen und die Mörder kannten, stürzten auf sie los. Lampugnano wollte die Kirche verlassen, geriet aber unter die Frauen, die an jenem Tage in großer Zahl zugegen waren und kniend beteten, so daß er sich in deren Gewändern verwickelte und von einem Mohren, Reitknecht des Ermordeten, erreicht und niedergestoßen ward. Auch Carlo wurde von den Umstehenden getötet. Girolamo Olgiato aber, dem es gelungen war, in dem Gedränge aus der Kirche zu fliehen, und der, als er seine Freunde tot sah, nicht wußte, wohin er sich wenden sollte, eilte nach seinem Hause, wo Vater und Brüder ihm Aufnahme verweigerten. Seine Mutter hingegen, im Erbarmen über den Sohn, empfahl ihn einem Geistlichen, einem alten Freunde des Hauses, welcher ihn in seine Kleider steckte und nach seiner Wohnung geleitete. Hier blieb er zwei Tage lang verborgen, nicht ohne Hoffnung, irgendein Tumult werde in Mailand entstehen und ihn retten. Als dies aber nicht geschah und er in seinem Verstecke aufgespürt zu werden besorgte, wollte er heimlich fliehn: aber man erkannte ihn und vor der Justiz entdeckte er den ganzen Zusammenhang der Verschwörung. Er war dreiundzwanzig Jahre alt und nicht minder mutig im Todesgange, als er sich bei der Tat gezeigt hatte. Denn als er unbekleidet vor dem Henker stand, der, das Messer in der Hand, sein Werk beginnen wollte, sprach er folgende lateinische Worte: Mors acerba, fama perpetua, stabit vetus memoria facti[245].

Die unglücklichen jungen Männer hielten ihren Plan völlig geheim und führten ihn mit großer Entschlossenheit aus: nur dadurch scheiterte ihr Vorhaben, daß jene, von welchen sie Nachahmung und Beistand gehofft, ihnen weder folgten noch sie verteidigten. Drum mögen die Fürsten lernen, so zu leben und Verehrung und Liebe zu erwerben, daß keiner durch ihren Tod sein Heil zu erlangen hoffen könne; die andern aber mögen hieraus ersehen, wie eitel der Gedanke, der uns zum Glauben verleitet, die Menge, auch wenn sie unzufrieden, werde uns in Gefahren beistehen oder anhangen.

Dieser Vorfall setzte ganz Italien in Schrecken. Mehr aber noch taten dies die Ereignisse, welche nicht lange darauf Florenz verstörten und jenem Frieden ein Ende machten, der zwölf Jahre hindurch gewährt hatte. Dies wird im folgenden Buche erzählt werden, dessen Ende trübe und tränenreich sein wird wie sein Anfang blutig und entsetzenvoll.

Achtes Buch

Da der Anfang des gegenwärtigen Buches zwischen zwei Verschwörungen mitten innesteht, von denen die eine, in Mailand vorgefallene bereits erzählt worden, die andere in Florenz noch an die Reihe kommen wird: so möchte es passend erscheinen, daß wir, unserer Gewohnheit gemäß über die Beschaffenheit der Verschwörungen und deren Wichtigkeit sprächen. Dies würde gerne geschehen, hätte ich nicht schon an anderem Orte[246] darüber gesprochen, oder ließe der Gegenstand sich in Kürze behandeln. Da er hingegen ausführliche Betrachtung heischt und schon erwähnt worden ist, so wollen wir dabei nicht verweilen, sondern, zu anderen Dingen übergehend, sagen, wie das Regiment der Medici, nachdem es alle offenen Angriffe abgeschlagen, auch die im Geheimen sich bereitenden Feindschaften besiegen mußte, um dies Haus zu alleiniger Herrschaft in Florenz zu führen um ihm eine vor den übrigen sich auszeichnende bürgerliche Stellung zu geben. Denn so lange die Medici mit gleicher Autorität und unter gleichen Verhältnissen mit einigen der andern Geschlechter kämpften, konnten die Bürger, die ihre Macht beneideten, ihnen offen sich widersetzen, ohne zu fürchten, gleich im Beginn ihres Widerstandes unterdrückt zu werden. Nachdem nämlich die Magistrate frei geworden, hatte keine der Parteien Grund zu Befürchtungen, ausgenommen nach einer Niederlage. Seit dem Siege des Jahres sechsundsechzig aber vereinte sich die gesamte

Gewalt so sehr in den Händen der Medici und diese stiegen zu solcher Autorität, daß die Mißvergnügten entweder in diese Verhältnisse sich ruhig fügen, oder, wollten sie eine Änderung herbeiführen, dies heimlich und mittels Verschwörungen versuchen mußten. Solche Mittel aber, da sie selten von Erfolg begleitet sind, stürzen meist ihre Urheber ins Verderben, während sie die Größe der Bedrohten sichern. Daher kommt es, daß in der Mehrzahl der Fälle ein Fürst, gegen welchen solche Verschwörungen eingeleitet worden, wenn sie ihn nicht das Leben kosten, wie beim Herzog von Mailand der Fall war aber eine Seltenheit ist, zu größerer Macht gelangt und, war er gut, böse wird. Denn Anlässe dieser Art geben ihm Grund zu fürchten, die Furcht bestimmt ihn, sich zu sichern, das Verlangen nach Sicherheit läßt ihn andern zu nahe treten: woher denn Haß entsteht und am Ende oft sein Untergang. So stürzen denn solche Verschwörungen ihren Urheber sogleich, während sie auf alle Weise und mit der Zeit dem schaden, gegen den sie gerichtet sind.

Italien war, wie wir oben gezeigt, in zwei große Parteien zerfallen. Einerseits Papst und König, – andererseits Venedig, der Herzog, die Florentiner. Und war auch noch kein Krieg zwischen ihnen ausgebrochen, so wiederholten sich doch täglich die Anlässe dazu. Namentlich suchte der Papst durch jede seiner Unternehmungen den Florentinern zu schaden. Als nun Messer Filippo de' Medici, Erzbischof von Pisa, gestorben, erteilte der Papst das Erzbistum gegen den Willen der Signorie von Florenz dem Francesco Salviati[247], den er als Feind des Medizeischen Hauses kannte. Indem aber die Signorie sich seiner Besitznahme widersetzte, entstanden neue Mißverständnisse mit dem Papste, welcher überdies in Rom der Familie der Pazzi sehr geneigt sich erwies, während er den

FILIPPO DE' MEDICI
ERZBISCHOF VON PISA

Medici bei jeder Gelegenheit entgegen war. Damals ragten unter allen florentinischen Familien die Pazzi durch Reichtum und Adel hervor. Ihr Haupt war Jacopo, welchem um jener Ursachen willen das Volk die Ritterwürde erteilte. Er hatte keine Kinder, eine natürliche Tochter ausgenommen; doch hatte er viele Neffen, Söhne seiner Brüder Messer Piero und Antonio, deren erstere Guglielmo, Francesco, Rinato, Giovanni, sodann Andrea, Niccolò und Galeotto. Den Reichtum und die Vornehmheit des Hauses kennend, hatte Cosimo de' Medici seine Enkelin Bianca[248] mit Guglielmo verbunden, in der Hoffnung dieses Band würde die Familien mehr einigen und Haß und Feindschaft tilgen, die meist im Verdacht ihren Ursprung haben. Wie aber menschliche Pläne unsicher und trügerisch sind, so ging die Sache anders: denn Lorenzos Ratgeber stellten ihm vor, es sei gefährlich und für sein Ansehen bedrohlich, wenn Reichtümer und Autorität sich in irgendeiner Familie vereinigten. Dies war die Veranlassung, dem Messer Jacopo und dessen Neffen die Ehrenstellen vorzuenthalten auf welche sie nach dem Vorgang anderer Bürger Anspruch hatten. Dadurch entstand bei den Pazzi der erste Groll, bei den Medici die erste Besorgnis: wie diese stieg, stieg auch jener, weshalb die Pazzi bei jedem Anlaß, wo andere Bürger mit ihnen wetteiferten, von den Magistraten zurückgesetzt wurden. Und da Francesco de' Pazzi zu Rom war, nötigte ihn der Magistrat der Achte, ohne die bei vornehmen Bürgern sonst übliche Rücksicht, wegen einer geringfügigen Ursache nach Florenz zu kommen. Die Pazzi begannen nun überall mit scharfen und ärgerlichen Worten sich zu beschweren, und mehrten dadurch Verdacht und Widerwillen. Giovanni de' Pazzi hatte zur Gattin die Tochter des Giovanni Buonromei[249], eines sehr reichen Mannes, dessen Güter in Ermangelung anderer

Kinder nach seinem Tode an diese Tochter fielen. Sein Neffe Carlo aber bemächtigte sich eines Teils dieser Güter, und als die Sache zum Prozeß kam, wurde ein Gesetz erlassen, welches die Frau Giovannis ihres väterlichen Erbes beraubte und dies dem Carlo zusprach. Die ganze Familie der Pazzi erkannte, daß dieser Streich von den Medici kam. Giuliano de' Medici machte darüber seinem Bruder Lorenzo oft Vorstellungen, indem er sagte, er befürchte, sie würden alles verlieren, weil sie nach zu vielem strebten.

Lorenzo aber, durch Jugend und Macht angespornt, wollte an alles denken und alle seine Autorität fühlen lassen. Da nun die Pazzi, bei ihrem Reichtum und ihrer Vornehmheit, so viele Beleidigungen nicht mehr zu ertragen vermochten, begannen sie auf Rache zu sinnen. Der erste, welcher gegen die Medici sprach, war Francesco. Dieser war entschlossen zugleich und empfindlicher als irgendeiner der andern, so daß er sich vornahm, entweder zu erkämpfen, was ihm fehlte, oder aufs Spiel zu setzen, was er besaß. Und da die Regierenden zu Florenz ihm verhaßt waren, lebte er beinahe anhaltend in Rom, wo er nach der Sitte der florentinischen Handelsleute große Summen in Umlauf hatte. Da er nun mit dem Grafen Girolamo sehr befreundet war, beschwerten sie sich oft gegenseitig über die Medici. Nach vielen Klagen kamen sie endlich zu dem Schlusse: um dem einen den ruhigen Besitz seiner Herrschaften, dem andern ruhiges Leben in seiner Vaterstadt zu sichern, sei es nötig, die Verwaltung in Florenz zu stürzen, was sie ohne den Tod Lorenzos und Giulianos nicht ausführen zu können glaubten. Sie waren der Meinung, der Papst und der König würden ohne Schwierigkeit ihre Zustimmung geben, wenn man dem einen wie dem andern die Ausführbarkeit der Sache zeigte. Nachdem sie nun auf diese

Idee gekommen, besprachen sie das Ganze mit Francesco Salviati, Erzbischof von Pisa, der ihnen mit Freuden die Hand bot, sowohl seiner ehrgeizigen Natur wegen, als weil die Medici ihm eben noch so sehr im Wege gestanden. Und indem sie nun miteinander überlegten, was wohl zu tun wäre, beschlossen sie, um sich eines bessern Gelingens zu versichern, den Messer Jacopo de' Pazzi in ihr Geheimnis zu ziehn, ohne welchen sie nichts vollbringen zu können glaubten. Um dieser Sache willen ging also Francesco de' Pazzi nach Florenz, während der Erzbischof und der Graf in Rom blieben, dem Papste die Sache mitzuteilen, sobald sich ein passender Moment dazu ergäbe. Francesco fand den Messer Jacopo bedenklicher und minder geneigt, als er gewünscht hätte, so daß, als er dies nach Rom meldete, man größerer Autorität sich zu bedienen beschloß, um auf seinen Entschluß zu wirken. Der Erzbischof und der Graf zogen also einen der päpstlichen Hauptleute, Giovanni Batista da Montesecco, ins Geheimnis. Dieser galt für einen guten Kriegsmann und war dem Grafen wie dem Papste verpflichtet. Dessen ungeachtet deutete er auf die Schwierigkeiten und Gefahren des Unternehmens hin: Bedenken, welche der Erzbischof zu entfernen sich bestrebte, indem er die vom Papst und König zu erwartende Hilfe und den Haß der Bürger gegen die Medici vorschob, wie den Beistand der Verwandten, welche sich zu den Salviati und Pazzi schlagen würden, die Leichtigkeit, die Brüder in der Stadt zu ermorden, weil sie ohne Begleitung und Verdacht umherwanderten, worauf es sodann weniger Mühe kosten würde, die Regierung umzuändern. Dennoch war Giovanni Batista nicht völlig überzeugt, da er von vielen andern Florentiner Bürgern andere Reden vernommen hatte.

Während man so diese Sache überlegte, erkrankte der

Herr Carlo[250] von Faenza, so daß man an seinem Aufkommen zweifelte. Dies bot dem Grafen und dem Erzbischof eine Gelegenheit, den Montesecco nach Florenz und von dort nach der Romagna zu senden, unter dem Vorwande, gewisse Ländereien wiederzuerlangen, die der Herr von Faenza besetzt gehalten hatte. Der Graf trug ihm auf, mit Lorenzo zu reden und ihn um Rat zu ersuchen, wie er sich in den romagnolischen Angelegenheiten zu verhalten habe; hierauf sollte er mit Francesco de' Pazzi sprechen, und im Verein mit diesem versuchen, den Messer Jacopo umzustimmen. Um aber an der Autorität des Papstes eine Stütze zu haben, veranstalteten sie, daß er vor seiner Abreise mit Sictus reden konnte, welcher dem Unternehmen allen möglichen Beistand zusagte. Als nun Giovanni Batista in Florenz angelangt, begab er sich zuerst zu Lorenzo de' Medici, von welchem er aufs freundlichste aufgenommen ward und verständigen und gewogenen Rat erhielt, so daß jener voll Verwunderung war, indem ihm schien, er habe einen ganz andern Mann gefunden als er erwartet, geneigt und bedachtsam und gegen den Grafen gut gesinnt. Nichtsdestoweniger wollte er mit Francesco reden und da er ihn nicht traf, indem dieser sich nach Lucca begeben, wandte er sich an Messer Jacopo, welchen er anfangs dem Vorhaben sehr abgeneigt fand. Die Stimmung des Papstes aber hatte doch einigen Einfluß auf ihn, so daß er dem Montesecco sagte, er möge seine Geschäfte in der Romagna abmachen und dann zurückkehren, wo Francesco in der Stadt sein und sie die Sache reiflich überlegen würden. Giovanni Batista ging und kehrte zurück, unterhielt sich mit Lorenzo, um den Schein zu retten, über die Angelegenheiten des Grafen, und war dann mit den beiden Pazzi. Das Ergebnis war, daß Messer Jacopo seine Zustimmung gab. Dann besprachen sie das Wie. Messer Jacopo hielt die Sache nicht für ausführbar, während beide Brüder in Florenz verweilten: er schlug vor, man sollte warten, bis Lorenzo nach Rom ginge, wovon die Rede war, und dann zur Tat schreiten. Francesco war damit einverstanden, doch meinte er, für den Fall, daß die beabsichtigte Reise nicht stattfinden sollte, könnte man beide Brüder bei einer Hochzeit, oder beim Spiel, oder aber in der Kirche umbringen. Was aber fremde Hilfe betreffe, so könne ja der Papst Mannschaft zusammenziehen, um sie gegen das Kastell Montone ziehen zu lassen, indem er gerechten Grund habe, es dem Grafen Carlo Fortebracci zu nehmen, wegen der von demselben veranlaßten Unruhen in den Gebieten von Perugia und Siena, von denen oben die Rede war. Dennoch kam man zu keinem andern Entschluß, als daß Francesco de' Pazzi und Montesecco nach Rom gehen und dort mit dem Grafen und dem Papste alles anordnen sollten. In Rom also ward die Sache von neuem besprochen, und da das Unternehmen gegen Montone nun wirklich zustande kommen sollte, so wurde beschlossen, daß Giovanni Francesco von Tolentino, päpstlicher Hauptmann, nach der Romagna gehn, Messer Lorenzo von Castello aber in seine Heimat sich begeben und beide ihre Kompanien vollzählig machen und bereit halten sollten, um zu tun, was der Erzbischof Salviati und Francesco de' Pazzi ihnen befehlen würden. Die Genannten sollten inzwischen mit Giovanni Batista da Montesecco nach Florenz gehn und dort alles vorbereiten, was notwendig sein würde zur Ausführung des Unternehmens, dem der König von Neapel mittels seines Gesandten jegliche Unterstützung verhieß. Nachdem nun Francesco und der Erzbischof nach Florenz gekommen, zogen sie an sich heran den Jacopo, Sohn Messer Poggio Bracciolinis[251], einen gelehrten jungen Mann, aber ehrgeizig und neuerungssüchtig, sodann zwei Jacopo Salviati, von denen der eine ein Bruder, der andere ein Verwandter des Erzbischofs, überdies den Bernardo Bandini und Napoleone Franzesi[252], verwegene junge Leute, welche gegen die Pazzi viele Verpflichtungen hatten. Von Fremden schlugen sich noch zu ihnen Messer Antonio von Volterra und ein Priester namens Stefano, welcher der Tochter Messer Jacopos in der lateinischen Sprache Unterricht erteilte. Rinato de' Pazzi, ein ernster und verständiger Mann, der die aus solchen Unternehmungen hervorgehenden Übel in ihrer ganzen Ausdehnung kannte, ließ sich nicht nur nicht in die Verschwörung ein, sondern verabscheute sie und suchte sie durch alle ihm zu Gebote stehenden ehrbaren Mittel zu verhindern.

Der Papst hatte den Raffaello di Riario[253], Neffen des Grafen Girolamo, nach der Universität zu Pisa gesandt, um sich dort im Abfassen päpstlicher Schreiben zu üben. Während der Jüngling noch dort verweilte, erteilte er ihm die Kardinalswürde. Nun kamen die Verschwornen auf den Gedanken, diesen Kardinal nach Florenz zu führen, um auf solche Weise ihre Anschläge zu verheimlichen, indem die Leute, deren sie zur Ausführung bedurften, im Gefolge des Riario auftreten konnten. Als dieser also angelangt, ward er von Jacopo de' Pazzi in seinem Landhause zu Montughi[254] dicht bei der Stadt empfangen. Die Verschwornen wünschten mittels seiner den Lorenzo und Giuliano vereint zu treffen und sie so zu ermorden. Sie veranstalteten es daher, daß diese den Kardinal auf ihre Villa bei Fiesole luden, wo indes Giuliano, sei es Zufall oder Absicht, nicht erschien. Da dies nun fehlgeschlagen, dachten sie, daß bei einem in Florenz anzustellenden Gastmahl beide zu erscheinen sich nicht würden enthalten können. So luden sie denn für den Sonntag des 26. April 1478 zu diesem Feste ein. Im Glauben, daß es ihnen nun gelingen würde, sie bei demselben zu ermorden, versammelten sie sich in der Nacht vom Sonnabend und besprachen alles, wie es am folgenden Tage geschehen sollte. Als aber der Tag gekommen, wurde dem Francesco gemeldet, Giuliano sei verhindert teilzunehmen. Die Häupter der Verschwornen berieten sich nun von neuem und kamen überein, man dürfe keine Zeit verlieren, die Sache ins Werk zu setzen, indem bei so vielen Mitwissenden längere Verheimlichung unmöglich sei. So wurden sie denn eins, die beiden Brüder in der Kirche Santa Reparata[255] zu töten, wo sie zugleich mit dem Kardinal ihrer Gewohnheit gemäß sich einfinden würden. Sie wollten, Montesecco sollte es übernehmen Lorenzo zu töten, Francesco de' Pazzi und Bernardo Bandini den Giuliano. Giovan Batista aber weigerte sich, sei es, daß der vielfache Umgang mit Lorenzo ihn milder gestimmt, oder daß andere Gründe bei ihm obwalteten. Er erklärte, er könne sich nie entschließen, eine solche Tat in der Kirche zu begehen und Verrat mit Tempelschändung zu verbinden. Dies legte den Grund zum Mißlingen des ganzen Unternehmens. Denn da die Zeit drängte, waren sie genötigt, dies Geschäft dem Messer Antonio von Volterra und dem Priester Stefano zu übertragen, die beide von Natur, wie wegen ihres Mangels an Übung in Führung der Waffen, dazu völlig untauglich waren. Denn wenn zu irgendeiner Tat Seelenstärke und Entschlossenheit, Erfahrung und Todesverachtung erfordert werden, so ist es bei einer solchen der Fall, wobei man oft waffenkundige und an Blut gewohnte Männer den Mut verlieren gesehen hat. Nun bestimmten sie noch, das Signal zur Ausführung sollte die Kommunion des Messelesenden Priesters sein; der Erzbischof Salviati mit den Seinen und Jacopo, der Sohn Messer Poggios sollten unterdes den Palast besetzen, damit die Signorie, freiwillig oder unfreiwillig, ihnen beistimmen müßte nach der Ermordung der beiden Medici.

Nachdem sie alles dies angeordnet, begaben sie sich nach der Kirche, wo der Kardinal bereits mit Lorenzo eingetroffen war. Die Kirche war mit Menschen gefüllt und schon hatte der Gottesdienst seinen Anfang genommen, als Giuliano noch fehlte. Da begaben sich Francesco de' Pazzi und Bandini, die ihn zu morden bestimmt waren, nach dessen Wohnung und führten ihn unter Bitten und gleisnerischen Worten nach der Kirche. Es ist wahrhaft bemerkenswert, daß Francesco und Bernardo so heftigen Haß und so verruchte Absicht unter so vieler Freundlichkeit und Zureden zu verbergen vermochten: denn während sie mit ihm gingen, unterhielten sie ihn durch Scherze und heitere Reden. Und Francesco, unter dem Scheine, ihn zu liebkosen, berührte ihn mit der Hand und dem Arme, um sich zu vergewissern, ob er einen Panzer oder eine sonstige Schutzwaffe trüge. Giuliano und Lorenzo kannten wohl die Abgeneigtheit der Pazzi und ihren Wunsch, ihnen die Regierung zu entreißen: aber sie waren nicht für ihr Leben besorgt, indem sie glaubten, daß jene einen Versuch, zur Herrschaft zu gelangen, ohne Gewalttätigkeit durch die seither üblichen Mittel machen würden. Deshalb stellten auch sie sich, als wären sie ihre Freunde, ohne auf eigene Sicherheit zu achten. So waren denn die Mörder bereit, neben Lorenzo die einen, wo sie wegen der Volksmenge ohne Verdacht stehn konnten, die andern um Giuliano herum. Da kam der verabredete Moment: Bernardo Bandini durchbohrte mit einer kurzen Waffe die Brust Giulianos, der nach wenigen Schritten niedersank, worauf Francesco de' Pazzi sich über ihn hinwarf und mit solcher Wut auf ihn losstach, daß er sich selbst eine schwere Schenkelwunde beibrachte. Auf der andern Seite griffen Messer Antonio und Stefano den Lorenzo an: von ihren Streichen aber verwundete nur einer ihn unbedeutend am Halse, denn, sei es, daß sie

VERSCHWÖRUNG DER PAZZI
OBEN: ERRETTUNG LORENZOS DE' MEDICI
UNTEN: ERMORDUNG GIULIANOS
AM HOCHALTAR DES DOMS

ungeschickt waren oder daß Lorenzo mutig mit seiner Waffe sich verteidigte, oder daß Hilfe von den Umstehenden ihm ward: alle ihre Bemühungen scheiterten. In ihrer Angst flohen sie und verbargen sich, wurden aber entdeckt, schmachvoll erschlagen und durch die ganze Stadt geschleppt. Unterdes teilte Lorenzo mit den Freunden, die sich rasch um ihn sammelten, nach der Sakristei, in die er sich einschloß. Als Bernardo Bandini sein Opfer daliegen sah, ermordete er noch den Francesco Nori, einen vertrauten Freund der Medici, entweder aus altem Haß oder weil dieser dem Giuliano zu helfen sich bemühte. Und noch nicht zufrieden mit diesem zwiefachen Mord, eilte er Lorenzo nach, um durch seine Entschlossenheit und Raschheit wieder gut zu machen, was die andern durch Langsamkeit und Schwäche verdorben: aber er vermochte nichts auszurichten, da er die Sakristei verschlossen fand. Inmitten dieser grauenvollen Auftritte, die so entsetzlich waren, daß die Kirche darüber einzustürzen schien, hatte der Kardinal sich an den Altar gedrängt, wo er mit genauer Not von den Priestern beschützt ward, bis nach dem Aufhören des Tumults die Signorie ihn nach ihrem Palast geleiten konnte, wo er unter starkem Verdacht bis zu seiner Freilassung wohnen blieb.

In jener Zeit verweilten in Florenz einige Bürger aus Perugia, welche durch Faktionen aus der Heimat vertrieben worden waren. Diese waren durch das Versprechen der Heimkehr in ihre Vaterstadt von den Pazzi in ihr Interesse gezogen worden. So hatte denn der Erzbischof Salviati, der mit Jacopo Bracciolini und seinen Verwandten und Freunden ausgezogen war, den Palast zu besetzen, sie mit sich geführt. Am Palast angelangt, ließ er einen Teil der Seinen unten, mit dem Befehl, sobald sie Lärm hörten, die Pforte zu besetzen, während er mit dem größern Teil der Peruginer hinaufging. Da er fand, daß die Signorie bei der Tafel saß, indem es schon spät war, wurde er bald darauf zum Gonfaloniere Cesare Petrucci gelassen. Mit einigen wenigen eintretend, ließ er die übrigen draußen, von denen die meisten sich selber in der Kanzlei einschlossen, deren Türe so eingerichtet war, daß sie, zugeschlagen, nur mittels der Schlüssel von innen wie außen geöffnet werden konnte. Der Erzbischof unterdessen, unter dem Vorwand, dem Gonfaloniere einen Auftrag des Papstes ausrichten zu wollen, begann mit unsichern, unzusammenhängenden Worten zu ihm zu reden, so daß die Verwirrung, die er in Miene und Sprache zeigte, Cesares Verdacht in solchem Grade erregte, daß dieser mit lautem Rufe aus dem Zimmer eilte, auf Jacopo Bracciolini stieß, ihn bei den Haaren ergriff und seinen Amtsdienern überlieferte. Und als nun unter den Signoren Lärm entstand und sie zu den Waffen griffen, welche der Zufall ihnen in die Hände gab, wurden alle Begleiter des Erzbischofs, die teils eingesperrt, teils erschrocken waren, entweder sogleich getötet oder noch lebend zu den Fenstern des Palastes hinausgeworfen, der Erzbischof aber, seine beiden Verwandten und Jacopo Bracciolini gehängt. Die Untengebliebenen hatten unterdes die Wache überrumpelt, das Tor besetzt und das ganze Erdgeschoß eingenommen, so daß die Bürger, welche bewaffnet und unbewaffnet bei dem Lärm nach dem Palast eilten, der Signorie weder Beistand noch Rat zu bringen vermochten.

Francesco de' Pazzi aber und Bernardo Bandini, welche Lorenzo gerettet sahen, und von denen der erstere, auf dem die Hoffnung auf Erfolg hauptsächlich beruhte, schwer verwundet war, verloren den Mut. Mit jener Raschheit des Entschlusses, welche er im Handeln gegen die Medici an den Tag gelegt, war Bandini nur auf eigene

Rettung bedacht, und da er das Unternehmen gescheitert sah, ergriff er die Flucht. Francesco, nach Hause zurückgekehrt, versuchte, ob er sich zu Pferde halten könnte, da es in der Absicht gelegen, mit Bewaffneten durch die Stadt zu ziehn und das Volk zur Freiheit und zu den Waffen aufzurufen: aber er vermochte es nicht, so tief war die Wunde und so groß der Blutverlust. So warf er sich denn unangekleidet aufs Lager hin und bat Messer Jacopo das zu tun, was er nicht tun konnte. Obschon letzterer bejahrt war und in solchen Dingen, wo es darauf ankam eine tumultierende Menge zu leiten, keine Erfahrung hatte, wollte er doch diesen letzten Versuch wagen, das Glück zurückzuführen. So stieg er denn zu Pferde, mit etwa hundert Bewaffneten, die zu diesem Zwecke im voraus bereitgehalten waren, und eilte nach dem Platz vor dem Palaste, Volk und Freiheit zu seinem Beistande anrufend. Da aber das eine durch das Glück und die Freigebigkeit der Medici taub geworden, die andere in Florenz nicht mehr bekannt war, so ward ihm von keiner Seite Antwort. Nur die Signoren, welche im obern Teil des Palastes schalteten, begrüßten ihn mit Steinwürfen und erschreckten ihn durch Drohungen. Als Messer Jacopo nun nicht wußte, woran er war, kam ihm sein Schwager Giovanni Serristori entgegen, der ihm erst wegen der durch sie veranlaßten Verwirrung Vorwürfe machte, dann ihn veranlaßte, nach Hause zurückzukehren, indem er ihn versicherte, Volk und Freiheit lägen den übrigen Bürgern ebensosehr am Herzen wie ihm. Als nun Messer Jacopo jede Hoffnung aufgeben mußte, da er die Signorie feindlich, Lorenzo lebend, Francesco verwundet, sich selber aber von keinem gefolgt sah, und nicht wußte, was zu beginnen: beschloß er, womöglich durch die Flucht sein Leben zu retten, und verließ mit seinem bewaffneten Haufen die Stadt, um sich nach der Romagna zurückzuziehn.

Unterdessen war ganz Florenz unter Waffen. Von einem wehrhaften Haufen begleitet, war Lorenzo de' Medici nach Hause zurückgekehrt. Das Volk hatte den Palast wiedergenommen und die Eindringlinge erschlagen oder zu Gefangenen gemacht. In der ganzen Stadt rief man den Namen der Medici: die Gliedmaßen der Ermordeten sah man auf den Spitzen der Waffen steckend umhertragen oder durch die Straßen schleppen; überall vernahm man Ausbrüche des Hasses, überall sah man grause Handlungen gegen die Pazzi. Schon hatte das Volk ihre Wohnungen gestürmt, Francesco unbekleidet, wie er war, nach dem Palast geschleppt und dort neben dem Erzbischof gehängt. Soviel Unbilden ihm auch unterwegs und nachher zugefügt wurden, so entlockte man ihm doch keinen Laut: er sah, ohne zu klagen, die Umstehenden starr an und seufzte. Lorenzos Schwager, Guglielmo de' Pazzi, rettete sich in dessen Wohnung durch seine Unschuld, wie durch die Hilfe seiner Gattin Bianca. Keinen Bürger gab es, der nicht mit oder ohne Waffen nach den Mediceischen Häusern geeilt wäre und in dieser Unordnung sich und seine Habe dargeboten hätte: so groß war die Gunst, in welche die Familie sich durch Klugheit und Liberalität zu setzen gewußt hatte. Rinato de' Pazzi hatte sich, als die Handlung vor sich ging, auf seinen Landsitz begeben, von wo er, als er den Ausgang vernahm, verkleidet entfliehn wollte; indes ward er unterwegs erkannt und nach der Stadt geführt. Auch Messer Jacopo wurde gefangengenommen, als er das Gebirge überschreiten wollte: denn die Bergbewohner hatten schon von dem Vorfall gehört und als sie ihn auf der Flucht sahen, griffen sie ihn und brachten ihn nach Florenz zurück. Er bat sehr, sie möchten gleich seinem Leben ein Ende machen, aber er konnte es nicht erlangen.

Vier Tage nach der Tat wurden Messer Jacopo und Rinato gerichtet. Und unter so vielen Mordtaten, die in diesen Tagen verübt worden, so daß die Straßen voll zerrissener Glieder lagen, erregte keine Hinrichtung Mitleid, die des Rinato ausgenommen, den man als verständigen und guten Mann kannte und welchem man nicht den Hochmut schuld gab, den man an den übrigen des Hauses tadelte. Den ganzen Vorfall noch entsetzlicher und zum warnenden Beispiel zu machen, wurde Messer Jacopo, den man erst in der Gruft seiner Altvordern beigesetzt hatte, als ein im Kirchenbann Liegender herausgerissen und außerhalb der Stadtmauer begraben: auch dort aber zog man ihn wieder hervor, schleppte die Leiche, mit dem Strick um den Hals, wie er gestorben, durch die ganze Stadt und warf sie endlich, da sie im Boden keine Ruhestätte gefunden, in den Arno, dessen Gewässer gerade damals sehr angeschwollen waren. Ein bezeichnendes Beispiel für den Unbestand des Geschicks war dieser betäubende und schmachvolle Ausgang eines so reichen und hochstehenden Mannes. Man erzählt unter andern Untugenden von ihm, daß er dem Spiel und Flüchen hingegeben war, wie nur der ausschweifendste Mensch sein konnte. Er suchte dies durch seine vielen Almosen gutzumachen, indem er Arme und Wohltätigkeits-Anstalten reichlich unterstützte. Zu seinem Lobe läßt sich noch anführen, daß am Tage vor dem zum Mord bestimmten Sonntage, um niemand in sein Mißgeschick hineinzuziehn, er alle seine Schulden bezahlte und alle andern gehörenden Waren, die er in seinen Magazinen und im Zollamt hatte, mit größter Ordnung und Geschwindigkeit ihren Besitzern ablieferte. Dem Giovanni Batista da Montesecco ward nach langem Verhör der Kopf abgeschlagen. Napoleone Franzesi entging ähnlichem Schicksal durch die Flucht. Dem Guglielmo de'

LORENZO DE' MEDICI
«IL MAGNIFICO»

Pazzi wurde ein Verbannungsort angewiesen; seine Vettern, die mit dem Leben davongekommen, tief unten in der Burg von Volterra eingekerkert. Nachdem aller Tumult zu Ende und die Verschwornen bestraft worden, feierte man, unter Tränen der ganzen Bürgerschaft, Giulianos Bestattung. Die Trauer war so groß, weil in diesem jungen Manne soviel Großmut und Menschenfreundlichkeit vereint gewesen, als man nur immer bei einem inmitten so großer Glücksgüter Gebornen wünschen konnte. Erst einige Monate nach seinem Tode kam ein natürlicher Sohn von ihm zur Welt, welcher Giulio genannt wurde und jene hohe Tugend und das Glück in sich trug, welche gegenwärtig alle Welt kennt und welche von uns ausführlich dargestellt werden sollen, wenn wir, soferne Gott uns Leben verleiht, an die Schilderung der Jetztzeit kommen werden[256]. Die Truppen, welche im Tibertal und in der Romagna sich gesammelt hatten, waren zur Unterstützung der Pazzi auf dem Wege nach Florenz, kehrten aber um, als das Mißlingen des Unternehmens bekannt ward.

Da nun die Umwälzung der öffentlichen Verhältnisse in Florenz, wie der Papst und König sie wünschten, nicht erfolgt war, so beschlossen sie das durch Verschwörungen nicht Erreichte durch Krieg zu erzielen. Mit großer Schnelligkeit zogen sie also ihre Truppen zusammen, das Gebiet der Republik anzugreifen, indem sie verkündigten, sie wollten nichts anderes von dieser, als daß sie Lorenzo de' Medici von den Geschäften entferne, der allein unter allen Bürgern ihr Feind sei. Schon waren die königlichen Truppen über den Tronto gegangen, die päpstlichen ins Peruginische eingerückt. Damit aber die Florentiner neben den zeitlichen auch durch geistliche Waffen bedrängt werden möchten, tat der Papst sie in den Bann und verfluchte sie. Als nun die Florentiner so große

Macht heranrücken sahen, bereiteten sie sich in höchster Eile zur Gegenwehr. Und Lorenzo de' Medici, da dem Vorgeben zufolge der Krieg seinetwegen geführt ward, wollte im Palast zugleich mit den Signoren alle angesehensten Bürger, mehr denn dreihundert an der Zahl, vereinigen, denen er folgende Rede hielt: «Ich weiß nicht, erhabene Herren, und ihr erlauchte Bürger, ob ich klagen soll über das Vorgefallene, oder mir dazu Glück wünschen. In Wahrheit, wenn ich bedenke, mit welchem Trug, mit welchem Haß ich angefallen, mein Bruder gemordet worden, so kann ich nicht umhin mich zu betrüben und mit ganzem Herzen und ganzer Seele darüber zu trauern. Betrachte ich dann, mit welcher Raschheit, mit welchem Eifer, mit welcher Anhänglichkeit und Einstimmigkeit der ganzen Stadt mein Bruder gerächt und ich beschützt worden, so muß ich nicht nur mich darüber freuen, sondern es mir zur Ehre und zum Ruhme anrechnen. Wenn nun auch sicherlich die Erfahrung mir bewiesen hat, daß ich in dieser Stadt mehr Gegner besaß, als ich dachte, so hat sie andrerseits mir auch dargetan, daß wärmere und treuere Freunde mir lebten, als ich glauben durfte. So bin ich denn genötigt, bei euch über fremde Feindseligkeit mich zu beklagen und über eure Geneigtheit mich zu erfreuen: aber ich bin gezwungen, die Beschwerden über die geschehene Gewalttat vorwalten zu lassen, je seltener dieselbe, je beispielloser, je unverdienter sie war. Bedenkt, o erlauchte Bürger, wohin das Mißgeschick unser Haus geführt, das, umgeben von Verwandten und Freunden, in der Kirche selbst keine Sicherheit mehr fand. Wer mit dem Tode bedroht ist, pflegt an Freunde sich zu wenden, zu den Verwandten zu flüchten: wir fanden sie zu unserm Untergang gerüstet. In der Kirche pflegen alle Sicherheit zu suchen, welche aus öffentlichen oder persönlichen Gründen verfolgt werden. Wo also andere Schutz finden, erwartet uns Tod; wo Räuber und Mörder sicher sind, werden die Medici Meuchlern überliefert. Gott aber, der unser Haus nie verlassen, hat auch uns gerettet, hat unsere gerechte Sache in seinen Schutz genommen. Denn welche Beleidigung haben wir irgendeinem zugefügt, solchen Rachedurst zu wecken? Die sich als unsere erbitterten Feinde gezeigt, haben wir nie als Privatleute beleidigt: denn hätten wir es getan, so würden sie keine Gelegenheit gehabt haben, es uns zu vergelten. Wenn sie uns Schuld geben, ihnen in öffentlichen Verhältnissen Abbruch getan zu haben, wobei ich mich indes verwahre, als sei dies mit meinem Wissen geschehen: so schmähen sie dadurch euch mehr als uns, mehr diesen Palast und die Majestät der Regierung, denn unser Haus, indem sie vorgeben, daß um unsertwillen ihr eure Bürger unverdient verletzt. Dies aber ist aller Wahrheit bar: denn wir würden es nicht getan haben, hätten wir es gekonnt, ihr nicht, hätten wir es gewollt. Wer der Wahrheit ernstlich nachspürt, wird finden, daß unser Haus nur darum so einstimmig von euch gehoben worden ist, weil es sich bestrebt hat, jeden an Menschenfreundlichkeit, Liberalität und durch Wohltaten zu besiegen. Haben wir nun Fremde geehrt, wie sollten wir Verwandten entgegen sein? Hat das Verlangen nach Herrschaft sie getrieben, wie der Angriff auf den Palast, das Zusammenscharen von Bewaffneten auf dem Platze glauben machen können, so findet ein verwerflicher, ehrsüchtiger und verderblicher Grund in sich selber seine Strafe. Haben sie es aus Haß und Neid gegen unsere Autorität getan, so handeln sie nicht gegen uns, sondern gegen euch, da ihr uns dieselbe bewilligt habt. Und in Wahrheit verdient den Haß des Volkes jene Art von Autorität, welche einzelne sich anmaßen, nicht aber solche, welche sie durch Großmut, Geneigtheit und Hochsinn erwerben. Ihr aber wisset, daß es die Magistrate selbst und eure Zustimmung waren, welche unser Haus die verschiedenen Stufen der Größe ersteigen ließen. Mein Großvater Cosimo kehrte nicht durch Waffen und mit Gewalttätigkeit aus der Verbannung heim, sondern durch eure Einwilligung und Einigung. Mein Vater, bejahrt und krank, verteidigte nicht selbst den Staat gegen die zahlreichen Feinde, sondern ihr schütztet ihn durch euer Ansehen und Wohlwollen. Nach meines Vaters Tode hätte ich, beinahe noch ein Kind, die Stellung unserer Familie nicht zu behaupten vermocht, wären nicht euer Rat und eure Gunst mir zur Seite gestanden. Mein Haus würde diese Republik weder jetzt noch jemals zu leiten imstande gewesen sein, wenn ihr nicht in Gemeinschaft mit uns sie geleitet hättet und noch leitetet. Ich weiß also nicht, welcher Grund zum Hasse gegen uns, welche gerechte Ursache des Neides jene gegen uns aufbringen kann. Mögen sie doch ihre Vorfahren hassen, die durch Hochmut und Habsucht sich um die Stellung gebracht, welche unsere Ahnen auf entgegengesetztem Wege gewonnen haben. Zugegeben aber auch, wir hätten großes Unrecht gegen sie begangen und sie hätten recht, indem sie unsern Sturz herbeizuführen sich bestrebten: weshalb greifen sie diesen Palast an ? weshalb verbünden sie sich mit Papst und König gegen die Freiheit der Republik? weshalb stören sie den vieljährigen Frieden Italiens? Dafür gibt es keine Entschuldigungsgründe. Sie konnten angreifen, wer sie angriff, aber sie durften Privatfeindschaft nicht mit Staatsangelegenheiten zusammenwerfen. Denn nun bleibt das Übel, obgleich wir mit den Personen fertig geworden sind: denn nun suchen Papst und König uns ihretwegen mit den Waffen heim, unter dem Vorgeben, mir gelte der Krieg und meiner Familie. Wollte Gott, es wäre wahr! Denn dann fände sich ein rasches und sicheres Mittel, und ich würde nicht ein so schlechter Bürger sein, daß ich mein Heil höher anschlüge als eure Gefahren. Im Gegenteil würde ich gerne den Brand auf Kosten meines Lebens löschen. Da aber feindselige Handlungen der Gewalthaber stets mit irgendeinem minder unehrbaren Vorwande bemäntelt werden, so haben sie dies Mittel ersonnen, ihren schlimmen Absichten eine andere Färbung zu geben. Seid ihr indes verschiedener Meinung, so bin ich völlig in eurer Hand. Ihr könnt mich halten, ihr könnt mich fallen lassen. Euch werde ich stets gerne als meine Väter, meine Beschützer erkennen, werde stets bereitwillig tun, was ihr mir auftragt, werde, wenn ihr dafür stimmt, nie mich weigern, diesen mit dem Tode meines Bruders begonnenen Kampf mit meinem Tode zu beenden.»

Während Lorenzo sprach, konnten die Bürger ihre Tränen nicht zurückhalten. Der Anteil, mit dem man ihn anhörte, sprach sich in der Antwort aus, welche einer im Auftrag aller ihm erteilte: die Stadt habe von ihm und von den Seinen so große Wohltaten empfangen, daß er getrosten Mutes sein möchte; mit der raschen Entschiedenheit, mit welcher sie seines Bruders Tod gerächt und sein Leben gerettet, würden sie ihm Ansehen und Stellung erhalten: diese werde er nicht verlieren, solange sie selber die Heimat behaupteten. Und, um die Tat durch das Wort zu besiegeln, bestellten sie ihm eine Leibwache von Bewaffneten, um ihn vor häuslichem Überfall zu schützen.

Hierauf sorgte man für den Krieg, indem man Mannschaft und Geld sammelte, so viel man vermochte. Den Bundesverträgen gemäß, gingen sie den Herzog von Mailand und die Venezianer um Beistand an. Und da der Papst sich als Wolf und nicht als Hirte gezeigt, so suchten sie, um nicht als Schuldige verschlungen zu werden, auf alle mögliche Weise ihre Anklage zu rechtfertigen, erfüllten ganz Italien mit der Kunde von dem gegen die Republik gerichteten Verrat, zeigten des Papstes böse und ungerechte Gesinnung und wie er das Pontifikat, zu welchem er auf schlimmem Wege gelangt, übel verwalte, indem er die, welche er zu den ersten geistlichen Würden erhoben, in Gemeinschaft von Verrätern und Mördern aussende, solche Missetaten in den Kirchen zu begehn, mitten im Gottesdienst, bei der Feier des heiligen Sakraments. Nachdem ihm nun nicht gelungen, die Bürger zu morden, die Verfassung umzustoßen, die Stadt auf seine Weise zu plündern: so belege er sie mit dem Interdikt, bedrohe und beeinträchtige sie durch päpstlichen Fluch. Wenn aber Gott gerecht, wenn Gewalttätigkeit ihm mißfällig, so müsse auch die seines Statthalters ihm mißfallen und er es erlauben, daß Verfolgte, welche bei jenem keinen Schutz finden, zu *seinem* Schutz ihre Zuflucht nehmen. Statt nun das Interdikt ruhig hinzunehmen und ihm sich zu fügen, nötigten die Florentiner die Priester den Gottesdienst zu versehen. Überdies veranstalteten sie in Florenz eine Versammlung aller toskanischen Prälaten, die ihrer Herrschaft gehorchten, und appellierten dabei von des Papstes Feindseligkeit an das künftige Konzil. Dem Papste fehlte es seinerseits nicht an Rechtfertigungsgründen: er erklärte, es stehe einem Papste zu, Tyrannei zu unterdrücken, die Bösen niederzuhalten, die Guten zu erhöhen, Dinge, die er durch alle ihm zu Gebote stehenden Mittel ins Werk setzen müsse; keinem weltlichen Fürsten aber sei es erlaubt, Kardinäle gefangen zu halten, Bischöfe zu hängen, Priester zu töten, zu zerreißen und zu schleifen, Unschuldige wie Schuldige ohne Unterschied zu morden.

Während dieser Klagen und Gegenklagen sandten indes die Florentiner den Kardinal, der sich noch in ihrer

Gewalt befand, dem Papste zurück. Nun ließ dieser jede Rücksicht fahren und griff die Republik mit seiner wie des Königs voller Macht an. Nachdem die beiden Heere, unter Alfonso, Herzog von Calabrien, des Königs ältestem Sohne, und unter der Leitung Federigos Grafen[257] von Urbino, durch das den Florentinern feindliche sienesische Gebiet ins Chianti eingerückt, besetzten sie Radda und andere Kastelle und verheerten das Land, worauf sie das Lager von Castellina verlegten. Als die Florentiner diesen Angriff sahen, waren sie in großer Besorgnis, weil sie noch keine Truppen hatten und Freundeshilfe langsam kam. Denn Mailand sandte wohl Beistand, die Venezianer aber behaupteten, sie wären nicht verpflichtet, die Florentiner in Privatangelegenheiten zu unterstützen: da es ein gegen einzelne geführter Krieg sei, so sei von öffentlicher Verteidigung nicht die Rede. Den Senat günstiger zu stimmen, sandten die Florentiner den Messer Tommaso Soderini an ihn ab und warben unterdes Truppen, die sie unter den Befehl Ercoles, Markgrafen von Ferrara stellten. Während diese Vorbereitungen geschahen, bedrängten die Feinde Castellina so sehr, daß die Bewohner, auf Entsatz nicht mehr hoffend, nach vierzigtägiger Einschließung sich ergaben. Hierauf wandte das Heer sich nach Arezzo und schlug bei Monte San Savino[258] das Lager auf. Nun war das florentinische Heer in Ordnung und hatte drei Millien vom Feinde entfernt eine Stellung genommen, von wo aus es jenen so sehr belästigte, daß Federigo einen mehrtägigen Waffenstillstand verlangte, der ihm zu so offenbarem Nachteil der Florentiner bewilligt ward, daß jener sich darüber wunderte, ihn erlangt zu haben, indem er sonst mit Schande abzuziehen genötigt gewesen wäre. Nachdem der Feind aber diese Tage angewandt, sich wieder zu ordnen, nahm er nach Verlauf der Waffenruhe das genannte Kastell im Angesicht unseres Heeres. Da indes der Winter herangekommen, zog sich das Heer, um gute Quartiere zu finden, auf sienesisches Gebiet zurück. Auch die florentinischen Truppen verließen das offene Feld, und der Markgraf von Ferrara kehrte in seine Staaten zurück, nachdem er sich selber wenig, weniger noch den andern genutzt hatte.

In dieser Zeit entzog sich Genua um folgender Veranlassung willen der mailändischen Herrschaft. Nach Galeazzos Tode entstand bei der Minderjährigkeit seines Sohnes Giovan Galeazzo Uneinigkeit zwischen seinen Oheimen Sforza, Lodovico, Ottaviano und Ascanio, und Madonna Bona seiner Mutter, indem jeder von ihnen die Aufsicht über den jungen Herzog führen wollte[259]. Aus diesem Streit aber ging die Herzogin Mutter Bona siegreich hervor, und zwar vermöge der Ratschläge Messer Tommaso Soderinis, damaligen florentinischen Gesandten, und des vormaligen Geheimschreibers Galeazzos, Messer Cecco Simonetta. Als nun die Sforzesken Mailand verließen, ertrank Ottaviano beim Übergang über die Adda, und die andern begaben sich nach verschiedenen Orten ins Exil, zugleich mit dem Herrn Roberto da San Severino, welcher in jenen Zwistigkeiten die Partei der Herzogin verlassen und jenen sich angeschlossen hatte. Da unterdessen die Unruhen in Toscana vorfielen, verließen die Fürsten, in der Hoffnung, aus diesen Unordnungen Nutzen zu ziehen, die Orte ihrer Verbannung, und jeder von ihnen versuchte Neuerungen herbeizuführen, um in die früheren Verhältnisse zurückzukehren. Der König von Neapel, welcher sah, daß die Florentiner in ihren Nöten nur von Mailand Hilfe erlangt hatten, verursachte, um ihnen auch diese zu nehmen, der Herzogin in ihrem eignen Staate so viele Sorgen und Geschäfte, daß sie an Unterstützung der Republik nicht denken konnte. Mittels des Herrn Prospero Adorno, des Roberto und der

GIOVANNI GALEAZZO SFORZA

ausgewanderten Sforzas bewirkte er in Genua eine Empörung gegen den Herzog. Nur das Castelletto blieb in dieses letztern Gewalt. Um dies zu erhalten und die Stadt wiederzunehmen, sandte die Herzogin eine nicht unbedeutende Truppenmasse, die aber eine Niederlage erlitt. Da nun Madonna Bona die Gefahr erkannte, welche ihren Sohn bedrohen konnte, wenn der Krieg währte, da Toscana in Verwirrung und die Florentiner, auf die allein sie hoffte, selbst in Nöten: so zog sie es vor, die Stadt Genua zur Freundin zu haben, da sie in derselben keine Untergebene zu bewahren vermochte. So trug sie dem Gegner des Adorno, Batistino Fregoso, das Castelletto und die Herrschaft über Genua an, wenn er Prospero verjagen und die Sforzas nicht begünstigen wollte. Nach getroffener Übereinkunft bemächtigte sich Batistino mittels jenes Anhaltspunktes und seiner Parteigenossen der Stadt und machte sich, der Sitte gemäß, zu ihrem Dogen, worauf die Sforzesken und San Severino, genötigt das Genuesische zu verlassen, mit denen, welche ihnen folgten, nach der Lunigiana zogen. Als Papst und König sahen, daß in der Lombardei nichts zu machen war, benutzten sie jene Ausgetriebenen, um das pisanische Gebiet zu beunruhigen und die Florentiner durch Teilung ihrer Kräfte zu schwächen. So veranlaßten sie denn zu Ende des Winters den Roberto da San Severino mit seiner Mannschaft von der Lunigiana aus in die Landschaft von Pisa einzufallen. Dieser erregte einen gewaltigen Kriegslärm, nahm und plünderte mehrere Kastelle und durchstreifte verheerend das ganze Gebiet bis zu den Mauern der Stadt.

Um diese Zeit kamen nach Florenz Abgesandte des Kaisers und der Könige von Frankreich und Ungarn, welche von ihren Gebietern zum Papste geschickt worden waren. Diese redeten den Florentinern zu, sie sollten auch eine Gesandtschaft bei Sixtus bestellen, indem sie ihre Vermittlung versprachen, um dem Kriege ein Ende zu machen. Die Florentiner weigerten sich nicht, diesen Versuch zu machen, um mindestens ihrerseits darzutun, daß sie den Frieden wünschten. Die Gesandtschaft zog also nach Rom, kehrte aber unverrichteter Dinge zurück. Um nun in der Geneigtheit des Königs von Frankreich eine Stütze zu finden, da sie von den Italienern teils befeindet, teils verlassen sich sahen, sandten sie als Botschafter zu ihm den Donato Acciaiuoli, einen großen Kenner griechischer und lateinischer Literatur, dessen Vorfahren stets eine angesehene Stellung in der Stadt behauptet haben. Dieser aber starb unterwegs zu Mailand, worauf die Republik, um sein Andenken zu ehren und seine Angehörigen zu belohnen, ihn auf Staatskosten würdig beerdigen ließ und seinen Töchtern hinreichende Heiratsgaben aussetzte. An seiner Statt ward darauf Guido Antonio Vespucci[260] gesandt, ein im Staats- und Kirchenrecht sehr bewanderter Mann. Der vom Herrn Roberto in das pisanische Gebiet gemachte Einfall schreckte die Florentiner sehr, wie es mit unerwarteten Dingen der Fall zu sein pflegt: denn da ihnen auf der sienesischen Seite der Krieg auf dem Nacken saß, so waren sie in Verlegenheit, wie die pisanische Grenze zu decken. Doch kamen sie mit ausgehobenen Truppen und sonstigen Vorkehrungen Pisa zu Hilfe. Um hierbei die Lucchesen geneigt zu erhalten und dem Feinde von dieser Seite Geld und Lebensmittel abzuschneiden, sandten sie zu diesen Piero Capponi[261], den Sohn Ginos, des Sohnes Neris. Dieser aber ward von den Lucchesen mit so großem Verdacht aufgenommen, wegen des durch alte Feindschaft erzeugten, durch beständige Furcht genährten Hasses dieses Volkes gegen die Florentiner, daß er mehrmals in Gefahr war, auf der Straße ermordet zu werden.

So war das Ergebnis seiner Sendung vielmehr neuer Unfriede denn Einigung. Die Florentiner entließen den Markgrafen von Ferrara[262], nahmen den Markgrafen von Mantua in ihren Sold und erbaten sich dringend von den Venezianern den Grafen Carlo, Braccios von Montone Sohn, und Deifobo, den Sohn des Grafen Jacopo[263], welche ihnen endlich nach vielem Hin- und Herreden überlassen wurden. Denn da die Venezianer mit den Türken Waffenruhe geschlossen und also keinen Vorwand mehr hatten, so schämten sie sich, die Verpflichtungen des Bündnisses nicht zu erfüllen. Carlo und Deifobo zogen ihnen also mit zahlreicher Mannschaft zu, und nachdem sie mit ihnen die Truppen vereinigt, welche sie von dem gegen den Herzog von Calabrien stehenden Heere nehmen konnten, wandten sie sich nach dem Pisanischen, um dem Herrn Roberto zu begegnen, der mit den Seinen nicht weit vom Serchio stand. Und obgleich er Miene machte, die Unsern erwarten zu wollen, so zog er sich doch vor ihrem Eintreffen aus dem Pisanischen nach seiner frühern Stellung in der Lunigiana zurück, worauf der Graf Carlo alle vom Feinde genommenen Kastelle wieder besetzte.

Nachdem so auf dieser Seite die Ruhe hergestellt war (1479), sammelten die Florentiner ihre gesamte Heeresmacht zwischen Colle und San Gemignano[264]. Da aber nach der Ankunft des Grafen Carlo in diesem Heere Sforzasche und Bracciosche Söldner standen, so merkte man gleich die alte Feindschaft, so daß man befürchtete, sie würden aneinandergeraten, wenn man sie lange zusammenließe. Um nun von zweien Übeln das geringere zu wählen, beschloß man sie zu trennen und eine Abteilung unter dem Grafen Carlo nach dem Peruginischen zu senden, die übrigen aber bei Poggibonzi ein festes Lager beziehn zu lassen, um dem Feind das Einrükken in florentinisches Gebiet zu verwehren. Man glaubte, der Graf Carlo werde entweder Perugia nehmen, wo sein Anhang für stark galt, oder der Papst genötigt sein, die Stadt durch eine bedeutende Macht zu schützen. Um die Verlegenheit des Papstes zu mehren, veranstalteten sie noch, daß Messer Niccolò Vitelli, der vor seinem Gegner Messer Lorenzo aus Città di Castello hatte weichen müssen, diesem Orte mit Truppen sich näherte, um zu versuchen, seinen Feind zu verjagen und der päpstlichen Obergewalt dort ein Ende zu machen. Zu Anfang schien das Glück die Florentiner zu begünstigen, denn der Graf Carlo kämpfte mit Glück auf dem peruginischen Gebiete. Messer Niccolò Vitelli konnte zwar Castello selbst nicht nehmen, behielt aber im Felde die Oberhand und verheerte ohne Widerstand die ganze Umgebung. Auch die bei Poggibonzi gelagerten Truppen streiften bis zu den Mauern Sienas. Demungeachtet wurden am Ende alle diese Aussichten zunichte. Zuerst starb der Graf Carlo mitten in der Siegeshoffnung: ein Todesfall, der den Florentinern sehr vorteilhaft hätte werden können, wären sie geschickter gewesen in der Benutzung der Umstände. Denn kaum hatte man in Perugia des Grafen Tod vernommen, so dachten die dort stehenden päpstlichen Kriegsvölker die Florentiner überraschen zu können, zogen aus und lagerten am See, nicht über drei Millien vom Feinde entfernt. Jacopo Guicciardini seinerseits, der Kommissar der Republik beim Heere, beschloß auf den Rat des erlauchten Roberto[265] von Rimini, welcher nun der erste und angesehenste unter den Hauptleuten war, den Feind zu erwarten, nachdem er den Grund von dessen Kühnheit innegeworden. So kamen sie denn aneinander am Ufer des Sees, und an dem Orte, wo einst Hannibal den Römern jene denkwürdige Niederlage beigebracht, wurden die päpstlichen Truppen geschlagen. In Florenz wurde die Nachricht von den Regierenden mit Lob, von allen mit Freude empfangen, und dieser Sieg würde dem Unternehmen großen Vorteil gebracht haben, hätten nicht die im Lager von Poggibonzi ausgebrochenen Unordnungen alles gestört. So ward, was die einen gutgemacht, von den andern wieder verdorben. Denn da jene Truppen im Sienesischen Beute gemacht, entstand bei der Verteilung Streit zwischen dem Markgrafen von Ferrara und dem von Mantua. Sie griffen zu den Waffen und kämpften mit solcher Erbitterung gegeneinander, daß die Florentiner einsahen, sie könnten beide zusammen nicht ferner gebrauchen, und den Markgrafen von Ferrara mit seinen Scharen nach Hause ziehen ließen.

Als nun das Heer so geschwächt blieb, ohne obersten Führer, alles in Verwirrung, faßte der Herzog von Calabrien, der mit den Seinen in der Nähe von Siena stand, den Entschluß, sie anzugreifen. Wie er es gedacht, führte er es aus. Als die Florentiner den Feind nahen sahen, vertrauten sie weder auf ihre Waffen, noch auf ihre überlegene Zahl, noch auf ihre geschützte Stellung, sondern ergriffen die Flucht, ohne nur den Angriff zu erwarten, beim Anblick schon der von ferne nahenden Staubwolke: alle Munition, alles Gepäck, alle Artillerie ließen sie dem Feinde. So feige waren, so unordentlich damals die Truppen, daß Sieg oder Niederlage davon abhing, ob ein Pferd den Kopf oder den Schweif wandte. Diese Davonrennen der unsrigen erfüllte die Stadt mit Schrecken, während es den Gegnern reiche Beute gab. Nicht nur der Krieg bedrängte die Stadt, sondern auch die Pest, die so wütete, daß die Bürger, um ihr zu entgehen, sich in die Landhäuser geflüchtet hatten. Dadurch ward der durch die Niederlage erzeugte Schrecken noch gemehrt; denn die Bürger, welche im Pesa- und Elsatal ihre Besitzungen hatten und sich dort befanden, flohen nach jenem Kriegsunglück so rasch sie konnten, nicht nur mit Kindern und Habe, sondern auch mit ihren Landarbeitern in die Stadt. So schien es denn, man fürchte jeden Augenblick einen Angriff auf Florenz selbst. Als die, welchen die Leitung des Krieges oblag, diese Verwirrung sahen, befahlen sie den im Peruginischen befindlichen Truppen, sie sollten das dortige Unternehmen aufgeben und ins Ilsatal rücken, um sich dem Feinde zu widersetzen, der nach dem Siege ungehindert das Land durchstrich. Und obgleich jene Perugia so sehr bedrängten, daß man der baldigen Übergabe der Stadt entgegensah, so wollten doch die Florentiner lieber das Ihre verteidigen, als anderer Gut zu nehmen suchen. So wurde denn jenes Heer von seiner Siegesbahn abgezogen und nach dem Kastell San Casciano, acht Millien von Florenz, verlegt, indem man anderswo sich nicht halten zu können glaubte, solange die Trümmer des zersprengten Heeres sich nicht gesammelt hätten. Die Feinde andererseits, welche durch den Abzug der Florentiner von Perugia wieder freie Hand bekommen hatten, machten täglich große Beute auf dem Gebiet von Arezzo und Cortona, während das Heer des Herzogs von Calabrien nach dem Siege Poggibonzis und Vicos sich bemächtigt und Certaldo[266] geplündert hatte. Nach diesen Erfolgen verlegten sie das Lager vor Colle, welches in jener Zeit für ein starkes Kastell galt und, da seine Bewohner der Republik treu waren, den Feind solange aufhielt, bis die Truppen sich wieder gesammelt hatten. Da letztere nun bei San Casciano standen und der Herzog fortfuhr, Colle zu bedrängen, beschlossen sie sich ihm zu nähern, sowohl um den Belagerten Mut einzuflößen, als um den Feind in Schach zu halten. Sie brachen also von San Casciano auf und schlugen das Lager bei San Gemignano, fünf Millien von jenem Kastell entfernt, von wo sie mit leichter Reiterei und andern Truppen auf täglichen

Streifzügen das Lager des Herzogs sehr beunruhigten. Diese Hilfe genügte indes den Belagerten nicht, so daß sie, am Notwendigsten Mangel leidend, am 13. November sich ergaben, zum großen Mißfallen der Florentiner, wie zur Freude der Feinde, namentlich der Sienesen, die neben dem Haß, den sie gegen die Republik nährten, auf dies Kastell besonders erbost waren.

Schon war es tiefer Winter, und die Kriegsführung sehr schwierig, so daß der Papst und der König entweder, weil sie Aussicht auf Frieden geben wollten, oder um sich der gewonnenen Erfolge in Ruhe erfreuen zu können, den Florentinern dreimonatigen Waffenstillstand mit zehntägiger Bedenkzeit anboten, worauf diese sogleich eingingen. Wie es aber oft geschieht, daß man bei abgekühltem Blute die Wunden mehr fühlt als im Augenblick, wo man sie empfängt, so ließ diese kurze Ruhe die Florentiner die erlittenen Verluste mehr ermessen, und die Bürger waren rückhaltlos in ihren Vorwürfen und enthüllten die während des Krieges begangenen Versehen; sie besprachen die verschleuderten Summen, die ungesetzlichen Auflagen, und dies nicht bloß in Privatkreisen, sondern in öffentlichen Versammlungen. Und einer war beherzt genug, zu Lorenzo de' Medici zu sagen: Die Stadt ist müde und will den Krieg nicht mehr, so daß an Frieden gedacht werden muß. Lorenzo, diese Notwendigkeit einsehend, besprach sich mit den Freunden, die er für die anhänglichsten und verständigsten hielt, und ihr erster Beschluß war, mit neuen Freunden neues Glück zu versuchen, da sie die Venezianer lau und unzuverlässig, den Herzog minderjährig und in häusliche Unruhen verwikkelt sahen. Aber sie waren zweifelhaft, wem sie sich in die Arme werfen sollten, dem Papst oder dem König. Nach reiflicher Überlegung entschieden sie sich für die Freundschaft des Königs als beständiger und sicherer. Denn die

LODOVICO SFORZA

kurze Regierungszeit der Päpste, der Wechsel in der Nachfolge, die geringe Furcht der Kirche vor den Fürsten, die geringe Rücksicht, die sie bei ihren Beschlüssen zu nehmen pflegt, ist Ursache, daß ein weltlicher Fürst in einen Papst kein vollkommenes Vertrauen setzen, noch sein Geschick mit Sicherheit an das eines Papstes ketten kann. Denn wer in Krieg und Gefahren des Papstes Freund ist, hat beim Sieg einen Nebenmann, während er bei der Niederlage allein steht. Der Papst nämlich wird durch seine geistliche Macht und Stellung gehalten und geschützt. Nachdem sie nun übereingekommen, daß es das Förderndste sei, den König zu gewinnen, urteilten sie, dies könne nicht besser und sicherer geschehen, als durch die Gegenwart Lorenzos: denn je offner und vertrauender sie sich gegen Ferdinand bezeigten, um so mehr hofften sie früherer Feindschaft ein Ziel setzen zu können. Nachdem also Lorenzo sich zu diesem Gange entschlossen, empfahl er Stadt und Regierung dem Messer Tommaso Soderini, welcher damals Justizgonfaloniere war, verließ Florenz zu Anfang Dezember und meldete von Pisa aus der Signorie den Grund seiner Reise. Um ihn nun zu ehren und ihm eine öffentliche Stellung zu geben, die es ihm leichter machen dürfte, Frieden zu schließen, ernannte ihn die Signorie zum Botschafter des florentinischen Volkes, mit der Vollmacht, ein Bündnis einzugehen, wie es ihm für die Republik am vorteilhaftesten schiene.

In dieser Zeit griffen Roberto da San Severino und Lodovico und Ascanio Sforza, deren Bruder Ottaviano unterdessen gestorben war, von neuem den mailändischen Staat an, um dessen Regierung an sich zu reißen. Da sie Tortona eingenommen, und Mailand und das ganze Herzogtum unter Waffen war, so gab man der Herzogin Bona den Rat, die Sforzas wieder aufzunehmen und ihnen

Anteil an der Regierung zu gönnen, um diesen bürgerlichen Kriegen ein Ziel zu setzen. Der Urheber dieses Ratschlusses war Antonio Tassino aus Ferrara, ein Mann von geringer Herkunft, der nach Mailand in den Dienst Galeazzos gelangt, von diesem seiner Gemahlin Bona zum Kammerdiener gegeben ward. Nach des Herzogs Tode stieg dieser, entweder weil er schön an Gestalt war oder wegen verborgener guten Eigenschaften, zu solchem Ansehen bei der Herzogin, daß er beinahe den Staat regierte. Dies mißfiel sehr dem Messer Cecco, dessen natürliche Klugheit durch langes Geschäftsleben noch gemehrt worden war, so daß er überall, wo er vermochte, mittels der Herzogin und der andern Regierungsmitglieder Tassinos Autorität zu mindern suchte. Als dieser es inneward, riet er der Herzogin, die Sforzas wieder aufzunehmen, sowohl um sich an seinen Gegnern zu rächen, als um gegen sie eine Stütze zu haben. Ohne die Sache mit Messer Cecco zu beraten, folgte Madonna Bona seinen Eingebungen. Da sagte jener zur Herzogin: Du hast einen Entschluß gefaßt, welcher mir das Leben rauben wird, dir die Regierung. Dies traf bald darauf ein. Denn der Herzog Lodovico ließ den Simonetta töten, und als bald darauf der Ferrarese aus dem Lande gewiesen ward, erbitterte dies die Herzogin so sehr, daß sie Mailand verließ und die Erziehung ihres Sohnes den Händen Lodovicos anvertraute. Lodovico regierte also allein im Herzogtum Mailand und ward, wie später gezeigt werden wird, Veranlassung zum Ruin, der über Italien hereinbrach.

Lorenzo de' Medici war unterwegs nach Neapel, und die Waffenruhe währte, als gegen alle Erwartung Lodovico Fregoso, der in Sarzana Einverständnisse hatte, durch Trug mit Bewaffneten in diesen Ort eindrang, ihn besetzte und den florentinischen Podestà gefangennahm. Dieser Vorfall erregte in Florenz großes Mißfallen, weil

FERDINAND I. VON ARAGON
KÖNIG VON NEAPEL

man glaubte, der König Ferdinand habe die Hand im Spiele gehabt. Die Regierenden brachten also bei dem auf sienesischem Gebiete stehenden Herzog von Calabrien Beschwerden vor, daß sie während des Waffenstillstandes von neuem angegriffen worden seien. Der Herzog bemühte sich durch Schreiben und Gesandtschaften darzutun, daß dies ohne seines Vaters und sein Vorwissen geschehen sei. Den Florentinern aber kam ihr Zustand gefahrdrohend vor, da ihre Kassen leer, das Haupt der Regierung in der Gewalt des Königs, während sie mit diesem und dem Papste in alter Fehde, in einer neuen mit Genua, und überdies ohne Freunde wären, indem sie auf Venedig nicht bauten, und von mailändischer Seite, wegen des Unbestands der Regierung, eher fürchteten denn hofften. Hoffnung blieb ihnen nur auf das Ergebnis der Unterhandlungen Lorenzos de' Medici mit dem Könige.

Lorenzo war (1480) zur See in Neapel angelangt, wo er vom Könige nicht bloß, sondern von der ganzen Stadt ehrenvoll und mit großen Erwartungen empfangen ward. Denn da der Krieg lediglich entstanden war, um diesen Mann zu unterdrücken, so hatte die Größe seiner Feinde ihn selbst groß gemacht. Nachdem er vor den König gekommen, sprach er in solcher Weise über die Verhältnisse Italiens, über die Stimmung der Fürsten und Völker des Landes, über das, was man vom Frieden hoffen dürfe, vom Kriege befürchten müsse, daß Ferdinand, nachdem er ihn vernommen, über das Großartige seiner Ansichten, die Gewandtheit seines Geistes und die Richtigkeit seines Urteils in noch höherm Maße erstaunt war, als er früher darüber sich gewundert hatte, daß er allein solchen Angriffen Widerstand geleistet. Darum verdoppelte er die Ehrenbezeigungen und begann zu sinnen, wie er ihn vielmehr zum Freunde zu machen, denn als Feind zu lassen habe. Nichtsdestoweniger hielt er ihn unter mannigfachen Vorwänden vom Dezember zum März, um ihn sowohl wie die Stadt reiflicher zu prüfen. Denn es fehlten in Florenz nicht Feinde Lorenzos, welche wünschten, der König möchte ihn halten und mit ihm verfahren wie mit Jacopo Piccinino, und die unter dem Schein, darüber zu klagen, in der ganzen Stadt davon sprachen, und bei öffentlichen Beratungen dem entgegen waren, was zu Lorenzos Gunsten geschah. Auf solche Weise hatten sie das Gerücht verbreitet, es werde in Florenz eine Regierungsänderung eintreten, wenn der König jenen noch lange in Neapel hielte. Ferdinand ließ nun mit Absicht die Zeit verstreichen, um zu sehen, ob in Florenz Unruhen ausbrechen würden. Als er aber sah, daß alles in Ruhe herging, entließ er ihn am 6. März 1479[267], nachdem er ihn zuvor durch alle erdenklichen Beweise von Geneigtheit und Aufmerksamkeit gewonnen und immerwährende Einigung zur Erhaltung ihrer Staaten zwischen ihnen stattgefunden. War nun Lorenzo von Florenz als angesehener Mann abgereist, so kehrte er als der größte zurück und ward von der Stadt mit der Freude empfangen, auf welche seine trefflichen Eigenschaften und seine neuerworbenen Verdienste ihm Anspruch gaben, indem er sein eigenes Leben aufs Spiel gesetzt, um seiner Heimat den Frieden wiederzuschenken. Denn zwei Tage nach seiner Rückkehr ward das Abkommen zwischen der Republik und dem König verkündigt, durch welches beide sich zur Erhaltung der gegenseitigen Staaten verpflichteten, während es dem König freistand, die den Florentinern genommenen Ortschaften herauszugeben, diese dagegen die im Turm zu Volterra gefangenen Pazzi befreien und auf eine gewisse Zeit dem Herzog von Calabrien eine bestimmte Summe Geldes zahlen sollten.

Dieser Friede beleidigte den Papst und die Venezianer aufs äußerste. Denn dem Papste schien es, daß der König ihn mit Geringschätzung behandelt habe, die Venezianer warfen dasselbe den Florentinern vor. Da sie im Kriege einander beigestanden, beschwerten sie sich, am Frieden keinen Teil zu haben. Als man in Florenz von diesem Groll Nachricht erhielt und daran glaubte, besorgte man, der Friede möchte größern Krieges Veranlassung sein. Deshalb beschlossen die Regierenden, die Zahl der an den Staatsgeschäften Teilnehmenden zu vermindern, und bestellten einen Rat von siebzig Bürgern mit größtmöglicher Autorität in den wichtigsten Angelegenheiten. Diese neue Maßregel legte den Neuerungssüchtigen einen Zügel an. Um sich aber das nötige Ansehen zu geben, nahmen sie vorerst den von Lorenzo mit dem Könige geschlossenen Frieden an und bestellten dann eine Gesandtschaft an den Papst, zu welchem sie Messer Antonio Ricasoli und Piero Nasi beorderten. Des Friedens ungeachtet, verließ der Herzog von Calabrien mit seinem Heere Siena nicht, indem er vorgab, er werde durch die Zwietracht unter den Bürgern dort festgehalten, die zu solchem Punkte stieg, daß sie ihn, der außerhalb der Stadt im Quartiere lag, nötigten in die Stadt zu ziehen, indem sie ihn zum Schiedsrichter in ihren Angelegenheiten machten. Der Herzog benutzte die Gelegenheit, legte vielen Bürgern Geldstrafen auf, verurteilte viele zu Gefängnis und Verbannung, einige sogar zum Tode, so daß die Sienesen nicht bloß, sondern die Florentiner auch zu argwöhnen begannen, er wolle sich zum Herrn der Stadt machen. Man wußte dagegen kein Mittel, da Florenz eben erst Freundschaft mit dem König geschlossen und dem Papst und Venedig feind war. Der Verdacht brach sich Bahn nicht bloß beim gesamten Florentiner Volke, das den Kern der Dinge rasch zu erkennen pflegt, sondern auch bei den Regierenden, und jeder versicherte, unsere Stadt sei nie in so großer Gefahr gewesen, ihre Freiheit zu verlieren. Gott aber, der sie stets in ihren Nöten in seinen besondern Schutz genommen hat, ließ ein unerwartetes Ereignis vor sich gehen, welches dem Könige, dem Papst und den Venezianern mehr zu denken gab als die toskanischen Wirren.

Der türkische Sultan Mohammed war mit gewaltiger Macht vor Rhodos gezogen und hatte die Insel mehrere Monate lang belagert. Obgleich aber sein Heer sehr zahlreich und seine Hartnäckigkeit im Angriff groß war, so fand er doch noch größere bei den Belagerten, welche sich mit solcher Tapferkeit gegen ihn verteidigten[268], daß Mohammed sich genötigt sah, das Unternehmen schmählich aufzugeben. Nachdem er nun Rhodos verlassen, wandte sich ein Teil seiner Flotte unter Achmet Pascha gen Valona, und, sei es daß die Leichtigkeit des Unternehmens ihn reizte, oder daß die Befehle des Herrschers ihn dazu vermochten, beim Vorüberfahren an der italienischen Küste setzte dieser plötzlich viertausend Mann ans Land, welche die Stadt Otranto überfielen, im Nu nahmen, plünderten, und die Einwohner erschlugen[269]. Hierauf verstärkten sich die Türken, so gut die Umstände es erlaubten, in der Stadt und im Hafen, ließen tüchtige Reiterei kommen, durchstreiften und verheerten das ganze Land. Als der König diesen Angriff erfuhr und die Größe des Gegners ermaß, sandte er überall Boten, die Kunde davon zu verbreiten und gegen den gemeinsamen Feind Hilfe einzufordern, und rief den Herzog von Calabrien und seine Truppen augenblicklich aus Siena zurück.

So sehr dieser Überfall den Herzog und das übrige Italien verstörte, ebensosehr erfreute er Florenz und Siena, indem es letzterer Stadt schien, sie habe ihre Freiheit wiedergewonnen, ersterer, sie sei aus der Gefahr gerettet, welche sie mit deren Verlust bedrohte. Diese Ansicht mehrte des Herzogs Bedauern, als er Siena verließ, indem er das Schicksal anklagte, ihm durch einen unvernünftigen Zufall die Herrschaft über Toscana entrissen zu haben. Das nämliche Ereignis änderte die Entschlüsse des Papstes, und während er früher den florentinischen Gesandten Gehör verweigert hatte, ward er nun milder, da er jeden von allgemeinem Frieden reden hörte. So versicherte man denn die Florentiner, daß sie beim Papste Verzeihung finden würden, wenn sie geneigt wären, ihn darum zu bitten. Sie wollten die Gelegenheit nicht verlieren und sandten zwölf Abgeordnete, welche der Papst nach ihrem Eintreffen in Rom auf verschiedene Weise hinhielt, bevor er ihnen Audienz gab. Endlich aber verständigten sich die Parteien, wie man künftig gegeneinander sich verhalten, wieviel jeder im Kriege, wieviel im Frieden beisteuern sollte. Dann wurden die Botschafter zu den Füßen des Papstes geführt, welcher, von den Kardinälen umgeben, sie mit ungewöhnlichem Pomp empfing. Jene entschuldigten das Vorgefallene, indem sie es teils auf die Not, teils auf anderer Bosheit, teils auf die Wut und gerechte Erbitterung des Volkes schoben und herausstellten, wie unglücklich die sind, denen keine Wahl bleibt, als Kampf oder Tod. Und wie man alles dulden müsse, um dem Tode zu entgehen, so sei von ihnen Krieg, Interdikt und sämtliches Ungemach erduldet worden, welches die in Rede stehenden Ereignisse über sie hereingeführt, um der Knechtschaft zu entgehen, welche der freien Staaten Tod zu sein pflegt. Wenn sie aber, obgleich unfreiwillig, einen Fehler begangen, so wären sie bereit, ihn abzubüßen, und vertrauten seiner Milde, die nach dem Vorgang des Erlösers bereit sein würde, sie in die erbarmungsvollen Arme aufzunehmen. Auf diese Entschuldigungen erwiderte der Papst mit hochfahrenden und zornigen Worten, indem er ihnen alles vorwarf, was sie gegen die Kirche begangen: um Gottes Geboten treu zu bleiben, sei er indes bereit, ihnen die Verzeihung zu gewähren, welche sie nachsuchten, mit der Wahrung jedoch, daß sie zu gehorchen hätten, oder, falls sie den Gehorsam brächen, jene Freiheit, die zu verlieren sie auf dem Punkte gestanden, verlieren würden und mit Recht. Denn jene verdienten die Freiheit, die in guten Werken sich üben, nicht in schlimmen, indem übelangewandte Freiheit sich und andern Nachteil bringe. Gott wenig achten, weniger noch die Kirche, sei nicht die Sache des freien Mannes, sondern des ausschweifenden und mehr zum Übel als zum Guten geneigten, dessen Bestrafung nicht den Fürsten bloß, sondern jedem Christen zustehe. So sollten sie denn des Vergangenen sich selber anklagen, die sie durch schlimmes Handeln den Krieg veranlaßt, durch schlimmeres noch ihn genährt, so daß er vielmehr durch anderer Dazwischentreten, als durch ihr Verdienst sein Ende erreicht habe. Hierauf wurde die Formel des Vertrags und der Wiedersegnung verlesen, worauf der Papst, außer den in der vorhergehenden Besprechung festgesetzten Punkten, hinzufügte, daß, wenn die Florentiner die Früchte des Segens genießen wollten, sie während der ganzen Dauer des türkischen Krieges gegen das Königreich auf ihre Kosten fünfzehn Galeeren gerüstet halten müßten. Die Botschafter beschwerten sich sehr über diese dem Vertrage hinzugefügte Last, konnten sie aber auf keine Weise weder durch Gunst noch durch Klage von sich ablehnen. Nachdem sie aber (1481) nach Hause gekehrt, sandte die Signorie Messer Guid' Antonio Vespucci, der eben von seiner Botschaft nach Frankreich zurück war, zu Papst Sixtus, um den Frieden zu schließen. Dieser erlangte durch seine Klugheit erträgliche Bedingungen und erhielt vom Papste viele Gnadenbezeigungen, was den Anfang besseren Einverständnisses bildete.

Nachdem nun die Florentiner sich mit dem Papste vertragen, Siena gleich ihnen durch den Abzug des Herzogs von Calabrien von der Furcht vor dem Könige befreit war, während der Krieg gegen die Türken seinen Fortgang hatte, lagen sie dem Könige an, er sollte ihnen die Kastelle wiedergeben, welche der Herzog im Besitz von Siena gelassen hatte. Ferdinand besorgte, die Florentiner würden in seiner Not von ihm sich trennen und durch einen Krieg gegen Siena ihn der Hilfe berauben, die er vom Papst und den andern Italienern erwartete. Deshalb befahl er, ihnen die Kastelle zu übergeben und verband sich so die Florentiner durch neue Begünstigung. So halten Gewalt und Notwendigkeit, nicht Verschreibungen und Verpflichtungen, die Fürsten an, ihrem Wort nachzukommen. Nachdem die Ortschaften wiedererlangt, die neuen Bündnisse geschlossen waren, sah sich Lorenzo de' Medici wieder im Besitz jenes Ansehens, welches erst durch den Krieg, dann im Frieden, als man dem Könige mißtraute, wankend geworden war. Es fehlte in jener Zeit nicht an solchen, die ihn öffentlich verleumdeten und sagten, um sich zu retten, habe er die Vaterstadt verkauft; im Kriege habe man die Ortschaften verloren, im Frieden werde die Freiheit denselben Weg gehen. Als man aber die Kastelle geschlossen und die Stadt ihr früheres Ansehen wiedergewonnen hatte, da nahm, in einer so redesüchtigen, die Dinge nach dem Ausgange, nicht nach der Absicht beurteilenden Stadt wie Florenz, das Gespräch eine andere Wendung. Man pries Lorenzo bis zum Himmel; man sagte, seine Klugheit habe im Frieden gewonnen, was Glückes Ungunst im Kriege verloren, und sein Rat und Urteil habe mehr vermocht, als der Feinde Macht und Waffen.

Der türkische Angriff hatte den Krieg verzögert, welcher infolge des Grolls des Papstes und der Venezianer über den geschlossenen Frieden auszubrechen drohte. Wie aber der Anfang dieses Angriffs unverhofft war und viel Gutes veranlaßte, so war der Ausgang unerwartet und Ursache großen Übels. Denn Sultan Mohammed starb plötzlich, und da unter seinen Söhnen Uneinigkeit ausbrach, so übergaben die in Apulien gebliebenen, von ihrem Heere verlassenen Truppen Otranto durch Kapitulation dem König. Nachdem dieser Grund zu Besorgnis weggeräumt worden, welcher den Papst und Venedig in Spannung gehalten, fürchtete jedermann neue Verwirrung. Einerseits standen der Papst und die Venezianer, mit ihnen im Bunde Genua, Siena und kleinere Staaten. Die Florentiner aber waren vereint mit dem Könige und dem Herzog von Mailand; überdies schlossen sich ihnen die Bologneser an und viele andere Herren. Die Venezianer wünschten sich Ferraras zu bemächtigen und glaubten zu diesem Unternehmen vernünftigen Grund und sichere Aussicht auf Erfolg zu haben. Der Grund war, weil der Markgraf sich weigerte, fernerhin den Visdomine von ihnen zu empfangen und das Salz bei ihnen zu kaufen, da ein Vertrag festgesetzt hatte, daß nach siebzig Jahren diese Verpflichtungen aufhören sollten. Andererseits entgegneten die Venezianer, solange er das Polesine besetzt halte, müsse er zu beidem sich bequemen. Da nun der Markgraf nicht darauf eingehen wollte, glaubten jene gerechte Veranlassung zu haben, zu den Waffen zu greifen, während der Zeitpunkt ihnen geeignet schien, da sie den Papst heftig zürnend sahen auf Florenz und den König. Um diesen noch mehr zu gewinnen, empfingen sie den Grafen Girolamo, als er (1482) ihre Stadt besuchte, aufs ehrendste und verliehen ihm ihr Bürger- und Adelsrecht, für jeden, wer es auch sein möge, eine große Auszeichnung. Um zum Kriege bereit zu sein, hatten sie neue Zölle ausgeschrieben und zu ihrem Feldhauptmann den Herrn Roberto da San Severino gemacht, welcher, erzürnt auf Lodovico Sforza, den Regierer im Herzogtum Mailand, nach Tortano geflohen und von dort, nachdem einige Unruhen stattgefunden, nach Genua gegangen war, von wo die Venezianer ihn als obersten Feldherrn beriefen.

Als der andere Bund diese Vorbereitungen inneward, bereitete auch er sich zum Kriege. Der Herzog ernannte zum Feldhauptmann den Herrn Federigo von Urbino, die Florentiner den Herrn Costanzo[270] von Pesaro. Um die Gesinnung des Papstes zu erproben und sich zu vergewissern, ob der Angriff der Venezianer auf Ferrara mit seiner Einwilligung stattfände, sandte König Ferdinand den Herzog von Calabrien mit seinem Heere über den Tronto und verlangte den Durchzug, um dem Markgrafen zu Hilfe zu ziehen, was der Papst rund abschlug. Da auf solche Weise der König und Florenz seine Gesinnung sicher erkannt zu haben glaubten, beschlossen sie ihn zu drängen, um ihn entweder zu nötigen, sich auf ihre Seite zu schlagen, oder wenigstens ihn so zu beschäftigen, daß er den Venezianern keinen Beistand leisten könnte. Denn schon waren diese im Felde, hatten des Markgrafen Land verheert und dann Figarolo zu berennen begonnen, ein nicht unbedeutendes Kastell. Nachdem also der König und die Florentiner den Angriff auf den Papst beschlossen, zog Herzog Alfonso in die Nähe Roms und fügte mit Hilfe der Colonnesen, die mit ihm sich verbündet, weil die Orsini auf des Papstes Seite getreten waren, dem Lande großen Schaden zu. Zu gleicher Zeit griffen die florentinischen Truppen unter Messer Niccolò Vitelli Città di Castello an, nahmen die Stadt, aus welcher sie den mit dem Papste haltenden Messer Lorenzo vertrieben, und machten jenen gleichsam zum Fürsten.

Nun befand sich der Papst in größter Verlegenheit, denn die Stadt war von Parteien zerrissen, das Land durch den Feind verheert. Aber als beherzter Mann, der siegen und nicht dem Gegner weichen wollte, ernannte er zu seinem Feldhauptmann den erlauchten Roberto von Rimini und beschied ihn nach Rom, wo er ihm die gesammelten Streitkräfte zeigte und ihm die Ehre andeutete, welche er sich erwerben würde, wenn er, einem Könige gegenüber, die Kirche aus den Nöten rettete, in denen sie sich befand; wie nicht nur er, sondern alle seine Nachfolger, ihm verpflichtet sein würden und nicht Menschen, sondern Gott allein ihm vollen Lohn gewähren könnte. Der Herr Roberto, nachdem er die päpstliche Mannschaft und allen Kriegsbedarf sich besehen, riet, so viel Fußvolk zu werben als nur immer möglich, was in größter Eile und mit gleichem Eifer geschah. Der Herzog von Calabrien stand so nahe bei der Stadt, daß er täglich bis zu den Toren streifte und plünderte, was den Zorn des Volkes so erregte, daß viele sich anboten, unter dem Herrn Roberto zu dienen, und von ihm mit Dank angenommen wurden. Als der Herzog von diesen Rüstungen vernahm, zog er sich etwas von der Stadt zurück, indem er glaubte, der Herr Roberto würde nicht den Mut haben, ihn dann anzugreifen; zum Teil aber auch, weil er seinen Bruder Federigo erwartete, welchen ihm der König mit frischer Mannschaft sandte. Als der päpstliche Feldherr seine Reiterei der des Herzogs an Zahl beinahe gleich, sein Fußvolk aber jenem überlegen sah, verließ er Rom in Kampfordnung und schlug zwei Millien vom Feinde das Lager. Der Herzog, der gegen seine Erwartung die Feinde heranrücken sah, erkannte, daß er nun eine Schlacht liefern oder, wie ein Flüchtiger, den Rücken wenden müsse. Um nun nichts zu tun, was einem Königssohn Schande bringen könnte, beschloß er zu kämpfen: er zeigte dem Feinde die Stirn, beide stellten ihre Truppen in der damals gebräuchlichen Ordnung auf, und der Kampf begann, der bis Mittag währte. Diese Schlacht[271] ward mit größerer Tapferkeit durchgefochten, als irgendeine in Italien seit fünfzig Jahren. Denn die beiden Heere zusammen verloren über tausend Tote. Das Ende aber war glorreich für die Kirche, denn die päpstlichen Fußvölker setzten der königlichen Reiterei so sehr zu, daß diese genötigt war, das Feld zu räumen. Der Herzog selbst würde in Gefangenschaft geraten sein, wäre er nicht durch die Türken gerettet worden, welche in seinem Heere kämpften, Überbleibsel derer, welche Otranto besetzt gehalten hatten. Nachdem der Herr Roberto diesen Sieg errungen, zog er wie ein Triumphator nach Rom zurück. Aber er genoß seinen Ruhm nicht lange. Denn da er in der Hitze und dem Gewühl des Tages viel Wasser getrunken, zog er sich eine Krankheit zu, die ihn in wenigen Tagen wegraffte. Der Papst ehrte seine Leichenfeier auf alle Weise. Nach diesem Siege sandte der Papst sogleich den Grafen Girolamo nach Città di Castello, um zu versuchen, diese Stadt für Messer Lorenzo Vitelli wiederzugewinnen. Auch trug er ihm auf, zu sehen, ob er sich Riminis bemächtigen könnte. Denn, da der erlauchte Herr Roberto nur einen kleinen Sohn hinterlassen, welcher der Obhut der Mutter anvertraut war, so schien es leicht, die Stadt zu nehmen. Es würde auch gelungen sein, hätten nicht die Florentiner die Witwe unterstützt. Diese trafen ihre Maßregeln so gut, daß des Papstes Anschläge auf Città di Castello wie auf Rimini mißlangen.

Während dies im Römischen und in der Romagna sich ereignete, hatten die Venezianer Figarolo eingenommen und den Po überschritten. Das Lager des Herzogs und des Markgrafen war in Unordnung, denn Federigo von Urbino hatte sich, schwer erkrankt, nach Bologna bringen lassen, wo er starb. So stand es mit der Sache des Markgrafen schlecht, und mit jedem Tage stieg die Hoffnung der Venezianer, Ferrara zu nehmen. Der König und die Florentiner taten ihrerseits das Mögliche, den Papst umzustimmen, und da es ihnen nicht gelungen, ihn durch Waffen zu nötigen, so bedrohten sie ihn mit dem Konzil, welches der Kaiser schon für Basel angesetzt hatte. Die kaiserlichen Gesandten in Rom und die angesehensten Kardinäle, welche sich nach Frieden sehnten, brachten es endlich dahin, daß der Papst an Versöhnung und an die Einigkeit Italiens dachte. Halb aus Besorgnis, halb aus Eifersucht auf die Venezianer, deren steigende Macht die Kirche und Italien mit dem Untergang bedrohte, wollte der Papst sich dem Bunde anschließen und ließ Gesandte nach Neapel abgehen. Dort wurde das Bündnis zwischen dem Papst, dem König, dem Herzog von Mailand und Florenz auf fünf Jahre geschlossen, indem den Venezianern der Beitritt anheimgestellt ward[272]. Nachdem dies geschehen, ließ Sixtus letztere wissen, sie hätten sich ferneren Krieges gegen Ferrara zu enthalten. Statt sich dieser Weisung zu fügen, verstärkten jene ihre Macht. Nachdem sie die herzoglichen und markgräflichen Truppen bei Argenta geschlagen, hatten sie sich Ferrara so genähert, daß ihre Zelte im Park des Markgrafen aufgestellt waren.

Die Verbündeten beschlossen nun (1483) nicht länger zu zögern, dem Bedrohten kräftige Hilfe zugehen zu lassen, und der Herzog von Calabrien rückte mit königlicher und päpstlicher Mannschaft nach Ferrara. Auch die Florentiner sandten alle ihre Leute hin und, um die Leitung des Krieges besser zu ordnen, ward eine Zusammenkunft zu Cremona gehalten, wo der Legat des Papstes, der Graf Girolamo, der Herzog von Calabrien, der Herr Lodovico Sforza, Lorenzo de' Medici und andere italienische Fürsten sich einfanden. Hier wurden alle Angelegenheiten besprochen und festgestellt. Und da man der Ansicht war, daß Ferrara nicht besser Hilfe zu leisten sei, als, indem man dem Feind eine starke Diversion mache, so wollten sie Lodovico Sforza bewegen, für den mailändischen Staat mit den Venezianern Krieg zu beginnen. Dieser aber lehnte es ab, indem er sich scheute, ein Unwetter sich auf den Hals zu laden, das er nicht bald los werden würde. Deshalb beschlossen sie, mit sämtlichen Truppen bei Ferrara haltzumachen, und nachdem sie viertausend Reiter und achttausend Mann zu Fuß zusammengebracht, beschlossen sie, die Venezianer anzugreifen, welche zweitausendzweihundert Reiter mit sechstausend Fußsoldaten musterten. Zuerst warfen sie sich auf die venezianische Flotte, die im Po lag und die sie bei Bondeno so schlugen, daß mehr denn zweihundert Schiffe verlorengingen und der Proveditore Messer Antonio Giustiniani gefangen ward. Als die Venezianer ganz Italien gegen sich unter Waffen sahen, nahmen sie, um ihr Ansehen zu erhöhen, den Herzog von Lothringen[273], mit zweihundert Reitern in ihren Sold. Nachdem sie nun jenen Verlust erlitten, sandten sie diesen mit einem Teil des Heeres, den Feind in Schach zu halten; ihre übrigen Kriegsvölker aber ließen sie unter Roberto da San Severino über die Adda gehen, Mailand sich nähern und den Namen des Herzogs und seiner Mutter, Madonna Bona, ausrufen. Auf solche Weise glaubten sie in Mailand Unruhe zu stiften, in der Meinung, daß Lodovico Sforza und seine Herrschaft dort verhaßt wären. Dieser Zug veranlaßte anfangs Schrecken genug und brachte die Stadt unter Waffen; am Ende aber hatte er eine Wirkung, die den Wünschen der Venezianer schnurstracks entgegenlief. Denn der Herr Lodovico wurde durch diesen Schimpf dazu gebracht, das zu tun, was er vorher zu tun sich geweigert hatte. Indem man nun dem Markgrafen von Ferrara die Verteidigung seines Staates überließ, mit viertausend Reitern und zweitausend Fußknechten, fiel der Herzog von Calabrien mit zwölftausend Reitern und fünftausend Fußsoldaten ins Bergamaskische, dann ins Brescianische, endlich ins Veronesische ein und besetzte das ganze Land, ohne daß die Venezianer irgendwie zu helfen vermochten. Denn Roberto da San Severino rettete mit genauer Not die drei Städte. Der Markgraf hatte seinerseits bedeutende Fortschritte gemacht, denn der Herzog von Lothringen, der ihm gegenüberstand, war ihm mit seinem zusammengeschmolzenen Heere nicht gewachsen. So waren im Jahre 1483 die Kriegsereignisse glücklich für die Verbündeten.

Als der Frühling des folgenden Jahres (1484) gekommen, nachdem man den Winter hindurch gefeiert hatte, rückten die Heere ins Feld. Um die Venezianer rascher bezwingen zu können, hatten die Verbündeten ihre sämtlichen Truppen vereint, und wäre es mit dem Kriege gegangen wie im vorigen Jahre, so wäre es um die lombardischen Besitzungen der Republik geschehen gewesen. Denn sie musterte nicht mehr als sechstausend Reiter und fünftausend Fußsoldaten, und hatte gegen sich dreizehntausend und sechstausend. Der Herzog von Lothringen war überdies, da das Jahr seines Solddienstes vorüber, nach Hause gezogen. Es geschieht aber oft, daß dort, wo mehrere von gleicher Autorität nebeneinander stehen, die Uneinigkeit dem Gegner den Sieg verleiht. Denn nachdem Federigo Gonzaga, Markgraf von Mantua, gestorben war[274], der durch sein Ansehen den Herzog von Calabrien und Lodovico Sforza einträchtig hielt, begannen unter diesen verschiedene Meinungen, aus verschiedenen Meinungen Eifersucht sich zu erzeugen. Giovan Galeazzo, Herzog von Mailand, war nämlich schon in den Jahren, die ihn zur Übernahme der Regierung befähigten, und da er die Tochter des Herzogs von Calabrien zur Gemahlin hatte, verlangte dieser, daß nicht Lodovico, sondern sein Schwiegersohn regieren sollte. Da Lodovico des Herzogs Wünsche kannte, beschloß er ihn außer Stand zu setzen, deren Erfüllung zu fördern. Die Venezianer, welche um Lodovicos Argwohn wußten, benutzten diesen Umstand und hofften, wie sie es stets getan, durch den Frieden zu siegen, nachdem sie im Kriege verloren. So schlossen sie denn mit dem Herrn Lodovico heimlich einen Vertrag, der im August 1484 bekanntgemacht ward[275]. Als die übrigen Verbündeten Kunde davon erhielten, waren sie sehr ungehalten. Denn den Venezianern war die Rückgabe der ihnen genommenen Länderstriche zugesichert, während sie Rovigo und das Polesine, welches sie dem Markgrafen von Ferrara genommen, und alle jene Vorrechte behalten sollten, die sie von alters her vor andern Städten gehabt hatten. Alle waren der Meinung, daß sie einen Krieg geführt, in welchem sie viel ausgegeben, in dessen Verlauf sie Ehre, bei dessen Ausgang sie Schande erworben, indem sie das Gewonnene herausgeben mußten, das Verlorene nicht wiedererhielten. Dennoch waren sie zur Annahme genötigt, indem sie die Kosten nicht mehr tragen konnten und das Glück nicht mehr den Irrungen und der Ehrsucht andrer anvertrauen wollten.

Währenddessen ließ der Papst durch Messer Lorenzo Vitelli Città di Castello belagern, um Niccolò zu vertreiben, welchen die Verbündeten im Stiche gelassen hatten, um Sixtus auf ihre Seite zu ziehen. Niccolòs Parteigenossen aber machten einen Ausfall und schlugen die Feinde in die Flucht. Darauf berief der Papst den Grafen Girolamo aus der Lombardei zurück nach Rom, um sich zu verstärken und das genannte Unternehmen durchzusetzen. Da es ihm aber besser schien, mit Messer Niccolò ein Abkommen zu treffen, statt ihn von neuem anzugreifen, so verständigte er sich mit ihm und versöhnte ihn dann so gut es ging mit Messer Lorenzo. Dazu bewog ihn mehr die Besorgnis vor neuen Unruhen, als die Liebe zum Frieden, denn er sah zwischen den Colonna und den Orsini neue Zwietracht entstehen. Der König von Neapel hatte im Kriege mit dem Papste den letzteren ihre Grafschaft Tagliacozzo[276] genommen und sie den Colonna verliehn, die auf seiner Seite kämpften. Nachdem aber Friede geschlossen worden, verlangten die Orsinen sie zurück, wie die Einigung es bestimmt hatte. Zu verschiedenen Malen forderte der Papst die Colonna auf, sie sollten das Leben herausgeben, diese aber waren weder durch der andern Bitten, noch durch des Papstes Drohungen dazu zu vermögen, sondern beleidigten im Gegenteil die Orsini von neuem durch Streifzüge und ähnliche Feindseligkeiten. Da nun der Papst dies nicht dulden wollte, ließ er seine Truppen mit den Orsinischen vereint gegen sie ziehn, plünderte ihre Wohnungen in Rom, ließ die, welche sie verteidigen wollten, gefangen nehmen und töten und nahm ihnen ihre meisten Burgen. So hörte der Tumult nicht durch Frieden auf, sondern durch Unterdrückung einer der Parteien.

Auch in Genua und in Toscana war es nicht ganz ruhig. Denn die Florentiner hielten den Grafen Antonio von Marciano mit Mannschaft an der Grenze bei Sarzana und belästigten die Sarzanesen durch Streifzüge und kleine Gefechte, während der lombardische Krieg währte. In Genua wurde der Doge Batistino Fregoso, der auf den Erzbischof Paolo Fregoso sein Vertrauen setzte, mit Frau und Kindern von diesem gefangengenommen, worauf Paolo sich selber zum Dogen machte. Überdies hatte die venezianische Flotte die neapolitanische Küste von neuem angegriffen, Gallipoli besetzt und verheerte die umliegende Gegend. Nach dem Friedensschluß in der Lombardei legten sich indes alle diese Tumulte, ausgenommen in Toscana und Rom. Denn fünf Tage nach der Bekanntmachung desselben starb der Papst[277], sei es, weil das Ziel seiner Tage gekommen, oder weil der Schmerz über den Frieden ihn, den Feind des Friedens, tötete. So ließ er denn doch das Land in Ruhe, welches er lebend in immerwährender Unruhe gehalten. Kaum war er tot, so war Rom unter Waffen. Der Graf Girolamo zog sich mit seiner Mannschaft in das Kastell zurück; die Orsini besorgten, die Colonna möchten die frischen Beleidigungen rächen wollen. Die Colonna verlangten Häuser und Burgen zurück, so daß in wenigen Tagen die Stadt mit Raub, Mord und Brand gefüllt war. Nachdem aber die Kardinäle den Grafen veranlaßt, das Kastell in ihre Gewalt zu geben, nach seinen Staaten sich zu verfügen und die Stadt von seinen Truppen zu befreien: gehorchte dieser, welcher sich den künftigen Papst geneigt zu machen wünschte, überlieferte die Burg und zog nach Imola. Als nun das Kastell diese Besorgnis los, die Barone dieser Stütze beraubt waren, schritt man zur Wahl des neuen Papstes. Nach einigen Schwankungen wählte man Giovanni Batista Cybò aus Genua, Kardinal von Molfetta, welcher vermöge seines menschenfreundlichen und friedlichen Charakters die Niederlegung der Waffen erlangte und für den Augenblick Rom beruhigte.

Die Florentiner aber konnten die Schmach nicht verschmerzen, daß ein einzelner Edelmann ihnen Sarzana genommen. Und da im Friedensvertrag stand, man dürfe nicht bloß das Verlorene zurückverlangen, sondern auch im Falle des Widerspruchs Krieg beginnen, so bereiteten sie sich sogleich mit Geld und Mannschaft zu diesem Unternehmen. Agostino Fregoso aber, welcher Sarzana besetzt hielt und mit seinen geringen Mitteln einen solchen Angriff nicht aushalten zu können vermeinte, gab den Ort der Bank von San Giorgio. Da ich San Giorgios und Genuas so oft erwähnt, scheint es mir nicht am unrechten Ort, die Verfassung dieser Stadt zu beschreiben, welche eine der vornehmsten in Italien ist. Nachdem die Genuesen mit Venedig Frieden geschlossen, nach jenem entscheidenden Kampfe, der lange Jahre zuvor zwischen ihnen stattgefunden hatte, sah sich die Republik außerstande, jene Bürger zu befriedigen, welche große Geldsumme vorgestreckt hatten, und verlieh ihnen daher die Einkünfte des Zollamts, mit der Bestimmung, daß jeder nach Maßgabe seiner ursprünglichen Forderung an diesen Einkünften teilnehmen sollte, bis die Schuld abgetragen sein würde. Als Versammlungsort räumten sie ihnen die große, über dem Zollamt gelegene Halle ein. Diese Gläubiger ordneten nun eine regelmäßige Verwaltung an, indem sie einen Rat von hundert ihrer Mitglieder zur Besprechung der öffentlichen Angelegenheiten und einen ausübenden obern Magistrat von acht Bürgern ernannten, die Forderungen in Lose teilten, die den Namen Luoghi erhielten und die ganze Anstalt unter den Schutz des hl. Georg stellten. Nachdem die Sachen in dieser Weise geordnet waren, bedurfte die Gemeinde neuer Geldmittel und sprach San Giorgio wiederum an. Reich und gut verwaltet, konnte die Anstalt ihre Wünsche erfüllen. Die Gemeinde dagegen, wie sie zuerst die Zölle jenen überlassen, verpfändete ihnen jetzt Ländereien, und so ist es bei dem Geldbedarf der Stadt und den Diensten der Gesellschaft von San Giorgio dahingekommen, daß letztere den größern Teil der unter Genuesischer Herrschaft stehenden Orte und Städte unter ihrer Verwaltung hat, so daß sie dieselben regiert und schützt und jährlich nach öffentlicher Abstimmung ihre Beamten hinsendet, ohne daß die Gemeinde eine Mühewaltung dabei hat. Daher kommt es, daß die Anhänglichkeit der Bürger von der Gemeinde auf San Giorgio übergegangen ist, indem man dort Willkür, hier geregelte Verwaltung gefunden. Daher die leichten Staatsumwälzungen, bald die Herrschaft eines Bürgers, bald eines Fremden, indem nicht San Giorgio, sondern die Gemeinde das Regiment wechselt. In den Kämpfen zwischen Fregosen und Adornen, wo es sich um die Herrschaft über die Gemeinde handelt, hält die größere Zahl der Bürger sich zurück und läßt diese dem Sieger zur Beute. Die Bank von San Giorgio tut nichts anders dabei als den, welcher das Ruder ergriffen hat, die Befolgung ihrer Gesetze schwören zu lassen, die bis heute nicht verändert worden sind. Denn da die Bank Geld und Waffen und Staat hat, so könnte eine solche Umänderung nicht ohne die Gefahr eines ohne Zweifel gefahrvollen Aufstandes unternommen werden. Es ist gewiß ein seltenes Beispiel, wie es keinen Philosophen in ihren vielen geträumten und dagewesenen Republiken vorgekommen, dies Nebeneinanderstehen, in demselben Kreise, in derselben Stadt, von Freiheit und Tyrannei, von gesetzlichem und gesetzlosem Leben, von Gerechtigkeit und Lizenz. Denn jene Anstalt allein bewahrt in Genua die alten, ehrenvollen Sitten. Geschähe es aber, was mit der Zeit unausbleiblich ist, daß die ganze Stadt San Giorgio anheimfiele, so würde eine solche Republik noch merkwürdiger sein als die venezianische.

Dieser Bank von San Giorgio also wurde Sarzana von Agostino Fregoso übertragen. Sie übernahm den Ort gerne, sorgte für dessen Verteidigung, ließ sogleich eine Flotte auslaufen und sandte Mannschaft nach Pietrasanta, um dem in der Nähe befindlichen florentinischen Lager den Zuzug abzuschneiden. Die Florentiner hingegen wünschten, Pietrasanta zu nehmen, da der Besitz von

Sarzana ohne dieses zwischen dem genannten Ort und Pisa gelegene Kastell ihnen wenig nutzte. Sie hatten aber keinen triftigen Grund Pietrasanta anzugreifen, wenn sie nicht etwa von den Bewohnern an der Eroberung Sarzanas gehindert wurden. Um diese nun dazu zu verleiten, sandten sie von Pisa aus eine große Ladung Munition und Lebensmittel nach dem Lager, unter schwacher Bedekkung, damit die geringe Mannschaft die Pietrasantiner nicht schrecken, die reiche Beute sie verlocken möchte, sie anzugreifen. Wie sie es geplant, geschah es. Die von Pietrasanta, so leichten Gewinn erblickend, nahmen den Zug weg. Nun hatten die Florentiner eine rechtmäßige Veranlassung zum Angriff und Sarzana beiseite lassend, lagerten sie vor Pietrasanta, welches von zahlreicher Mannschaft tapfer verteidigt ward. Außerdem, daß die Artillerie in der Ebene aufgestellt ward, warfen die Belagerer auch auf einem nahen Hügel eine Schanze auf, um von dort dem Kastell zuzusetzen. Kommissar des Heeres war Jacopo Guicciardini. Während man bei Pietrasanta kämpfte, nahm und verbrannte die genuesische Flotte die Burg von Vada und setzte dort Truppen ans Land, die alles umher verwüsteten. Gegen diese sandte man mit Reitern und Fußvolk Messer Bongianni Gianfigliazzi, welcher die Frechheit dieser Leute zügelte, so daß ihre Streifzüge einigermaßen gehemmt wurden. Die Flotte aber legte sich vor Livorno und griff mit fliegenden Brücken und andern Kriegsmaschinen den neuen Turm an, den sie mehrere Tage lang beschoß. Als sie aber sah, daß es zu nichts half, entschloß sie sich zu schmählichem Abzug.

Bei Pietrasanta wurde träge gekämpft, so daß die Feinde ermutigt die Schanze angriffen und nahmen. Dies brachte ihnen so großen Ruhm und setzte das florentinische Heer dermaßen in Furcht, daß es drauf und dran war,

BERNARDO DEL NERO

auseinanderzulaufen. Es zog sich vier Millien vom Ort zurück, und da bereits der Oktober gekommen, urteilten die Anführer, es sei gut, die Winterquartiere zu beziehen und die Belagerung auf das folgende Jahr aufzusparen. Als man in Florenz diese schlechten Erfolge vernahm, waren die Regierenden mit Zorn erfüllt, und um Ordnung und Kraft zurückzuführen, ernannten sie zu neuen Kommissarien Antonio Pucci und Bernardo del Nero, welche mit bedeutenden Geldmitteln ins Lager sich begaben und die Hauptleute mit dem Unwillen der Signorie, der Gewalthaber und der ganzen Stadt bedrohten, wenn man nicht mit dem Heer zu den Mauern zurückkehrte. Sie stellten ihnen vor, welche Schmach es für sie sein würde, wenn so viele Hauptleute und eine so beträchtliche Mannschaft einen so schwachen und von geringer Besatzung verteidigten Ort nicht zu nehmen imstande wären. Sie deuteten auf die augenblicklichen und künftigen Vorteile hin und sprachen so gut, daß sie die Gemüter entflammten und die Truppen zur Wiederaufnahme der Belagerung, vorerst aber zur Wiedereroberung der Schanze vermochten. Hier erkannte man, wieviel Freundlichkeit und Güte und geneigte Worte bei den Truppen vermögen: denn indem Antonio Pucci den einen Soldaten ermunterte, dem andern Versprechungen machte, dem dritten die Hand reichte, den vierten umarmte, brachte er es dahin, daß sie den Angriff mit solchem Feuer unternahmen, daß die Schanze in einem Nu erobert war. Es ging indes nicht ohne Verlust ab, denn der Graf Antonio von Marciano wurde durch einen Schuß getötet. Dieser Sieg schreckte die Belagerten so, daß sie von Kapitulation zu sprechen begannen. Um der Sache größere Bedeutung zu geben, verfügte sich Lorenzo de' Medici nach dem Lager und binnen wenigen Tagen erfolgte die Übergabe. Nun war der Winter da, so daß die Hauptleute beschlossen, dem

Feldzuge für jetzt ein Ende zu machen und bessere Jahreszeit abzuwarten, um so mehr als die schlechte Luft[278] viele Krankheiten im Heere erzeugt hatte und mehrere der Anführer gefährlich darniederlagen, unter ihnen Antonio Pucci und Bongianni Giafigliazzi, welche bald darauf starben, zum großen Leidwesen aller, da Antonio durch sein Verhalten bei jenen Vorfällen sich allgemein beliebt gemacht hatte. Nachdem die Florentiner Pietrasanta erobert, sandten die Lucchesen Abgeordnete zu ihnen, um den Ort zurückzufordern, welcher ehemals ihrer Republik gehört, indem sie angaben, daß es zu den Vertragsbedingungen gehöre, daß man alle Ortschaften, die einer dem andern abnehme, dem ursprünglichen Herrn wiedergeben müsse. Die Florentiner stellten dieses Übereinkommen nicht in Abrede, erwiderten aber, sie wüßten nicht, ob sie nicht in den mit Genua schwebenden Friedensunterhandlungen Pietrasanta wieder herauszugeben haben würden, weshalb sie auch bis dahin keinen Beschluß darüber fassen könnten. Müßten sie den Ort aber ihnen ausliefern, so wären die Lucchesen gleichmäßig verpflichtet, ihnen die Kosten, wie den durch so vieler Bürger Tod veranlaßten Schaden zu ersetzen. Täten sie dies, so dürften sie hoffen wieder in den Besitz zu gelangen[279]. So verging der ganze Winter in Friedensunterhandlungen zwischen Florenz und Genua, woran der Papst teilnahm. Da man sich indes nicht einigte, so würden die Florentiner beim Frühlingsanfang Sarzana angegriffen haben, wären sie nicht durch die Krankheit Lorenzos de' Medici und einen neuen Krieg zwischen dem Könige von Neapel und der Kirche daran gehindert worden. Denn Lorenzo ward nicht nur von dem Erbübel seines Vaters, der Gicht, sondern auch von heftigem Magenkrampf dermaßen angefallen, daß er sich genötigt sah, in einem Bade Heilung zu suchen.

Von größerem Belange noch war der Krieg (1485), der folgenden Ursprung hatte. Die Stadt Aquila stand zu dem Königreich in einem Verhältnisse, welches ihr beinahe völlige Freiheit ließ. Der Graf von Montorio genoß dort großes Ansehen. Nahe am Tronto stand mit seinen Truppen der Herzog von Calabrien, unter dem Vorwande, einigen Unruhen ein Ende machen zu wollen, welche unter dem Landvolk entstanden waren, in Wahrheit aber, um den Versuch zu machen, Aquila dem Könige völlig zu unterwerfen. Darum ließ er den Grafen zu sich entbieten, als bedürfte er seiner in der fraglichen Angelegenheit. Dieser ging ohne Verdacht zu hegen, ward aber vom Herzoge sogleich gefangengenommen und nach Neapel gesandt. Als die Sache in Aquila bekannt wurde, geriet die gesamte Stadt in Aufregung: das Volk ergriff die Waffen, Antonio Concinello, der königliche Kommissar, wurde ermordet, mit ihm mehrere Bürger, die man im königlichen Interesse glaubte. Um nun einen Beschützer zu haben, pflanzten die Aquilaner das Banner der Kirche auf und sandten Abgeordnete zum Papst, sich und die Stadt ihm zu übergeben, mit der Bitte, sie, als ihm gehörend, gegen die Tyrannei zu schützen. Der Papst, welcher König Ferdinand aus öffentlichen und persönlichen Gründen haßte, nahm sich ihrer mutig an, und da der Herr Roberto da San Severino mit Mailand zerfallen und ohne Kriegsdienst war, so nahm er diesen in seinen Sold und ließ ihn in größter Eile nach Rom kommen. Überdies ermunterte er die Verwandten und Freunde des Grafen von Montorio gegen den König aufzustehn, so daß die Fürsten von Altemura, von Salerno und von Bisignano die Waffen ergriffen. Als der König diesen plötzlichen Aufstand sah, ersuchte er die Florentiner und den Herzog von Mailand um Beistand. Erstere waren ungewiß, was zu tun: es ward ihnen schwer, ihre eigenen Unternehmungen aufzugeben, um die der andern zu unterstützen, und es schien gefährlich, von neuem als Feinde der Kirche dazustehn. Dennoch galt ihnen die treue Beobachtung des geschlossenen Bündnisses höher als eigene Gefahr und Verluste: sie nahmen die Orsini in ihren Sold und sandten viel Mannschaft unter dem Grafen von Pitigliano[280] dem König zu Hilfe gen Rom. Ferrando teilte nun seine Truppen in zwei Heere: das eine zog unter dem Herzog von Calabrien auf Rom, um im Verein mit den Florentinern dem Papst entgegenzuwirken; mit dem andern führte er selber den Krieg gegen die Barone. Das Kriegsglück schwankte hin und her, am Ende aber blieb dem Könige auf beiden Seiten der Sieg und im August 1486 ward durch Vermittlung der Gesandten des Königs von Spanien[281] der Friede geschlossen, zu welchem der Papst sich bequemen mußte, da er vom Glück im Stiche gelassen worden und es nicht mehr versuchen wollte. Alle italienischen Mächte traten nun bei, mit Ausnahme der Genuesen, die als Empörer gegen Mailand und weil sie florentinisches Besitztum nicht herausgeben wollten, ausgeschlossen wurden. Signor Roberto da San Severino, welcher im Kriege dem Papst ein nicht sehr treuer Freund, den andern ein nicht furchtbarer Gegner gewesen, verließ nach dem Friedensschluß Rom, von wo man ihn gewissermaßen auswies. Als er auf seinem Rückzug von den florentinischen und mailändischen Truppen sich verfolgt und bei Cesena beinahe erreicht sah, ergriff er die Flucht und rettete sich mit weniger als hundert Reitern nach Ravenna, während seine übrigen Leute teils vom Herzog in Sold genommen, teils vom Landvolk zersprengt wurden. Nachdem der König mit den Baronen sich ausgesöhnt, ließ er Jacopo Coppola und Antonella d'Aversa mit ihren Söhnen hinrichten, weil sie während des Krieges dem Papste seine Geheimnisse verraten hatten.

Der Papst hatte Gelegenheit gehabt zu erkennen, mit welcher Gewissenhaftigkeit und welchem Eifer die Florentiner ihre Freundespflichten erfüllten. Wenn er also vorher, seiner Anhänglichkeit an Genua wegen und weil sie dem Könige geholfen, sie haßte, so begann er jetzt sie zu lieben und ihren Gesandten mehr denn zuvor seine Gunst zuzuwenden. Lorenzo de' Medici erkannte diese Neigung und förderte sie auf alle Weise, indem er der Ansicht war, daß es sein Ansehen sehr erhöhen würde, wenn er zu der Freundschaft des Königs auch die des Papstes gewinnen könnte. Der Papst hatte einen Sohn namens Francesco[282], und da er diesem Besitztum und Freunde zu verschaffen wünschte, um ihm nach seinem Tode eine Stellung zu hinterlassen, so fand er in Italien keinen, mit welchem er dessen Schicksal sicherer verknüpfen könnte als Lorenzo. Deshalb richtete er es so ein, daß dieser ihm eine seiner Töchter vermählte. Nachdem diese Verschwägerung zustande gekommen, bemühte sich der Papst die Genuesen zu veranlassen, den Florentinern Sarzana vertragsweise abzutreten, indem er ihnen zeigte, daß sie nicht behaupten könnten, was Agostino Fregoso verkauft, und Agostino ebensowenig der Bank von San Giorgio schenken, was ihm nicht gehörte. Seine Bemühungen aber schlugen fehl. Während in Rom unterhandelt wurde, rüsteten die Genuesen eine Menge Schiffe, setzten, ohne daß in Florenz etwas davon bekannt ward, dreitausend Fußsoldaten ans Land, berannten die oberhalb Sarzana gelegene, den Florentinern gehörende Burg Sarzanello, plünderten und verbrannten die an die Burg stoßende Ortschaft und beschossen die Mauern mit ihrer Artillerie. Dieser Angriff kam den Florentinern unerwartet. Sie sammelten sogleich Truppen zu Pisa unter Virginio Orsini und beschwerten sich beim Papste, daß die Genuesen sie überfallen, während man den Frieden verhandelte. Nach Lucca schickten sie Piero Corsini[283], um sich diese Stadt geneigt zu erhalten, nach Venedig Paolo Antonio Soderini, um die Stimmung der Republik zu prüfen. Den König, wie den Herrn Lodovico Sforza ersuchten sie um Hilfe: aber weder der eine noch der andere sandten Beistand, indem Ferdinand sich mit der türkischen Flotte entschuldigte, Lodovico andern Vorwand hatte. So stehn die Florentiner in ihren Kriegen beinahe immer allein und finden keinen, der sich ihrer mit dem Eifer annimmt, den sie bei der Verteidigung anderer an den Tag legen. Sie verloren indes den Mut nicht, da sie sich von den Bundesgenossen im Stich gelassen sahen, was für sie nichts neues war, sammelten ein beträchtliches Heer und sandten es gegen den Feind unter Jacopo Guicciardini und Piero Vettori[284], welche am Ufer der Magra lagerten. Sarzanello ward unterdessen von den Genuesen hart und auf alle Weise bedrängt. Die Kommissarien beschlossen also den Feind anzugreifen und dieser stellte sich. Aber er zog den kürzern und Luigi dal Fiesco mit vielen Hauptleuten des Heeres gerieten in Gefangenschaft. Die von Sarzana ließen sich indes durch diese Niederlage nicht schrecken, sondern bereiteten sich ebenso eifrig zur Verteidigung, wie die florentinischen Kommissarien zum Angriff. Als nun der Kampf auf beiden Seiten mutvoll fortgesetzt ward und die Belagerung sich in die Länge zog, hielt Lorenzo de' Medici es für geraten, nach dem Lager sich zu begeben. Seine Ankunft erhöhte den Mut der unsern, während die Gegner zu verzagen begannen. Als sie sahen, wie hartnäckig die Florentiner ihnen zusetzten und wie lau die Genuesen sich ihrer annahmen, übergaben sie frei und ohne Bedingungen[285] Lorenzo den Ort. Mit Ausnahme der Häupter des Abfalls, wurden sie auf eine menschliche Weise behandelt. Unterdessen waren mailändische Truppen bis Pontremoli vorgerückt, mit dem Anschein, als wollten sie uns zu Hilfe ziehn. Da aber Lodovico Sforza in Genua Einverständnisse unterhielt, empörte sich die der herrschenden feindliche Partei und übergab die Stadt unter Beistand der genannten Truppen dem Herzog von Mailand.

In dieser Zeit hatten die Deutschen einen Krieg gegen Venedig begonnen und Boccolino von Osimo in der Mark diese Stadt gegen den Papst aufgehetzt und sich zu ihrem Herrn aufgeworfen. Aber Lorenzo de' Medici vermochte ihn nach manchen Wechselfällen sich dem Papst wieder zu unterwerfen und nach Florenz zu kommen, wo er unter Lorenzos Schutz längere Zeit sehr geehrt lebte. Als er aber später nach Mailand ging, fand er nicht gleiche Treue und wurde durch den Herrn Lodovico aus dem Wege geräumt. Die Venezianer wurden bei Trient von den Deutschen geschlagen und verloren dabei ihren Feldhauptmann Roberto da San Severino. Nach dieser Niederlage schlossen sie, wie gewöhnlich, mit den Deutschen einen Vertrag, nicht wie Verlierende, sondern wie Sieger, so ehrenvoll war er für ihre Republik.

In der Romagna kam es zu gefährlichen Bewegungen (1488). Francesco d'Orso von Forli war in dieser Stadt ein sehr angesehener Mann. Der Graf Girolamo schöpfte Verdacht gegen ihn und bedrohte ihn mehrmals, so daß Francesco in großer Besorgnis lebte. Da drangen seine Freunde in ihn, er sollte dem Grafen zuvorkommen, denjenigen umbringen, von welchem er umgebracht zu werden fürchtete, und so zugleich mit dem Tode andern Gefahren entfliehn. Nachdem nun der Plan reif geworden, wählten die Verschwornen einen Markttag von Forli, denn da an einem solchen Tage viele ihrer Freunde vom Lande in die Stadt kamen, dachten sie diese zu benutzen, ohne sie rufen zu müssen. Es war im Mai, eine Jahreszeit, wo die meisten Italiener noch bei Tageslicht die letzte Mahlzeit zu sich zu nehmen pflegen. Jene glaubten nun, sie würden am besten tun, den Grafen nach seinem Abendessen zu morden, wo er beinahe allein in seinem Gemach sein würde, während seine Leute noch speisten. Nachdem dies verabredet worden, begab sich um die angegebene Stunde Francesco nach der Wohnung des Herrschers, ließ seine Begleiter in den Vorzimmern und ersuchte einen Diener, ihn zum Grafen zu führen, den er zu sprechen wünschte. Er wurde eingelassen, fand Girolamo allein und ermordete ihn, nachdem er einige Worte mit ihm gewechselt, worauf er seine Freunde rief, welche auch den Diener umbrachten. Zufällig kam der die Stadt befehligende Hauptmann, um mit seinem Gebieter zu reden, und da er mit wenigen seiner Leute in den Saal trat, wurde er gleichfalls gemordet. Dann entstand ein großes Getöse: des Grafen Leiche ward zum Fenster hinausgeworfen, Kirche und Freiheit ausgerufen und das Volk bewaffnet. Dieses, welches den Riario seiner Habsucht und Grausamkeit wegen haßte, plünderte den Palast und nahm die Gräfin Caterina mit ihren Kindern gefangen. Nur die Burg mußte noch genommen werden, um dem Unternehmen glücklichen Ausgang zu sichern. Da der Kastellan aber sich weigerte, sie einzulassen, so baten sie die Gräfin, ihn zu bestimmen, sich ihrem Wunsch zu fügen. Sie verhieß es, falls sie ihr erlaubten, hineinzugehn: zum Pfande ließ sie ihnen die Söhne. Die Verschwornen glaubten ihrem Wort und gestatteten ihr, was sie verlangte: kaum aber war sie im Kastell, so bedrohte sie die Getäuschten mit dem Tode und mit jeglicher Art Strafe für den Mord des Gatten. Und als diese ihrerseits drohten, ihre Söhne zu töten, gab sie zur Antwort, sie habe Mittel, neue zu machen. Die Verschwornen, überrascht, ohne Beistand von seiten des Papstes, packten auf die Nachricht, daß der Oheim der Gräfin, der Herr Lodovico

Sforza, Mannschaft ihr zu Hilfe sende, alle Habe zusammen, die sie wegzuschaffen vermochten, und begaben sich nach Città di Castello. Die Gräfin dagegen bemächtigte sich der Regierung und rächte den Mord auf die grausamste Weise. Als die Florentiner Girolamos Tod vernahmen, benutzten sie die Gelegenheit, die Burg von Piancaldoli wieder zu besetzen, welche jener ihnen vorzeiten weggenommen hatte. Sie verloren aber bei der Einnahme den Cecca, ihren besten Kriegsbaumeister.

In der nämlichen Provinz Romagna ereignete sich ein anderer, nicht geringerer Tumult. Galeotto, der Herr von Faenza, hatte zur Frau eine Tochter des Messer Giovanni Bentivogli, der in Bologna herrschte. Diese, sei es, daß Eifersucht oder schlechte Behandlung oder böse Leidenschaft sie stachelte, haßte ihren Gatten, und der Haß stieg zu solchem Punkte, daß sie ihm Regierung und Leben zu nehmen beschloß. Sie stellte sich also krank und legte sich zu Bette, nachdem sie einigen ihrer Vertrauten den Befehl erteilt, Galeotto umzubringen, wenn er sie besuchen käme. Von diesem Plane hatte sie ihren Vater in Kenntnis gesetzt, welcher nach dem Tode seines Schwiegersohns sich zum Herrn von Faenza zu machen hoffte. Als die zur Tat anberaumte Zeit gekommen, trat Galeotto, seiner Gewohnheit gemäß, in das Schlafgemach seiner Frau und, nachdem sie eine Zeitlang im Gespräche zugebracht, sprangen aus dem Hinterhalt die Mörder hervor, die ihn umbrachten, ohne daß er sich hätte verteidigen können. Nach diesem Mord entstand ein gewaltiger Lärm: die Witwe flüchtete sich mit ihrem kleinen Sohn Astorre in das Kastell; das Volk griff zu den Waffen. Messer Giovanni Bentivogli zog mit einem Menschen namens Bergamino, einem Hauptmann des Herzogs von Mailand, mit geworbener Mannschaft in Faenza ein, wo auch der florentinische Kommissar Antonio Boscoli sich befand, und da versammelten sie sich, um über die Lage der Dinge Rat zu pflegen. Das Landvolk aber aus Val di Lamona, welches bei dem Tumult haufenweise herzugeströmt war, griff den Bentivogli und Bergamino an, erschlug diesen, nahm jenen gefangen und rief die Namen Astorres und der Florentiner aus, indem es dem florentinischen Kommissar die Stadt empfahl. Als dieser Vorfall in Florenz bekannt ward, erregte er allgemeines Mißvergnügen: denn noch verordnete die Signorie die Freilassung Messer Giovannis und seiner Tochter, und übernahm mit Zustimmung des gesamten Volkes die Aufsicht über den jungen Astorre und die Verwaltung der Stadt. Während die Kriege zwischen den großen Fürsten ruhten, gab es noch mehrere derartige Unordnungen in der Romagna, in der Mark, zu Siena, die ich indes als unwichtig übergehe. Nur muß ich hinzufügen, daß in Siena nach dem Abzug des Herzogs von Calabrien häufige Tumulte vorfielen, wobei bald das Volk, bald der Adel siegten. Am Ende aber blieb dem Adel die Macht, und zu höchstem Ansehen gelangten, der eine durch Klugheit, durch Mut der andere, Pandolfo und Jacopo Petrucci, welche sozusagen Beherrscher Sienas wurden.

Nach Beendigung des Krieges gegen Sarzana lebten die Florentiner bis zum Jahre 1492, in welchem Lorenzo de' Medici starb, in größtem Glück. Denn seitdem die Waffen ruhten, wozu Lorenzo durch Staatsklugheit und Autorität es gebracht hatte, richtete er seine Gedanken darauf, sich und die Stadt groß zu machen. Mit seinem erstgeborenen Sohne Piero verband er Alfonsina aus dem Hause Orsini[286], seinen zweiten Sohn Giovanni sah er zur Kardinalswürde erheben. Dies war um so bemerkenswerter, da derselbe noch nicht vierzehn Jahre zählte, als er mit dieser hohen Würde bekleidet ward. Es war die Leiter, auf welcher er sein Geschlecht zum Himmel emporsteigen

PIERO DI LORENZO DE' MEDICI

machte, wie in der Folgezeit geschah. Dem dritten Sohne, Giuliano, konnte er wegen dessen jugendlichen Alters und wegen der kurzen Lebensdauer, die ihm selbst noch beschieden war, keinen ähnlichen Glücksstand bereiten. Von den Töchtern vermählte er die eine mit Jacopo Salviati, die zweite mit Francesco Cybò, die dritte mit Piero Ridolfi; die vierte, welche er, um seine Familie einig zu erhalten, dem Giovanni de' Medici gegeben hatte, starb. In seinen eigenen Angelegenheiten war er in Handelssachen sehr unglücklich. Denn infolge der Unachtsamkeit seiner Geschäftsleute, die nicht wie Private, sondern gleich Fürsten verwalteten, ging an vielen Orten sein bewegliches Vermögen in Rauch auf, so daß der Staat genötigt war, ihn mit bedeutenden Geldsummen zu unterstützen. Um nun nicht alles aufs Spiel zu setzen, ließ er die Handelsunternehmungen beiseite und legte sein Vermögen im Landbesitz an, der ihm minder gefährdeten Reichtum verhieß. In den Umgebungen von Prato und Pisa und in Val di Pesa kaufte er Güter, die in Betracht ihres Umfangs und ihrer Einkünfte, wie der Pracht der Gebäude eher für einen König als für einen Privatmann paßten. Sodann war er darauf bedacht, die Stadt zu verschönern und zu erweitern, und da es in derselben mehrere von Häusern entblößte Flächen gab, so ließ er neue Straßen anlegen, um diese auszufüllen. Um das Gebiet mehr zu sichern und die Feinde abzuhalten oder in der Ferne zu bekämpfen, befestigte er gen Bologna mitten im Gebirge das Kastell Firenzuola. Auf der Seite von Siena begann er, den Poggio imperiale[287] in eine feste Burg umzuschaffen. Auf der Seite von Genua versperrte er durch die Eroberung von Pietrasanta und Sarzana feindlichem Angriffe den Weg. In Perugia unterstützte er die ihm befreundeten Baglionen, in Città di Castello die Vitelli durch Pensionen und Jahrgehalte, in Faenza hingen

CRISTOFANO LANDINO

die Verwaltungsangelegenheiten von ihm ab. So hatte er Florenz gleichsam mit festen Bollwerken umgeben. Während der Tage des Friedens unterhielt er die Stadt anhaltend durch Feste, indem er oft Turniere und Darstellungen von alten Triumphen und Heldentaten veranstaltete. Sein Zweck war, die Stadt im Überfluß, das Volk einig, den Adel geehrt zu erhalten. Ausgezeichnete Künstler fanden in ihm einen eifrigen Beschützer, die Gelehrten einen großen Gönner, wovon Messer Agnolo von Montepulciano[288], Messer Cristofano Landino und der Grieche Messer Demetrio[289] gültiges Zeugnis ablegen können. Deshalb verließ der Graf Giovanni della Mirandola[290], ein sozusagen göttlicher Geist, nachdem er viel umhergewandert, jeden andern Wohnsitz und wählte, von Lorenzos Vortrefflichkeit angezogen, Florenz zum Aufenthaltsort. In der Architektur, der Musik und Poesie hatte er große Kenntnisse. Es gibt viele Dichtungen, die er nicht nur verfaßt, sondern auch erläutert hat. Um der florentinischen Jugend Gelegenheit zu geben, in den Wissenschaften sich zu unterrichten, eröffnete er zu Pisa eine hohe Schule, wohin er die damals lebenden berühmtesten Gelehrten Italiens berief. Dem Frater Mariano da Ghinazzano vom Augustinerorden, einem ausgezeichneten Prediger, erbaute er ein Kloster in der Nähe von Florenz[291]. Vom Glück und von Gott ward er sehr geliebt: denn alle seine Unternehmungen nahmen ein gutes Ende, alle seine Gegner ein schlimmes. Außer den Pazzi, wollten ihn noch in der Carmeliterkirche Batista Frescobaldi, auf seiner Villa Baldinotto von Pistoja umbringen, welche beide samt den Mitwissenden ihrer Geheimnisse und ihrer verruchten Anschläge gerechte Strafe erduldeten. Diese seine Stellung, diese seine Klugheit und sein Glück wurden nicht nur von den italienischen Fürsten, sondern von den Fremden auch mit Bewunderung anerkannt und geschätzt. König Matthias von Ungarn gab ihm viele Beweise seiner Zuneigung. Der Sultan von Ägypten sandte ihm Botschafter und Geschenke. Der Großtürke lieferte ihm den Bernardo Bandini aus, den Mörder seines Bruders. Alles dies steigerte seinen Ruhm in Italien aufs Höchste. Seine Weisheit machte, daß sein Ansehen sich täglich mehrte: denn in der Besprechung der Angelegenheiten war er beredt und scharf, im Entschließen verständig, im Ausführen rasch und mutig. Man kann nicht sagen, daß Laster seine Tugenden verdunkelt hätten, obgleich er in Liebesintrigen über die Maßen verwickelt war und an lustigen und witzigen Leuten, wie an kindischen Spielen größeren Gefallen fand, als für einen solchen Mann schicklich schien. So sah man ihn oft mitten unter seinen Söhnen und Töchtern an deren Vergnügungen teilnehmen. Wenn man so bei ihm die leichte und heitere, wie die ernste Seite des Lebens betrachtet, so gewahrte man in ihm zwei auf beinahe unmöglich scheinende Weise miteinander verbundene Naturen.

In den letzten Zeiten lebte er in großen Leiden, welche durch seine sehr heftige Krankheit verursacht wurden. Denn es quälte ihn ein unerträglicher Magenkrampf, der so zunahm, daß er im April des Jahres 1492, im vierundvierzigsten Jahre seines Alters, sein Ende herbeiführte. Nie wurde nicht nur in Florenz, sondern in ganz Italien ein Mann zu Grabe getragen, der im Rufe so großer Weisheit gestanden und um welchen sein Vaterland so tief getrauert hätte. Der Himmel aber deutete durch sichtbare Zeichen an, wie sein Tod das größte Unglück herbeiführen sollte. Unter andern ward die Spitze der Kirche Santa Reparata vom Blitz mit solcher Gewalt getroffen, daß ein großer Teil des Bauwerks zu aller Verwunderung und Schrecken herabgeschleudert ward.

So trauerten denn um seinen Tod alle Bürger und alle

Fürsten Italiens, und dieses Leidwesen sprach sich öffentlich aus, indem alle ihre Abgeordneten nach Florenz sandten, ihre Gefühle zu bezeugen. Daß sie gegründete Ursache hatten zu trauern, zeigten die bald darauffolgenden Jahre. Denn nachdem Italien der Ratschläge Lorenzos beraubt worden, sahen die ihn Überlebenden sich ohne Mittel, den Ehrgeiz Lodovico Sforzas, der für den Herzog von Mailand die Verwaltung führte, zu befriedigen oder aber ihm Zügel anzulegen. Und so schoß denn alsbald nach dem Tode Lorenzos de' Medici die böse Saat auf, welche, da jener nicht mehr lebte, der sie auszurotten vermocht hatte, Italien verwüstete und noch immer verwüstet.

Aus den Briefen an die Zehn der Balia
1497

... Als in den ersten Tagen dieses Monats der Bruder (Girolamo Savonarola) predigte, entstand durch einen Mann, der eine Trommel rührte, großer Lärm in der Kirche. Es wurden Waffen gezogen und ein großer Tumult war im Ausbrechen, doch wurde er schnell gedämpft. Von Rom aus fing man an, den Bruder durch Breven zu drängen. Der Papst sandte einen Giov. da Camerino, einen unruhigen Mann und genauen Freund des Bruders Mariano da Ghinazzano mit diesen Breven an die Signoria und an den Bruder Girolamo; an die Signoria, daß sie ihm das Predigen verböte; an ihn zu demselben Zwecke, daß er vor dem päpstlichen Vikarius erscheinen solle, und zu einigen andern. Der größere Teil dieser Dinge war von hier aus durch die Gegenpartei nachgesucht worden. Die seinige dagegen verteidigte ihn kräftig. Doch predigte er diesen Sommer wegen der Hitze, der Pest und vielen andern Bedrängnissen nicht ...

Es hatte in dieser Zeit der Papst seine Tochter mit dem Herrn von Pesaro vermählt. Dieser verließ Rom, wo er sich befand, insalutato hospite[292] und ließ, zu Hause angekommen, sagen: sie möge sich einen andern Mann suchen, er wolle sie nicht mehr in seinem Hause. Der Papst sandte Maestro Mariano da Ghinazzano nach Pesaro. In Summa fand sich ein Mittel, die Gatten zu scheiden, obgleich die Ehe vollzogen war. Die Scheidung erfolgte dann am 7. Juni.

GIROLAMO SAVONAROLA

Es wurde im Konsistorium die Bulle der Investitur des Königs Ferdinand mit dem Königreich Neapel, mit Einwilligung aller Kardinäle, ausgesprochen, ausgenommen des Franzosen Saint Dénis, der feierlich protestierte, de nullitate rei, et de juribus integris Cristianissimi Regis etc.[293] Als der Papst opponierte, sagte er zuletzt, sein König behalte sich vor, seine Rechte in armis[294] geltend zu machen. Den 9. sodann wurde für die Krönung der Kardinal von Valenza zum Legaten erwählt, und der Herzog von Gandia zum Fürsten von Benevent gemacht, was die Folgen hatte, die in der Beilage aus dem Brief Ser Alessandros erhellen.

Gegen die Mitte des Monats wurde der Herzog von Gandia ermordet. Für damals wußte man es nicht; später hielt man für gewiß, der Kardinal von Valenza sei aus Neid und wegen Mona Lucrezia der Mörder gewesen, oder habe den Herzog ermorden lassen.

Die Angabe, worauf sie die Scheidungsakte Pesaros und der Mona Lucrezia gründeten, war, daß die Ehe wegen Impotenz nicht vollzogen sei. Der Papst sagte außerdem, er tue es aus Rücksicht auf ihren ersten Gemahl, nämlich Messer Procida, von dem sie gleichfalls geschieden war...

Um diese Tage wurde Lamberto dall'Antella, der in sein Landhaus oberhalb des Paradieses gegangen war, verhaftet. Obgleich er an Messer Francesco Gualterotti, der zu den Zehn gehörte, in Anbetracht ihrer Verwandtschaft – Lamberto hatte eine Gualterotti zur Frau – geschrieben hatte, er wolle kommen, um zu berichten usw., so hatte er doch keine Erlaubnis erhalten. Nach seiner Verhaftung zeigte er einen zweiten Brief an denselben vor, der noch nicht abgesendet war. Er ward verwiesen und geächtet...

Es wurden als Mitwisser und Begünstiger des Planes

DIE FAMILIE TORNABUONI

der Medicis, nach Florenz zurückzukehren, von vorgenanntem Lamberto viele Bürger angegeben. Unter andern Benedetto del Nero, Niccolò Ridolfi, Gio. Cambi, von denen von Santa Trinita, Giannozzo, Pucci, Lorenzo Tornabuoni, Pandolfo Corbinelli, Piero Pitti, Francesco di Ruberto Martelli und einige andere. Ihr Hauptvergehen war, daß sie mittels eines Eremitenbruders Serafino Briefe empfangen und an Piero geschrieben hatten. Giannozzo und Lorenzo hatten sich hierin weit eingelassen. Giovanni Cambi hatte über Siena durch Jacob Petrucci in Chiffern auf Leinwand, wodurch er von Piero hörte, dasselbe getan. Niccolò Ridolfi hatte gleichfalls Briefe empfangen und sie Benedetto del Nero mitgeteilt, während dieser Gonfalonier war. Inter alia wurde er beschuldigt, mit Benedetto del Nero gelacht, und mit andern gescherzt zu haben, in specie habe Bernardo gesagt: «Wenn Piero zurückkehrte, würde ich zwanzig Jahre jünger werden.» Die andern wußten um die Sache und hatten sich vorbereitet. Es wurde auch während der Untersuchung mehrere Male Fra Mariano beschuldigt, der jedenfalls einigermaßen die Hand im Spiel hatte.

Den 18. wurden durch die Acht Benedetto del Nero, Giovanni Cambi, Niccolò Ridolfi, Giannozzo Pucci und Lorenzo Tornabuoni reos mortis[295] gesprochen. Von diesem Tage bis zum 20. blieben sie im Gefängnis, während darüber gestritten wurde, ob sie nach dem Gesetze vom Jahre etc. an den großen Rat appellieren dürften. Den 21. sodann, als die Stadt über dieses Urteil gärte, ließen besonders diejenigen, welche Piero fürchteten, um sich zu sichern, die Signoren eine zahlreiche Bürgerversammlung halten, wo sie einstimmig darauf antrugen, man solle das Urteil immediate[296] vollstrecken. Bei der Beratung erhob sich Francesco Valori, trat zum Sitz der Signoren, indem er fast drohend auf einen

FRANCESCO VALORI

Stimmkasten zu seiner Rechten schlug, und verlangte tobend Abstimmung. Es wurde einiger Tumult gemacht, doch legte er sich wieder. Als nun die Signoren die Einigkeit der Mehrzahl sahen, deren Meinung dahin ging: «Man dürfe, da periculum in mora[297] sei, et urgente necessitate salutis Reipublicae[298], die Apellation nicht abwarten», befahlen sie durch Kugelung – doch stimmten nicht alle Signoren – den Acht, das Urteil an den fünf Bürgern immediate vollstrecken zu lassen. Es geschah in der folgenden Nacht. Die übrigen wurden dann sämtlich verwiesen, Pieros Vater ausgenommen, der nach vielen Monaten, welche man ihn zur Erforschung der Angelegenheiten der Medicis aufsparte, gleichfalls enthauptet wurde. Sie wurden im Hof des Hauptmanns hingerichtet. Die Folge war Argwohn in der Stadt und Rachgier, welche sich dann im folgenden April durch die Ermordung Valoris kühlte...

Die Ehescheidung der Mona Lucrezia und des Herrn von Pesaro wurde im September ausgesprochen und beruhte auf der Angabe, er sei impotens et frigidus natura...

Es wurde, wie oben gesagt, Fra Girolamo exkommuniziert, oder besser gesagt, es wurde ihm das Predigen verboten. Seit dem vorigen Sommer bis Februar war er auch stille gewesen, aber nun fing er wieder während der Lustbarkeiten der Fastnacht zu predigen an. Seine Predigten waren sehr kräftig und alle gegen die Kirche. Der Papst und der ganze römische Hof fühlten sich dadurch so verletzt, daß sie von neuem Breven an ihn und an die Signoria schickten.

Er predigt wieder, weil die neuen Signoria zu erwählen war und er schon den Scheiterhaufen roch. Die Stadt nämlich, seinen Ungehorsam gegen den Papst erfahrend, und seiner Prophezeiungen, die nichts anders als Unheil enthielten, bis zum Überdruß müde, fing an, sich gegen ihn zu wenden. Deshalb wollte er sein schlimmes Los hinausschieben.

Einige Zeit vor dem Tode des Königs von Frankreich sah man Zeichen von Epilepsie an ihm, und wenn auch dieses Übel nicht die Ursache seines Todes war, so hatte es doch vielen Anteil daran. Es war schon März, der Bruder predigte, und der Papst schleuderte Bannstrahlen. Die geteilte Stadt wählte ungleich. Beim Einzug der Signoren im März waren sofort sehr ernste Breven vom Papst hier, und mehr als eins. Es wurden viele Konsulationen über die Sache gehalten. In primis war die Signoria geteilt, und daher kam der große Streit. Währenddessen litten die Orsini im Römischen durch die Colonna, welche durch die Unterstützung des Papstes und König Friedrichs überlegen waren...

Den 8. April 1489 starb der König Karl am Schlag, und am selben Tag erfolgte zu Florenz der Vorfall mit dem Bruder, wovon ausführlich zu sprechen ist.

Nach dem Tode des Königs Karl (des VIII.) wurde Ludwig XII. König. Zur Stunde fing er an, an Scheidung von seiner Gemahlin zu denken, um die vorige Königin zu heiraten wegen der Bretagne und weil er ihr wohlwollte. Ferner wurde beschlossen, daß sein Titel König von Frankreich, Sizilien, Jerusalem und Herzog von Mailand sein solle, denn schon zeigte er seine Absicht auf dieses Herzogtum...

Um die Kosten nicht tragen zu müssen, und auch weil man es hier so wünschte, war es der Papst zufrieden, daß Fra Girolamo nicht nach Rom gebracht wurde, sondern daß die Signoren durch einen Brief Seine Heiligkeit ersuchen sollten, dieselbe möge zur Untersuchung jemand hierher zu schicken geruhen. Es geschah so...

Den 24. Mai wurde Fra Girolamo mit Fra Domenico und Fra Silvestro verbrannt.

Nachwort

Als Sohn des Juristen Bernardo Machiavelli entstammte Niccolò Machiavelli (1469–1527) dem niederen Patriziat der Stadt Florenz. Von Jugend auf der Politik zugewandt, erlebte er die Herrschaft der Medici und deren Vertreibung aus seiner Vaterstadt (1494); er beobachtete Aufstieg und Untergang des Mönchs Girolamo Savonarola (1494–1498) und sah die Errichtung der Republik (1498–1512), in deren Dienste er als Kanzler des «Rates der Zehn» und als Staatssekretär trat. Mit dem Sturz der republikanischen Regierung und der Rückkehr der Medici (1512) verlor er seine Ämter und mußte sich auf sein bescheidenes Erbgut bei San Casciano zurückziehen. Die erzwungene Muße nötigte ihn, sich der politischen Schriftstellerei zu widmen.

Seine erste Schrift war «Der Fürst» (Il Principe, 1513); ihr folgten die «Politischen Betrachtungen» (Discorsi, 1513/22), dann die Schrift «Über die Kriegskunst» (1521) und schließlich seine «Florentinischen Geschichten» (1520–1525). Er starb kurz nach der zweiten Vertreibung der Medici aus Florenz im Jahr der Plünderung Roms durch kaiserliche Truppen («Sacco di Roma» 1527), ohne noch, von wenigen Gelegenheitsaufträgen abgesehen, ein politisches Amt bekleidet zu haben.

Seine öffentliche Tätigkeit gäbe heute kaum Anlaß, sich seiner zu erinnern. Seine Schriften über Politik und menschliche Existenz hingegen verbreiteten seinen

NICCOLÒ MACHIAVELLI

Ruhm und trugen ihm Lob und Verdammung ein. Noch heute steht er im Streit der Meinungen, und jedes Buch über ihn gerät notgedrungen zu einem Plädoyer für oder gegen ihn.

Seinen Verteidigern erschien der Florentiner als Herold des modernen Staatsgedankens; den meisten aber galt er als satanischer Verherrlicher skrupelloser Machtpolitik. Viele hielten ihn für den intellektuellen Urheber des Massakers in der Bartholomäusnacht von 1572, und für nicht wenige stand er Pate bei der Entfesselung des Dreißigjährigen Krieges. Francis Bacon war einer der ersten, die ihm Lob zollten, weil er gezeigt habe, was die Menschen tun, und nicht, was sie tun sollten. Rousseau erkannte in seinen Schriften eine verhüllte Freiheitslehre, und Fichte pries ihn als beispielhaften Patrioten.

Erst das 19. Jahrhundert suchte einer geschichtlichen Bedeutung gerecht zu werden. Wilhelm Dilthey stellte ihn als politischen Analytiker neben Aristoteles und Alexis de Tocqueville, und Friedrich Meinecke sah in ihm den Wegbereiter zur modernen «Staatsräson». Ob man ihn verstand oder mißverstand, sich provoziert oder angesprochen fühlte – kein politischer Denker konnte ihn ignorieren. An seinen zugespitzten Formulierungen entzünden sich heute noch die Streitgespräche über Politik und Moral, Macht und Recht, Staat und Gesellschaft.

Dies lag daran, daß er auf Probleme hinwies, wie sie in dieser Form niemand gesehen hatte, und Widersprüche und Unvereinbarkeiten durchschaute, die bisher verborgen geblieben waren. Er vertrat Prinzipien und Maximen, welche mit den bisherigen Vorstellungen von Wahrheit und Gerechtigkeit, Recht und Moral, Treu und Glauben nicht zu vereinbaren waren. Sein Bruch mit der herkömmlichen Denkweise markiert das Aufkommen einer gewandelten Weltorientierung auf der Ebene von Gesellschaft und Politik. Vorangegangen war die Auflösung der mittelalterlichen Weltordnung, welche sich zuerst in jener Zwischenzone ankündigte, wo der Verfall der kaiserlichen Macht und der päpstlichen Autorität am offensichtlichsten war: in Oberitalien.

Hier hatte das machtpolitische Vakuum zu einem Chaos lokaler Gewalten geführt, die von außen und innen bedroht waren und ihre Existenz nur von einem Augenblick zum anderen sichern konnten. Hier nahmen die Kommunen, die großen Familien, die Parteien und Söldnerführer ein Faustrecht in Anspruch, das jede Konsolidierung hintertrieb. Erst die Herausbildung größerer Stadtstaaten wie Venedig, Florenz, Neapel und Mailand erbrachte ein gewisses Gleichgewicht der Mächte, das mit dem Einmarsch Karls VIII. von Frankreich (1494) zum Spielball der europäischen Großmächte wurde. Damit erwuchs aus der ewigen Kette regionaler Krisen eine Gesamtkrisis, die in den Absturz von 1527 führte. Italien wurde zum Schauplatz eines permanenten Mobilismus, und dem Reichtum an kulturellem Schaffen und wirtschaftlicher Prosperität stand ein nahezu rechtloser Naturstand gegenüber.

Die Kluft zwischen elementarer Daseinsnot und äußerst kultivierter Lebensgestaltung war für Machiavelli eine intellektuelle Herausforderung, welcher er sich zu stellen hatte, als ihm nur noch seine Feder als Waffe geblieben war. Das trostlose Schauspiel einer Gegenwart, die trotz blühender Renaissance-Kultur weder Ordnung noch Friede kannte, öffnete ihm die Augen für das, was der Mensch in seinem Tun und Lassen wirklich war. Er enthüllte seinen entsetzten Zeitgenossen schonungslos die verborgene Bosheit der unersättlichen menschlichen Natur, wenn ihren Gelüsten freier Lauf gelassen wird. In solch verrotteter Welt konnte sich offenbar nur der

Kraftmensch, das große Individuum, behaupten, das bereit war, rücksichtslos Gewalt und List anzuwenden, also Löwe und Fuchs zugleich zu sein.

Angesichts solcher Daseinsbedrohung gelangte Machiavelli zu einem Weltbild, das weder eine Rangordnung der Werte noch menschliche Sinnerfüllung erkennen ließ. Danach war der Mensch nur Spielball in einem ewigen, von blinden Kräften getriebenen Kreislauf der Dinge. Der rohe Naturlauf eines solchen Widerspiels verriet nichts von Ideen, Normen oder sittlichen Substanzen und richtete sich lediglich nach zeitlichen Ablaufsregeln und Funktionsweisen, deren Wirkungszusammenhang sich aus den darin waltenden Gesetzen, Zufällen, Chancen und Möglichkeiten bestimmte, deren Miteinander, Nacheinander und Gegeneinander den drei Modi (Seinsweisen) der Notwendigkeit, Wirklichkeit und Möglichkeit gehorchten, welche für jedes zeitliche Moment im Daseinsprozeß als Vergangenheit, Gegenwart und Zukunft wirksam waren.

Daraus ergaben sich die drei Schlüsselbegriffe Machiavellis, die den Schritt seiner Gedanken und die Form seines Weltbegreifens bestimmten: «necessità» und «fortuna» (Notwendigkeit und Zufall) sowie «virtù» (menschliche Lebenstüchtigkeit). Sie waren zugleich allegorische Symbole und verblieben in einer funktionellen Unbestimmtheit. Sie ermöglichten jedoch eine Abstraktionsstufe, auf der jede Erzählung eine argumentierende Erörterung war und jedes Faktum als Moment eines herauspräparierten Begründungszusammenhangs figurierte. Machiavellis Abstraktion der Wirklichkeit auf Kraft und Gegenkraft erschien als Ergebnis einer inquisitorischen Methode, ihr Funktionieren zu durchschauen und daraus die Möglichkeit eines politischen Kalküls abzuleiten. Es ging ihm weniger darum, die Welt zu erkennen, als sie für sich zu nutzen. Seine radikale Reduktion der Lebenswelt auf menschliche Leidenschaften und Triebfedern erschloß ihm die Mechanik des sozialen Lebens; und in seiner, auf Macht- und Kraftverhältnisse abstrahierten politisch-sozialen Anthropologie entwickelte er Ansätze einer Theorie von der Gesetzmäßigkeit und Manipulierbarkeit der menschlichen Gesellschaft.

Wie die anhebende Naturwissenschaft sich auf die Mathematik in der Natur beschränkte und sich schließlich in der Mechanik der Himmelskräfte vollendete, suchte Machiavelli die irdische Welt als Mechanismus zu denken und dann politisch als Staat nachzuahmen. Er fragte nicht nach dem Wesen der Dinge, sondern nach ihrem Funktionieren. Seine Methode richtete sich auf einen logisch-technischen Kalkül nach Kraft und Gegenkraft, plus und minus, oder – politisch gesehen – nach dem Freund-Feind-Verhältnis, also auf eine Technik der Selbstbehauptung.

Damit leitete er ein rational-technisches Denken über Politik, Staat und Verfassung ein, welches im 17. Jahrhundert von einem Schwarm der Sozialmechaniker, Verfassungsingenieure und Staatstheoretiker, darunter Francis Bacon, James Harrington und Thomas Hobbes, aufgenommen wurde und Machiavelli den Ruf eines Galilei der politischen Wissenschaften einbrachte. Dies zieht jedoch lediglich die «Technizität» seines Denkens in Betracht, bei der es ihm ausschließlich auf die Ausmünzbarkeit seiner Analysen für Politik ankam.

Machiavellis Leidenschaft für Politik war stärker als alle Verzagtheit; er wollte nicht «über die Zunft der Seidenweber, noch die der Wollweber, noch über Gewinn und Verlust etwas sagen», sondern wollte und mußte «über den Staat sprechen», dem sein Herz gehörte, und über Politik, für welche er sogar «sein Seelenheil zu verspielen» bereit war. Er beschwor das große Individuum, dessen Tatkraft (virtù) aus der Gunst der Stunde (fortuna) und der Einsicht in die Notwendigkeit (necessità) Italien aus seiner Zerrissenheit und Erniedrigung erretten sollte; er beschwor den «Zwingherrn zur Freiheit», dessen Gesetzgebung die von Machthunger und Begierde getriebenen Menschen zu freier Staatsgesinnung erziehen sollte. Für ihn war Politik über bloße Selbstbehauptung hinaus auch Freiheitsbehauptung.

Das große Individuum vollendet sich im Staatsmann, der als Gesetzgeber die beständigste Form menschlicher Selbstbestimmung erreicht, da er hier gegen die Macht des Schicksals und die Launen der Fortuna eine künstliche Notwendigkeit errichtet, die den Anarchismus der menschlichen Natur zur «virtù ordinata» diszipliniert. Damit erlöst er den hilfsbedürftigen Einzelmenschen aus seiner Existenzangst und verspricht ihm menschliche Sinnerfüllung, die über das technische Problem der Existenzsicherung hinaus eine freie Lebensgestaltung ermöglicht. Der Staat als eine auf Vernunft abstrahierte Wirklichkeit war für Machiavelli die Grundbedingung einer vernünftigen menschlichen Existenz über die Natur hinaus. Im Staatsbürger schafft die Staatsgesinnung eine zweite Natur, die die wahre Natur des Menschen in Schranken hält, insofern die Gesetze Freiheit und Gemeinsinn hervorbringen, solange ihre Geltung effektiv ist.

Erst die Zusammenbindung anarchischer Kräfte zum Kunstwerk und «Notinstitut» Staat sichert den Bestand eines Gemeinwesens. Der Weg aus dem Chaos in die Vernunft des Staates geht bei Machiavelli stets über Gewalt und Diktatur eines Zwingherrn. Die Freiheit ist nur erreichbar durch Mittel, die ihr widersprechen; und auch ihre Erhaltung bedarf der Macht, die die Freiheit bedroht, und Freiheit ohne Macht ist noch gefährdeter. Auch das Recht bedarf der Macht, die es einschränken soll; und der Fortbestand des Staates bedarf der Furcht der Bürger vor dem Gesetz, die weiterhin aufrechterhalten werden muß. Auch der Friede verlangt Macht und Polizeigewalt. Eine wirksame, das heißt gute Politik verlangt schlechte Mittel; und jede Staatspolitik steht auch außerhalb ihrer Ordnung und muß die Mittel der Staatsgründung, nämlich Furcht und Gewalt, beibehalten, insofern alles dem zeitlichen Verfall anheimgegeben bleibt.

Diese Inkongruenz zwischen Mittel und Zweck auf der Ebene der Politik ist das eigentliche Ärgernis, welches Machiavelli in die Welt gesetzt hat und seinen Namen verteufelt hat. Der sogenannte «Machiavellismus» ist nicht nur die Lehre, nach welcher der Zweck die Mittel heiligt, sondern – in echt machiavellischer Zuspitzung – die Lehre, daß der gute Zweck nur durch schlechte Mittel erreicht werden kann. Der politisch verantwortliche Mensch kann nicht umhin, Böses zu tun, um Gutes damit zu erreichen. Er muß der Welt Gift verschreiben, wenn er sie heilen will; er muß Gewalt gebrauchen, um den Frieden zu sichern, und sich bewaffnen, um nicht wehrlos fremder Willkür ausgeliefert zu sein.

Umgekehrt kann das Gute auch schädlich sein: die «virtù», ohne die kein Staat bestehen kann, ist möglicherweise auch die Ursache seines Untergangs, und die Freiheit einer Republik wird ihr zum Verderben, insofern gerade sie eine entschlossene Verteidigungsbereitschaft verhindert. So schuf sich die Republik Florenz eine eigene Bürgerwehr, um ihre Freiheit zu verteidigen, und lähmte zugleich deren Schlagkraft, um ihre Freiheit nicht nach innen zu verlieren. Dieselbe Notwendigkeit, die den Fürsten zwingt, Gewalt zu gebrauchen, also böse zu sein, bringt zugleich die Menschen dazu, friedlich zu werden, also gut zu sein. Ruhe und Sicherheit, die der Staat verheißt, sind ein großes Gut, aber sie täuschen und betrügen den Menschen über seine wahre Situation und lassen seine «virtù» als Durchsetzungswillen verkümmern. Darum muß der Staat an seinen Ursprung erinnern, also an den Naturstand unterhalb des Zivilstandes. Nach Machiavelli steht auch beim besten Staat immer Gewalt und Illegitimität am Anfang; er bleibt Antwort auf einen Notstand, und der latente Alarmzustand ist für den politischen Menschen in jedem Augenblick und an jedem Ort bei der Wahl der Mittel entscheidend – und nicht eine moralische Wertung. Da alles Menschliche dem zeitlichen Verfall anheimgegeben ist, steht auch der Staatsmann und seine Staatspolitik mit einem Fuß außerhalb der staatlichen Ordnung und muß die Mittel seiner Staatsgründung, nämlich Furcht und Achtung vor der Staatsmacht, jederzeit erhalten.

Machiavelli erscheint hier als Doktrinär sittlicher Skrupellosigkeit; jedoch nur deswegen, weil er trotz der Notwendigkeit des Bösen in der Politik an der ethischen Wertung nach Gut und Böse festhält. Nur innerhalb eines geordneten Staates und unterhalb der Staatspolitik ist es anders. Ansonsten aber ist jener «Machiavellismus der Mittel» in der Politik unvermeidlich, soweit sie wirklich nur Politik sein will, also durch keinerlei religiöse oder moralische Normen beschränkt ist. Dieser berühmt-berüchtigte Machiavellismus des Florentiners ergibt sich aus der methodischen Reduktion aller Überlegungen auf politischen Kalkül und enthüllt dabei die in jeder menschlichen Handlungsweise steckende Negation. Andererseits aber ist der Staat als Rettung des Menschen vor sich selbst, als geschaffene und durch Macht wirksame Vernunft, welche dem Menschen erst vernünftige Existenz ermöglicht, ein Leitgedanke, der weit über bloßen Machiavellismus hinausweist.

In Wirklichkeit ist der sogenannte «Machiavellismus» eine Methode, die Handlungsmaximen einem politischen Kalkül über die hineinwirkenden Faktoren und die in den Fakten liegenden Notwendigkeiten zu unterziehen. Sie verweist den «homo politicus» auf seine momentane Existenz, und zwar nicht auf irgendeine Alltagssituation, die überhaupt nicht im Interesse Machiavellis liegt, sondern auf jene seltene Stunde, in welcher ein neuer Anfang gesetzt wird, also auf den «Kairòs» des Staatsmanns und Gesetzgebers, der einen politischen Zustand erst begründet. Die Gründung eines Staates ist noch kein Zivilakt, sondern der letzte Naturakt, in welchen gewissermaßen die ganze Natur hineingenommen wird, um jenen ersten Zivilakt zu ermöglichen, in welchem das ganze fernere Sozialleben als gesetzliche Verfassung («necessità ordinata dalle leggi»; gesetzlich geordnete Notwendigkeit) vorweggenommen ist.

Weniger um menschliche Existenz überhaupt als um diesen Gründungsakt kreisen die Gedanken Machiavellis, weil mit ihm Politik im eigentlichen Sinne erst entsteht und die Werte einer Herrschaftsordnung wie Friede, Recht, Stetigkeit und Sicherheit in Geltung gesetzt werden. Dieser Ursprung kann ein einmaliger Akt sein wie bei Moses, der zugleich Religion und Staat gegründet habe, oder sich in Stufen vollziehen wie in Rom, wo Romulus eine Herrschaft ohne Religion gegründet und erst Numa Pompilius diesen Fehler ausgeglichen habe. Er kann zudem ein absoluter oder relativer Nullpunkt sein, einen neuen Aufstieg einleiten oder einen Verfall verhindern. Stets aber wird aus der Not eine Tugend, aus der Anarchie Einheit und aus den Naturkräften das Kunstwerk Staat geschaffen.

Im Grunde denkt Machiavelli stets auf Grenzsituationen hin, auf den Ausnahme- oder Belagerungszustand, also auf den Notfall, wo Politik erforderlich wird. Danach wäre das, was man Machiavelli vorwirft, also sein Absehen von moralischen Normen, ein Sonderfall, der nur für Ausnahmemenschen und Ausnahmesituationen zutrifft. Der «Machiavellist», der seine Moralität beiseite läßt und sich nur vom Freund-Feind-Kalkül bestimmen läßt, ist kein Normalmensch sondern die Ausnahme. Jedoch ist für Machiavelli nicht nur der Verschwörer, der Attentäter, der Revolutionär, der Demagoge oder der Emigrant ein Ausnahmefall, der vom Nullpunkt aus handelt, sondern auch der Staatsmann, der Gesetzgeber und der gerechte Fürst, hinter dem der Ausnahmezustand als ultima ratio lauert. Seine Souveränität beruht gerade darauf, daß er den Ausnahmezustand erklären kann und das Monopol der Gewaltanwendung für sich beanspruchen darf.

Machiavellis erstaunliche Modernität ist das Ergebnis seines radikalen Nominalismus und Funktionalismus, der augenscheinlich die Methode der modernen Naturwissenschaften vorwegnimmt, in Wirklichkeit aber auf den Zusammenbruch seiner chaotischen Gegenwart hin reflektiert. Hier wurde Politik zu einer Technik des Überlebens und der Staat der einzige Garant von Gesetz und Recht, das er nicht vorfindet, sondern hervorbringt. Der Mensch kann nur noch in einem solchen Staat leben, der keine Ansammlung von Rechtstiteln und Privilegien ist, sondern alle Rechtstitel erst in Kraft setzt. Er erscheint als konstituierender Wille des Gesetzgebers, sei es des Gründers oder sei es der Bürgerschaft. Er erkennt keinen Höheren über sich an, bestimmt durch Gesetze über Gut und Böse und realisiert ein Allgemeines, dessen Partikularität den Primat eines «Machiavellismus der Mittel» gegenüber dem «Idealismus oberster Zwecke» und damit weitere Politik notwendig macht. Politik ist nicht Verwaltung einer vorgegebenen Substanz von Recht und Gerechtigkeit, Religion und Sitte; wohl aber betreibt sie deren Schaffung oder Stärkung durch Gesetze. Der «Principe» trägt bei Machiavelli keine individuellen Züge, sondern verkörpert einen politischen Handlungstypus als Befreier, Gesetzgeber und Friedensbringer. Als solcher stellt er nicht die Wahrheitsfrage, sondern die Zweckmäßigkeitsfrage.

Man würde Machiavelli gründlich mißverstehen, wenn man ihn als Verächter von Religion und Moral oder als Nihilisten abtun wollte. Für ihn ist die Religion nicht eine Begleiterscheinung des Staates, sondern dessen unentbehrliche Grundlage. Sie geht indessen nicht in dieser dienenden Funktion auf, sondern ist ein so mächtiges Motiv, daß der wahre «Principe» – selbst wenn er nicht an sie glaubt – sie begünstigen und sogar Glauben vortäuschen müßte. Die Religion sei so wichtig, daß man ihr sogar die Wunder lassen müßte. Nirgendwo schreibt Machiavelli, daß der Staatsmann klug handle, wenn er die Religion ablehne und den Glauben zerstöre. Selbst der Papst wird nur angegriffen, weil er durch seine Politik der Religion geschadet habe. Im Grunde will Machiavelli gegen Anarchie, Revolution und Zerstörung nur retten, was noch zu retten ist.

Von da aus gesehen, war Machiavelli Moralist, der die Gesetze und Regeln des menschlichen Zusammenlebens im Auge hatte. Sein Ausgangspunkt war die eigene Lebenswelt, die dahinsank und nicht mehr funktionieren wollte. Seine methodische Reduktion der Wirklichkeit auf einen Kalkül zog die Konsequenzen aus dem, was aus seiner Gegenwart geworden war. Der Nullpunkt seines Argumentierens über Möglichkeit und Wirksamkeit von Politik war also gleichzeitig Ergebnis einer methodischen

Reduktion und historischer Standort. Das eine ergab sich aus dem anderen. Das ist auch der Grund dafür, daß eine angemessene Interpretation der Denkweise Machiavellis nicht ohne Bestimmung seines historischen Standorts auskommt, die zugleich den Schlüssel zur Bestimmung seiner Methode mitliefert.

Die «Geschichte von Florenz» war das letzte größere Werk Machiavellis und seine einzige wirkliche Geschichtsdarstellung. Auftraggeber war der Kardinal Giulio Medici, der ihn am 8. November 1520 gegen Honorar mit der Abfassung beauftragte. Ursprünglich dachte Machiavelli an eine Geschichte der Mediceerherrschaft in Florenz seit 1434 bis in seine Gegenwart hinein. Unter der Hand geriet ihm seine Darstellung zu einer Gesamtgeschichte der Stadt Florenz, die allerdings unvollendet blieb und mit dem Tode Lorenzos des Prächtigen (Lorenzo Magnifico) 1492 unvermittelt abreißt. Im Jahre 1525 überreichte Machiavelli in Rom seinem Gönner, der inzwischen als Clemens VII. (1523–1534) zum Papst erkoren worden war, das Manuskript seiner «Istorie Fiorentine» (Florentinische Geschichten) – zusammen mit einem Projekt zur Bewaffnung und Verteidigung der ganzen Romagna, was sich als das noch ausstehende Wort Machiavellis zu seiner Gegenwart interpretieren ließ, bei Clemens VII. jedoch auf taube Ohren stieß. – Ein Loblied auf die Mediceer war kaum daraus geworden, eher ein kritischer Rückblick auf ein Erbe, das äußerst gefährdet erschien.

Der hohe Auftraggeber erwartete von Machiavelli keine neuen Erkenntnisse und auch keine eigenen Forschungen, wohl aber eine Verherrlichung seines Geschlechts in der üblichen pompösen Rhetorik der Humanisten. An ein Originalwerk war nicht gedacht, und

Machiavelli holte sich unbekümmert aus Chroniken und älteren Geschichtsdarstellungen die Vorlagen für seine Plagiate, ohne sich der Mühe moderner Quellenforschung zu unterziehen. Was er aber daraus machte, war etwas Neues und anderes, nämlich eine neue Form politischer Geschichtsschreibung, die sich von der Annalenform der Chronisten völlig befreite und über Staatsaktionen, Diplomatie und Kriegswesen hinaus auch die soziale Dynamik und damit den Prozeßcharakter der Geschichte ins Blickfeld hob. Damit ließ er die bis dahin maßgebende Historie von Leonardo Bruni d'Arezzo oder Poggio Bracciolini und auch die Militär- und Diplomatiegeschichte des Flavio Biondo weit hinter sich.

Dahinter stand Machiavellis Auffassung von der Geschichte als einem ewigen Wandel, der überindividuellen Naturabläufen gehorcht, nämlich jenen Zyklen vom Werden und Vergehen, Aufstieg und Niedergang, Wachstum und Verfall, denen Natur und Mensch in gleicher Weise und für alle Zeiten unterworfen seien. Dabei dachte er nicht an einen lückenlosen Kausalnexus, sondern an jene übergreifenden Natur- und Ablaufsgesetze, denen gegenüber jedes menschliche Bemühen machtlos ist. Jedoch kann der Mensch mit ihnen rechnen und sie für sich nutzen – und zwar aufgrund seines Einblicks in das Widerspiel von Kraft und Gegenkraft, welches politischen Kalkül als Existenzorientierung (Theorie) und Existenzbehauptung (Praxis) nicht ausschließt, sondern ermöglicht. Der politische Mensch vermag sogar der gesetzlichen Notwendigkeit im Ablauf der Dinge eine andere überindividuelle Notwendigkeit entgegenzusetzen, nämlich die gesetzliche Ordnung eines Staates, welche dem Verfallen der menschlichen Lebenswelt entgegenwirkt.

Auf der Suche nach den immanenten Ursachen der

geschichtlichen Bewegung wurde Machiavelli zum Wegbereiter der modernen Geschichtsschreibung, der von den universalen Bezügen der christlichen Heilsgeschichte absah und statt dessen innergeschichtliche Ereigniszusammenhänge und Ablaufsformen verfolgte, die über menschliche Zwecksetzungen hinaus wirksam blieben. Er wußte – wie schon der Grieche Thukydides – zwischen aktuellem Anlaß und allgemeiner Notwendigkeit dahinter zu unterscheiden, zumal im Mittelpunkt seines Interesses das überpersönliche Gemeinwesen stand, also die Stadt Florenz, die mehr als ein leerer Name war, nämlich ein moralisches Potential, das vom Objekt päpstlicher oder kaiserlicher Macht zum unabhängigen Subjekt werden wollte, zum freien Staatswesen oder zur «Civitas». Daran ging ihm auf, daß die ewige Unruhe innerhalb der Città von Florenz Ausdruck eines dynamischen Prinzips war, nämlich eines Prinzips ständig sich fortpflanzender Entzweiungen, die aufeinander folgten in einer Weise, daß jeder Sieg einer Seite die nächste Spaltung schon vorprogrammierte.

Machiavelli erkannte in der Abfolge dieser Auseinandersetzungen die dialektischen Momente eines übergreifenden Verschmelzungsprozesses, an dessen Ende die verfeindeten Parteien in jenen Bürgerbegriff aufgingen, welcher die Eigenart der Stadtrepublik als eine Insel moderner Staatsbürgerschaft freisetzte. Diese Spaltungen erwiesen sich in der Retrospektive Machiavellis als Geburtswehen eines freien Gemeinwesens innerhalb der gebundenen mittelalterlichen Welt oder als Stufen eines Fortschritts zur Freiheit. Das war ein großer und Einheit stiftender Gedanke, welcher der epochemachenden Bedeutung des florentinischen Gemeinwesens für den Übergang vom Mittelalter in die neuzeitliche Welt gerecht wurde. Zugleich war dies der Gedanke, der eine zusammenhängende Behandlungsart und eine integrale Darstellungsweise von Geschichte erst ermöglichte. Bis zu einem gewissen Grade ist Machiavellis Geschichtsschreibung die historische Einkleidung einer normativen Soziologie der Freiheit.

Das Geschichtswerk gliedert sich in acht Bücher, die sich in drei Gruppen unterteilen lassen. Die erste Gruppe besteht nur aus Buch I, welches einen Gesamtüberblick der politischen Machtverhältnisse von der Spätantike bis zum Jahr 1434 bietet. Die zweite Gruppe aus den Büchern II, III und IV schildert die innere Geschichte von Florenz bis 1434. Die dritte Gruppe der Bücher V bis VIII behandelt die Zeit der Medici bis zum Tode Lorenzos des Prächtigen (1434 bis 1492). Außerdem gibt es die Fragmente eines geplanten IX. Buches, aus denen sich vermuten läßt, daß hier in schwarzen Farben der Ruin Italiens bis zum absoluten Tiefpunkt ausgemalt werden sollte, von dem aus nur noch der Aufstieg durch die «virtù» eines Retters kommen konnte. Diesmal war aber offenbar kein «Principe» in Sicht, dessen Glorie dem Geschichtswerk die erwünschte Abrundung verschafft hätte.

Die Geschichte von Florenz beginnt nicht – wie noch bei Villani und Bruni üblich – mit dem Altertum, sondern mit Völkerwanderung und Zerfall des Römerreiches. Machiavelli spricht von der elendesten Zeit Italiens (I,5) Ende des 5. Jahrhunderts, aus der die rettende Herrschaft Theoderich des Großen (493–526) sich erhob. Die Eroberung des Imperiums durch die Germanen war also für Machiavelli die Grundlage für die weitere Geschichte Italiens, die nicht nur Verfall, sondern auch soziale und staatliche Entfaltung war.

Zwar ist dieses Buch I nur ein Auszug von Flavio Bondi, jenes päpstlichen Sekretärs, der die erste gelehrte Geschichte des Mittelalters geschrieben hatte; aber an seinem Exzerpt machte Machiavelli sichtbar, daß ihm daran die Idee einer säkularen Universalgeschichte aufgegangen war, die im Kreislauf der Kulturen dachte. Dominant blieben – verglichen mit der römischen Antike – Abstieg und Verfall. Die Einleitungen zu den Büchern II bis VI betonen die Differenz zu den «Alten», deren Vorbilder außer Geltung gekommen seien. Das schließt nicht aus, daß Florenz nach Jahrhunderten des Verfalls und der Schwäche den Weg zur kommunalen Freiheit und dann zur Signoria findet.

Äußerlich bleibt dabei der Anschein einer pragmatischen Geschichtsschreibung erhalten. Die maßgebenden Individuen handeln aus einer Zwangslage oder auch aus Motiven des Ehrgeizes und Eigennutzes; sie erscheinen kaum als Vertreter von allgemeinen Interessen. Sie ergehen sich in Sentenzen und Maximen oder in Erwägungen eines Situationskalküls, die ihre Handlungen als notwendig oder zweckmäßig begründen sollen; von Rechtspositionen ist dabei kaum die Rede. In Wirklichkeit spricht hier der Autor, der Handlungstypen konstruiert, die einer politischen Logik folgen, über die sie räsonnieren. Der ideale Staatsmann erscheint in Castruccio Castracani, der patriotische Emigrant in Rinaldo d'Albizzi, der schlichte Republikaner in Michele de Lando usf.; der radikale Revolutionär, jener ungenannte Sprecher der revoltierenden Wollkrempler (Ciompi), trägt mitten im Aufruhr seine Theorie der Revolution (Ist. Fior. III, 13) vor. Hier probten in der Tat die Proletarier ihren Aufstand. Der Ciompi-Aufstand war lediglich eine Episode beim schmerzhaften Übergang der Stadtverfassung von der Kommune zur Signorie; aber durch die Feder Machiavellis wurde aus dem Augenzeugenbericht des Großbürgers Gino Capponi ein Höhepunkt der europäischen Historiographie, als der Ungenannte in der Nacht mit catilinarischer Rhetorik die Flammen der Zerstörung anzufachen wußte.

Machiavelli erreichte erst dort eine Integration auf Geschichte hin, wo Staat als «gesetzlich geordnete Notwendigkeit» im Spiel war, dessen Gesetzgebung die überindividuelle Geschichtsbewegung mit den handelnden Einzelwillen in greifbare Verbindung brachte. In Florenz war jede Aktion mehr oder weniger auf den öffentlichen Zusammenhang bezogen und am Staatsleben orientiert. Hier trieb die ganze Bürgerschaft der Città Staatspolitik. Erst wo Staat war, wurde für Machiavelli Geschichte als Menschenwerk faßbar. Im Grunde war seine Geschichtsschreibung auf das Werden von Staat gerichtet und dadurch erst als Historie qualifiziert.

Nachdem Machiavelli den Abstieg von der Antike ins Mittelalter geschildert hatte, kreisten seine Gedanken um das Neue, das sich in den oberitalienischen Kommunen herausbildete und sich gegen Papst und Kaiser aus dem Erbe der Antike zu rechtfertigen suchte, um aus dem gewonnenen Naturstand der Freiheit in den Zivilstand der Freiheit zu gelangen. Jene Bürgerschaften legalisierten ihren autonomen säkularen Status mit der berühmten Formel des Bartolus de Sassoferrato von der «Civitas sibi Princeps» (der Bürgerschaft als ihr eigener Fürst), also aus Römischem Recht.

Hier war der Einzelmensch der Cittá Staatsbürger und das Einzelergebnis stets Moment eines Zusammenspiels von gesetzlichem Staat und bewegter Öffentlichkeit. Hier wird sichtbar, daß die neuzeitliche, innerweltlich gerichtete Geschichtsschreibung die Erfahrung des modernen Staates voraussetzte. Machiavelli war der erste, der seine Vaterstadt als lebendiges Subjekt ansah, dessen Kontinuität im Wandel sich als eigengesetzliche Entfaltung oberhalb der politischen Pragmatik zeigte. Florenz wurde die

Heimat moderner politischer Theorien und auch die Heimat der geschichtlichen Darstellung im säkularen Sinne.

Bei Machiavelli erst wird deutlich, wie der Rückgriff auf das klassische Sprach- und Bildungsgut über das verbale Ritual des großbürgerlichen Humanismus' hinausgeht und einer säkularen Form des Weltbegreifens und der Daseinsgestaltung den Weg bahnt. Der neue Sprachgebrauch und auch die Zugkraft eines republikanischen Ideals einer emanzipierten Bürgerschaft standen im Dienste einer Weltorientierung, die die Ereignisfolgen aus sich selbst zu verstehen suchte und einer produktiven Auslegung der Welt als Geschichte vorarbeitete. Hier erst war die Scheidung der Heilsgeschichte von der Profangeschichte und der Ansatz zu einem säkularen Geschichtsbewußtsein entschlossen durchgesetzt. Bisher hatte die Anwendung der prophetischen Bücher auf die Zeitenfolge und deren Interpretation als eschatologische Stufen keine autonome Universalhistorie zugelassen, die gegenüber der Heilsgeschichte einen eigenen Sinn über die private Existenz hinaus gehabt hätte. Der politische Humanismus Machiavellis wagte es, diese transzendenten Bezüge zu ignorieren und jene politischen Partikulargebilde als Inseln menschlicher Daseinsverwirklichung zu rechtfertigen, obwohl sie aus dem Heilszusammenhang hinausfielen und nicht hierarchisch, sondern nach politischer Zweckmäßigkeit geordnet waren. Machiavelli war es, der das Widerspiel der oberitalienischen Stadtstaaten des Cinquecento und Quattrocento zum Lehrbuch der modernen Politik erhob, deren Kompetenz zur Sicherung einer menschenwürdigen Existenz er aus dem Verfall in den Dingen begründete.

Machiavelli war ein moderner Historiker, indem er sich auf politische Historie beschränkte oder andersartige

Momente und Motive abwertete, so daß seine Helden oft in seltsamer Isoliertheit zu agieren scheinen, wobei sie die Menschengattung politisch ausnutzen, ohne mit ihr solidarisch zu sein. Er hielt sich sozusagen in den Grenzen eines Spielfeldes, auf dem nur politische Spielregeln und Wertungen Gültigkeit hatten. Er blieb dem Partikularen verhaftet, also seiner Heimatstadt und dem oberitalienischen Umfeld. Er suchte jedoch hier nicht das Besondere und Individuelle, wie die heutige Geschichtswissenschaft, sondern die gleichbleibenden Züge, die stets sich wiederholen und aus der Gleichartigkeit der menschlichen Natur und Existenz ergeben. Damit praktizierte er eine Form der historischen Kritik, die vom Zeitbedingten und Zufälligen absah und in der Plausibilität seiner Darstellung oder in ihrer Schlüssigkeit ein Wahrheitskriterium in Geltung setzte.

Aus seiner Auffassung von der Verderbtheit der menschlichen Natur und der Unerträglichkeit des Naturzustandes vertrat er eine «Naturlehre» vom Staat, dessen Ursprung stets eine Gewalthandlung war, also ein Naturakt, durch den hindurch erst eine Staatsgründung mit Errichtung von Recht und Gesetz erfolgen konnte. Er ignorierte also den «Urvertrag», der einen Rechtssinn bereits voraussetzte, und überhaupt jede naturrechtliche Ableitung von Herrschaft. Die Geschichte beginnt bei ihm stets illegitim mit der Staatsgründung, sozusagen «ab urbe condita» – oder überhaupt mit der Errichtung von Herrschaft. Damit sind einige Eckdaten in den Vordergrund gerückt, die dazu angetan sind, Machiavelli als den Historiker der «Civitas sibi princeps» oder der souveränen Bürgerschaft zu bezeichnen, was gewiß nur einen Teil seiner geschichtlichen Bedeutung ausmacht, jedoch ihm einen hohen Rang als Geschichtsschreiber sichert.

Anhang

Editorische Notiz

Die vorliegende Ausgabe beruht auf der von Alfred von Reumont besorgten, 1846 zunächst in Leipzig unter dem Titel *Florentinische Geschichten* veröffentlichten Übersetzung des Werkes *Istorie fiorentine* von Niccolò Machiavelli, das erstmals 1532, fünf Jahre nach dem Tod des Verfassers, bei Antonio Blado in Rom erschien. Diese Übersetzung wurde später von Ludwig Goldscheider für eine Neuausgabe anhand des Originals kritisch durchgesehen und sprachlich überarbeitet sowie durch einige zusätzliche Anmerkungen ergänzt. Sie erschien 1934 in Wien unter dem neuen Titel *Geschichte von Florenz* und wurde in dieser revidierten Form für diese Ausgabe übernommen.

Eingriffe in den Textbestand sind nicht vorgenommen worden. Die in der Vorlage enthaltenen Eigenheiten in der Orthographie und Interpunktion, etwa bei der Setzung von Doppelpunkten anstelle eines Punktes oder Semikolons, wurden beibehalten. Dagegen wurde dort, wo nach heutigem Sprachverständnis Sinnverfälschungen zu befürchten waren, behutsam korrigiert.

Alfred von Reumont (1808–1887), zu seiner Zeit einer der bedeutendsten Kenner der italienischen Geschichte und Verfasser zahlreicher Abhandlungen und Werke, hat einen großen Teil seines beruflichen Lebens als Diplomat im preußischen Dienst in Italien, insbesondere in Florenz verbracht, in jener Stadt, deren Geschichte und Kultur er sich am meisten verbunden fühlte. Von seinen über 150 Veröffentlichungen waren einige der wichtigsten dieser Stadt und ihrer Vergangenheit gewidmet, darunter ein zweibändiges Werk über *Lorenzo de' Medici il Magnifico* (Leipzig 1874) sowie ein ebenfalls zweibändiges Werk über die *Geschichte Toscanas seit dem Ende des florentinischen Freistaates* (Gotha 1876/77).

Anmerkungen

1 So im Text. Ohne Zweifel ist Papst Hadrian I. (772–795) damit gemeint.
2 Sergius II. (844–847).
3 Nach deutscher Zählung Otto III. (983–1002).
4 Im Text: Simeonda.
5 Nach deutscher Berechnung Heinrich III. (Salier, 1039–1056).
6 Synode in Sutri 1046.
7 Heinrich IV. (Salier, 1056–1106).
8 Gregor VII. (1073–1085).
9 Es ist die Rede von Guillaume Bras de Fer, erstem Grafen von Apulien.
10 «Fiamminghi» d. i. Carl V.
11 Der Text hat: Anversa. (Vielleicht Druckfehler für Piacenza, Kirchenversammlung im Jahre 1095).
12 Nach deutscher Berechnung Heinrich V. (1106–1125).
13 1152–1190.
14 Unter den Gegenpäpsten Alexanders III. findet sich kein Kardinal dieses Titels. Sie waren Victor IV., Paschalis III., Calixt III., Innozenz III. Hier ist der erste gemeint.
15 Richtiger: Crema.
16 Ein Ungar, bei den italien. Kirchenhistorikern Abate di Strumio genannt.
17 Calixt III. starb, mit der Kirche ausgesöhnt, zu Benevent.
18 Auf die verworrene Chronologie hinzudeuten, ist kaum nötig.
19 Friedrich II., König von Neapel, deutscher König, römischer Kaiser (1220–1250).
20 «Imperatore». Rudolf I. von Habsburg (1273–91) wurde indes bekanntlich nie gekrönt.
21 Im Text: «Adulfo di Sassonia». – (1292–98).
22 Graf von Vertus in der Champagne durch seine Vermählung mit Isabella von Valois.
23 Hindeutung auf die Ligue von Cambrai.

24 Die Mehrzahl dieser Familien hatte schon längst in den genannten Städten faktischen Besitz. (Man s. *Dante,* Hölle 27. Ges. u. a. v. a. O.)
25 Gil d'Albornoz von Cuenca.
26 John Hawkwood.
27 Diese Angabe ist nur traditionell und ermangelt jeder wirklichen Begründung. Schon um das Jahr 1000 gehörte das fiesolanische Gebiet den Florentinern.
28 Die *Buondelmonti* sollen von den Markgrafen von Saluzzo stammen; sie besaßen im florentin. Gebiete das Kastell Montebuoni (daher der Name), welches sie 1135 der Republik abtreten mußten, worauf sie in der Stadt ihre Wohnsitze nahmen, eines der vornehmsten unter den Geschlechtern alten Adels. Deutschen Ursprung geben die *Uberti* an, welche aus Florenz bald verschwinden, da auf sie als anerkannte Häupter der Gibellinen der Haß der Gegner und des Volkes am mächtigsten sich entlud. Ihre Wohnungen standen da, wo jetzt der Platz beim Teueramte neben dem Palazzo vecchio: den Palazzo Buondelmonti sieht man noch auf der Piazza St. Trinita. Einen der Türme der *Amidei,* die von ihren Wohnungen dicht an der alten Brücke den Beinamen: Capo di ponte führten, erblickt man am Mercato nuovo (oder Via di por Sta. Maria). Buondelmontis Braut war Reparata, die Tochter Lambertuccios Amidei und der Sandra Arrighi; ihre Nebenbuhlerin Beatrice, Tochter des Forese Donati und der Madonna Gualdrada. Die *Donati* rühmten sich römischen Ursprungs. Sie blieben stets unter den Adelsgeschlechtern, ohne an bürgerlichen Magistraturen teilzunehmen, und starben gegen 1400 aus. – Die meisten alten Florentiner Familien nennt *Dante,* Paradies XVI.
29 «Cossa fatta capo ha.»
30 *Dante,* Paradies XVI, 136. – Die römische Bildsäule des Mars, des ersten Patrons der Stadt, welche, christlich geworden, sich dem Täufer empfahl (– «la città che nel Batista – cangio 'l primo padrone –» *Dante,* Hölle XIII, 143), stand am Ende der alten Brücke (– «in sul passo dell' Arno – rimane ancor di lui alcuna vista» – ebend. 146), bei deren Einsturze während der Überschwemmung des Jahres 1333 sie verloren ging.
31 Die berühmte Schlacht «che fece l'Arbia colorata in rosso» (*Dante,* Hölle X, 80) wurde am 4. Sept. 1260 auf dem Felde von Montaperti an der Arbia bei Siena geschlagen.
32 Von den Grafen Guidi, der weitverzweigten und in der toskanischen Geschichte tausendfach genannten Familie deutschen Ursprungs, die den Pfalzgrafentitel besaß. Ihre meisten Besitzungen

lagen in dem schönen Casentiotal, wo Poppi, ihre letzte Grafschaft, im 15. Jahrhundert an Florenz kam (s. das fünfte Buch dieser Geschichte).

33 «Ich aber war allein, wo einst jedweder
Es zuließ, daß Florenz vertilget würde,
Der, welcher offnen Angesichts es schirmte.»
Dante, Hölle X, 91

34 Schlacht bei Benevent, 26. Febr. 1266.

35 Die Frati gaudenti (oder Cavalieri di Sta. Maria), Roderigo degli Andald und Catalano de'Malavolti.
(*Dante,* Hölle, XXIII, 103).

36 Die gegenwärtige Taufkapelle, das Baptisterium.

37 Bei dem jetzigen Palazzo Corsi, neben dem großen Strozzischen Hause.

38 Am 11. November 1266.

39 Guido Graf von Montfort führte nach Florenz 800 französische Reiter. Die Gibellinen verließen die Stadt am Ostersonntag. – Conradin unterlag bei Tagliacozzo am 23. August des Jahres 1268.

40 Die Capitani di parte Guelfa.

41 Die Schlacht von Campaldino (im Casentino, unterhalb Poppi) ereignete sich am 11. Juni. Die Führer der Gibellinen, Guglielmino, Bischof von Arezzo, und Buonconte von Montefeltro, fielen. Anführer der Florentiner war Amauri von Narbonne, König Carls II. Feldhauptmann. Unter den Mitkämpfenden war Dante Alighieri.

42 Bürgerlicher, Volksmann, Anhänger der Volkspartei.

43 «Signoria» hießen, als oberster Magistrat, die Prioren der Zünfte.

44 Wie Giano della Bella des Adels Sache für die des Volkes aufgegeben, sagt *Dante* (Paradies, XVI, 131).

45 Palazzo dei Signori, jetzt Palazzo vechio. Der erste Beschluß zum Bau ist vom J. 1294, ein anderer Beschluß vom 30. Dez. 1298. Im J. 1299 wurden Wohnungen und Baustellen bei S. Piero Scheraggio gekauft, unter andern die Turmwohnung der Foraboschi. Architekt: Arnolfo di Cambio aus Colle im Elsatal, genannt Arnolfo di Lapo.

46 Die Carceri nuove, nachmals Le Stinche genannt, nach einem Kastell im Grevetal. Im J. 1834 zu andern Zwecken bestimmt und umgebaut.

47 Die Cerchi nennt *Dante* (Paradies, XVI, 65) als Herrn von Acona; sie ließen sich dann in Florenz nieder, wo sie durch Macht und Reichtümer glänzten. Die Reste ihrer Wohnungen sieht man

zwischen der Piazza del Granduca und der Badia, wo noch zwei Straßen und ein Platz nach ihnen benannt werden.

48 Bonifaz VIII.

49 Matteo, aus Acquasparta in Umbrien, General der Franziskaner, gest. zu Rom 1302.

50 Dicht bei der Stadt, von Porta la Croce.

51 Benedict XI.

52 Niccolò Albertini oder Martini aus Prato, Dominikaner, Kardinal 1303, als Bischof von Ostia 1321 zu Avignon gestorben.

53 10. Juni.

54 22. Juli.

55 Eine Gruppe von Häusern und Villen nahe bei der Stadt auf dem Wege nach Bologna.

56 August 1304.

57 Capitano del popolo und Podestà.

58 Die Chronologie ist undeutlich bezeichnet: Papst Benedict XI. starb bereits am 6. Juli 1304 zu Perugia.

59 Uguccione della Faggiuola, einer der talentvollsten und mächtigsten Parteigänger der Gibellinen, eine Zeitlang Herr von Pisa und Lucca, gest. vor Padua 1319. Dantes Freund und nach einiger Meinung der Veltro der Göttlichen Komödie.

60 Ehemalige Vallombrosaner Abtei, eine Millie vor Porta la Croce gelegen. – Messer Corsos Tod erfolgte am 15. Sept. 1308.

61 Örtchen am Arno, 7 Millien von Florenz, an der Arentiner Straße.

62 24. August 1313.

63 Neben Messer Pier von Anjou führte die Guelfen Filipp von Tarent, Roberts anderer Bruder. Dessen Sohn Carlotto fiel gleichfalls in der Schlacht, die am 29. August stattfand.

64 Gubbio in Umbrien.

65 Aus dem Geschlechte der Guidi, deren einzelne Zweige teils Gibellinen, teils Guelfen waren.

66 Carl, Herzog von Calabrien, gest. 1328. Seine Tochter war die Königin Johanna I.

67 10. April 1316.

68 Man nannte dies imborsare. Bei den vielen Verfassungswechseln hatte die Art, wie und durch wen dies geschah, große Bedeutung.

69 Altopascio im Nievole-Tal, Sitz eines Hospitaliterordens, meist nach der «großen Gräfin» Ospizio di Matilda genannt, später Commende des Medizeischen Stefansordens.

70 23. September. Die Sumpfluft des Nievola-Tales hatte die florentinischen Truppen sehr angegriffen.

71 Gautier de Brienne, aus vornehmem französischen Geschlecht, Titularherzog von Athen, am Hofe König Roberts erzogen. In den französisch-englischen Kriegen viel gebraucht, im Jahre 1356 Connetable, fiel er in dem nämlichen Jahre in der Schlacht von Poitiers.

72 Die Florentiner nahmen Pistoja am 28. Januar 1328, Castruccio eroberte die Stadt wieder am 3. August und starb am 3. September. Der Herzog von Calabrien starb am 9. Dezember.

73 Pietro da Corvara, Franziskaner, genannt Nicolaus V. Starb zu Avignon 1333.

74 Ceruglio, alte Burg der Markgrafen im Nievole-Tal hart an der lucchesischen Grenze. An der Stelle derselben baute Prinz Carl von Böhmen (Kaiser Carl IV.) 1333 das noch bestehende Kastell Monte Carlo.

75 Castruccios Sohn.

76 Giotto ward 1334 zum Architekten des Doms ernannt und begann, gemäß der gewöhnlichen Annahme, in demselben Jahre den Glockenturm. Der Neubau des Doms (Santa Reparata, später Santa Maria del Fiore) durch Arnolfo begann 1297, wenn auch die alte Inschrift den 8. Sept. 1298 als Tag der Grundsteinlegung bezeichnet.

77 Capitano del popolo und Podestà, zu Zeiten auch Esecutore.

78 Die *Bardi* ligurischen Ursprungs, stets unter den Adelsgeschlechtern. Als Herrn, nachmals Grafen, von Vernio im Apennin hatten sie eine Art Reichsunmittelbarkeit, wie die Marchesi (Bourbon) del Monte und die Barbolani v. Montauto. Nach ihnen wird die lange Straße in Oltrarno zwischen der alten und der Rubacontebrücke benannt. – Die *Frescobaldi* waren eine der ältesten Familien des florentinischen Adels, wurden aber durch die Faktionen bald zugrunde gerichtet. Ihre Wohnungen waren (und sind zum Teil noch) in Oltrarno in dem Fondaccio Santo Spirito.

79 Die Kaufsumme war 250000 Goldgulden.

80 Die erste Niederlage der Florentiner erfolgte am 2. Okt. 1341: unter Malatesta de' Malatesti von Rimini zogen sie sodann im Frühling 1342 zum Entsatz, aber die Stadt mußte sich am 6. Juli den Pisanern ergeben.

81 Die angesehensten dieser Familien waren die *Peruzzi* und *Acciajuoli*. Jene, römischen Ursprungs, hatten ihre Wohnungen dicht an der Linie des ersten Mauerkreises der Stadt (*Dante*, Paradies, XVI, 125), wo man noch jetzt ihre Loggia sieht und an zahlreichen Häusern ihr Wappen. Die *Acciajuoli* sollen zu Friedrich Barbarossas

Zeit aus Brescia nach Florenz gekommen sein und gehörten zu den großen Popolangeschlechtern. Kaum irgendeine der florentinischen Familien ist so berühmt und weitverbreitet gewesen. An sie kam das Großseneschallamt in Neapel, an sie die Herzogswürde in Athen und Theben, an sie bedeutende Besitzungen in Apulien auf Rhodos usw.

82 Durch Handel und Beschützung von Kunst und Wissenschaft erwarben die *Rucellai* sich zweifachen Ruhm. Barnardo, Giovanni, Palla R. hinterließen geehrte Namen. In ihren Gärten (Orti Oricellari) fanden längere Zeit die Versammlungen der platonischen Akademie statt. Ihren schönen Palast (an der Via Vigna nuova) baute Leon Batista Alberti. Die *Altoviti* machten sich namentlich zur Zeit des Sturzes der Republik bekannt. Bindo Altoviti war Raffaels und Buonarrotis Freund. Ihre Wohnungen stoßen an die Piazza Santa Trinità.

83 Mit den republikanischen Formen ist auch diese Tribüne verschwunden. Nur der Marzocco, der florentinische Löwe mit dem Lilienschild, steht noch an der Ecke des Palastes.

84 Die Wohnungen der Filipetri hinter San Piero Scheraggio.

85 Die *Visdomini* waren eine alte florentinische Familie, deren Name von ihrem Schutzamte beim Bistum (Vice-domini) sich herschreibt. Über der Eingangstür zu ihren Wohnungen am Corso degli Adimari sieht man das Wappen des Herzogs von Athen, einen doppeltgeschwänzten Löwen im Sprunge. Seit dem Neubau der Straße (1844) erinnert eine Inschrift an jene Zeit. – Die Kirche San Michele heißt noch de' Visdomini.

86 Die bekannte Corsa de barberi. Das Johannisfest ist das große, noch jetzt glänzende und anmutige Volksfest der Florentiner.

87 Nämlich auf dem rechten Ufer, wo der bei weitem größere Teil der Stadt, während auf dem linken das Viertel Santo Spirito (Oltrarno) sich befindet.

88 Vom Podestà Messer Rubaconte da Mandello aus Mailand gebaut, jetzt gewöhnlich Santa Maria della grazie genannt.

89 24. September.

90 Durch den Bau des Palastes Pitti und die Anlegung der Boboli-Gärten ist die Lokalität auf dieser Seite sehr verändert worden. Von dem kleinen Platz von Santa Felicità wie von der Via de' Bardi aus steigen übrigens zwei sich vereinigende Straßen den steilen Hügel von San Giorgio hinan, der das Medizeische Fort Belvedere trägt.

91 Durch Veränderung der Namen und Wappen.

92 Die *Albizzi* stammen aus Arezzo. Ihre politische Wichtigkeit beginnt mit Filippo, Gonfaloniere 1327, durch welchen der Streit

mit den Ricci seinen Anfang nahm. Seine Söhne waren Piero (enthauptet 1379) und Luca; von letzterem stammte Maso, der größte Mann der Familie (starb 1417), von diesem Rinaldo, der Gegner Cosimos de' Medici. Die verschiedenen Linien in Italien sind ausgestorben, die letzte florentinische vor drei Jahren: sie bestehen aber noch in Frankreich (durch Verpflanzung nach Lyon). Ihre Wohnungen sind in dem nach ihnen benannten Borgo degli Albizzi, bei den Häusern der Pazzi beginnend. – Die *Ricci,* von einem durch sie beherrschten benachbarten Castell nach Florenz gezogen, waren lange ein sehr volkstümliches Geschlecht, welches noch blüht. Die Kirche Santa Maria de' Ricci und die Piazza de' Ricci bewahren den Namen. Der bekannte Bischof von Pistoja, Scipio de' Ricci, gehörte dieser Familie an.

93 Die berüchtigten Kompanien, deren Ursprung aus den Zeiten der schwäbischen Kaiser herzuleiten ist, machten sich namentlich seit der Bildung des Heerhaufens geltend, mit welchem Herzog Werner von Urslingen (um 1342) einen großen Teil Italiens plünderte und brandschatzte. Die ferneren Beziehungen, in welche Florenz zu den Kompanien kam, werden von Machiavell nicht berührt. Im Juli 1354 stand Montreal (Fra Moriale, bei Machiavell Monsignor Reale) bei San Casciano, worauf die Republik sich loskaufte. Vier Jahre darauf verlangten die Haufen, deren Befehlshaber damals der Graf von Landau (Conte di Lado) war, den Durchzug und im genannten wie im folgenden Jahre wurde förmlicher Krieg zwischen ihnen und der Republik geführt, wobei sie indes den kürzern zogen. Der Kampf mit Pisa, der im J. 1362 aufs heftigste entbrannte, führte die sogenannte englische Kompanie, welche John Hawkwood befehligte, nach Toscana, desgleichen die deutsche des «Anichino di Bongardo», von denen namentlich im Mai 1364 Florenz hart bedrängt ward. Auch im Jahre 1370 plünderten die Engländer, d. h. zusammengelaufenes Volk, welches in den englisch-französischen Kriegen gedient, das Land bis unter die Mauern der Stadt.

94 Diese Maßregel, durch welche ein Popolan, um ihm alle Teilnahme an der Regierung zu nehmen, zum Adel gezählt wurde, hieß «chiarire de'grandi» und der, den die Strafe traf, «chiarito».

95 Guglielmo Kardinal von San Angelo.

96 Der Führer dieser Truppen war John Hawkwood, in italienischen Chroniken unter dem Namen Giovanni Aguto bekannt, der 1377 in florentinische Dienste trat, in welchen er 1394 starb. Sein Bildnis, zu Pferde, von Paolo Uccellos Hand, sieht man im Dome.

97 Lapo da Castiglionchio war einer der gelehrtesten Juristen

seiner Zeit und ging wiederholt als florentinischer Gesandter an den päpstlichen Hof. Er starb im Exil zu Rom 1381.

98 Weil nämlich Verwandte von Ammonirten ebensowenig zu Ehrenstellen gelangen konnten.

99 Die Gonfalonieren des Jahres 1378 waren: Domenico Borghini Taddei, Lionardo Beccanugi, Salvestro de' Medici (Mai–Juni), Luigi Guicciardini (1.–21. Juli), Michele di Lando (21. Juli–31. August), Bartolo di Jacopo, genannt Baroccio (am 29. August gewählt, am 2. Sept. wieder kassiert), Francesco di Chele, Andrea Salviati. Die ungewöhnliche Zahl (die Bannerträger wechselten sonst von zwei zu zwei Monaten) erklärt sich durch die wilde Revolution und Anarchie.

100 Die *Alberti* stammten von Semifonte, einem durch die Florentiner beinahe spurlos zerstörten Kastell im Elsatale, und sollen 1202 nach der Stadt gekommen sein. Sie besaßen viele Orte im Gebiete der Republik. Nach dem harten Lose, das infolge des Aufstandes vom Jahre 1378 diese Familie traf, erholte sie sich erst gegen die Mitte des 15. Jahrhunderts einigermaßen wieder. Sie sind um 1840 ausgestorben.

101 18. Juni.

102 Jenes der Camaldulenser, dieses der Augustiner.

103 Auf der schon erwähnten Ringhiera.

104 S. Frediano, im Viertel Oltrarno, bei den Ärmsten.

105 Viele erklärten später, sie hielten den Ritterschlag als non avenu und begäben sich der Ehre. Darunter waren ein Alessandri (Albizzi), Salviati, Medici, Machiavelli u. a., selbst ein Wollkämmer.

106 Nach Gino Capponi je drei für jede Klasse.

107 Diese Buden zu beiden Seiten der Brücke, gegen dreißig an der Zahl, gehörten anfangs verschiedenen Gewerben, wurden gegen 1422 den Fleischern eingeräumt, im Jahre 1593 den Goldarbeitern, welche sie noch jetzt inne haben.

108 Nach Marchionne di Coppo Stefani: Barberino. Diese Ämter in den bedeutenderen Orten und Städten (Capitano zu Arezzo, Pistoja, Prato, Podestà zu Arezzo, Volterra, Pistoja u. a.) wurden verdienten Bürgern übertragen.

109 31. August. Die beiden Abgesandten hießen Marco di Ser Salvi und Domenico di Tuccio genannt Lambo. Ihr Stand findet sich nicht angegeben.

110 Die Aufrührer zogen nämlich erst nach der andern Flußseite, um ihre in den sogenannten Camaldoli von S. Frediano (auch jetzt noch Wohnsitze der untersten Volksklasse) gebliebenen Genossen zu holen.

111 Um die einundzwanzigste Stunde des Tages.
112 Beide waren Wollkämmer. Der letztere war sogar während des Tumults am 29. August zum Gonfaloniere gewählt worden, ward aber am 1. September abgesetzt, worauf Frencesco di Chele (Michele), ein Trödler, an seine Stelle kam.
113 John Hawkwood.
114 Arezzo.
115 Im Jahre 1388.
116 Die Gianfigliazzi waren eine der ältesten und angesehensten Popolanfamilien der Stadt. Ihre Wohnungen waren am Lungarno, von der Trinitàbrücke abwärts, wo jetzt das Kasino, die Casa Alfieri, der Palast Louis Buonapartes usw.
117 Die Straße mit den Magazinen der Wollentuchhändler, beim neuen Markte.
118 Die Loggia della Neghittosa, so genannt nach den vielen Unbeschäftigten, die sich dort zu versammeln pflegten, sah man am Corso der Adimari, welcher großen Familie sie gehörte.
119 Nach einem bestimmten Ort, der jedesmal über 60 Millien entfernt sein mußte und den man nicht verlassen durfte, gesandt werden (confine, confinare), war die mildeste Art des Exils. Denn die Anweisung eines solchen Ortes innerhalb des Gebietes geschah nur ganz ausnahmsweise. Verließ der Verbannte den Ort (rotto il confine), so wurde er auf immer als Rebell ausgeschlossen. In den meisten Fällen war das Confine indes nur ein Kunstgriff, um Männer, vor denen man sich fürchtete, durch Aussicht auf Wiederaufnahme ruhig zu halten. Denn, traten nicht Staatsumwälzungen ein, so wurde nach Ablauf der Verbannungszeit dieselbe verlängert und wieder verlängert. Durch die Verzweiflung getrieben, verließen daher die Konfinierten ihre Verbannungsorte um so eher, da die verschiedenen Mitglieder der nämlichen Familie durch ganz Italien zerstreut zu werden pflegten, nach Padua der eine, nach Barletta der andere, der dritte nach Messina.
120 Niccolò da Uzzano, aus einer angesehenen und reichen Familie, welcher das Kastell Uzzano im Nievole-Tal gehörte und welche im 17. Jahrhundert ausstarb, wurde 1350 geboren und trug durch seine Klugheit und Mäßigung wesentlich dazu bei, den Konflikt zwischen Albizzi und Medici so lange als möglich hinauszuschieben. Durch ihn wurde das Gebäude der Sapienza bei San Marco begonnen, welches eine große Lehranstalt werden sollte und statt dessen erst zum Löwenzwinger, jetzt zum Marstall dient.
121 Der Name der *Valori* wird in der florentinischen Geschichte sehr häufig mit Ehre wie mit Schmach genannt. Taldo V. war im

14. Jahrhundert einer der reichsten und angesehensten Bürger. In der (außerhalb unseres Bereiches liegenden) Geschichte Savonarolas wie in jener des Untergangs der Republik spielten sie wichtige Rollen. Ihre Wohnungen waren im Borgo degli Albizzi. Die *Neroni* und *Capponi* sind, jene namentlich im 15. Jahrhundert, diese vom 14. bis zum 16. unzählige Male genannt. Die Neroni stammten aus dem Mugello, der hinter den Fiesolaner Hügeln sich erstreckenden anmutigen Talgegend. Ihr Name verschwindet vor dem Ende des 15. Jahrhunderts. Die Capponi werden mit Recht die Scipionen von Florenz geheißen. Kein Geschlecht hat sich um die Heimat verdienter gemacht und steht reiner da und ehrenvoller. Die Namen Ginos, des Eroberers von Pisa, Neris (durch welchen die Parteien unter Cosimo de' Medici Il Vecchio im Gleichgewicht gehalten wurden), Pieros des mutigen Widerredners Carls VIII., Niccolòs des wohlmeinenden, wenn auch nicht hinlänglich kräftigen Staatsoberhauptes zu Anfang der letzten Revolution (1527), brauchen nur erwähnt zu werden. Der Ahnherr der *Niccolini* soll bei Benevent gegen König Manfred gekämpft haben. Der bedeutendste Mann der Familie lebte unter dem ersten Großherzog (Agnolo, Kardinal und Gouverneur von Siena).

122 Die *Magra* ist der Grenzfluß, «der mit kurzem – Lauf vom Toscaner trennt den Genuesen» (*Dante,* Paradies IX, 89). Der *Panaro,* welcher oberhalb Ferraras in den Po fließt, trennt das modenesische Gebiet vom bolognesischen.

123 Kastell in der toskanischen Romagna, im Apennin. gegen 9 Millien von Faenza entlegen, einst eine Grafschaft der Guidi.

124 Kastell bei Lugo in der Romagna, Eigentum der Familie, die sich nach dem benachbarten Barbiano nannte. Alberigo da Barbiano war der ursprüngliche Stifter des italienischen Kriegswesens, wie es das 15. Jahrhundert hindurch bestanden hat. – In der Nähe liegt Cotignola, von wo die Sforzas stammen.

125 Nach dem Kastell Montone im Peruginischen nannte sich die peruginische Familie der Fortebracci, die durch Braccio, Oddo, Carlo und die durch sie begründete Condottierenschule, welcher die Piccini angehörten, berühmt geworden ist.

126 Nämlich dem alten Adel.

127 Castrocaro, ein im Mittelalter nicht unbedeutendes Kastell im Tal des Montone nahe an der Grenze bei Forli. *Dante* nennt die Grafen des Ortes (Fegef. IXV, 116), der seit dem Anfange des 15. Jahrhundert der Republik Florenz unterworfen blieb.

128 Monte Petroso, ein jetzt in Trümmern liegendes Kastell im Tal des Savio in der toskanischen Romagna.

129 Ortschaft in der toskanischen Romagna, am Fluß Bidente, dicht an der Grenze in der Richtung auf Cesena.

130 Die Natter, biscia, war das Viskontische Wappen.

131 Lamone entspringt im toskanischen Apennin, fließt an dem in der Kriegsgeschichte des Mittelalters wichtigen Marradi (wo sein Tal den Hauptpaß zwischen Romagna und Toskana bildet) und an Faenza vorüber und fällt bei Ravenna ins Meer.

132 Francesco Bussone von Carmagnola, geb. 1390, im Jahre 1432 zu Venedig hingerichtet.

133 Auch Maclodio, oder Macald, bei Brescello am Po im Guastallesischen.

134 Zu Ferrara am 18. April.

135 Ladini.

136 Vicariate waren Gebietsteile, die der Stadt Florenz unmittelbar untertan waren, während in den verschiedenen größeren Städten eine unabhängigere und selbständigere Munizipalverwaltung bestand.

137 Kastell im Nievole-Tal, nicht weit vom Arno.

138 Von seinem Schüler Andrea, genannt il Buggiano.

139 Die *Guicciardini* stammen aus dem Pesatal und führen ihre Geschichte ins 12. Jahrhundert zurück. Francesco Gunicciardini hat als Schriftsteller einen glorreichen, als Staatsmann einen nicht beneidenswerten Namen hinterlassen.

140 Einst starkes Kastell am Serchio in militärisch wichtiger Lage.

141 Hauptort des Nievole-Tals, nicht fern von der florentinisch-lucchesischen Grenze.

142 Guid' Antonio von Montefeltro.

143 Anspielung auf den Namen Barbadoro.

144 Die *Soderini,* von Gangalandi, einem der Stadt benachbarten Kastell im untern Arnotal, waren namentlich im 15. und zu Anfang des 16. Jahrhunderts eines der einflußreichsten Geschlechter. Pier Soderini war Oberhaupt der Republik von 1502–1512. Ihre Wohnungen waren in Oltrarno, wo dicht an der Carrajabrücke ein kleiner Platz noch ihren Namen trägt. Sie starben Anfang des 19. Jahrhunderts aus.

145 Amt des Bannerführers.

146 Das große Bürgerspital, von Folco Portinari, Vater von Dantes Beatrice, gestiftet.

147 Die Römer waren am 18. Mai gegen Papst Eugen IV. aufgestanden, worauf dieser nach manchen Gefahren am 12. Juni in Livorno, am 23. in Florenz ankam und im Dominikanerkloster von Santa Maria Novella wohnen ging.

148 Gio. Vitelli Vitelleschi aus Corneto, lange Zeit allmächtig unter Eugen IV., Kardinal und Gouverneur von Rom, 1440 in der Engelsburg gestorben.

149 Aus unserem Horst zu Fermo, Petrus und Paulus zu Trotz.

150 *Erasmo Gattamelata* von Narni, Sohn eines Bäckers aus dem Gebiete von Todi in Umbrien, gestorben zu Padua 1443. Neben der Kirche S. Antonio steht seine Reiterbildsäule von Donatello. *Niccolo Marrucci* von Tolentino, gestorben 1434. Im Dom zu Florenz ist sein Bildnis, zu Pferde, von Andrea dal Castagno gemalt.

151 29. August.

152 Giovanni Vitelleschi.

153 Die Angabe ist nicht ganz genau, indem die letzteren Ereignisse schon in das Jahr 1436 fallen.

154 Accoppiatori, die durch die Balia ernannten Wahlmänner, welche die Namen der zum Priorat und den übrigen höheren Magistraturen zulässigen Bürger aufschrieben.

155 René war der Sohn und Enkel zweier Ludwige von Anjou, deren erster Sohn König Johann des Guten von Frankreich und Bruder Carls V. wie des Herzogs Philipp (le hardi) von Burgund, mit welchem die Macht des burgundischen Zweiges der Valois begann, der mit seinem Urenkel Carl dem Kühnen ausstarb.

156 5. August 1435.

157 Vormalige Camaldulenser-Abtei im untern Arnotal, halbwegs zwischen Florenz und Pisa.

158 Die genannten Kastelle sind florentinisch-lucchesische Grenzorte.

159 Die Ghiaradadda, im Lodigianischen, ist die Niederung im Winkel zwischen Adda und Po, ehemals wahrscheinlich See oder Sumpf. Hier wurde am 1. Mai 1509 die berühmte Schlacht geschlagen, in welcher König Ludwig XII. mit Triulzio und Charles d'Amboise die Venezianer besiegte (Schlacht von Vailà oder Angadel) und die ihn bis an die Lagunen führte.

160 Es drehte sich nämlich alles darum, daß Francesco Sforza wohl die befreundeten Territorien verteidigen, nicht aber die Viscontinischen angreifen wollte.

161 23. August 1435.

162 Francesco von Battifolle, von den Grafen Guidi.

163 Ungenaue Chronologie. Papst Eugen weihte den Dom (Santa Maria del Fiore) vor seiner ersten Abreise aus Florenz, 25. März 1436. Am 18. April ging er dann nach Bologna, kehrte am 22. Januar 1439 nach Florenz zurück, wo er das von Basel nach Ferrara, von Ferrara nach der genannten Stadt verlegte Konzil eröffnete, und

begab sich am 7. Januar 1443 nach Siena, nachdem er am Tage zuvor die Kirchen San Marco und Santa Croce geweiht hatte.

164 6. Juli 1439.

165 Alles dies ereignete sich im Jahr 1438.

166 Bianca Maria Visconti. Ihre Mutter hieß Agnes del Maino. Filippo Maria hatte von seinen beiden rechtmäßigen Frauen, Beatrice Lascaris von Ventimiglia, Gräfin von Tenda (1418 zu Binasco enthauptet), und Maria von Savoyen, Tochter des Herzogs Amadeus (letzter Gegenpapst als Felix V.), die ihn überlebte, keine Kinder. – Francecso Sforza war früher schon vermählt gewesen, mit Polissena Ruffo von Calabrien. Er war bei seiner Verheiratung mit Bianca (1441) vierzig Jahre alt.

167 D. h. 1439 nach gewöhnl. Zeitrechnung.

168 Francesco Sforza stand in der Romagna.

169 See von Comacchio.

170 Einige Ausgaben haben: Terma.

171 *Peschiera,* zu Dantes Zeit eine bedeutende Veste am Ausfluß des Mincio aus dem Gardasee («Peschiera ragt ein schönes, starkes Bollwerk – zu trotzen Bergamasken und Brescianern – da wo des Sees Umufrung niedrer abfällt.» Hölle, XX, 70), auch jetzt ein sehr wichtiger Punkt.

172 Er war 1436 durch Papst Eugen zum Erzbischof von Florenz ernannt worden. Der erste Erzbischof von Florenz war 1419 Amerigo Corsini.

173 Lodovico Scarampi Mezzarota aus Padua, seit 1438 (dritter) Erzbischof von Florenz.

174 Die Lancia bestand aus dem vollständig schwergerüsteten Reiter mit Troßbuben und Pferden.

175 Bedeutendster Ort des Mugello (im Lieve-Tal), 15 Millien von Florenz, an der damaligen Hauptstraße nach der Romagna, die auf Imola führt.

176 Kastell im Mugello, 5 Millien vom Borgo San Lorenzo.

177 Kastell im oberen Arnotal, 18 Millien von Florenz.

178 Ortschaften im oberen Casentino. Chiusi, unterhalb des heiligen Berges von Alvernia, ist wohl zu unterscheiden von dem etruskischen Chiusi, Clusium, im Chianatal.

179 Steinige Hochebene bei Alvernia.

180 Die Straße von Borgo San Sepolcro nach Arezzo.

181 Das Treffen von Anghiari (29. Juni 1440) bot dem Lionardo da Vinci Stoff zu der berühmten, zur Ausschmückung des großen Saals im Palaste der Signora bestimmten Komposition. Lionardo arbeitete an diesem Gemälde von 1503–1506, ohne es zu vollenden; er hatte

ein maltechnisches Experiment versucht, enkaustische Manier nach antikem Rezept, die sich als nicht haltbar erwies. Das Gemälde ist verloren. Verschiedene Skizzen zur Anghiarischlacht sind erhalten geblieben. (Siehe A. E. Popp, Zeichnungen v. Leonardo da Vinci, München 1928, Abbildungen 41–58). Außerdem eine Kopie von Rubens und danach ein Stich von Edelinck. (Siehe die Phaidon-Ausgabe von Herman Grimms «Leben Michelangelos», Abbildungen Seite 218.)

182 2. Februar 1452.

183 Der Borgo San Sepolcro gehörte nämlich noch zum Kirchenstaate.

184 Oder Campaldino, wo einst die Guelfen gesiegt.

185 Im Jahre 1191 bestätigte Kaiser Heinrich VI. dem Grafen Guido als Grafen von ganz Toscana alle seine Feudalrechte, in Betracht der von ihm und seinen Vorfahren dem Reiche geleisteten Dienste. Den Vater dieses Grafen Guido (–Guerra) nennt Otto von Freisingen den mächtigsten Herrn in ganz Tuscien. – Der Graf Francesco II. Guidi ließ sich zu Bologna nieder (s. das VI. Buch).

186 Eugen IV., 1431–47.

187 Conte dell' Anguillara. Seine Gattin war Annalena Malatesta von Rimini, Tochter des Galeotto Malatesta und der Maria Orsini, geboren 1420 und bei den Medici erzogen. Nach Baldaccios Tode gründete sie da, wo ihre Wohnungen standen, ein Kloster nach der Regel des hl. Dominicus zur Aufnahme betrübter Witwen, und starb in demselben 1490. Das Kloster wurde 1808 aufgehoben und in Privatwohnungen umgeschaffen. Noch aber besteht der Name: Casa d'Annalena.

188 Im Text: in su la Lenza. Die Enza, oder Lenza, welche nicht fern von Brescello in den Po fällt, bildete die Grenze der Viscontischen Staaten, wie später die der Herzogtümer Parma und Modena.

189 Eine der ältesten und größten toscanischen Familien. Ein Teil der pisanischen Maremma, von der Cecina bis zur Grenze von Piombino, ist die Grafschaft Gherardesca. – *Campiglia,* ein Kastell in der genannten Gegend, landeinwärts vom Vorgebirge von Piombino.

190 Der Ort gehörte damals der Donna Caterina d'Appiano, Tochter Gherardos I. und Gemahlin Rinaldo Orsinis.

191 Kastell auf den vordersten Hügeln, welche die Maremmenebene begrenzen.

192 Valentia Visconti, Tochter Gian Galeazzos und Schwester Filippo Marias, heiratete 1389 Ludwig Herzog v. Orléans, Bruder König Carls VI., und starb 1408. Die Grafschaft Asti war ihre

Mitgift; die Ansprüche Frankreichs auf das Herzogtum Mailand, durch ihren Enkel Ludwig v. Orléans (König Ludwig XII.), schrieben sich von dieser Verbindung her.

193 Nicolaus V., seit 1447.

194 Eleonare von Portugal. Sie traf in Siena mit Friedrich zusammen.

195 Mit dem Herzogstitel. Zugleich Graf von Rovigo und Comacchio.

196 Fruchtbare und weinreiche Gegend zwischen Florenz und Siena, links von der nach letzterer Stadt führenden Hauptstraße.

197 Bedeutendes Kastell im Elsatal, gegen Siena zu.

198 Am Strand der pisanischen Maremma, nicht ferne von der Mündung der Cecina.

199 Im Jahre 1427 war Stefano Porcari zu Florenz Capitano del popolo.

200 Bekanntlich deutet man diese Kanzone («O schöner Geist, der diese Glieder lenkt») auf Cola di Rienzo.

201 Bagno in der toscanischen Romagna, im Tal des Savio. Nach der Einnahme Pisas 1406 war dies Gebiet, einst eine Grafschaft der Guidi, den Gambacorten, die vorher Herren jener Stadt gewesen, als Signorie angewiesen worden.

202 Carl VII.

203 D.i. am 29. Mai 1453.

204 Eine dieser Ehen fand (1465) statt: die der Ippolita Sforza mit Alfonso Herzog von Calabrien, König von Neapel als Alfons II. Derer Tochter Isabella wurde 1489 mit Gion Galeazzo Sforza, drittem Herzoge von Mailand aus dieser Familie, vermählt und teilte die tragischen Schicksale des Hauses, welche durch Lodovico il Moro hauptsächlich veranlaßt wurden.

205 An dem gleichnamigen See zwischen Siena und Rom.

206 Städtchen an der Küste der sienesischen Maremma.

207 Johannes Hunyady (mit Johann von Capistrano) schlug die Türken vor Belgrad am 23. Juli 1456 und starb bereits am 11. August zu Semlin.

208 An der Sieneser Straße.

209 Auf einem Vorgebirge der Riviera di Levante, zwischen Chiavari und Genua gelegen.

210 Sizilien blieb der aragonischen (rechtmäßigen) Hauptlinie unter Johann, Alfonsens jüngerem Bruder.

211 Dies geschah 1461. Die zweite Gemahlin Antonios war Maria Marzano, des Königs Nichte mütterlicherseits. – Die *Todeschini-Piccolomini*, welche von Laudomia, der Schwester P. Pius II., stamm-

ten und in den Sienesischen Geschichten viel genannt sind (namentlich durch jenen Alfonso Herzog von Amalfi, Antonios Enkel, welcher in den unruhigsten Zeiten der Republik bis zum Jahre 1545 mehrmals den Primat bekleidete), starben 1783 aus.

212 Aus dem Hause Orsini.

213 Gonfaloniere der Gerechtigkeit.

214 Der Hügel von Rusciano liegt vor der Porta San Niccolò. Brunnelleschi soll wie den Palast, so auch die Villa gezeichnet haben, was aber, da derselbe 1446 starb, zweifelhaft ist. Im Jahre 1472 kaufte die Republik Rusciano, als Geschenk für Federigo da Montefeltro.

215 Die Villa Medici zu Careggi, in der anmutigsten Lage in der florentiner Ebene, gehört jetzt der Familie Orsi; die Villa auf den Fiesolanerhügeln den Mozzi. Cafaggiuolo, an der nach Bologna führenden Straße, in einer schon ernsteren Umgebung und mehr Kastell als Villa, ist noch großherzoglicher Besitz. Die Villa al Trebbio liegt im Mugello am Wege nach Scarperia und wurde von Giovanni delle Bande nere und seinem Sohn, dem ersten Großherzog Cosmus in seiner Jugend bewohnt, als dieser noch unter Obhut seiner Mutter Maria Salviati war. Der Medizeische Palast in der Stadt kam im 17. Jahrhundert an die Riccardi, die ihn vergrößerten, und gehört jetzt dem Gouvernement. Von den Klöstern ist die Abtei von Fiesole längst aufgehoben, aber wegen ihrer schönen Kirche noch berühmt.

216 Kastell im toscanischen Tibertal, lange Zeit hindurch Grafschaft der mächtigen Familie Tarlati, dann anderer Geschlechter. Der letzte Graf v. Montedoglio starb 1767.

217 *Johannes Argyropulos,* aus Konstantinopel, ein Anhänger der Aristotelischen Philosophie, ward 1456 nach Florenz berufen. Lorenzo de' Medici, Polizian, Donata Acciaiuoli u. a. waren seine Schüler. Er ging gegen 1471 nach Rom, wo er starb.

218 *Marsilio Ficino* war 1433 zu Florenz geboren, wo er 1499 starb. Als Vorsteher der Platonischen Akademie, die unter Lorenzo dem Erlauchten ihre glänzende Zeit erlebte, hat er sich einen großen Namen gemacht.

219 In den Abruzzen. Ovids Geburtsort, seit dem 17. Jahrhundert Prinzipat des Hauses Borghese.

220 15. August 1464.

221 So im Text.

222 Tochter Jacopo Orsinis aus dem großen römischen Hause.

223 Diese Giostra fand indes erst 1468 statt. Sie ward von Luca Pulci, Luigis Bruder, besungen, wie jene Giulianose de' Medici von Poliziano.

224 Dies war November und Dezember 1465. Die Chronologie ist in der Erzählung nicht ganz genau.
225 Juli–August 1466.
226 Aus Bergamo, gest. 1475.
227 In der toscanischen Romagna.
228 Bei La Molinella im Gebiet von Imola, 25. Juli.
229 25. April 1468.
230 Gonfaloniere der Gerechtigkeit.
231 Negropont wurde am 12. Juli 1470 erobert. Borso von Este, welcher Papst Paul II. am 14. April 1471 zum Herzog von Ferrara gemacht hatte, starb am 27. Mai des nämlichen Jahres. Paul II. starb am 26. Juli 1471. Man darf von Machiavelli in solchen Fällen, wo strenges Aufeinanderfolgen der Begebenheiten nach der Chronologie, insofern nicht der Hauptfaden der Ereignisse davon berührt wird, seine Entwicklung der politischen Verhältnisse stören würde, keine Genauigkeit fordern.
232 Francesco d'Albizzola della Rovere.
233 Caterina Sforza, durch Schönheit wie durch Mut gleich ausgezeichnet, heiratete nachmals den Giovanni de' Medici, Großneffen Cosimos des Alten, und wurde so Mutter Giovannis delle Bande nere und Großmutter des ersten Großherzogs Cosmus. Sie starb zu Florenz 1509.
234 Gewöhnlich Isabella genannt. Sie starb zu Neapel 1524, 54 Jahre alt.
235 3. Dezember 1469.
236 Lorenzo geb. 1448, Giuliano 1453.
237 Tommaso Soderini, fünfmal Gonfaloniere, wiederholt mit Gesandtschaften beauftragt, war der Vater Pieros, nachmaligen Gonfaloniere perpetuo, des Kardinalbischofs von Volterra und dreier andern Söhne, welche alle 1494–1530 eine Rolle spielten.
238 Die *Nardi* stammten aus dem Pesatal und nahmen reichlich Teil an den bürgerlichen Ämtern. Zur Zeit Castruccios und des Herzogs Carl von Calabrien war Piero Nardi einer der mächtigsten Bürger. Zu dieser Familie gehörte der Historiker Jacopo Nardi, geb. 1476, im Jahre 1530 verbannt und im Auslande gestorben.
239 Aus einer vornehmen neapolitanischen Familie, welche den Titel Fürsten von Salern trugen. Fernando San Severino machte sich in den Kriegen zwischen Carl V. und Franz I. einen Namen und starb als Verbannter zu Avignon.
240 Sechs Millien von Florenz, auf der Straße nach Prato, wohin man nach weitern 5 Millien gelangt.
241 Lange Jahre hindurch schalteten die *Vitelli* in Città di Castello

(im Tibertal, wo Umbrien beginnt) als Herrscher. Zur Stadt Florenz standen sie in mehrfachen Beziehungen und hatten Wohnungen in der Stadt. Alessandro und Chiappino Vitelli werden oft genannt in der Geschichte der ersten Herzoge aus dem Medizeischen Hause, wie in früheren Zeiten Vitellozzo, welchen Cesare Borgia erdrosseln ließ, und Paolo, welcher nach einem unglücklichen Zuge gegen Pisa 1499 auf dem Blutgerüst endete. Sie starben um 1790.

242 Sixtus IV. hatte ihn 1473 zum Erzbischof von Florenz ernannt.

243 Caterina Cornaro, Witwe Jakobs von Lusignan, trat 1473 Zypern an Venedig ab.

244 Papst Sixtus verlieh ihm 1474 den Titel eines Herzogs von Urbino. Im folgenden Jahre heiratete Giovanni della Rovere, Herr von Senigallia, Federigos Tochter Giovanna, und brachte so, da dessen Nachfolger Guidubaldo keine Kinder hatte, 1508 Urbino und Montefeltro in der Person Francesco Marias I., seines Sohnes, an sein Haus. Federigo starb 1482.

245 Herb ist der Tod, unvergänglich der Ruhm, der Tat gedenken wird die späte Nachwelt.

246 «Vom Staate», III, 6.

247 Die *Salviati* sollen von den Caponsacchi, einer der alten Konsularfamilien von Florenz, stammen. Sie werden hundertmal genannt in florentinischen Geschichten. Mit den Medici mehrfach verschwägert, standen sie doch nicht selten in den Reihen ihrer Feinde. Die letzte des Hauses heiratete Ende des 18. Jahrhunderts in die Familie der römischen Borghese.

248 Lorenzos und Giulianos Schwester.

249 Oder Borromei.

250 Manfredi.

251 Poggio Bracciolini, geb. zu Terranuova im obern Arnotal 1380, gest. 1459, viele Jahre hindurch päpstlicher Geheimschreiber, dann florentinischer Kanzler, einer der ausgezeichnetsten Gelehrten und verdientesten Beförderer der alten Literatur im 15. Jahrhundert. Sein Sohn Jacopo gab eine italienische Übersetzung der florentinischen Geschichte des Vaters.

252 Die *Bandini* waren ein altes florentinisches Geschlecht. Die Halle des Orcagna (Loggia de' Lanzi) nimmt die Stelle eines Teils ihrer Wohnungen ein. Den *Franzesi* oder *Francesi* gehörten vormals mehrere Kastelle des Gebietes. Muciatto Francesi war Botschafter Philipp des Schönen bei Bonifaz VIII. im Jubeljahre 1300 und spielte eine Rolle in dem Überfall zu Anagni (*Dante,* Fegef. XX. 85).

253 Raffaello Sansoni, genannt de' Riari, Neffe mütterlicherseits des Kardinals Pierto Riari, geb. zu Savona 1459, Kardinal-Vizekanz-

ler, als welcher er durch Bramante den weltberühmten Palast der Cancellaria bauen ließ, unter Leo X. in die Verschwörung des Kardinals Petrucci verwickelt, gest. 1520.

254 Montughi, Mons Hugonis, die erste Hügelreihe, welche sich nordwestlich von der Stadt links von der Bologneser Straße dahinzieht, reich an anmutigen Villen, mit einem Kapuzinerkloster, welches ursprünglich dem werktätigen, um die florentinische Industrie verdienten Humiliaten-Orden gehörte.

255 Der Dom (Santa Maria del Fiore).

256 Es ist die Rede von Papst Clemens VII.

257 Conte d'Urbino. Er war aber schon Herzog.

258 Kastell im Chianatal zwischen Siena und Arezzo.

259 Giovanni Galeazzo Sforza war 1469 geboren. Seine Mutter war Bona von Savoyen. Von seinen Oheimen, den Söhnen des Herzogs Francesco, starb Sforza Maria 1479 zu Varese bei dem Unternehmen gegen Genua, Lodovico (il Moro) ward Haupt des Hauses, Ascan wurde 1484 Kardinal, spielte eine glänzende Rolle unter Alexander VI., und starb nach wechselvollen Schicksalen zu Rom 1505 in seinem 60. Jahre.

260 Die *Vespucci* waren eine angesehene und begüterte Familie unter den vornehmen Popolanen. Bei seinen Wohnungen in Borgo Ognissanti gründete Simon Vespucci das Spital, welches seit Anfang des 17. Jahrhunderts den Hospitalitern von San Giovanni di Dio übergeben ward. Amerigo Vespucci, dessen Name so berühmt geworden, wurde 1451 geboren. Nach seiner ersten, 1497 unternommenen Entdeckungsreise zuerkannte die Republik seinem Hause die Auszeichnung, Laternen (lumiere) zu haben. Sie brannten drei Tage und Nächte lang. Amerigo starb zu Lissabon 1516.

261 Der Held von 1494.

262 Ercole da Este war, wie gesagt, schon Herzog. – Markgraf von Mantua wurde 1478 nach dem Tode Lodovicos da Gonzaga (12. Juni) sein Sohn Federigo.

263 Piccinino.

264 Im Elsatal, gegen die sienesische Grenze.

265 Malatesta.

266 Im Elsatal, Boccaccios Heimat.

267 D. i. 1480 nach gewöhnlicher Zeitrechnung.

268 Unter dem Ordens-Großmeister Pierre d'Aubusson.

269 21. August 1480.

270 Sforza, Neffe des ersten Herzogs von Mailand. Galeotto Malatesta, Herr von Rimini, hatte Constanzo's Vater, Alessandro, Pesaro abgetreten.

271 Auf den Feldern von Campomorto in der Campagna, gegen 30 Millien von Rom, links vom Wege, der von Albano nach Porto d'Anzo und Nettuno führt. Die Niederlage des Herzogs von Calabrien (21. August 1482) gab der Gegend, welche in mittelalterlichen Urkunden S. Petrus in Formis heißt, ihren gegenwärtigen Namen. Alfons floh nach Nettuno, von wo er zu Wasser nach Terracina gelangte.

272 Auf Veranlassung dieses Friedens baute Papst Sixtus die Kirche Santa Maria della pace in Rom.

273 René II. v. Vaudemont, gest. 1508.

274 Ihm folgte Gian Francesco II. Gonzaga, der in der berühmten Schlacht am Taro (bei Fornuovo) gegen Carl VIII. befehligte.

275 Friede von Bagnolo, 7. Aug. 1484.

276 In den Abruzzen Conradins Schlachtfeld.

277 12. August 1484.

278 Pietrasanta liegt in einer sumpfigen Gegend.

279 Der Ort blieb der Republik bis 1494, wo bei Gelegenheit des Zuges Carls VIII. Pietrasanta nebst Pisa u. a. Vesten ihm übergeben ward. Die Franzosen verkauften 1496 den Ort den Lucchesen und erst 1513 gelangten durch Vermittlung Leos X. die Florentiner wieder in den Besitz, der ihnen seitdem blieb.

280 Nicolò Orsini. Ein Zweig der Orsini besaß die Grafschaft Pitigliano, an der Grenze des Sienser Landes und des Kirchenstaats, als Erben einer Aldobrandinischen Linie seit dem Anfang des 14. Jahrhunderts bis 1608, worauf das Ländchen mit dem Großherzogtum Toscana vereinigt wird.

281 D. i. Ferdinand von Aragon.

282 Franceschetto Cybô, Graf von Anguillara, 1487 vermählt mit Maddalena de' Medici, Lorenzos Tochter. Sein Sohn Lorenzo heiratete Ricciarda Malaspina, die Erbin von Massa und Carrara, welche Staaten so an das Haus Cybô-Malaspina kamen und durch dieses an die Este.

283 Im 12. Jahrhundert kommen die *Corsini* als Herren von Poggibonzi vor. Pier Corsini war Kardinal und Bischof von Florenz und Legat bei König Carl IV. Andrea Corsini Carmeliter und Bischof von Fiesole, gest. 1374, wurde kanonisiert. Aus dieser Familie, welche stets angesehen und reich war und welche jetzt die erste in Florenz ist, stammte Papst Clemens XII.

284 Die *Vettori* haben denselben Stamm mit den Capponi. Pier Vettoris Söhne Paolo und Francesco spielten eine bedeutende Rolle in den ersten Dezennien des 16. Jahrhunderts.

285 22. Juni.

286 Tochter Robertos, Grafen von Tagliacozzo und Alba. Die Hochzeit fand 1487 zu Neapel statt. Giovanni de' Medici wurde Kardinal 9. Januar 1492. Giuliano war der nachmalige Herzog von Nemours. Von Lorenzos drei Töchtern stammten die drei Kardinäle Salviati, Cybô und Ridolfi, welche in den toscanischen und andern Angelegenheiten unter Papst Clemens VII. und Paul III. vielfach genannt werden.

287 Poggibonzi.

288 Poliziano, geb. 1454, gest. 1494. – Landino, geb. 1424 gest. 1504.

289 Chalcondylas. Aus Athen, gest. zu Rom 1511.

290 Pico. Geb. 1463, gest. 1494.

291 Das berühmte Kloster San Gallo, dicht vor dem Tor gleichen Namens, mit Pilgerspital, bei der Belagerung 1529 zerstört. Antonio Giamberti, der Architekt, erhielt von diesem Bau den Namen da San Gallo.

292 Ohne den Wirt zu grüßen.

293 Daß die Sache nichtig sei und die Rechte des allerchristlichsten Königs in voller Kraft blieben.

294 Mit den Waffen.

295 Des Todes schuldig.

296 Unmittelbar.

297 Gefahr im Anzug.

298 Da es das Heil der Republik dringend notwendig mache.

ZEITTAFEL
ZUR FLORENTINISCHEN GESCHICHTE

1302 Verbannung Dantes. – Cimabue gestorben
1304 Petrarca geboren (1374 gestorben)
1313 Boccaccio geboren (1375 gestorben)
1321 Dante gestorben
1337 Giotto gestorben
1348 Der schwarze Tod in Florenz (siehe «Dekamerone»)
Caterina von Siena geboren
1377 Brunnelleschi geboren (1446 gestorben)
1378 Ghiberti geboren (1455 gestorben)
Salvestro de' Medici wird Gonfaloniere
[1379 Thomas a Kempis geboren]
1386 Donatello geboren (1466 gestorben)
1389 Cosimo de' Medici geboren
1390 Krieg mit Mailand
1394 John Hawkwood gestorben
1399 Wettbewerb um die Erztüren des Bapstisteriums
[1414 Konzil zu Konstanz]
1415 Jan Hus verbrannt
1416 Piero de' Medici geboren
1421 Giovanni de' Medici wird Gonfaloniere (1429 gestorben)
[1431 Verbrennung der Jungfrau von Orleans
Beginn des Basler Konzils]
1432 Niccolo da Uzzano gestorben
1433 Marsilio Ficino geboren. – Cosimo de' Medici verbannt
1434 Cosimo kehrt zurück. – Verbannung der Albizzi und Strozzi
1435 Verrocchio geboren (1488 gestorben)
1444 Botticelli geboren (1510 gestorben)
1449 Lorenzo de' Medici «il Magnifico» geboren
Domenico Ghirlandaio geboren (1494 gestorben)
[1450 Gutenberg druckt in Mainz]
1452 Savonarola und Leonardo da Vinci geboren
[1453 Die Türken erobern Konstantinopel]
1464 Cosimo de' Medici gestorben
1466 Verschwörung der Luca Pitti
1469 Niccolo Machiavelli geboren (3. Mai)
Lorenzos Eheschließung mit Clarice Orsini (Juni)
Tod des Piero de' Medici (Dezember)

1471 Piero de' Medici, Sohn des Lorenzo, geboren. – Galeazzo Sforza kommt nach Florenz. – Plünderung Volterras

[1471 Albrecht Dürer geboren].

1474 Ariost geboren

1475 Michelangelo geboren (1564 gestorben)

1478 Verschwörung der Pazzi

[1483 Luther geboren – Rabelais geboren – Raphael geboren]

[1491 Ignatius von Loyola geboren]

1492 Lorenzo de' Medici, «il Magnifico», gestorben

[1492 Entdeckung Amerikas]

1494 Karl VIII. in Florenz. – Vertreibung der Medici. Savonarola auf dem Höhepunkt seiner Macht

1495 Machiavelli wird Gehilfe Adrianis, des Kanzlers der Republik

1497 Francesco Valori wird Gonfaloniere

1498 Verbrennung Savonarolas. – Machiavelli wird Sekretär des Magistrats und zweiter Kanzler der Republik

1499 Marsilio Ficino gestorben
Machiavelli wird Gesandter bei Caterina Sforza

[1500 Mailand von den Franzosen besetzt]

1502 Machiavelli bei Cesare Borgia

1503 Lorenzo, Großvater Lorentinos de' Medici, und Piero de' Medici gestorben

1507 Machiavelli als Gesandter bei Kaiser Maximilian

1512 Verfassungsumwälzung in Florenz. – Rückkehr der Medici. Machiavelli aus dem Amt entlassen und aus der Stadt verwiesen. Lebt in seiner Villa bei San Casciano.

1513 Machiavelli eingekerkert und gefoltert wegen Verdachts der Teilnahme an der Verschwörung gegen den Kardinal Giulio de' Medici (Februar bis März)

1515 Machiavellis Buch «Vom Fürsten» (Il Principe) beendet

1516 Machiavellis «Der Liebestrank» (Mandragola) aufgeführt

[1517 Beginn der Reformation: Thesenanschlag]

1520 Raphael gestorben

[1521 Luther auf dem Reichstag zu Worms]

1525 Machiavellis «Geschichte von Florenz» beendet

[1525 Schlacht bei Pavia. – Bauernkrieg in Deutschland]

[1527 Einnahme und Plünderung Roms durch den Connetable von Bourbon]

1527 Ippolito und Alessandro de' Medici fliehen aus Florenz
Machiavelli gestorben (22. Juni)

GESCHLECHTSTAFEL DER MEDICI

CHIARISSIMO, 12(

FILIPP

AVERARDO, 1280

AVERARDO, Venner 1314

LIPPO,

GIOVENCO
Stifter der neapol. Linie
(Ottajano) u. d. noch blü-
henden florentinischen

SALVESTRO

AVERARDO
gen. BICCI, 1357

ALAMANNO,

SALVESTRO,
Linie erlosche

GIOVANNI DI BICCI, 1360–1429
⚭ mit Piccarda Bueri

COSIMO
Vater des Vaterlands, 1389–1464
⚭ mit Contessina de' Bardi

PIERO, 1416–1469
⚭ mit Lucrezia Tornabuoni

GIOVANNI
† 1463

LORENZ(
Großvat(

LORENZO «Il Magnifico»
1449–1492
⚭ mit Clarice Orsini

GIULIANO, geb. 1453
ermordet 1478 in der Verschwö
rung der Pazzi

GIULIO, 147(
(Papst Clemer

PIERO
1471–1503
⚭ mit Alfon-
sina Orsini

GIOVANNI
1475–1521
(Papst Leo X.)

GIULIANO
1479–1516
Herzog v. Nemours
⚭ mit Filiberta v. Savoyen

LORENZO, Herzog von Urbino
1492–1519
⚭ mit Madeleine de la Tour d'Auvergne

CLARIC
⚭ mit Filipp

CATERINA, 1519–1589
Königin von Frankreich

ALESSANDR
erster Herzo

CHIARISSIMO, 1253

200

GIAMBUONO
angebl. Stifter der Medici
oder Medichini v. Mailand,
erloschen 1770

CAMBIO

VIERI
† 1395
Linie erloschen
1731

355

388
687

LORENZO, 1395–1440

PIER FRANCESCO, † 1469

† 1503
Lorenzinos (il traditore)

GIOVANNI, † 1498
⚭ mit Caterina Sforza von
Imola, Linie der Großherzöge
von Toscana, erloschen mit
Johann Gaston, 1737

534
VII.)

Strozzi

natürl. Sohn)
von Florenz, † 1537

Bildnachweis

Vorderer Vorsatz:
Die Karte *Thusciae Descriptio Auctore Hieronymo Bellarmato* ist dem Atlaswerk von *Abraham Ortelius, Theatrum Orbis Terrarum, Antwerpen 1570,* (Karte 36) entnommen. Bei diesem Atlas handelt es sich um das erste historisch nachweisbare Verlagsatlaswerk. Die Karte ist im Original farbig angelegt.

Hinterer Vorsatz:
Die Ansicht von Florenz ist dem Werk *Cosmographei oder beschreibung aller länder, herschafften, fürnemsten stetten, geschichten, gebreüche, hantierungen etc. ietz zum dritten mal trefflich sere durch Sebastianum Munsteru gemeret und gebessert, in weldtliche und naturlichen historien . . . Getruckt zu Basel (1550),* Nachdruck Amsterdam 1968, Seite 218, entnommen.

Der Stadtansicht ist folgende zeitgenössische Beschreibung vorangestellt:

«Von Italia.

Florentz und Firentz auff Welsch.

Es ist Florentz ein uralte statt, doch vonn Rom erwachsen. Sie ligt in Hetruria uñ laufft durch sie das wasser Arnus. Ist gerings umb mit bühelen umbgeben, und begreifft in irem circk ein merckliche weyte, und were noch vil grösser wen man nit der kriegen halb die grossen uñ herlichen vorstette hett abgebrochen, deren etlich so gros als die statt selbs gewesen seind. Es seind fast bolwercke an ire stat kummen. Es hat ir gar wee gethan das parteisch wesen der Gibelliner und Welffen. Dan wölche parthei baß hat gemöcht, hat die andere von statt und von land getriben, wie wol die Welffen zum offtern mal meister worden seind über die Gibelliner.

Anno Christi tausent drey hũdert uñ zwölffe do keyser Hẽrich der sechst ghen Rom zoch, namen die Florentiner an zum herren künig Robertum vonn Neapels fünff jar lang, do mit sie den Gibellinern oder Keyserischen möchten gnug samlichen widerston, ein solichen onwillen hetten sie geschöpfft wider die Teütschen keyseren. Dise statt ist fast hübsch wol erbauwen unnd begreifft ein grosse weite, und besunder anno Christi tausent drei hundert unnd zehen ist sie seer erweitert worden und der massen mit volck besetzt, daß auch anno Christi tausent und vier hundert bey dreyssig tausent menschen darin an der pestilentz sturben, dar bey wol abzunemen wie volckreich sie ist. Umb die selbige zeit was ein mechtiger mañ in diser statt, der hieß Cosmus Medices, er was reich, gelert unnd weiß, und als er starb Anno Christi tausent vier hundert vier und sechtzig, verließ er ein sun mit namen Petrum, der was gewaltig in der statt wie auch sein vatter gewesen. Nach im kam sein sun Laurentius Medices an das regiment, der was eins grossen namens und auch grosser thaten, bracht vil land und leüt mit sampt seinem bruder Juliano under die herrschafft Florentz. Das vertroß ettliche bischoff und cardinal unnd andere gewaltige, darumb schwuren sie zusammen, und kamen Anno Christi tausent vier hundert acht und siebentzig ghen Florentz, giengen under einer gesitlichenn gestalt zu der kirchen, und do man das sacrament auffhub, erstachen sie Julianum, und seinen bruder Laurentium verwundten sie ein wenig, dan er entrann inen in die sacristey. Unnd nach dem die auffrürer vermeyntenn, die gemeyn sölte deß fro sein, das sie zu der freyheit kommen weren, wurden sie alle gefangen unnd am selbigen tag zu den fenstern außhin gehenckt. Ettliche wurden am andern tag, ettliche über acht tag gefangen und gehenckt. Do ward weder paffen noch bischoffen verschont, die musten alle hangenn wer in der sach verdacht was. Das verdroß den bapst gar übel, darum verbandt er gemelten Laurentium, unnd erweckt auff den künig von Sicilia, den hertzogen von Calabria, unnd den hertzogen vonn Urbin, unnd schickt sie mit eim grossen zeüg wider Florentz, unnd namen auch vil flecken yn, so der Florentiner waren. Do Laurentius das sahe, macht er sich heymlich auff mit wissen seiner burger und schiffet in Siciliam zum künig, badt in umb gnad unnd verhieß im järlichen ein summ gelts, und erlangt do mit entschüttung seiner statt. Das bäyß den bapst heymlich, aber kont nichts weyter wider Laurentium thun, darumb macht er ein friden mitt im. Laurentius starb Anno tausent vier hundert zwey und neüntzig und ließ hinder im drey sün, Petrum, Julianum, und Johannem der auch cardinal ward. Aber Petrus nam an das regiment, doch behielt er es nit lang, dan er wolt grosse sachen on wissen der rhats handlen, darumb ward im der gewalt genom̄en und regiert der rhat, der auch mit etlichen personen ward gemeret. Die weil aber vil von dem gemeynen Volck wurden in rhat genommen und die edlen do hinden gelassen, wolt es auch nit zum friden dienen, und wurden die burger under einander zwytrechtig, und fielen etlich stett und flecken von inen an ire alten herren. Ober dz understund der vertriben Petrus Medices mit gewalt unnd auch mit verreterey die statt wider ynzunemen, schuff aber nichts. Es stund auch auff ein prediger münch mit namen Hieronymus, der gab sich dar als were er ein prophet, und bracht vil neüwes und onerhörts härfür, nam sich nit allein der geistlichen sachen an sunder auch des weltlichen regiments, also dz nichts grosses on in gehandlet ward in der statt, wie wol vilen sein vermessenheit mißfiel. Es kam dohin, daß die burger nit allein under inen sunder auch iren heusern zwytrechtig wurden, und der münch gieng mit gewaffneter hand zu der kirchen, kärt sich weder an bapst noch an die oberkeit seins ordens, sunder für seinem fürnemen nach. Die andern sagen von im das er in seinem fürnemen ein guten eifer hab gehabt und dem bapst mit seinen pfaffen in schilt geredt, das mochte sie nit leiden, darumb must diser Hieronymus als ein ketzer brennen. Er was also stanthafftig in seinem fürnemen und also ernsthafftig in dem leren, das er auch sich darbott seine lere mit dem feüwer zu beweren. Deß halben auff dem marckt ein gros feüwer angezündt ward, und als er daryn ghan wolt mit dem sacrament, ward im das geweret, dan man besorgt etwas anders. Bald darnach ward er gefangen mit zweien andern münchen, die im beistunden, uñ auß geheiß des bapts wurden sie auff dem marckt verbrent. Nach disem allem understund Petrus Medices mitt hilff des bapsts die herschafft zu Florentz erobern, nam etlich flecken mit gewalt yn, tyrannisiert in die eroberten und trib vil mutwillens mitt inen, biß der künig von Franckreich, der in Italia was im tröuwet, das er must abston. Do wurden die Florentiner zu rhat, Anno tausent fünff hundert uñ zwey und erwölten ein haupt in der statt, der gewalt hett in aller form wie der hertzog zu Venedig. Das bestund aber auch nit lang. Dan nach dem Carolus zum keyser gekrönt und das Medices geschlecht von der statt Florentz verjagt was seine verwanten fründ wider in die statt zubringen, bracht auch vom keyser zuwegen ein höre, darüber zu hauptmañ gesetzt was Philibertus der fürst vonn Auranche der belägert die statt zehen monat lang, thet auch ein schlacht mit denen so den Florentinern zu hilff komen waren und behielt den sieg, doch kam er umb von eim büchßen schutz. Und als die Florentiner sahen daß sie sich die lenge nit mochten enthalten, ergaben sie sich dem keyser. Also kam Alexāder Medices der des keysers oneeliche tochter zu der ee nam, in die statt und beherschet sie. Als er aber sich ongebürlich hielt bulerei halb, ward er von zweien gesellen in einer kamern mit vil wunden zerhacket. Do wolten die Florentiner wider zu irer freiheit kommen sein, aber mochten es nit zuwegen bringenn, dan Cosmas Medices ward zu hertzog gemacht und über die statt gesetzt. Es ist Florentz von vil jaren här ein Freystatt gewesen, die auch andere stett under sich bracht, und keine neben ir wolt fürkommen lassen, besunder die statt Pisam, darumb sie dem gerechten urtheil gottes nit entrunnen ist. Wie sie den anderen gethan hat, also ist ir beschehen.»

Seite 2:
Frontispiz der Originalausgabe der «Historie di Nicolo Machiavegli cittadino, et segretario fiorentino», verlegt bei Antonio Blado in Rom 1532.

Seite 8:
Papst Clemens VII. (Giulio de' Medici). Bronzemedaille von Benvenuto Cellini (?), um 1540. Aus: Machiavelli, Geschichte von Florenz, Wien 1934, Seite 164.

Seite 68:
Alfonso von Aragon. Vorder- und Rückseite einer Renaissancemedaille von Pisanello (1397–1450). Aus: Machiavelli, a.a.O., Seite 286.

Seite 76:
Dante Alighieri. Zeichnung eines unbekannten Florentiner Meisters des 15. Jahrhunderts. Aus: Machiavelli, a.a.O., Seite 73.

Seite 115:
Zug der Könige. Mit den Porträts von Castruccio Castracani und den Medici. Ausschnitt aus einem Fresko von Benozzo Gozzoli (1424–1496). Florenz, Palazzo Riccardi.

Seite 142/143:
Zug der Könige. Mit den Porträts der Medici. Ausschnitt aus dem Fresko von Benozzo Gozzoli. Florenz, Palazzo Riccardi.

Seite 154:
Giovanni Boccaccio. Fresko von Andrea del Castagno (um 1410–1457) Florenz, Museo di Sant' Apollonia.

Seite 196:
Filippo Strozzi. Renaissancemedaille vom «Medaglista dell' Aquila», 15. Jahrhundert. Aus: Machiavelli, a.a.O., Seite 410.

Seite 221:
Niccolò da Uzzano. Farbige Tonbüste von Donatello (1386–1466). Florenz, Bargello.

Seite 226:
Giovanni di Pierfrancesco de' Medici. Marmorbüste von Mino da Fiesole (1431–1484). Florenz, Bargello.

Seite 230:
Niccolò Piccinino. Renaissancemedaille von Pisanello. Aus: Machiavelli, a.a.O., Seite 374.

Seite 258:
Francesco Sforza. Marmorrelief von Gian Christoforo Romano (um 1465–1512). Florenz, Bargello.

Seite 263:
Cosimo de' Medici. Gemälde von Jacopo Pontormo (1494–1556). Florenz, Uffizien.

Seite 279:
Giovanni Vitelleschi, Temperagemälde von Piero di Cosima (1462–1521). London, Nationalgalerie.

Seite 289:
Gattamelata. Kopf des Reiterdenkmals von Donatello, 1447. Padua, Piazza del Santo.

Seite 375:
Federigo da Montefeltre, Herzog von Urbino. Marmorrelief von Gian Christoforo Romano. Florenz, Bargello.

Seite 401:
Francesco Petrarca. Tafelbild aus der Schule von Bellini, 15. Jahrhundert. Rom, Galerie Borghese.

Seite 455:
Federigo da Montefeltre, Herzog von Urbino. Gemälde von Piero della Francesca (1416–1492). Florenz, Uffizien.

Seite 456:
Lorenzo de' Medici, «Il Magnifico». Gemälde von Giorgio Vasari (1511–1573). Florenz, Uffizien.

Seite 461:
Giuliano di Piero de' Medici. Marmorbüste eines unbekannten Florentiner Meisters des 15. Jahrhunderts. Florenz, Bargello.

Seite 474:
Roberto Malatesta. Marmorrelief eines unbekannten norditalienischen Meisters, 1484. Paris, Louvre.

Seite 485:
Filippo de' Medici, Erzbischof von Pisa. Renaissancemedaille von Bertoldo (1420–1491), dem Lehrer Michelangelos. Aus: Machiavelli, a.a.O., Seite 164.

Seite 494:
Verschwörung der Pazzi. Doppelmedaille von Bertoldo. Oben: Errettung Lorenzos de' Medici; unten: Ermordung Giulianos am Hochaltar des Doms. Aus: Machiavelli, a.a.O., Seite 127.

Seite 500:
Lorenzo de' Medici, «Il Magnifico». Tafelbild eines unbekannten Florentiner Meisters des 15. Jahrhunderts. Florenz, Palazzo Riccardi.

Seite 509:
Giovanni Galeazzo Sforza. Tafelbild von Giovanni Antonio Boltraffio (1467–1516). Aus: Machiavelli, a.a.O., Seite 288.

Seite 517:
Lodovico Sforza. Tafelbild von Giovanni Antonio Boltraffio. Aus: Machiavelli, a.a.O., Seite 287.

Seite 520:
Ferdinand I. von Aragon, König von Neapel. Terracottabüste eines unbekannten neapolitanischen Meisters, um 1465. Paris, Louvre.

Seite 541:
Bernardo del Nero (?). Tafelbild von Ridolfo Ghirlandaio (1483–1561). London, Nationalgalerie.

Seite 552:
Piero di Lorenzo de' Medici. Terracottabüste von Andrea del Verrocchio (1435–1488). Florenz, Bargello.

Seite 554:
Cristofano Landino. Aus dem Fresko «Zacharias im Tempel» von Domenico Ghirlandaio (1449–1494). Florenz, Santa Maria Novella.

Seite 559:
Girolamo Savonarola. Terracottabüste. Fälschung im Stil des 15. Jahrhunderts, von Giovanni Bastianini (1830–1868). London, Victoria- and Albert-Museum.

Seite 561:
Die Familie Tornuabuoni. Ausschnitt aus Ghirlandaios Fresko «Zacharias im Tempel». Florenz, Santa Maria Novella.

Seite 563:
Francesco Valori. Denkmal. Florenz, Chiostro di Badia.

Seite 567:
Niccolò Machiavelli. Gemälde von Sante di Tito. Florenz, Palazzo Vecchio.

Inhaltsverzeichnis

Erster Teil

Zweiter Teil

Fünftes Buch

Sechstes Buch

Siebentes Buch

Achtes Buch

Anhang

CIP-Kurztitelaufnahme der Deutschen Bibliothek
Machiavelli, Niccolò:
Geschichte von Florenz / Niccolò Machiavelli.
Mit e. Nachw. von Kurt Kluxen.
[Aus d. Ital. übertr. von Alfred von Reumont].
– 2. Aufl. – Zürich: Manesse Verlag, 1987.
(Manesse Bibliothek der Weltgeschichte)
Einheitssacht.: Istorie fiorentine ‹dt.›
ISBN 3-7175-8064-7 Gewebe
ISBN 3-7175-8065-5 Ldr.
NE: Reumont, Alfred von [Übers.]

Umschlag und typographisches Konzept:
Hans Peter Willberg, Eppstein

Figur vnd gelegenheit der edlen/ m